旧学商量

北京时代华文书局

图书在版编目（CIP）数据

旧学商量 / 刘梦溪主编 . -- 北京 : 北京时代华文书局 , 2024.3
ISBN 978-7-5699-3305-5

Ⅰ.①旧… Ⅱ.①刘… Ⅲ.①社会科学—文集 Ⅳ.① C53

中国版本图书馆 CIP 数据核字 (2019) 第 277134 号

JIUXUE SHANGLIANG

出 版 人：陈　涛
选题策划：余　玲
项目统筹：余　玲
责任编辑：余荣才
文字校订：王霄蛟
责任校对：张彦翔
装帧设计：程　慧
责任印制：訾　敬

出版发行：北京时代华文书局 http://www.bjsdsj.com.cn
　　　　　北京市东城区安定门外大街 138 号皇城国际大厦 A 座 8 层
　　　　　邮编：100011　　电话：010-64263661　64261528
印　　刷：北京盛通印刷股份有限公司
开　　本：787 mm×1092 mm 1/16　　　　成品尺寸：175 mm×260 mm
印　　张：47　　　　　　　　　　　　　字　　数：856 千字
版　　次：2024 年 3 月第 1 版　　　　　印　　次：2024 年 3 月第 1 次印刷
定　　价：328.00 元

目　录

前　记

　　《中国文化》是国内唯一的一家在北京、香港、台湾同时以繁体字印行的高端学术刊物，是为了回应二十世纪八十年代的"文化热"，于 1988 年筹办，1989年创刊。"深研中华文化，阐扬传统专学，探究学术真知，重视人文关怀"，是办刊的宗旨，以刊载名家名篇著称，是刊物的特色。三十年来，海内外华文世界的第一流的学术人物，鲜有不在《中国文化》刊载高文佳构者。了解此刊的行内专家将"它厚重，它学术，它名士，它低调，它性情"，视作《中国文化》的品格。

　　《中国文化》是经文化部会同国家新闻出版署核准的有正式期刊号的学术期刊，国内统一刊号为 CN11-2603/G2，国际标准刊号为 ISSN1003-0190，系定期出刊的连续出版物，每年推出春季号、秋季号两期。创刊以来已出版 54期，总字数逾 2000 万，为国内外学界人士一致所认可。本刊选篇衡文，着眼学术质素，以创获卓识、真才实学为依凭，既有老辈学者的不刊之说，也有学界新秀的出彩之论。杜绝门户成见，不专主一家，古典品格与现代意识兼具、修綆汲古和开源引流并行。提倡从现代看传统，从世界看中国，刻刻不忘本民族的历史地位。

　　《中国文化》怀有深切的文化关怀，1988 年 12 月撰写的《创刊词》写道："《中国文化》没有在我国近年兴起的文化热的高潮中与读者见面，而是当文化热开始冷却，一般读者对开口闭口大谈文化已感觉倦怠的情势下创刊，也许反而是恰逢其时。因为深入的学术研究不需要热,甚至需要冷,学者的创造力量和人格力量,不仅需要独立,而且常常以孤独为伴侣。"《创刊词》又说:"与学界一片走向世界的滔滔声不同,我们想,为了走向世界,首先还须回到中国。明白从哪里来,才知道向哪里去。文化危机的克服和文化重建是迫在眉睫的当务之急。如果世界同时也能够走向中国,则是我们的私心所愿,创办本刊的目的即在于此。"这些话,在当时的背景下,多少带有逆势惊世的味道。所以创刊座谈会上,李泽厚说:"金观涛要走向未来,刘梦溪要走向过去,我都支持。"

《中国文化》对中国经学、诸子学等四部之学的深入研究给予特别重视;对甲骨学、敦煌学、简帛学、考古学等世界性专学和显学给予特别重视;对宗教信仰与文化传播的整理与研究给予特别重视;对中国文化发生学和各种不同文化圈的参证比较给予特别重视。学术方法上提倡宏观与微观结合、思辨与实证结合、新学与朴学结合。

《中国文化》创刊以来开辟诸多学术专栏,主要有"文史新篇""专学研究""古典新义""旧学商量""文化与传统""经学与史学""文物与考古""学术史论衡""宗教信仰与文化传播""古代科技与文明""明清文化思潮""现代文化现象""文学的文化学阐释""中国艺术与中国文化""国学与汉学""域外学踪""学人寄语""学林人物志""文献辑存""旧京风物""人文风景""序跋与书评"等。丰富多样的栏目设置,可以涵纳众多领域的优秀成果,一期在手,即能见出刊物的整体面貌和当时国内外学界的最新景况。

《中国文化》由中国艺术研究院主办,文化部主管,《中国文化》杂志社编辑出版。中国文化研究所创所所长、文史学者刘梦溪担任主编,礼聘老辈硕学和海内外人文名家姜亮夫、缪钺、张舜徽、潘重规、季羡林、金克木、周一良、周策纵、饶宗颐、柳存仁、周有光、王元化、冯其庸、汤一介、庞朴、张光直、李亦园、李泽厚、李学勤、裘锡圭、傅璇琮、林毓生、金耀基、汪荣祖、杜维明、杨振宁、王蒙、范曾、龚育之等为学术顾问,形成阵容强大的学术支持力量。

现在,当《中国文化》创刊三十周年之际,为总结经验、汇聚成果、交流学术、留住历史,特编选"《中国文化》三十年精要选编",共分十二个专题,厘定为十二卷,分别是:

一　中国文化对人类未来可有的贡献

二　三教论衡

三　经学和史学

四　甲骨学、简帛学、敦煌学、考古学

五　学术史的视域

六　旧学商量

七　思想与人物

八　明清文化思潮

九　现代文化现象

十　信仰与民俗

十一　古代科技与文化传播

十二　艺文与审美

第一卷《中国文化对人类未来可有的贡献》，直接用的是国学大师钱穆先生最后一篇文章的原标题，该文首发于台湾《联合报》，经钱夫人胡美琦先生授权，大陆交由《中国文化》刊载。此文于1991年秋季号刊出后，引起学界热烈反响，季羡林、蔡尚思、杜维明等硕学纷纷著文予以回应，杜维明称钱穆先生的文章为"证道书"。第一卷即围绕此一题义展开，主要探讨中国文化的特质、价值取向和对人类的普世意义，包括总论、分论、与其他文化系统比较研究及对未来的展望。

第二卷《三教论衡》，是对中国文化的主干——儒、释、道三家思想的深入研究。

第三卷《经学和史学》，是对传统学术的经史之学的专题研究。

第四卷《甲骨学、简帛学、敦煌学、考古学》，是对学术史的专学和显学部分所做的研究，此一领域非专业学者很难置喙。

第五卷《学术史的视域》，是中国学术史研究的优选专集。

第六卷《旧学商量》，是就中国学术各题点的商榷讨论。

第七卷《思想与人物》，是对中国文化最活跃的部分思想和人物的专论。

第八卷《明清文化思潮》和第九卷《现代文化现象》，是研究中国历史两个关键转变期的文化的时代特征和思想走向。

第十卷《信仰与民俗》，集中研究中国文化的精神礼俗，很多文章堪称"绝活"。

第十一卷《古代科技与文化传播》，是《中国文化》杂志特别关注的学术领域，三十年来刊载的这方面的好文章，很多都精选在这里了。

第十二卷《艺文与审美》，是对古今艺术、文学，包括书法、绘画、艺文理论等审美现象的研究。

每一卷都是中国文化的一个重大研究专题。由于作者大都是大师级人物，或者声望显赫的国内外一流学者以及成就突出的中青年才俊，使得每个专题的研究都有相当的学术深度，学者们一个一个的个案研究，往往具有领先性和突破性。虽然，"《中国文化》三十年精要选编"是《中国文化》杂志三十年来优秀成果的选编，也可以视作近三十年我国学术界中国文化研究成果的一次汇总。

"《中国文化》三十年精要选编"是中国艺术研究院的资助课题，由主编刘梦溪和副研究员周瑾协同编选，经过无数次拟题、选目、筛选、调整，再拟题、再选目、再筛选、再调整，前后二十余稿，花去不知多少时间，直至 2021 年 9 月，终于形成十二卷的最后选目定篇。

最后，需要感谢北京时代华文书局和陈涛社长、宋启发总编辑对此书的看重，特别是余玲副总编的眼光和魄力，如果不是她的全力筹划，勇于任责，此书的出版不会如此顺利。美编程慧，编辑丁克霞、李唯靓也是要由衷感谢的，她们尽心得让人心疼，而十二卷大书的精心设计，使我这样一个不算外行的学界中人除了赞许已别无他语。真好。

刘梦溪

2022 年 4 月 28 日时在壬寅三月二十八识于京城之东塾

旧学辨

王伯祥

　　祖国历史悠久,积累深厚。上世以来,无数劳动哲匠及一切无名英雄所精心创造之业绩,反映于见存文物者,如此其美富。而先秦以逮挽近,又复学人辈出,接武连踵,各展其精力,殚心究讨。或揭橥思想,倡导学说;或整齐旧闻,发为文章。咸有述造,垂诸竹帛。其后随时演进,衍为书册,沾溉弥广,化被日深。所谓"载籍极博"者,又如此其浩繁。综此浩繁美富之载籍与文物,所谓积厚流光,庶绩咸熙者,非耶!谥之为文化之结晶,其谁曰不然!以此之故,岂止邻邦歆慕,抑且举世交誉,宜其为国人所自珍矣。故每诵言之曰国故、曰国粹。前者固得浑括之要,后者则不免矜侈。其实既非文、史、哲三字所可包举,亦非理、工、商诸科所能强配,万汇千绪,诸侯绅绎,其老氏所谓"无名之朴"乎?近人有以"朴学"相加者,差为近是。高明之流厌其烦碎,惮其艰辛,猥称之曰旧学,予曰:旧则旧已,其为学,固未容一概抹煞也。汉晋唐宋,时代不同,学术恒流,其绪固未尝中绝也。况学为百代之公器,唯"是"是求,无间新旧,安得爱恶任情,轩轾随心哉!

　　或曰然则为学之道奈何?曰:必先认定对象之至赜,与范围之至广,不厌烦,不畏难,博观而约收,取精而用宏,乃克有所成。言其赜,言其广,非河汉无极之谓也,盖胪列之对象,皆研究之资料,多有其客观存在之事物,且多有具体内容可推寻。今试错举其略,凡文字训诂之源流,历象声韵之概要,文辞歌赋之异同,诗格词律之宽严,全国山川脉络之分布(包括边疆、阨塞、腹地、交通),物产盈缩之情状(包括农田、水利、工矿、企业),历朝政府设施之得失,社会人物之臧否,典章制度之因革,郡县建置之演变(包括名胜、故迹、风俗、习惯),姓氏名讳之别,地望爵谥之辨,学术教宗之流派,文坛艺林之掌故,书籍图谱之聚散,彝器碑碣之存佚,战阵攻守、赈灾救荒之策,畜牧种植、工艺制造之书,建筑营造之式、园林点缀之宜,变文、话本、小说、传奇之流布,管弦、乐曲、舞蹈、戏剧之演进,乃至法书名画之鉴赏,金石篆刻之玩索,目录版本之学,校勘编订之法,鸟兽草木之名,食疗养生之方……皆为致力学问之对象,丰富多彩之资料,均当浅涉其藩篱,粗举其大纲。尤要者,在此进程之中,必先掌握历史唯物观点,应用辩证唯物方法,分析批判,反复印验,始能专择致精,触类旁通,而左右逢其源,信所当信,疑所可疑,不为模糊影响之谈,不使穿凿附会之巧,排除困惑,孟晋弗懈,对祖国文化之本末表里,获一真切之认识,然后发为精确明允之解释,为当代收"古为今用"之效。必如此,理论乃与资料相结合,以红领专,又红又专,庶几名实乃相副。夫然后谓之"通方",谓之"成学"。旧云何哉!旧云何哉!

　　十年以还,右目为白瞀所翳,茫然无睹,得稍逞炳烛余光者,端赖左目一隙之明。今岁献春,左目亦突发内障,浸淫滋甚,几于失视。终日枯坐,如堕云雾,其为苦闷,难可言宣。乃客有谬许予为盲目不盲心者,辄以学问之事相质,余尝私谓,硁硁之愚,凤以不苟不欺自勉者,亦不当以多病见疏于故人,而甘自暴弃也。爰就涉想所及,强缀此篇。以不能躬亲笔砚,乃口授少子湜华笔之,留以待叩,或不无涓埃之助乎。

　　一九七五年九月,吴县王伯祥述于京寓小雅一廛。时乙卯岁中秋。年八十六。

　　【附记】这是家父所写的最后一篇文章,作于一九七五年九月,当时他已几乎完全失明,所以是由他口述,我作笔录,然后又一遍遍地修改最后才定稿的。他多次动笔修改的手稿,至今仍保存着。他当时之所以要写这篇文章,在本文他自己的后记中也已做了交代,但应该说还不全面。时至今日,回过头来看,当然十分清楚。但在"四人帮"猖獗横行的当时，真谛是不能说清楚的。而家父却在行将离开人世之际，将此抑郁心中多年之块垒，较为全面地在本文中倾吐出来，心头是为之一快的，否则将难以瞑目。

本文之标题就非常醒目，他坚持要用"旧学辨"三字，文章的结尾还重复地说："旧云何哉！"所指是再清楚不过的了，就是对这场史无前例的"文化大革命"的核心——破四旧，公开明确地提出不同看法；对祖国自远古直至晚近这一脉相承的传统文化提示一简而明的纲要，希望中国文化不会被拦腰切，后继不乏人。

本文在定稿后，由我用毛笔缮写了十余份，并由我送给了叶圣陶、顾颉刚、俞平伯、启功等十几位我父亲的挚友；另外又复写了多份，分存于全国各地我们兄弟姊妹之手，迄未发表。今当《中国文化》创刊之际，今年又正值家父百岁初度之年，我谨将此文奉献，以飨海内外学人。

王湜华　一九八九年四月廿五日

【王伯祥(1890—1975)　中国科学院文学研究所研究员】

原文刊于《中国文化》1989 年 01 期

"东西"臆断

姜亮夫

（一）

汉语语言之富赡，今知其为人类语言中之最。古代如先秦典籍，汉儒已多阐发，然时代愈后，材料（素材）益多，皆散在十一亿人口口中，所以汉语"方言"之学，正待吾人开发、收集、整理、分析，为极端复杂之事，余在整理《昭通方言疏证》之时，即已深切感到，勉强收录了若干则，但有大多数是属于全国性的，已不可以一方限之，后在写若干条后，渐渐觉得不是不可为，但一定要把全部汉文化学史，乃至全部文化学所包含之学理、技能、效力等一齐考虑，乃能有所得。其中关于"东西"一词用力较多、牵惹较繁，写出后想请教学术界知者，但三十余年来只请陆维钊先生一读，笑曰："这像'活捉王魁'，终于抓到了，但我担心读者稍不留意，便会滑过某一环，则全体大都白花了……"余愿读者注意陆先生之言，把纷乱如麻之博证、微证，乃至外证、邪证都看过，然后为我观点意见敬请拜嘉。

（二）

自先秦以前一切文献及汉人整理之书，如儒、道、名诸家之书、甲骨金文之刻辞,乃至许慎之《说文》,所谓周公之《尔雅》,刘熙之《释名》,其中汉语言学资料之丰富,举世无其匹,其中至今尚不能得知其本义本音本形者,指不胜屈,即如《帝典》四凶之驩兜、鲧、共工,《史记·五帝纪》之轩辕、帝喾、颛顼,《尔雅》岁阳月阳之名,《山海经》所载帝王名相名物之特殊称号者亦至多。此等人物奇称及不易解之名物,历代学人,皆各有说,而论之能明其所以然者无多。此中消息,度不过二三事,一则方俗异言之入中原文献者,一则四夷称名之异译,而其中当以民俗习尚有关,多不为吾人所了知,乃至于注意及此者亦多难解。比如饕餮当即西人所谓之图腾,则以两者所指事象得相系也。又如犀比、师比与鲜卑(皆见屈赋),则可能为民族名之异称。近人有猜轩辕为金文中之天鼋者,伏羲为伏牺者,鲧即共工之分化为二者,亦时见一二,则学术界固不少人对此作推究者。在民间俗语中情况更严重,如杭人言"莫老老",人或以为"无虑"之变,似矣而实未达;滇西人言"狃松",解者以觺牛切之牛狃同声,义亦相似矣,亦恐皆为知其然而不能其所以然之类。

(三)

余旅食南北,以全国同用之东西一词指事物,求之通人,不得正解。数十年来注意此事,则前人固多推论之作矣!人类思理不甚相远,故借助于他民族他学科之成果以相对照、相比附,亦往往能得新义,而解古所不易知之事物,如借图腾之说说禹为夏图腾,禹从虫、从九,即纠龙耳,与禹一生事迹及其传说皆得俞脉。又如示字,《说文》以为"天垂象,见吉凶,所以示人",吾借大石文化说解为灵石,而示主、宗石,乃至殷先公之石凿形,而推知报丙、报丁等,皆得理顺辞正矣。盖综合多学科多层次以作科学分析,为近世纪新发现之科学方法,余虽冥顽,然尚稍习诸文科学术,故往往得一妙义,为诸先功所不能得,此《东西》一文之所以敢为繁说也。

以东西一辞为事物之借词,古今论之者颇多。翟灏《通俗编》曰:

明思陵谓词臣曰:"今市肆交易,止言买东西,而不及南北,何也?"辅臣周延儒对曰:"南方火、北方水,昏暮即人之门户求水火,无弗与者。此不待交易,故惟言东西。"思陵善之。

此词臣敏捷之对,于词义词旨一无所得也。《齐书·豫章王嶷传》愿武帝寿百年,帝曰:

百年复何可得,止得东西一百,于事亦济。

说者谓物言东西,亦犹四时有冬夏而鲁史名《春秋》,与东西一辞组合方式相似。此于语言学为同类之比。然《春秋》本鲁史之名,则自鲁之方言取四季两字纪时,于事理得通,语言中自有此例。此汉语词之一例也。(详后)然其事至切而义至畅,纪事必有时日,则以四季之名为书题,初不过一种省便。不过此省便最为合于逻辑尔,不得以比东西也。又案《公羊传》襄公十六年"君若赘旒然"注疏:

以旒旐喻者,为下所执持东西。……就婿为赘婿,亦是妻所持挈,故名之云尔。

又或以酒器曰玉东西,以今语征之,则其语又多庄肃,有似后世隐语谓隐物曰东西,言男女秽器曰"那东西",(犹滇蜀间指男根曰"那话儿")糟便与坏食曰臭东西,细体物性,大体非巨形之物,而可供玩乐之物,有如俗语所谓"玩意儿"。然此语亦非纯为贬辞,亦可曰好东西,如精美字画、雕刻、饮食、衣着、帽鞋等,亦皆得"好东西"之名,即使无恶称,亦不得为赞叹欣赏之件,皆略带轻浮不庄肃或非正道之义。故此词最初当为市井流行语,近人以古市集东西两市为贸易之区,百货所集,故以东西释之,然此亦有说:古南北亦有市一也,二则东西一词,不尽指物,亦可指事、指人言之,亦不得单以贸易言也。

古今说此词者,略不过此数义,似皆非其朔。汉语双音词汇之训释,主要者不外以字形字音二途以窥其初义变义。如晋人言"何物老妪,生此宁馨"之宁馨,解者自馨字着眼,则曰生此佳儿,自宁之音论之,则近于今时吴语之"嫩亨",如言此物。又如晋人言"阿睹",有人以指目,有人以指钱帛,皆无非就形音为断尔。然其中必有一字一音可为探索之传导。而东西二字,习俗本指其四方之二,语其意不得离四方总摄之义为断,此亦与春秋本四季之名,故沾此不得逾四时总摄之义,此可断为鲁史之名,当其别义,则别义不得远离本义矣,是则求索东西当亦不得越此畴域也,今请得论述之:

中土原始时代有光明崇拜之习(参余《光明崇拜蠡测》),日月运行规律遂早为吾先民所熟知(《尧典》已见"四仲中星",据竺耦舫先生科学地考证,确然不误),日晨升而夕坠,初以为十日并出(大约在地球初形成时期),后此则曰十日代出(详余《重订天问校注》及《楚辞通故》二书),有升有降,似首有尾,有明有晦,似为正反两极,此为一显然矛盾,而晨昏中正,热力悬殊,升则渐热,降则渐寒,亦一矛盾,然晨升夕坠、循环而无端绪,则一切矛盾皆统一于此循环之中,此为一对立统一现象,为宇宙之最高的对立统一(或对立统一之主体),一切自然界之现象皆不离此统一而得全生(或整个过程),生物之有生死,有初壮衰亡,亦如日月之运行,然则人世一切事物无不据此以得"生卒",以平衡群生,一切以反复循环一切,故日之东升西坠,实与一切生物之生老死亡及一切事物之生灭全为同步同轨,物质世界如此,思维方法亦如此,此全同之义即日月运行而可知之,故以东西表事物,遂成为最为理智、最为自然、最合逻辑之一反映,大哉,"东西"之为德矣。吾土吾民实最能体认宇宙原理、原则之伟大民族,余颇愿就此撰一《东西哲学本源与发展》,然余于哲学所知至少,恐贻笑于专门之家也,呜呼!(上世有论此一哲理者,即方以智《通雅》中之"东西均"一文,"东西"即物质宇宙之对立,"均"即对立统一。然余说此仅以明此一术语之由来,故简略之而已。)

中土大地皆在赤道以北,三大河流皆在温带,又皆自西往东,故中土文化皆与此有关,此即与近世所谓地理决定相近,故东西所键以气候,皆大同,自东海、春申、渤海至极西之拉萨,自极东之长白,至极西之天山,温差则亦相同也。日光自东升而落于西,日日如此,有朝暮之变,而无大暑祈寒之殊。古宅京之地,皆在北流群山之麓,面临洛汭,物不因东西之异而变其种性。桔逾北为枳,鹓鸰不逾济,故物莫定于东西。凡物燥湿则变,寒暑亦变,则变者南北者之方也,东西者不变之极也。

复次旭日东升而西沉,此自然之运行也,故以日定历时,亦成人世生活中之一大事。且不间寒暑,日日如此,月月年年如此,千百年如是,而以人类生活相翕合之天象变化,亦以日月星辰为作息生藏之节度,则日月运行直接与生活相关。此亦东西最为人所仰望之行径、而谷物果实之生长成熟枯萎,亦日月主之,故东西两象遂与生活不能分离。

复次中土地貌,凡大山大川之主要者,皆自西东走,则沿山顺水,视越山度水为便利,而日行热射,亦稍偏南,故曰古帝王宅京民众建屋,亦以坐北朝南,便村老曝日,渔父晒网,农民晒谷,皆知在屋南取日近,故民习遂以南面为主。自各种习惯论之,则东线以受日月光照,最为平静,有利于生殖成物,因之则东西者,生发成物之线也,事与春秋时日相类。春生夏长秋成冬藏,故民习指过去事实言曰春秋,而当前事物言则曰东西。春秋已上升为文人习用恒语,成为书面语,而东西始终流行于广大民间,未曾上升为书面语而已。

抑又不仅此也。农耕亦重东西亩,以其受日光易也。

自以上诸端定之,则吾先民以东西为事物生成之自然体认,盖可知矣。而定四方之则,盖主于其地南面北背左东而右西为吾民之旧习,而此旧习自有其自然之特定点为基础,故其事所起至早,甲骨金文之四方风名已明示吾人。许慎说十字曰:"十,数之具也,一为东西,丨为南北,则四方中央备矣。""一"为东西,"丨"为南北,则固以一为东西线也。(至"四方中央备矣"一言,古今似无确解,盖中土它字结构,凡静物皆横写之,能动可动之物皆纵书之,如尖、犬、水、木等皆以动而生长,动则变,变则生,故纵以表动象,纵横交错,则生新事物,此其义也。故许氏以纵横相交为四方中央备也,以说明其数之具,东西静态则视为物之所。此义别详余论古文字有动静牡牝之则诸文,此不更具。)

许氏释"十",所言大启人思考。以横为"东西",纵为"南北","四方中央备矣"者,纵横相交则四方皆通达无碍,故曰"备矣"。使无此一"中央",则物皆不备,此正三代以来阴阳参合而生物之义。比如两岸为桥,桥墩两岸已备,而不施横梁,则为不备;不备则下不通舟楫,上不通车马,不能成其用。比如《易卦》阴为"――"而阳为"――",使阴阳相交则为 ✚ ,故得阳成物,是为东西。日自东出而入于旸谷,物已成不变。阴为南北,为使四方必备之象也,亦为余上说之一补证,其详余阴阳参合说。

由上来所陈,则人世习以东西为物事生发茁壮之径,因而以之为事隐语,似已可为定则,而非余一个人之说矣。

要而言之,"东西"之解非文字声韵训诂所能臧事,而历代用之不疑,则其说之非由一端也。余思维再四,故综合地貌、天象、方位诸端,以求其大较,似可为定说,然未必能服人之心,但愿世有达者能详之。

然"东西"为辞形式,与"春秋"一辞方式相近或相同。然"春秋"之义显而"东西"之义晦,请更引端论之。

以东西相属者有南北,南北一义已略论之,大较为事物变易之义,有本体,有变动,斯得为全备之论,然南北之论,在历史上自有其引发之论。

在中国文化史上,各时代都有所谓南北之异。春秋以来言南人,战国时代言合纵连横,(为东西南北之合)汉代之所谓楚声、南越、南闽,魏晋以后之南北朝,而习用之文化艺术者亦至多,如南学北学、南宗北宗、南派北派,语言有"南北是非",绘事有南画北画,至民俗中之天南地北、南辕北辙,南方之强,北方之强,而实际之地象,则北多童山,南多绿青,北地亦多平原,南地水乡,言南北之异者,无处不在,乃至"桔逾淮而北为枳""鸜鹆不逾济"等,则以越境而变其质,凡此皆足以反证余上文所说南北表动象、东西表静象之义,乃至北水曰河曰水,南水曰江,皆畔如两事,则四方分职本中土地理所决定而为民俗,而资借则以东西指事物,亦立基于此。然南北之殊至显,故其事象极多,东西之殊几近无,故仅存一二于民间。中土政治自周秦以后皆以大一统为归,而主之者为东为西一词,仅于民间,东起长白,西起天山皆用此一词,其类别虽至少,而其为量实至博。此吾人所当知者也。

（四）

汉语中此等遗留传播之词汇似尚不少，如骂人曰乌龟（太湖区则写作五车，则音当为"五车"也），亦全国通用之辞，至今亦无确定解释。（白下胡小石君以为龟头似男根而多缩入甲内，则妻子有外遇者必皆夫不能人道，故嘲之曰乌龟云云。胡公妙语至多，将来当可录之。）此由男性亦称龟头推及，而民间有秦汉以来，皆以龟为寿征，则相去又甚远矣。故此语亦皮附不确，当别有解。又如南北各地皆言"明堂"，以"什么明堂"一类为最流行，依字形论之，明堂乃古昔祀神朝议之所，清人论之至详，王静安先生《明堂考》最精审，盖即夏殷以来所谓亚形之变，依此以求"什么明堂"皆不相中，此明堂犹今俗言"玩意儿"，不得以明堂辟雍之制附合之，其必有他根株之自，而字亦未必则今"明堂"二字，然余以声韵通转求之，皆不可得，又索其史迹，以元明以前未曾见，则或为近代民间俗语而流传之，广披于全国，此亦当如"东西"之当具别解别有所自无疑。又如男而女装侍宴侍寝之人，俗名之为兔子，吾乡昭人有之（昭人又有东惛一词），蜀郡成都有之，上海、北京亦有之，且能见于文人学士文中，其在吾乡，则中学同学中有面目端正肤色红润者，亦戏以此词称之，未有不大怒而至于争吵者，其义亦无人能解。余教授东北大学时同仁有谓兔子四肢长短不齐以唆男而女者也。此亦意必之言，羌无故实者矣。此等通俗特语，各地皆有之，果能合而求其朔义，亦吾土吾民文化生活中之一要事趣事。如西南一带以讲故事为"摆龙门阵"，盖故事必有奇闻，且必鸿篇巨制为主，吾友陶亮先生以《聊斋》《子不语》诸书为"龙门阵"。又如昭谓人唠叨不休且多秽词邪语曰"骂花鸡公"，余《昭通方言》录此，亦说之不详。成都巧语至多，余昔曾一二记之，与苏州俗语摘记之《广韵中苏州方言》得册许事，后以求之吴江金先生，先生虽赞其用力之勤，亦无以解其惑，故终始不敢以问世。吴检斋先生尝注意此事，命余条录，将为考，此后则见其《释也》《释宁馨》诸条，而其他皆未得解。今余以东西一词略次其义，探讨考证，说明方法，聊为发其义于此，此亦汉语研究之一要务,不得以其难成不易得而忽之也。

【附说】

清儒言"东西"词义者,尚有数家,了无精义,均不录。黄季刚先生所言,无科学根据。惟焦里堂《易余籥录》以为东西之合为"的"之言,不合于无限使用之事物,亦多可商,仅作事物用,余则不外为上语之代词,成为事物则然,为他义则碍,皆不完备。盖"东西"一语,别含隐义,至为显明,如"什么东西",则"东西"有轻慢之义;又如"这真是了不起的东西",则"东西"有褒义;凡此皆"的"字所不能代,故不用。

【姜亮夫　杭州大学古籍研究所教授】
原文刊于《中国文化》1990 年 01 期

说"熊经"

沈从文

《庄子·刻意》中说道：

> 吹呴呼吸，吐故纳新，熊经鸟伸，为寿而已矣，此道（导）引之士，养形之人，彭祖寿考者之所好也。

其中"熊经"即是一种健身方法，郭庆藩《集释》引司马彪注云"若熊之攀树而引气也"，而成玄英注亦云"如熊攀树而自经"，看来乃是模仿熊的动作而创造的类似今日体操的健身方式。

在《庄子》的时代，大约健身法分为两大类，一类是"导"，即"导气令和"，《庄子》说"真人之息以踵，众人之息以喉"，前者就是流转周身的气的运转，人以意念使"气"周行全身经络，以达到"吐故纳新"，强身健体的效果，并根据自己内部器官的具体情况，采取"吹""呴""呼""吸"各种不同的运气方式，就如《云笈七签》卷五十六所分别的那样，只不过《云笈七签》分得更细更烦琐些。另一类是"引"，即"引体令柔"，即包括"熊经""鸟伸"等各种形体锻炼在内的养生方法，正像《抱朴子·别旨》所说的"或伸屈，或俯仰，或行卧，或倚立，或蹲踹，或徐步"，大约这种方法最初是古人受动物运动启发而创造的，所以多以动物名命名,就像《抱朴子·对俗》所说:"知龟鹤之遐寿,故效其导引以增年。"

西汉以来,有关卫生保健的方法曾有过不少论著,但保存下来的却不多,按《汉书·艺文志》的记载,共有四大类,一是"神仙"、二是"房中"、三是"医药"、四是"导引",各有分别。但是,"神仙"之法多属迷信,又极靡费,普通人难以做到,只有帝胄贵室可以仿行,所以汉武帝刘彻才会上方士的大当,甚至还把一个公主嫁给了方士,并封为"文成将军",筑百丈高台,用三百个八岁的童男童女,穿上锦绣衣服通宵歌舞,结果神仙不来,只好把这个骗子杀了;"房中"本是一种在性交中讲求节欲保精的方法,如天师道之"合气",但这也往往只有帝王家有兴趣施行,因为只有帝胄贵室才养了无数嫔妃宫女,所以久而久之便成了帝王纵欲之术,完全变了性质;"医药"当然对大多数人有用,但也有缺陷,一是名医秘方人所罕知,用的药也往往少数有钱人能办得起,尽管到唐代曾将孙思邈《千金方》刻石公开,宋代更将宫廷秘方全部公之于《圣济方》《政和本草》,但无钱人仍未见得能照方抓药;二是即便照方抓药,仍是消极治病,不是事先预防,所以只有第四类"导引"是很积极的预防方式,而且"导引术"人人可以自学,"熊经""鸟伸"之类形体运动更是容易,就像小孩学体操一样。

旧时说"熊经"往往从《庄子》一下子说到华佗"五禽戏",华佗云:"古之仙者为导引之事,熊经鸱顾,引挽腰体,动诸关节,以求难老。"见于《三国志·华佗传》。但从《庄子》到华佗中间隔了数百年整整秦汉两代,"熊经"之类健身术难道在这数百年中竟湮没无闻,直至华佗才重新发掘吗?这显然不可能,所以,我们以出土文物资料为主,参以文献记载,重新考证汉代"熊经"的流传,以补足这一段历史的空缺,并以实物图片来形象化地说明"熊经",以弥补文字资料无法详细表述的缺陷。在出土文物中,马王堆三号汉墓的《导引图》当然是考证"熊经"的最重要资料,其中第四十一图正是"熊经"(图一)!不过,马王堆三号汉墓年代在西汉初年,比它稍晚的《淮南子·精神》中仍有"熊经、鸟伸、凫浴、蝯躩、鸱视、虎顾"的记载,那么《导引图》能够继承战国以来的导引套路就很自然了。问题是,在此之后,"熊经"是不是仍然一直没有失传?在文物资料中是否有证据可以证明《庄子》到华佗是一脉相传?我们考证的结论是肯定的。

图一　马王堆出土帛书《导引图》第四十九式"熊经"（摹本）

　　图二就是 1964 年河北保定出土西汉银错管状车器上的六个"熊经"图形。
第一个有如熊攀树刚刚起步，前肢如抱树干，后肢一足在地，一足抬起；第二个则
后肢作弓箭步，前肢一伸向前，掌心向外，掌尖向上，一在身后，曲肘向上，这与今
日各种武术的一个常见动作十分相似，而汉代各种文物中也常见熊的这一类似
形象，如西汉朱绘漆盘中之熊（图三）、洛阳西汉空心砖墓彩绘门上部之熊（图
四）、东汉错银车轴中之熊（图五）等；第三个则后肢交错而立，前肢一在身后，一
曲在身前：第四个则作跨步，后肢一曲一直，分在两侧，前肢左曲右直，左肢曲肘
向下，右肢直而向侧上，西汉青铜酒樽（图六）、洛阳空心砖墓彩绘（图七）中所见
之熊亦有相似姿势；第五个则后肢一足在地，一足抬起，前肢右曲左直，若右肢抬
起，左肢向下后方摆动，整个身体亦随之旋转；第六个则较复杂，后肢右肢向一侧
蹬出，左肢则外撇曲膝，前肢右曲肘翻掌，左曲肘掌心向后，山西西汉墓出土青铜
酒樽腰部所见两个熊像与此也相仿（图八）。

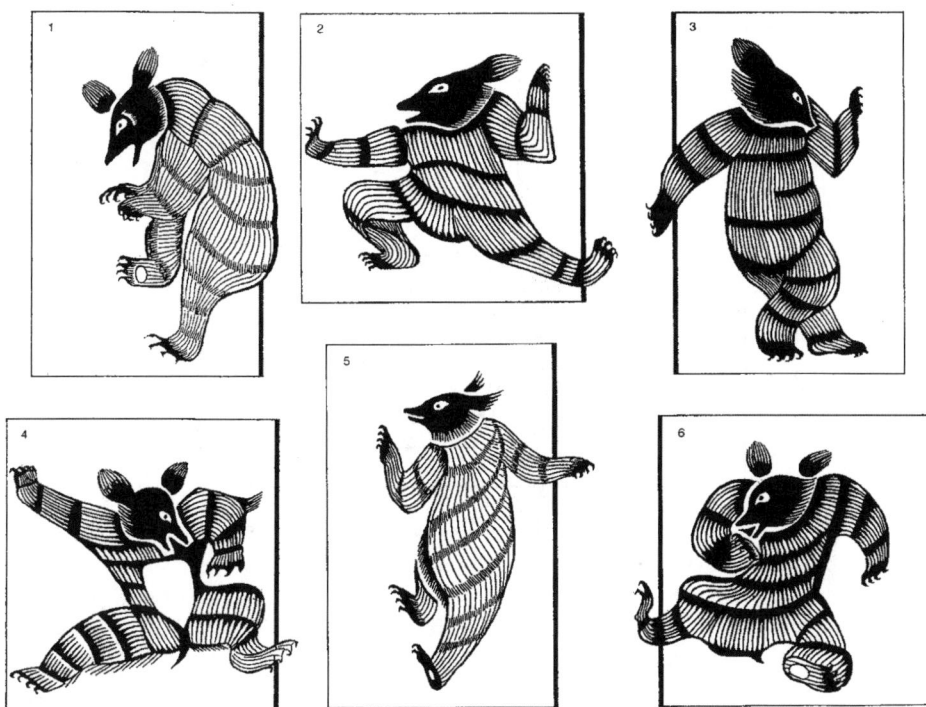

图二　(1—6)西汉银错管状车器上的熊经图案,河北保定 1964 年出土(摹本)

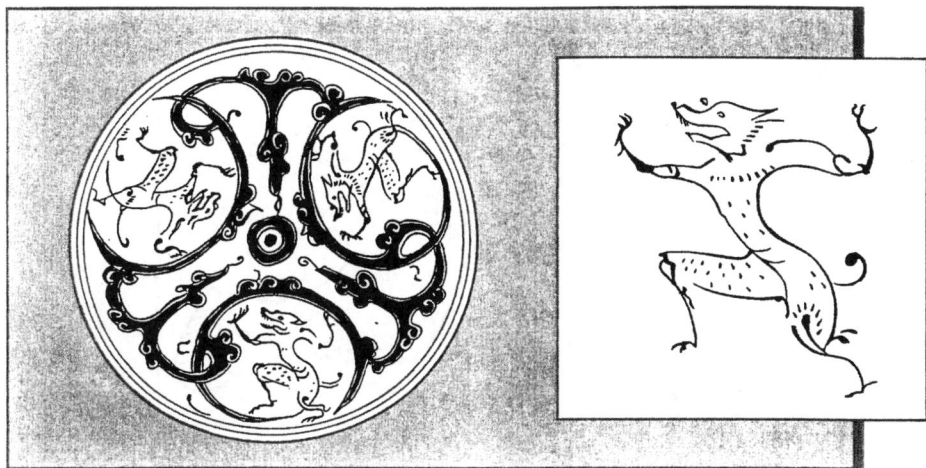

图三　西汉朱绘漆盘(摹本)

图四　西汉洛阳空心砖墓彩绘门上的"熊经"图案(摹本)

图五　东汉错银车轴上的"熊经"图案,历史博物馆藏陈列品(摹本)

图六　西汉青铜酒樽上的图案(摹本)

图七　西汉洛阳空心砖墓彩绘(摹本)

图八　山西右玉西汉墓出土之青铜酒樽腰部所见二熊(原为浮雕,线图难见效果)

图九　四熊均取自武氏祠石刻黄帝伐蚩尤部分（摹本）

汉代文物中所见"熊经"图像远不止此,零星的尚有许多,但成套的当以此为首,另武氏祠石刻黄帝伐蚩尤图中另有四熊(图九),其姿势亦可能是"熊经"中的,可惜残破且过于简略,仅存轮廓,只好一并附于此供参考。从这些资料中可以看出,首先,自战国人已有"熊经"方法以来,汉代一直延绵不衰;其次,"熊经"在汉代已远不止"攀树而引气"一种姿势,很可能已经完成了包括各种姿势在内的套路;再次,华佗创"五禽戏",其中"熊"一部分,当是吸收了汉代"熊经"术的成果而光大之的,绝不是心血来潮的突然发现。东汉末崔寔《政论》说:"夫熊经鸟伸,虽延历之术,非伤寒之理。"《汉书·王吉传》更引王吉说:"俯仰屈伸以利形,进退步趋以实下。"可见西汉、东汉人并没有把"熊经"等方法遗忘,反而记得很牢,而且分析得也很清醒。

可是,汉魏之后,"导引"便被纳入道教系统,《道藏》"尽"字号有《彭祖导引图》。"临"字号又有托名彭祖的《摄生养性论》,显然均为伪托,《道藏》里还有许多讲"导引之术"的著作也都附会了很多神秘怪异的迷信思想,不过,也有不少古代"导引"的方法被完好地保存在这些杂芜的书中,像陶弘景《登真隐诀》卷中便辑有不少健身的方法,《云笈七签》卷三十二《杂修摄》引《导引经》也记有各种引挽之术,这些也许与"熊经鸟伸"都有密切的渊源关系,只是越到后来,它们的本来面目便越含混,以致人们渐渐忘记了它们的起源不过是人类对于动物的"模仿"。

【沈从文(1902—1988) 作家,中国社会科学院历史研究所研究员】
原文刊于《中国文化》1990 年 01 期

数论篇

姜亮夫

　　《说文》释一曰:"惟初太极,道立于一,造分天地,化成万物,凡一之属皆从一。"四十余年前,余尝作《数论》,释一至十诸数,引许说以证其引端生发。以之求教于吴检斋先生。先生曰:"理论甚佳,然许说只得问题之一面,似未周恰。凡事皆须转到其对面一遭,方得全具。然此事至难,愿努力为之。"十余年后,余就食于沪,又过张天放君,相与商量数理。张君曰:"许说仅以小篆六书立数,于甲骨未能悉究。段玉裁或理料以金文,复核以《尚书》《周易》,然犹有其限。欲建立数之理论,实至难行,即体系而言,恐亦仅得其形式;至其思理哲学,未必能当。且就汉方言他文,或尚可为。就'一'之数书,则更不易矣。"以后又请教胡朴安诸君,所遇通人,虽多新义,并未得其肯綮。太炎先生则曰:"许说或有所据,然汉籍妄失多矣,故不论其然否。又如干支定年,是何含义,今亦妄能深悉。则玄谈怪说,难自圆者必多,又得何如自解?"今余"成均楼"四书,只留此汉语卷急欲交稿出版,故以三五月功力,补为此"数论篇",虽通其所未必通,愿达者教之云。

一

　　自魏晋以来,谈玄说理之文亦时见一二。如子建《洛神》、刘勰《文心》、渊明《闲情》。然其于数,皆未论及。赵宋以后,涉数之文渐多,如东坡之诸作、张有之《复古篇》、王荆公之《字说》;凡此,虽各具条例,而于说数仍仿佛蒙昧(荆公尤多伪妄)。明清以还,则有方以智、顾亭林诸家,于数亦皆各有说。他邦学人则有日本高田忠周之《古籀篇》,尚多妙喻。于前人学说,余虽不无所取,然终不愿碌碌依人步,故以自创究实为归趣(虽自创,而于重读时又觉其未妥。然人生不过百年,余今已九十有一,为日无多,但以俟之后生友好),其推集旧说,肤受之文,亦自出心裁。虽或语近夸诞,而自辞每语皆不欲同于人,亦不求和于人者也。

"太极"一词,已含全部通义。"道立于一"之"一",不过为许氏独立自创系列之一端,与二三四五等不相从属切磋;远非"太极"宏洞含盖、生天生地之规模。盖"一"字太阴归"数"系而不得归天地剖判一系列义。试以史籍推集言之,则自秦刻石以上,凡二戴三传,四始、老聃"五千言",韩非"说难",管子"名刑",稷下之邹衍谈天,孔子之"论语",《尚书》之典谟训诰,墨子之"天志",屈子之"天问",等等,皆言及天地剖判,而无一语及"立一"之义。具体论之,则老聃言"道可道,非常道;名可名,非常名","有名天地之始,无名万物之母。"老聃玄言至多,而以一"道"字了之。以"有名"为天地之始,以"无名"为万物之母。意即万物之生,并无定则,草木自有万种,牛马亦百类,并非皆为其胚胎所遗。则此言之妙,已尽千百年人类繁殖、草木鸟兽虫鱼生长之道,又何尝昏昏人手自为之?

试以屈子《天问》证之其言曰:

> 遂古之初,谁传道之?
> 上下未形,何由考之?
> 冥昭瞢闇,谁能及之?

自来解此文者,皆误于一"谁"字,以为此指人事言,曰谁传说称道。非也。传说称道,不一其人,何能言谁?其实,此"传"即"转"之分别字,"道"则与"导"通。传道,即流转导引也,犹今言变化。"遂古之初,谁传道之。"意谓往古太始之元,虚廓无形，又何如变化也。上下，指上天下地。考，成也。此言天地未分，混沌无垠，则上天下地又当如何形成。冥昭句，王逸指日月昼夜，亦非。此但言天象之幽或明。冥昭指天象。瞢闇者，谓其为明为昭，皆晦闇不可方物，故下文承以"谁能及之"之言，其义与《周易》之"天地缊、万物化醇"类。要之，《天问》数言，皆指宇宙生成转化过程如何，而不以"立一"立言，则许氏以"立一"释"造分天地"，其谬自可推知。

自古言天地剖判者多矣，而"无极生太极，太极生万物"四句最为完具，而无言"立"，墨子言"天志"，亦无所"立"，任何一大家皆无言"立"，更无言"立一"者。"立一"实许氏胸中一时妙想，遂成此千古奇谈。故不得不费辞而反复言之，余不得已也，岂好辩哉？

赘言一则：

《论语》言孔子登东山而小鲁，登泰山而小天下。泰山东可临海望日出，北可见黄河，西可见云梦，故曰小天下，意谓能见天下之大也。余昔游青岛，每日早起去海边观日出。初云上，起声如"翁"音，继而转声如"阿"音，最后收声如"轰"音，而太阳于是乎升于天。此三声恍惚朦胧，似有所悟，而难述其意。马叙伦先生曰：此盖即天地生成之音也。余细细推想，似与印度佛学之言天地宏洞之"南无阿弥"者相同。

马叙伦先生又言，以"⌒"为指日出而天地皆现，至于"⌣"并未明表其为地平线。余东至青岛，西及武汉，所见地平线皆作"—"或"⊔"。香港朱水湾作"〰"，巴黎海滨浴场作"⊓"，西班牙海滨作"⊢"。其间虽不尽相同，而无一作"⌒"者。由此观之，则"⌣"不能作地平线视之明矣，则不得以"◯"遂指为天地。

大抵地貌视水面两侧所阻比形而定，而不得以"⌣"所为。则余必晓之不绝一口，余率直所言，愿读者谅之。

二

余唱言反对许说，主立《周易》，⊛为太极之初义，《周易》立此并非督说。

此一Ⓢ实含阴阳二义，为一整体。天地万物无单能从一面而可见其全者，即如薄木如纸屑，亦由两面组成。万物皆然。此理至简，有甲面乙面方能成物，此《周易》之有阴阳也。故两面成一物，而此两面质性必相同乃能周合一全。且两面之同值，决不能以人为成之，必由天地自然为之。恰如中国竹纸固不能与西方磅纸为合。因而万事皆必依天之自然而成其全，生成之理天定也。Ⓢ太极图中阴阳同居，亦即天之所成。且此一图不论世人从何处剖之，皆成阴阳两面，质性不异。此即后人所认识之"天理""天德"也。天象之重要，使人所无以反对者矣。此为人类所受于天者之普遍真理，在中土然，在英、美、德、法、日、意诸国亦同。若有人欲抓一面以高自鸣，必至堕死。无疑《易》以阴阳二语表之，亦不过一种代辞而已。

三

兹举一物以明"一"数之不能与"二"数诸端相推揉。如某年某月某日正午十二时，在杭大校园内花坛北面约二尺许，亦不知其经纬度为何。天大热，无雨，忽生一桃。此桃生后为余所得，而余并不知其本末枝叶与过去一切。以数之哲学义观之，此一桃即为此独特之一桃，世上不能同时同地再有此第二桃，过去没有，将来亦无。吾人之生亦复如此，天下再无第二。

大千世界无殊，千百万年以来，一切生物，其阴阳皆特有，则世界之物千百万，岂一桃之喻所能尽，则求似之喻在今日为至极之法矣。

尚有一事亦当明断一语，以正世惑。即哲理之说，非以为用，特以便于参合耳。然焉驵大师乃以"一"或"丨"为数之始。此为偶疏，并非不知也。此当说明之一事矣。故余以Ⓢ易之，非立异形。以此说之六通四辟，无往而不利矣。

四

十数之本源,各氏族解释理解自有不同,故雅非可言。其中有以"六"之数为系列者,有以"七"为数列者。中土以"十"。此"十"数成一系列,当以何物为揣,谬说极多,余无暇一一列之。今余以人体为十数系列之本源,说之如次:

吾土数字以"一、二、三、四、五、六、七、八、九、十"为一系列,俱以人首加四肢为其基本因子。一、二、三、四、横右掌即可得之。食指、中指、无名指、小指共为四筹码。再加大拇指则为五,其形当为≧(☞)。

六:六字以四肢为因子,其形作𠔼,其中"丨"为人头,"冖"为双臂,"八"为下肢。合之则为𠔼耳。

七:七作"⌒""⌐""⌒"诸形,此⌒之异也。⌒为世界宗教普用之符号,或表祈福祷告之意,或表两人相拥抱成欢快之象。在中土,余以为即《尚书·尧典》"在璇玑玉衡,以齐七政"之意。璇玑即七音之切。下言七政,则无不关男女欢快者矣。故余以此而注《尚书》,老生旧儒皆摇首称怪。余则以系列同类之观点证之,故曰"七"即"璇玑"。又后世称男根曰"玉衡",如《金瓶梅》中时见,正由此生发也。不过此为别一事,不必杂入此中具论矣。

八:十数系列中以八字最为明快,即像人举手臂张开之状。遂得故说八为双臂横举者,人皆无异说。

九:九像弯手屈臂之象,即孔子《论语》所谓"屈肱而枕"之态。其中应以⌒为曲肱而枕状。掌必有所扶掖,故以⌒(九)表之。

十:十则数之全,如两手交叉胸前,如中,为数已尽,故把双臂以示全备而已。

十字系列以人体为主,此一定则无可异议。中土基数以十,十以上为百、千、万、亿、兆、京,大多皆假借,说之不成类列,读之亦不得其义。今余以邻国文化考之,以为突厥文音译中或大抵可得,然此事说来至繁,此不能一一评说矣。

又此十数字,古今亦多借为别字者,如"五"与"午"同音而用,"八"则借为"牡"为"北","九"则以"虬龙"字为同形共用。文字至繁,今实有不可理义者。

【姜亮夫　杭州大学古籍研究所教授】

原文刊于《中国文化》1992 年 01 期

"数成于三"解

庞　朴

一

年轻的父母常为他们幼稚的孩子能从一数到十而乐不可支。因为这标示着认识上的一大飞跃;这是从感知到理解的一个必经的中途岛,人类和个体思想史上的一大驿站。

据亚里士多德记述,柏拉图认为:数,介于感性事物和理念之间。它与感性事物不同,因为它常存而不变;它与理念不同,因为每一理念都是唯一的,而数则彼此相似(见《形而上学》卷一章六)。正是由于数有这种特性,所以毕达哥拉斯派相信,与其将万物本原归之于火,或土或水,毋宁归之于数;宇宙万物似乎莫不可由数范成,数的要素即万物的要素,而全宇宙也是一数乃至一谐和的乐章(见同上章五)。

与古希腊的情形仿佛,世界上许多民族都或隐或显地存在过唯数论的思想,形成了从朴素实在论到观念论的过渡。

在古人看来,数从一开始(零的观念形成较晚,零的符号尤晚),终于十。这也是由人类天生十指的事实规定好了的。于是一和十,在诸数中便有着特殊的意义。其他八个数,也常因其值或因其序,而被赋予了数以外的意义。例如毕达哥拉斯学派及一般地说古希腊文化,都认为四是完满的数,是自然的本原或根蒂,是宇宙以及精神界和物质界的逻各斯(参黑格尔《哲学史讲演录》第一卷第一部第一篇乙),而有所谓地、水、风、火四大元素,有所谓"十乃实在的四"(同上)之说。据人类学家本尼迪克特的调查,新墨西哥的普韦布洛人的祖尼群体,也将四视为神秘的数目,一切都是四元的(见《文化模式》第四章)。

我们华夏族的祖先则特别推崇三。《史记·律书》说:"数始于一,终于十,成于三。"为了表示对三的崇敬,很早便借用了"参"字作为大写的三。这个参,可以表示数量上的三个(如《庄子·大宗师》:"参日而后能外天下。"),数序上的第三和三次(如"参乘",指车主和御夫以外的第三者),倍数上的三倍(如《管子·大匡》:"吾参围之,安能围我?"),分数上的三分(如《左传·隐公元年》:"先王之制,大都不过参国之一"),乃至动态的三(如参考、参校、参议、参稽、参观、参验、参互、参预、参加之类)。以至于,三之为数,到董仲舒便被崇化为"天之大经",有所谓:"三起而成日,三日而成规,三旬而成月,三月而成时,三时而成功。寒暑与和,三而成物;日月与星,三而成光;天地与人,三而成德。由此观之,三而一成,天之大经也。"(《春秋繁露·官制象天》)流风所至,三在中华雅俗文化中,都闪灼着神奇的色彩;时至今日,人们尚解不脱与三的不解之缘。

我们可以视此等重四崇三现象,为初民的蒙昧而不了了之;但也不妨寻根问底,深究一下在中华文化中,三何以如此受到推崇?数为什么于始一终十之外,更要"成于三"?

以前我用纯思辨的办法来解释。说:"人们当然想到过,一切都是从一开始的。但是这个开始的'一',为能开始下去,创生出或变化出'多'来,就必须具备一种动力。如果这个动力是从外面获得的,那么'一'便不成其为开始的一,因为另有一个外力先它而在或与它同在。如果这个动力是从内部获得的,那么'一'便不是一个单纯的一,它的内部应是复杂的;在这种情况下,它又不会因其复杂而是'二',因为二不可能谓之开始,开始者只能是一。这样,纯一不可能开其始,'二'不可能是开始,那么只有具备有二于其自身之中的一,才有可能实现其开始并且真正成为开始,而这就是'三'。只是这是作为一的三,成为三的一;不是作为三的三。这就是三元。"(见《说"参"》,收在《粮莠集》)

这种解释法,纵然说对了,也只能是一种哲学的解释而非历史的解释;并且,在最幸运的情况下,也只能对西方文化有某些解释作用,而对中国宋以前的文化,则几乎不着边际。例如,它便解释不了前引的董仲舒所谓的"天之大经";因为那个"三而一成",即种种"成于三"的现象,完全是经验的凑集,是只谈其然而不问其所以然的白描;而且,其中某些条,更是先有了三的观念而后构成的。

刘歆在《三统历谱》中说过"太极元气,函三为一"的话,似乎更多一些理性的成分;但对它的真正理性的解释,须至宋儒才最后完成。在汉代,对三一的解释,从未越出经验的阶段。例如《乾凿度》谈三画成卦时便说:"物有始、有壮、有究,故三画而成乾。"这个解释,比之《易传》以天、地、人三才成卦来,似乎更接近易的精神。因为天、地、人是空间的三;而始、壮、究是时间的三,更能表示易的生生变化之道。

但是划定物之一生为始、壮、究三个时段,并不真有什么客观必然性;很可能仍是先有了尚三的观念,而后推广为三分物之一生的。于是始、壮、究乃至天、地、人能否作为三画成乾的成因,便很成问题了。

不过如果真能弄清何以三画成乾或三画成卦,也许便能容易理解董仲舒的"天之大经"和刘歆的"太极元气",以至整个中华文化尚三的秘密了。因为,八卦的三画,正是迄今所知的以三为一体的最早图形。

二

八卦是周人的文化。八卦三画的秘密,应求之于周人的生活。

周礼有所谓"昭穆"制度。《周礼·春官》定小宗伯的职责是"辨庙祧之昭穆",小史的职责是"掌邦国之志,奠系世,辨昭穆"。这里所要辨的昭穆乃所谓庙次,与世系之作为世次不同。世系或世次是一世、二世、三世……顺序排下去的;而昭穆只有二元,自始祖之后,父曰昭,子曰穆,穆再生昭,昭再生穆,交替延续。以周王室为例,第一世为后稷,因为是始祖,统领昭穆,自己不落昭穆;二世不窋为昭,三世鞠为穆,四世公刘仍为昭,五世庆节仍为穆,六世皇仆为昭,七世差弗为穆,八世毁隃为昭,九世公非为穆,十世高圉为昭,十一世亚圉为穆,十二世祖绀为昭,十三世太王为穆,十四世王季为昭,十五世文王为穆,十六世武王为昭。由于都是父死子继的关系,所以这里世次和庙次的对应相当整齐:除始祖外,凡双数世次皆为昭,凡单数世次皆为穆。如果出现有兄终弟及或孙继祖位的情况,世次仍依数序计算,庙次便不是交替呈现,而要重叠成昭昭或穆穆了。王室如此,诸侯、大夫亦然;不同的只是天子七庙、诸侯五庙、大夫三庙,祧迁的迟速和庙制的多寡而已。

《周礼·夏官》规定司士的职责是:"凡祭祀赐爵,呼昭穆而进之。"《礼记·祭统》更有:"凡赐爵,昭为一,穆为一,昭与昭齿,穆与穆齿。凡群有司皆以齿,此之谓长幼有序。"足见当时的贵族,不待死后进庙始分昭穆,生前便以昭穆相别了。所谓"昭为一,穆为一",是说祭祀者各以自己的或昭或穆的血缘身份分为两列;孙子排在祖父的后面,父亲和儿子却不在一列,这叫作"昭与昭齿,穆与穆齿"。所以《祭统》接着说:"夫祭有昭穆。昭穆者,所以别父子、远近、长幼、亲疏之序,而无乱也。"

昭穆的功用在于"无乱";无乱的办法始于"别父子"。为什么将父子别到不同的行列里去,形成祖孙并列的状态,便是"无乱",而不是大乱呢?我们且慢追究,先把昭穆制度的各项规定罗列完了再说。

《礼记·丧服小记》:"妾祔于妾祖姑,亡则中一以上而祔,祔必以其昭穆。""庶子不祭殇与无后者,殇与无后者从祖祔食。"这是说,妾死则祔于夫祖之妾;如果夫祖无妾,则上隔一代,祔于高祖之妾。总之以合其昭穆身份为准。殇与无后者亦同。

另外还有墓地的格局。《周礼·春官·冢人》:"掌公墓之地,先王之葬居中,以昭穆为左右。"这一项,我们现在从河北遵化清东陵的布局上,还依稀可见。

祭祀时有所谓"尸",是代表死者受祭的活人。"孔子曰:尸必以孙,孙幼则使人抱之,无孙则取于同姓可也。"(《礼记·曾子问》)为什么以孙为尸而不以子,亦取"昭为一,穆为一"之意。

此外还有一项"孙以王父字为氏"(《公羊传·成公十五年》)的命族法。按宗法制度,嫡长子为大宗,一脉相传,以其先人之姓为姓。庶子为小宗,也以先人之姓为姓,但没有代表此姓的资格,仅称之为"庶姓"或"子姓",周室分封的诸侯便如此。诸侯之子,称为"公子",诸侯之孙,称为"公孙"。诸侯之曾孙,没有称"公曾孙"的,仅以名为称;待曾孙死时,则以其"王父(祖父)字为氏",一面可以记其氏之所自出,一面则自成一族,自行繁衍。所谓"君子之泽,五世而斩"。例如鲁公伯禽的曾孙无骇,死后便是以他祖父公子展的名字为氏,自成展氏家族(见《左传·隐公八年》);也有曾孙死前便以王父字为氏为族的;以王父字为氏,而不是以父字或曾祖字为氏,仍是出于昭穆的考虑。

如此说来,庙次、祭仪、葬制、尸、氏,都是出自昭穆的分别。追根究底,昭穆的分别,又是根据于什么呢?

古往今来,讲《礼》的人成千成万,讲《礼》的书充栋汗牛,似乎没有谁在哪儿如此提出问题。他们都是从昭穆制的既定存在开始,去论证它的意义,去探求人的归属;却从未深究这一制度本身存在的理由。那大概是轻信了礼乃"天之经也、地之义也"这一教义的结果。倒是远距周礼创制时代遥远的今天,摆脱了视礼为天经地义的我们,知道所谓礼不过是生活习俗的反映,才有可能提出昭穆制之源的问题;而民俗学、人类学种种资料的积累,也已经有根据来解答这一问题了。

三

摩尔根在其名著《古代社会》一书中,向文明世界介绍了澳大利亚的卡米拉罗依(Kamilaroi)人的一种比氏族更古老的区分成员的制度。摩尔根记述道:他们将成员分为八个婚级,其中四个纯由男性组成,另四个纯为女性;某一男性婚级,只能与某一女性婚级通婚;而所生子女,却又归入与父母均不相同的另一婚级。其名称与关系为：

　　　　男性　1.伊排　　女性　①伊帕塔

　　　　　　　2.孔博　　　　　②布塔

　　　　　　　3.慕里　　　　　③玛塔

　　　　　　　4.库比　　　　　④卡波塔

　　男性婚级 1 与女性婚级①为兄妹或姐弟,其他各同数婚级亦然。男性 1 只能与女性④通婚,男性 2 只能与女性③通婚,男性 3 只能与女性②通婚,男性 4 只能与女性①通婚。1④所生子女为 3③,2③所生子女为 4④,3②所生子女为 1①,4①所生子女为 2②。

　　现在,我们以 1④即伊排和卡波塔通婚为例,看看他(她)们延续的世系(假定每对各生一子一女):

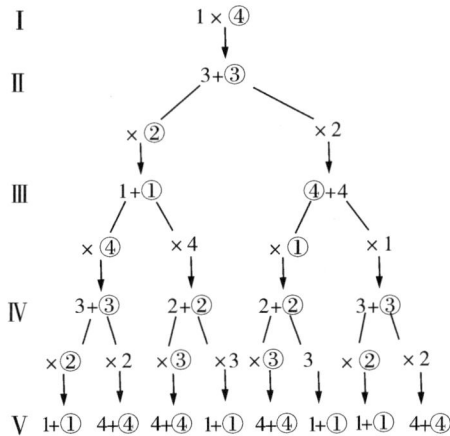

　　图例：Ⅰ、Ⅱ世系
　　　　　1、④
　　　　　× 婚配
　　　　　↓ 衍生
　　　　　+ 同胞

　　从这幅五代世系图中,可以看出,卡米拉罗依人亲属关系中第一代的婚配关系,到第二代外化为异己的子女;子女在异于父母兄妹的唯一婚级中进行通婚;生出的第三代,又回归为本来的亦即其祖父母所属的婚级,当然在量上扩大了。第三代作为表兄妹或表姐弟,又得互相通婚;到第四代又复外化;第五代又复回归。这样,无论从男系或从女系来看,一、三、五各奇数世系,都属同一婚级,二、

四、六各偶数世系,亦复如此。

假定我们命奇数世系为"昭",偶数世系为"穆",那么我们便找到了周礼中昭穆制度的根源!虽然迄今为止,我们从中国文献、文物或民俗材料中尚未发现或注意到这种婚级制的证据,但舍此而外,似乎难以说明昭穆制发生和存在的社会理由。其实,文献中也并非一点可供推想的资料都没有,例如春秋时代齐鲁两国贵族长期联姻,秦晋两国贵族世代结缘,便可能是这种婚级制的孑遗;而曾经风行民间的表兄妹结亲的习俗,也正好是昭穆制的佐证。

以昭穆区分宗族是周人宗法制度的重要内容。商王朝盛行兄终弟及,十六世而有二十八王,其宗法观念不强也无所谓昭穆之别,是很显然的。周王朝以后,由于"郁郁乎文哉"的周礼的影响和儒家亲亲思想的推助,历朝历代,皇室和贵族都很讲究昭穆,风化所及,平民百姓在葬礼祭仪上也有所谓左昭右穆的说法。但昭穆制度在文化和思想上影响于中国之最大者,似不在于昭穆区分之本身,而在于,由昭穆区分中抽象出来的"尚三"的观念。

现在我们可以回到开篇所说的八卦三画而成体的难题上来。很明显,天、地、人的三才说,始、壮、究的三段说,都只不过是一些猜想或托辞。三之具有神秘意味,原来由于在卡米拉罗依式的婚级中,到了第三代便又回到第一代,出现第一轮的完成。将这个人类存在和发展的最基本现象推广为一切物的现象,便是董仲舒所说的那许多"三而一成";再上升一下成为数论,便是《史记·律书》的"数成于三";更抽象一步成为哲学,则有《三统历谱》所谓的"太极元气,函三为一"之类的宇宙论和本体论,以及"允执厥中"的认识论、方法论和价值论。噫嘻,三之时义大矣哉!

一九九〇年夏秋之际

【庞　朴　山东大学终身教授】

原文刊于《中国文化》1991 年 02 期

远古传下来的二进数字

陈道生

我国数字的起源和纪数法,虽经中外数学史、科学史、文字学家的多方研求,至今尚未能找到具体的证据,提出较圆满的解答来,甚至反而有愈来愈感到令人迷惑的情形存在。例如"中国之科学与文明"①这一名著的作者李约瑟氏谓:"……现代形中最初几个数字,无疑的是象形文字;自四以后,便好像系由植物或动物的命名,假借而来。"接着注谓:"四可能系由'犀',六或许是由'菌',百或许是由'柏',万确系由'蝎'假借而来,并象征其具有多种性能。至于描写在人的一足上横加一画的千字晚近形式,实在出自甲骨文。"②

其中关于四六百等字的说法,都不知有何根据,是项令人迷惑具有误导作用的提示。但这不能怪他,因为即使身为本国人的专家和近邻的日本汉学者,以前也只能限于假借等的臆测。

一、传统解释的不合

对我国数字提出第一次解释的,应推一千多年前的文字学家许慎,而不是数

---

① 原名"中国科学技术史"即"Joseph Needham:*Science and Civilization in China*.1954"一书的原题中文名字。但遗憾的是此间译本、原文翻印本,均无原出版处、出版时间。

② 李约瑟,第四册,第 12 页。见文后所列参考资料,后仿此。

学家本身,因为在我国,数字原是文字的一种。但许氏在《说文解字》中,对我国数字的解释,是一种哲学上的臆说。谓:

　　一、惟初大极,道立于一,造分天地,化成万物。弌、古文一。(许慎,第1页,见后列参考资料)

　　二、地之数也。从耦一。弍、古文二。(第684页)

　　三、数名。天地人之道也。于文,一耦二为三,成数也。……弎、古文三(第9页)

　　〤、阴数也。象四分之形。……ㄇ,古文四如此。三、籀文四。(第744页)

　　𠄡、五行也。从二,阴阳在天地间交午也。……乂、古文五如此。(第745页)

　　𠫓、《易》之数,阴变于六,正于八;从入八。(第745页)

　　𠀁、阳之正也。从一,微阴从中衺出也。(第745页)

　　八、别也,象分别相背之形。(第49页)

　　九、阳之变也。象其屈曲究尽之形。(第745页)

　　十、数之具也。一为东西,│为南北;则四方中央备矣。(第89页)

　　这里的"太极"、"道"、"天"、"地"、"人"(三才)、"阴、阳",都是极形上的观念,当时初民造数字的时候,自然未必有这样的大道理。其中只有八字全由字形上来解释,较合科学的方式。这些观念大部分都从当时以《易经》为首的经书上取来,因为当时正是经学的时代,而从此以后,经学的权威又一直到清末尚未稍减。于是千余年来,即以许氏所说为定论,更有推而广之,用各家如道家"道生一,一生二,二生三……"的哲学加入解释的。(如义证、部首订等)理由似乎越来越充分,但离事实却越来越远,因为多是一些牵扯附会的臆说,没有明确的证据。除了先民造字时不当有这些抽象复杂的观念外,这些引来解释的资料如《易经》等,都是在有数字以后的,除非能先证明这些资料在有数字之先,在逻辑上是说不通的。还有一二三和甲骨文上的三(四)字和𠄡(五)字等,明明是以抽象化的数画多少来表示的,是一种指事字,我们用目验就可知道的。这一支配了近两千年的说法,遂慢慢地有人加以怀疑。

二、丁氏的说法、影响和得失

到了清末民国,因受西方科学方法的影响,加以金文材料的累积,以及甲骨文等地下资料的出土,学者的研究渐重实证,遂开始寻求新的解释。中间以丁山《数名古谊》一文影响最广,如朱芳圃《甲骨学》(文字编)、高笏之《中国字例》、李孝定《甲骨文字集释》,即多采用丁说。其他如于省吾、郭氏等重要文字学家,也多采信丁说,下文讨论到各字时,再举例说明。现在先检讨丁文要点:

一、丁文先指出:纪数的方法,不知什么时候开始。中间经过文字改革,也看不到当初的原始形状。两千年来多以许书(《说文解字》)三才、五行、阴阳、正变的解释为定论。另举《说苑》、张璠、王筠各说,指出都有矛盾的地方,并许书都是可疑。

二、举《殷虚书契》三、页一页二的数字资料为证,六七九十等数字和许氏所知的完全不同,解释也不相符,因知数名的原始意义不但许氏没有师传,两千年来的老师大儒也都未得其解。

三、依汪中《述学·释三九·中》"一奇二偶,一二不可以为数,二乘一则为三;故三者数之成也。积而至十则复归于一"的理论,谓数始于一,二三等字成于积画;一丨(十)诸文纵横成象。四字系借呬字为之,五为"收绳器"借为数名,六为借入而来。七即切字,八同许说,九谓却肘字(先谓刂字)。③

上述丁文指出的一二项都很正确,唯第三项除积画字外,其他两点都有错

---

③ 丁山,1928年。

误:一为所依据"一二不可以为数"的汪说,大错特错。因为同以十为底的十进数一样,以任何的自然数为底,都可造成一系统的数。配合着零,只要用"一",就可以造成另一个系统的数——二进制系统的数来。用到"二"时,又可造成另一系统——三进制系统的数来。二种系统都可和十进制系统一样记出无穷无尽的数来。而此前不能圆满解释的许多数字,正好就是属于二进制系统的。④ 二氏怎会料想得到呢?另一为丁氏所释的假借字,多有不合。

三、"积画""错画"系统的理出

以后各家继续研究,对积画以外说不通的数字,也和大多数的方式一样,一律以"假借"来解决,但这项办法偏偏是最不可靠的,所以多陷于分歧支离、矛盾百出的状况。唯一的收获是,发现我国数字可以分属"积画""错画"两个系统,郭氏谓:

> 由一至十之基数,十字具备,其字形作……此十位数字中,于文字之结构上,可判为二系。一至三为一系,五至十又为一系是也。此与十干甲乙丙丁为一系,戊至癸又为一系者,若合符契。余意十干乃与基数相应之次数,初民数字观念仅多至四,与之相应之次数,仅由甲至丁,基数观念进化至十,则次数亦进化至癸,故文字之结构,同判为二系也。左氏昭三年传"齐旧四量:豆、区、釜、钟。四升为豆,各自其四,以登于釜,釜十则钟"。此即初民以四进位,后改为十进位之证。⑤

于省吾氏谓:

> 按郭氏于契文纪数字卓有见地……而谓一至三为一系,五至十又为一

---

④ 陈道生,1971 年,1972 年。
⑤ 郭氏,1933 年,第 7 页。

系；其第二系之分画，殊有未当。又谓：初民以四进位，一二三三以倒指故横书，亦不可据。契文一至四均为积画，五至九均为错画，十虽进位，而复返于一……与鄙见颇有出入，兹分述于下：……庚，由一至九可分为二系，而五居其中。按由一至四，均为积画，此一系也；由五至九，变积画为错画，此一系也；数至十则返于一，故不应列十也。郭沫若以五至十为一系，失之。……初文之纪数字，由五至九，本作╳∧十ㄅㄡ，均由二画结构而成，此可为自成一系之谳，尤可为五字本不作╳之证。╳字虽为第二系，而实处于一至九承上启下之中枢地位，前于五者为一二三四，后于五者为六七八九。……综之，人类之进化，由结绳记事，演进为数字之记事，至今蛮夷尚有上古结绳之遗制。然则初有文字，当以纪数字为发轫，纪数字可谓为初文中之原始字，由一至四，均为积画，积画既多，则不胜其烦，故由五至九，均用至简之二画以构成之。五处数之中枢，故为交午形以示之。然则初文之纪数字，虽无深奥之意义，而部居之分画，排列之有方，其为有意识之组织，灼然明矣。⑥

按"积画"一名自古已有，王鸣盛《蛾术篇》谓："康成云：古三四皆积画。"⑦丁氏前面也已用过，谓："二三诸文成于'积画'"（第 90 页），"四承三形，'积画'为三"，"自五以下不可'积画'也"，"'积画'为三不若借∧之为简易也"，"'积画'为三，不若借∧之为简易也；七八九准是。"⑧郭氏则明显指出两种系统；于氏对郭氏小有纠正（进位至十部分），指明二种系统为"积画"和"错画"（交错或交叉的笔画）。这一观念的提出，很是重要。因为数本身即为很有系统的东西，积画一系的造字方式既有一贯性，错画的一系就不该东借西借，这样的紊乱支离。但他们虽在证明时失败了，却提给了我们这条思索求证的新线索，也是很有价值的。

---

⑥ 于省吾，1943 年，第 31—33 页。
⑦ 丁福保，1928 年，第 6529 页。
⑧ 丁山，1928 年，第 94 页。

四、二进纪数系统和二进数字

二进纪数系统，是以"二"为底（base）的纪数法，整个系统只要用"零"和"一"两个数字就够了。它是目前新数学讨论的东西，但它在近代的历史，也有二百七十年了（从莱布尼兹发现二进算术算起）。而它在我国的历史，竟有数千年之久，超过了过去记载的算学史之外，现在加上去，要算是我国算学史上第一章。其实，它在采用位置值的纪数法中，是再没有更简单的了。用惯了十进法的人，只要记得将底换为"2"就够了。它没有十进法背九九表的麻烦，只要记几条简单的基本加法和乘法要点就够用了。以"2"为底的基本加法和乘法要点是：零加零等于零（0+0=0），一加零等于零加一等于一（1+0=0+1=1），一加一等于一零（1+1=10）；零乘零等于零（0×0=0），一乘零等于零乘一等于零（1×0=0×1=0），以及一乘一等于一（1×1=1）。你看多简单？对于好懒不喜欢背九九表的人或儿童是很便利的。我们在下面列个从一到二十的"十进制"和"二进制"纪数对照表来看看。这个表在下文释字的时候，可作对照之用。

表一　从一到二十在十进制和二进制纪数中的情形

十　进　制		二		进		制
10^1	10^0	2^4	2^3	2^2	2^1	2^0
	1					1
	2				1	0
	3				1	1
	4			1	0	0
	5			1	0	1
	6			1	1	0
	7			1	1	1
	8		1	0	0	0
	9		1	0	0	1

十　进　制		二　　进　　制			
1	0		1	0	1	0
1	1		1	0	1	1
1	2		1	1	0	0
1	3		1	1	0	1
1	4		1	1	1	0
1	5		1	1	1	1
1	6	1	0	0	0	0
1	7	1	0	0	0	1
1	8	1	0	0	1	0
1	9	1	0	0	1	1
2	0	1	0	1	0	0

从上表可以看出：二进制只用到"0"和"1"两个数字，但记到 2 就用了二位数，记到 4 就用了三位数，记到 8 就用了四位数，记到十六时竟用了五位数之多。十进制记到十才用到二位数，这也就是它们的优点缺点。其实，今日电脑时代，一切用电脑来算，所以位数再多也不怕。我想二进制一定会在我们的生活中恢复其重要性的。

二进算法在我国的历史，可以确实追查到九百多年以前邵康节的时候，又从而追查到一千多年前陈希夷的时候，再追查到二千五百年前易传的时期，然后又再进一步由甲骨文中的二进纪数字，追查到三千三百年前的殷初。现在又可从干支字中的二进数字，追查到夏代以前，更进而由其中的结绳字，追查到了远古的结绳时期，真是一件不可思议的事！上面郭氏和于氏二人提到的我国错画系统数字，大部都是这一"二进系统"的数字。过去不知道这一事实，以为都是假借字，又有种种错误的猜测。如上述郭于二氏都谓二系数字均以五为分界，一至四为一系（积画），五以后又为一系（错画），即完全错了。因为错画系统的数字，自一到十都有。积画的䷀䷀两字已不用，一又积画错画都同，所以实际上只有二三两字通用。在数量上积画比错画字少得多，本节要探讨的，主要就是这一部分的错画字和少数的例外二进数字。现在先把它们整理成下表，然后再来加以分析证明。

　　既然发现在我们的数字中,有这样多的二进数字。我们就应该追查出它的来源、原因来,并且要有可靠的证据来加以支持,不能再像过去那样,随便加以臆说。这可以分为以下两项来检讨。

　　一、我国二进纪数字的来源和造字原因　　我国的数字是文字的一种。因此,我国数字的来源,和我国文字的起源与发展有关;造字原因则和记载文字与纪数的工具有关。我国传统根据《易经·系辞》"上古结绳而治,后世圣人易之以书契,盖取诸夬"的记载,和诸子各家的资料,以及许氏《说文解字·序》等所说的,都谓我国文字的起源发展,分结绳、卦画、书契三阶段,而推八卦为万世文字之祖。[9] 但持科学态度的人士,多以没有证据而加予怀疑。尤其"中研院"历史语言研究所的研究,直指商代无八卦,谓八卦乃周人所创。[10] 其最主要的论据是在甲骨金文的资料上,都没有关于八卦的资料。其实,这一主要论据的出发点是有问题的。第一,甲骨金文中,其实可能隐藏了不少这方面的资料,而是读者没有看出来。第二,在逻辑上来讲,除非在全部资料完整无缺的情况下,才能作这种论断。而事实上散失的部分很多,而资料可能刚好在散失的部分。第三,甲骨多为卜后弃置的废物,是不重要的、范围有限的资料。重要的资料应该已代代相传下来,如经书等纸上资料可能即是。笔者的各项研究结果,正证实了以上各点的问题。有充分的证据和理由,证明古史相传的结绳、八卦、文字,确是我国文字发展的承接阶段。现在分述如下:

　　(一)结绳的存在于上古,大致怀疑的人较少。因为在我国边疆和世界各处都尚有这项结绳记事的事实可考。问题是结绳如何结法和如何变成八卦,以前一点线索都没有。但结绳和八卦的关联,古史确有明确的资料。《左传·昭公十二年》"楚子代徐"条谓:左史倚相能读三坟、五典、八索、九丘。马融注:"八索:八卦。"《国语·郑语》:"平八索以成人。"韦昭解:"八索:八体,以应八卦。"孔安国等也谓八索言八卦之事。有人将八索的索作动词解,谓即指震一索而得

　　⑨　柳诒徵,1948 年,第 39—47 页。
　　⑩　余永梁,1928 年;屈万里,1957 年。

男等。这说法是不对的，因为六子只得六索，和八索不合。这里的"索"显然是名词。从上文的语文构造上就可以看出。《小尔雅》谓："小者谓之绳，大者谓之索。"颜注《急就篇》："麻丝曰绳，草谓之索。"正合上古草昧时期的情形。所以这索是指绳索的"索"，十分明显。

表二　"结绳""错画"的二进数字和"积画"数字演进表

数字	积画	书契			爻象	结绳
		错画/积画（二进数字）				
		其他	干支	现存数字		
一	一	⊞	＋（甲）	（见甲）	☰	丨
二	二		✕		☱	丨
三	三		丙 丁	（见丙）	☲	（见御）
四	≣（四画）	（多形）			☳	
五	≣（五画）	壬（壬上）	Ⅰ（戊·见字内）	✕ ✕	☴	午
六		⌃		介	☵	王
七		△ 壬		＋	☶	
八				八	☷	
九			Ⅰ（壬）	（见终壬）		终
十			✕✕✕（癸）	（见癸）		十

（二）我国现存字及数字中，尚多结绳时期保留下来的象形字。如系、御、午、关、孙（见图一）等字。由目检即可了解。由其中的 ⅋ 可证 ⅃ 都是绳上打有结的形状。尤其关字内的 ⅋ 乃玄（ ）的倒写，根本就是绳字本身。高笏之先生谓：" 即绳之初文，象形。……牵字从之得意，可证也。……老子：'绳绳兮不可

名。'即玄玄兮不可名。(门人王淮发明)"⑪我国十字系在后来采用十进制时,竖一来当十用的。丁山谓:"我国纪十之法,实竖一为之。""纵一为丨,丨之成,基于十进之通术。"⑫于省吾谓:"数至十,复返为一,但已进位,恐其与一混,故直书之。是一与十,只横书直书之别。初民以十进位,至明显矣。"⑬李孝定谓:"契文金文十字均作丨,即一字之直书。于氏以此为初民纪数以十进位之明证,其说至确。"⑭总之我国十字系由竖一而成,乃已公认之明显事实。由此可见金文中的我国古文(十)字,就是结绳的"一"字,事实也至为明显。同时可知(午),也就是结绳的"五"字;在下面解释"五"字时,会再进一步用文字学原理和数理解析来加予证明。

图一　绳和结(点)

(三)在结绳的象形字中,"结"再变为八卦的阳爻(▬),也有明显的证据。在古文字中(包括甲骨、金文),点(●)可以变成横(一),是最常见的例子(见图二)。图二所附《钟鼎字源》所收聘钟的"丨"(十字)特别强调中间的"●",再加上文姬彝的"+",谷口角的"十",便可看出由点变横的实际情形。由●、丨、+、十、四个字中,实可看出我国文字的整个进化史。

---

⑪　高鸿缙,1960 年,第 143 页。
⑫　丁山,1928 年,第 90 页,第 94 页。
⑬　于省吾,1943 年,第 32 页。
⑭　李孝定,1965 年,第 719 页。

图二　点（结）、横

但过去有人以为十字的变化，系先由丨变为♦，依款再变为♦♦十的，丁山谓："我国纪十之法，实竖一为之：自丨（殷虚书契三，叶廿三）变而为♦（孟鼎），再变而为♦（克钟），三变而为♦（秦公簋），四变而为十（筷鼎）、为十（诅楚文），于是像东西南北中央五方俱备矣。"（见注⑫）于省吾谓："按契文十作丨，金文作♦♦十，初则仅为直画，继则中间加点为饰，由点孳化为小横，数至十复返为一。但已进位，恐其与一混，故直书之。"（见注⑬）高笏之先生谓："按丨为假象数目字，作竖画者，以别于横画之一也。……周初于竖画之中点作肥笔以取姿，后渐变为直中加点。周秦之际，点复变为一横，小篆本之，隶楷皆依小篆。"⑮李孝定谓："早期作丨（肥其中者徒取笔意之美）与契文同，次作♦，又次作♦，又次作十，则渐近于小篆矣。"⑯这种十字演变的次序，其实是不对的。按人类观念的发展，乃由具象到抽象，上文证明在甲骨文中即可用"♦"来代替"❽"，乃是表示绳上有一个"结"的形状，是以一结来表示一的象形字，后来在进位时才借来表十的。"一"或"丨"比"♦"远为抽象，二者从形状上，已不能判定为何物，竹签（筹）？手指？……董作宾氏谓："殷人在精美铜器上刻字，为了配合这美术工艺品，欢喜写古体字……这种字也就是甲骨文以前的原始图画文字。"⑰"我认为原始文字的，乃是殷代还在使用的'古字'——他们认为美术体的文字，就是现存的在二千件以上的金文铭刻。……殷代有通用的符号文字，如甲骨文，是他们的'今文'；而刻在精美花纹铜器上的文字，是他们的'古文'。殷人爱美，用在美术品上的字，要写美术体；这种文字，也如今人喜欢写篆字。也就是远古传下来的原

---

⑮　高鸿缙，1960年，第三篇，第417页。
⑯　李孝定，1965年，第720页。
⑰　董作宾，1952年，第29页。

始图画文字,可能是甲骨文的前身。"(第 36 页)再证以上面图一和本节图二上的资料,和结绳等的历史记载资料,"⸶"字为"远古传下来的图画文字",应无问题。

至谓⸶肥笔的部分,也要在这里加以说明。丁氏、于氏及高先生以为由丨⸶⸶⸶的顺序演变,其实其中"⸶⸶⸶"的演变在事实上,刚好相反。最初是"⸶",因本字圆点和直画交叉处,内中四角向内尖锐凸出的部分(见图三),较为单薄,易遭摩擦,及为锈蚀所损,[18]中间的圆点变成了长椭圆形,年代越久椭圆越长,和中间的直画合在一起,遂变成了各氏所谓肥笔(⸶)的一形。以至郭氏误以为像

图三 ⸶字放大图

掌形,竟谓:"数生于手,古文一二三四作━ ═ ≡ ≣,此手指之象形也。……即以一掌为十。……故罗马数字之……五作∨,即掌之象形文。中国以一掌为十,故金文十字作⸶(甲骨文作丨,以不易作肥笔而省之),一竖而鼓其腹,亦掌之象形也。"[19]则离事实更远。前人已有辨正。

(四)在数理上,凡用二项符号法记数,必为二进记数。在绳上能看到的,只是有结无结,也是二种情形,正和二进记数的只用"一"和"零"一样。笔者在《重论八卦的起源》[20]一文,对字形和数理上,曾作图详细推证。(见该文其二一八至二二四)文内提到:"假如用一把每位一个珠的二进法算盘,那就只用一句口诀,就是'逢二进一'或'二退一进一'就行了。"但没有作图说明。今注意到后汉徐岳的《数术记遗》中,"太一算"就是用一个珠的,但是注解者加上算板刻为九道一因数,变成了十进制,恐就是由结绳的二

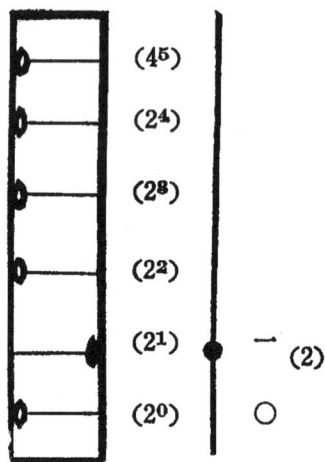

图四 太一算推测图

---

[18] 苏莹辉先生口告有此情形。
[19] 郭沫若,1931 年,释五十,一。
[20] 陈道生,1966 年。

进制演进来的。又我国算盘和算筹都是以空位表示零,恐也是受结绳的影响,因为结绳受每位只能打一结的限制,除非有结,要不是就是空位(无结)。这一情形影响到后世的算器、计算法和纪数法,不急于用零的符号,只要在用零的地方空一位就够了。算筹算盘的空位记零法,据李约瑟氏的研究谓:"在第八世纪以前,和李俨举出的《孙子算经》中的例子一样,凡是需要零的地方,都空出一格。这种办法,在敦煌石室所藏唐代手抄本中,数见不鲜。有一卷名叫《立成算经》的手卷,内中载有用楷书与算筹数字作成的乘法表,我们在那里就可找到把 405 写成三 三。"[21]这点我们可以继续研究。

我国八卦中的爻,也是以阴(− −)阳(—)两项符号来表示的,经德国大数学家莱布尼兹,在邵康节传出的六十四卦圆方图中,发现也是依照二进位排的。但这件事尚有争论,即在他的大著《中国科学技术史》中,如此赞赏中国古代成就的李约瑟氏也谓:"这种说法自然不能采信。"但笔者最近一系列的研究和本文,都证明我国上古确实用过二进纪数法。从邵康节、陈希夷,说卦资料的分析,二进数字的发现,学字从学"爻"学"文"学"字"学"文字"会意、书或画字从用笔画(书)"爻"到画"文"的发展事实,在在证明八卦和文字的联系与二进记数的存在。[22] 八卦确是源于结绳二进记数排成的,当已论定。[23]

二、我国二进纪数字的追查和分析　我国二进纪数的明显事例既然确已发现证明,而又找出和证明了结绳、八卦、文字的承接阶段,我们就可以站在八卦这一阶段,上推结绳(记在文字的部分)、下寻文字中的数字。因为八卦只由二个符号(共三画:— − −)组成的,它的变化自然有限,而又要符合历史已知条件,自然变化的条件就更加有限了。《说文解字》中对爻字的解谓:"爻,交也。象《易》六爻头交也。"(爻部,第 129 页)按爻有阳爻阴爻二种,叔重所举的爻不能看出六爻,也看不出头交的样子,而是四画在中间相交。因而后人多有怀疑的。如徐

㉑　李约瑟,第四册,第 17 页。

㉒　陈道生,1966 年;1971 年;1972 年,五月,八月;1973 年;1974 年,五月,八月;1975 年。

㉓　年前执教美国哈佛大学友人来信谓:"可近定论。"唯其时尚未见笔者以后发表各文。笔者《新数学和旧光荣》一文,为中华文化复兴运动推行委员会选入"文化复兴论丛"第七辑科学论著部分,序中谓各文系选自海内外发表著作。其他书文亦见有引用者,不详。

灏在《说文解字注笺》中谓:"头交,疑当作相交。"㉔原来金文中有六画相交的爻字。《说文古籀补》谓:"许氏说:爻,交也,象易六爻头交也。古爻字六画相交不省。"㉕见于《金文编》的爻盉、小臣系卣、父乙簋、父乙爻角中的爻,都是六画相交成㸚。㉖但许氏并未看到这一形,《说文》内并无此字,可知这不是由六画阳爻相交,也不是由阴爻六画相交的例子。因为阴爻每爻断成二短画(--)。六爻共有十二画,不能作这一形的交法,而是阴爻三画,自身二短画各自相交的情形。但卦爻的变化是由阴阳二种爻产生的,可知除了阴爻自交外,尚有阳爻相交和阴阳互交,以及变化的例子。笔者前在甲骨金文的五(𝕏)字、六(⼊)字中,已查出阴爻自交和变化的情形各为"×"(阴爻--本身二短画自交)、"八"、"‖"(同一字分化为他字时的变化,如𡕥⼊),二阳爻相交则为八形的头交,并指出六字系由巽卦演变而来,加以分析证明。㉗因此我们很容易就找出了二进数字的造字法则如下:

　　一、结绳用点(结)表"一",用"空位"表"零"。
　　二、卦爻:用"—(阳爻)"表"一",用"--(阴爻)"表"零"。
　　三、文字:用"—(一横画)"表"一(数字一)",用"空位""×、八、‖"表"零"。

上面的法则或"二进数字构成律"是十分重要的,因为任何东西的研究,只要找出它的法则或定律来,就可解决同样的许多问题。用空位表零是结绳的必然结果,就和算盘也用空位表零一样,因为零就是"无",无的地方当然是"空"。但空位有一缺点,就是,当空位是第一位时,在照二进位法则写成记号(文字符号)时,就容易把第二位误认为第一位。所以在八卦和文字中就要有表零的记号。"—"很好解释。无论用结也好,用点也好,直画也好,横画也好,都必定是

㉔　丁福保,1928年,第1394页后引。
㉕　吴大澂,1985年,第18页。
㉖　容庚,1938年,三、四一、第181页。
㉗　陈道生,1966年,第233页;1972年,第117页。

一结一点一直一横,中外古今都是相同的。在八卦中,阳爻代表一,阴爻代表零,其实是很好判定的。因为它们代表的,都是相反的对。如"阴、阳""女、男""地、天"(此一顺序为殷易坤乾的顺序,当另为文叙述)。照这项法则,则它们也代表"无、有"。"一"代表存在的开始——有(being),中外都有例子是很容易了解,有的反面就是无(nonbeing)。也可照这一法则得出,同时无也就是零。因此阴爻代表零也就知道了,邵子文记邵康节旧事谓:"邢和叔(恕)欲从先君学,先君略为开其端倪,和叔援引古今不已。先君曰:'姑置是,此先天学,未有许多言语,且当虚心涤虑,然后可学此。'"(见《宋元学案·百源学案》)我为证明阳文代表一,阴文代表零,以前费了很多笔墨,其实对内行人来讲都是多余的。阳爻的一,在和本身相交时,也变为斜画(见甲骨文的 个 字),但和阴爻的斜画不同。阴爻本身因系由二"断画"构成,所以本身斜排时,中间隔开相当的距离,避免本身头交,以免和阳爻的相交形相混。

既然找出了法则,我们就可根据上项法则,来检查和找出我们的二进纪数字了。

(一)✖ 这一个字实即"无"的本字,于错画系统数字的结构分析中可以看出。见笔者《八卦及中国文字起源的新发现》一文及后文。唯《说文解字》中列有一古文五字和 ㄨ 字,与本字同形,因此,文字学者受说文先入为主的影响,没有朝这一方向去追查个究竟。按本字在甲骨文的早期或以前已用为"学"字,在甲骨文的学(爻爻)字结构中可证,后变为"爻"(单独成字)、"爻"、"爻"。[28] 文字学家已不能认出,卜辞中有"学戉"写作"爻戉"的,皆以为是因同音,假借爻来当学用,或由学字"省"来的,按此二说都不通,爻先有(见表一)学后出,不应有了学,还要假另一字来用,也不应说先出字从后起字省来。各家都不把"爻"列在学字部分,而列为不明意义的爻字。李孝定氏谓:"卜辞中学戉亦作爻戉,人名,无义可说。又疑假为驳,辞云:'王爻爻马亡疾'(拾、十、六,生按即叶玉森一九二五。)爻马、驳马也,说文:'驳,马色不纯,从马爻声。'按色不纯亦有交杂之义,是当云爻亦声也。又云:'☑受□新赓至贞自爨□六爻□'(藏一〇〇、二)言六爻,

---

[28] 陈道生,1972年,第113页、表一,第115页。

不详其义,当非易六爻之义也。又云:'己亥☒贞爻其爻雨止'(续二、二八、二)义亦不明。"㉙按笔者前已证"爻"即"学"字甚明。㉚ 并指出:"今证明:一有文字符号即有儿童的文字教育,比我们想象和历史记载的都早得多。"(1976、第745页)爻用在卜辞中已定型为"学"字,一为动词作学习解;一为名词作今日所称的学校或教育解;另一则为形容词,和别字连用时,形容那事、地或人等和学有关。上文李氏所引《铁云藏龟拾遗》:"王弜爻马亡疾"的"爻"字即作动词解,"爻马"即"学马",也就是学骑马,因古时骑字尚未分化出来,马可以骑,所以马字也有骑义。另引《铁云藏龟》(一〇〇、二)的"六爻"即"六学",乃名词指学习的地方,犹周代中央五学及虎门小学之类,《孟子·滕文公》上:"学则三代共之。"前人不信,今据笔者研究(见一九七六该文),可证孟子这话不假。所引《殷虚书契续编》(二、二八二):"己亥☒贞爻其爻雨止"内的爻字也是名词,相当:"未卜禘不视学"的学,也指学校。李氏及各家所谓无义可说的人名"爻戊"中的爻,则作形容词解,指主学的人,犹今日的教育部长、校长之类,不是人的私名,甲骨文中,父母兄子称谓有:"父戊""女戊""兄戊"、帝王称谓有"太戊"等例,皆用干支为人名,另加形容词分别身份。仿此,"爻戊"中的爻指所司的事(或职业)为学或教育,戊为人名;整个辞翻译成白话为:"管教育的名叫戊的人"。如果要举个更实在的例子,则如我们说"教育部长蒋彦士","爻戊"中的"爻"就相当"教育部长","戊"就相当"蒋彦士",这就十分清楚了。

笔者曾一再证明:学字从"爻(✕爻)"、学爻(图)、学文(图,介 通文,有证)、学字(图下的图)、学文字(隶书学字中的李)演进而来。最早的学字即以所学的东西"爻"来代表。㉛ 这是有成例可寻的,如《史记》谓孔子作春秋"笔则笔,削则削"的笔,就是作写解,因为笔可以用来写。仿此,爻是所以学的,所以最早的爻也就可以当学字用。还有后世对"爻""学"二字的解释也还是一样。学的意义为"效",伏生《尚书大传周传》谓:"学,效也。"(引见《仪礼经传通解》)朱子《论语注》:"学之为言效也。"(《学而》第一首句)爻也有"效"一义,《易经·系辞》上

㉙ 李孝定,1965年,第1129页。
㉚ 陈道生,1972年;1974年;1976年。
㉛ 陈道生,1972年;1974年;1976年。

传第五章:"效法之谓坤。"《集解》谓:"爻,犹效也。"下传第一章:"爻也者,效此者也。"第三章:"爻也者,效天下之动。"《本义》谓:"效,仿也。"效和仿是同义字,这里是用仿来解释效。由此及学字字形演进分析看来,可知"爻""学"实为同一字的古字今字[32]。至于爻由阴爻造成的一形来代表,我们就可从上引"效法之谓坤"一句找出原因,坤有效的作用,所以就由组成坤的阴爻来代表,造成了解作效的这个最早学字。

表三 表零法

$$\text{⫲} \cdots\text{⫲} \cdots\text{⟋⟋} \cdots\text{⫶} \cdots\text{✗} \cdots\text{⫶} \quad \blacksquare\blacksquare \cdots 2^2 \times \bigcirc = \bigcirc$$

$$\text{⫲}\,\text{⫲} \cdots \text{⟋⟋}\,\text{⟋⟋} \cdots \text{✗}\,\text{✗} \cdots \blacksquare\blacksquare \cdots 2^1 \times \bigcirc = \bigcirc$$

$$\text{⫲}\,\text{⫲}\,\text{⫲} \cdots \text{⟋⟋}\,\text{⟋⟋}\,\text{⟋⟋} \cdots \text{✗}\,\text{✗}\,\text{✗} \cdots \blacksquare\blacksquare \cdots 2^0 \times \bigcirc = \bigcirc$$

按"✗"原为"无"字,于后释数字结构中可证,又八卦代表相反之对,阳爻代表"有",阴爻则代表"无","✗"字系由一阴爻之二断画自交而成,已证于前。又从"✗"各字中,✗均有"无"或"使无"的意义,如"桼"从二木间有空(无)会意,《说文》解爾字谓:"𢼄,其孔。"(《说文》爻部)有孔也就是空处无处。《说文》又谓:"✗,芟草也。刈、×或从刀"则有使"无"的意义,刈即用刀使无。或谓:"用钩镰之属。"(段注)又谓:"像剪。"[33]都不妥当。因在造甲骨文的早期,有没有剪这样进步的工具,尚是问题。将甲骨文中的"✗"释为×的都不对,因在甲骨文各辞中无一有"✗"的意义,原片或为地名、祭名、人名等。盖皆上释"学"字的初文,古时的学有供学习、祭祀、告朔、飨射、养老、布政、敷教、命官、选士、出征聚谋、凯旋献馘等多种用途。✗用既为学字专用,乃假借"亡"字,后又假借"无(舞)"字相代。李孝定氏谓:"有无之'无',古无正字,作'无'作'亡',均是假借。"[34]有无应为生活中原始观念的一种,不应没有正字。其实,无字在结绳期系以"空位"表示,爻象期以阴爻代表,演为文字后则变为"✗",今日表示不是或取消,中外尚用打叉来表示。可见这一符号乃是依人类的共同心理所造成,所谓"人同此心,心同此理",所以不分古今中外都能相通。

---

[32] 陈道生,1972年,表一。

[33] 李孝定,1965年,第3719页。

[34] 李孝定,1965年,第3806页。

表四　二进纪数的一

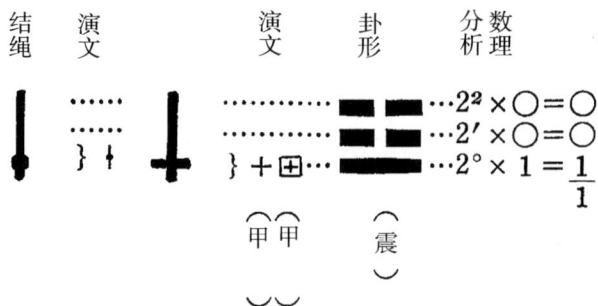

结绳	演文	演文	卦形	分析数理

$$2^2 \times \bigcirc = \bigcirc$$
$$2^1 \times \bigcirc = \bigcirc$$
$$2^0 \times 1 = \frac{1}{1}$$

甲甲　　震

（二）十、田　上列二个甲骨文的甲字，也是二进数字，即二进的第一个字——一，甲在十干中位居第一，正和数目的一相应，甲的"十"一形，和后来的十相同。后者由绳上有一结的"𡴂"变来——点变为横，原来也是由结绳的一变来。（参看上文）。𡴂后来被采用为十进位时进位以后的一（一〇）即十，知道的人就很少了。从甲字有外框的一形——"田"，可知是表示三位中围取一位的意思。过去文字学家对甲字，都不能说明造字原因。或谓木戴孚甲之像，又谓像人头。《说文解字》谓："……从木戴孚甲之象。太一经曰：'人头空为甲。'……中、古文甲，始于一、见于十、（十下有岁字系误入）成于木之象。"（十四下甲部、第747页）叔重对甲字引了三处资料，意义各不相同，可见已不能判定真正意义。后人对许氏所说也不明究竟。李孝定氏谓："许君之意何居，实难索解。"按甲和十同由一变来，所谓"始于一、见于十"，当系传自古时的此项线索，不但后人不能索解，即叔重采用这项资料时，也已不能索解。后人意见更加纷歧，或谓像鱼鳞，郭氏谓："尔雅释鱼曰：'鱼枕谓之丁、鱼肠谓之乙、鱼尾谓之丙。'……乙丙丁均为鱼身之物，……甲亦鱼身之物也，鱼鳞谓之甲，此义于今犹活。"[35]或谓像裂纹，叶玉森氏谓："按卜辞以'十'纹状物身者，不独一鱼字。……林氏谓十像裂纹，与卜象兆形似，造字之例同一。郭氏鱼鳞之说，殊不足凭。"[36]李孝定氏则赞同林义光氏像皮裂纹之说，谓："甲作十，盖像甲坼之形，林义光《文源》曰：'按：古作十，

㉟　郭氏，1931年，下册，释干支，第819页。

㊱　叶玉森，1932年，卷一，第24页上。

不象人头。甲者,皮开裂也,**十**像其裂纹。'其说是也。"[37]按各氏的说法,皆不一定是,对于甲字为什么居十干首位,更提不出理由。本字系属于错画系统,实为二进系统的"一"字。从表一及后面丙丁壬癸各字的分析看来,十分明白。

表五

结绳	卦形	演文	分析	数理
		···		··········$2^2 \times 0 = 0$
		··· ——		$2^1 \times 1 = 2$
		··· ✕		···$2^0 \times 0 = \dfrac{0}{2}$
	坎	✕		

(三) ✕ 本字见于金文,甲骨文中未见。且见于单字,未见于依序连接的数系中:如一二三四五六等内。过去释"五",照笔者理出的系统,实应为二进纪数的"一〇"即"二"字。过去因字形和五接近,各家皆轻易地判为五字,未说明理由。按过去有因"十"(甲骨文七字)和十字相近,误释为十。"**太**"误依后代进位顺序,错释为十五的例子,本字应当也是误释字。按数目字和其他字不一样,须力求正确,同一字不能多变化。尤其同一系统的,非有特殊原因,如原字已用为别一字,非要分别不可等充分理由,更不应有多变的异体。我们仔细检查所有的数字,同一系统中,只有六字有特殊的"**∧**"一形,但下面省去"**‖**",实系沿袭古时空位表零的习惯而来。但终究容易弄错,所以传下来的六字,系根据正体字——**仐**。不再用这一形。五字已有正字"**乄**",不应再有"✕""×"等也为五字的情形,使人混乱不清。过去释五,实因形似使人忽略的缘故,并无连写的数序资料可证。今从四(**乂乂**)字结构的分析中,可以证"✕"实为二进纪数系统的二字。详释四字部分,并参照释癸部分。"×"实为"✕"的省体字,即四字(详后)。在李约瑟收集的数表中,有列为西元十三世纪的算筹字体,和十六世纪的商用码子四字,即为本形。而同形又列在公元前六世纪至前三世纪的周朝钱币五字群

---

[37] 李孝定,1965年,第4209页。

中，则实系许叔重以来误释的结果。[38]

表六　二进纪数的三

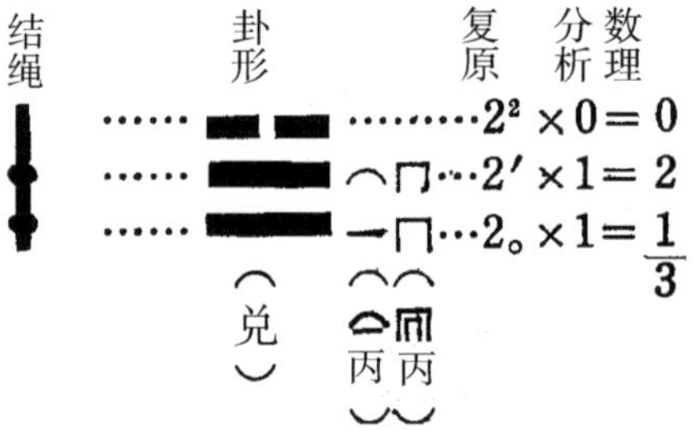

（四）冋、⌓ 我们照整理出来的系统，二进纪数的"三"字，应记为"一一"，但这和后来十进纪数积画的"二"字会相混，单独遇见时不能分辨。我们在十干中的第三个——"丙"字中，却找到了这一形。丙和三相应，实为上古传下来的二进三字，看上表的数理分析最为清楚，待后面介绍完了整个系统的其他数字时，任何人看过后，都应该毫无疑问。上列第一个是甲骨文的丙字——"冋"字，见于林泰辅《龟甲兽骨文字》[39]中，即由"一一"两画构成，为避免和积画的二字相混，所以故意用弯曲形来作分别。第二个是见于"尹卣"的金文丙字。[40] 也以同样的原因，上面一画故意弯作弧形。从字形上可以看出：它们的演变，也正合从甲骨文到金文晚期（靠近篆书），字形由方变圆的情形。十干常用于序数，从古时的纪日，一直到现在的生活纪事中，多的是例子。所以前人也曾怀疑到十干为与数字相应的次数，郭氏谓："由一至十之基数……于文字之结构上可判为二系：一至亖为一系，五至十又为一系，是也。此与十干文字，甲乙丙丁为一系，戊至癸又为一系者，若合符契。余意十干乃与基数相应之次数，初民数字观念仅多至四，与之相应之次数，仅由甲至丁。基数观念进化至十，则次数亦进化至癸。"[41]郭氏虽无证据，但也只差一间即可言中。按干支中从一至十，都藏有远古留下来的二进数字本身，不仅是相应的次数；分系也不是一至四、五至十。丙字

㊳ 李约瑟，第四册，第 10 页。
㊴ 丁福保，1928 年，十四下，丙部，第 6567 页；朱芳圃，文十四，第 10 页录。
㊵ 徐文镜，1933 年，十四下，第 114 页。
㊶ 郭氏，1933 年，第 7 页。

外,从上面的甲字和后面要介绍的丁、午、壬、癸等各字也可证明。

按丙字形状来源,或谓像鱼尾,《尔雅》谓:"鱼尾谓之丙。"(释鱼)或谓像人肩,《说文》引《大一经》谓:甲像人头,乙像人颈,"丙承乙像人肩"。说丙字构造谓:"从一入门。"(丙部)前人已指其非,徐灏笺谓:"丙之字形不可晓,从一入门,望文为说耳。古钟鼎文多作……或作……状似鱼尾,故《尔雅》云:'鱼尾谓之丙。'然亦非其本义,阙疑可也。《尔雅》又曰……皆物形偶似篆文,非造字取象于鱼也。"[42]徐指说很客观。后人又有说为鲠字的,陈晋谓:"丙为夏(更)之省,并疑古更字亦作丙,《说文》'鲠,鱼骨也'。《尔雅》'鱼尾谓之丙。'丙盖即鲠字。……石鼓文鲠字作鰯,即从二丙。"[43]所说颇合理,但即使对,也是后起的别义,不是原义。按更字小篆金文写作"夏",从"支"从"丙"会意,"支"即"扑"字,丙既为古代二进纪数的"三"字,则更字有由外力使(至再)至三之意,即更改的意思,《说文》:"更,改也。"是更的本字,但为后起字,由丙加支造成。丙原为三,一转即成"再三"的意思,所以或原有更意,也未可知。或谓像几形,叶玉森谓:"卜辞丙字,并象几形。"[44]或又谓像底坐,于省吾谓:"《说文》《尔雅》说丙之义,均不可据。卜辞丙作……早期金文作……均象物之安,安亦谓之堤,堤同堇……安与堤堇,即今俗所称物之底座。"[45]都是所谓"望文为说",不为后人信从。李孝定氏谓:"……契文丙字……不类鱼尾,亦不像肩形,《说文》《尔雅》之说,并不足据。叶氏像几形之说,与于氏像底座之说相类,此说于字形颇觉切适,然于音义无征,仍不敢信为定论也。"[46]可见过去有关丙字的各种说法,都有窒碍,迄无定论。皆因不明"丙"原为"三"字的缘故。

(五)双、双、双、双、丙、甲(四)和丙、丙、丙、丙(丁)上面的错画系统四字和丁字,也是明显的二进纪数字。系由"一××"即"一○○"——四的二进纪数形,或二个"丙"亦即"一○"——二的二进纪数形,构造而成。分别说明如下。

[42] 丁福保,1928年,十四下,丙部,第6566页。
[43] 陈晋,1933年,第28页。
[44] 叶玉森,1932年,第22页。
[45] 于省吾,1940年,第31页。
[46] 李孝定,1965年,第4232—4233页。

表七　二进纪数记四法一

结绳	卦形	演文	分数析理

$$2^2 \times 0 = 0$$
$$2' \times 1 = 2$$
$$\underline{2^\circ \times 0 = 0}$$
$$2$$

$$+$$

$$2^2 \times 0 = 0$$
$$2' \times 1 = 2$$
$$\underline{2^\circ \times 0 = 0}$$
$$2$$

$$=$$

$$\overline{XX} \ (2+2) = 4$$

（1）上面的错画系统"四"字中,第一字系由二个" $\overline{X}$ ",即二进纪数的二——"一〇"组成的,已在上面第三释二的部分分析过了。所以二个"一〇"也就是二个"二",自然就是"四"了。这字见于曾大保盆[47],明显的系一数字。因为积画系统的四字也有二种造法,一为用同样长的横画累积而成,一为由两个二画的"二"组成,后者如"三"(见《殷虚书契前编》,一、七、一及一、三、八又见父乙鼎,乙酉父丁彝)就是。段氏谓:"此算法之二二如四。二字两画均长,则三字亦四画均长,今人作篆多误。"(《说文解字》注,第744页)王筠氏谓:"籀文三,早是二二如四。"(见丁福保,第6536页)朱骏声氏谓:"籀文从重二会意,亦积画也。"(同上,第6529页后)这在后面讲到癸字时,我们还会再遇到这一造字手法。表六是这个四字的数理分析,看起来十分清楚,不用再多说明了。至于本字的第二、三、四、五、六各形,系照错画系统的正式造字方法造成的,隶书楷书的四字,即由这一系演进而来,因为这字的结构习惯从上往下读,就是一××,也就是"一〇〇",这就是四的二进纪数形(见表七分析),是四字的正字。第二字第三字见于《中国之科学与文明》[48]。第四字第五字见于《说文古籀补》[49],第六字见于丁佛言《说文古籀补补》[50]各字依次排列在一起时,可以清楚地看出如何演进为隶

---

[47]　罗振玉,卷十八,第13页。

[48]　李约瑟,第四册,第10页,第二二表。

[49]　吴大澂,1885年,第87页。

[50]　徐文镜,1933年,十四下,第10页。

书楷书"四"的情形。配合整个系统的其他二进数字看来，我们现用的四字，系由二进记数系统而来，是决无疑问的。过去因找不出造字原因，都谓是假借字，完全不对。假借说之中，以丁山说系假"呬"字而来，最为文字学家所信从。丁氏谓："四从口，像口形，或作⌘⌘者，兼口舌气象之也；其中之八盖……像气下引……八下之一……以像舌形，气蕴舌上而不能出诸口，非呬而何？《说文·口部》：'呬，东夷谓息曰呬，从口四声。'《诗》曰：'犬夷呬矣。''犬夷呬矣'今《左传》引作'喙矣'，《广雅》：'喙，息也'，《国语》：'余病喙矣'，韦注云：'喙，短气貌'，以呬义证四形，冥然若合符节，则四呬一字可以断言。文字孳乳，有因借义习用已久，后人不复知其本义乃妄加偏旁以见之者……"[51]郭氏谓："四乃呬之初字，像张口而呬之形，《说文》云：'东夷谓息为呬'（丁山说）"[52]高笏之先生谓："字原像口中有气……四即呬，本丁山甫氏说。"[53]丁氏据晚期金文小篆"四"字形状，辩说甚精，遂使各家误信其说，以郭氏大家亦不能免。实则，四字原无外面的口形，系由四字初形的最上一横和下面左右二×的外侧斜画结合而成，到晚期金文尚有缺口，到密封后，内侧二斜画内收，才成小篆楷书的形状。按又有主四原是泗字，像鼻子里有涕的，如马叙伦、李孝定二氏[54]，都犯了同样的疏忽。而四字是明显地错画系统字，而同系的五字在甲骨文中的造字方法即相同，所以这个四字我们不能以发现的器物较晚，说它是个后起字。它实在是个远古传下来的二进数字，与董氏"甲骨文是殷时的今文，铜器上的精美文字才是古文"的说法也相合。

（2）下面所列的三个丁字，在字形上可以明显看出来，系由错画的四字变来，二者的形状几乎是一样。原来丁在十干中位列第四，所以就将四字略加改变，拿来造成这些错画的丁字。把它们复原后，和四字一样，同是"一××"，也就是"一〇〇"——四的二进记数形。参看表七的分析，十分明白。前列丁字第一字，各见于《六书通》《集古印篆》《缪篆分韵》（下平青）丁钊、丁崇私印。第二字见于《选集汉印分韵》，第三字第四字见于《缪篆分韵》《续集汉印分韵》向丁之

㊿ 丁山，1928年，第90—91页。
㊽ 郭氏，1931年，上册，释五十，第1页。
㊾ 高鸿缙，1960年，第二篇，象形，第282页。
㊿ 李孝定，1965年，第4161—4162页。

表八　二进纪数记四法二

$$2^2 \times 1 = 4$$
$$2^1 \times 0 = 0$$
$$2^0 \times 0 = 0$$

（艮）（四）

印，丁咸。这些古印辨识时代不易，但四的"𝕏𝕏"一形和甲骨文的"𝕏"字，造字方式一样，而后者在殷商时即已经有了，可见四字丁字各形，渊源有自。但这些字仅发现存在钱币铜印中，未见于钟鼎等重器上，惟古金文中有填实的一形如▰，疑其中本有精细斜画如上举钱币玺印各文，后因这些雕刻较细的部分〰〰日久（至少一二千年）锈蚀所致。或和甲骨文中空各形，同因雕刻不易，省略（整个刻空）而来。玺印中才为着昭信，不得不精细刻出，也未可知。从数理上分析看来，确是四字的二进记数形，乃是显而易见的事实。（参看本文分析干支其他各字）

表九　四变为丁

（四）（丁）

前人对丁字也有各种说法，如"鱼枕"（《尔雅·释鱼》）、"人心"（《说文》引《大一经》）、"钉"（徐灏等）、"顶"（吴其昌）等等，多流于望文曲说，以后起意义为解。实因去古已远，不明干支中多有远古传下来的二进纪数字一条线索所致。

（六）𝕏𝕏𝕏（I）——五、丨——午　五字和午字也原是二进纪数字。照前例将五字中间的𝕏改为零，就成"一〇一"，这就是五的二进纪数形。因为这是一个系统下来的，前面解释了很多，这里不必再多说了。看后面的数理分析表九比什么都清楚。五字过去的解释，像《说文》："阴阳在天地间交午。"早已不再为现代人所信。但丁山氏由"交午"一义出发，曲曲折折，间接又间接的谓互字中的 ㄅ 像纠缭形，再据《说文》："笍，可以收绳者也。"而谓五为收绳器，五即古文互。按丁氏的臆说太牵强，说文的笍原有竹头，乃后起字。古时造五字时是否有收绳器像五字形，实一疑问。丁氏原文谓："五行之说，殷以前未闻也，则卜辞中娄见'五月''五牛'……皆不得解以五行矣。而许君以五行为 ✕ 本义何也？曰：此本义废，借义行，学者习以借义为本义，而失其本义者也；✕ 之本义为当'收绳器'，引伸之则曰'交午'。《仪礼·大射仪》：'……度尺而午。'郑注：'一纵一横曰午。'索引曰：'凡物交横曰午。'按午古或作……不见一纵一横相交之意；像纵横相交者惟古文五字；……交横谓之五，交合亦谓之互。……是五互古义通也。……《说文》以互为笍省云：'象形，中像人手所推握也。'段氏谓：'ㄅ 像人手推之持之。'愚则谓像纠缭形。《文选·鹏鸟赋》：'何异纠缠。'注引《字林》：'纠，二合绳。'《长笛赋》注亦引张晏《汉书》注曰：'二股谓之纠'；然则互之从 ㄅ，盖取二绳相交意。二绳相交谓之互，纵横相交谓之五；其所以别者而意终无别，然则五互形近音同义通，毋宁谓'✕ 古文互'之为近矣。"[55]按丁氏以"己意"谓 ㄅ 像纠缭形，未加证明即转言纠字义，从纠字义而谓互即取二绳相交意，而谓五古文互。其论说自"二绳相交（设为 A）谓之互（设为 B），纵横相交（设为 C）谓之五（设为 D）"至"……而意终无别……毋宁谓'五古文互'之为近矣。"犹如谓："A 等于 B，C 等于 D，则 B 等于 D。"实为不合逻辑之说，音同部分，谓："……午声为许，则午声亦可为互；是五互古音全同也。"也犯同样毛病。因五实在不是互，所以无论如何牵合，在仔细观察之下，都会发现破绽的。但丁氏费力难得的一说，也有为各家所采信的。如高筝之先生谓："近人丁山以五为收纱之具是也。象形。"[56]李孝定氏谓："按说文：'……'……先民造字之时，纪数字当属早出，其时必无此等观念也。丁氏说五为收绳之器，与笍（互）同字，虽未可证其必是，然亦可备一说。"则持保留态度，但李氏博览各家之后，也仅得到这一说。[57]

十二支中的午字，也原是"五"字，在甲骨文中尚保存了结绳纪数的"╏，

---

⑤⑤ 丁山，1928 年，第 91、92 页。

⑤⑥ 高鸿缙，1960 年，象形，第 163 页。

⑤⑦ 李孝定，1965 年，第 4177 页。

表十　二进纪数的五

$$\cdots 2^2 \times 1 = 4$$
$$\cdots 2^1 \times 0 = 0$$
$$\cdots 2^0 \times 1 = \underline{1}$$
$$5$$

结绳	演文	演文	卦形	演文	分数析理
（午即五）	（五见戊）	（五见戊）	（离）	（五）	（五）

ᛎ"——五字一形状，第一字象"上有一结，中无结（空位）、下有一结"即"一〇一"——五的二进纪数形。已见上面分析表中，应无疑问。因我国历法，夏以前皆建寅，寅卯辰巳午，午刚好在第五位。《尔雅·释天·岁阳》条谓："太岁在寅……在卯……在辰……在巳……在午……"也从寅开始，午居第五。"ᛎ"即玄字，古金文中"玄衣"的玄即作本形，也就是绳的本字，《老子》："绳绳兮"即"玄玄兮"[58]。各种资料，在在证明这个"ᛉ"（午）字，即结绳纪数的五。

午字旧说，如《说文》谓："午，牾也。五月阴气午逆阳冒地而出。此与矢同意。"乃指后来的小篆午字上尖部分而言，自是不合。后人从御字古文中，午作"ᛎᛉ"一形，谓系像鞭形，或又谓为索形，叶玉森谓："契文中午作ᛎᛉ，当肖鞭形，故御字从之。"[59]郭氏谓："……罗氏曰：'……ᛎ与午字同形，殆像马策，人持策于道中，是御也。……'今案御实从午，此由古金文亦可证明。……余疑当是索形，殆驭马之辔也。……要之，古十二辰第七位之午字，乃索形。"[60]李孝定氏谓："按《说文》：'……'契文作上出诸形，当以作ᛉ者为初文，作ᛎ者画其匡廓耳，或作士则由小点衍为横画，为文字衍变通例……其初意若何？不可确知。郭氏

58　高鸿缙，1960年，象形，第143页。采王淮说。
59　朱芳圃，1933年，文十四，第21页引。
60　郭氏，1931年，下册，释干支，第28页。

谓像索形,虽亦略肖,然不能于字之音义求获证明。叶氏谓像鞭形,二氏皆举御字从午为证。然御字本谊训迓,从午乃取其声,非取其义。……卜辞皆用为支名,无他义。"[61]按谓像索形者为合,郭氏谓午在第七位,乃周建子后至今的次序,古时实在第五位。各氏所说尚有其他窒碍,疑义的地方,都可从上文得到解答。

甲骨文中又有"丨"字,实也是五字,过去释字各家,混入"工"字和"壬"字中,太混乱,一时不易理出。十干"戊"字,位居第五,与五午同音同位,实也同意。戊字甲骨文作"𢦏",过去解释为像武器戊戚之属。按甲骨文"𢦏"字从"丨"从"卜",金文"𢦏𢦏"从"丨"从"卜",卜像斧形,而丨不像柄形,因柄不该上下二端有如此长的一横,又呈过度弯曲形。"丨"字其实是五字,见上面数理分析表九可知。从一到九(十则进位),五适在中央。古人乃加卜表示可砍开,中分的意思,是为了使戊字和午五有所分别,并避免和工和壬相混而造成的。

表十一 二进纪数记六法

结形	卦形	演文	复元	分数析理
				$\cdots 2^2 \times 1 = 4$
				$\cdots 2^1 \times 1 = 2$
				$\cdots 2^0 \times 0 = \underline{0}$
				6
(巽卦)		(交人介 六六六)	(六)	

(七)介(六)、人(六、入)、交 上面各字也是由二进位数字变来。"六"字和"文"字和巽卦(☴)的现在形,几乎完全相同,我们从上面讲过的八卦变为文字的法则和举过的许多例子中,可以很容易地看出:它们都是六的二进纪数形——"一一〇",但六字和文字的甲骨文金文时期,头上的一点和一横,原是头交成人形,是由巽卦头上的二阳爻演变而来。因为爻有交义,又有阴爻、阳爻的交法不同,这是阳爻相交的情形,已经说明很多了。[62] 在巽卦中,实也包含了我

---

[61] 李孝定,1965年,第4377页。
[62] 陈道生,1971年,第28页;又1972年,第116—120页。

国文字的进化史。巽代表了结绳时的绳,说卦谓:"巽为绳直。"在卦中也代表了文告,巽象谓:"重巽以申命。"陆绩解:"巽为命令。"象谓:"巽,君子以申命行事。"荀爽解:"巽为号令。"所谓命令号令即周礼"治象""政象""刑象""教象"之类,定时挂在"象魏"以号令天下的东西。卦变为文时,也就因这项文字渊源,由巽卦变成"文"字。正是结绳、卦象、书契的承接演进次序。巽变成文六两字时,因文更重要,所以首先承接了正统的典型,六为了分别,只得将最下阴爻的二短画对排来分别。入字也由巽卦变来,巽有入义,《本义》谓:"巽,入也。"《集解》:"序卦曰:'入而后说之,故受之以兑,兑者说也。'"入字为了要和文六分别,所以就用以前空位表无的办法,造了这个"八",到殷代还是入六同字,但文六同字则早已失传。我们从谚颜等字中彦字头上的文可通六,可以进一步得到证明,这不但在古代玺印文字中,尚留下证据如上图五。这是在今日还存在的一种事实,只是我们以前没有注意深究罢了。

图五　六通文,见谚颜各字

以前《说文》以易数谓:"从入从八"的说法,自然是不对了,李孝定氏谓:"六字先成,易经晚出,许说之诬至显。"[63]但在字形上说是没有错的,因此应说六在八前,不应由先造字从后造字。又有人谓造字之前先有数的观念,造六时参考了

---

[63]　李孝定,1963 年,第 4181 页。

八的观念(64)。但这一说没有易数变六正八的媒介,从入八又没有意义了。丁山氏乃主古借入为六,谓:“……考六之见于卜辞者通作∧,间亦作∩,与卜辞‘∧于商’(殷虚书契二,叶一)太鼎‘以乃友∩牧王’之入均无异,然则介非从∧,皆古借入为六而已。六之声纽今同‘来’,入之声纽今同‘日’,《释名·释言语》:‘入,内也,内使还也。’是入内古音同属‘泥纽’;‘泥’‘来’同为舌音,依章太炎先生‘双声旁纽’(新方言十一,音表)解之,六入古双声也。《大戴记·易本命》:‘六主律。’………《国语·周语》:‘……’《山海·中山经》:‘……’……《诗·十月之交》:‘……’亦以中训内——内即入也,自音训言:六入之谊既通,则借入为六,不待繁征而信矣。盖六之与入,殷以前无别也(生按:有此一句即够),自周人尚文,因∩之下𠂹而变其形为介以别于出入之∧;于是鼎彝铭识中无由见入借为六之迹。”(65)费了好大气力,把本字证为借字! 于省吾氏谓:“… 丁说是也。”(66)李孝定氏谓:“丁于二氏说字形演变均是。”(67)都尚有所蔽。

表十二　二进纪数的七形

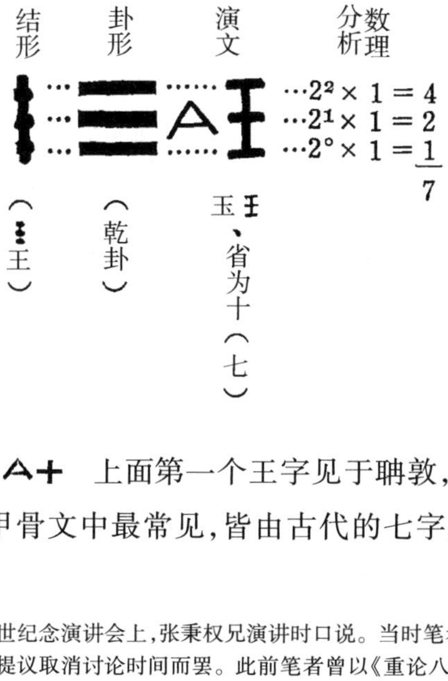

(八)王王(王、玉)、A十　上面第一个王字见于聃敦,为古代传下来的结绳字,第二个王和玉字于甲骨文中最常见,皆由古代的七字变来。说卦谓:“乾为

---

(64) 数年前在董彦堂先生逝世纪念演讲会上,张秉权兄演讲时口说。当时笔者本拟将本文发现观念提出以供参考。以屈翼鹏先生提议取消讨论时间而罢。此前笔者曾以《重论八卦的起源》《八索、八卦与二进数》一文致赠屈先生。

(65) 丁山,1928 年,第 92、93 页。

(66) 于省吾,1943 年,第 32 页上。

(67) 李孝定,1965 年,第 4181 页。

君……为玉……"按乾为二进记数的"一 一 一"即七。系由上古结绳的上中下三结演变而来。见上数理分析表最清楚。七后为王字占用，乃又造了"亼"字，这字从"八一"，八为六字，是有六加一的意思，又"亼"照阳爻头交的例子，恢复为卦形即成乾卦"☰"，即七的二进纪数形，所以也是七字。"合"字从"亼"从"口"会意，古时八口为家庭的标准或代表形式，孟子谓："八口之家，可以无饥矣。"合字即从家长集合另"七口"会意。"亼（甲骨文今字）"从"亼一"（即七一），先民用二进纪数，从一（震）到七（乾），故谓"七日来复。"今字从"七一"意谓："七日中的这一日"，即《说文》："今，是（这）时也。"同意。"龢（和）"中的"亼"指七律，从口吹笙管以和七律会意。

至于甲骨文中十字形的"十（七）"，可见是由于原来三画的七字，已用为他字（君王的王）。乃由原来的"王"字省成的，因"王"既用为他字，从"王"上下省则为"干、土"又都已另有他字，所以就省成了"十"。按古代甲字、七字和后来的十字写法相同，但这里可以分别他们的来源，即：甲直接由结绳形的一（↑），中间的点变横，演变而来；十（七）由王（七）省上下二画而来；十则由"进位到十"的一（也是↑）演变而来。这是前人迄未分辨清楚的。

王字过去各家所释，多以异体为证，如"玉"字，并以里面的△为火，如吴大澂、王国维、罗振玉、顾实、马叙伦等。郭氏则主乃为牡器。吴其昌则以为斧类。徐中舒则谓"玉"像人端拱形，上一画像其首。李孝定氏即从本说。[68] 按甲骨金文中实仍以三画连中的"王"字为多，后世所传篆、隶、楷书王字即本这一形，可见本形才是王的正字。王字既有多体，则在逻辑上来说，只有"一是""全非"，而无"全是"的可能。（其他以一字为说者，皆与本逻辑相违。）除非能另找出证据，可见各氏所说皆非。

玉字，各家所说多从《说文》："像三玉之连，丨其贯也。"按古代结绳为三结，演为卦形文字为三横，乃一符号，不必指实为三玉，若要指实，则王字三画必流于牵强附会无疑了。

"亼"字，说文谓："三合也，从八一，像三合之形，读若集。"按"像三合形"意

---

[68] 李孝定，1965年，第113—127页。

义含糊,不知所指,实即七字。见上述从▲各字及数理分析,意义自明。本字见于《铁云藏龟》九四、四;《殷虚书契前编》四、三八、六,六、三四、四;《殷虚书契后编》上一一、九;下一、九,二七、一六,三五、三。《龟甲兽骨文字》一、八、一五。各家释同▲(今)字,无解释。

表十三 从"原来的八"省来的"八"

结形	卦形	演文	分数析理
	… ▬▬	一 ―	…… $2^3 \times 1 = 8$
	… ▬ ▬	八 ‖	…… $2^2 \times 0 = 0$
	… ▬ ▬	八 ‖	…… $2^1 \times 0 = 0$
	… ▬ ▬	八 ‖	…… $2^0 \times 0 = \dfrac{0}{8}$

(豫) 省为 省为
    八 ‖
    八 ‖
    八 ‖

　　(九)八。‖(八)　　八字在甲骨文中,有"八、‖"二形,第一形最多,最普遍;第二形见于《殷虚书契后编》七、十六、十。变化情形和上面定出的法则正相合。我们很容易的,就可作成数理分析如上表十二。由上表,可见八字的原形,分别应为"豫卦"(最上的二阴爻表零,无数位作用,略去)和"⿱八⿱八""⿱八八",但写起来太繁,因此就采用"省"的办法,分别省为"八""‖"。这是文字的公例,但在数字上,除了"⿻乂乂"省为×(商用文字四)外,很少用这一个不理想的办法。可见古人造数字的时候,如何的慎重,后人研究文字找不出原因时,动辄用省假来解决,是很不应该的!

　　八字旧说,也有不同。许氏《说文解字》谓:"八、别也,像分别相背之形。"按字形有分开之象,于阴爻的一分为二形(--)也可看出。但乃是从八的原字省来,而不是假借别字来当数字八用,二者大为不同。许说误为又使人误为假借字。马叙伦氏以为像二臂,谓:"八字本是画成二臂,变做篆文才成了八字。"[69]自是臆说。各家对许说,多表赞同。于省吾氏谓:"说文所释纪数字,以八字为近

―――――――――

　　[69]　见李孝定,1965年,第249页引。

是。按契文八作)(，金文作)(，小篆作)(，形均相仿。《说文》：‘……’就形言之，许说与初文之义，当不相违。”(70)李孝定氏谓：“按《说文》：‘……’契文、金文并同。许云像分别相背之形者，乃抽象之象形。其分别相背者，可以为人，可以为物，可以为一切分别相背者之象。……王筠《说文释例》云：‘八下云：像分别相背之形。案：指事字而云象形者，避不成词也。事必有意，意中有形；此像人意中之形，非像人目中之形也。凡非物而说解云象形者皆然。’其说是也。”(71)按分别后则成空、无，故本字用在二进纪数时，系用来表零（空、无）的，它和×原是“无”字；和以后省来的数八不同。数八系以后由𢀖字省来，不是假借字，而是省体字。

（十）∩（冬、终）、工（壬）　冬和终及壬字，原也是二进纪数字。“壬”居十天干的第九位，实即二进纪数的九字。“终”是后世从十进位由一到九，以九为终（十则进位）得到观念，从数之终，而找出古代结绳纪数的二进位九字来用的。里面实提供了我国从二进纪数，到十进纪数的时间线索。我们看下面表十三的分析就非常明白。

表十四　二进纪数的九字

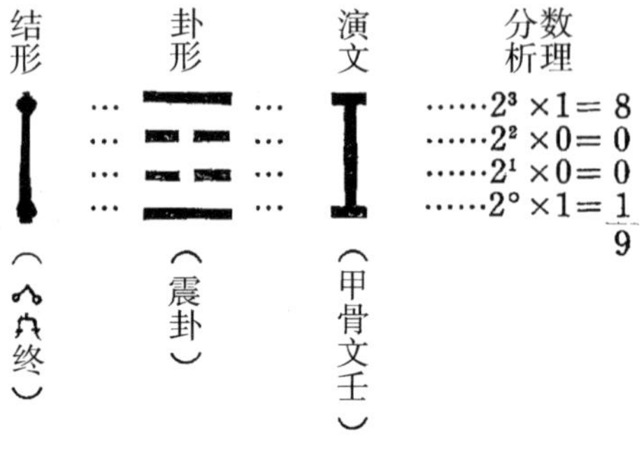
结形
卦形
演文
分数析理
……2³×1=8
……2²×0=0
……2¹×0=0
……2⁰×1=1
9
（∩终）
（震卦）
（甲骨文壬）

“∩”这个终字，见于《铁云藏龟》（五、七、二）、《殷虚书契前编》（四、三二、七，五、二八、二）、《殷虚书契菁华》（二、一）、《龟甲兽骨文字》（一、十四、三），前人曾释为纪数字，王襄氏谓：“古六字，卜辞云：‘……壬寅∩月……”(72)按说文

(70) 于省吾，1943年，第32页后。

(71) 李孝定，1965年，第249—250页。

(72) 李孝定，1965年，第3419页引王襄《簠室殷契考释》。

谓:“终,絿丝也。从糸,冬声。、古文终。”高笏之先生谓:“按,原像绳端终结之形,(或即结绳之遗。)故托以寄终结之意。状词。周时秋冬之冬从之得声,作,从仌(冰)、声。”(73)合上二说已近结绳纪数古谊,唯实为结绳纪数之九而不是六,由后来十进纪数时以九为数之终而会意,因为殷时已改用十进制。

同字又释“冬”,叶玉森氏谓:“……予谓像枝垂叶落,或余一二败叶硕果之形,望而知为冬象。契文有字,……亦变为,并为金文所由讹,盖冬字也。”(74)郭氏谓:“金文冬字多见,但均用为终。……案此字当是《尔雅·释木》:‘终,牛棘。’之终。……郝懿行云:‘棘一名榛,……’……以终为榛,则于之字优有可说,盖像二榛实相联而下垂之形。故……用为始终及冬夏字者,均假借也。”按二氏均以植物果实解,一为象形,一为假借。按若真由此一原因,当以象形为胜,即像冬天岁暮之象。“终”乃又从岁之终得意,也颇合理。但甲骨文另一形“”,和说文“絿丝”的线索,以及从金文字形上看来,实像“结”形,因照四位打结后的“”(中间有二个空位)太长不好摆,(参看表十三)所以把它弯曲成“”形。此外,又还有整个系统的“数理”一原因存在,这是最坚强最重要的一种证据。李孝定氏谓:“即终之古文,卜辞云:‘夕雨’正当读为终字。金文字,亦皆当读为终。……殷时尚无四时之观念,叶氏以四时之冬说之,非是。”(75)按氏谓殷时无四时观念,虽在春秋二字有说,似尚有可商。终字实系结绳字,从数之终得意。冬则因为是岁之终,从而借用。二字原系一字。后来分别加、加系,便造成了我们到现在还用的冬、终二字。

照“点变为横画”的我国文字演变通例。结绳的变成,这就是甲骨文的壬字,其实即“九”字。壬在十天干中位居第九,所以用九字来造。这二字和前面分析过的午和五,形状相同易混,其实后者有四位,比前者的三位长。是为要和分别而变成的。既用为九(壬),则同形字五不能用。唯存于甲骨文戊字中。

(73) 高鸿缙,1960年,象形,第235页。
(74) 朱芳圃,1933年,文十一,第6页后引。
(75) 李孝定,1965年,第3422页。

表十五　二进纪数记十法

（十一）（癸）　十干中的"癸"字，位居第十，也是十字，乃由两个二进纪数的五（，见表九）字构成。即五（午，见前），点变为横乃文字通例，所以即可变为""和""即"上面有一，中间空位（零）、下面有一"合成二进纪数的五——"一〇一"。参见前面表九数理分析。因系同一系统中的一连串事实之一，前面举过了许多例子。这里应再无问题了。

癸字过去也有许多望文生义的说法。罗振玉据金文""一形，主系戣之本字，谓："乃之变形。……字上像三锋，下像着地之柄，与郑谊合。乃戣之本字，后人加戈耳。"[76]郭氏也谓："癸乃之变形，字于古金文中习见，罗说无可移易。知之即戣，则知亦必即戣之变矣。"[77]李孝定也主本说，谓："罗氏从朱骏声说，释癸为戣之初文，即由所演变，其说当是。"[78]按甲骨文中，无呈三锋形状的癸字，金文又多同甲骨文，各氏均以金文一字为说，自应以多数正字而不能以一字特例为准，前面已证明癸为十，诸氏之说自不能成立。

叶玉森则从饶炯说，主癸为葵之古文，谓："近人饶炯氏谓癸为葵之古文，像四叶对生形，与像三叶，竹像二叶同意（部首订），以金文散叔敦之癸作证

---

[76] 朱芳圃,1933 年,文十四,第 15 页后引,又李孝定 1965,第 4303 页引,二氏均注见金文编,查今金文编癸字下无解释。李氏谓系"金文编初版十四卷十七叶,增订本已无此字"。

[77] 郭氏,1931 年,下册,释干支,第 17 页。

[78] 李孝定,1965 年,第 4306 页。

之,饶说近是。"⑦按氏系就金文一字求证,但与甲骨文无一能合。本说自也无法成立。

吴其昌则主癸为矢之象形,谓:"癸字原始之初谊为矢之象形,双矢交摤成✦形✦形✕形✖形而得癸字。"按李孝定氏指其非谓:"吴氏谓癸像双矢交摤形,亦望文之训,矢主及远,无交摤之理也。"⑧

高笏之先生又主像桂花,谓:"✖为桂字初文,原像桂花四蕊形。商周俱借为天干第十名。周末复假三锋矛癸字为之,秦人另造桂字以代✖。于是桂行而✖废。"⑧历历叙来,有如亲见,惜无证据支持,盖亦想象之词。

总之,各氏对癸的解释,皆以假借为说。而为什么假借该物,又未能说明。尤其对于癸为什么排在十干最后一位等主要特色,都不能同所说的相黏合。其实,癸字原即十字,由两个"I"所组成,I即五字,十字从之得义(见前)。巫字从之得声。(说文误为工,或后人改误,参看数理分析表。)又所采用由两个五构成的造字手法,也见于积画、错画四字——由两个"二"组成。(见前)由前面许多例子看来,癸为十,又为二进纪数字,实为铁案。

五、本文得出的重要事实

本文得出的事实,都是湮没了几千年以上的史实。中外自古以来,多少经学家、史学家、文字学家、数学家、科学史专家,迄未能明了的问题。它的重要性是可以想而知的。现在择其大的几项,再整理提出如下:

(一)记数的位置值和表零法,是数学上的大突破,也是数学史上的大事。有了位置值和零就可以因一再进位,重复的用几个数字就够了。否则每个数都要有一个数字,可以至于亿万到无穷。则人力不但无法记忆且不可能。假若如此则数学就无法产生。没有了科学之母的数学,就没有科学。则人类永远沦于

⑦ 叶玉森,1932 年,一卷,第 1 页。

⑧ 李孝定,1965 年,第 4307 页。

⑧ 高鸿缙,1960 年,象形,第 45 页。

疾苦野蛮之境,是可以想象得到的。由本文上述的资料,可以证明我国一有纪数法,即有位置值和表零法。最早的结绳记数期,即用以"二"为底,"空位"表零的二进纪数法。这种用"空位"表零的方法,并一直用到"十进纪数"的"算筹""算盘"上。最初使用的表零记号是"×、八、‖",以后这些字分别用为"学"(×)和省为数字"八",才改用其他的办法。其时间之早,为世界任何国家所不及。

(二)正朔是我国最重视的,古代转朝换国都要改正朔。三代以前的正朔,说法不一。郑玄谓:尧建丑,舜建子;王肃谓:夏以前俱建寅;蔡德晋谓:黄帝建子,伏羲、颛顼建寅。今据本文得出:《尔雅》十二支以寅为首,午居第"五",又适为结绳的"五"字。可见夏以前建寅的说法为合。这是古史的一件大事。

(三)我国文字的起源,一直是个谜。董彦堂据干支字变化,推我国文字起源时期谓:"殷代二百七十年间,甲骨文一直是符号文字,不是图画文字。……干支字经过三百年,可以说没有太大的变化。……从第五期(约公元前第十二世纪)到秦代的小篆(约公元前三世纪),大约有一千年,我们看:一千年后,二十二个干支字中,只有'甲庚亥'三字增加了笔画,'丁巳申'三字易了形体,有变化的约占四分之一。不变的占四分之三,也可以说没有太大的变化。从殷代文字最晚的,向后推一千年而无大变化,这是事实。据此以推,殷代文字最早的,向前推一千年,难道就会有大的不同吗?就会不是符号而是图画吗?文化的进程,照例是先缓后急,后一个一千年有春秋战国的社会剧变,……变化不过犹如此;前一个千年内,……唐、虞、夏、商皆承平盛世,……用格外克己的算法,把中国文字的创始,接上去殷墟文字的时代,……大约距今四千八百年。"[82]董氏因和他在"中研院"史语所的同事一样,不信八卦,没有把爻象期加上去,自然也没有把传说的结绳期加上去,今证明确有结绳、八卦的存在,并把如何演变成文字的法则、实例都找到了,则我国文字的创始时间,又不知要推到多少千年前去了?这不能不算是一件大事!

(四)经学是我国治国的原理,历代尊为至高的学问。易经又为五经之原,过去转朝换国都要更换卦的次序,如夏易首艮、殷易首坤、周易首乾。本文和笔

---

[82] 董作宾,1952年。

者其他各文,以实际证据发掘了八卦的真相。可见千余年来的易家都是主观臆说,其结果都是错误的。使多少说易的书,可以放到废纸篓中? 使不至再用于骗后代的人!

以上各端,都是足以动摇我国过去古史研究的大事。至于其他一字的证明、一事的发现,都尚在其次,不用再提了。

后记:撰稿期间,适逢母亲节,笔者停笔构思时,每想到外祖母、先祖母、先母的慈爱。本文可以说就是她们和家父用爱和心血,培植出来的永恒花朵。——丁巳夏记。

参考资料(依年代姓氏排)

一、[汉]许慎著、[清]段玉裁注《说文解字注》,艺文印书馆影印经韵楼藏本,台北市。

二、吴大澂:《说文古籀补》,振新书局影印"清光绪十年印康熙(一八八五)刻本"线装本,上海市。

三、罗振玉:《铁云藏龟》,抱残守缺斋印行,清光绪二十九年(1903)。

四、罗振玉:《三代吉金文存》,乐天出版社翻印罗氏百爵斋本,台北市。

五、丁山:《数名古谊》,历史语言研究所集刊、一本一分,第89—94页,"中研院"印行,民国十七年(1928)。

六、丁福保:《说文解字诂林》,国民出版社翻印"医学书局,上海市,民国十七年(1928)"本,台北市。

七、叶玉森:《铁云藏龟拾遗》,民国十四年(1925)。

八、叶玉森:《殷虚书契前编集释》,民国二十一年(1932)。

九、余永梁:《易卦爻辞的时代及其作者》,"中研院"历史语言研究所集刊,第一本,第29—46页,民国十七年(1928)。

一〇、郭沫若:《甲骨文字研究》,民国二十年(1931)。

一一、郭沫若:《卜辞通纂》,文求堂书店印行,日本,东京,民国二十二年(1933)。

一二、朱芳圃:《甲骨学(文字编)》,商务印书馆印行,台北市,民国二十二年(1933)。

一三、徐文镜:《古籀汇编》,商务印书馆印行,台北市,民国二十二年(1933)。

一四、陈晋:《龟甲文字概论》,中华书局印行,上海市,民国二十二年(1933)。

一五、容庚:《金文编》,民国十四年(1925),乐天出版社影印合订本,台北市。

一六、于省吾:《殷契骈枝三编》,民国三十二年(1943),艺文印书馆影印本,台北市。

一七、董作宾:《中国文字的起源》,《大陆杂志》,第五卷第十期,大陆杂志社印行,台北市,1952。

一八、屈万里:《易卦原于龟卜考》,"中研院"历史语言研究所集刊第二十七本,该所印行,台北市,1957。

一九、高鸿缙:《中国字例》,广文书局印行,台北市,1960。

二〇、李约瑟著、傅溥译《中国之科学与文明(四)》,商务印书馆印行,台北市。(译本、原文翻印本均无原书出版时间、出版者)

二一、李孝定:《甲骨文字集释》,"中研院"历史语言研究所印行,台北市,1965。

二二、陈道生:《重论八卦的起源》,《孔孟学报》第十二期,第207—234页,孔孟学会印行,台北市,1966。

二三、陈道生:《新数学和旧光荣》,复兴中华文化论文专辑,第17—31页,台北市立女子师范专科学校印行,台北市,1971;后又为中华文化复兴运动推行委员会收入《中华文化复兴论丛》第七集,第686—708页。

二四、陈道生:《八卦及中国文字起源的新发现》,《女师专学报》第一期,第107—124页,台北市立女子师范专科学校印行,台北市,1972-05。

二五、陈道生:《解开易数"九、六"的秘密》,《女师专学报》第二期,第203页,台北市立女子师范专科学校印行、台北市,1972-08。

二六、陈道生：《中庸和二进纪数的隐秘关系》，《女师专学报》第三期，第35—50页，台北市立女子师范专科学校印行，台北市，1973。

二七、陈道生：《汉石经周易非善本论初稿》，《女师专学报》第五期，第1—12页，台北市立女子师范专科学校印行，台北市，1974-05。

二八、陈道生：《"学""教"正释及其隐藏的教育史实》，《女师专学报》第六期，第237—246页，台北市立女子师范专科学校印行，台北市，1974-08。

二九、陈道生：《从"书"字的演进看泥书、"读"字、八卦及我国文字的起源》，《女师专学报》第七期，第55—68页，台北市立女子师范专科学校印行，1975。

三〇、陈道生：《从说文错解"学""教"看教育史研究》；贾馥茗、黄昆辉主编《教育论丛》第二辑，第725—748页，文景书局印行，台北市，1976。

【陈道生　台湾文史学者】

原文刊于《中国文化》2016年01期

战国诸子的"别囿"观

林志鹏

提　要：本文考察先秦时期"别囿"观念的源流，剖析宋钘、尹文、慎到、庄周、荀况等家的别囿说，并指出惠施与邹衍所倡"历物"与"推物"，亦表现出破除成见、去除囿限的意图。在结语中，作者更将战国诸子的别囿说分为主心术、主法术及尚理智三系。

关键词：别囿　白心　解蔽　先秦诸子

一、从"楚王遗弓"故事说起

《公孙龙子·迹府》记载公孙龙与孔子的后裔孔穿在平原君家中辩论，孔穿希望公孙龙放弃"白马非马"之说，但公孙龙说："白马非马，乃仲尼之所取。"由此引出孔子评论"楚王遗弓"的一段话：

> 楚王张繁弱之弓，载忘归之矢，以射蛟兕于云梦之圃，而丧其弓。左右请求之。王曰："止。楚王遗弓，楚人得之，又何求焉？"仲尼闻之，曰："楚王

仁义而未遂也。亦曰'人亡弓，人得之'而已，何必楚！"①

"楚王遗弓"故事的寓意是彰显楚王的胸襟广阔，孔子的评论则是站在儒家的立场，认为应当破除"楚人"这种拘限于地域的观念，才能尽于仁义②。

《吕氏春秋·贵公》也提到这件事，惟"楚王"作"荆人"，且记载老聃对于孔子"去其'荆'（即楚）而可"的说法有进一步的评论。老子说："去其'人'而可"，《贵公》的作者总结说，"老聃则至公矣"。

从孔子的"去其楚"，到老子的"去其人"，代表着层层去除外在事物对于人的拘限，恢复个体的本然状态。此一观念，就是本文所要谈的"别囿"。

二、宋钘的"别囿"说及其来源

《庄子·天下》评述宋钘、尹文的学术，明确提及二子"接万物以别宥为始"。接者，交接、接触也。宋钘、尹文主张以"别宥"作为认识事物的起点（亦是应世的准则）。何谓"别宥"，奚侗的解释最为明了：

> 《说文》："别，分解也。""宥"当作"囿"，《说文》："囿，苑有垣也。"垣为限界，故心有所限者亦曰囿。别囿，谓分解其心之所囿，别犹言破除之也。《尸子·广泽》篇："料子贵别囿"，盖料子乃古倡别囿之学者。③

"别宥"即"去囿"，战国中期的宋钘（前382年—前305年）倡"心术""白

---

① 亦见《孔丛子·公孙龙》，所记基本相同。《吕氏春秋·贵公》载此事，"楚王"作"荆人"，《说苑·至公》《孔子家语·好生》则作"楚共（恭）王"（向宗鲁《说苑校证》指出，《易·同人》疏引《家语》别作"昭王"）。"繁弱之弓"，《家语》作"乌嗥之弓"。

② 公孙龙引孔子语，认为他有意区分"楚人"与"人"这两个概念，与"白马非马"之论无异，以此反驳孔穿。公孙龙批评孔穿之语与本文论题关系不大，故不具引。又按，《迹府》所记孔子语"仁义"并称，又颇沾染战国辩士之风，疑后人附会，其性质犹如《庄子》所引仲尼说，乃为己说张本，非实记其言。

③ 奚侗说引自单晏一编：《庄子天下篇荟释》，台北，空庭书苑，第75—76页。按，梁启超、顾实对于"别宥"之解释略同，二氏说分别见于《庄子天下篇释义》《庄子天下篇讲疏》，不具引。

心"之说④,认为应当去除外在事物及世俗观念的拘限("别囿"),才能恢复人心的澄澈状态("白心")。宋子论"别囿"的一些原则,亦见于《天下》篇,即所谓"君子不为苛察,不以身假物""不累于俗,不饰于物,不苟于人,不忮于众""定乎内外之分",具体来说,便是将外在的荣辱及多余的物欲视为人心之囿限,辨而去之,维持心之洁白。

宋钘特别强调对于"荣辱"观念的破除,缘于民间的私斗往往因为言行的侮辱而生。以宋子来看,世俗所谓"荣辱",不过是一种思想上的拘束,应当打破,所以他主张"见侮不辱,救民之斗"(《天下》)。顾实指出:"囿之范围甚广,然尤以荣辱之足以囿人心,为恒且大。……'辨乎荣辱之境'一语(《逍遥游》论宋荣子⑤),正即此之曰'别囿'矣。"⑥

除了荣辱的破除外,宋钘还主张人的欲望本来不多,应该抛弃多余的物质享受,即《天下》所谓"情固欲寡,五升之饭足矣"。⑦ 与宋钘一派关系密切的《管子·心术上》经文云:"虚其欲,神将入舍;扫除不絜,神乃留处。"《心术下》也说:"毋以物乱官,毋以官乱心。"⑧皆合于别囿之旨。

前文引述奚侗之说,提及《尸子·广泽》有一"料子",亦主张"别囿"之说。此"料子",马叙伦认为即"宋子"。他认为"宋"以形近误为"宋",而"宋"又与"料"音近,因而致误⑨。鹏按,《说文》:"敩,择也。""敩""料"通假之例见于《鬼谷子·捭阖》"料其情也",此"料"字训作简择,其本字为"敩"⑩。"敩"字所从"宋",即典籍中训为"冒"之"采"字(《说文》上从"网"),而《集韵·支韵》谓此字或作"罙",其形尤与"宋"近。

宋钘"别囿"之论疑非其独创,从上节引《吕氏春秋·贵公》老子"去其人"之

④ 宋钘的年世从顾实所定。关于宋子的生卒约数及思想要旨,参考拙著《宋钘学派遗著考论》(台北,万卷楼图书公司,2009年5月),第336—346页。
⑤ 《庄子·逍遥游》之"宋荣子"即宋钘。关于宋钘之本名,参考前揭拙著第333—336页的讨论。
⑥ 顾实:《庄子天下篇讲疏》,台湾商务印书馆,1980年12月二版,第44页。
⑦ "情固欲寡",今本作"请欲固置",此依唐钺说校改。情者,实也,此句谓人的欲望本来就是寡浅的。对于此句的讨论,参考前揭拙著第27、29页。
⑧ 关于《管子·心术上》《心术下》的学派归属及性质,参考拙著《宋钘学派遗著考论》第241—265页。
⑨ 马叙伦:《庄子天下篇述义》,龙门联合书局,1958年6月,第25页。
⑩ 朱骏声:《说文通训定声》,中华书局影印临啸阁刻本,1984年6月,第318页。

语,又推崇老子已臻"至公"之境界,可以看出"别囿"说的形成可能与老子有关。此外,《吕览·去尤》论"去囿"("去尤"即"去囿"⑪),篇末谓:"老聃则得之矣,若植木而立乎独,必不合于俗,则何可扩(广)矣!"⑫显以老子超然宏远为宗,可见"去囿"之观念,老子当已发之于前。

前人已指出,老子在修身问题上持"无名""无欲"之立场⑬。所谓"无名",指破除宠辱、得失之成见,即《老子》所说的"宠辱若惊(荣)"⑭(今本第13章)、"知其荣,守其辱"(第28章)、"大白若辱"(第41章)。所谓"无欲",非弃绝一切外在欲求,只是主张回归自然本性,不追逐过度的物质享受,即《老子》:"五色令人目盲,五音令人耳聋,五味令人口爽,驰骋畋猎令人心发狂,难得之货令人行妨。是以圣人为腹不为目,故去彼取此。"(第12章)"圣人之治,虚其心,实其腹,弱其志,强其骨。常使民无知、无欲,使夫知者不敢为也。"(第3章)凡此所论均可与上文所述宋钘说合观,并可看出两者的承袭关系。

此外,今本《老子》第10章"涤除玄鉴,能无疵乎",高亨解释云:

> 玄鉴者,内心之光明……《庄子·天道》篇:"圣人之心,静乎天地之鉴,万物之镜也。"亦以心譬镜。洗垢之谓涤,去尘之谓除。《说文》:"疵,病也。"人心中之欲如镜上之尘垢,意即心之病也。故曰:"涤除玄鉴,能无疵乎!"意在去欲也。⑮

宋钘"别囿""白心"之说不外是去除外在囿限拘蔽,使心归于虚静洁白,与《老子》此语尤合。

诚如白奚先生所说:"'别宥'虽是宋钘提出,但却具有一般的方法论的意

---

⑪ 许维遹云:"《治要》有注:'尤,过也。'疑'尤'借作'囿',谓有所拘蔽也。'过'字不足以尽其义。"许说是。见《吕氏春秋校释》,中华书局,2009年9月,第289页。

⑫ 按,"植木而立乎独"即《庄子·田子方》述老子语"遗物离人而立于独"之意。"不合于俗"即《天下》所谓"不累于俗,不饰于物"。末句"何扩矣"之"扩"疑读为"广",训为宏大。

⑬ 王博:《老子思想的史官特色》,文津出版社,1993年11月,第280—286页。

⑭ "宠辱若惊"当依裘锡圭先生说读为"宠辱若荣",说见《"宠辱若惊"是"宠辱若荣"的误读》,《中华文史论丛》2013年第3期。

⑮ 高亨:《老子正诂》,《高亨著作集林》卷五,清华大学出版社,2004年12月,第59页。

义,撇开具体文字的表达形式,从思想内容来看,乃是百家争鸣时期的一种思潮,各家均从自己的角度有所涉及运用。"⑯下文便依序考察尹文、慎到、庄周、荀况等人的"别囿"观。

三、尹文的转向:变"别囿"为"别域"

尹文(前350—前285年)与宋钘同游稷下⑰,二子关系在师友之间⑱。《庄子·天下》将尹文与宋钘合论,尹文的著作在《汉书·艺文志》虽归入名家,但其学说仍以《老》学为基础,此点观《尹文子》开篇标举"大道",又援引《老子》为说可证。《四库提要》尝称尹文之学"出入于黄、老、申、韩之间。周氏《涉笔》谓其'自道以至名,自名以至法。'盖得其真"。⑲尹文之学上承宋钘,发挥《老子》道论,虽同有"别宥""见侮不斗""寝兵"之主张,惟其"别宥"说立论的角度及内涵与宋钘不同,需稍加辨析。《尹文子》谓:

> 接万物使分别,〔调〕海内使不杂⑳;见侮不辱,见推不矜;禁暴息兵,救世之斗。此人(仁)君之德,可以为主〈王〉矣㉑。守职分使不乱,慎所任而无私。饥饱一心,毁誉同虑。赏亦不忘〈惠〉㉒,罚亦不怨。此居下之节,可以为臣矣㉓。

⑯ 白奚:《稷下学研究——中国古代的思想自由与百家争鸣》,三联书店,1995年9月,第200页。

⑰ 二子同游稷下,见《汉书·艺文志·诸子略》"《尹文子》一篇"颜师古《注》引刘向说。尹文的生卒约数,依钱穆《先秦诸子系年》所考。

⑱ 关于尹文的年世及其与宋钘的关系,参考拙著《宋钘学派遗著考论》,第408—419页。

⑲ 纪昀:《四库全书总目提要》,河北人民出版社,2000年3月,第三册,第303页。

⑳ 二句依董英哲《尹文子注译》断读,并补"调"字(《天下》述宋、尹学说,有"以调海内"一句)。董氏《注译》收入《先秦名家四子研究》(上海古籍出版社,2014年3月)下册第三编第三章,第503页。

㉑ 钱熙祚《尹文子校勘记》:"《荀子·正论》篇注引'仁'作'人','主'作'王'。"二句依钱氏说校改。

㉒ 王恺銮《尹文子校正》:"'忘'字义不可通,'忘'当作'德',盖'德'之古字为'悳',其上部脱烂,与'忘'字相近,是以致讹。"其说是。

㉓ 末句今本作"可为人矣",依王启湘《尹文子校诠》改。

所谓"接万物使分别,调海内使不杂"即尹文之"别宥"说。上节论《天下》"接万物以别宥为始",主张以"去除拘限"解释"别宥(囿)",但前人释此句实分为两派:一主"去囿",一主"别域"。窃以为前说乃宋钘所持,后说则可施诸尹文。郭象《注》释此句谓"不欲令相犯错",成玄英《疏》训"宥"为"域",即主后说。高亨申此义云:

> 宥、囿与域,古亦通用,《诗·玄鸟》"奄有九有",《中论·法象》篇引作"奄有九域"。《国语·楚语》:"共工氏之伯九有也。"《汉书·律历志》引《祭典》曰:"共工氏伯九域。"并其佐证。然则别宥、别囿亦可解作别域矣。别域者,划分万物之畛界,使不相侵犯也。㉔

尹文用以划分万物畛域的法宝有二:一曰名,二曰法。在上文引《尹文子》"接万物使分别"章前有一段话论"君事"与"臣业"之别,他认为"庆赏刑罚"是君王所执,"守职效能"为臣下所掌,两者不得殽乱,"君不可与臣业,臣不可侵君事。上下不相侵与,谓之名正。名正而法顺。"法的施行讲求概念区别及条文的准确,所以正名是法治的前提。尹文之所以提倡法,是想从法律、制度层面矫正世俗风气的败坏。《尹文子》说:

> 世之所贵,同而贵之,谓之俗;世之所用,同而用之,谓之物。苟违于人,俗所不与;苟忮于众,俗〈物〉所共去㉕。故〔人〕心皆殊㉖,而为行若一;所好各异,而资用必同。此俗之所齐,物之所饰。故所齐不可不慎,所饰不可不择。昔齐桓好衣紫,阖境不鬻异彩;楚庄爱细腰,一国皆有饥色。上之所以率下,乃治乱之所由也。故俗苟渗,必为法以矫之;物苟溢,必立制以检之。累于俗、饰于物者,不可以为治矣。

㉔ 高亨:《庄子天下篇笺证》,《高亨著作集林》卷九,第398页。
㉕ 王恺銮《尹文子校正》:"'俗',疑当作'物'。"观上下文例,其说是。
㉖ 钱熙祚《尹文子校勘记》:"《治要》'故'下有'人'字。"兹据补。

君王作为民众的表率,施政固然可收风行草偃之效,但一旦统治者的价值观出现偏差、好恶改易,政随人变,又非长久之计,所以尹文主张在人治之外还需立法以作为"接万物""调海内"的标准。对于宋钘来说,他并不主张以法治导正社会风气[27],而强调透过个人内心的修养,看破世俗的荣辱、毁誉,所以《庄子·逍遥游》称宋子"举世而誉之而不加劝,举世而非之而不加沮,定乎内外之分,辩乎荣辱之境,斯已矣。彼其于世未数数然也"。

综上所论,宋钘立"别囿""见侮不辱"之说,乃针对心性修养而论,初不限于国君,尹文则将之视为"仁君之德",为王者治术之一端。且其变"别宥"为"别域",以正名、法制作为区别畛域的手段,显受法家及彭蒙、田骈一派的影响[28]。从论述的手法来说,尹文将原本宋子所倡的"别宥(囿)",解为"别域",可以说是"旧瓶装新酒"。

四、慎到的"去囿"说:弃知去己

慎到(前 350 年—前 275 年)为赵人,与宋钘、尹文皆为齐稷下先生,其年世与尹文相当[29]。《庄子·天下》将慎到与彭蒙、田骈合论,称"慎到弃知去己,而缘于不得已。泠汰于物,以为道理"。又"笑天下之尚贤""非天下之大圣",并指出其言行"动静不离于理"。《荀子·非十二子》亦将田骈与慎到合论,批评二子

---

[27] 《尹文子》载:"田子读书,曰:'尧时太平。'宋子曰:'圣人之治以致此乎?'彭蒙在侧,越次答曰:'圣法之治以至(致)此,非圣人之治也。'宋子曰:'圣人与圣法,何以异?'彭蒙曰:'子之乱名甚矣!圣人者,自己出也;圣法者,自理出也。理出于己,己非理也;己能出理,理非己也。故圣人之治,独治者也;圣法之治,则无不治矣。此万物之利,唯圣人能该之。'宋子犹惑,质于田子。田子曰:'蒙之言然。'"鹏按,这则故事彰显出宋钘与彭蒙、田骈二子在政治主张上的不同。宋钘遵循传统的说法,赞成"圣人"之治,彭蒙等则主张"圣法"之治,并以"理"作为法的根源,此为二派基本之差异。尹文的学说显受彭蒙、田骈之影响,故在其书称引其说。

[28] 彭蒙、田骈主张法治,参看前注。

[29] 慎到的生卒年约数依钱穆《先秦诸子系年》所考。关于慎到的生平参考许富宏《慎子集校集注》(中华书局,2013 年 8 月)"前言",第 2—8 页;拙文《慎子三论》,收入《战国诸子评述辑证》(复旦大学出版社,2014 年 4 月),第 243—249 页。

"尚法而无法,下〈上(尚)〉修(循)而好作㉚,上则取听于上〈下〉㉛,下则取从于俗。终日言成文典,及纠(循)察之,则偶然无所归宿㉜,不可以经国定分。"慎子的思想特征在法势理论㉝,其学说源于三晋法家及道家彭蒙一派。《汉书·艺文志》将其著作归入法家,《史记·孟荀列传》则说慎子与田骈等"皆学黄老道德之术",可见其学兼容道、法。

传世文献中未见慎到关于"去囿"或"别宥"之主张,但近出上海博物馆藏战国楚竹书《慎子曰恭俭》出现慎子论"去囿"之说,见于该篇首简㉞:

> 慎子曰:恭俭以立身,坚强以立志。忠(衷)陟(质)以反俞(裔),逆(去)友(囿)以载道,精(靖)法以巽(顺)势。㉟

李学勤先生将"逆友"读为"却宥"或"去宥",其说可从。"却宥""去宥"即"去囿"㊱。他并指出,过去刘节、郭沫若主张《心术》《白心》为宋钘、尹文遗著,蒙文通、裘锡圭则提出二篇为田骈、慎到一派所作,"如今我们看到简文也有'却宥',知道这一观念在稷下若干派别间或许是共通的。"㊲鹏按,宋钘、尹文、慎到之年世虽相及,但宋子的年辈高于尹、慎二子,且《庄子·天下》明言宋钘一派"接万物以别囿为始",可推知"别囿"之所以成为战国诸子讨论之命题,源于宋钘之提倡。竹书所载慎子"去囿"之论,疑受宋钘影响。

㉚ 于省吾《双剑誃荀子新证》指出:"修"当从王念孙作"循","上""下"甲、金文形近易混,此文"下"乃"上"字之讹。又云:"盖荀书本作'尚法而无法,上循而好作',尚亦上也,与上互文耳。言既以法为上而反无法,以循为上而反好作。"

㉛ 按,"取听于上"当作"取听于下","上""下"二字混讹见前句。"上则取听于下,下则取从于俗",谓君王取听于臣下,臣下则趋从于俗。

㉜ 杨倞《注》:"纠与循同。偶然,疏远貌。"

㉝ 见《慎子·威德》《韩非子·难势》。

㉞ 马承源主编:《上海博物馆藏战国楚竹书(六)》,上海古籍出版社,2007年7月,第95页(图版)、第276—277页(释文及注释)。

㉟ 释文及部分字词的考释参考拙文《战国楚竹书〈慎子曰恭俭〉重编新释》,《战国诸子评述辑证》,第235—237页。

㊱ "逆",疑母铎部;"却",溪母铎部;"去",溪母鱼部(鱼、铎阴入对转,溪、疑旁纽)。"友""囿"皆匣母之部。

㊲ 李学勤:《谈楚简〈慎子〉》,《中国文化》第25、26期合刊,第43—44页。

《慎子曰恭俭》简文所谓"衷质"即"内诚"之意㊳。"反窞"之"窞"即虚、空之意㊴,"反窞"即"返虚"。慎子所称"去囿以载道",笔者尝引《管子·内业》"凡道无所,善心焉处"、《心术上》"虚其欲,神将入舍",将"道"释为"精气"("去囿"则偏向去欲之意)㊵,但因传世文献述及慎到学说,未有涉及精气概念者,终觉隔阂。今重新思考此一问题,笔者认为《慎子曰恭俭》"去囿以载道"之"道"当指"理",即前引《天下》所称慎子"动静不离于理","泠汰于物,以为道理"之"理"。

战国中期的道家学者有一"以理代道"的倾向,《尹文子》"田子读书"章中记载彭蒙有法理之论,其说云:"圣人者,自己出也;圣法者,自理出也。理出于己,己非理也;己能出理,理非己也。"并因而倡"圣法之治",可见在慎到之前,彭蒙、田骈已注意到"理"之概念可作为贯串人道与天道的联结,并明确主张"理生法"。事实上,对于"理"之重视为战国中晚期普遍的趋势,如《礼记·乐记》讲"天理""人欲"相对;如《管子·心术上》"以理释礼",谓"礼者,因人之情,缘义之理,而为之节文者也。故礼者,谓有理也。理也者,明分以谕义之意也。故礼出乎义,义出乎理。理,因乎宜者也"。又如庄子一派主张"循天之理""达万物之理",或径"以理说道",称"知道者必达于理,达于理者必明于权,明于权者不以物害己"(《秋水》),"夫德,和也;道,理也。德无不容,仁也;道无不理,义也。"(《缮性》)。此外,受稷下道家影响较深的《荀子》《韩非子》亦重视"理",而有"大理""文理""道理"之论㊶。

至于"去囿以载道"的"去囿",联系传世文献中慎子的相关言论,可以用"去私"二字释之,若用《天下》评述慎到的话说,"去私"即"弃知去己"。立公以去私,这是法之可以普遍施行的基础。《慎子·威德》说:

㊳ 《左传》襄公九年"要盟无质",孔《疏》引服虔:"质,诚也。"《国语·楚语下》:"容貌之崇,忠信之质,禋絜之服,而敬恭明神者,以为之祝。"韦注:"质,诚也。"

㊴ 《说文》:"窞,空中也。"《淮南子·泛论》:"乃为窞木方版以为舟航。"高诱注:"窞,空也。"

㊵ 见拙文《慎子三论》,《战国诸子评述辑证》,第251—252页。

㊶ 关于先秦诸子之论"理",参考邓国光:《先秦两汉诸子"理"义研究》,《诸子学刊》第一辑,第269—294页。

法虽不善,犹愈于无法㊷。〔法〕,所以一人心也㊸。夫投钩以分财,投策以分马,非钩策为均也,使得美者不知所以德,使得恶者不知所以怨,此所以塞怨望也。故蓍龟,所以立公识也;权衡,所以立公正也;书契,所以立公信也;度量,所以立公审也;法制礼籍,所以立公义也。凡立公,所以弃私也。

另外一则《慎子》佚文说:"法之功,莫大使私不行。……今立法而行私,是私与法争,其乱甚于无法。"㊹

前引竹书在"去囿以载道(理)"后,随即说"靖法以顺势",法家重势一派的面目毕现,前文所云"恭俭""坚强""衷质""去囿"等,其实都是为君王定法顺势的主张铺垫,慎到的学说即结穴于此。

宋钘与慎到虽同有"去囿"之说,但二子之异在于尚心术与重法术之别。慎到并不认为仅靠人主的聪明圣智便可治国,他主张治国需要有一套超绝于主观的法术,故云:"不聪不明,不能为王;不瞽不聋,不能为公。""弃道术,舍度量,以求一人之识识天下,谁子之识能足焉。""君舍法而以心裁轻重,则同功殊赏、同罪殊罚矣,怨之所由生也。"㊺

五、庄周的超越:从"别囿"到"任囿"

庄周(前369年—前295年)的年辈略晚于宋钘㊻,二者皆为宋人㊼。前人已

㊷ 王叔岷《法家三派重势之慎到》释此二句云:"'法虽不善,犹愈于无法。'而况法善乎! 极强调法之重要性。"

㊸ "所以一人心"句,许富宏《慎子集校集注》以为注文阑入而删。鹏按。下文"塞怨望""立公所以去私",皆承"一人心"而言,恐非衍文。疑前句"犹愈于无法"之"法"字下原有重文符号,两"法"字分属上、下句读。

㊹ 许富宏:《慎子集校集注》,第64页。辑自《艺文类聚》卷54、《太平御览》卷638。

㊺ 前二例为《慎子》佚文(第一则辑自《御览》卷496及《意林》,第二则辑自《荀子·王霸》注、《升庵外集》卷48),后例见《慎子·君人》。参考许富宏《慎子集注集校》,第52、62、82页。

㊻ 顾实《庄子天下篇讲疏》推衍马叙伦《庄子年表》之说,将庄子之年世定为公元前369年至前295年,此从之。钱穆《先秦诸子系年》将庄子生卒年定为前365至前290年,与顾氏所估年世仅有五年差距。马、顾二氏皆据《庄》书相关人物、事件之年代考定,所说当较他家可信。

㊼ 《史记·老子韩非列传》:"庄子者,蒙人也。"司马贞《索隐》引刘向《别录》谓庄子为"宋之蒙人也。"

留意到宋、庄二家的学说有一定的关联,如崔大华说:"从《庄子》中可以看出,宋钘的'情欲固寡'和'接万物以别宥为始'这两个基本观点和他的人生态度都对庄子发生了重要的影响。"他并进一步指出,《庄子》屡次阐述宋钘"别囿"之观念,如《徐无鬼》云:"知士无思虑之变则不乐,辩士无谈说之序则不乐,察士无凌谇之事则不乐,皆囿于物者也。"又如《秋水》:"井蛙不可以语于海者,拘于虚也;夏虫不可以语于冰者,笃于时也;曲士不可以语于道者,束于教也。"⑱《吕氏春秋》中专门阐释"别囿"的《去尤》篇亦明引《庄子》之说:

> 以瓦投者翔⑲,以钩投者战,以黄金投者殆。其投一也⑳,而有所殆者,必外有所重者也;外有所重者,盖内掘(拙)也㉑。

所引见《达生》"颜渊问仲尼"章,用字稍异㉒。"外重则内拙",盖庄子对于"囿"之看法。

宋钘的"别囿"与"白心"是一组配套的理论,后者是其追求的境界,前者则是达到"白心"的修养工夫。《庄子》亦重"心"的修养,故主张"心斋"(《人间世》)、破"成心"(《齐物论》)、"无撄人心"(《在宥》)。值得注意的是,庄子一派也有类似"白心"的表述。《天地》记子贡由楚反晋,见一丈人凿隧入井、抱瓮出灌以为圃畦,用力甚多而见功寡,子贡问丈人何不使用桔槔,他说:

> 吾闻之吾师:有机械者必有机事,有机事者必有机心。机心存于胸中,则纯白不备;纯白不备,则神生不定;神生不定者,道之所不载也。

---

⑱ 崔大华:《庄学研究——中国哲学一个观念渊源的历史考察》,人民出版社,1992 年 7 月,第 382—383 页。

⑲ 诸"投"字原作"㩋",洪颐煊云:"字书无'㩋'字。《说文》:'毁,繇击也。从殳,豆声。古文投如此。'㩋即投字。"洪说引自王利器《吕氏春秋注疏》。

⑳ 此句今本作"其祥一也",王利器《吕氏春秋注疏》指出:"陈景元《南华真经章句音义》载《吕览》所引《庄子》作'其㩋一也',义较胜。"此从之。

㉑ 掘,当读为拙。《庄子》相应文句作"凡外重者内拙",当从之。

㉒ 《达生》作"以瓦注者巧,以钩注者惮,以黄金注者殙。其巧一也,而有所矜,则重外也。凡外重者内拙。"《淮南子·说林训》《列子·黄帝》亦引此段,文各小异。

"机心"即诈伪之心,纯白存于胸中则为"白心"。《庄子》所谓"纯白不备,则神生不定",即《管子·心术上》"虚其欲,神将入舍;扫除不絜,神乃留处""絜其宫,开其门,去私言,神明若存"之意。

庄子虽有取于宋钘之说,然其工夫论却不仅停留在心的持守。对于外在的蔽囿,他并不主张有意的去除或弃绝,而持着一种安然任之的态度,强调"安其性命之情",主张"无为而任物",这点在《在宥》表达得最为显豁。该篇开头便说:"闻在宥天下,不闻治天下。"[53]前人多训"在"为"自在"或"察""存",恐不确[54]。王叔岷认为"在"为"任"之形近而讹[55],吴汝纶谓:"宥与囿通。"[56]鹏按,王、吴说是。"在宥"即"任囿",篇中云"贱而不可不任者,物也""因于物而不去",即所谓"任"也。庄子盖以宋钘"别囿""去囿",犹有分别之心,故倡"任囿",主张不去不别,纯任自然。《在宥》谓:"汝徒处无为而物自化。堕尔形体,吐〈咄(黜)〉[57]尔聪明,伦与物忘[58];大同乎涬溟,解心释神,莫然无魂。"其"解心释神"之境界已较"白心"超脱。《逍遥游》论宋子"定乎内外之分,辨乎荣辱之境",虽未汲汲然于世,但"犹有未树",是庄子欲超越宋钘"别囿""白心"之说,而达于无待之逍遥。

受到精气说之启发,庄子认为"道通为一"(《齐物论》)、"通天下一气耳"(《知北游》)。他进一步改造宋钘之说,贯通内(心术)、外(天道)之道而提出"无听之以心,而听之以气""气也者,虚而待物者也。唯道集虚。虚者,心斋也"(《人间世》)。并主张坐而自忘其身,即所谓"堕肢体,黜聪明,离形去知,同于大道"(《大宗师》)。如果从战国时期道家学术发展的角度来看,庄子"心斋""坐忘"之说实乃宋钘"白心""别囿"说之转化及超越。

---

53 按,前人以此篇"在宥"二字为并列结构,训"宥"为宽,此乃受其下"在之也者,恐天下之淫其性也;宥之也者,恐天下之迁其德也。天下不淫其性,不迁其德,有治天下者哉!"之引导,但此数句与《达生》意旨不甚相合,疑后人分释"在""宥"二字之文窜入。

54 "在"训为"自在",见郭象注、成玄英疏;训为"察"则为茆泮林、章太炎之说;训为"存"为苏舆之说。诸家说之评述见王叔岷《庄子校诠》,"中研院"历史语言研究所,1994年4月二版,第372页。

55 见前揭王叔岷《校诠》,第372页。

56 引自钱穆:《庄子纂笺》,东大图书公司,1993年1月四版,第79页。

57 郭庆藩《庄子集释》引王引之曰:"吐当作咄,咄与黜同。"

58 钱穆《庄子纂笺》云:"伦与物忘,即与物忘伦,即大同乎涬溟也。"

六、荀况的"别囿"说：解蔽

荀况(前340—前245)的年世晚于上述诸子[59]，他年少时即游学稷下，至齐襄王时，更"三为祭酒"(《史记·孟荀列传》)，在稷下学宫声望极隆。由于其久居稷下讲学之经历，必与宋钘一派后学以及尹文、田骈、慎到等学者多所论辩、交往，所以在其著作中能深刻批判诸子之思想，而其本身的学说也或多或少受到上述学者的影响。

梁启超曾指出："'别宥'即'去囿'，为去其囿蔽者，如荀子之言'解蔽'矣。"[60]白奚先生也认为："儒家荀子所谓的'解蔽'、法家韩非所谓的去除'前识'[61]，若从哲学方法论上来看，同宋钘的'别宥'讲的都是完全一样的道理。"[62]《解蔽》开篇便说："凡人之患，蔽于一曲而暗于大理。"大理即大道，此处言"理"而不言"道"，亦前文所谓"以理代道"之一例。"解蔽"就是解除外在事物对于心的障蔽。

荀子论"蔽"云："故(胡)为蔽[63]？欲为蔽，恶为蔽；始为蔽，终为蔽；远为蔽，近为蔽；博为蔽，浅为蔽；古为蔽，今为蔽。凡万物异则莫不相为蔽，此心术之公患也。"又说："圣人知心术之患，见蔽塞之祸，故无欲无恶、无始无终、无近无远、无博无浅、无古无今，兼陈万物而中县衡焉，是故众异不得相蔽以乱其伦也。"(《解蔽》)荀况以"解蔽"论"心术"，犹宋钘以"别囿"说"心之行"。《庄子·天下》称宋子"语心之容(用)，命之曰心之行"[64]，"心之行"即"心术"，而宋钘所谓"别囿""白心"，亦心术之内涵。别囿、解蔽的对象都是"心"，此为二家近似处。

---

[59] 荀子的生卒年约数据钱穆《先秦诸子系年》所定。

[60] 梁启超：《庄子天下篇释义》，收入《清代学术概论》(东方出版社，1996年3月)附录，第114页。

[61] 按，韩非所谓"前识"为"先物行，先理动""无缘而妄意度"之论，说见《解老》，本于《老子》第38章(德经首章)"前识者，道之华，而愚之始。是以大丈夫处其厚，不居其薄；处其实，不居其华。故去彼取此。"老子"去彼取此"，主张去薄、华，取厚、实，亦略有"去囿"之意。

[62] 白奚：《稷下学研究——中国古代的思想自由与百家争鸣》，第200页。

[63] "故"读为"胡"，见王先谦《荀子集解》引俞樾说。

[64] 前句"容"读为"庸"，"庸"犹"用"也，后句"命"训为"名"。说见拙著《宋钘学派遗著考论》，第24—25页。

不过,宋、荀对于"心"之性质及"虚静"概念的界定略有不同,所以论及别囿的工夫仍有异。

宋钘所谓的"心"具有本体之意义,且为精气或神明之馆舍,所以《管子·心术上》的经文说:"心之在体,君之位也。""虚其欲,神将入舍。"⑥荀子之"心"也有主体义,如《解蔽》云:"心者,形之君也,而神明之主也。"宋、荀二子所说的"心"都不能生理,也并非内含万理者。相较而言,宋子所说的心如同馆舍或型范,只能容受;荀子所说的心则偏向功能义,只能观照⑥。荀子说:"人心譬如盘水,正错而勿动,则湛(沉)浊在下⑥,而清明在上,则足以见须眉而察理矣。"又说:"何以知道?曰心。心何以知?曰虚壹而静。"(《解蔽》)可见心虽有"能知道"之功能,但前提是需达到"虚壹而静"的状态。此一方法的提出,是受到稷下学术,尤其是宋钘学说的影响⑥。

宋钘要用虚静之道使心回复本然的安宁洁白,是从"虚而无形谓之道""天曰虚,地曰静"(《心术上》)演绎出来的。与之相比,荀子强调心的观照及察理功能,所以他将"虚""静"的原则重新定义,赋予较积极的意义,如《解蔽》云:"人生而有知,知而有志。志也者,藏也。然而有所谓虚。不以所已藏害其所将受,谓之虚。……心卧则梦,偷则自行,使之则谋,故心未尝不动也。然而有所谓静。不以梦剧乱知,谓之静。"可见荀子认为心本非静止不动,其所谓"虚"并非无所藏受之虚,乃是"不以所藏害所将受";其所谓"静"也并非全然定止之静,而是"不以梦剧乱知"。此与宋子一派虚以待物、静以制动的养心说并不相同⑥。

宋钘的"别囿"及荀况的"解蔽"目的都是在解除外在事物对于心的囿蔽,但二者的方法略有不同。宋子认为"别囿"只需在心上作,只要心不执着于俗世的

---

⑥ 按,《心术上》分经、解,二者非一人、一时之作,学术倾向亦稍异。笔者认为该篇经文部分为宋钘一派所作,解的部分则受慎到学说的影响较深。说见拙著《宋钘学派遗著考论》,第241—252页。

⑥ 关于荀子之论心,参考劳思光《新编中国哲学史》,三民书局,1993年10月七版,第1册,第336—337页。

⑥ 杨倞注:"湛读为沉,泥滓也。"

⑥ 白奚已指出:"'虚壹而静'这一认识方法的提出,是受到稷下学术特别是《管子》(鹏按,指《心术》《内业》等篇)有关思想的重大影响。"说见《稷下学研究》,第289页。

⑥ 参考杜国庠:《荀子从宋尹黄老学派接受了什么》,《杜国庠文集》,人民出版社,1962年7月,第144—148页。

价值、不沉迷于物欲,便能通达无碍;荀子则认为:"凡观物有疑,中心不定,则外物不清;吾虑不清,则未可定然否也。"所以他主张"疏观万物而知其情"(《解蔽》),透过理智的观察才能获知事物的情实,而不受蔽塞之害。此乃二家别囿说的差异。

七、惠施与邹衍的"去囿"方法:"历物"与"推物"

惠施(前 370—前 310 年)与庄周为同时之人[70],二子交游甚密,往复论辩屡见于《庄子》。邹衍(前 345 年—前 275)年辈稍后[71],而与荀卿并世。惠施与邹衍俱为一代显士。惠施任梁惠王相(见《庄子·秋水》),有"仲父""惠公"之美名(《战国策·魏策》《吕览·应言》),惠王甚至欲将王位让给他(《吕览·不屈》);邹衍在齐宣王时任稷下先生,后历游列国,"适梁,惠王郊迎,执宾主之礼;适赵,平原君侧行撇席;如燕,昭王拥彗先驱,请列弟子之座而受业,筑碣石宫,身亲往师之。"(《史记·孟荀列传》)二子的政治地位非其他诸子所能比拟,用太史公的话说"其游诸侯见尊礼如此,岂与仲尼菜色、陈蔡,孟轲困于齐、梁同乎哉"!(同上)

惠施、邹衍的学说未有直接涉及"去囿"者,但若从其立论宗旨来看,则二子亦受其前诸子之倡"去囿"说风气影响,从不同面向构筑去除囿蔽的理论。

惠施之书早亡,其说存于《庄子·天下》末章所述"历物十事",所谓"历物"即"析物"[72],分析物理之意,其说包括:

---

⑦⑩ 陈年福、叶志衡《中国学术编年·先秦卷》(华东师范大学出版社,2013 年 7 月)据钱穆《诸子生卒年世先后一览表》及《惠施年表》《惠施传略》(收入《古史辨》第六册)将惠施的生卒年约数定为前 370 年至前 310 年。此从之。

⑦① 钱穆《先秦诸子系年》认为《史记·孟荀列传》载邹衍事为司马迁受方士之言所惑,所记有误,遂将其生年推迟至前 305 年,但诚如王梦鸥《邹衍遗说考》指出的,邹衍生平最明确的事,就是他与燕昭王的关系,若将邹衍之生年降至如此晚,则燕昭王即位之时,他还不过是一乳臭未干的小孩,昭王不可能"筑碣石宫而身亲往事之"。今依王梦鸥说,将邹衍的年世约数定为前 345—前 275 年。说见《邹衍遗说考》,台湾商务印书馆,1966 年 1 月,第 16—34 页。

⑦② 《说文》:"历,治也。"引申为析、理。

至大无外,谓之大一;至小无内,谓之小一。

无厚不可积也,其大千里。

天与地卑(比)⑦,山与泽平。

日方中方睨,物方生方死。

大同而与小同异,此之谓小同异;万物毕同毕异,此之谓大同异。

南方无穷而有穷。

今日适越而昔来。

连环可解也。

我知天之中央⑭,燕之北、越之南是也。

泛爱万物,天地一体也。

冯友兰总结上述命题的要旨说:"照上面九个论点所证明的,一切事物都是在变动之中的、有联系的。一切差别都是相对的、有条件的,也都可以互相转化的。照《吕氏春秋·有始》篇所说的'天地万物,犹一人之身也,此之谓大同。''一人之身'正是'天地一体'的意思。既然'天地一体',所以要'泛爱万物'。这是十事的一个结论。"⑮

以"我知天之中央,燕之北、越之南"这条来说,战国时代的地理知识,天下之中是"燕之南、越之北",但观地与观天的角度互异(地图例北上南下,但若为星图则为南上北下),所以"天之中"则为"燕之北、越之南"。这种以观察角度的换位来破除一般常识的成见,在战国中期风靡一时,《天下》称"惠施以此为大,观于天下而晓辩者⑯,天下之辩者相与乐之",并载桓团、公孙龙等辩者与之应和的"卵有毛"等二十一条命题。由认识论的角度来看,名家之说乃是想借着名理之辩来"别囿",惠施的"历物之意"归结为"泛爱万物,天地一体",即欲以客观事

---

⑦ 王叔岷《庄子校诠》引孙诒让云:"卑与比通,《荀子·不苟》篇云:'山渊平,天地比。'杨《注》云:'比,谓齐等也。'亦引《庄子》此文,是其证也。"

⑭ "天",今本作"天下",疑涉下文"观于天下"句而衍。成《疏》:"燕北越南,可为天中者也。"可见成玄英所据本无"下"字,此从之。

⑮ 冯友兰:《中国哲学史新编》第二册(人民出版社,1984年6月),第154页。

⑯ 诸家多将"大观"连读,今从钱穆《纂笺》、王叔岷《校诠》分读。钱氏引陆长庚云:"观,示也。"

物的探索来格知"万物与我为一"之理。

邹衍著书甚富,《史记·孟荀列传》称其有"《终始》《大圣》之篇十余万言",《汉书·艺文志·诸子略》阴阳家也著录其著作《邹子》四十九篇、《邹子终始》五十六篇,但这些篇章在东汉时已经散佚⑦。

邹衍采取"类推法"建构他的理论,他的"推物"是从已知推未知,由经验的事实推论经验外的世界,司马迁称"其语闳大不经,必先验小物,推而大之,至于无垠"(《孟荀列传》)。邹衍的类推有两个主要的方向:一是对于空间"上下四方"的类推,其结果是推出"大九州说";一是对于时间"往古来今"的类推,其结果是推出"五德终始"说⑧。王梦鸥指出:

> 由小而大的想象过程,会使人体味到天高地厚与自己的藐小……由空间上看,我们所处的世界,实际是"大九州"中之一微尘;由时间上看,我生存的时代,实际是终始运行中的一刹那。⑨

邹衍这种推验的理论和前文所述惠施之说,虽然方法不同,但目的都是想打破常识俗见的拘蔽。《盐铁论·论邹》便说:

> 邹子疾晚世之儒墨不知天地之弘,昭旷之道,将一曲而欲道九折,守一隅而欲知万方,犹无准平而欲知高下,无规矩而欲知方圆也。于是推大圣终始之运以喻王公列士,先列中国名山通谷以至海外。所谓中国者,天下八十一分之一,名曰赤县神州,而分为九州。绝陵陆不通,乃为一州,有大瀛海圜其外。此所谓八极,而天地际焉。

---

⑦ 据王梦鸥所考,邹衍的著作在战国之后,或辑入《管子》《吕氏春秋》及《淮南子》等杂纂之书;其阴阳五行学说又被董仲舒之流吸收,化为西汉正统儒书而流传。到了东汉,邹衍的阴阳五行说一变而为谶纬之书,再变而为道教之书,邹衍驳杂的遗著被混淆得只剩一鳞半爪。说见《邹衍遗说考》,第143—144页,并参考该书第二章"邹子遗文考辨"。

⑧ 王梦鸥:《邹衍遗说考》,第49页。

⑨ 同上,第50页。

《史记·孟荀列传》亦载邹衍大九州说（与上引《盐铁论》略同），其后云：

> 然要其归，必止乎仁义节俭、君臣上下、六亲之施，始也滥耳。王公大人
> 初见其术，惧然顾化，其后不能行之。

邹衍之所以"推物"而作怪迂之论，原有劝诫统治阶层实施儒家仁义学说、遵循五伦规范的用意，取此与惠施"历物"的结论"泛爱万物，天地一体"对照，一归于仁义（近儒），一归于泛爱（近墨、道）[80]，相映成趣。太史公称邹衍的学说"始也滥"，滥即泛滥无节之意，犹庄子之"洸洋自恣"[81]。邹衍以迂阔的五德终始及大九州说王公，就像"伊尹负鼎而勉汤以王，百里奚饭牛车下而缪公用霸"，都是"作先合，然后引之大道"，太史公说："邹衍其言虽不轨，傥亦有牛、鼎之意乎。"由于邹衍的学说塑造了新的历史观，又打破俗世的地理概念，所以王公大人"初见其术，惧然顾化"，颇能收一时之效，但最后还是"不能行之"。

诚如一些学者所指出的：邹衍所要打破的是"不知天地之弘""守一隅而欲知万方"的狭隘眼界和封闭观念，此乃大九州说的精神实质和立意所在[82]。这种学说的创立，是和当时交通的发展及人们见闻的增长分不开的，有利于人们打破保守闭塞的成见[83]。在这种闳大不经的理论中透露出一种打破疆域、向域外发展的企图，它象征着一种打开世界壁垒的努力，预告着一个将要到来的新时代[84]。

从二家立说宗旨来看，笔者认为惠施和邹衍采用了两种不同的策略来实践宋钘所提出的"别囿"（破除拘囿）。就宋钘而言，"别囿"是一种心性修养，只要心中无挂碍、不执着，就能去除外在事物对于我们的限制，但这种修养毕竟不是

---

[80] 胡适《中国哲学史大纲》认为惠施的"泛爱万物"是一种"极端的兼爱主义"，是"别有科学一哲学根据"的兼爱主义。郭沫若则强调：惠施的"泛爱"虽类于墨子的"兼爱"，但墨子的兼爱只限于人类，"交相利"是其目的，惠子的泛爱则及于天地万物，"爱"即其目的。他在《先秦天道观之进展》一文明确主张惠施属于杨朱、老聃一派。

[81] 此点顾炎武已指出，见《日知录》卷27。

[82] 白奚：《稷下学研究——中国古代的思想自由与百家争鸣》，第271页。

[83] 杨宽：《战国史》，台湾商务印书馆，1997年10月，第568页。

[84] 白寿彝：《中国交通史》，收入《白寿彝文集》第七卷，河南大学出版社，2008年12月，第234页。

凡人所容易达到的,所以惠施、邹衍就从知识面着手破除常人的拘束。但惠施重视分析,邹衍重视推论,二子所使用的方法还是不同。

八、《吕氏春秋》中所见"别囿"说

本文一开始曾引《吕氏春秋·贵公》"荆人遗弓"说明"别囿"之概念,此篇所记故事及由此引出的孔、老评语十分简略,仅寥寥五十余字,但通过其所在篇章位置及相关文献的考察,可以抽绎出更多的线索:

1.《贵公》后接《去私》,两篇所言相涉,如《贵公》言"甘露时雨,不私一物""智而用私,不若愚而用公",并举齐桓公"行公去私恶,用管子而为五伯长;行私阿所爱,用竖刁而虫出于户"为证;《去私》以尧舜"不与其子"而授贤为"至公",并以祁黄羊"外举不避仇,内举不避亲"、腹𫘪杀子贯彻墨者之法为"公"。《吕氏春秋》的编者正是以"贵公""去私"作为一组搭配的概念。"贵公以去私",可以说是战国末年学者对于"去囿"最简洁的表述,而此说与前述慎到"去私弃己""立公所以去私"的别囿观最为接近,或许二篇即取自慎子一派著作。

2.《贵公》记"荆人遗弓"故事之前,有"天下非一人之天下,天下人之天下也。阴阳之和,不长一类。甘露时雨,不私一物。万民之主,不阿一人",其后有"天地大矣,生而弗子,成而弗有,万物皆被其泽,得其利而莫知其所由始,此三皇五帝之德也。"前者谓君主当法阴阳自然,后者更明言三皇五帝之德以天地为绳准,其思想显受道家《老子》学之影响,这点可以从篇中盛赞老聃为"至公"得到证明。

3.《去私》有一章引黄帝言,谓"声""色""衣""香""味""室"等都应"禁重",避免过度的享受。苏时学指出:"此数语与前后文义并不相蒙,通篇亦无此意,盖必《重己》篇内所引,而后人转写错误,溷入此篇者。"[85]鹏按,苏说非。《去私》所论与"别囿"有关,禁绝过度的物欲,即宋钘所谓"情欲寡浅""不饰于物"。

---

⑧⑤　引自许维遹:《吕氏春秋集释》,第29页。

《去私》《贵公》分别引用黄、老,也说明《吕氏》二篇所采乃黄老道家之言。

4.《说苑·至公》亦载楚王遗弓事(明言楚王即楚共王),可与前述《吕》书二篇对照。《至公》与《贵公》皆引《洪范》"无偏无党,王道荡荡"说"公",《至公》与《去私》都以尧之让舜为"至公"或"大公"的例证。不过,《说苑·至公》记楚王遗弓事,后无老子语,仅言"仲尼所谓大公也",思想趋向有异,当是西汉儒者的评判。

《吕氏春秋》中直接论及"去囿"者,尚有《去尤》及《去宥》两篇,前人多指为宋钘一派著作。刘咸炘、杨树达曾明确指出,《先识览·去宥》言别宥,乃宋钘、尹文之遗说[86]。郭沫若也认为:"《吕氏》书乃杂集他人成说而成,此二篇明系一篇之割裂,殆系采自《宋子》小说十八篇之一。"[87]顾颉刚则注意到二篇体制略有差异,他说:"《去尤篇》末云:'解在乎齐人之欲得金也,及秦墨者之相妒也,皆有所乎尤也。'此两事皆见《先识览·去宥篇》,一若《去宥》为《去尤》之传者。"[88]鹏按,诸家说是。《去尤》《去宥》二篇关系密切,从体例来看,诚如顾氏所言,原本可能有经有传,其形式如《韩非子》内、外储说,但编入《吕览》时割裂为二,内容亦可能经过增益或删改[89]。

《去尤》云:"世之听者,多有所尤(囿)。多有所尤(囿),则听必悖矣。所以尤(囿)者多故,其要必因人所喜与因人所恶。"将人之拘蔽归结为心中之喜恶,既有喜恶,则外有所重,而"外有所重者,盖内拙也。"《去宥》也说:"凡人必别囿然后知,别囿则能全其天矣。"二篇所论"别囿"与宋钘说合,可视为该派作品。

《吕览》由吕不韦召集门下宾客,使"人人著所闻",汇集诸家学说而作,故是书保存许多先秦诸子遗说。以"别囿"说而言,《吕氏春秋》不但收录《去尤》《去囿》二篇宋钘遗著,在《去私》《贵公》中也采用了慎到一派的"去囿"观。此外,陈奇猷曾指出,《有度》引季子"不为私"之论,当为季真一派所作[90]。该篇说:

⑧⑥ 刘咸炘:《吕氏春秋发微》,《刘咸炘学术论集·子学编》,广西师范大学出版社,2007年7月,第309页;杨树达:《庄子拾遗》,《积微居读书记》,中华书局,2006年12月,第176页。

⑧⑦ 郭沫若:《宋钘尹文遗著考》,《郭沫若全集·历史编》第一卷,人民出版社,1982年9月,第550页。

⑧⑧ 顾颉刚:《宋钘书入小说家》,《史林杂识初编》,中华书局,1963年2月,第293页。

⑧⑨ 按,二篇中有宋钘后学附益之内容,如前文提及《去尤》"鲁有恶者"章明引《庄子·达生》,可推知此章写定于宋钘、庄周之后。

⑨⓪ 陈奇猷:《吕氏春秋校释》,学林出版社,1984年4月,第1652页。

"诸能治天下者,固必通乎性命之情。通乎性命之情,当无私矣。"其所谓"无私",与"节己"相通:"圣人之不为私也,非爱费也,节乎己也。节己,虽贪污之心犹若止,又况乎圣人?"《有度》又说:

> 通意之悖,解心之缪,去德之累,通道之塞。贵、富、显、严、名、利六者,悖意者也。容、动、色、理、气、意六者,缪心者也。恶、欲、喜、怒、哀、乐六者,累德者也。智、能、去、就、取、舍六者,塞道者也。此四六者,不荡乎胸中则正,正则静,静则清明,清明则虚,虚则无为而无不为也。

所论"通意之悖,解心之缪,去德之累,通道之塞"与宋钘之"别囿"、荀子之"解蔽"相通,疑即季子学派之去囿说。

九、结语:"别囿"说的历史意义

前文考察了宋钘、尹文、慎到、庄周、荀况等诸家的别囿说,对于"去除拘囿"这一观念的形成,也举出《老子》作为其共同的根源。惠施与邹衍的学说虽未直接涉及去囿之论述,但从其立说旨归来看,二家所倡"历物"与"推物",可以视作他们破除成见的别囿方法。在上一节中,本文也指出《吕氏春秋》一书存有若干诸子的别囿说,如《去尤》《去宥》为宋子一派遗著,又如《贵公》《去私》与慎子有关,而《有度》则为季真之说。

综上所论,可以将上述八家别囿说别为三系:

1. 主心性修养(心术):此派主张去除多余物欲及世俗观念的拘限,作为个人心性修养及应世的准则,宋钘、季真属之。庄周虽欲超越宋子别囿说,但其立说宗旨亦近于此。

2. 主治国立法(法术):如尹文以"正名"区别人我及万物的畛域,作为立法的前提;慎到则以"弃知去己""立公以去私"作为法术之基础。

3. 主理智认识:荀子的"解蔽"即解除外在事物对于心的蔽塞,其说虽与宋钘"心术"说近,但他强调心具有"能知道"的功能,所以其说偏向理智认识。惠施之"历物"重在以自己的智慧辨析客观之物理,而不在发明理国修身之道⑨,亦属此类。邹衍"大九州""五德终始"说虽然闳大不经,但其所以用"推而大之"的演绎法建构自己的理论,乃针对"晚世儒墨不知天地之弘""守一隅而欲知万方"的狭隘眼界而发,亦表现出一种尚智的精神⑨,似可归入此系。

战国诸子的"别囿"最后归结为邹衍的打破狭隘的地理观念及《吕览》中的"立公以去私",如果联系其后的秦统一六国来看,是颇有兴味的。"别囿"说的基本精神即在打破拘囿,而所谓的"囿"不只是内在的荣辱、物欲,也包括了当时各国因长期分裂而形成的地域观。孔子评论"楚王遗弓",主张"去其楚"而可,正表现出打破地域观念的向往。邹衍的"大九州说"在战国晚期流行于统治阶层,势必撼动了长久以往的地理观念,"去囿"变为"去域"(囿、域、国古通),为其后的"大一统"提供了观念上的基础。

从方法上来说,"别囿"之"别"是别而去之。别而去之,以至无别,终究归结为"公"。《吕氏春秋》在首卷《孟春纪》便录《贵公》《去私》两篇,当有深意。《贵公》开篇便说"昔先圣王之治天下也必先公,公则天下平矣",又倡言"天下非一人之天下,天下之天下也",此《礼记·礼运》所谓"大道之行也,天下为公"。《吕览·贵公》以老聃为"至公",《说苑·至公》则推仲尼为"大公",虽然二者学派趋向不同,但其从去私别囿而臻至"公"之境界追求,并无二致。

言"公"推至极处,必定冲破地域、国别、种族、阶层、学派等拘限,形成"混一"的格局。钱穆曾说:秦能兼并六国,铸成统一大业,"此不专因于秦国地势之险塞及其兵力之强盛,而最要的还是当时一般意向所促成。"他所说的"一般意向"指的是秦赖以富强的人才,多得力于东方六国,像商鞅、张仪、公孙衍、甘茂、

---

⑨ 蒋锡昌曾指出:"庄子(《天下》)叙述'古之道术'而为后人闻风悦之者,始自墨翟,终于自己。至惠施、桓团、公孙龙三人,重在以自己智慧'析万物之理',不在'闻古之道术',重在辩究客观方面无关人事之物理,不在发明理国治人之道;重在个人之创造,不在圣王之继述。其为学精神,根本与墨翟等不同,故庄子另于末后附述之也。"说见《庄子哲学·天下校释》,收入《民国丛书》第四编,上海书店影印商务印书馆 1935 年版,第 264 页。

⑨ 《史记·平原君列传》载"及邹衍过赵,言至道,乃绌公孙龙",《集解》引刘向《别录》有邹衍论"辩"一段,颇能彰显其理智精神,其说云:"辩者,别殊类使不相害,序异端使不相乱,抒意通指,明其所谓,使人与知焉,不务相迷也。故胜者不失其所守,不胜者得其所求。若是,则辩可为也。"

范雎、吕不韦等都不是秦人。他们抛弃狭隘的国家及阶层观念,推翻东方的贵族制度,可以说秦政府实际就是一个东西混合的超国界政府,也是一个贵族与平民合组的政府(所谓"布衣卿相"之局)。秦国既然借着天下的人才以得天下,自然不能专以秦的贵族统治,所以秦始皇虽贵为天子,但他仍使自己的子弟、下属与匹夫齐等,不行封建,此虽可说是其远见,但亦当时情势使然[93]。

简言之,晚周诸子的别囿说形成了当时的共识(即钱穆所谓"一般意向"),此一共识即是"立公以去私",而此一理念从精神上支持了后来的大一统。

二〇一四年六月一日写于上海尚景园

【林志鹏　复旦大学历史学系副教授】
原文刊于《中国文化》2016 年 02 期

---

[93]　钱穆:《国史大纲》,台湾商务印书馆,2011 年 5 月,第 120—121 页。

博物君子的"另类"修养

《左传》所载古史材料的思想史解读

张　毅

　　童书业对《左传》的研究,无疑是现代《左传》研究中最富有价值和启发性的部分。在他的研究中,对古史传说的考证占有相当的比重(若将《春秋左传研究》与《春秋左传札记》合而观之,约占两书全部篇幅的十分之一),内容覆盖三皇五帝直至夏、商两代,下与西周的历史考证相衔接。从这部分卓越的研究中,不难看出《左传》所载古史材料的学术价值,也不难看出童先生对其价值的了解和重视。

　　但是,如果通读《春秋左传研究》及《春秋左传札记》,难免会觉得,他对这些古史材料的态度,略存一丝矛盾。在《春秋左传札记》"春秋时之学问"条,他谈到当时典籍之稀少:

　　　　读《左传》则知其时贵族多不学无术,而所谓"王官之学"亦几于废坠。《左传》之常所称引者,厥惟《诗》《书》,此外惟《易》与《春秋》耳,《礼》《乐》虽常述及,是否有书,亦是疑问……孔子以博学称,然《论语》所记孔子之常所称引者,亦惟《诗》《书》。[1]379

之后又讲:

春秋时所谓"学人",孔子及其弟子而外,鲁之臧文仲、柳下惠,郑之子产等均是。子产时人誉为"博物君子",然观其对晋人问,所谓实沈、台骀(昭元年)、鲧化黄熊(昭七年)诸事,皆神话也。昭十七年《传》郯子所说黄帝、炎帝、共工、大皞、少皞故事,亦属神话传说范畴,而《传》谓:"仲尼闻之,见于郯子而学之,既而告人曰:吾闻之,天子失官,学在四夷,犹信。"其时之所谓"学问","嘉言懿行"而外,多此类矣。[1]379—380

然则,对于《左传》中实沈、台骀、黄帝、共工等等之传说,先生所重视的,是它们可借以考订古史,至于它们作为一种知识为当时学人如子产等所称引,则似不甚重视,大约认为其属于"文不雅驯,荐绅先生难言之"(《史记·五帝本纪》)[2]46 的道听途说,价值不可与《诗》《书》同日而语。

可是,《左传》本是以政治生活为记录中心的,那么,作者将这类传说保留在《左传》中,自然不是为了考订古史或供后人考订古史,而是将它们作为历史人物(常常是当时的贤大夫和高级贵族)的言论和学术加以记录。

因此,《左传》中的古史传说,孤立地看,可以作为研究传说时代中国古史的资料,如合诸《左传》的上下文,研究它们被何人、因何种原因、以何种方式引用,则又可以视为春秋时期思想史的资料,用于研究当时贵族和政治家的学问素养以及窥探春秋时代思想学术的发展走向。这两种史料价值,童先生更注意于前者,而我们这里则着重于后者。或许,这种考察也可以局部地增进我们对于所谓"轴心时代"中国学术之变革、突破的理解。

一、原始宗教的碎片

《左传》中引述古史材料和神话传说,都是出自历史人物之口,是作为人物的言论并结合其处境和行动而记录的。可以说,《左传》记录的不是单纯的古史材料,而是当时的贵族、卿大夫等对它们的理解和运用。在研究它们被何人、如何引用之前,还需要先大致讨论一下这部分材料在当时的性质,它们在引用者的观念中具有何种价值。

《左传》热衷于对梦的记述,这使它时常遭受诟病,被认为过于迷信和夸诞。但是,梦以及对梦的态度,常是深层心理状态的真实流露,《左传》中关于祖先神的梦境,除了可以用于考证部族的历史和地域分布之外,也可以揭示当时人对于祖先和神灵世界的态度:

> 冬,狄围卫,卫迁于帝丘,卜曰三百年。
>
> 卫成公梦康叔曰:"相夺予享。"公命祀相。宁武子不可,曰:"鬼神非其族类,不歆其祀。杞、鄫何事? 相之不享于此久矣,非卫之罪也,不可以间成王、周公之命祀,请改祀命。"(《左传·僖公三十一年》)[3]487

这则材料的价值,首先在于佐证历史上"帝丘"这一地点与夏代的关联,前辈学人已经时常运用于研究;其次,它披露了春秋时代的"宗教矛盾",以及当时政治家处理这类问题的方式,这一点容后文再论;最后,它也反映了当时人对于远祖和家族历史的坚信和亲切,只有了解了这种态度的存在,我们才能进一步谈论古史传说在春秋时代的性质、功能和它们对于各国贵族、政治家、学人的意义所在。

卫康叔是周武王同母少弟,封于成王时:

> 武王既崩,成王少。周公旦代成王治,当国。管叔、蔡叔疑周公,乃与武庚禄父作乱,欲攻成周。周公旦以成王命兴师伐殷,杀武庚禄父、管叔,放蔡叔,以武庚殷余民封康叔为卫君,居河、淇间故商墟。(《史记·卫康叔世家》)[2]1589

自卫康叔至卫成公,将近二十代人,①纵跨三四百年,当时又无照相技术,而

---

① 据《史记》,康叔后八传至于釐侯,在周宣王时;其子和即卫武公,辅佐周平王;武公卒,子扬为卫庄公;庄公卒,子完为卫桓公,桓公十三年为鲁隐公元年,入春秋。则春秋前自康叔至桓公共十二代。隐公四年,州吁弑卫桓公,陈人讨而杀之,桓公弟宣公立。自宣公下数第五代为卫成公。

康叔遂能具象显现于成公的梦境,或者说成公对梦中所见的形象遽能认作康叔,并且相信他在彼方世界与夏人祖先相发生了矛盾,这依赖于对祖先神的深信不疑。古人尊天敬祖,春秋享祀,念兹在兹,故而梦绕魂牵、寤寐见之,绝不仅仅是后世所谓象征性的仪式或以统治百姓为目的的"神道设教"这么简单。

又如《左传·宣公三年》:

> 初,郑文公有贱妾曰燕姞,梦天使与己兰,曰:"余为伯鯈。余,而祖也。以是为而子。以兰有国香,人服媚之如是。"既而文公见之,与之兰而御之。辞曰:"妾不才,幸而有子。将不信,敢征兰乎?"公曰:"诺。"生穆公,名之曰兰。[3]672—673

伯鯈为传说中黄帝之子,是姞姓的始祖。燕姞为郑国后宫"贱妾",而能梦见始祖伯鯈,可见当时地位不十分高、教育不十分多的女子(但她也绝不是奴隶,可能是南燕的普通贵族,作为媵妾之类来到郑国)对于出身部族的历史传说都有相当的了解并且深信不疑。《左传》记述的这则材料,虽然旨在神化郑穆公及七穆子孙,因而很有捏造附会的嫌疑,但捏造的故事会有其现实原型,且必然符合捏造它的时代的普遍心态,于事未必有者,于理则必可有。由上述事例,我们可以约略地想象当时人对祖先神和部族历史所抱有的特殊现实感,唯具此种想象,方能对其人的行为和讲述有同情的了解。

通观《左传》,有关于部族祖先、神祇的信仰行为是非常普遍的,有些是正面直接的记载,有些则可以从其他事件侧面推知:

> 夏,宋公使邾文公用鄫子于次睢之社,欲以属东夷。(《左传·僖公十九年》)[3]381

宋襄公企图以杀人侫神的方式争取东夷各部的支持,以继齐桓而建立霸业,结果虽然并不成功,但选择这种手段,应该是基于当时东夷诸部族普遍的信仰状况,不是无端丧失理性的迷信行为。

> 任、宿、须句、颛臾,风姓也,实司大皥与有济之祀,以服事诸夏。邾人灭
> 须句。须句子来奔,因成风(按:成风是鲁僖公的生母)也。成风为之言于
> 公曰:"崇明祀,保小寡,周礼也;蛮夷猾夏,周祸也。若封须句,是崇皥、济
> 而修祀纾祸也。"

> 二十二年春,伐邾,取须句,反其君焉,礼也。(《左传·僖公二十一、二
> 十二年》)[3]391—393

成风的建议之能够被鲁僖公采纳,部分原因也在于,各国的历史谱系无论是传说也好,是神话也罢,在当时是受到普遍尊重的,可以充当各国在现实世界的生存理据。

随着各国交往的日益频繁,政治上的摩擦也愈演愈烈,政治的、外交的对话,便常是不同传统相遇和相互磨合的场合。在这时,列国关于各自祖先谱系的陈述必然走出宗庙的范围,脱离巫史的垄断保管,而成为政治家、外交家们谈论、磋商、讲条件、拉关系的依据。这些传说在今人看来虚无缥缈,但对它们的援引、解释、运用,在当时却有可能影响到国家的安危荣辱。上述宋襄公和成风夫人的事迹,都反映出这样的状况。另如公元前712年,滕、薛二国国君来朝于鲁隐公,就朝见的先后次序问题,二国发生了争执:

> 十一年春,滕侯、薛侯来朝,争长。薛侯曰:"我先封。"滕侯曰:"我,周
> 之卜正也;薛,庶姓也,我不可以后之。"[3]71

滕国姬姓,与鲁国同宗,皆王室宗亲,故滕侯蔑称薛国为"庶姓"。薛国任姓,自认是黄帝之后,其建国历史可上溯至夏代,故薛侯号称"我先封",以其悠久历史对抗滕侯所依恃的血缘优势。百余年后,薛人仍以其历史为凭据争取国际地位:

> 孟懿子会城成周,庚寅,栽。宋仲几不受功,曰:"滕、薛、郳,吾役也。"
> 薛宰曰:"宋为无道,绝我小国于周,以我适楚,故我常从宋。晋文公为践土

之盟,曰:'凡我同盟,各复旧职。'若从践土,若从宋,亦唯命。"仲几曰:"践
土固然。"薛宰曰:"薛之皇祖奚仲居薛,以为夏车正,奚仲迁于邳,仲虺居
薛,以为汤左相。若复旧职,将承王官,何故以役诸侯?"[3]1523—1524

这是鲁定公元年(前 509 年),惩于王子朝之乱,晋国召集诸侯为周室修缮成周
城墙,而宋国欲将其分内的劳役转嫁于长期受其压制的滕、薛、郳等邻邦。此时,
薛国执政仍以夏、商时代的历史来抗拒宋国的企图。

另如鲁襄公十四年姜姓戎人对晋人的答辩,亦溯及出身于"四岳",以增强
其部族生存于此方水土的合理性:

> 将执戎子驹支,范宣子亲数诸朝,曰:"来!姜戎氏!昔秦人迫逐乃祖
> 吾离于瓜州,乃祖吾离被苫盖、蒙荆棘,以来归我先君,我先君惠公有不腆之
> 田,与女剖分而食之。今诸侯之事我寡君不如昔者,盖言语漏泄,则职女之
> 由。诘朝之事,尔无与焉。与,将执女。"
>
> 对曰:"昔秦人负恃其众,贪于土地,逐我诸戎。惠公蠲其大德,谓我诸
> 戎,是四岳之裔胄也,毋是翦弃。赐我南鄙之田,狐狸所居,豺狼所嗥。我诸
> 戎除翦其荆棘,驱其狐狸豺狼,以为先君不侵不叛之臣,至于今不贰……"
> 赋《青蝇》而退。
>
> 宣子辞焉,使即事于会,成恺悌也。[3]1005—1007

由上述数事可见,在外交场合引述本国历史传说,是春秋时代长期、广泛存在的
一种现象。这些传说虽乏有系统的文字记载,但是既为本族人所坚信,亦受外国
人的尊重。王孙满可以靠讲述从大禹铸九鼎到成王定鼎郏鄏的一系列传说来打
消楚王对周室王权的觊觎(宣公三年),实与一时风气和此类传说的权威性
有关。

鲁昭公十七年,郯国国君来朝,于是有了孔子求教于郯子的一段佳话:

> 秋,郯子来朝,公与之宴。昭子问焉,曰:"少皞氏鸟名官,何故也?"郯

子曰:"吾祖也,我知之。昔者黄帝氏以云纪,故为云师而云名;炎帝氏以火纪,故为火师而火名;共工氏以水纪,故为水师而水名;大皞氏以龙纪,故为龙师而龙名。我高祖少皞挚之立也,凤鸟适至,故纪于鸟,为鸟师而鸟名:凤鸟氏,历正也;玄鸟氏,司分者也;伯赵氏,司至者也;青鸟氏,司启者也;丹鸟氏,司闭者也;祝鸠氏,司徒也;雎鸠氏,司马也;鸤鸠氏,司空也;爽鸠氏,司寇也;鹘鸠氏,司事也。五鸠,鸠民者也。五雉为五工正,利器用、正度量,夷民者也。九扈为九农正,扈民无淫者也。自颛顼以来,不能纪远,乃纪于近。为民师而命以民事,则不能故也。"

仲尼闻之,见于郯子而学之。既而告人曰:"吾闻之,'天子失官,官学在四夷',犹信。"[3]1386—1389

少皞氏的史事,不论真实程度如何,对郯子来说,都是真真切切的历史事实。

学界普遍同意,三代以来的天子、诸侯,不但是政治的领袖,且是宗教的领袖,是各自集团中最大的祭司或巫师,研究者常用《左传·襄公二十六年》卫献公的许诺来支持这一论断:"苟反,政由宁氏,祭则寡人。"[3]1112 可见,这种国君主祭的传统直至春秋后期尚未中断。可知郯子所述之事,是其祖先"神谱"的一部分,来源于郯国特有的文化遗产,原本包蕴于郯国宗教、学术尚未分化的混沌整体之中。这些故事,可能为郯国全体贵族和自由民所信奉,但是,只有郯国君主和少数高级神职人员才能如此详细地了解。春秋时代,周人的传统文化呈现颓势,鲁昭公娶于同姓、孟僖子不能相礼、齐高厚赋诗不类、晋籍谈数典忘祖……这是所谓"礼崩乐坏"的时代,故孔子对"官学"的没落深有体会,同时十分赞赏郯国等小邦虽文化不如周之发达,部族传统却保存得极为完整。在孔子问学于郯子之后十年,周室大乱,王子朝"奉周之典籍以奔楚"[3]1475,大约正在此前后,老子去周而西入秦。

综观《左传》中引述的这些古老部族的历史故事,尽管虚构的成分极大,也极有可能尚未形诸文字,在当时的《诗》《书》典籍中更无从查考,但在当时人的观念中却占有崇高的地位。马林诺夫斯基对蛮人神话的论述,虽然不可能完全准确地适用于春秋时代各国的祖先传说,但是会对我们有所启发:

没有重要的巫术、仪式或礼教是没有信仰的；信仰则都是编在具体而有前例可援的故事上……我认为有一类的故事是神圣的，是编在仪式、道应（德）与社会组织里面而形成原始文化的一个有机部分，动的部分的，这一类的故事，不是生存在消闲的趣味，不是当作杜撰的故事，也不只于当作真事的叙述；乃是由土人看来一个荒古实体的陈述，更比现在伟大而切实的荒古实体的陈述；因为这种实体是断定现在人类生活、命运与活动的；对于这种实体的认识是使人发生仪式与道德行为的动机，而且使人知道怎样进行仪式与道德行为的。[4]132—133

他的著作中所说的"活的神话""神圣的故事"，虽然是针对尚未脱离野蛮的部落传说而言，但是纵观春秋时代人们广泛援引部族历史传说的行为，以及当时听者对这些传说的反应，子产、孔子等有识之士对这些传说的熟悉和重视，我们如何能否认，这些故事在当时也是"活的""神圣的"呢？当此之时，周文化已相当成熟，《诗》《书》等典籍虽非今日之面貌，但从《左传》《国语》可知，其大体规模已经形成；一整套礼乐制度虽然可能尚未成书，但已积累了大量的相关具体条文、王家和下属各诸侯国的档案，是后来《易》《春秋》、三礼等诞生的基础。但是，在周文化系统的边缘和外围，各国却有着千差万别、发展水平不一的文化样式，秦、楚、吴、越为其大者，邾、莒、薛、郯等为其小者，《左传》中复有"百濮""群蛮""群舒"，有"山戎""犬戎""骊戎""陆浑之戎""伊洛之戎"，等等，不一而足。他们虽或尚无典册，但各有其丰富的历史传说所承载的漫长传统，以为其部族信仰和道德生活的依据。有一种部族存在，就有一套祖先传说，如杞、鄫（二国姒姓）出于夏，申、吕（二国姜姓）出于大（太）岳，南燕（姞姓）、薛（任姓）出于黄帝……《左传》中所述的神话传说和不同祖先谱系，实各有其现实的传承者，其中折射出春秋时代列国文化的多元面貌，此种时代特色，童书业先生亦已言之："春秋时'中国'疆域扩大，如齐、秦、楚、吴、越诸国皆有其异样宗教崇拜。"[1]349 到了国际舞台上，这些传说又成为各自邦国生存和生活方式的依据和辩护者。因此，它们尽管不载于周代的典籍，华夏宗周诸国的政治家、外交家也都不能漠视其作用与价值。

可见,在春秋时代,部族的古史传说既多为郯子一类国君或高级神职人员所掌握,则若非子产这样的高级贵族和孔子这样杰出的学者,若离开国君相朝、使节相聘这样的隆重场合,是难有机会闻知的。因此,这类故事与后世遍及田间、里巷的道听途说、齐东野人之言不能混为一谈。② 对于它们的性质,应当视为从东周时代各国原始宗教中分离出来的碎片。它们随着各个部族、各个古老传统间的频繁接触和生存竞争而逐渐散出,并随着不同场合下的援引而改变形态,其后,又为注重保存传统文化的儒家后学所采集、加工并载入《左传》。当时在列国间流传的这类故事必定非常丰富,《左传》所载者,特其吉光片羽而已。这些散见的材料反映了春秋时代真实的信仰活动和宗教氛围,特别值得我们重视。

孔子有"祭如在,祭神如神在"[5]27、"非其鬼而祭之,谄也"[5]21—22 的思想,曾子言"慎终追远,民德归厚矣"[5]6,这些见解的发生,必然是深入研究、思考过当时普遍存在的宗教现象和信仰行为的结果。

> 或问禘之说。子曰:"不知也。知其说者之于天下也,其如示诸斯乎?"指其掌。[5]27

孔子对于宗教之于政治的作用和意义有精深的心得,绝不仅仅是秉承所谓周人"尊礼尚施,事鬼敬神而远之"(《礼记·表记》)[6]1310 的传统,也有得于当时各国繁多的传说材料和深厚的宗教传统之启迪。

二、"博物君子"

司马迁写作《五帝本纪》,述黄帝以至于尧、舜的历史,以"古文"(秦以前的

---

② 依马林诺夫斯基的分类,这后一类道听途说的故事属于消遣性质的编造故事,其真实与否一般没有人会去追究或者人人皆明知其为杜撰,这类故事只是用来满足部族成员的好奇心和休闲需要,其意义和神圣性与前者不能同日而语。参见《巫术、科学、宗教与神话》。

书面材料,主要是《诗》《书》等经典及《国语》《大戴礼记》等)为史料去取的标准,以此淘汰了大量的地方传说和阴阳家、方术士之言,盖因战国以来,百家各自立说,众口相传,以至众说猥杂、荒诞怪迂,真正有修养的高级知识者往往不屑言之,故曰"百家言黄帝,其文不雅驯,荐绅先生难言之"[2]46,这一点参照《史记·封禅书》中所存的各种黄帝传说自能明白。

但是,在《左传》所反映的时代,情况却并不如此。如前文所述,孔子以前私学未兴,《左传》中所存有限的古史传说,皆是由各部族的传统文化整体中析出的部分,最初也只有地位较高的各国执政和贵族有机会获知其详情,且只有其中最优秀、好学的分子能够充分理解和重视这些材料的价值。从《左传》记录的情况看,特别积极引用列国古史传说的,除前文提到的郯子、成风、薛侯、薛宰、姜戎酋长一类以本国人身份述本国传统者之外,另有一类人,就是他国的卿大夫,如郑之子产、齐之晏婴、鲁之臧文仲、晋之蔡墨,等等。这些人是当时文化较为先进的国家中思想较为先进的分子,是当权贵族中开明、贤达的人士,当时和后世目为有德、有学而又有政治地位的"君子",其中,子产尚因熟悉其他部族的历史传说而获得了"博物君子"的美誉。

如《左传·昭公元年》:

> 晋侯有疾,郑伯使公孙侨如晋聘,且问疾。
>
> 叔向问焉,曰:"寡君之疾病,卜人曰'实沈、台骀为祟',史莫之知。敢问此何神也?"
>
> 子产曰:"昔高辛氏有二子,伯曰阏伯,季曰实沈,居于旷林,不相能也,日寻干戈,以相征讨。后帝不臧,迁阏伯于商丘,主辰。商人是因,故辰为商星。迁实沈于大夏,主参,唐人是因,以服事夏、商。其季世曰唐叔虞。当武王邑姜方震大叔,梦帝谓己:'余命而子曰虞,将与之唐,属诸参,而蕃育其子孙。'及生,有文在其手曰虞,遂以命之。及成王灭唐,而封大叔焉,故参为晋星。由是观之,则实沈,参神也。昔金天氏有裔子曰昧,为玄冥师,生允格、台骀。台骀能业其官,宣汾、洮,障大泽,以处大原。帝用嘉之,封诸汾川,沈、姒、蓐、黄实守其祀。今晋主汾而灭之矣。由是观之,则台骀,汾

神也……"

…………

晋侯闻子产之言,曰:"博物君子也。"重贿之。[3]1217—1219

"实沈""台骀"究为何物,连晋国史官亦莫能知,可见此元非晋人得自周室的典籍所有,而是来自其他文化系统。但晋国卜人既能卜出其名,可见这种异国文化因子的潜在影响,已经传至晋国,特晋人未能注意到并细究其内容耳。子产在一问之下遽能详细言之,可见子产阅历之丰富以及他对于有关异国的知识见闻的特殊敏感。此时子产已在主持郑国政事,此类传说恰是在各国的交往过程中最常被引述,子产之注意于此,当亦是注意到其在政治、外交中的功用。

又如鲁襄公九年,宋国火灾,引起了晋国君臣对于天象与天道关系的议论:

晋侯问于士弱曰:"吾闻之,宋灾于是乎知有天道,何故?"对曰:"古之火正,或食于心,或食于咮,以出内火。是故咮为鹑火,心为大火。陶唐氏之火正阏伯居商丘,祀大火,而火纪时焉。相土因之,故商主大火。商人阅其祸败之衅,必始于火,是以日知其有天道也。"公曰:"可必乎?"对曰:"在道。国乱无象,不可知也。"(《左传·襄公九年》)[3]963—964

又如昭公二十年:

饮酒乐。公(齐景公)曰:"古而无死,其乐若何!"晏子对曰:"古而无死,则古之乐也,君何得焉?昔爽鸠氏始居此地,季萴因之,有逢伯陵因之,蒲姑氏因之,而后大公因之。古若无死,爽鸠氏之乐,非君所愿也。"(《左传·昭公二十年》)[3]1420—1421

士弱、晏婴等人的事迹屡见于《左传》,皆当时贤大夫。他们所引述的古史,不见于《左传》此前一百多年的记录,其内容对今传之《诗》《书》也有所补充,可见都不是周代典籍原有的内容,而是东周以来从各国流出的古史传说。士弱答晋侯之言包含了当时日渐发达的天文学知识,并将其合入陶唐以来的传说系统,内容很复杂,同时其思想又能不为此种新知识所局限,指出"国乱无象",不认为可以迷信具体天象而纯由天象来推断国家命运。晏婴对齐景公的答语反映出他对齐地古史的熟悉,其中所含的思想史意义,后文尚将论及。

此外,尚有个别优异的贵族妇女注意到这类古史传说,如叔向的母亲不希望叔向娶申公巫臣与夏姬(这位声名狼藉的美人)所生的女儿,故引用历史传说讲述美女覆国的道理:"昔有仍氏生女,黰黑而甚美,光可以鉴,名曰玄妻。乐正后夔取之,生伯封,实有豕心,贪得无厌,忿类无期,谓之封豕。有穷后羿灭之,夔是以不祀。且三代之亡、共子之废,皆是物也,女何以为哉?夫有尤物,足以移人。苟非德义,则必有祸。"(见《左传·昭公二十八年》)[3]1492—1493 大概至春秋的最后六七十年,各种各样的古史传说已在列国间广泛流传,故而妇女中较为博学者亦能知之。

对于这一批特别注意于学习、吸收他国古史和传统文化的"博物君子",我们还可以尝试作一些概括的说明,以显明他们的出现在思想史上的意义。

中国的文化发达极早,"惟殷先人有册有典"(《尚书·多士》)[7]248。有此发达的文化,便有专事保守文化的阶层。今人一般接受:殷及西周,文化属于巫史;春秋战国以后,文化属于"士"。这个判断大体不错。但是,具体来讲,春秋、战国仍为两个差异极大的时期。就"古史传说"而言,在春秋时代与战国时代就有不同的状况:春秋末期以前,所谓的"士"阶层尚未崛起,古史传说为地位较高的开明贵族所重视、学习和运用;战国以降,士学发达,古史传说为百家所传播、改造,甚至为说明各家学说而托古人之名编造出不少故事,由是产生了秦汉以降传说猥杂纷乱的局面。

因此,春秋是这样一个过渡的时代。巫史继续保守着传统的知识和典礼,然而就其整个阶层而言,已有没落的趋势,思想渐趋僵化,故晋国史官于实沈、台骀之类新知识并不能关心和了解,又如苌弘之尊周室及其尊周室之手段,亦迹近迷信,为当时有识者所不取。贵族中的少数优秀政治家,则往往能够继承巫史的知识而应用于实践,且能在实践中注意到各部族古史知识的重要,积极吸收融会,以补巫史所无。

在春秋时代"士"尚未兴起之先,这极少数优秀的"政治人",由于有切实的政治经验,已能得时代风气之先,他们的知识既承接巫史,又有所超越,如子产、晏婴、叔向皆属此类;其中也有个别是出身于巫史而能了解政治生活并乐于接纳新知的人物,其著名者如晋之史墨。这些人是博学而胸襟开阔的"博物君子",《左传》作者笔下,不乏他们的事迹,且在叙述中往往表达出对他们道德、学问的赞许。这也反映出儒家后学重视此类古史知识,并视通晓此类知识为当时君子的一种优秀素养。

这里又有一个有趣的事例。历来对《左传》的研究,皆注意到作者常有恭维"三家分晋"的魏国先人之处,研究者并由此推断《左传》极有可能成书于战国前期的魏国。十分有趣的是,《左传》似乎还专门为魏绛虚构了这样一则故事:

无终子嘉父使孟乐如晋,因魏庄子纳虎豹之皮,以请和诸戎。晋侯曰:"戎狄无亲而贪,不如伐之。"

魏绛曰:"诸侯新服,陈新来和,将观于我。我德则睦,否则携贰。劳师于戎,而楚伐陈,必弗能救,是弃陈也。诸华必叛。戎,禽兽也。获戎失华,无乃不可乎!夏训有之曰:'有穷后羿'。"

公曰:"后羿何如?"

对曰:"昔有夏之方衰也,后羿自钽迁于穷石,因夏民以代夏政。恃其射也,不修民事,而淫于原兽,弃武罗、伯因、熊髡、龙圉,而用寒浞。寒浞,伯明氏之谗子弟也,伯明后寒弃之,夷羿收之,信而使之,以为己相。浞行媚于内,而施赂于外,愚弄其民,而虞羿于田。树之诈慝,以取其国家,外内咸服。羿犹不悛,将归自田,家众杀而亨之,以食其子,其子不忍食诸,死于穷门。靡奔有鬲氏。浞因羿室,生浇及豷;恃其谗慝诈伪,而不德于民,使浇用师,灭斟灌及斟寻氏。处浇于过,处豷于戈。靡自有鬲氏,收二国之烬,以灭浞而立少康。少康灭浇于过,后杼灭豷于戈,有穷由是遂亡,失人故也。昔周辛甲之为大史也,命百官,官箴王阙。于虞人之箴曰:'芒芒禹迹,画为九州,经启九道。民有寝庙,兽有茂草;各有攸处,德用不扰。在帝夷羿,冒于原兽,忘其国恤,而思其麀牡。武不可重,用不恢于夏家。兽臣司原,敢告仆夫。'虞箴如是,可不惩乎?"

　于是晋侯好田,故魏绛及之。(《左传·襄公四年》)[3]935—938

鲁襄公四年,是晋悼公五年,晋国边境的戎人主动纳贡请和,晋悼公却希望用武力对付戎人。这时,魏绛引用后羿耽于田猎而失国丧生的传说,说服晋悼公克服了好田、好战的倾向,从而为晋国争取了和平的发展环境。整个故事既合乎晋国和戎的史实背景,又合乎当时晋国国君的身份、性格(这年晋悼公十八岁,正是又好动、又好战的年龄)。甚至描写出,魏绛刚说半句"有穷后羿",年轻的国君就追问"后羿何如",生动地刻画出魏绛的老成、博学,国君的好奇和好学。整个故事可谓竭尽巧思。但是,魏绛所引的这个传说,在整部《左传》中无能与之呼应者,且《国语》中记述此同一历史事件,处处与《左传》相同,唯独只字不提这个传说故事,此显见为后出的传说,由后人所插入③。或许,《左传》的作者在此有意将魏绛刻画为一位"博物君子",也是有可能的。

《左传》中记录了不少孔子的言行,作为书中的一个人物,他的形象是作为上述君子的后继者而出现的。孔子对于郯子祖先传说的重视,与当时的博物君子一脉相承,而这种兴趣实于孔子的学问有深远的影响。《国语》中亦有数事提示了这一线索:

季桓子穿井,如获土缶,其中有羊焉。使问之仲尼曰:"吾穿井而获狗,何也?"对曰:"以丘之所闻,羊也。丘闻之:木石之怪曰夔、魍魉,水之怪曰龙、罔象,土之怪曰羵羊。"(《国语·鲁语下》)[8]190—191

又:

吴伐越,堕会稽,获骨焉,节专车。吴子使来好聘,且问之仲尼,曰:"无以吾命。"宾发币于大夫,及仲尼,仲尼爵之。既彻俎而宴,客执骨而问曰:

③　此事之伪童书业在《春秋左传研究》中辨之甚详。

"敢问骨何为大?"仲尼曰:"丘闻之:昔禹致群神于会稽之山,防风后至,禹杀而戮之,其骨节专车。此为大矣。"客曰:"敢问谁守为神?"仲尼曰:"山川之灵,足以纪纲天下者,其守为神;社稷之守者,为公侯。皆属于王者。"客曰:"防风何守也?"仲尼曰:"汪芒氏之君也,守封、嵎之山者也,为漆姓。在虞、夏、商为汪芒氏,于周为长狄,今为大人。"客曰:"人长之极几何?"仲尼曰:"僬侥氏长三尺,短之至也。长者不过十之,数之极也。"(《国语·鲁语下》)[8]202—203

又:

仲尼在陈,有隼集于陈侯之庭而死,楛矢贯之,石砮,其长尺有咫。陈惠公使人以隼如仲尼之馆问之。仲尼曰:"隼之来也远矣!此肃慎氏之矢也。昔武王克商,通道于九夷、百蛮,使各以其方赇来贡,使无忘职业。于是肃慎氏贡楛矢、石砮,其长尺有咫。先王欲昭其令德之致远也,以示后人,使永监焉,故铭其栝曰'肃慎氏之贡矢',以分大姬,配虞胡公而封诸陈。古者,分同姓以珍玉,展亲也;分异姓以远方之职贡,使无忘服也。故分陈以肃慎氏之贡。君若使有司求诸故府,其可得也。"使求,得之金椟,如之。(《国语·鲁语下》)[8]204

识馈羊、巨骨、肃慎氏之矢诸事,皆极言孔子之博学,其中纵有夸大的可能,也绝不会全出杜撰,其中反映出孔子丰富的民族史和古物学知识,且能与《左传》中孔子问学于郯子事和哀公十四年"西狩获麟"事相呼应:

十四年春,西狩于大野,叔孙氏之车子钼商获麟,以为不祥,以赐虞人。仲尼观之,曰:"麟也。"然后取之。(《左传·哀公十四年》)[3]1682

孔子博学而特重周文化,所谓"周监于二代,郁郁乎文哉,吾从周"[5]28,正是看重周文化的博大与开放,能够继承夏、商的优秀传统而融会贯通。孔子唯以此种精神面对其时代的多元文化,方能继往开来,促成春秋至战国文化、思想的巨变。而子产、晏婴、蔡墨诸君子皆出于宗周诸国,亦皆此种文化态度的秉持者,故《史记》曰:"孔子之所严事:于周则老子;于卫,蘧伯玉;于齐,晏平仲;于楚,老莱子;于郑,子产;于鲁,孟公绰。数称臧文仲、柳下惠、铜鞮伯华、介山子然"(《史记·仲尼弟子列传》)[2]2186,乃知这些君子固是当时政治、学术双方面的精英,在巫史传统将衰、士学尚未兴起之际,既有传承、发扬传统文化之功,又为百家争鸣的战国之世导夫先路。

三、宗教与政治的"因""缘"际会

吕思勉曾言:

> 凡事必合因缘二者而成。因如种子,缘如雨露……先秦诸子之学,当以前此之宗教及哲学思想为其因,东周以后之社会情势为其缘。[9]2—3

这是至为朴实又至为正确的论述。言中国文化在所谓轴心时代的"突破",也须落实到原始宗教—学术之整体在春秋社会情势下的遭际。这个问题至为繁难,非本文所能讨论解决者。但是,列国古史传说在博物君子手中的运用和处理,不妨为原始宗教与政治生活因缘际会的活的标本,可供从一个侧面观察各国原始宗教中析出的新知对于政治家的启示,以及政治家的活动对于这类知识的处置和重新理解。由于篇幅和学力所限,这里仅举少数事例略申其意。

> 冬,狄围卫,卫迁于帝丘,卜曰三百年。
> 卫成公梦康叔曰:"相夺予享。"公命祀相。宁武子不可,曰:"鬼神非其族类,不歆其祀。杞、鄫何事? 相之不享于此久矣,非卫之罪也,不可以间成王、周公之命祀,请改祀命。"(《左传·僖公三十一年》)[3]487

前文已经引此证明祖先传说之于古人的真实性,这里更论此事的思想史内涵。

卫国本都于朝歌,自公元前 660 年为狄人所灭,其遗民举国南迁,初庐于漕,继而都于楚丘,至鲁僖公三十一年(公元前 629 年),迁于帝丘。在迁都的当年,卫成公就做了这个怪梦。当时所谓"中国"早已广泛分布着各种居民,卫成公的梦极有可能反映了帝丘原住民与新迁入之卫人的信仰矛盾,这些原住民可能是夏人的后裔,或被卫成公认为是夏人的后裔。

当时较为适合人类居住的地区,都有极长的开发历史,往往经过五帝三代以来多种部族的更迭占有,这已渐为当时人所知,且越到春秋后期其了解越详细,如昭公十七年(公元前 525 年)梓慎言:"陈,大皞之虚也;郑,祝融之虚也……卫,颛顼之虚也,故为帝丘。"[3]1391 又如昭公二十年晏婴言齐国"昔爽鸠氏始居此地,季萴因之,有逢伯陵因之,蒲姑氏因之,而后大公因之。"[3]1421 此种知识,一方面来自对遗物、遗迹的思考,如吴人所获之专车大骨之类,另一方面来自对各种现存居民生活的观察,如"平王之东迁也,辛有适伊川,见被发而祭于野者,曰:'不及百年,此其戎乎! 其礼先亡矣。'"[3]393—394 此戎俗之居民为辛有所见,辛有且据此推测这种风俗混杂的民间状况积渐必将引起上层文化和社会结构的变化。因此,三四百年前的卫人祖先与千把年前的夏人祖先争吃祭品的怪梦,其实并不像它初看起来那样荒唐,它是卫国迁都伊始统治状况的曲折反映,暗示了新统治与旧居民在信仰问题上的一丝不和谐。

如何处理这一丝不和谐,是宗教问题,也是政治问题。"公命祀相",卫成公的意见是将相的信仰纳入卫人的信仰体系,这样就会增加一位由国家负责祭祀的新神。宁武子是卫国世卿,是世袭的政治家,他讲:"鬼神非其族类,不歆其祀。杞、鄫何事? 相之不享于此久矣,非卫之罪也,不可以间成王、周公之命祀,请改祀命。"第一,不祭祀跟自己国家无关的神;第二,既然承载这种信仰的政治实体如杞、鄫等已经在此地失去控制力,那么没有理由让周人继续维系其在此地的祭祀。

卫国君臣关于是否要祭祀异族祖先的讨论,折射出一个重要的思想史问题,即天人分野。"治人事天",是国家的基本任务,也是国君和政治家要考虑的主要问题。而"治人""事天"二事是既有联系又有区别的,何者为主、何者优先,可以有不同的组合方式。不同的组合方式又会决定其政权和文化的不同特性。宁武子对祀相问题的处理态度,可以简化地概括为下述态度:使宗教的传播依附于政治的势力范围,使对神的信仰基于本国的传统,杜绝淫祀和迷信。这种态度是"神不歆非类,民不祀非族""淫祀无福""非其鬼而祭之,谄也"诸思想的源头,它一方面来源于周人"事鬼敬神而远之"的理性传统,另一方面也得益于春秋列国政治家们在处理事天问题时理性精神的努力发扬,对后世政教关系的处理、天人之际的划分有深远的影响。

另一事亦已见于前文:

> 饮酒乐。公(齐景公)曰:"古而无死,其乐若何!"晏子对曰:"古而无死,则古之乐也,君何得焉?昔爽鸠氏始居此地,季萴因之,有逢伯陵因之,蒲姑氏因之,而后大公因之。古若无死,爽鸠氏之乐,非君所愿也。"(《左传·昭公二十年》)[3]1420—1421

长生不死的观念在战国至秦汉非常流行,但似乎出现甚晚,《左传》齐景公始提出"古而无死"之说,其时已是春秋的最后五十年。晏子的回答,一方面显示了对齐地古史知识的超常熟悉,另一方面,可以看出大量涌现的古史知识对当时君子的启发作用。

晏婴引用古史的方式和态度,与郯子、成风、薛侯等本国人述本国史者不同,他不但掌握许多细节的古史知识,且由此思考更为抽象的历史规律。既然一地的历史,可以不断向前追溯,此地曾与数个政权发生关联,他由此获得一种启发:当前的统治者、占有者,皆是一种短暂的驻留,而一切现有的都会过去,则成为一种历史的通则。由此,晏子才得以一种冷峻而豁达的态度看待齐景公非常执着的生死问题。

春秋时代各种丰富而荒远的传说,扩大了君子们可认识的时空范围,也增进了其对时空的感受力和想象力,结合他们所经历的复杂、多难的人世生活,使他们对个人的生死、国家的兴衰、社会的剧变报以理智的沉思。比如对晏子来说,爽鸠氏、季萴、逄伯陵、蒲姑氏等等的彼此代兴的历史,与他一生所面对的姜齐衰落、田氏崛起的现实如出一辙。

> 子张问:"十世可知也?"子曰:"殷因于夏礼,所损益,可知也;周因于殷礼,所损益,可知也。其或继周者,虽百世可知也。"[5]21

孔子能够发展出一种注重历史的态度,以及对于历史规律抱有强烈的信心,在当时原不是一个突然的事件,而是其时代知识积累和思想演进的必然结果。

又如公元前510年,鲁昭公流亡多年,终于病死于乾侯。身为诸侯落得被大臣驱逐、客死于外的下场,这给当时的政治家带来极大的内心震动:

> 赵简子问于史墨(按:史墨即蔡墨)曰:"季氏出其君,而民服焉,诸侯与之;君死于外而莫之或罪,何也?"[3]1519

史墨的回答有为季氏张目之意,部分地体现了《左传》的思想倾向,这点且放下不谈,单看他眼中的历史规律:

> 对曰:"……社稷无常奉,君臣无常位,自古以然。故诗曰:'高岸为谷,深谷为陵。'三后之姓于今为庶,主所知也……"[3]1519—1520

史墨言"社稷无常奉,君臣无常位",并不袒护旧阶级和旧制度。他引用的证据,一为诗、一为史,诗是书面材料,周之典籍,史则得之于当时尚存之诸民族,类似于今日所说的"人类学"材料。"高岸为谷,深谷为陵"以地质时代为时间尺度,"三后之姓于今为庶"以史前时期为时间尺度,二者相对于春秋的二百多年,都是大尺度。观察变化,当然是以大尺度下的变化为明显。而春秋时代,恰恰是在较短的时间中发生了沧海桑田般的社会剧变,史墨引"高岸为谷,深谷为陵""三后之姓于今为庶"的事实相类比,恰是借大尺度下的变化,表达出了对巨变时代的深刻感受。

思考不同时空尺度间的关系,极大地启发了知识者的哲理思维,在后世有丰富的变化发展,演化出《庄子》的大年、小年之别和蜩与鲲鹏之辨。

由以上数事可部分地了解:激烈变动的时代与荒远、奇诡的历史传说,确曾共同启发了君子们的心灵。而君子们对古史传说之解释、运用,常在言行和决策之际,借以对于政治、宗教、历史、人生表达出新鲜生动的感悟和见解,其感悟、见解又往往成为随后到来的战国时代各种论题和学说的先声。战国之诸子百家,往往托始于传说,如儒家之祖述尧舜、道家归本于黄老、阴阳家出羲和之官、许行为神农之言……可见古史传说对于后世思想的哺育作用,这其中或亦有春秋君子之学的流风遗韵存焉。

结　语

在"春秋三传"之中,《左传》独以叙事为长,因此保留了最丰富的春秋时代的历史资料。同时,作为《春秋》之传,《左传》也具备独特的思想和完整的历史观,其对于事件的选择和叙述方式,亦往往有深刻的用意。

《左传》中关于当时君子在各种场合讲述、援引古史的记录,多为可信的史实。《左传》借此既保存了各部族原始宗教中脱胎出的知识,也展现了当时一批优秀政治家的学术修养、政治思想和人生态度,展示了这些知识在博雅君子的运用中如何获得了学术的、哲理的新内涵。

在《左传》的叙事脉络中,博雅君子是各国古史的学习、保存者,也是对这些知识的解释和更新者,也是孔子的先驱者;而《左传》中的孔子形象,则在精神上属于春秋君子的一员,在学术上为君子的总结和集大成者。此为《左传》作者的学术史观点,应是故意细密地编织在行文之中的,而不仅是叙述中的偶然流露。

鲁文公五年,楚人灭蓼,《左传》曰:

臧文仲闻六与蓼灭,曰:"皋陶、庭坚不祀忽诸。德之不建,民之无援,哀哉!"[3]540

《左传》以含蓄的笔触,点出了这种深广的忧患意识和对于古老文明的珍重,既揭示了春秋君子固有的文化胸襟和精神面貌,亦相应于孔子修《春秋》"存亡继绝"之著述宗旨。

参考文献

[1] 童书业.《春秋左传研究》(校订本)[M]. 北京:中华书局,2006 年。

[2] 司马迁.《史记》[M]. 北京:中华书局,1982 年。

[3] 杨伯峻.《春秋左传注》[M]. 北京:中华书局,2009 年。

[4] 马林诺夫斯基.《巫术、科学、宗教与神话》[M]. 上海:上海文艺出版社,1987 年。

[5] 杨伯峻.《论语译注》[M]. 北京:中华书局,2009 年。

[6] 孙希旦.《礼记集解》[M]. 北京:中华书局,1989 年。

[7] 王世舜.《尚书》[M]. 北京:中华书局,2012 年。

[8] 徐元诰.《国语集解》[M]. 北京:中华书局,2002 年。

[9] 吕思勉.《先秦学术概论》[M]. 上海:上海书店,1996 年。

【张　毅　中国人民大学文学院】
原文刊于《中国文化》2013 年 02 期

范蠡·商鞅：两套速效经济软件

读《史记·货殖列传》

金克木

> 两只老虎，两只老虎，
>
> 跑得快，跑得快。
>
> 一只没有尾巴，一只没有脑袋，
>
> 真奇怪，真奇怪。
>
> ——儿歌

●：怎么你忽然看起《史记·货殖列传》来？对经济感兴趣了吗？

■：中国古时说"经济"是指政治，是"经国济民"。"货殖"指经商，只是现在所说的经济的一部分。现在的"经济"这个词是输出到日本又返销回来的新词，意义变了。我感兴趣的只是一些空道理，可以勉强说是文化或则哲学。不过这两个词现在都没有公认的确切意义范围，不便引用。用个新词作比方，就说是"软件"吧。有些问题不妨彼此问答，进行一番思考。书中说的话算是第三者的，要我们译解。当然还可以有别的译法。

●：先提问题吧，没有问题，怎么思考？

■：好。太史公司马迁在《史记》的最后才编写一篇《货殖列传》，以下便是《太史公自序》了。《自序》中说《货殖列传》是讲的"布衣匹夫之人"的事，放在"游侠""佞幸""滑稽""日者""龟策"各列传之后。这是由于汉代抑商吧？"货殖"一词是出于《论语》中"赐(子贡)不受命,而货殖焉"。在这篇列传中,子贡名列第二,说是子贡经商发了财,他所到之处"国君无不分庭与之抗礼。夫使孔子名布扬于天下者,子贡先后之也"。可见这和"儒"是大有关系的。孔子出名还有点靠了学生的经济地位哩。可是司马迁在这篇文章一开头就引一段《老子》,这是为什么？是由于汉初崇黄老吗？他又把子贡列为"榜眼"或"亚军"。是不是司马迁以为孔、老原来是,或则应当是一家呢？孔子、老子都不重商。司马迁这样做是为了"贴金"还是确有所见呢？《货殖列传》未必是司马迁的定稿,但是格局和意见以及大部分文章还应算在他的名下吧？

●:这不但是经济思想史,又追溯到哲学思想上去了。我想还是另起思路吧。就《货殖列传》说,司马迁排的名次是:第一名范蠡,第二名子贡,第三名白圭。这三位是既有实践又有理论的,从猗顿到巴寡妇便是单纯致富的工商业者了。"汉兴"以下才是论当代经济。为什么范蠡第一,子贡第二,这是政治经济合一吗？

■:子贡在《论语》中地位不低,是"言语"科的代表,外交家(见《史记·仲尼弟子列传》:"子贡一出,存鲁,乱齐,破吴,强晋而霸越。")。他到处得到国君分庭抗礼的接见,不是只凭讲话,还仗恃财力作外交后盾吧？虽然司马迁没有记他的经济理论,但他是孔门大弟子,他的思想大概不会离孔子本人的儒家学说太远吧？孔子在《论语》中曾批评弟子冉有(冉求)为鲁国大夫季孙氏"聚敛"财富,却只轻描淡写说子贡一句"赐不受命",还夸他做生意"亿则屡中"。可见孔子并不是一般地反对"货殖",他反对的只是"聚敛",即搜括老百姓。至于子贡做个体生意,又借经济力量见国君活动政治,并为老师做宣传,孔子是不曾反对的。孔子还说过:"富而可求也,虽执鞭之士,吾亦为之。"可见他不反对发财。这是只依据《论语》一部书,不是出于各家书中不同说法,所以应当是合理的。

●:子贡本人的经济理论既然没有说出来,不便以各种各样的儒家理论去揣测,那还是先考察一下"状元"或则"冠军"范蠡吧。

■:我想不如先看看第三名白圭说些什么,他说:"吾治生产,犹伊尹、吕尚之谋,孙、吴用兵,商鞅行法是也。"司马迁总结说:"盖天下言治生,祖白圭。"原来这位第三名"探花"还是讲经济学的祖师爷。太史公把他和李克(李悝)对比说:"李克务尽地力,而白圭乐观时变。"这明显是两种经济思想。李克是给魏文侯致国家富强的。伊尹、吕尚(姜太公)是商、周开国的大政治家。孙膑、吴起是战国的大军事家。商鞅是使秦国变法富强的。白圭竟然以这些人自比,而且提出;智、勇、仁、强四者水平不够的人"虽欲学吾术,终不告之矣"。录取学生的标准还很高。为什么这位祖师名列第三,而李克、商鞅不列入这一篇里呢?

●:听听你的解说。

■:司马迁在引《老子》的语录以后发了一段议论作为引言。其中首先引姜太公(吕尚)如何发展齐国的经济,齐国衰落时又有管仲发展经济,使齐桓公当上霸主,"九合诸侯,一匡天下"。这以下才排列传记,照《自序》说的,只列"布衣匹夫"。以范蠡居首,是说他在使越国称霸以后化名鸱夷子皮和陶朱公经商致富,是商人身份。子贡居次,也只算他是大商人。白圭第三,他是缺事迹而有理论的平民。叙述范蠡时引了他的老师计然的理论。接着说范蠡成功以后"喟然叹曰:计然之策七(《汉书》作'十'),越用其五而得意。既已施于国,吾欲用之家。乃乘扁舟,泛于江湖,变名易姓"。这正好和白圭的话互相照应:治国家经济,使国家富强,和个人发家致富是一个道理;治国、用兵、行法,是一个道理。道理的原则是计然、白圭说的,来源则是篇首引的《老子》。值得注意的是,这一段不是现在通行的《老子》的摘录,甚至可以说是和通行本中的话大不相同。其中末尾两句之下便是"太史公曰",可见这两句仍然是《老子》的。至少是司马迁所解说的《老子》的。照这段话看,《老子》虽然说"老死不相往来"是"至治之极",但末两句话说,在"挽近"(即当时)是"几无行矣",即行不通了。由此才有"太史公曰:'夫神农以前吾不知已,至若《诗》《书》所述,虞夏以来……'"工商业是不可废的。接下专讲计然、白圭的理论,范蠡、子贡的实践,以至当时(汉代)"都会"(商业大城市)和富人(工商业者)的情况,都顺理成章了。

●:可是这样一来,范蠡的一生便被割裂了。一半是治国,在《越王勾践世家》里，一半是治家，在《货殖列传》里。前一部分中又有治家的一个故事，还是要合起来看才能通气。前半是传，后半仿佛是专题提要。合起来就不必再查对《国语》《吴越春秋》《越绝书》了。至于范蠡、鸱夷子皮、陶朱公是不是一个人，是真事，或则是传说，若不考证历史，那也无关紧要。这是个理想人物，是军事家、政治家、外交家，又曾经商，是个交游广阔，到处为家，又不露面的大商人。这不是和《老子》以至《庄子》中的"人"的理想相似，而且也同孔子门徒子贡仿佛吗？可惜现在有的电影、电视剧描写吴越之争，强调西施美人计，把范蠡变成另一种人了。也不知是美化还是丑化，总之是"大变活人"，换了一个。怎样才能宣传一下古文献中的（不一定是历史事实的）范蠡呢？看来他是张良、诸葛亮之前的一个文武全才又能进能退的理想人物，是中国传统文化中的一个重要标本。（爱国商人弦高也属这一类，见《左传》）

■：我以为最重要的是把会做生意的平民范蠡"陶朱公"和振兴越国的大政治家范蠡大将军合起来。我看这好像是解开中国传统文化中读书和做官的文人思想的一把钥匙，同时也可以说是解开中国一些帝王以及官吏直到平民的共同思想交会点的钥匙。文人带兵是中国的传统。行伍出身的"无文"的军人中，大将多而统帅少。传说中的关羽是读《春秋》的。岳飞是能文能武的。《水浒》中三家村学究吴用也能当军师。范蠡对越王说："兵甲之事，种（文种）不如蠡。"可见他是武人。商鞅也是武人，曾带兵打胜仗。宋朝诗人陆游还念念不忘"塞上长城空自许"。不仅兵书战策为文人所必读，而且史书、子书、经书往往和兵书通气。只是明朝盛行可称"八股文化"的令人窒息的精巧玩艺，又有锦衣卫、"东厂"等等，才削减了这一传统。但是从王守仁、黄宗羲、王夫之等到林则徐、龚自珍以至石达开、曾国藩、左宗棠、李鸿章等，没有一个不是才兼文武的。孙中山也当过大元帅。军阀吴佩孚是个秀才。传统文化中的这一层大概知道的人很多。不仅治国和治家相通，文武相通，而且政治和经济相通。"君子固穷"，并不是不懂致富之道，只是不屑于去做，所谓"自命清高"；若真的不懂，那便叫作十足的书呆子，为孔、孟、老、庄所不取。至于真懂、假懂，能不能实践，会不会成功，那倒不一定。不过一定要树立这一点为理想。孔子也学射箭，据说还是大力士，说门人子路"好勇过我（孔子自称）"。

他虽不讲经济,然他的门人冉有、子贡都精通此道。讲到和尚,那只要举一个为明朝永乐皇帝打天下的军师姚广孝就够了。道士则有远赴西域见成吉思汗的长春真人邱处机。少林寺的和尚、武当山的道士是武术的两大宗派。这个文化传统是不依教派等招牌而分别的。欧洲就不然。恺撒、拿破仑有战纪、回忆录,亚历山大、奥古斯都、威灵顿、纳尔逊就不以文学名家了。他们重专业不重兼通,不以文武双全为理想。著《远征记》(万人退军记)的色诺芬那样的人不多。

●:照这样,我看不妨考察一下范蠡和商鞅,着重在治国和经济一方面,看他们怎么使越国和秦国骤然强起来的。

■:这两人不过用了一二十年时间就使两个落后的穷国一跃而成强国。吴灭越在公元前494年,越灭吴在公元前473年,刚好22年,正合上伍子胥的预言:"十年生聚,十年教训。"秦孝公用商鞅变法在公元前356年,商鞅死在公元前338年,不到二十年。从范蠡、商鞅的实践搜寻他们的思想原则,可以得出这种速效的经济"软件"吧?搜寻的方法,用当代欧美人常用的行话,是不是可以说是用一点现象学的和诠释学(解说学)的方法?其实这也是土法。

●:我们不用术语和公式好不好?我想,要考察怎么由弱变强,由穷变富,就得先看当时的形势。各国对比才有贫富强弱之分,自己看自己总是可以"知足常乐"的。从春秋到战国,转变年代照旧说是韩、赵、魏三家分晋得周王承认的公元前403年,司马光的《资治通鉴》由此开始。越国称霸在其前七十年。秦国变法在其后不到五十年。可见这一百多年正是一个大转变时期。形势上有什么一般不大重视而值得一提的?

■:我想提出两点,是从全中国范围和整个历史着眼的。一是外强而内向,二是落后入先进。

●:此话怎讲?

■:公元前770年周平王东迁是东周或春秋的开始。他是避西戎从陕西逃到河南的,也就是离开了周的发祥地到了殷商后代的集中地区。殷周文化的这个中心地区里,除了号称"共主"实际只是招牌的周王以外,还有一些小国,而最大的统率别国的霸主，先是用了管仲做宰相的齐桓公，后是晋文公，两人是五霸的头两名。齐是在山东半岛的被征服的东夷之国。晋是北方戎狄杂居之国。后来在南方强大起来的楚是以苗为基础的南蛮之国。西方的秦更是西戎之国。东南兴起较晚的吴是并了淮夷、徐夷的。越更是落后。前几个强国还是周王封了贵族带人去统治的。吴号称由周的祖宗泰伯算起，越号称由禹算起，实际都是文化落后地区。本来是"断发文身"，连帽子衣裳都没有的。司马迁写的是《越王勾践世家》，连上世的年代人物都说不清。由此可见，中原地区虽有悠久的殷、周传统文化，又有"天子"政权，但是没有力量发展，物产不丰，人力四散。强大起来的是四周的边区。中原的炎帝、黄帝嫡系子孙在上层，但无力复兴，靠血统难以维持；而四外的许多落后种族互相结合，发展很快。我说的"外强而内向"指的是地区。外部边区强了，但不是分裂出去，而是合并进来。内部中心弱了，不能打出去扩展，而是"外来后"进来压倒了"本地人"。我说的"落后入先进"指的是种族。落后的小的族（还不成为近代的欧洲的所谓"民族"，因此不能构成近代意义的"民族国家"）迅速发达成为先进。这些族中有的能像海绵一样吸收并且能融合非本身的力量化为己有。这两句实是指一个总的情况。这现象开始于春秋战国，但没有停止于秦汉。陈寅恪在论李唐氏族时曾说"盖以塞外新鲜之血液注入中原屡弱之躯"，以此解说唐代之盛，实际也影射清朝前期之盛。他所谓注入血液虽重在指种族混合，但也兼指广义文化的扩展。不过他重视上层统治阶级，也没有明指"注入"是"内向"的扩展。我说的主要指中下层阶级的民众文化和国力，而且着眼于中国之所以成为大国以及能长久维持独立历史的要点。这一情况大概可以说是中国的特点，和欧洲及其他处的向外扩张以及不断分裂的情况很不相同。这是事实，不见得是坏事，不必讳言，否则会走上外国的向外扩张及分裂的路子，反而不利。我觉得先要承认（认识和解说）事实；至于为什么会这样，追索原因，那是另一层问题，是世界史而不仅是中国史的问题了。

●：由此我想到楚文化的研究极其重要。为什么楚国以苗族为基点发展起来，而能合成那样大的疆域？除巴蜀入秦外，长江流域东至吴越，西至滇黔珠江流域，能合为一国，形成了由巫文化发展起来的楚文化，出现了和《诗经》并立的

《楚辞》以及最初的"个体"大诗人屈原、宋玉和演员优孟、优旃。尽管国王不争气,国被秦灭,但是灭秦的还是楚人项羽、刘邦,由楚地起兵,真是"亡秦必楚"。楚文化和南亚及东南亚文化看来也大有关系,从古代来源到近代脉络都不容易划界分清,说明轨迹。这也不仅是中国文化问题。

■:说得太远了。还是回到范蠡、商鞅这里来吧。

●:商鞅是卫国人为秦所用。秦穆公曾从戎人那里用五张羊皮赎来一个百里奚做丞相,由弱小而强大。秦孝公用商鞅变法,主要是耕、战二字。有了粮食,有了兵(兵器和士兵),加上以军法部勒,就什么都有了。这个"软件"或"模式"容易看出来。简单说,秦始皇墓的兵马俑便是象征符号。这也许可以叫作兵马俑文化吧?这是个"系统工程"吧?见效很快。商鞅领兵打仗几乎战无不胜,可是最后自己逃不出自己设的法网,也打不过自己练出来的兵,惨遭车裂。这种模式是稳固的,但不是发展的。像兵马俑的阵势那样,很有力量,可以指挥如意,但本身不会生长,或则生长得很慢。要发展只有向外扩张,抢别人的。可是遇到更强的外敌,或则内部出了裂缝,那就很危险。结成一个阵,存则强,破则瓦解。秦国的兴衰就是这样。兵马俑中出现了陈胜、吴广这样的活人,阵便破了。不仅中国,外国也有,最近的便是胸前挂满纳粹勋章的戈林。

■:别又说远了。还是讲范蠡吧。值得注意的是,助吴国兴起的是伍子胥(伍员),助越国强大的是文种、范蠡,这三个人都是楚人。吴国的宰相伯嚭也是楚人。伍员、伯嚭是贵族,文种、范蠡是平民。秦国用的百里奚是奴隶,商鞅是贵族。

●:商鞅挨了两千多年的骂,现代又受表扬,他的那一套一直未断。大家比较知道他的理论和实践,便于概括。直到现在,范蠡还是被当作一个行权术的人,只会出计策,而陶朱公又只算是一个会投机做买卖的人。《史记》说越王用范蠡、计然,引计然的话。据说他是范蠡的老师,可是没有事迹流传。经商历来称为计然、白圭之术,陶朱、子贡之能,但不容易将理论和实践结合起来。很难像商鞅的"耕战"思想那样,可以用"兵马俑文化"词概括。

■:其实也不是很难。范蠡的一套在民间势力很大,但在上层总是处于下风。《史记》说："李克务尽地力，而白圭乐观时变。故人弃我取，人取我与。""计然曰：知斗则修备，时用则知物。二者形则万货之情可得而观已。……无敢居贵。……贵出如粪土，贱取如珠玉。财币欲其行如流水。"两人的思想是一样的。原则虽有几条，但归结起来只是"时变"二字。《史记》说："陶朱公以为陶天下之中，诸侯四通，货物所交易也。乃治产积居与时逐而不责于人。故善治生者能择人而任时。"说白圭"能薄饮食，忍嗜欲，节衣服，与用事僮仆同苦乐，趋时若猛兽鸷鸟之发"。知时和知人是中国古今（社会主义阶段以前）做生意的秘诀。范蠡知时，所以既能治国，又能发家。他能全身而退，不像文种那样为越王所杀。他在致文种信里说："飞鸟尽，良弓藏；狡兔死，走狗烹。"这就是知时。他在齐国发了大财，又被用为宰相，便说"久受尊名不祥。乃归相印，尽散其财"，又改姓名到了陶。这也是知时。他的知人，一是知越王勾践，不为所杀。二是知自己的儿子。两者都记在《勾践世家》中。关于他的三个儿子的故事是古今传诵的。明朝冯梦龙还收进他所编的《智囊补》里。故事说来话长，有书为证，就不必多讲了。

●：你的概括很不错，但我觉得漏了一个重要的中心点。说是说了，但没有着重，因此还没有指出李克和白圭的根本分歧。这也是商鞅和范蠡的根本分歧。历来讲做生意的也往往会忽视，或则在重要时刻忘记这一点。因为这是常识中的常识，所以好像不成问题，不必提，但恰恰这是根本。这就是计然所说的："积著之理，务完物，无息币。……财币欲其行如流水。"白圭所说的是"积著率（律）"。这就是"时变"。知时就是知变。不变化还能有什么时间？时间就是变化，就是流水。所以双方分歧在于一是兵马俑，一是流水；一个不动，一个不停。

■：你也玄虚起来了。不过由你所说，我想司马迁讲"货殖"一开头引《老子》的那段话也是这个意思。邻国相望，鸡狗之声相闻，各各自给自足，老死不相往来；那是"至治"，不是现实，在"晚近"是行不通的。《老子》《庄子》经常这样说话。这就是所谓"寓言十九"。他们的"言"是符号（不是象征）的一种，寓意在外，另有所指。讲的是不通，不往来，指的是通，是流通。没有末两句话也是一样。那意思是：不通好是好，但是行不了，结果还只得是通的好。末一句就不讲出来了,要意会,"意在言外"。《庄子》常说"悲夫"之类的话,也是将肯定否定合在一起的。做生意见价钱好就快卖,"贵出如粪土"。看准了要贵起来的便宜货,要"贱取如珠玉"。若不是珠玉,也就谈不上"贱"了。最重要的是计然说的最末一句:"财币欲其行如流水。"埋在地下的钱没有价值。李克和商鞅的"务尽地力",是用尽物力和人力的办法,是着眼于生产组织。白圭、计然和范蠡的"乐观时变",是使物力和人力永远用不尽的办法,是着眼于流通过程。这是两条根本不同的原理。一个拼命消耗,一个不断循环。孙中山说的国家富强的四条件是:"人尽其才,地尽其利,物尽其用,货畅其流。"他想把双方合起来。前面三个"尽"字要看怎么理解。若照李克、商鞅的解说,都用尽了,连潜在的都挖尽了,那还有什么?不是完了吗?树砍光了,还有木材吗?鱼捕光了,水会自己生出鱼子吗?埋藏和劫掠自然界现成财富是直线不变式。"无息币"是经常变化,"生生不已",循环不息,那就完不了。所以叫作"生意",是曲线流动式。物要"完",完整,完备,完好,质量高,才有用。废物无用就不算货物。堆在那里不能用便是废物。兵马俑埋在地下有什么用?能打仗吗?范蠡看重水陆交通,这是流水文化。设长城关闭不如修运河流通。这是兵马俑和流水的区别吧?"货畅其流",不但要流,还要畅,不拦截。

●:你这番"通"论很好。但是不停地"通"也不行吧?古时交通不便,信息不畅通,所以只讲"通"不要紧。当前世界上就怕"通"得太快了。要出另一方面的题。物和人也还是要在流通中有停顿的。"积著"中也有"积"的一面。长城堵,但有关口可通,运河通,但也要设闸,都有两面。计然的话的开头一句是"知斗则修备"。所谓"有备无患"。"备"什么?备斗,即战备。治国和做生意是一样,和种地不大一样。但"备"也不是堆在那里不动,像兵马俑那样埋起来,或则只供参观之用。物和人都不是只供参观的。供参观也要更新,人看厌了就不再看了。计然的第二句话是"时用则知物"。"时"可不作别解。能应时而用的才是"物"。"物"是从"用"而来的。"用"指其功能。物有名称,好比符号。符号指示功能。功能不具备便失去本来意义,变成另一种"物"。兵马俑本是殉葬用的,是备死者用的。挖出来成为展览品,就不是为死者而是供生者用了。名同实异的符号有的是。"物"和"人"都一样。

■：我想还是不要用符号学的语言吧。正在生长中的学问的术语的用法和意义还不能都得到一致理解，译名不一，歧义难免。所谓"难懂"或则"误解"往往是出于歧义。我们还是用普通人的话说吧。我们的方法本来是"土洋结合"的。计然和白圭都重视一个"时"字。范蠡的一生行事全是随"时"而"变"。不过知"时"很难。"趋时若猛兽鸷鸟之发。"看准了时机，行动就要快。范蠡做生意是"积居与时逐"。计然的"积著之理"，白圭的"积著率"，也是指这一点。"积著"即"积居"。子贡"废著"，《史记集解》说即"废居"。计然说"无敢居贵"。大商人吕不韦说"奇货可居"。这个"居"字是古代做生意的一个要诀，不能只解作囤积。"居"是待"时"，是为卖而买，着眼在卖。"居"这个动词是很有文章可作的。经商不能不"投机"，即抓准时机。"守株待兔"不是经商。不能"见机而作"即不知"时"，不能经商。货存腐败了，不能卖了，就不是货了。

●：另提一个问题。白圭把"治生产"、做生意比作孙、吴用兵，范蠡自称长于"兵甲"，还当了大将军。对这一点怎么解说？范蠡是怎么打仗的？

■：这还用说？打仗更要看时机。宋襄公那样的迂夫子怎么能打仗？用兵和经商都不能死板。老实并不等于死心眼。据鲁史《春秋》记载，二百四十二年里，列国的军事行动有四百八十三次，朝聘盟会有四百五十次。战国时当更多。无怪乎那时的"士"和所著的书都离不开军事、外交，也就是和"经济"之道相通了。范蠡会打仗，会办外交，又会经商，是毫不足奇的。他知时机又行动快，自然无往而不利。据说日本人学《三国演义》中的打仗方法去经商，这是很自然的。《孙子》兵法和《老子》哲学都是沟通军事、外交、经济的，是春秋战国经验总结。那时的"士"各国奔走，见多识广，各有一套，自然有高才加以总结，并且会有人"批阅"和"增删"的。秦汉以来再没有这种"百家争鸣"情况了。十六国、十国时期都赶不上。一个原因是春秋战国时关卡没有后来厉害。就当时交通条件说，流通很方便，信息和货物和人才都流动得很快。背景是各国不断打仗和盟会，信息不灵就判断错误，抓不住时机就失败灭亡。秦汉统一天下后，一方面是交通更便利，另一方面是关卡更严密。利、害，得、失总是分不开的。有时又要通，有时又怕通。用计然、白圭、范蠡的思路观察就很清楚。若说范蠡的打仗要诀，当然首先还是知时。越王见吴国内部虚弱，以为可打，范蠡说还不到时候。等到吴王志得意满率精兵北上时（据说是信了子贡的别有用意的话），范才说"可矣"。乘虚而入。这叫作"批亢捣虚"。其次是兵力配备得当，不是摆阵势（士卒拼命可另外算）。《史记》说是"发习流二千，教士四万人，君子六千人，诸御千人，伐吴"。用现在话说就是：精通水性的水军二千，经过训练的战士四万，可靠的亲信近卫军六千，非战斗人员（包括后勤）一千。这个配备的比例是很有意思的。这明显是过太湖北上的水陆两用战术。这是北方所缺的。北方是用战车，讲"千乘""万乘"。吴、越先后横行于江、淮一带。吴、越后来归楚。楚亡以前还东退到淮南，即吴地。项羽、刘邦起兵也在东南。这都不是偶然的。

●：说得太远了。我还有一点不大明白。我看商鞅和范蠡这两套"软件"，一是长城、兵马俑式，有坚固的阵势，却不灵活，因而同时又脆弱。另一是运河、流水式，或有江有湖式，很灵活，善投机，但缺少实力，若看错时机又很危险。所以秦和越的国家政权都不长久。反而楚国松松垮垮倒能维持很大地区而且拖得很久。这是为什么？秦和越都重实效而不大讲道德。商鞅残忍，范蠡狡猾，怎么又能和孔、孟、老、庄、伊尹、吕尚连在一起？这不是阳刚、阴柔，象棋、围棋，农业、商业，政治、经济，都混在一起了吗？

■：不仅如此。虚实相生，方圆并用，只用其一便难长久。但断而又续，绵绵不绝。和中国历史相比，东、西罗马帝国的热闹就显得逊色了。吴越地区就统治者说是短命，就国力和民间说却不然。三国时只吴国最为稳定。中原的袁绍、董卓、曹操、司马懿不停换班，兵戈不息。刘备只是夺了本家刘表、刘璋的地盘，也不如孙权长久。吴国大都督周瑜、鲁肃、吕蒙、陆逊继任没有出问题。南朝、南宋在此地偏安。明初经营东南。大运河是为使南方财富北上。江、淮、太湖的水、地、人力长期没有耗尽。这也不是偶然的。说流水文化不如说江湖文化，有江还得有湖，才是"积居"。又通，又存，不填塞，不挖尽，有节奏，是音乐，不是噪声。

●：你又扯远了。就我们谈的题目说，两套经济软件的思路不同。一个认为积聚的才是财富而流通的不是财富。一个认为流通的才是财富而积聚的不是财富。前者是长城、兵马俑文化，后者是运河、江湖、流水文化。不积聚便少大古董遗留下来。用现在经济常识的话说，一个着眼于生产和分配，舍不得在流通上用力量。一个着眼于流通，而把生产和分配附属在交换上。用简单含糊的话说，可以算是自然经济和商品经济，但这是抽象说法，实际上两者是并存的。欧洲人的划格子思路不大合用。这样说，不知道对不对？

■：照你这样说，那么，大战前的德国和日本是用商鞅软件，而英国、美国是用范蠡软件了？

●：也不尽然。两套程序是可变的。战后的西德和日本就改用范蠡软件了，仿佛是打了败仗的越国。两套程序都可以快速见效，但效果不一样。日耳曼、德意志，名称很古，但成为现代国家是从1871年普鲁士邦将其他一些邦统一起来才开始的。二次大战后分立民主德国和联邦德国。西德从1948年起整个换了战前程序。日本虽然有称"万世一系"的天皇，但成为现代国家，尊王抑幕府，有了中央集权政府，是从1868年明治维新开始的。战后也改变了程序。就两国的民族和文化传统说，都是古国，但就现代意义说，都是新兴国家，采用两套程序的时间都很短，见效都很快。两国都是轮换采用两套软件。能不能同时应用？有些第三世界国家试来试去，总是来回摇摆，很少见效。为什么？英国患了衰老病，还赶不上它原有而现在独立的有的殖民地。美国患臌胀病，天天想减肥而不见效。北欧所谓福利国家也有些消化不良，循环阻滞。可见单一程序未必有长效。为什么？

■：这个问题不好简单化。两套软件虽可说是一实一虚，似乎可以虚实并用，实际却不然。范蠡是不断转移阵地的。他总是能白手起家，散了又聚，由实而虚又由虚而实。那时没有金融信贷，他凭什么能使"财币行如流水"？日本的流通加速发展到全世界，担心流通不畅，近来有再乞灵于商鞅的迹象，但还是学习陶朱公。日本人爱好围棋，应当明白虚实相生之理。日本处于西欧、北美和东欧、亚洲之间，仿佛是陶朱公所说的陶，又先后兼用过商鞅、范蠡两套软件，所以现在的动向为全世界所注目。

●:不要再空谈天下大势了。说到围棋,我们不妨在三百六十一个交叉点上用黑子、白子做实地试验吧。这是争先又争空的,是以虚为实又实为虚的。范蠡和商鞅若下棋定是国手,和清代的范西屏、施襄夏一样,也是两种风格。

■:孟子说孔子是"圣之时者也"。老子说"不为天下先"。我们且到棋盘上去争时、争先吧。

1987 年 2 月

【金克木　北京大学南亚研究所教授】
原文刊于《中国文化》1989 年 01 期

仁以取予

读《管锥篇》论《货殖列传》

张明亮

　　司马迁写《货殖列传》，搅乱了经生们只装有"圣人是非"的头脑。班彪、班固发难，斥之者固曰"轻仁义""崇势利而羞贱贫"，辩之者也只说传作者"实有见而发，有激而云"，个别肯定该传是正面文章的，必也证之以古圣人要言妙道。至晚近乃有以"商学""经济学"况诸者，或认为传之"序"可作一篇"经济史概论来读"（参看北京师范大学出版社《历代名家评〈史记〉》）。

　　《管锥篇》论《货殖列传》，慧眼别具，将传载白圭语中仅见的四个字"仁以取予"拈出而道破之，一反圣人之是非，纵论宏议，直凑事理心源，还几千年来越说越玄的"仁"的本来面目。这在 1972 年以前的那种舆论氛围中，是需要有无畏的理论勇气的。即便在今天，知道"仁"的这个真实的含义的人，恐怕也不会多。我读《管锥篇》斯论，眼界大开，仿佛也撞着了"回头蓦见，那人正在"的为学境界（参看《管锥篇》论《货殖列传》，下引此论，不复注；又论《老子》四七章）。

　　《管锥篇》论《毛诗正义·木瓜》："以《木瓜》之篇，合《史记·货殖列传》载白圭语：'以取予'，于古来所谓'交际'、'人事'，思过半矣。"若合《管锥篇》论上述两篇，论《史记》其余多篇，论《太平广记》卷二百三十八，论《全后汉文》卷二十八，论《全三国文》卷四十三，论《全梁文》卷五十七等篇，则已纲目齐备，可据以写出一大本时髦的"人际关系学"或"人事心理学"来。而其理论核心或"逻辑起点"，就是简洁明了的"仁以取予"。

《管锥篇》释"仁",一笔戳穿了"孔孟之道""仁以爱人"的说教:

> "仁"而曰"以取予"者,以取故予,将欲取之,则故予之;《后汉书·桓谭传》所谓"天下皆知取之为取,而莫知与之为取",是也,非慈爱施与之意。

"以取予"释"仁","仁"之时义大矣哉! 内以省此心,外以观世态,包括读书、写文章,我们就可进入一个真实不虚的天地,脱却迷网。

经生辈解"仁",横说竖说,为孔孟大造光晕,有论者提出要甄别"真孔子"与"假孔子",识见通明。如何甄别? 今且试以"以取予"观"仁",则孔孟之"仁",境界全出矣。"樊迟问仁。子曰:爱人"(《论语·颜渊》);缘何爱人?《孟子》云"爱人者人恒爱之"(《离娄》),即含"以取予"。"子罕言利,与命与仁"(《子罕》);《孟子》不云乎"何必曰利? 亦有仁义而已矣"(《梁惠王》),细玩上下句语气,考诸《论》《孟》他处"义""利"、"仁""利"对举,就是《礼记·大学》所谓君子德本而财末,有德终有财,"不以利为利,以义为利也",则"何必曰"之"利",实已寓于"仁义",是亦"以取予"。"不义而富且贵,于我如浮云"(《述而》),"沽之哉! 沽之哉! 我待贾者也"(《子罕》);按孔子答鲁哀公问"儒行":"儒有席上之珍以待聘,夙夜强学以待问,怀忠信以待举,力行以待取"(《礼记·儒行》),"待贾"之义如此,"取予"以"仁",彰而且明。"富贵于我如浮云"成为后世套语,可怜我们穷酸不遇的读书人不知道这只能起平衡心理的作用,且一删"不义",便失"取予",倒把忠厚老实的仲尼先生变成耻于富贵的孔圣人了。《论语》中如"富与贵,是人之所欲也;不以其道得之,不处也。贫与贱,是人之所恶也,不以其道得之,不去也"(《里仁》),"无欲速,无见小利。欲速,则不达;见小利,则大事不成"(《子路》),"仁者先难而后获,可谓仁矣"(《雍也》),"己所不欲,勿施于人"(《颜渊》),"己欲立而立人,己欲达而达人,能近取譬,可谓仁之方也矣"(《雍也》),诸如此类,引不胜引,均皆讲人己关系,"取予"以仁、以义、以礼。

且《论语》还有"知者利仁"一说,值得辨识,因为经生最喜欢在这样一些有"利"的地方大作贬抑的文章。"知者利仁"或不属"仁者安仁"的那个层次,但它与"畏罪者强仁"都是夫子所提倡的"仁有三,与仁同功"(《礼记·表记》)。夫子好学勉学,他就是一位"知者","好仁不好学,其蔽也愚"(《阳货》);他承认"无欲而好仁者,无畏而恶不仁者,天下一人而已矣"(《礼记·表记》),他叹息:"已矣乎!吾未见好德如好色者也"(《卫灵公》)——"色""利"并为"人之所欲"也;是故"利仁"之"知者",也是难能可贵的"君子"——"君子而不仁者有矣夫,未有小人而仁者也"(《宪问》)。柳宗元笔下的宋清(《全唐文》卷五百九十二《宋清传》),就是一位典型的"利仁"的"知者",君子可风。宋清以药市商人,无见小利而"乐然"济困周贫,"卒以富";其所谓"取利远,远故大",适成《货殖列传》"廉吏久,久更富"之工对而兼的诂——《管锥篇》评曰:"吏与贾皆操廉之术,以收贪所不能致之效,正如白圭'治生'之言'仁','以取予'耳。"

孔孟之"仁",如是而已;既"以取予",非"利"而何?《管锥篇》激赏司马迁敢于直陈皇帝的新衣一丝不挂,其反驳彪、固父子的一段文字,真痛快淋漓,锐不可当:

> 斯《传》文笔腾骧,固勿待言,而卓识巨胆,洞达世情,敢质言而不为高论,尤非常殊众也。夫知之往往非难,行之亦或不大艰,而如实言之最不易:故每有举世成风、终身为经,而肯拈出道破者鲜矣。盖义之当然未渠即事之固然或势之必然,人之所作所行常判别于人之应作应行。诲人以所应行者,如设招使射也;示人之所实行者,如悬镜俾照也。马迁传货殖,论人事似格物理然,著其固然、必然而已。……道家之教:"绝巧弃利"(《老子》一九章);儒家之教:"何必曰利"(《孟子·梁惠王》)。迁据事而不越世,切近而不骛远,既斥老子之"涂民耳目",难"行于""近世",复言:"天下熙熙,皆为利来,天下攘攘,皆为利往。"是则"崇势利"者,"天下人"也,迁奋其直笔,著"自然之验",载"事势之流",初非以"崇势利"为"天下人"倡。《韩非子·观形》曰:"镜无见疵之罪",彪固父子以此《传》为迁诟病,无乃以映见嫫母之媸容而移怒于明镜也!……

"利"而"以取予",必然导致"取予"以"仁",上升抽象,即成"仁学"。《说文》训"仁":"从人、二",即"二人"。《孟子·尽心》:"仁也者,人也。"

人偶相存,故"二人"乃得谓"仁"、谓"人";"一人",比如"狼孩""狒女",是算不得"人"的。人,本就是"仁"——"二人"关系"以取予"的产物,他一出世,便即入世,被抛进社会"以取予"的关系中而无法自拔。他被规定了有饮食男女的欲求,依次还会产生安全、自尊和自我实现的欲求。人的一切种种欲求,无一不是靠与他人打交道而得以满足和实现的。故无"取予",无以成"仁",无以成"人"。笛福笔下只身漂流荒岛的鲁滨孙,更体现出"人""仁"的本质意义,他如果没有木匠工具、枪支弹药和求生技能,他就无法生存,或沦为"狼孩"样的"野人"。然人各不同,欲求不齐难一,必各私其私,且欲求无已(吃喝还得拉撒)、无极(这山望着那山高);而每一个人的欲求的满足和实现必然地要有相应的他人的付出和损失作代价,许多人的辛劳才能为一个人构筑幸福和快乐,于是"取予"促成竞争,表现为社会生活,便是"天下熙熙,皆为利来,天下攘攘,皆为利往"。

来即取,往即予。无往不来,有来斯往,除却杀人越货、侵略霸占,往来之间便产生了交换等值的问题,须权须衡,这样就导致社会规范,形成了社会制度,终于"礼"成。故《礼记》之《乐记》云"礼也者,报也";《射义》云"礼无不答";《曲礼》云:"礼尚往来。往而不来非礼也,来而不往亦非礼也。人有礼则安,无礼则危。""礼"就是社会规范、道德规范,着重在制度,《礼记·孔子闲居》"礼者,因人之情而为之节文,以为民坊也",《管锥篇》:"礼者,忠信之簿,缘饰之以节文者也。"(论《全后汉文》卷二十八)"仁"讲人伦关系,着重在道德修养,与"礼"相表里,"子曰:'克己复礼为仁。一日克己复礼,天下归仁焉'"(《论语·颜渊》)。

总之,孔孟理论即"仁"学的建立,原应就是上述这样一个明显的逻辑过程:由"利欲"而"以取予",由"以取予"而"仁"而"礼"而"道"而"理",是"终不离人而别有天,终不离欲而别有理"的(王夫之《读四书大全说》卷八)。

然自汉儒罢黜百家,定思想学术于一尊,孔孟之徒便一头钻进上层建筑的意识形态里,再也出不来了。他们仰"仁"而弥高、钻"理"而弥坚,越说越玄远高深,发展到"存天理、灭人欲"的极致,已全背孔孟之初衷原旨。出不来大致也是不愿出来;儒学既已成为至富"显"贵的正统"学"问,读书人便视为云山梯路,趋之若鹜,是"学也禄在其中"也(参看《管锥篇》论《全北齐文》卷九,又论《左传》昭公十八年)。《管锥篇》论《全晋文》卷三七阐明"理"与"欲"的辩证关系,对借

"理"以从"利"的"玄"学痛加排斥,可与上论《货殖列传》合观参考:

> 义理学说,视若虚远而阔于事情,实足以祸天下后世,为害甚于暴君苛政……人欲、私欲可以杀身杀人,统纪而弘阐之,以为"天理""公理",准四海而垂百世,则可以杀天下后世矣。本诸欲,信理之心始坚;依夫理,偿欲之心得放。宋儒严别"血气"与"义理",未为无见;惜不察两者互相利用,往复交关,环回轮转。奥国一文家作小诗,谓逻辑推论审密,逐步升枕,言之成理,然仍如无基筑室,不足证验,因其大前提由情欲中来耳。大欲所存,大道生焉;义理之悦,刍豢寓焉。声色、货利之耽,游惰、凶杀之癖,莫不可究厥道源,纳诸理窟,缘饰之以学说,振振有词。《庄子·胠箧》笑儒家言"仁义"徒资大盗利用,"盗亦有道",初不省大盗亦能窃道家言,供己行事之善巧方便。魏晋士夫奔竞利禄而坦语"玄虚",玩忽职司而高谈"清静",《颜氏家训·勉学》尝斥其"领袖玄宗"而"颠仆名利之下"岂非道亦有盗欤?……

前论"仁以取予",此论"学说杀人",《管锥篇》思路"一以贯之"。或谓《管锥篇》散珠未串,没有"体系",是不真读《管锥篇》者也。

人类自古而然"以取予"。"群学家考论初民礼俗,谓赠者必望受者答酬,与物乃所以取物,尚往来而较锱铢,且小往而责大来,号曰投贻(le don),实交易贸迁之一道(une forme de l'échange),事同货殖,……后进文胜之世,馈遗常责报偿,且每望溢量逾值,送礼大可生利"(《管锥篇》论《毛诗正义·木瓜》;另可参看哈维兰《人类学》,上海人民出版社中译本第453—465页),而熙熙攘攘,益发煞是热闹可观。只以"送礼"而言,当其送时,纯作"取"想,当其"受"时,纯作"予"想,如今的主客双方,都有极精细明确的自觉意识。至于"送礼"之"礼"的讲究,《管锥篇》论"古"已作概述:"托上寿之名,择暮夜之候,或问以苞苴箪笥,或遗之縹轴缥囊,以至于赠田宅,进姬侍,万变不离其宗,皆'钱之方式'也"(论《太平广记》卷二百四十三)。"送礼"这词儿现而今也"当代化"了,曰"感情投资"即其中之一,无端送礼先只转换为"感情",实未雨绸缪,像放高利贷似的;不过也还是没超出《管锥篇》引古典而揭斥的"势利交"。看来,"以取予"之"仁"学,实在也是个不会终极的永恒的题目。生活之树常青而理论总是灰色的,"仁"学理论只能落后于社会生活而有待不断发展。"仁"学内部也呈现出某种不平衡——交易贸迁之"取予"以"仁",如今的文章是做得愈益明确而深细了,最新的理论信息则有所谓"当代外国公正理论"(参看 1988 年第三期《哲学译丛》),其中苏联的学者讨论"各尽所能,按劳分配"的平等与公正,内容和概念都是我们所熟悉的;而交易贸迁之外的社交、交友、恋爱、婚姻等方面的"取予"以"仁",似乎迄未超出"孔孟之道"的樊篱,文章多做得美妙迷人,呼之欲出的"以取予",总以琵琶遮半面。柳宗元写《宋清传》倒是具有一些"当代意识":"市道交岂可以少耶!"以"市道"论社交,包括交际、交友、恋爱、升迁而颇具理论色彩的,在我的狭窄的阅读范围,似乎还只有一本华夏出版社翻译出版的《社会生活中的交换与权力》。

夫子之"仁"学不孤,这是值得乐观的。古往今来人类社会在在皆是的"仁以取予"证实了"取予"以"仁"之"仁学"垂人世而永存;而热门人本主义心理学大师马斯洛,以"再圣化"(即思想一转念把已失去灵光的东西再次看得神圣起来)为中介,把现实生活中形形色色的"超越性病态"转化为各式各样的人的"二歧超越"(比如等"利他""利己"之类),号称"第三思潮"(参看马斯洛论著的多种中译本,又上海译文出版社《第三思潮》),则可视之为"仁者安仁""为仁由己""我欲仁,斯仁至矣"(《论语》)的现代西方版。胡为乎夫子兴"甚矣吾衰也"之叹,"仁"学不废江河万古流!

《管锥篇》论"仁",似乎只着意论其本质"以取予";或许是我读《管锥篇》,只认识到"仁"而曰"以取予"这一重要概念——我觉得我的收获是够大的了。

【张明亮　华南师范大学中文系教授】
原文刊于《中国文化》1989 年 01 期

陶渊明"好读书不求甚解"新释

缪　钺

　　陶渊明《五柳先生传》是一篇自传性质的文章,以"五柳先生"自寓。文中说:"好读书,不求甚解;每有会意,便欣然忘食。"说出了他读书的态度与心得。对于这句话的意义,一般人的理解认为,这是诗人说他读书时但观大意,不像经生那样死抠字句。冯钝吟《杂录》曰:"陶公读书,止观大意,不求甚解。所谓甚解者,如郑康成之《礼》,毛公之《诗》也。"(转引自陶澍校注《靖节先生集》中"诸本评陶汇集")就是这样理解的。这样解释当然也颇合情理。但是我最近透视汉魏、魏晋、晋宋三次易代之际的历史,又有新悟,觉得这句话中或有深意存焉。试作阐释于下。

　　现在我们先考察一下陶渊明所处的时代。陶渊明生于东晋兴宁三年(365),卒于宋元嘉四年(427),正是晋宋易代之际,也就是刘裕篡夺政权获得成功的时期。我们知道,凡是易代之际,都是"天下多故"(《晋书·阮籍传》)。因为据封建社会的道德标准,臣应当忠于君,如果为臣者篡夺君位,是大逆不道的,而且各方面的阻力也很大。所以曹氏之篡汉,司马氏之篡魏,都是经过多年的精心策划,其中有许多阴谋诡计是不可告人的,有许多丑恶事迹是要加以掩饰的。石勒曾讥讽曹氏、司马氏是"欺人孤儿寡妇,狐媚以取天下"。刘裕之篡晋,与曹氏、司马氏有所不同。他先是扑灭篡晋自立之桓玄,重扶晋室,又举兵北伐,灭南燕、后秦,收复永嘉以来沦陷于胡族的中原之地。他可以说是"功在生民,业隆匡济",其取代晋室是可以得到人民理解的(王夫之《读通鉴论》即指出这一点)。甚至于晋恭帝书禅位诏时也对左右说:"桓玄之时,天命已改,重为刘公所延,将二十载。今日之事,本所甘心。"(《宋书》卷二《武帝纪》中)表现出愿意禅位。但是尽管如此,刘裕在对待晋安帝、恭帝的问题上,还是做出了伤天害理之事。刘裕将篡位时,曾派人缢死晋安帝,立其弟德文,是为恭帝。刘裕即位,封恭帝为零陵王。按说,零陵王已不会对刘裕政权造成任何威胁,但刘裕还是放不过他。先是派张伟以毒酒鸩害零陵王,张伟不肯做,自饮而卒。刘裕又命兵人逾垣进药,王不肯饮,遂以被掩杀之。曹丕篡汉,仍然保全汉献帝的生命,而刘裕这样做,未免太过分了。当然,这件事的真相,在当时是绝不会公布的,并且刘裕还"帅百官临于朝堂三日"(《通鉴》卷一百十九《宋纪》永初二年),以伪装表示他对于零陵王之死的哀悼(胡三省注:"自是之后,禅让之君,罕得全矣。")。

王夫之《读通鉴论》对于刘裕之取代东晋是肯定的。他说:"宋得天下与晋奚若?曰:视晋为愈矣,未见其劣也。……宋乃以功力服人而移其宗社,非司马氏之徒幸人弱而掇拾之也。"但是他对于刘裕杀害晋安帝、恭帝之事,则大肆斥责。他说:"宋可以有天下者也,而其为神人之所愤怒者,恶莫烈于杀君。……夫安帝之无能为也,恭帝则欣欣然授之宋而无异心,宋抑可以安之矣;而决于弑焉,何其忍也!"(《读通鉴论》卷十五)

陶渊明对刘裕是持什么态度呢?陶渊明是东晋名臣陶侃之后,他对于晋朝是有感情的。他虽然看出东晋之衰亡不可挽救,但对其灭亡仍表示惋惜,如《拟古》诗"种桑长江边"一首所流露的感情即是如此,也就正如《晋书·安帝恭帝纪》后"史臣曰"所说,东晋之灭,虽犹"高秋凋候,理之自然,观其摇落,人有为之流涟者也"。陶渊明对于刘裕北伐之功是赞赏的(《赠羊长史》诗),对于刘裕篡晋,他也不像嵇康、阮籍对于司马氏那样愤恨与蔑视。但是刘裕杀害零陵王之事却在陶渊明心中产生极大的愤慨。这种愤慨之情当然不便明说,于是陶渊明作了一首《述酒》诗。这首诗非常隐晦难解,乍读起来,几乎语无伦次。自南宋汤汉注本解释为哀悼零陵王之后,历代多有阐发,诗意已大致可以通晓。此诗作法隐晦,而意极悲愤。举例来说,譬如诗中"豫章抗高门,重华固灵坟。流泪抱中叹,倾耳听司晨",这四句中前两句是说刘裕发迹篡晋,恭帝被害,后两句是说流泪叹息,终夜不寐。晋安帝义熙二年,刘裕封为豫章郡公,此其发迹之始。"高"借为"皋"字,古时王之郭门曰皋门,"抗高门"即指夺得君位。"重华",虞舜之号,恭帝被封为零陵王,舜冢即在零陵九嶷山,故借指恭帝;"固灵坟"是说但有坟墓,即是死去了。哀悼恭帝,中夜流泪,一直到司晨(雄鸡)之鸣。从这四句诗中也可以看出,陶渊明作《述酒》诗时,笔法极为隐晦,而意思则极为沉痛。又譬如"山阳归下国,成名犹不勤"二句,是说晋恭帝退位后封为零陵王,如同汉献帝退位后封为山阳公,"山阳"是借指。山阳公退位后得以寿终,而零陵王仍不免被杀,又暗寓愤慨之意。《周书·谥法解》:"不勤成名曰灵。"古代君主不得善终者即追谥为"灵",借以指零陵王之被害(以上的解说,参考宋汤汉以及近人王瑶、逯钦立诸家所编《陶渊明集》的注释)。

宋武帝刘裕暗地派人掩杀零陵王(已退位的晋恭帝),但是表面上他又"率百官临于朝堂三日"以示哀悼。对于这个事件,当时人心中怀疑者也不敢追问,甚至有人知其事实者也不敢明说,只好假装糊涂,"不求甚解"。如果谁敢说出真相,将会遭受不测之祸。所以陶渊明也只好作一首隐晦难解的《述酒》诗以表达其隐衷,也就是持"不求甚解"的态度,但是诗中寄托之征旨则是其"会意"之处。陶渊明的《五柳先生传》,据萧统撰《陶渊明传》以及《宋书》《南史》陶传,都认为是为祭酒以前的少年之作,非是。近人逯钦立参考清人林云铭、吴楚材之说,定此篇作于宋武帝永初元年前后,其说可信(逯编《陶渊明集》附录"陶渊明事迹诗文系年")。陶渊明饱更世变之后,知道当时政治上许多事件,表面上公布的是一回事,而实际做的又是一回事,所以借"好读书,不求甚解"以寄慨,言外之意是,读书如此,对当时之事亦应作如是观也。

陶渊明被称为"隐逸诗人之宗"。他自从晋义熙元年弃官归隐之后,躬耕自给,不再出仕,似乎与政治绝缘了。但是他的内心深处并未忘怀世事,他的壮心猛志依然存在,不过隐藏起来而已。古人早就有看到这一点的。宋辛弃疾《贺新郎》词说:"把酒长亭说。看渊明、风流酷似卧龙诸葛。"清龚自珍《己亥杂诗》也说:"陶潜酷似卧龙豪,万古浔阳松菊高。莫信诗人竟平淡,二分《梁甫》一分《骚》。"他们都把陶渊明比作诸葛亮,指出陶是有用世之志的。近人鲁迅先生评论陶渊明也说:"除论客所佩服的'悠然见南山'之外,也还有'精卫衔微木,将以填沧海。刑天舞干戚,猛志固常在'之类的'金刚怒目'式,在证明着他并非整天整夜的飘飘然。"又说:"陶潜正因为并非浑身是静穆,所以他伟大。"(《且介亭杂文》二集"题未定"草六、七)这些话都是很有见地,能够深入了解陶之为人的。

不过,陶渊明虽然也关心时政,愤世嫉俗,但是他所表现的又与嵇康、阮籍不同。如果想深入了解这一点,还需要考察这两百年来政治、社会的衍变。当东汉末年桓、灵之际,朝政腐败,有正义感的士大夫如陈蕃、李膺、范滂等,以澄清天下之志,裁抑宦官,发扬忠义,而京都太学生亦主持清议,相与响应,造成舆论,抨击弊政。当时擅权之宦官恐惧而愤怒,于是大兴党锢之狱,杀戮清流,摧残士气。后来当汉魏之际、魏晋之际,曹氏、司马氏阴谋篡位,排斥异己,正直峻烈之士如孔融、嵇康等均遭杀害。在这几次摧残士气之后,于是士人改变作风,将愤慨激昂隐藏于淡泊冷峻之中,这就是陶渊明处世态度之所以形成之故。

【缪　钺　四川大学历史系教授】

原文刊于《中国文化》1991 年 02 期

嵇康、阮籍之学

汤用彤

整理者按：本文系根据汤用彤先生在西南联大讲"贵无之学"之两种学生所记的笔记整理而成，本有上、中、下三章，上为何晏、王弼之学，下为张湛、道安之学，中则为此篇。

一、嵇康、阮籍在玄学中之地位

嵇康、阮籍与何晏、王弼不同。王何较严肃，有精密之思想体系；而嵇阮则表现了玄学的浪漫方面，其思想并不精密，却将文学用文章与行为表达出来，故在社会上之影响，嵇阮反出王何之上，而常被认为是名士之楷模。嵇阮之为名士，与以前之名士不同。汉之名士讲名教，其精神为儒家的；嵇阮等反名教，其精神为道家的。此种转变之故，有四点可述：（1）汉学之穷，老庄乃兴；（2）魏武、魏文出身贫贱，故反对世家大族之名教；（3）曹家压迫汉末名士，荀彧抑郁而死，魏讽之诛，遭难之名士达数百，王粲、宋衷之子皆不免，因此名士乃趋消沉；（4）名士之倾向故主与目睹新朝廷之腐败，乃如嵇康所说"不须作小小卑恭"也。

阮籍为人至慎，口不言人过，但玄远放达，此皆因以故臣立足新廷，怕遭杀身之祸,故饮酒佯狂,终得免于难。嵇康为人,锋芒较显,其《家诫》中以忠义勉弟子,谓"不须作小小卑恭,当大谦裕。不须作小小廉耻,当全大让。若临朝让官,临义让生,若孔文举求代兄死,此忠臣烈士之节",而终遭钟会之忌,不免于难。嵇阮之放荡,皆有所为而为,或惧患祸,或为愤世嫉俗。其放达并非为放达而放达,亦不想得放达之高名;晋之名士,则全异其趣,而流弊多矣。

放达之士,其精神近庄子,嵇阮开其端,至西晋而达极盛。讲《老》《易》者如王何,较严正,以名教合自然。讲庄子者则较浪漫(Romantic),反名教。以反名教故,乃引起很多人反对之。向秀郭象乃一反当时之风气,给《庄子》以新的解释,谓庄子亦并不反名教,则有"崇有"之学。

二、嵇康、阮籍之学说

1.元气说

嵇康、阮籍把汉人之思想与其浪漫之趣味混成一片,并无作形而上学精密之思考,而只是把元气说给以浪漫之外装。他们所讲的宇宙偏重于物理的地方多,而尚未达到本体论之地步。二人以阮籍的思想较好,他有《通老》《通易》《达庄》等论。《达庄论》讲宇宙之实体与郭象等之说完全不同。他说:"天地生于自然,万物生于天地(按:指所看见的)。"天地为两个,自然为一个;元气为自然,分而为天地,即阴阳。自然为一体,有时变为山河大地等等,所以他说:"一气盛衰,变化而不伤。""气"是恒常(constant),所以不能增减。"人生天地之中,体自然之形。身者,阴阳之精气也。性者,五行之正性也。情者,游魂之变欲也。神者,天地之所以驭者也。"(《达庄》)身与神有何分别,阮氏未之明也。"神"在阮氏学说中极为重要,因"神"也可以说为元气。据他看来庄子之宇宙就是元气、阴阳、五行等等,此说与王弼所说完全不同。王弼之学说,以为"有"是物质的实体(physical entity),"无"是Logical,抽象的,并不离开"有",不像"气"之包含一切。所以说阮籍之学乃为汉人之旧。

嵇康之《太师箴》说宇宙:"浩浩太素,阳曜阴凝,二仪陶化,人伦肇兴";《明瞻论》：“夫元气陶铄，众生禀焉”。宇宙为一浩浩元气，人生一切皆元气所造，元气衍而为阴阳五行，人乃或有“明”（智）或有“胆（勇）”及其他种种分别。此说并未超出形而下之学说也。

2.自然三义

自然为元气，盖就实体说，自然为“混沌”（“玄冥”）、为“法则”（“秩序”）、为“和谐”（“天和”），盖就其状态说。

（1）自然之第一义——混沌、玄冥

嵇康、阮籍以为自然是一 undifferent state（不可分状态），如老子之“恍惚”、庄子之“混沌”一样，宇宙最初之时就是这种状态，或谓之“漂忽”，或谓之“玄冥”。这种状态，可引起人们种种想象，如西洋之浪漫主义时代。“玄冥”者，“玄”为同，“冥”为一，引而申之谓在本体上无分别、无生死、无动静、无利害；生死、动静、利害为一，那有分别，此与庄子“齐物”相同。玄冥是 primitivestate（原初状态）、是自然的，非人为的，犹如未经雕刻之玉石（朴），这种状态是最好的；社会上、政治上若有太朴之情形，是他们最理想的世界。在这世界内，无礼法之限制，精神上非常自由，诗人文学家多此想象，故嵇阮有此思想。

阮籍《达庄论》中说：“自然一体，则万物经其常……一气盛衰，变化而不伤。是以重阴雷电，非异出也；天地日月，非殊物也。故曰：自其异者视之，则肝胆楚越也；自其同者视之，则万物一体也。”“别而言之，则须眉异名；合而说之，则体之一毛也。”故“至道之极，混一不分，同为一体，得失无闻”。此所谓“极”，自与王弼不同，总是“若有物焉”。太初即为自然，人生亦当返乎自然。此所谓“返乎自然”者，返乎太古也。太古人民淳朴，欲淳朴，故反世人之学。阮籍谓：“太古之论，玄古之微言”，“后世之好异者，不顾其本。”“本”即同、即混沌，与“异”即分别对。君臣仁义等分别，即“学”，非本有。今异而古同，故须返古也。张辽叔《自然好学论》以为仁义亦自然所好。嵇康立论难之，以为“学”非自然，乃出乎抑制，应去此等抑制，让自然流露（此说颇似卢梭）。故为人应显，应坦白，而不可隐匿。嵇康《释私论》谓“私以不言为名，公以尽言为称”，人欲之私使人不坦白，情不系乎所欲乃为公。“心无措乎是非”即无着，不拘于是非，乃能公。嵇阮崇自然反名教，自然为同，名教为异，名教后天之学也。王弼与嵇阮皆认为道无名不可分,器有名可分。但王弼认为"无""有"不二,故并不因崇"道"而蔑视"器"。嵇阮之学未脱汉人窠臼,道器有时间上先后,故道器可分为二截,既崇太古之道,乃反后天之器。但朴素之时代一定要达到名教之时代,混沌一定要被凿,淳朴之太古即已过去,此返自然,自非本来之自然,而圣人治天下亦非废名教。阮籍《答伏羲书》认为遇时则可仕,不遇时则逍遥山林,而《乐论》则以为礼、乐是一个东西,"礼定其象,乐平其心;礼治其外,乐化其内。"可见嵇阮并非绝对反礼教,而以虚饰之礼为不好。又,嵇阮并不全然反对君臣之关系,其与作《无君论》之鲍生自不相同。嵇阮愤激之言,实因有见于当时名教领袖(如何曾等)之腐败,而他们自己对君臣大节太认真之故。嵇康《家诫》即说不要做小忠小义,而要做真正之忠臣烈士。东晋人尚知竹林名士与元康名士之不同,前者有疾而然,而后者则为放达而放达也。

(2)自然之第二义——法则、秩序

汉人说元气为有法则的、有秩序的,天有三纲,地有六纪,故人亦有纲纪,元气、阴阳、五行、四时皆有法则。嵇阮之学说虽甚浪漫,然亦崇秩序与法则。就"自然"之构成说则为"元气",而其存在之形式则为有法有则的。阮籍《通老论》说:"圣人明乎天人之理,达乎自然之分","道者法自然而为化";《通易论》说:"易顺天地,序万物,方圆有正体,四时有常位","上下合洽,裁成天地之道,辅相天地之宜,以左右民,顺其理也","是故圣人以建天地之位,守尊卑之制"。阮籍从天地之法则讲到人事之法则,皆为顺自然也。但嵇康阮籍所谓法则与王弼所说者自不同,此法则是有情调的,富于感情的,有音乐性的,其说为一种对宇宙之poetic feeling。

(3)自然之第三义——天和、和谐

嵇康、阮籍以为"自然"是一和谐之整体,其所以"和谐",盖因其为混沌无分别状,故是"和";又因其有法有则,故是"谐"。此"和谐"盖为宇宙之"天和"(Cosmic harmony)也。嵇阮均为音乐家,常以音乐之和谐说明自然之和谐。阮籍《乐论》谓:"夫乐者,天地之体,万物之性也。合其体,得其性,则合;离其体,失其性,则乖。昔者圣人之作乐也,将以顺天地之体,成万物之性也。"最好的音乐为尧舜的音乐,乃自然之表现,"八音有本体,五声有自然"。空桑之琴所以最好,乃因天地之和谐在此可以表现。云和之瑟、孤竹之管、泗滨之声皆如此也。"以此观之,知圣人之乐,和而已矣。""和"即天地之性、自然之理,并非人之感情,可以说"天和"为超越主观的分别。此点阮籍之《乐论》虽论及,然不甚圆满。盖使人有喜怒哀乐之音乐,不是真音乐,真音乐"使人精神和平,衰气不入",此嵇康《声无哀乐》论之甚详。天地是和谐(harmony),音乐乃表现和谐(expressing the harmony),所以他说:"默然从道(按指任乎自然)……和心足于内,和气见于外。"音乐能于天地相应,所以应超乎主观之分别,完全表现客观之特性,不但哀不是音乐,即乐也不属于音乐。比较阮籍更进一步。声音完全代表天地,超乎一切主观之分别,音乐既是表现天地之特性,所以也不应有主观之分别,嵇康说:"吾声之作,其犹臭味,在乎天地之间……其体自若而不变也,岂以爱憎易操、哀乐改度哉!"声音本身是自然的,所以说"声吾有自然之和,而无系于人情。克谐之音,成于金石,至和之声,得于管弦也"。金石管弦都是自然的,所以应该表现自然的性质("和"),因此可以拿它作音乐之器具。嵇康又说:"声音以和平为体,而感物无常;心志以所俟为主,应感而发。然则声之与心,殊途异轨,不相经纬,焉得染太和于欢戚,缀虚名于哀乐哉?"神游于辽阔之境,自然无哀乐之苦。

3.逍遥放任之人生观

王弼之学说,最后归于抱一,即得乎全,也就是反本,此乃老子之学说。嵇康、阮籍之学说非自老子而来自庄子,得到庄子逍遥、齐物之理论,而用文学家之才华极力发挥之。他们虽也主张秩序,但偏于奔放,故其人生哲学主逍遥。其人生哲学之要点:(1)超越世界之分别;(2)既超越分别,故得放任;(3)逍遥为放任之极(神游于无名之境)。

(1)超越世界之分别

所谓"超越世界之分别"者,乃谓不受世间人事的限制,不为礼法所束缚。而人世之礼法,乃至内外情欲、声音颜色等一切外在的东西能剥夺人之天性。至人法天顺自然,故无是,无喜怒哀乐之情,此所谓"无情"是真正的无情,非以情从理。"无情"则能于世界无分别。盖若有主观之分别,则伤人身体与精神,使人不能表现其天真,如阮籍《大人先生传》所说:"造音以乱声,作色以诡形,外易其貌,内隐其情,怀欲以求多,诈伪以要名。……坐制礼法,束缚下民。"嵇阮所希望者,乃在自然的状态中,有自然之流露。所谓伦常均非天真,有了伦常就使人有分别、有造作、有争斗,而不得反自然也。"无贵则贱者不怨,无富则贫者不争",而"尊贤以相高,竞能以相尚,争势以相君,宠贵以相加,驱天下以趣之,此所以上下相残也。"在此两种不同之境界中,可以看出争与不争、分别与不分别之不同。嵇阮之学说本来自庄子多,而得之于老子少,他们要超出主观的分别世界,而达到无分别之世界,此属其人生观之消极方面。

(2)放任

嵇阮之人生观在积极方面则为放任。放任就能超越分别,即谓因超越分别而放任也。不为是非情欲所累,则其性超越,至人循性而动,应变顺和,超分别而游放,此即阮籍所谓之大人先生也。故曰:"至人无宅,天地为客;至人无主,天地为所;至人无事,天地为故。无是非之别,无善恶之异,故天下被其泽,而万物所以炽。"放任即顺乎自然,有规则无规则之境界,此最和谐之境界也。能代表和谐者是音乐,音乐一方面奔放,另方面有秩序,故人至放任境界是在无规定之中自有规定,如阮籍之"应变顺和",嵇康之"和理日济,同乎大顺"。

(3)放任之极则为逍遥

受世界之束缚乃在于心,心若能放任,自无世界之累。嵇阮以为人有形神两方面,而神可以超然,所以逍遥即神游也。故至人即世界内的神仙,是神游之人,为理想之人格。阮籍有《大人先生传》,嵇康有《养生论》。他们所说的"至人"不仅心理之描写,而且相信实有这种人,如阮籍《答伏羲书》中就有这样的见解:"荡精举于玄区之表,摅妙节于九垓之外……从容与道化同逌,逍遥与日月并流。"此种神仙似的人物在现世界内就有,所以他说"徒寄形于斯域"。至人可既不脱离形躯,又不脱离世界,而精神则能不受限制,故嵇阮之人生观乃由齐物而达逍遥也。

【汤用彤(1893—1964)　中国科学院哲学社会科学部委员,北京大学教授】

原文刊于《中国文化》1990 年 01 期

稽康之"轻时傲世"与"稽志清峻"

景蜀慧

一

魏晋之际,是整个魏晋南北朝时期社会冲突最为尖锐集中之时。在这个险恶多变的时代环境里,刚刚开始自我觉醒的士大夫阶层,为自身性命或思想观念的存在,付出了沉重的代价。《晋书·阮籍传》中所谓"魏晋之际,天下多故,名士少有全者",正是这一时代最真实的写照。

稽康生于魏晋之世,为谯国铚人。史载其"少有俊才,旷迈不群,高亮任性。不修名誉,宽简有大量。学不师授,博洽多闻。长而好老、庄之业,恬静无欲。性好服食,尝采御上药。善属文论,弹琴咏诗,自足于怀抱之中。……超然独达,遂放世事,纵意于尘埃之表"①。

不难看出,稽康和与之同时的阮籍一样,都是胸襟高迈,才志俊异,博学该览,旷逸不羁之士,其精神崇尚,反映了他的思想追求和人格层次。稽康本"家世儒学","少有青云之志",但自幼父亲早亡,"学不师授",成长殊少约束,在取得高度文化修养的同时,思想上亦养成不随流俗的自由精神。这种虽经儒学传

---

① 《三国志·王粲传》注引稽喜《稽康传》。

统熏陶，又不会束缚于经学礼法桎梏的童年机遇，对他成年以后的人生价值观有无形影响，促成他在信仰上达到追求完美人格和伟大理想的至高境界。不仅以儒学为持身之本，在玄学上，亦能感知王、何"贵无"之说的精微用意，与阮籍共倡竹林之游，徜徉林泉，寄情山水，越名教而任自然，在很多方面发展了王、何的哲学。

但嵇康的精神人格追求，却为当时的社会环境所不容。魏晋世路多艰，执政者为篡取天下，用尽阴谋残暴手段，通过血腥的屠戮，夷灭政敌，戕害文士。政治的高压，给整个社会带来一种惴惴不安的恐怖气氛。而思想上，由于司马氏将其一切恶行，都缘饰以礼法仁义，致使传统价值的外在尺度虽还具在，内容却完全被偷换。崇尚道义，每失准则；坚守大节，或遭祸患。执权势者把持是非善恶标准，弑逆之徒，遂成忠臣。甚至精神生活领域，权势集团亦欲窃为禁脔，如钟会所主张的，"今皇道开明，四海风靡"，当使"边鄙无诡随之民，街巷无异口之议"，务不可让人擅自标立，"负才乱群惑众"②。当时一些乡愿之士，小人之儒，曲学阿世，媚俗取容，为区区名位，亦甘心作统治者之工具，迎合其旨意，成为社会中体现一般道德水准的"集体意识"的奉行者。权势集团亦通过他们，将专制的范围，扩张到人们的思想观念、生活方式等之上。

面临这样的世途，当时的知识分子阶层，精神上普遍感到压抑和困扰。他们中的许多人，尽管内心深奉儒学，却都采取了崇尚老庄、任诞放达的方式，对统治者作消极反抗。像与嵇康齐名的阮籍，在险恶处境之中，酣饮长醉，佯狂自晦，虽深怀焦虑，却终苟全性命。唯有嵇康，可谓我行我素，无视权威，对当时的政治和社会，都采用直接冲突的态度。就这一意义而言，钟会之流说他"轻时傲世"③，倒并非无端构陷之语。所谓"轻时"，实际上反映了嵇康政治上对权势当局的完全不合作态度；而"傲世"，则表现了嵇康精神上对代表所谓"集体意识"亦即权势附庸的社会流俗的鄙弃和抨击。

嵇康内心，崇尚道高于势，士以道贵的从政原则，对用世行道，实现理想政治极为向往，无论理智或情感上，都对鼠窃狗偷、多行不义的司马氏十分反感。其

② 均见《世说新语·雅量》注引《文士传》。
③ 同上。

"轻时"的主要方式,是利用推尊上古,对当今衰世的政治予以严厉批判。在《太师箴》中,他深刻揭露衰世统治者的虚伪不仁"下逮德衰,大道沉沦。智惠日用,渐私其亲。惧物乖离,擘义画仁。利巧愈竞,繁礼屡陈。刑教争施,天性丧真。季世陵迟,续体承资。凭尊恃势,不友不师。……骄盈肆志,阻兵擅权。矜威纵虐,祸蒙丘山",以此批判司马集团标榜仁义,粉饰礼法,倚仗权势,迫害士人的行径,故有人指出《太师箴》是"为司马氏言也,若讽若惜,词多纡回"④。需要指出的是,嵇康《太师箴》推崇"君道自然",礼让天下的黄唐虞夏之时,不仅仅显示出一般的"轻时"之意,尤其还表明了他与司马氏政敌相一致的政治立场。据一些学者研究,曹魏代汉改制,本不若新莽的效仿周公而是取法虞舜,曹丕登位诏书明确宣布是"宪章有虞",自居舜后。而以后曹氏集团中最为司马氏所不容的何晏、夏侯玄这一派士大夫,其改革政治的宗旨或模式,亦是所谓"追踪上古","参迹三皇"。此点且与王、何"贵无"哲学有关,具有"鼓励玄学兴起"的意义。⑤可见,当时推崇上古之治,无论理论上还是现实中都有和司马氏标榜的礼法名教对立的意味。在某些场合,推尊上古抑或祖述三代,甚至有可能成为司马氏集团与其政敌间理论分野的一个标志。然则嵇康《太师箴》中所论,亦是表现了他在政治上和理论上与曹氏集团特别是何晏一派士大夫的渊源关系。⑥

与此相关的是,嵇康还利用周公辅政的典故,讽刺执政的司马氏,公开为司马氏政敌辩护。《管蔡论》中云管蔡"皆服教殉义,忠诚自然。……卒遇大变,不能自通,忠疑乃心,思在王室。遂乃抗言率众,欲除国患。翼存天子,甘心毁旦。斯乃愚诚愤发,所以徼福也"。正如鲁迅先生所言:"管叔蔡叔,是疑心周公,率殷民叛,因而被诛,一向公认为坏人的。而嵇康作《管蔡论》,也就反对历代传下来的意思,说这两个人是忠臣。"⑦嵇康笔下之管、蔡,本指在淮南起兵的王凌、毋丘俭、诸葛诞等人,其所疑之周公,自是执掌魏政,动辄标榜礼制的司马氏。故后

④ 戴明扬《嵇康集校注》卷十《太师箴》引李兆洛语。
⑤ 见王葆玹:《正始玄学》第2章,齐鲁书社1987年版。
⑥ 嵇康尚主,其妻为魏武帝子沛穆王林孙女长乐亭主。沛王林为何晏妻金乡公主胞兄,故何晏妻为嵇康妻之嫡亲姑祖母。因此嵇康不仅和魏室联姻,且与何晏有一种较为直接的姻亲关系。他们二人之间政治和思想的一致,或许还不只是精神相通而已。
⑦ 《鲁迅全集》卷三《魏晋风度及文章与药及酒之关系》。

人评《管蔡论》以为，"周公摄政，管蔡流言；司马执权，淮南三叛，其事正对。叔夜盛称管、蔡，所以讥切司马也"⑧。其实，历史上之周公辅弼幼主，并不曾取成王而代之；司马氏辅魏，却乘机自营家门，欺人孤儿寡妇。显然，以周公喻司马氏，是一种借用，其意在于讽刺司马氏之作为。史书尝云毋丘俭起兵，嵇康欲往助之。虽一般认为这不过是钟会的谗潛之辞，但从嵇康一贯的态度情感来看，此举并非全无可能。以后嵇康公然宣称"非汤武而薄周孔"，表达他不与司马氏并世而立的坚决态度，而其中，也同样包含有借非议三代周公以抨击司马氏的篡逆之意。

嵇康"龙章凤姿，天质自然"，深为时论所仰慕，但"性不偶俗"，对那些营营苟苟的乡愿之徒，心中极为鄙夷。天下之士，能入嵇康青眼者不过寥寥数人，与权势有瓜葛者，即使至交相契如山涛，犹为"标不屈之节，以杜举者之口"⑨而与之绝交；清贵如王戎，虽与之同居山阳二十年，仍不免被嘲谑为败兴之"俗物"。对司马氏死党，刚肠嫉恶的嵇康更是不假辞色，如其拒交钟会之事，史云"嵇康曾锻于长林之下，钟会造焉。康坐以鹿皮，巍然正容，不与之酬对。会恨而去"⑩；挚友吕安之兄吕巽，"为相国掾，有宠于司马文王"⑪，又与钟会交好，行事卑劣丑秽。嵇康作书指斥其过恶，与之绝交。嵇康还仿屈原《卜居》而作《卜疑》，借"宏达先生"与"太史贞父"问答之语，通篇发挥举世皆浊，不堪流俗之意，显示了嵇康对此黑暗之世的愤激反抗态度。

嵇康"轻时傲世"之举，不仅有违统治者钦定的价值标准，亦威胁到那些礼法之士所自以为善而标榜持奉的处世之道。故为其锋芒所激怒者，既有当权的司马氏，也有社会中的何曾王祥之流，双方对嵇康，均有必欲除之而后快之意。而此辈之恚怒，最终假手于钟会的陷害，使嵇康因在《与山巨源绝交书》中"非汤武而薄周孔"及"不堪流俗"诸语，被司马氏所杀。

---

⑧ 戴明扬《嵇康集校注》卷六《管蔡论》引张采评语。
⑨ 《世说新语·栖逸》注引《嵇康别传》。
⑩ 《太平御览》卷八百三十三引邓粲《晋纪》。
⑪ 《三国志·杜恕传》注引郭颁《世语》。

二

尽管像嵇康这样襟怀高迈的知识分子,在政治与思想诸方面与当时社会的冲突乃是不可避免的,但舍其政治上的有意之举不论,究其根本,以个人一己之力来和整个传统社会相抗,却未必是这位内心极守传统的儒学士大夫之本意。史云嵇康亦"性慎言行"[12],又尝二十年面不见喜愠之色,可见他内心何尝不怀小心处世,默迹晦名之想。但当时的社会现实和其他的客观社会影响,却注定了他无法跳出政治和思想的是非之地,更无法逃名遁世。如唐代牛僧孺评论《养生论》之言,他"能忘名利之名,而不能使人忘其名"[13]。

实际上,嵇康受到自身哲学修养的限制,虽因其刚亢的个性而表现出勇气,但面对强大的黑暗,内心的矛盾和痛苦是很难以排遣的。此点若和精神亦感苦闷的阮籍作一比较,颇能说明问题。

毋庸讳言,嵇康哲学思维所达到的层次稍逊于阮籍。三玄之中,他较多偏爱《老》《庄》中愤世嫉俗和对现实政治的批判有关的言论,思维方式受传统方法的影响比较明显。《晋书·嵇康传》云"康善谈理,又能属文,其高情远趣,率然玄远",可见嵇康虽尚自然,对名理之学也深有研究,善于综核名实。嵇康的文集中,没有纯粹有关天地自然玄冥大化的抽象性篇章和直接阐释三玄义根的著作,所论一般为两大类,一类是玄学清谈的具体命题,如"声无哀乐""自然好学"等;另一类则为摄神养生、服食求仙等博物之学。这些文字,固然论微义远,隽永深秀,但无论就命题还是论证方法来说,率不脱名理派校练名实之特色,有的甚至还有两汉政论之遗风。《晋书·嵇康传》言嵇康"作《声无哀乐论》,甚有条理";《文心雕龙》亦云:"嵇康之辨声,……锋颖精密,盖人伦之英也。"[14]关于《养生

---

[12] 《晋书·嵇康传》。
[13] 戴明扬《嵇康集校注》卷三《养生论》引。
[14] 《文心雕龙·论说》。

论》，后人亦有"局致尤为独操"⑮的评价。因此，明末李贽在称道嵇康文辞之美为诸贤所不及时，特别指出他在玄理上却殊不及与之同时的阮籍、向秀，"阮则体妙心玄，一似有闻者，观其放言与孙登之啸可睹也；若向秀注《庄子》，尤为已见大意之人，真可谓庄周之惠施矣。康与二子游，何不就彼问道"⑯。此皆可见嵇康虽有高致，在哲学领域却始终未完全臻于胜流，对自然虚无之道的理解，亦未能像阮籍那样出入三玄，洞其堂奥，于儒玄之间，觅得一安身立命之所。关于此点，从嵇康对导养学仙的执迷上亦可看出。

史载嵇康"常修养性服食之事"，又经常"采药山泽"，曾随王烈入山，采服石髓，并著《养生论》《游仙》诗等。可见嵇康于此道不仅笃信，而且力行。尽管在某种意义上，嵇康求仙之举，或只是"轻时肆志，所托不群，非真欲仙也，所愿长与俗人别耳"⑰，而他思想上也诚有友仙人于缥缈之中，以寄身心寂寞之感的用意。但观其所著《养生》诸论，学及博物，广涉医理，颇近于神仙道教信徒的治学特色；后世道徒，亦每附会嵇康之死为"仙举""尸解"云云。总之，嵇康对神仙导养之术本甚为认真，并非如阮籍等仅作精神寄意，淡然处之者。但他既对获得形体的长生过分执着，则不免陷于重形轻神，恰恰不自觉地违背了他自己"未若捐外累，肆志养浩然"（《与阮德如》）的初衷而变得于外物有所牵累了。东晋人言"高士必在于纵心调畅，沙门虽云俗外，反更束于教，非性情自得之谓也"⑱，正是此理。

总之，由于哲学领悟上微有不足，嵇康处世虽欲用齐一大化，洞贯死生的老庄自然之道来慰藉其人生，但当时社会无处不在的非存在对存在的威胁，在他敏感的诗人心中留下的困扰和苦闷却是异常沉重的。在他作品中经常出现的眷恋生命、渴求自由及强烈的孤独寂寞感等主题，正是这种内心苦闷的流露。

对美好而短暂生命的感慨，是自《离骚》《古诗十九首》之后在诗人作品中最频繁出现的声音之一。这是因为，一方面，人的个体在宇宙间极为渺小和软弱，

---

⑮ 戴明扬《嵇康集校注》卷三《养生论》引杨慎语。

⑯ 同上引《焚书》。

⑰ 戴明扬《嵇康集校注》卷一《游仙》引陈祚明语。

⑱ 《世说新语·轻诋》"王北中郎不为林公所知"条。

生命存在的终结是不可避免的;另一方面,诗人所追求的志业倾向于无限高远,但能成为现实者却微不足道。许多的偶然因素如社会的动乱、人生的不遇等都可能阻碍人实现个体价值,使人赍志以没,抱恨终天,生命的悲哀是永恒的。魏初曹植的诗中,曾托喻韶华易逝的佳人,深叹"时俗薄朱颜,谁为发皓齿。俯仰岁将暮,荣耀难久恃",表现出理想难遂之伤感。在嵇康所处的时代,诗人对生命的惋惜叹息,已不仅限于曹植所执着的政治生命而是进一步包括了人的自然与精神存在。嵇康诗中,常有"生若浮寄,暂见忽终","人生寿促,天地久长"这类诗句,将人生的短促与宇宙的无穷进行对比,以此表现他强烈的挽留生命愿望。为了把握生命,嵇康希望通过"炼形易色"或"采药钟山阿,服食改姿容"这类人为努力,最终达到"逍遥天衢,千载长生",求得形体与精神的不朽。

魏晋诗中,飞鸟与罗网一类意象往往是具有象征意义的文学符号,其所体现的实为一种追求自由超越的努力与奋斗。追求自由,本身就是不自由环境的产物,在政治风涛异常险恶的魏晋间,此举尤其表达了人们在外在威胁下丧失自由的恐惧。当时何晏在他那首"鸿鹄比翼游"的诗中,即借飞鸟对"大网罗"的惊恐,传达了身在政治旋涡中的士大夫心里无可名状的惶然不安。嵇康在有关的诗中,亦采用这类符号,表现他追求理想过程中对自由的渴望和对黑暗现实的远避之意。其中,鸾凤、焦鹏等神鸟常被他用作自身人格的象征,而随处可见的罝罗网罜,则暗示了毁灭自由的非存在因素。由于魏晋之世,人的自由所受的压制,不仅来自外界的迫害,亦来自内心因传统牵制而造成的精神重负。所以嵇康诗中的罗网,亦每含有两种不同的喻指,一为统治者的刑杀之网,或云法网;一为世俗礼法之网,或云世网,其构成在很大程度上与诗人对传统的潜在服从有关。"焦鹏振六翮,罗者安所羁"(《述志》一);"鸾凤避罻罗,远托昆仑墟"(《答二郭》三);"翩翩凤翮,逢此网罗"(《佚诗》)这样的诗句,充满了诗人与扼杀自由的外在因素的对抗和冲突。而"坎凛趣世教,常恐婴网罗"(《答二郭》二);"人生譬朝露,世变多百罗"(《酒会》)等句,则涉及诗人被世网所缚的内心焦虑与挣扎,并隐约透露出诗人内心存在的一些有碍他逃出罗网的自蔽之物。

嵇康心中,有浓重的寂寞孤独感,并为之忧思极深。这种情绪,来自他对时代、社会的巨大忧患,也与他觉醒的自我隐隐意识到人与宇宙社会的真实关系后产生的精神困扰有关。《晋书》载,嵇康"胸怀所寄,高契难期,每思郢质"。观他所著诗篇,可以感觉到强烈的寻友求知之意,"郢人""郢质"和"钟期"是他诗中最常使用的典故之一。实际上,嵇康的生活中,先后曾有吕安、阮侃、二郭兄弟以性情相交,阮籍、山涛以精神识度相契,向秀以文学相友,王戎参其末流,赵至及太学诸生为其追随,总之并不乏交游。然则嵇康之苦求知音,很大程度并非现实的需要而是孤独的内心流露出的一种精神渴望。从嵇康诗中亦可看出,他所期待的知友,并不存在于尘世中。《述志》诗云"慷慨思古人,梦想见容辉,愿与知己遇,舒愤启其微";《酒会》诗云"酒中念幽人,守故弥终始。但当体七弦,寄心在知己";《游仙》亦云"蝉蜕弃秽累,结友家板桐"。归根到底,嵇康理想中不过希望友仙、友隐、友古人,而此三者,现实中均不可遇。诚然,以嵇康这样的人品,在当时社会中产生郢质不存、曲高和寡之感,是十分必然的。但就另一方面而言,嵇康虽意识到人的孤独,却难于忍受孤独。他用求仙求隐方式表现自己与一般世俗的决裂,却又欲将自己的情感、精神等自我世界维系到另一些外在的关系上。和内心亦深感孤独,且"天地愈旷,而我心愈悲"[19],并不幻想能摆脱孤独的阮籍相比,嵇康的觉悟是不够透彻的。

三

嵇康同政治、社会的冲突及内心的苦闷,与他特有的精神心理特质有着很大关系。前人论嵇康诗风,有"嵇志清峻"[20]之评语。而"清峻"二字,不仅仅表现了嵇康诗作直切不隐、清朗劲健的风格,而且还在更深层意义上,提示了嵇康精神心理方面的两大特质。其中所谓"清",是指嵇康内心强烈的理想主义及追求完美至洁的价值观所导致的精神与现实间的完全不能沟通;所谓"峻",是指他性格为人上的刚俊激烈和任性不羁而引起的情感与理智的巨大矛盾。从心理学角度看,前一点显示了嵇康自我与外物的冲突,后一点则显示了嵇康自我意识与深

---

[19] 陈伯君《阮籍集校注》卷下《咏怀》其十七注引何焯语。
[20] 《文心雕龙·明诗》。

层意识(即"个人无意识")的冲突。

稽康是一个纯粹的理想主义者,其内心对儒学理想的追求极为认真。他在抨击衰世道德理想沦落时,常有"大道既隐"(《卜疑》),"大道沉沦"(《太师箴》),"大道愿不舒"(《答二郭》三)的感叹。所谓"大道",表面上固不乏一层老庄自然之道的玄虚色彩,但其本质内涵,却无疑是儒家"大道之行也,天下为公"的崇高境界。在这一境界里,不仅有"选贤与能,讲信修睦"、推己及人、博爱无私、老幼孤独皆得其宜的社会大同之理想,也有仁厚敦诚、忠信节义的道德原则。盖传统之儒学,本是一种社会理想与道德哲学、世界观与人生观融合一体的思想体系,而此时对其加以补充的老庄思想,又强调人格、精神的自由发展。这样,稽康对"大道"的崇仰憧憬,亦不仅是对某种社会公正的追求,而更包含了对理想人格的追求。因此,稽康为社会的黑暗、道德的沦失及权势者对儒学原则的践踏而痛心疾首,对司马氏虚伪名教掩盖下的残暴统治极其反感。《答二郭》中"详观凌世务,屯险多忧虞。施报更相市,大道愿不舒。夷路值枳棘,安步将焉如?权智相倾夺,名位不可居"的诗句,写出了诗人居此价值理想失落之社会的深刻失望。

尽管稽康深有感于社会对知识分子进取精神的窒息及他本人"辖轲丁悔吝,雅志不得施"(《述志》一)的遭际,在诗中有"云网塞四区,高罗正参差。奋迅势不便,六翮无所施"(《兄秀才公穆入军赠诗》)之慨叹。但理想之梦的破灭,并未能使稽康放弃内心的原则去屈从现实。相反,它更激发了稽康对理想信念的执着不舍及对社会流俗的逆反心理,将济世之志转变为对"君子之节"的坚执。在《释私论》中,稽康反复申言"君子"的处世原则"夫君子者,心不措乎是非,行不违乎道者也";"多谐有非,无措有是。然无之所以有是,以志无所尚,心无所欲,达乎大道之情";故"虚心无措,君子之笃行也"。虽然"虚心无措"这类词句,有一定老庄哲学冲淡无为的意味,但实际上,它以表面上的无为来达到精神上的"守道",正是一种不屈于时,虽居纷乱之世而巍然不改其素朴之质的独立人格的表现。稽康诗中"嗟我征迈,独行踽踽","远游可珍,含道独往"(《兄秀才公穆入军赠诗》)之句,即是他肩负理想、守道独行的内心操守的象征。

稽康在诗中,一般用两种方式来表现他对理想的坚持,其一是以古非今,缅怀上古的治世和古贤的高节；其二是出世游仙，向往高洁的世外仙境。

嵇康之以古非今，是将心中之理想世界寄托于唐虞之世（此点的政治用意，前已述及），而将理想人格许之于柳下惠、老莱妻、东方朔与原宪等古之贤哲。他所作的一组六言诗，第一首即名《惟上古尧舜》，其中称美尧舜"不以天下私亲，高尚简朴慈顺，宁济四海蒸民"，以非议当世统治者的窃夺天下，戕害生民。第二首《唐虞世道治》中，嵇康亦借歌颂上古"万国穆亲无事，贤愚各自得志"的安静无为，揭露了当时"天下多故"的社会。以下"智慧用有为"数首，则讽刺了世俗违反自然，荣利是竞的机诈权谋。与此同时，嵇康极力赞美柳下惠、东方朔等高人逸士，对他们"内贞""静恭""体逸心宽"的杰出品格倍加推崇。其中，对于笃守君子之节的古贤原宪的称颂，尤其寄托了他自己的理想人格模式。

与"崇古"相比，对仙境的追求，表现了嵇康更彻底的厌弃现实的倾向。正如他《答二郭》诗所写的："羲农邈已远，拊膺独咨嗟。朔戒贵尚容，渔父好扬波。虽逸亦已难，非余心所嘉。岂若翔区外，餐琼漱朝霞。遗物弃鄙累，逍遥游太和。……有能从此者，古人何足多。"从古人而转向仙人，当是因为嵇康在理想与现实的冲突中，对一切世间之物都感到失望，以至将精神之寄托，从社会更投向自然之故。

嵇康笔下的仙境，是非常超世远俗的场所，自由逍遥的生活，与污浊昏暗的尘世迥异，而在神仙的世界中，嵇康同样寄寓了他的社会政治理想。其《游仙》诗云："遥望山上松，隆谷（冬）郁青葱。自遇一何高，独立迥无双。愿想游其下，蹊路绝不通。王乔弃我去，乘云驾六龙。飘飘戏玄圃，黄老路相逢。授我自然道，旷若发童蒙。采药钟山阿，服食改姿容。蝉蜕弃秽累，结友家板桐，临觞奏九韶，雅歌何邕邕，长与俗人别，谁能睹其踪。"分析起来，这首意在"长与俗人别"的诗，大致含有表里深浅两层意蕴。从浅层看，诗中先借对青郁挺拔的山松之赞美，表现了对仙界的向往；随即描写诗人在神仙导引下逍遥玄圃，领会自然之道的快乐；最后则展示了诗人通过采药服食的学仙历程，精神与形体均超越凡俗的高邈遐思。这一层含意，自与嵇康对神仙长生术的诚信有关。诗中较隐晦的深层含意，涉及嵇康内心的儒学信仰，许多典故符号的使用，颇令人联想到儒家的理想境界。"遥望山上松，隆冬郁青葱"诸句所显示的，即是一种卓绝的人格特征。它们在字面上使人联想到孔子"岁寒而后知松柏之后凋"这一譬喻君子品格修养的名言,在实际上更象征了嵇康"肃肃如松下风","岩岩若孤松之独立"㉑的人格精神。篇末的"雅歌何邕邕"等句,亦有对儒家上古圣王制礼作乐的理想政治制度的怀想之意。

实际上,对嵇康这类内心深怀社会责任感而毫不苟且的知识分子来说,无论回返上古还是求仙问道之举,都不过是不得已的精神退缩,他们也不可能从中真正获得安慰。但是嵇康仍然拒绝用牺牲理想来迁就现实。他这种对高远理想刻意苦求,坚决不与世俗妥协的态度,充分显示了诗人思想中"清"的特色。但这样的价值趋向实与当时现实格格不入,由此使他内心与外界的对立亦愈加尖锐。

《颜氏家训·养生》云:"嵇康著《养生》之论,而以傲物受刑。"的确,嵇康之处世,在其本心和实际行为之间,存在特殊的矛盾。这种矛盾的表现是多方面的,比如,嵇康在哲学上慕怀老庄,宣言奉行贞静守雌,不连外物之道,并极力令己"含垢藏瑕,爱恶不争于怀,喜怒不寄于颜"㉒,达到冲和夷淡的境界。但实际为人却"任侠尚奇"㉓,"不能被褐怀宝,矜才而上人"㉔,轻时傲世,颇招时忌。在处世之道上,嵇康以东方朔、柳下惠等安贫守贱,自足于怀,于外在之清浊出处略无着意的通达之士为楷模,又谆谆告诫其子谨慎待人之道。但在实际交游中,却难于和光同尘,与世推移,对司马之党,更决不虚与委蛇,周旋敷衍。在内心里,嵇康坚守儒学传统,注重忠孝大节,《家诫》中教子"当大谦裕","当全大让,若临朝让官,临义让生,若孔文举求代兄死,此忠臣烈士之节"。而他自己却一味"脱略礼法,纵酒跌荡",不仅倡"越名教而任自然",甚至公开宣称"非汤武而薄周孔"。凡此种种,不胜枚举。对嵇康这些言行举措的前后不一致处,前人也曾注意,当时的隐者孙登认为嵇康"才高识寡","性烈而才俊"㉕;东晋简文帝则云

㉑ 《世说新语·容止》载:人叹嵇康"肃肃如松下风,高而徐引";山涛云"嵇叔夜之为人也,岩岩若孤松之独立"。

㉒ 《世说新语·德行》注引《嵇康别传》。

㉓ 《三国志·王粲传》。

㉔ 《文选》卷十六《思旧赋》李善注引干宝《晋纪》。

㉕ 分别见《三国志·王粲传》注引《魏氏春秋》及《晋书·嵇康传》。

"嵇叔夜俊伤其道"㉖。析言之，嵇康人格精神上的明显二重性，除前文所述的政治社会原因外，首先与他性格的刚峻和为人的任性有关。

嵇康在诗中尝回顾他童年的成长经历："嗟余薄祜，少遭不造，哀茕靡识，越在褓襁。母兄鞠育，有慈无威，恃爱肆姐，不训不师。爰及冠带，冯宠自放，抗心希古，任其所尚"（《幽愤诗》）；《与山巨源绝交书》中亦云"少加孤露，母兄见娇，不涉经学，性复疏懒"。这些诗文均表述了嵇康自小失怙，赖母、兄扶持，耽于娇养，疏于教训的幼年生活境况。《与山巨源绝交书》还言"吾新失母兄之欢，意常凄切"；《思亲诗》中亦有"奄失恃兮孤茕茕，内自悼兮啼失声，思报德兮邈已绝，感鞠育兮情剥裂，嗟母兄兮永潜藏"的深情诗句。从他这种笃厚的天伦情中，足可见嵇康母、兄当年对他的殷勤呵护。如台湾学者何启明所说："康生时，其兄固已长成，且禄足以赡家，……康亲老年得子，爱之必深；而幼以丧父，母兄自宠逾恒常也"，"欲其比类常童，岂不难哉？"㉗心理学家认为，一个人早期的生活经验，特别是童年的生活经验，可以影响到他成年以后的人格。而童年时的娇养，则易养成一种在人格心理学上称为"娇养性情绪过敏"的心理特质，表现为待人处世时的敏感和感情用事。在中国传统的个性受到约束的社会里，养成这样性格者并不多见。而嵇康却由于幼年所处的父亲早亡、母兄娇纵的特殊境遇，明显影响到他日后形成放诞任性、不受礼法约束的鲜明个性。在老庄思想的熏染下，这一个性且得到了进一步的发展。

嵇康不仅自幼养成龙性难驯，"耻与魑魅争光"㉘的刚直高洁性格，为排遣内心苦闷和躬行仙道信仰，又有服食之癖。而五石散中诸味药物如石英、硫黄等，均为药性猛烈的热性有毒矿物，每令服食者性情暴躁，精神反常。㉙鲁迅先生对服药者的社会行为有深入的描述，指出服五石散对人性格的不良影响："晋朝人多是脾气很坏，高傲，发狂，性暴如火的，大约便是服药的缘故。"㉚显然，服食一

㉖ 《世说新语·品藻》载："简文云：'何平叔巧累于理，嵇叔夜俊伤其道。'"刘注云："……道唯虚淡，俊则违其宗。所以二子不免也。"

㉗ 何启明《竹林七贤研究·嵇康研究》，台湾中国学术著作奖助委员会 1966 年版。

㉘ 《艺文类聚》卷四十四引裴启《语林》。

㉙ 详见余嘉锡《寒食散考》，《余嘉锡论学杂著》（上）。

㉚ 《鲁迅全集》卷三《魏晋风度及文章与药及酒之关系》。

事,在一定程度上也加剧了嵇康个性的峻急。

除去性格因素外,嵇康的实际行为,又常受到情感因素的干扰而偏离理智。荣格心理学认为,个人无意识中有所谓"情结"即富于情绪色彩的一系列思想观念(或称为个人伴有一般情调的、受到干扰的观念丛),它影响人的感情,并能在人的生活中一次次表现出来,使人行为失调。嵇康的情结,出自对儒学深层内涵的笃信和对虚伪崇尚礼法的司马氏集团的强烈反感。如前所论,儒家的高尚社会理想和汲汲进取精神,对嵇康的人生观有很大影响,而他推崇忠臣烈士之节,性情刚兀,龙性难驯,骨子里也与《周易》"天行健",刚强有力者胜的哲学相合而殊不类道家阴柔无为、柔弱胜刚强的理论。但嵇康对儒学的虔敬受到司马氏窃国之徒并仁义而窃之的无耻行径的严重伤害,以致一向任性的嵇康走向统治思想的异端,转而在老庄哲学中追求齐一物我是非,遗落世事。在很大程度上,他之崇奉老庄,是激于某种抗愤的情绪。然而每当应世处变之际,在他思想中几乎本能地出来牵制、支配其行为方式选择的,却又总非在当时环境下最合理智的老庄保身哲学,而是儒家知其不可为而为之的狂者精神。出于对当权者的政治反感这一根深蒂固的情结之作用,嵇康为人举动每不免十分情绪化。其结果,就是像他在诗中所写的,虽"欲寡其过",却"谤议沸腾";自问"性不伤物",依然"频致怨憎"。最终"内负宿心,外恶良朋",卒罹杀身之祸。后世人论嵇康以为,"魏之嵇生,盖才有余而学不至者。其情固不忘用世,而动多悔吝,志不得施"[31]。"动多悔吝",正见其情结引起的"行为失调"。而这一切都表明,嵇康为人是理智不敌情感的。

嵇康是一个正直、坦荡而内心充满矛盾的知识分子,应当说,他对自己性格和处世方式的弱点是有所认识的。每当个人与社会发生冲突时,他对自己并不乏真诚的怀疑和自省,其诗中亦常有"恨自用身拙,任意多永思"(《述志》二)的自析之语。表现他内心矛盾和理智情感冲突最为集中的一首诗,当是他被害前所写的《幽愤诗》。

在这首深刻表露心态的诗里,嵇康反省回顾了自己的一生,从理智出发,颇

---

[31] 戴明扬《嵇康集校注·附录·叶渭清〈嵇康集〉校记序》。

有感悟之意。若其中"昔惭柳下,今愧孙登"二句,尤其耐人寻味。柳下惠者,
"三黜而不去其国"的"蒙耻之宝";孙登者,嘿尔不言,隐遁不仕的有道之士。二
人一仕一隐,各得其所。嵇康则于此二者均不可得,仕固不愿,隐亦不能,为当权
者所害的结局是不可免的。史载孙登曾当面对嵇康不能理智地洞明世事的弱点
提出忠告并为之惋惜,诗中能念及此,表明嵇康本人对自己的行为及后果亦并非
没有冷静的观照及反思。

即便如此,嵇康仍然不改其刚峻激烈的性格。其《幽愤诗》虽表面上有悔祸
讼冤之意,骨子里却全无降心服罪之感。出于对自己无端被祸而感受到的种种
愤懑、痛苦、压抑、怨尤和期望等复杂感情,嵇康在诗中直抒胸臆,疑古问今,寄心
区外,神驰八荒。许多诗句直接表达了对司马氏的强烈抗拒,显示了他亢直的
"龙性"。

尤其此诗末,嵇康于深叹自己"有志不就",势将不免之际,对以往一些行为
上的偏失再次表示了"惩难思复"之意,理智上亦又作出"庶勖将来,无馨无臭,
采薇山阿,散发岩岫"的抉择。但就在这几句诗中,同样可见情结的干扰痕迹。
"采薇"所寓的夷齐隐于西山,不食周粟的典故,正暗示了嵇康与司马氏不共戴
天的敌视关系;而"散发"中含的许由优游林下之典,亦表现了嵇康惯有的"天子
不得臣,诸侯不得友"的桀骜态度。所以尽管有人认为此诗盖"华亭鹤唳,隐然
言外"[32],但在当时,纵使嵇康真有悔意,这些诗句中的强烈情绪色彩,也注定了
此人在司马氏手中决不能幸免。

概括言之,嵇康的思想意识中,本有一套符合理智、顺乎自然的行为准则,一
般来说,它们和当时社会并不产生冲突。然而,他自己并未能完全遵循理智的引
导,某些激烈的情绪因素每使他不能控制自己的实际所为而背离初衷。干扰其
理智的情意结的形成,大致与三方面因素有关:其一是嵇康幼年因母、兄宠育而
养成的敏感任性的"娇养性情绪过敏"之心理特质;其二是由于对外界险恶环境

---

② 沈德潜《古诗源》卷六。

的焦虑而引起的自我防御反应㉝；其三则是人品高洁的稽康由于对狼顾狗偷的司马氏和为其党羽的一伙乡愿之士窃国乱政，玷污仁义丑行的极度憎恶而激起的一种极端情绪，作为"忍受某种本来很难于忍受的事物的变通方式"㉞，稽康将此情绪进一步投射于司马氏。这几方面因素汇集成一个极其强大的情结，在性格刚亢的稽康心里一次次顽强表现出来，扰乱其理智并影响其行为，促成了他无以全生的悲剧命运。

【景蜀慧　中山大学历史系教授】
原文刊于《中国文化》1991 年 02 期

㉝ 按一些心理学家的定义，所谓焦虑，是包含着对危险、威胁和需要特别努力但又无能为力的苦恼的强烈预期。焦虑的长期持续，可影响到人的人格特性（参见斯托曼《情绪心理学》第九章，张燕云译，辽宁人民出版社 1986 年版）。由于魏晋社会给知识分子精神自由和个体生存造成的严重威胁，遂在人们心理上引起对不测之祸的强烈恐惧。作为对自我人格的保护，许多人都有一些较激烈的行为，用以压抑控制或发泄投射内心的痛苦。稽康作为敏感任性的诗人，这方面的激愤更是峻烈的。
㉞ 斯托曼《情绪心理学》第五章，张燕云译，辽宁人民出版社 1986 年版。

诗疑妄测二则

金克木

一、"悠然望南山"

陶渊明的名诗"结庐在人境"一首中"采菊东篱下,悠然见(望)南山"句自古就引起过一些议论。东篱下采菊,怎么望见南山而且还是悠然呢？甚至对是"见"字好还是"望"字好也有不同意见。我不明白为什么会有争执。东篱下采菊为什么脸非得朝东不可？菊是一畦一畦的,采花是转来转去的,到花圃一望便知。菊花种在东篱之下,采花却可以在花畦间走来走去。为什么不能望见南山？何况这时悠然自得,采菊,望山,低头,抬头,转身,站,走,都可以,一切无所谓,都表示闲暇。若东篱采菊不能望见南山,那么,西湖划船也只能朝西边望吗？问题在于结尾说的"真意"到底是什么。全篇诗都是为这个"忘言"而说不出的"真意"而发。既说不出而且是连言语都忘了(不是不存在),那也就不必从言语追究并以言语道破了。可是"意"还是要让人知道的,还是诗中表明了的,可又是没有用言语说的。那就要从诗境推测了。有小诗境,有大诗境。小的从全诗看,大的从全集以至个人身世时代氛围看。从小的看这首诗讲的是闲暇。从大的看,陶渊明的闲暇中有不闲暇,也许是很不闲暇。他去做官时就作诗说不想做官,不应该做官。不做官了又作《归去来辞》。明明活着,偏要作诗"自挽"。一个闲暇的人若是心境也闲,那还有什么话要说,有什么诗要作? 看菊花,看山,饮酒,岂不够了? 还要找什么"真意"? 还要找言语而说是忘记了,这又何必? 由此可见他是身闲心不闲。一开头的"而无"就引出下面的一些表面矛盾,"东""南"不同也是其一。这位五柳先生是晋代大官陶侃的后代。世家子弟而要在后来代晋称帝的刘裕手下做官,还要在刘宋时活下去。天下大乱,群雄并起,各地异族称王,又找不到桃花源,只好饮酒赋诗了。不闲而闲是不得已,又矛盾又不矛盾。

读古人诗,词句固然重要,还得从诗句见诗境,由诗境得诗意。何从见诗境? 不妨设身处地,进入角色,设想自己化为诗人(作诗的人,不一定是诗中说的那个人)。这样可以出发于词句而不限制于词句。古来忙人写闲诗的并不算少。真人不露相,然而"诗言志",又岂能全部掩盖? 会不会欲盖弥彰? 读诗不是猜谜,不必索隐,却可以有类似的乐趣。往往是深得我心也就深得诗心吧?

〔附原诗〕

> 结庐在人境,而无车马喧。
>
> 问君何能尔? 心远地自偏。
>
> 采菊东篱下,悠然望(见)南山。
>
> 山气日夕佳,飞鸟相与还。
>
> 此中有真意,欲辩已忘言。

二、"拣尽寒枝不肯栖"

苏东坡的《卜算子》是一首名词,古今传诵。用词造句写景言情都好,寓意也明白,是古时做官不得志的文人的牢骚。只是其中说了"幽人独往来",又有"孤鸿影",末了说"拣尽寒枝不肯栖,寂寞沙洲冷"。这就引起了麻烦。鸿雁不能栖在树上,落地时只在沙洲上徘徊,人所共知。怎么东坡居士连这个都不知道呢？于是古今说者纷纷。其实东坡没有说鸿雁栖寒枝，不能算错。诗当然不是生物学，但除非另有用意，也不会和常识相反。不过诗的有些说法和平常讲话不同，这是大家公认的。古时文人从《诗经》《楚辞》的作者起就习惯于作两种诗体，可以说一是雅（大雅）颂体，一是风骚体。前者直陈铺排，后者宛转曲折。苏大胡子下过乌台诗狱几乎被杀，他的牢骚就必定是又明又暗忽明忽暗的。他的词被人归入豪放一类，那是一向的文体学的分类。照前面我的"文体"说法恐怕属于风骚体，连"大江东去"那首词也在内。这样看，这句诗没有毛病，只是故意拐弯子的诗的说法。鸿雁明明是不"能"栖在树枝上，偏要说它是不"肯"栖树枝。对同样的事实作不同的说法还是诗人的习惯。树枝寒不可栖而沙洲又冷又寂寞，真是无处可栖身了。"幽人独往来"紧接着"缥缈孤鸿影"，究竟是幽人看到地上"疏桐"间"缺月"照出来的孤单鸿雁的影子呢，还是他独自"顾影自怜"呢？下片的四句又是说鸟，又是指人，又是绘景，又是言情，语语双关。若把"肯"字换成"能"字，合乎事实，意思大不相同，也不能用"拣"字了。把"不能也"改成"不为也"，而且说是一枝一枝挑选都不愿意栖上去，那就是明说鸟而暗说人，二者合一了。当京官吧，那些冷板凳我一个都不肯坐。外放到地方去吧，那里又冷又寂寞怎么住得下去呢？功名有了，然而事业呢？孔子说，"道不行，乘桴浮于海"，漂洋过海出国，那比苏东坡更决绝了。孔子是圣人，可以那样说。东坡是贤人，又不是生在春秋时代，只好说"有恨无人省"了。其实"省"的人是有的，就是把他送进"柏台"又放到广东和海南去的人。

古人作诗评诗往往故弄玄虚。谢灵运的"池塘生春草"是故意说得神。贾岛又"推"又"敲"还要韩愈给他定稿也是传说故事。月下"推"门是门没闩上，庙里没人。"敲"门是门闩上了，庙里有人开门。哪个字好，只看你想表达和尚孤单还是不孤单。"春江水暖鸭先知"。有人刁难问："鹅独不知耶？"何必说鹅？水鸟都知道，鱼虾更知道。照这样要求，只能写科学论文，还怎么作诗？吴梅村（伟业）的《清凉山赞佛》诗本来只是歌颂太子出家的释迦佛。可是吴大诗人号称诗史，作诗总是与当时史事有关，于是推测出来了，说赞佛的话是暗指顺治皇帝出家当和尚。由此又扯上董小宛入宫故事。诗与史不分是我们的诗文传统中一项内容吧？吴的赞佛诗和他的《圆圆曲》一样只能证明传闻之存在，不能证明事实之必有。苏东坡故意说"不肯",又何必揭穿他是"不能"呢?

〔附原词〕

> 缺月挂疏桐,漏断人初静。
>
> 时有幽人独往来,缥缈孤鸿影。
>
> 惊起却回头,有恨无人省。
>
> 拣尽寒枝不肯栖,寂寞沙洲冷。

【金克木　北京大学南亚研究所教授】

原文刊于《中国文化》1991 年 02 期

《论语·乡党》"色斯举矣"解

胡文辉

　　　　色斯举矣,翔而后集。曰:"山梁雌雉,时哉! 时哉!"子路共之,三嗅而作。

　　这是《论语·乡党》的最末一节文字,一直以来号称难解。其中难解之处又集中在"色斯举矣"这一句,大约有如下几种解说。

　　一、"色"用作动词,指人的脸色变异。如何晏《论语集解》引马融曰:"见颜色不善则去之。"近人杨伯峻《论语译注》沿用此说,将这一句译作:"孔子脸色一动,野鸡便飞向天空。"这种解说实际是将这一句断作"色,斯举矣"。

　　二、"色"是"觳"字之假借。王叔岷《论语斠理》曰:"此文之'色斯举'犹《吕氏春秋》之'骇则举'('斯'犹'则'也)。虽'色'无'骇'义,盖'觳'之借字。哀公六年《公羊传》:'皆色然而骇。'《一切经音义》四六引'色'作'觳';并引《埤苍》云:'觳,恐惧也。''恐惧'与'骇'义合。王引之《公羊传述闻》谓:'色者,觳之借字。以彼例此,则此文'色'亦'觳'之借字矣。"①

---

　　① 据陈舜政《论语异文集释》引。台湾嘉新水泥公司文化基金会,1968 年版,第 188 页。

三、"色"是"危"字之形讹。这是近人商承祚提出的新解。[2]

四、"色斯"连读。王引之《经传释词》卷八曰："斯,犹然也。……色斯者,状鸟举之疾也,与翔而后集意正相反。色斯,犹色然,惊飞貌也。……汉人多以色斯二字连读。"

以上四种解说,前三说皆以"色"为单词,与下文"斯"不相属,都是不对的。当以"色斯"连读为是(但王引之解"斯"为"然"也难成立),因为汉人都是以"色斯"为双声词来使用的。《经传释词》举了下面几个例子:

> 《论衡·定贤》:"大贤之涉世也,翔而有集,色斯而举。"
>
> 《议郎元宾碑》:"翻矞色斯。"
>
> 《竹邑侯相张寿碑》:"君常怀色斯,遂用高举。"
>
> 《堂邑令费凤碑》:"色斯轻翔,翻然高絜。"
>
> 《费凤别碑》:"功成事就,色斯高举。"

《辞源》"色斯"条也举了两个例子:

> 《后汉书·左雄传》:"或因罪而引高,或色斯以求名。"
>
> 《三国志·魏·崔琰传》:"哲人君子,俄有色斯之志。"

另外还可以举一个例子。《越绝书·篇叙外传记》曰:

> 范蠡遭世不明,被发佯狂,无正不行,无主不止,色斯而举,不害于道。

由上可见汉人是以"色斯"作为形容词来使用的。王引之认为是"惊飞貌",从汉人使用的句例来看,大致可从。但《论语》中的"色斯"是否也同样作此解

---

② 据我所知,商氏此论发表了三次:《"色斯举矣"新论》,《中山大学学报》1963 年第 3 期。《"色斯举矣"辨误》,《中国历史文献研究集刊》第二辑,岳麓书社,1981 年版。《"色斯举矣"新论》,《名家治学——郑子瑜先生受聘复旦大学顾问教授纪念文集》,复旦大学出版社,1988 年版。

呢？我以为不是。首先，如果"色斯"是形容词，在"色斯举矣"这一句中，"色斯"就是用作状语，形容"举"之状态了，可以说是"现在进行时"的；而"举矣"的"矣"在句末却是表示已然之状态，可以说是"过去时"的，因而以"时态"的角度看整个句子就极不协调了。其次，如果"色斯"是形容词作状语用，则整个句子，包括下文"翔而后集"一句，都没有主语了，这未免太莫名其妙。从语法角度看，应当是以"色斯"为名词，用作主语，才最为合理。

我以为，《论语》中的"色斯"正是一个名词，是一种鸟名，而到后来才演变成形容词。《山海经·北山经》有这样一段文字：

> 又北三百二十里，曰灌题之山。……有鸟焉，其状如雌雉而人面。见人则跃，名曰𫛭斯。

我看，《论语》中的"色斯"正是《山海经》中的"𫛭斯"，理由如下：

一、"色""𫛭"二字声母相同，[3]"色斯""𫛭斯"乃一声之转。

二、"色斯""𫛭斯"都是鸟类，而且形状都似"雌雉"。"𫛭斯"的形状如"雌雉"，而"色斯"又正被称为"山梁雌雉"。这当是因为"色斯"形似"雌雉"，才会以"雌雉"约略称之。

三、"色斯""𫛭斯"这两种鸟都有容易受惊的习性。"𫛭斯"是"见人则跃"，而"色斯"也是一见有人就"翔而后集""三嗅而作"。正是因为"色斯"容易受惊，不易被人捉住，《论语》才说它"时哉时哉"，意思是说它识时知机。

四、"色斯""𫛭斯"后来都由名词转化为形容词，都有惊惧之义。"色斯"用作形容词已见上文，而"𫛭斯"也有相同的语义演变。郝懿行《山海经笺疏》曰：

---

③ 周法高《新编上古音韵表》"色""𫛭"声母皆为 S/S；郭锡良《汉语古音手册》"色"为山母，"𫛭"为心母，亦通用。"色"属职韵（ək），元音 ə；"𫛭"属东韵（oŋ），下文"粟斯"的"粟"属屋韵（ok），"𫛭""粟"元音皆为 o，乃阳入对转。元音 ə、o 一般不通押，但亦偶有例外，如《楚辞·九章·惜往日》（见王力《楚辞韵读》，上海古籍出版社，1980年版，P49）：闻百里之为虏兮，伊尹烹于庖厨。（侯韵 o）吕望屠于朝歌兮，宁戚歌而饭牛。（元韵 ə）不逢汤武与桓缪兮，世孰云而知之？（元韵 ə）所以，"色"和"粟"（"𫛭"）读音是相近的。

《楚辞·卜居》:"将哫訾慄斯。"王逸注云:"承颜色也。""哫訾"即"足訾",其音同;"慄斯"即"竦斯",声之转。鸟名。(按:《卜居》中"慄斯"的异义又作"粟斯";又有形讹作"㥜斯""栗斯"的。④)

"足訾""竦斯"都是《山海经》中的鸟名,而在《楚辞》中都活用作形容词。郝氏此说得到近人的赞同,实为确切不移。⑤ 而王逸将"哫訾慄斯"解作"承颜色"则很笼统,恐怕也没有什么根据。近人朱季海《楚辞解故》曰:

> "粟斯",惊貌,亦楚言矣。《方言·卷二》:"獡,透(式六反),惊也。南楚凡相惊曰獡,或曰透。"郭云:"皆惊貌。"是也。此云"粟斯",老子所谓"宠辱若惊"也。

朱说较为合理,大致可从(但他将"粟斯"解作"粟然"却不对)。可见《论语》的"色斯"(名词)转变为汉代的"色斯"(形容词),亦正同于《山海经》的"竦斯"转变为《楚辞》的"慄斯"。"色斯"或"竦斯"作为鸟类都有容易受惊的习性,所以它们由名词转化为形容词,都有表示惊骇的意思。⑥ "色斯""慄斯"皆有惊骇之义,正可作为"色斯""竦斯"同出一源的旁证。

以上断定《论语》中的"色斯"就是《山海经》中的"竦斯",是一种鸟。则"色斯举矣"就是"'色斯'飞了起来"的意思,十分简明,以往的种种聚讼由此可以一扫而空了。

另外,这节文字中"子路共之"的"共"和"三嗅而作"的"嗅",还有一些问题。"子路共之"的"共"有很多异文作"供"或"拱"。⑦ 按:"共""供""拱"古通用。"拱"有"执"之义,刘宝楠《论语正义》曰:

---

④ 见朱季海《楚辞解故》。
⑤ 见汤炳正《楚辞类稿》,巴蜀书社 1988 年版,第 404 页。袁珂《山海经校注》,上海古籍出版社,1980 年版。
⑥ "色斯""慄斯"同源异流,语义自然也有区别。由于《论语》的影响,"色斯"后世特指因惊惧而遁世全身,而"粟斯"则没有遁世全身的意思。
⑦ 见《论语集释》《论语异文集释》。

……案作"拱"是也。《吕氏春秋·审己篇》："故子路捲雉而复释之。"高诱注："所得者小，不欲夭物，故复释之。""捲"即是"拱"。《尔雅·释诂》："拱，执也。"意者雉正倦飞，子路捲而执之。

又，"共"字其实也有作"执"之义来使用的：

《周易》遯六二："执之用黄牛之革，莫之胜说。"马王堆帛书本"执"作"共"。

又，革初九："鞏用黄牛之革。"帛书本"鞏"作共"。

由此可见，"子路鞏之"也就是"子路执之"或"子路巩之"的意思。《吕氏春秋·审己篇》"故子路捲雉而复释之"正是由《论语》"子路共之"这一句而来，亦足以证明"共"就是执（捕捉）的意思。而杨伯峻《论语译注》译作"拱拱手"显然是不对的。

至于"三嗅而作"的"嗅"，本当作"臭"。近人多主此说，⑧如陈舜政《论语异文集释》曰：

朱熹《集注》云："刘聘君曰：嗅，当作臭。古阒反。张两翅也。见《尔雅》。"王夫之《论语稗疏》："古无嗅字，音许救切者，从鼻从臭（指《说文》齅字），鼻吸也。施于雌雉之作，固必不可。案：此'三嗅'，当作臭。古阒切。"《尔雅·释兽》："鸟曰臭。"郭璞注云："张两翅。"

案：臭与臭两字，音义都不相同，只是形体相近，所以造成讹误。郭璞所说的"张翅"也就是"振翅"。所谓"三臭"者，即是"三振其翅"。这就是古人所说"习"的意思。《集注》引《蜀石经》作"戛"，钱大昕《十驾斋养新录》云："孟蜀刻字经三写，不能无误。"大概"戛"字也是"臭"的讹误，《唐石经》"臭"（原当作臭）字，左边旁加"口"字作"嗅"。这一定是后人加上去的。

⑧ 参见程石泉：《论语读训解故》，香港友联出版有限公司，1972年版，第192页。杨伯峻：《论语译注》，中华书局，1980年版，第108页。

168

因为《五经文字》该字还是作"臭"。《七经考文》所载古本也是如此,可以推知此字原来一定作"臭"。(按:吐鲁番出土文书的唐写本《论语郑氏注》及敦煌白文本《论语》皆有作"臭"的。⑨)

综上,全节文字译解如下:

一只叫色斯的鸟飞了起来,盘旋了一阵,又飞落下来。孔子(?)说:"山梁上的野鸡,真是识时啊!"子路想捉住它,它拍了几下翅膀,又飞走了。

【胡文辉　自由学者】

原文刊于《中国文化》1993 年 01 期

---

⑨　见王素:《唐写本论语郑氏注及其研究》,文物出版社,1991 年版。

人、物之间

理解《庄子》哲学的一个关键

陈少明

　　人是中国古典哲学的主题,儒家是推动古代人的思潮的主要代表,这是学界公认的观点。不过,并非所有的流派都同儒家的孟子和荀子那样,提出人性的界定,并对之进行或善或恶的判断与争辩。道家的庄子,似乎更致力于对这类人性论说的解构。从表面上看,庄子更有兴趣的,是物性而非人性。除著名的《齐物论》外①,出自庄子后学的《天下》篇,在划分古代的思想派别时,竟也以对物的态度作为区分各派的特色。② 因此,荀子甚至批评庄子,"蔽于天而不知人"。荀子的天,指的就是物。然而,如果依此而以为庄子的"不知人"就是不关心人的问题,那就大错特错了。整部《庄子》,关于人的论述丰富多彩。③ 儒道两家,都论人、物关系。差别在于,儒家以人观物,而庄子由物论人。分析人、物关系,当是

---

① 例如,孟子以人的感官有共同的嗜好,推论共同人性的存在,庄子在《齐物论》中则借各种生物习性的不同,矢口否认人有共同的价值取向,从而拒绝统一的人性的说法。

② 《天下》篇把古代分为道术统一与分裂两个阶段,而道术分裂的百家时代,其中所举派别的划分均与"物"有关:墨翟、禽滑厘是"不侈于后世,不靡于万物,不晖于数度,以绳墨自矫,而备世之急"。宋钘、尹文是"不累于俗,不饰于物,不苟于人,不忮于众,愿天下之安宁以活民命,人我之养,毕足而止,以此白心"。彭蒙、田骈、慎到是"公而不党,易而无私,决然无主,趣物而不两,不顾于虑,不谋于知,于物无择,与之俱往"。关尹、老聃是"以本为精,以物为粗,以有积为不足,澹然独与神明居"。庄周本人则"万物毕罗,莫足以归。""独与天地精神往来,而不敖倪于万物。不谴是非,以与世俗处"。而他的辩友是"惠施之才,骀荡而不得,逐万物而不反,是穷响以声,形与影竞走也,悲夫!"不论政治、社会还是人生,分歧的焦点都与物的态度有关。

③ 徐复观的《中国人性论史(先秦篇)》(上海三联书店,2001 年版),便把庄子思想列入其中进行论述。

理解《庄子》哲学的一个关键。④

一、从物说起

讨论人的问题,不是从人本身着手,而是从物的论述开始,初看起来似乎不对题。其实,这既合乎问题的逻辑,也能呈现《庄子》思想性格的独特性。界定一个对象,就意味着给该对象的确定给出边界条件。人最需要与其划清界限的,一端是神、鬼,另一端则是动物。由于神、鬼不是普遍经验的现象,它更像是人对自身想象的副产品,而物,尤其是动物则与人有客观的经验联系,故后者几乎是所有关于人的规定必须正视的问题。中国人骂人最严厉的话,是骂"禽兽"或"不是人",就是起源于儒家孟子对人异于禽兽之"几希"的强调,因此人禽之辨也成人性之辨的重要组成部分。⑤ 与之形成对比,庄子不仅不担心人与物的混淆,甚至主张把界限取消掉。庄子的物包括具体的事物与万物两个不同的层次,前者是物欲之物,后者则是与天地或道并提之物,如"天地与我并生,万物与我为一"。故后者不能理解为前者的总称,而是看待世界的境界的提升。

依常识,"凡有貌象声色者,皆物也"(《达生》),即是说,凡是可以从感性的角度把握的对象,都可以称作物。但由于感性的特质是多种多样的,所以有形形色色的物。《知北游》中有一则论道的存在形态的言论,就涉及有各种具体的物:

> 东郭子问于庄子曰:"所谓道,恶乎在?"庄子曰:"无所不在。"东郭子

---

④ 《庄子》一书不是庄子个人的作品,还包括其追随者续写的文字,其水平参差但倾向相近。我们可以讨论《庄子》而非庄子的思想,在取材上以内篇为基础,兼顾外、杂篇中主题或思想相近的文字。为了方便,行文上有时也用庄子代表《庄子》。在解读其中不同论说方式的文本时,选取逻辑上最合理的途径,将它们联系起来,因此,这种论述带有建构的性质。

⑤ "孟子曰:人之所以异于禽兽者几希,庶民去之,君子存之。舜明于庶物,察于人伦,由仁义行,非行仁义也。"(《孟子·离娄下》)

曰:"期而后可。"庄子曰:"在蝼蚁。"曰:"何其下邪?"曰:"在稊稗。"曰:"何其愈下邪?"曰:"在瓦甓。"曰:"何其愈甚邪?"曰:"在屎溺。"东郭子不应。庄子曰:"夫子之问也,固不及质。正获之问于监市履狶也,每下愈况。汝唯莫必,无乎逃物。至道若是,大言亦然。周、遍、咸三者,异名同实,其指一也。"

撇开道的形上问题不说,在感性中能够把握的,就是蝼蚁、稊稗、瓦甓、屎溺等具体的存在对象。这种每下愈况或每况愈下的评介逻辑在于:蝼蚁是昆虫,稊稗则是植物,而瓦甓连生物也不是,最后屎溺则是只有负面价值之物,它是根据世俗生活中评介事物的价值准则排列的。这种让道"每况愈下"的说法,正是要反对世俗对物的等级区分,让万物并存。其实,物只是抽象得来的概念,涉及一个规模巨大的类。如果沿着抽象的思路,物还可以,或者说有必要进行分类,如区分自然物与人工物。再进一步的话,自然物中有生物与非生物,生物中有草木与虫鱼之分。这种区分的必要性不只是纯认知发展的需要,还包含着如何看待世界或生活的原则问题。

如何看待物同如何看待人是相联系的。例如前面所说,儒家就提倡严守人、禽之别,对在生物特性上接近人的动物,唯恐逃之而不及。究其原因,就是担心人类身上的生物性得不到有效的控制或转化(如果不是排除的话),礼乐文明的发展,目标正是为把我们这种存在物从生物转化为人类,即培养、发展人性。可是,庄子则极力打破人与物(飞禽走兽)之间的界限:

啮缺问乎王倪曰:"子知物之所同是乎?"曰:"吾恶乎知之!""子知子之所不知邪?"曰:"吾恶乎知之!""然则物无知邪?"曰:"吾恶乎知之! 虽然,尝试言之:庸讵知吾所谓知之非不知邪? 庸讵知吾所谓不知之非知邪? 且吾尝试问乎女:民湿寝则腰疾偏死,鰍然乎哉? 木处则惴栗恂惧,猿猴然乎哉? 三者孰知正处? 民食刍豢,麋鹿食荐,蝍蛆甘带,鸱鸦耆鼠,四者孰知正味? 猿猵狙以为雌,麋与鹿交,鰍与鱼游。毛嫱丽姬,人之所美也;鱼见之深入,鸟见之高飞,麋鹿见之决骤,四者孰知天下之正色哉? 自我观之,仁义之

端,是非之涂,樊然淆乱,吾恶能知其辩!"(《齐物论》)

这不只是比喻的问题,庄子及其追随者,就是喜欢抹杀人、禽的界限。在《齐物论》里,庄周梦为蝶的寓言中,周与蝶的关系,不仅难解难分,甚至有蝶比周更快乐的想象。还有《秋水》中,庄子与惠施一本正经地辩论,那条"从容出游"的鱼,究竟是否快乐。有时候,庄子们恨不得人就是生物,不管是虫鱼还是牛马,"呼我牛也而谓之牛,呼我马也而谓之马"(《天道》),这没什么关系。其实,庄子也不是在生物学意义上把人变成动物,而是在人类学意义上,解构人性中的负面要素,如权势名利的追求,这些恰好是在动物身上看不到或者表现不明显的。同时,借助其他生命的眼睛,以"平等"的眼光打量,人还可以从物身上发现"人性"的某种可欲的侧面,如无忧无虑、无欲无争。

不仅对待生物观点分歧,对人工物例如工具的态度,庄子与儒家也很异样:

> 子贡南游于楚,反于晋,过汉阴,见一丈人方将为圃畦,凿隧而入井,抱瓮而出灌,搰搰然用力甚多而见功寡。子贡曰:"有械于此,一日浸百畦,用力甚寡而见功多,夫子不欲乎?"为圃者仰而视之曰:"奈何?"曰:"凿木为机,后重前轻,挈水若抽,数如泆汤,其名为槔。"为圃者忿然作色而笑曰:"吾闻之吾师,有机械者必有机事,有机事者必有机心。机心存于胸中则纯白不备。纯白不备则神生不定,神生不定者,道之所不载也。吾非不知,羞而不为也。"子贡瞒然惭,俯而不对。有间,为圃者曰:"子奚为者邪?"曰:"孔丘之徒也。"为圃者曰:"子非夫博学以拟圣,於于以盖众,独弦哀歌以卖名声于天下者乎? 汝方将忘汝神气,堕汝形骸,而庶几乎! 而身之不能治,而何暇治天下乎! 子往矣,无乏吾事。"(《天地》)

虽然这是虚构的故事,但《论语》有"工欲善其事,必先利其器"的说法,联系儒家讲德政,强调满足民众日常生活的经济要求,关注器的效用,是理所当然的事。可庄子学派则把器的制作与利用,看作是人性的缺陷。儒家是否会为故事中"为圃者"这席话而"羞而不为",非常可疑。不过,它透露出庄子关于物的另一层观点,即由人的智力所运用的物,就是不祥之物,因此智力本身就是不道德的根源之一。说起来庄子确实有趣,一方面,是从生物发现某种"人性"的光辉,另一方面,则要远离人化了的物,它是人堕落的表现。在理想的物与世俗的人的天秤两端,庄子向前者倾斜。它不仅与儒家对立,也与世俗的观点背离。

庄子的物观,从世俗的立场看,其实是非物观。因为世俗的物之所以有价值,就在于它具体的物性,可以为人所利用。庄子学派则抽离其具体性:"凡有貌象声色者,皆物也,物与物何以相远!夫奚足以至乎先!是色而已。则物之造乎不形,而止乎无所化。夫得是而穷之者,物焉得而止焉!彼将处乎不淫之度,而藏乎无端之纪,游乎万物之所终始。壹其性,养其气,合其德,以通乎物之所造。夫若是者,其天守全,其神无郤,物奚自入焉!"(《达生》)抽掉物的具体性,就是打破物的界限。万物不是各式各样的物的相加,而是物的总体,它无端崖无终始,是庄子寄情之所在。这物的总体,就是《知北游》中的道,它无所不在,不为具体的物所局限。其实,在庄子的心目中,物的界限,不仅存在具体的物与物之间,同时也存在具体的人与物之间,进而言之,也存在具体的人与人之间。因此,不能离开人来谈论物。

二、人的想象

对人的理解包括对其生命活动以及死亡的性质的认识,简言之,即生与死两部分。先讲生的问题。人之为物,与其他物的不同之处,就在于它不仅有身,而且有心,即有意识或者精神活动。理解人就是理解其身心关系,或者表达为形神问题。依一般的看法,心是人之所以为人的根据。它不仅感知并控制着身,同时还能意识到甚至理解(或反思)心本身。人之所以有"我"的观念,就是心在作祟。它会把自己依存于其中的身当作不可分割的基本单位,即平常说的个体。这也是人会自私自利的根源。一个人对内常常是心支配身,对外则心身合一呈现于世界,再进一步则是心通过身去支配物以至于他人。

心不是某种实体,而是状态,它包含情与知两种活动。喜怒哀乐爱欲惧,属于情;而区分物我、人我以及其他是非对错的能力,叫作知。人心或者人的意识正是儒家对人思考的重点所在,在孔子那里,表现为讲仁讲智。仁即是通过对情的规范,把它引导到伦理的方向上来;智则从知开始,既知人也知礼,是实践仁德的条件。两者合起来,构成做君子的精神境界。⑥ 不过,尽管儒家重心,但并不轻身,更不会有身心分离的倾向。因为,不但情的感发本身就是一种全身心的反应,而且,仁的践履本身也是一种身体行为。儒家讲精神修养不叫修心,而叫修身。讲圣人气象,最后要看是否形神兼备。以此为对照,庄子关于身心关系的思想,也颇值玩味。分析起来,也有若干层次:

首先是轻身。《德充符》集中写了很多"兀者"(王骀、申徒嘉、叔山无趾等等)或"恶人",但在庄子笔下,正是这些身体残缺或者形貌丑陋的人,最能体现人的价值,即形残而德全。德就是道(或者形上价值)在人身上的体现。更妙的是,这些人还有成为孔子老师的资格:"鲁有兀者王骀,从之游者与仲尼相若。常季问于仲尼曰:'王骀,兀者也,从之游者与夫子中分鲁。立不教,坐不议。虚而往,实而归。固有不言之教,无形而心成者邪?是何人也?'仲尼曰:'夫子,圣人也,丘也直后而未往耳!丘将以为师,而况不若丘者乎!奚假鲁国,丘将引天下而与从之。'"(《德充符》)在庄子看来,"德有所长而形有所忘",忘形就是轻身。身是人最符合物的特征的成分,可它也是导致人与人分隔的客观因素,所以不能太在意。

但轻身未必就意味着重心。情也是心的成分,但一般人重视的情,却是庄子要排除的对象。在《庄子》中,惠施常被当作代表常识的辩论对手。下面便是关于人有情无情的争辩:

惠子谓庄子曰:"人故无情乎?"庄子曰:"然。"惠子曰:"人而无情,何以谓之人?"庄子曰:"道与之貌,天与之形,恶得不谓之人?"惠子曰:"既谓之人,恶得无情?"庄子曰:"是非吾所谓情也。吾所谓无情者,言人之不以好恶内伤其身,常因自然而不益生也。"惠子曰:"不益生,何以有其身?"庄子

---

⑥ 儒家讲君子"三达德"包括仁、智、勇,不过,比较而言,勇常被放在比较次要的位置上。

曰:"道与之貌,天与之形,无以好恶内伤其身。今子外乎子之神,劳乎子之精,倚树而吟,据槁梧而瞑。天选子之形,子以坚白鸣。"(《德充符》)

庄子认为,好恶是情的表现,而好恶会伤身。不论儒家的伦理之情,还是日常生活的喜好,都为庄子所轻视。"有人之形,无人之情。有人之形,故群于人;无人之情,故是非不得于身。眇乎小哉,所以属于人也;警乎大哉,独成其天。"(《德充符》)情有两面,既能开心,也会伤心。开心的追求,或者开心之后,不可避免地会有伤心。而开心往往弥补不了伤心带来的创伤,所以无情是釜底抽薪的策略。其实,身(形)在这里只是用来反对重情的借口,正如心也可用来贬低身的依据一样。

与轻视伦常的情相关,庄子也反对常识的知,因为情之爱恶与知之是非,是相联系的。《逍遥游》写了小知大知的对比:"小知不及大知,小年不及大年。奚以知其然也?朝菌不知晦朔,蟪蛄不知春秋,此小年也。楚之南有冥灵者,以五百岁为春,五百岁为秋;上古有大椿者,以八千岁为春,八千岁为秋。而彭祖乃今以久特闻,众人匹之,不亦悲乎!"一部《庄子》充满对世俗的情与常识的知的讽刺与批判。前述"啮缺问乎王倪",先是一问三不知,然后才讲一番关于以不知为"知"的道理。他的大知其实是知无甚至是无知:"古之人,其知有所至矣。恶乎至?有以为未始有物者,至矣,尽矣,不可以加矣!其次以为有物矣,而未始有封也。其次以为有封焉,而未始有是非也。是非之彰也,道之所以亏也。道之所以亏,爱之所以成。"(《齐物论》)如果你把物看成无物,知有就变成知无。由此看来,庄子是既轻身,也轻心。因此,世俗着重的情与知,都在他的批判之列。

对生的看法如此,那么对死的态度又如何呢?人之所以为人,或者人的存在意识,最深刻之处,就是对自身有限性的感受。大凡观察(或经验)过他人的死亡者,不但遭遇到死者身体的消亡,同时面对生死交流的中断,由兹便会产生对死亡逼近的恐惧。按常理,对死亡的意识是最能突显人与物的区别的界线所在。但即使这样,庄子也有特殊的视角:

庄子妻死,惠子吊之,庄子则方箕踞鼓盆而歌。惠子曰:"与人居,长子

老身,死不哭亦足矣,又鼓盆而歌,不亦甚乎!"庄子曰:"不然。是其始死
也,我独何能无概然!察其始而本无生,非徒无生也而本无形;非徒无形也
而本无气。杂乎芒芴之间,变而有气,气变而有形,形变而有生,今又变而之
死,是相与为春秋冬夏四时行也。人且偃然寝于巨室,而我噭噭然随而哭
之,自以为不通乎命,故止也。"(《至乐》)

死亡是人生命的消亡,但是如果把人看成万物中的一类,而非从万物中独立出
来,那么有两点值得注意:一是有生才有死,死是生的组成部分,人们不能只喜欢
生而厌恶死;二是人之生只是万物转化过程中的一个阶段,它同万物一样,背后
有共同的元素——气。这样,人就回归到物的一员:"死生,命也;其有夜旦之
常,天也。人之有所不得与,皆物之情也。"(《大宗师》)"生也死之徒,死也生之
始,孰知其纪!人之生,气之聚也。聚则为生,散则为死。若死生为徒,吾又何
患!故万物一也。"(《知北游》)这样,我们也能理解《齐物论》开篇那个禅宗公
案般的寓言:

　　南郭子綦隐机而坐,仰天而嘘,荅焉似丧其耦。颜成子游立侍乎前,曰:
"何居乎?形固可使如槁木,而心固可使如死灰乎?今之隐机者,非昔之隐
机者也?"子綦曰:"偃,不亦善乎,而问之也!今者吾丧我,汝知之乎?女闻
人籁而未闻地籁,女闻地籁而未闻天籁夫!"(《齐物论》)

形如槁木、心如死灰的说法,表明庄子并非在身心对立的意义上贬心或轻身。丧
我就是破除以身体为界限的自我执着。它是一种把人的生命当作天地无限的大
生命中的环节的一种表达。如果问庄子心目中的人,究竟属于什么物,恰当的答
案应当是:能把自身理解为万物中的一类的那种物。理解意味着心的作用,区别
在于用情、忘情,小知、大知而已。所以庄学也被认为是心学的一种类型。[7]

⑦　徐复观在《中国人性论史(先秦篇)》中,关于《庄子》一章的标题,就叫《老子思想的发展与落实——庄
子的心》。

三、人与道德

无论是论人，还是论物，庄子的观点是既神奇，又充满形上意味。观念的世界，常常是现实的经验的倒影。这种以对世俗的否定为主要特征的哲学，根源于对生存困境的深刻体验。《齐物论》对生存有一种充满宿命感的描述：

> 一受其成形，不亡以待尽。与物相刃相靡，其行尽如驰，而莫之能止，不亦悲乎！终身役役而不见其成功，苶然疲役而不知其所归，可不哀邪！人谓之不死，奚益！其形化，其心与之然，可不谓大哀乎？人之生也，固若是芒乎？其我独芒，而人亦有不芒者乎？（《齐物论》）

它把人生看作一个"与物相刃相靡"的过程。这个过程中，每个人都身心疲惫，充满悲哀，没有谁是真正的成功者。换句话说，每个人从出生开始，就是一个走向死亡的过程。这个"物"既包括与人相敌对的外部世界，也包括其他为有限的资源进行争夺的同类。因此，争的内容也不止于物质财富，更包括控制分配的权力，甚至由其派生出的名声。财富、权力与名声三者，表面有高低之分，但对人的伤害无不同。"德荡乎名，知出乎争。名也者，相札也；知也者，争之器也。二者凶器，非所以尽行也。"（《人间世》）名也是物的一种表现，"自三代以下者，天下莫不以物易其性矣！小人则以身殉利；士则以身殉名；大夫则以身殉家；圣人则以身殉天下。故此数子者，事业不同，名声异号，其于伤性以身为殉，一也。"（《骈拇》）"丧己于物，失性于俗者，谓之倒置之民。"（《缮性》）显然，这物不是万物，而是满足世俗的物欲之物。因此，庄子及其门徒不仅鄙视世俗的欲望，批判"逐万物而不反"的惠施，也拒斥以仁义为高名作标榜的儒家。

道家的理想社会是："夫至德之世，同与禽兽居，族与万物并。恶乎知君子小人哉！同乎无知，其德不离；同乎无欲，是谓素朴。素朴而民性得矣。"（《马蹄》）而理想的人性就是保持人的天性："曰：'何谓天？何谓人？'北海若曰：'牛马四足，是谓天；落马首，穿牛鼻，是谓人。'故曰：'无以人灭天，无以故灭命，无以得殉名。谨守而勿失，是谓反其真。'"（《秋水》）

不过，无知无欲，无名无争，只是减少对他人与对自己的伤害。生存的痛苦很重要的内容，还在于对死亡的恐惧。《庄子》用大量篇幅进行消除这种恐惧的努力。前面提到的，把死生当作一气变化的过程，是消除恐惧的方式之一。它要求做到，"适来，夫子时也；适去，夫子顺也。安时而处顺，哀乐不能入也，古者谓是帝之县解。"（《养生主》）把生死当作梦与觉的转换状态，则是另一种方式。"予恶乎知说生之非惑邪！予恶乎知恶死之非弱丧而不知归者邪！"（《齐物论》）"予恶乎知夫死者不悔其始之蕲生乎？梦饮酒者，旦而哭泣；梦哭泣者，旦而田猎。方其梦也，不知其梦。梦之中又占其梦焉，觉而后知其梦也。且有大觉而后知此其大梦也，而愚者自以为觉，窃窃然知之。君乎！牧乎！固哉！丘也与女皆梦也，予谓女梦亦梦也。是其言也，其名为吊诡。万世之后而一遇大圣知其解者，是旦暮遇之也。"（《齐物论》）无论是气存在形态的转变，还是梦觉的交替变换，都是把生死存亡看作一体两面的现象。庄子后学写下了若干充满达观精神的寓言：

庄子之楚，见空髑髅，髐然有形。撽以马捶，因而问之，曰："夫子贪生失理而为此乎？将子有亡国之事、斧钺之诛而为此乎？将子有不善之行，愧遗父母妻子之丑而为此乎？将子有冻馁之患而为此乎？将子之春秋故及此乎？"于是语卒，援髑髅，枕而卧。夜半，髑髅见梦曰："子之谈者似辩士，诸子所言，皆生人之累也，死则无此矣。子欲闻死之说乎？"庄子曰："然。"髑髅曰："死，无君于上，无臣于下，亦无四时之事，从然以天地为春秋，虽南面王乐，不能过也。"庄子不信，曰："吾使司命复生子形，为子骨肉肌肤，反子父母、妻子、闾里、知识，子欲之乎？"髑髅深矉蹙额曰："吾安能弃南面王乐而复为人间之劳乎！"（《至乐》）

庄子将死，弟子欲厚葬之。庄子曰："吾以天地为棺椁，以日月为连璧，星辰为珠玑，万物为赍送。吾葬具岂不备邪？何以加此！"弟子曰："吾恐乌鸢之食夫子也。"庄子曰："在上为乌鸢食，在下为蝼蚁食，夺彼与此，何其偏也。"以不平平,其平也不平;以不征征,其征也不征。明者唯为之使,神者征之。夫明之不胜神也久矣,而愚者恃其所见入于人,其功外也,不亦悲夫!(《列御寇》)

前者借梦的形式质疑对死亡的恐惧,后者则以我为造化洪流中平等互资的一员,破除自我执着带来的死亡恐惧。这种死亡观不仅与世俗观念背离,同时挑战了儒家循俗守礼、慎终追远的人道精神。《大宗师》假孔子与子贡的议论,对那些方外之人"临尸而歌"的非礼现象做出这样的评论:"彼游方之外者也,而丘游方之内者也。外内不相及,而丘使女往吊之,丘则陋矣!彼方且与造物者为人,而游乎天地之一气。彼以生为附赘县疣,以死为决疣溃痈。夫若然者,又恶知死生先后之所在!假于异物,托于同体;忘其肝胆,遗其耳目;反复终始,不知端倪;芒然彷徨乎尘垢之外,逍遥乎无为之业。彼又恶能愦愦然为世俗之礼,以观众人之耳目哉!"这是以儒家的名义批判或修正儒家。

"夫残朴以为器,工匠之罪也;毁道德以为仁义,圣人之过也。"(《马蹄》)庄子后学,把儒道价值的对立,命名为仁义与道德的对立,断定道德优先于仁义。不过从上述文字中借孔子之口的区分看,儒家立足于"游方之内",道家理想在"游方之外"。儒家的仁义,强调对人的关怀,强调社会责任,强调个人修养,强调人格尊严。生活于"方内"的时候,庄子同样讲人格尊严:

宋人有曹商者,为宋王使秦。其往也,得车数乘。王说之,益车百乘。反于宋,见庄子,曰:"夫处穷闾厄巷,困窘织屦,槁项黄馘者,商之所短也;一悟万乘之主而从车百乘者,商之所长也。"庄子曰:"秦王有病召医。破痈溃痤者得车一乘,舐痔者得车五乘,所治愈下,得车愈多。子岂治其痔邪?何得车之多也?子行矣!"(《列御寇》)

当然,庄书中也有不顾人格尊严的游世之徒,如《人间世》中的支离疏。[8] 但

---

[8] "支离疏者,颐隐于齐,肩高于顶,会撮指天,五管在上,两髀为胁。挫针治繲,足以糊口;鼓荚播精,足以食十人。上征武士,则支离攘臂于其间;上有大役,则支离以有常疾不受功;上与病者粟,则受三钟与十束薪。夫支离者其形者,犹足以养其身,终其天年,又况支离其德者乎!"(《人间世》)

它决不如宁可快乐地在泥水中打滚而不愿意衣以文绣作牺牲的小龟的形象更基本。庄子之所以要慕"游方之外",就在于"游方之内"以权力为中心的体系,根本上是不道德的,故耻于与权势者为伍。而所有的社会责任的强调,或多或少正是同权力的分配相关联。因此,"游方之外"的生活理想,得基于不同的道德原则:

> 泉涸,鱼相与处于陆,相呴以湿,相濡以沫,不如相忘于江湖。与其誉尧而非桀也,不如两忘而化其道。(《大宗师》)
>
> 子贡曰:"然则夫子何方之依?"孔子曰:"丘,天之戮民也。虽然,吾与汝共之。"子贡曰:"敢问其方?"孔子曰:"鱼相造乎水,人相造乎道。相造乎水者,穿池而养给;相造乎道者,无事而生定。故曰:鱼相忘乎江湖,人相忘乎道术。"(《大宗师》)

"相呴以湿,相濡以沫",意味儒家的相互关爱、相互承担的伦理责任。"相忘于江湖"则既不要相互依赖,也不必相互帮助,当然也不能相互欺压。唯一的原则,就是相互独立,自己为自己承担责任,就是自由。借孔子的口说,"鱼相忘乎江湖,人相忘乎道术"。这就是庄子的道德价值。"天地与我并生,而万物与我为一。"(《齐物论》)在庄子那里,天地、万物同道德往往可相互代用。那个方外的世界,没有中心,没有等级,因而也没有贵贱雅俗之分。所以可以"独与天地精神往来,而不敖倪于万物。不谴是非,以与世俗处"(《天下》)。不过,在那种理想中,人生活在天地间,却不能生活在社会里,因为没有责任承担的个体,是不会形成社会的。这也许是庄子被认为是在传播乌托邦的根据所在。

结　语

《天下》篇中以"物"的态度为焦点对各家的评点,以及我们对整部《庄子》中人、物关系的扼要分析,很自然让人联想到《齐物论》。关于齐物论的主题,前人有两种观点：一种是齐"物论"，另一种是"齐物"论，前者着重论，后者关注物。细绎《齐物论》文本，两种含义都存在。齐"物论"即齐是非，是对各种思想学说进行一种哲学批判。其重点不在讨论是非的标准，而是对争是非本身的正当性的质疑；"齐物"论即齐万物，则要求人的世界观的转变，放弃任何自我中心的态度，平等地看待万有的自然性与自足性，把是非转化成有无问题。然而无论是齐"物论"还是"齐物"论，其实都是人对事物态度转变的产物。而这种对事物态度的转变，从根本上讲，是人对自身态度的转变。它必须把人看作万物的一员，而非它的异类，更不是高高在上的高贵的存在物。这就是齐物我或者齐天人的精神。⑨ 但是，单纯的理智或者知识的分析，并不能完全解决问题。所以，《庄子》还有像"坐忘""心斋"之类的宗教修炼经验的提供。⑩ 不管我们是否接受庄子这种观点，我们都必须承认，它是人类思想史上少数对人生做过有深度反思的思想学说之一。

【陈少明　中山大学哲学系教授】

原文刊于《中国文化》2011 年 02 期

---

⑨　参见拙著《〈齐物论〉及其影响》（北京大学出版社，2004 年）第二章所作的讨论。

⑩　"颜回曰：'回益矣。'仲尼曰：'何谓也？'曰：'回忘仁义矣。'曰：'可矣，犹未也。'他日复见，曰：'回益矣。'曰：'何谓也？'曰：'回忘礼乐矣！'曰：'可矣，犹未也。'他日复见，曰：'回益矣！'曰：'何谓也？'曰：'回坐忘矣。'仲尼蹴然曰：'何谓坐忘？'颜回曰：'堕肢体，黜聪明，离形去知，同于大通，此谓坐忘。'仲尼曰：'同则无好也，化则无常也。而果其贤乎！丘也请从而后也。'"（《大宗师》）

《孙子》"命曰费留"正义

陈伟武

　　银雀山汉简《孙子·火攻》:"……得,不隋其功者,凶,命之曰费留。故曰:明主虑之,良将随之。"①传世本作"夫战胜攻取而不修其功者,凶,命曰费留。故曰:明主虑之,良将修之"。②"费留"一语,古今聚讼,汉末曹操已不甚了了。诸家诠诂,或以为指赏罚不以时,费时滞留,曹操所引或说和李筌注即如此;或谓指吝惜财费,留滞不用,如贾林注;或以为指军队费财滞留在外不归,如杜牧、王晳、张预等注。杨丙安先生《会笺》云:"'费留':《公羊传》襄公十六年有'君若赘旒然','费''赘'形近,'留''旒'音同,可借为'瘤',故'费留'或即'赘瘤'。……'费留'盖古语,言财货耗费而师老淹留也。"③杨先生虽提出新解为"赘瘤",但语气不甚坚定,只是接受了杜、张注解。李零先生注:"费留,费指耗费资财,留指滞留不归。"④采杜、王、张之说。陈彭《〈孙子〉"命曰费留"小议》亦持"赘瘤"之说,以"费"为"赘"形讹,读"留"为"瘤"⑤。

　　今按,诸家皆以实义释"费留",鄙意颇疑"费"可读为"弗",当否定副词用。《说文》:"费,散财用也。从贝弗声。"朱骏声《通训定声》指出"费"可"假借为拂,实为弗,《礼记·中庸》'费而隐'"。《史记·晋世家》穆侯费生,《世本》作

① 《银雀山汉墓竹简》[壹],文物出版社,1985年。
② 《十一家注孙子》,上海古籍出版社,1978年。
③ 《孙子会笺》,中州古籍出版社,1986年。
④ 《孙子兵法译注》,河北人民出版社,1992年。
⑤ 《文史》第35辑,中华书局,1992年。

"弗"。睡虎地秦简《日书·农事篇》乙种："其岁或费食。"甲种作"其岁或弗食"。无论传世文献还是出土材料,都存在"费""弗"异文通用的事实,这是训诂学方面的依据。笔者以为解读"费留"一语,从形式到内容还有阴阳家、儒家和道家的学说作依据。

"……得,不隋(修)其功者,凶,命之曰费留。"这种句式在《孙子》中仅一见,实为军事占验术文的形式,保留了兵阴阳学说的遗迹。《易·师》初六:"师出以律。否臧,凶。"又《明夷》上六:"不明,晦。"甲骨卜辞或称"匪囚(祸),隹若",肯定判断与否定判断并用,句意却相同或相近,这正是占验文体的一贯风格。"凶,命之曰费留"可看作军事占验的验词部分,"费(弗)留"即是对"凶"的补述。

《荀子·议兵》结语一节说:"兼并易能也,唯坚凝之难焉。"接着罗列了诸侯国攻城略地而不能保住胜果的例子,然后总结道:"故能并之而不能凝,则必夺;不能并之又不能凝其有,则必亡。能凝之,则必能并之矣。"并指出了保住胜果的对策:"故凝士以礼,凝民以政,礼修而士服,政平而民安。"《孙子》(十一家注本)提出"战胜攻取而不修其功"的命题,《荀子》称"能并不能凝";《孙子》对这一命题的判断是"凶,命曰费留",即不能保住战果;《荀子》亦说兼并得来的土地"必夺",即必被夺,犹其前文所说以力兼人者"得地而权弥轻,兼人而兵俞(愈)弱"。《孙子》还提出了对策:"明主虑之,良将修之。"《孙膑兵法·行篡》篇:"夫民有不足于寿而有余于货者,有不足于货而有余于寿者,唯明王、圣人知之,故能留之。"意指只有贤明君王、圣贤之人才能留住民众,留住民心,根据其需要投其所好。《孙子》"费留"之"留"与《孙膑兵法》之"留"意思基本一致,只是前者谓留住胜果,后者谓留住民众,概念宽狭略有差异而已。孙氏兵学的所谓"留"也就是《荀子》的所谓"凝",即靠"凝士以礼,凝民以政",达到"政平而民安"的目的。由此我们不难看到战国后期儒家从兵家学说汲取营养的事实。

马王堆帛书《称》篇:"忧之则囗,安之则久,弗能令者弗得有。"[6]"弗能令者"较《孙子》"战胜攻取而不修其功者"抽象,而结果却无异:"弗得有""费(弗)

---

⑥ 《马王堆汉墓帛书》[壹],文物出版社,1980年。

留"。《经法·六分》:"俱与天下用兵,费多而无功,单(战)朕(胜)而令不……则国贫而民芒(荒)。□耴(圣)之人弗留,天下弗与。"意谓不知王术者穷兵黩武,耗费多而无实效,虽偶有战胜,却难以命众,结果只能是国贫民荒。最聪明的人不能保住这样的国家,天下人也不会支持。此处径作"弗留"。而《孙子》假"费"为"弗",掩盖了"费留"一语的真实含义,以致异说迭出,久讼未决。《孙子》《称》《经法·六分》论战胜攻取而不修德政的危害,均从反面立说,《经法·四度》则作正面论述:"外内皆顺,命曰天当,功成而不废,后不奉(逢)央(殃)。"此例通过银雀山简与马王堆帛书合证,更可知兵家学说与黄老道家学说渊源颇深。

【陈伟武　中山大学古文字研究所所长、教授】

原文刊于《中国文化》1996 年 02 期

《楚辞》之兴，本由图画而作

《九歌》新论

巩本栋

提　要：历来研究《九歌》者，多由王逸《九歌章句序》申发，讨论其创作原委和主旨等，然疑点亦多，众说纷纭，迄无定论。本文结合屈原《天问》等作品，综合考察文学与图像的关系，论定《九歌》是屈原观楚"先王之庙及公卿祠堂图画"而作，它与《天问》分别写"天地山川神灵"和"古贤圣怪物行事"，二者共同构成了一个完整的古史和诸神的体系，也成为早期中国南北文化交融的一个范例。

关键词：屈原　《九歌》　壁画

在现存的《楚辞》作品中，屈原的《九歌》也许是最为瑰丽多彩的了，然历来的异说也最多。本文检讨前人诸说，以为《九歌》的创作原委、主旨等问题，似仍可续作探讨，遂鸠集相关图像和文献资料，试图提出一些新的看法。

一、从《九歌》之名谈起

《九歌》的名称，据《春秋左传》文公七年载晋郤缺谏赵宣子所引《尚书·夏书》曰："戒之用休，董之用威，劝之以九歌，勿使坏。"郤缺解释"九功、九歌"说：

"九功之德皆可歌也，谓之'九歌'。六府、三事，谓之'九功'。水、火、金、木、土、谷，谓之'六府'；正德、利用、厚生，谓之三事。"①又据《吕氏春秋》卷五《仲夏纪·古乐》："（禹）于是命皋陶作为《夏籥》九成，以昭其功。"高诱注曰："九成，九变。昭，明。"②《史记·五帝本纪》："唯禹之功为大，披九山，通九泽，决九河，定九州，各以其职来贡，不失厥宜。（略）于是禹乃兴《九招》之乐，致异物，凤凰来翔。"③皆谓《九歌》《九韶》是夏禹时创制的古乐，其功用和性质是纪功颂德，且曲调繁复多变，曲风近于雅丽。

然《山海经·大荒西经》却有另外的记载。其曰："开上三嫔于天，得《九辩》与《九歌》以下。"郭璞注曰："皆天帝乐名也，开登天而窃以下用之也。《开筮》曰：'昔彼《九冥》，是与帝《辩》同宫之序，是谓《九歌》。'又曰：'不得窃《辩》与《九歌》以国于下。'义具见于《归藏》。"④则认为《九歌》是启从天帝那得来的，且手段还不太光彩。《竹书纪年》中还有帝启十年"帝巡狩，舞《九韶》于大穆之野"的记载。⑤又增加了《九招》。这些记载都直接把启与天帝、《九歌》等联系起来，与至高无上的天帝、神灵联系了起来，这就给《九歌》染上了一层神秘的色彩。⑥

屈原显然倾向于《山海经》的记载。他在《离骚》中写道："启《九辩》与《九歌》兮，夏康娱以自纵。"⑦"奏《九歌》而舞《韶》兮，聊假日以媮乐。"⑧又在《天问》中说："启棘宾商，《九辩》《九歌》。"⑨皆以为《九歌》为启所创制使用。

而王逸则折中两说。曰："启，禹子也。《九辩》《九歌》，禹乐也。言禹平治

---

① 杨伯峻编著：《春秋左传注》"文公八年"，中华书局，1981年，第563—564页。这段话在（伪）古文《尚书·大禹谟》中作："禹曰'於，帝念哉，德惟善政，政在养民。水火金木土谷惟修，正德、利用、厚生惟和，九功惟叙，九叙惟歌。戒之用休，董之用威，劝之以九歌，俾勿坏。'"（［西汉］孔安国传、［唐］孔颖达疏：《尚书正义》卷四，北京大学出版社，1999年，第89页）。
② ［秦］吕不韦等撰、［东汉］高诱注、许维遹集释：《吕氏春秋集释》卷五，中华书局，2016年，第106页。
③ ［西汉］司马迁撰、［南朝宋］裴骃集解、［唐］司马贞索隐、张守节正义：《史记》卷一，中华书局，2013年，第50—51页。裴骃注曰："招音韶，即舜乐《箫韶》。九成，故曰《九招》。"（第52页）。
④ 袁珂撰：《山海经校注·海经新释》卷十一，上海古籍出版社，1980年，第414页。
⑤ 王国维撰：《今本竹书纪年疏证》卷上，《王国维遗书》第8册，上海书店出版社，1983年，第20页。
⑥ 黄灵庚先生参酌出土文献，对此有进一步论述，参其《楚辞与简帛文献》第五章《出土文献与九歌源流考辨》（人民出版社，2011年，第162—194页）
⑦ ［东汉］王逸注、［宋］洪兴祖补注：《楚辞补注》卷一，中华书局，1983年，第21页。
⑧ 《楚辞补注》卷一，第46页。
⑨ 《楚辞补注》卷三，第98页。

水土,以有天下。启能承先志,缵续其业,育养品类。故九州之物,皆可辩数,九功之德,皆有次序,而可歌也。"⑩至南宋时朱熹作《楚辞集注》,既引洪氏之说,而在《楚辞辨证》中反又批评屈原、王逸等,认为:"《九辩》不见于经传,不可考。而《九歌》著《虞书》《周礼》《左氏春秋》,其为舜禹之乐无疑。至屈子为《骚经》,乃有启《九辩》《九歌》之说,则其为误也亦无疑。"⑪

其实,他们都未能完全理解屈原的用意。《山海经》与《楚辞》,从文化体系上看,同属南方楚文化一系。屈原选择《山海经》中的说法,是完全合乎其思想逻辑和文化背景的,并非偶然。来自天庭的神奇背景和以颂美为主、又灵活多变的音乐特色,似乎已预示了《九歌》的创作取向。

二、对前人诸说的分析

最早对《九歌》创作的动因和主旨做出解释的,是王逸。他在《九歌章句序》中说:

> 《九歌》者,屈原之所作也。昔楚国南郢之邑,沅湘之间,其俗信鬼而好祠。其祠必作歌乐鼓舞以乐诸神。屈原放逐,窜伏其域,怀忧苦毒,愁思沸郁,出见俗人祭祀之礼、歌舞之乐,其词鄙陋,因为作《九歌》之曲,上陈事神之敬,下见己之冤结,托之以风谏。故其文意不同,章句杂错,而广异义焉。⑫

中国南方地区信鬼好祀,十分普遍,不只是沅湘之间如此。然下层百姓的祭祀,往往有明确的目的,无非是庆丰收、免灾疫、延寿命、占吉凶、祈福祉等,纵然歌乐鼓舞,屈原为作歌曲,却不合以此天降神曲,付与一般民众,来祭祀南北神灵。故

---

⑩ 《楚辞补注》卷一,第 21 页。
⑪ [宋]朱熹:《楚辞集注·楚辞辨证》卷上,上海古籍出版社,2001 年,第 174 页。
⑫ 《楚辞补注》卷二,第 55 页。

王逸又说诗中除了表达对神灵的诚敬之外，还有抒发怨愤、以为讽谏的用意，然就中不免扞格难通，于是又以其文意上存在着"章句错杂"的现象加以解释。显然，这个说法存在矛盾，有含混不清的地方。

然后来的许多解释，便都在此基础上生发出来。比如以朱熹等人为代表的忠君爱国之说的提出。朱熹在其《楚辞集注》中说：

> 原既放逐，见而感之，故颇为更定其词，去其泰甚，而又因彼事神之心，以寄吾忠君爱国眷恋不忘之意。是以其言虽若不能无嫌于燕昵，而君子反有取焉。此卷诸篇，皆以事神不答而不能忘其敬爱，比事君不合而不能忘其忠赤，尤足以见其恳切之意。⑬

此前王逸只是说诗中有讽谏之意，然并未明言其意所在，至朱熹则明确指出屈原《九歌》中所表达的，就是其忠君爱国的思想情感。而清人戴震更将其说一一坐实："《九歌》，迁于江南所作也。昭诚敬，作《东皇太一》。怀幽思，作《云中君》，盖以况事君精忠也。致怨慕，作《湘君》、《湘夫人》，以己之弃于人世，犹巫之致神而神不顾也。正于天，作《大司命》《少司命》，皆言神之正直，而惓惓欲亲之也。怀王入秦不反，而顷襄继世，作《东君》，末言狼、弧，秦之占星也，其辞有报秦之心焉。从河伯水游，作《河伯》。与魑魅为群，作《山鬼》。闵战争之不已，作《国殇》。恐常祀之或绝，作《礼魂》。"⑭然明人汪瑗已对朱熹的看法明确提出过疑问。他说："屈子《九歌》之词，亦惟借此题目漫写己之意兴，如汉魏乐章乐府之类。固无暇论其僭与不僭也。（略）其文意与君臣讽谏之说全不相关。旧注解者多以致意楚王言之，支离甚矣。"⑮蒋骥在《山带阁注楚辞》卷二《九歌序》中也说："（《九歌》）本祭祀侑神乐歌，因以寓其忠君爱

---

⑬ 《楚辞集注》卷二，第31页。

⑭ ［清］戴震：《屈原赋注》卷二，商务印书馆，1933年，第12—13页。关于戴震《屈原赋注》的全面评价，可参廖栋梁先生《离词、辩言与闻道——论戴震〈屈原赋注〉》，载其《灵均余影：古代楚辞学论集》，里仁书局，2010年。

⑮ ［明］汪瑗：《楚辞集解》《九歌》卷《九歌集解序》，《四库全书存目丛书》影印明万历四十三年汪文英刻本，该书编委会编，齐鲁书社，1997年，集部第1册，第62页。

国、眷恋不忘之意,故附之《离骚》。或云楚俗旧有辞,原更定之,未知其然否也。"⑯然他不同意戴震的过于坐实。其《楚辞余论》中有曰:"《九歌》之托意君臣,在隐跃即离之际,盖属目无形者,或见其意之所存,况睹其形之似者乎。"⑰《东皇太一序》又说:"《九歌》所祀之神,太一最贵,故作歌者但致其庄敬,而不敢存慕恋怨忆之心,盖颂体也。亦可知《九歌》之作,非特为君臣而托以鸣冤者矣。朱子以为全篇之比,其说亦拘。"⑱其看法已较通达和灵活。王夫之的看法也与此相近。他在《楚辞通释》卷二中说:"熟绎篇中之旨,但以颂其所祠之神,而婉娩缠绵,尽巫与主人之敬慕,举无叛弃本旨,阑及己冤。"⑲大致旧时忠君爱国之说,由王逸之说发展而来,虽与儒家传统的诗教相合,然终不免牵强附会,遂多为后人所质疑。

　　进入现代以来,学者们便多舍弃忠君爱国之说,而另创新说。讨论的焦点,则仍在《九歌》的性质上。比如,胡适就认为《九歌》是一组民间的宗教歌曲。他在《读楚辞》一文中说:"《九歌》与屈原的传说绝无关系,细看内容,这九篇大概是最古之作,是当时湘江民族的宗教舞歌。"⑳陆侃如干脆说:"从形式上看来,它们显然是楚语古诗与《离骚》间的过渡作品。"㉑这种蒙上一层西方进化论色彩的说法,似乎有道理,实则既不符合《九歌》创作的实际,所谓《九歌》是从越人歌到《离骚》的桥梁,也只是近于理论的推衍,并无有力的证据。从宗教学上看,"神不歆非类,民不祀非族"㉒。"夫鬼神之所及,非其族类,则绍其同位。是故天子祀上帝,公侯祀百辟,自卿以下,不过其族。"㉓"山林,川谷,丘陵能出云,为风雨,见怪物,皆曰神。有天下者祭百神。诸侯在其地则祭之,亡其地则不祭。"㉔古

---

⑯　[清]蒋骥:《山带阁注楚辞》卷二,上海古籍出版社,1984 年,第 51 页。
⑰　《山带阁注楚辞·楚辞余论》卷上,第 196 页。
⑱　《山带阁注楚辞》卷二,第 52 页。
⑲　[清]王夫之:《楚辞通释》卷二,上海人民出版社,1975 年,第 25 页。
⑳　胡适:《读楚辞》,《胡适全集》第二卷《胡适文存二集》,郑大华等整理,安徽教育出版社,2003 年,第 97—98 页。
㉑　陆侃如:《屈原评传》,《陆侃如冯沅君合集》,安徽教育出版社,2011 年,第五卷,第 126 页。
㉒　《春秋左传注》僖公十年,第 334 页。
㉓　[春秋]左丘明著、[三国吴]韦昭注:《国语·晋语》八,上海古籍出版社,1978 年,第 478 页。又,《国语·楚语》下观射父谓楚昭王,亦曰:"天子遍祀群神品物,诸侯祀天地、三辰及其土之山川,卿大夫祀其礼,士庶人不过其祖。"第 567 页。
㉔　[汉]郑玄注、[唐]孔颖达疏:《礼记正义》卷四十六《祭法》,北京大学出版社,1999 年,第 1296 页。

人祭祀的范围由其所处的社会政治地位的高下所决定,且《九歌》中的东君、云中君、河伯都是北方地区的神灵,显然也不应由南方楚国的普通百姓来祭祀。

于是,又有《九歌》为楚郊祀歌的看法。闻一多先生在《什么是九歌》中说:

> 东皇太一是上帝,祭东皇太一即郊祀上帝。只有上帝才够得上受主祭者楚王的专诚迎送。其他九神论地位都在王之下,所以典礼中只为他们设享,而无迎送之礼。㉕
>
> 根据纯宗教的立场,十一章应改称"楚郊祀歌",或更详明点,"楚郊祀东皇太一乐歌",而"九歌"这称号是只限于中间的九章插曲。㉖
>
> "赵代秦楚之讴"是汉武因郊祀太一而立的乐府中所诵习的歌曲,《九歌》也是楚祭东皇太一时所用的乐曲,而《九歌》中九章的地理分布,如上文所证,又恰好不出赵代秦楚四国的范围,然则我们推测《九歌》中九章即《汉志》(即《汉书·礼乐志》)所谓"赵代秦楚之讴",是不至离事实太远的。㉗

孙作云承其师说,也认为"《九歌》是楚国国家祀典的乐章,非平民的祭祀"。㉘ 这种观点,从礼制出发,较之民间祭歌说,似更有道理。㉙ 然他立论的出发点,却是从汉代的祭祀制度向前类推到楚国的祀典的,而且,《九歌》中的《东君》等九篇乐歌也不能等同于"赵代秦楚之讴"的乐府诗。

又有汉人所作说,以何天行和朱东润先生为代表。何天行说:"《九歌》中

㉕ 闻一多:《什么是九歌?》,《闻一多全集》第五卷,孙党伯、袁謇正主编,湖北人民出版社,1993 年,第342 页。

㉖ 《闻一多全集》,第五卷,第 344 页。

㉗ 《闻一多全集》,第五卷,第 349 页。

㉘ 孙作云:《九歌非民歌说——〈九歌〉与汉〈郊祀歌〉的比较》,《孙作云文集》,河南大学出版社,2003 年,上册,第 287 页。

㉙ 桓谭《新论》载楚灵王"骄逸轻下,简贤务鬼,信巫鬼之道,斋戒洁鲜,以祀上帝,礼群神,躬执羽绂,起舞坛前。吴人来攻,其国人告急,而灵王鼓舞自若。顾应之曰:'寡人方祭上帝,乐明神,当蒙福佑焉。'不敢赴救。而吴兵遂至。俘获其太子及后姬,甚可伤。"([宋]李昉编:《太平御览》卷五百二十六《礼仪部》五《祭礼》下,中华书局,1960 年,第 2389 页)是楚王可祭上帝与群神,然这群神是否也包括北方之神、山野精灵和普通民众的魂灵呢? 则仍成问题。

十一篇必同是武帝时的作品,而《国殇》的作期略后,作《东皇太一》的时间略前而已。至于这几篇作品的流传,大约要到西汉之末才有人注意它,于是将它收入《楚辞》里面。至于《九歌》的作者,我们推断他是武帝时司马相如等人所作的。"㉚朱东润也说:"(《九歌》)前八篇所言的八位大神都在秦汉之间开始得到人间的尊崇,和春秋战国之间的楚国不相及,因此也可以使我们约略知道这九篇作品完成的时代。""从《东皇太一》至《河伯》八篇及《礼魂》一篇,大致作于汉武帝时或其后。"㉛其立论的依据,主要是《九歌》中所涉名物等在汉代文献中常可见到,于是以后例前,得出《九歌》为汉人所作的结论。这种论证方法当然不可取,尤其是他们竟由此否定屈原其人的存在,更是难以令人接受的。

近几十年以来,研究《九歌》的最重要的成果,可以周师勋初先生的《九歌新考》等为代表。㉜ 周先生在广泛搜集、研读先秦和秦汉文献的基础上,从宗教学、民俗学和文学等多种角度进行综合研究,对前人诸说详加辨析,对《九歌》中所涉诸神的来源、性质、地区性及其演变等问题,一一作了考察,并得出了许多重要的结论。略引如下:

> 东皇太一神,是燕齐方士利用道家本体论中的材料构拟出来的。他起先产生于齐国,战国中后期时,大约只是流传在民间。
>
> 东君、云中君、河伯等神,均为北方的神祇,非楚产。
>
> 各地均祀司命,但《九歌》中作二女神,这大约与楚地原有二女神的传统有关。
>
> 二湘原是湘水中的两个女神,后来才附会到舜与二妃的故事上去。配偶神说不足信。
>
> 山鬼是南湘之间丛山峻岭中的一种精灵,在神界的地位很低微。
>
> 《国殇》之作有其特定的时代背景,其中渗透着屈原的爱国主义精神。

㉚ 何天行:《楚辞作于汉代考》,《何天行文集》,周膺、何宝康编校,浙江大学出版社,2014年,第191页。

㉛ 朱东润:《离骚以外的屈赋》,《朱东润文存》,上海古籍出版社,2014年,第654—655页。

㉜ 是书完成于1959年,而由上海古籍出版社正式出版,则已到了1986年。

《礼魂》用于祭祀民间善终者，旧说可信。

《九歌》中的许多神祇，有非楚人能祀者。因此，《九歌》不是楚国的民间祭歌，不是楚国的郊祀歌，也不可能是汉人的作品。不论从它的形式来看，从它的内容来看，或是从古代有关的记载来看，均应断为屈原的作品。

屈原之所以能够接触这些题材，途径很多。他在出使他国时可能耳闻过北方神祇的故事或目睹过有关的祀典，任左徒而接待宾客时，可能了解到有关各地神祇的传说，南方保留着许多记载各地神话传说的书籍，屈原也有可能通过学习而知悉一切。此外，春秋、战国之时，各国之间的文化交流已很频繁，当时的某些宗教歌舞，已经纯起娱乐的作用，而且传播于各国宫廷和贵族私邸，屈原也有可能通过欣赏歌舞而知道某些神祇的情况。他晚年流落江南，有机会接触本国一些神祇的祀典或听到有关他们的传说。这样他才有可能根据了解到的各种情况写出《九歌》。㉝

三代命祀，祭不越望。胡小石先生曾指出："九歌中的'湘君'和'湘夫人'，是南方的水神，'河伯'是北方的水神等，也是南、北兼包的。"㉞南人不祭泰山神，北人不祭海神。有天下者祭，非其地不祭。周先生在此基础上，不但详细分析了诸神的来源和性质，而且指出《九歌》中所涉的诸多神灵，既有至高无上的天帝，也有民间普通的善终者；有北方之神，也有南方之神；有出入宫廷的司命之神，也有游荡山野的不入流的精灵。把如此众多的神灵纳入一组祭祀的乐章中，大约也只有屈原这样"博闻强志，明于治乱，娴于辞令，入则与王图议国事，以出号令；出则接遇宾客，应对诸侯"的人物能够胜任了。(《史记》卷八十四《屈原贾生列传》第2993页)这就把前人的研究往前推进了一大步。

王逸所谓"出见俗人祭祀之礼、歌舞之乐，其词鄙陋，因为作《九歌》之曲"的说法既不可取，楚郊祀歌的观点也难以令人信服，沿着周先生所提出的，屈原通过耳闻目睹诸神的传说或宗教歌舞而创作出《九歌》的观点，继续思考，我们不

㉝ 周勋初：《九歌新考》，上海古籍出版社，1986年，第156—157页。
㉞ 胡小石：《屈原与古神话》，《胡小石论文集》，上海古籍出版社，1982年，第11页。

免会追问，究竟是何种原因促使屈原将这等级不同、地域不同的诸多神灵汇集到一起，创作了这一组祭祀歌曲呢？文学创作的动机和意图，是决定着创作题材和主题的选择以及艺术的表现的，如果我们能明了屈原写作《九歌》的背景和原因，也许在《九歌》的研究上可以得出一些新的结论。

三、王逸《天问章句叙》的启示

对屈原《天问》的创作，历来没有争议；对王逸《天问章句叙》的解读，也一向少有异议。《叙》曰：

> 《天问》者，屈原之所作也。（略）屈原放逐，忧心愁悴，彷徨山泽，经历陵陆，嗟号昊旻，仰天叹息。见楚有先王之庙及公卿祠堂，图画天地山川神灵，琦玮僪佹，及古贤圣怪物行事。周流罢倦，休息其下，仰见图画，因书其壁，呵而问之，以渫愤懑，舒泻愁思。楚人哀惜屈原，因共论述，故其文义不次叙云尔。㉟

《天问》一诗，是屈原观"先王之庙㊱及公卿祠堂图画"后，"因书其壁，呵而问之"，给世人留下的杰作。这些壁画的内容，按王逸的说法，是相当丰富的。其中既有"琦玮僪佹"的"天地山川神灵"，也有"古贤圣、怪物行事"。然我们读《天问》，从混沌初开的洪荒时代，到屈原所处的楚国现实社会；从日月星辰何所来、天地山川何所安、何以天不足西北地不满东南、何以雄虺九首灵蛇吞象等自然现象，到尧舜、禹汤、文武周公等上古三代以来先圣先王的世代递嬗和种种神奇传说，以及彭祖长寿、王亥服牛、梅伯受醢、箕子佯狂，乃至汤臣伊挚、楚令尹子

㉟ 《楚辞补注》卷三，第85页。也有不信王逸之说者，如郭沫若先生，参其《屈原赋今译·九歌解题》，人民文学出版社，1981年，第108—109页。

㊱ 据孙作云先生考证，楚之先王之庙在今湖北宜城，乃昭王十二年楚之都城由郢迁都时所建（参其《天问研究》，中华书局，1989年，第10—16页）。黄灵庚先生亦曾据简帛文献作过进一步考订，参其《楚辞与简帛文献》第七章《天问与简帛文献举例》，第231—232页。

文之贤、齐桓九合诸侯称霸天下、秦伯兄弟争犬、吴楚少女争桑等种种似真似幻、或庄或谐的传说和故事中，看到的却主要是"古贤圣、怪物行事"，而几乎看不到"琦玮僪佹"的"天地山川神灵"。《天问》展现给人们的，乃是一条古史的谱系；王逸所说的"天地山川神灵"的图画在屈原的笔下或有之，然不在《天问》，而在《九歌》之中。

昔蒙文通先生论古史，"备言太古民族显有三系之分。其分布之地域不同，其生活与文化亦异。'六经'、《汲冢书》、《山海经》三者称道古事各判，其即本于三系民族传说之史固各不同耶！""《天问》《山经》所述，自为楚之史文；《九歌》所咏云中君、少司命之类，乃楚之神鬼耳。而《天问》所陈，雅不涉于《九歌》，《九歌》所颂，复不涉及《天问》，则楚人神之与史，其辨本明。持此以验三方传说之殊，傥未为失，推此而寻，则见晋、楚之史，不与邹鲁同科。三系之说明，而古史大略或可求也。"[37]这里说《天问》《山海经》为楚国古史，《云中君》《东君》等篇所写为楚之神鬼，当然不完全准确，但他从上古民族、文化三系说立论，敏锐地看出了《天问》与《九歌》的内容，一为楚史，一为楚神，二者决不相涉，则恰好可证成本文的上述判断：《天问》所写的，主要是楚先王之庙和公卿祠堂壁画上的"古贤圣怪物行事"，而《九歌》所写，才是壁画中的"天地山川神灵"。由此我们推断：《九歌》与《天问》同样，都是屈原观楚先王之庙和公卿祠堂壁画之作。

我们知道，图画最初的作用是记载历史人物、事件和传说，或褒或贬，颂扬鉴戒，以教世人。唐人张彦远曰：

> 记传所以叙其事，不能载其容，赋颂有以咏其美，不能备其象。图画之制，所以兼之也。故陆士衡云：丹青之兴，比雅颂之述作，美大业之馨香。宣物莫大于言，存形莫善于画。此之谓也。善哉！曹植有言曰：观画者，见三皇五帝莫不仰戴，见三季异主莫不悲惋，见篡臣贼嗣莫不切齿，见高节妙士莫不忘食，见忠臣死难莫不抗节，见放臣逐子莫不叹息，见淫夫妒妇莫不侧

---

③⑦　蒙文通：《古史甄微自序》，《中国现代学术经典·廖平、蒙文通卷》，刘梦溪主编，河北教育出版社，1996年，第337—339页。

目,见令妃顺后莫不嘉贵。是知存乎鉴诫者,图画也。[33]

图画的作用是否就超过了记传赋颂,当然可以再讨论,但它确实能以系列的图画来叙事、颂美和鉴戒,也就是说,它往往也可以用形象和色彩尤其是组画的特定形式,来表现各种题材和主题。如周勋初先生所论,屈原应当能够通过出使他国,或接待宾客、欣赏歌舞、阅读典籍等途径,对北方的神祇有所了解,写出《九歌》,但是,能把从诸神到人鬼,等级差别极大,而且不应同时同地祭祀的天神、地祇、山鬼、凡俗魂灵,统合于一组诗中,更有可能是有所凭依的,这个凭依,就是先王之庙和公卿祠堂中的壁画。因为这些壁画原就是用以教人和示人以鉴戒的,且往往有自己独立的知识谱系,屈原从中感受、学习和吸收借鉴有关知识,受到启发,由图画到诗歌,创作了《九歌》,也许更合乎常情常理。

四、先秦两汉的壁画遗存

那么,楚先王之庙和公卿祠堂壁画上会有《九歌》中所写的诸神吗? 回答是肯定的。

王逸既然说壁画中有"天地山川神灵",那就应该包括《九歌》中所写到的天地神灵,且从《天问》本身来看,也已经写到了《九歌》中的部分神灵。河伯即是显例。诗曰:"胡射夫河伯,而妻彼雒嫔?"[39]羿射河伯,壁画上当然有河伯的形象。《天问》中又写道:"尧不姚告,二女何亲?"[40]二女即尧之女、舜之妃,《九歌》中的湘君、湘夫人。王逸《湘君》注曰:"尧用二女妻舜。有苗不服,舜往征之,二女从而不返,道死于沅湘之中,因为湘夫人也。"[41]则湘君、湘夫人也应在壁画中也出现过。

---

[33] [唐]张彦远:《历代名画记》卷一《叙画之源流》,人民美术出版社,1963 年,第 3 页。
[39] 《楚辞补注》卷三,第 99 页。
[40] 《楚辞补注》卷三,第 103 页。
[41] 《楚辞补注》卷二,第 59—60 页。

图画产生的年代相当早。《世本》曰："史皇作图。"注："史皇,黄帝臣也,图谓画物像也。"[42]《左传》宣公三年亦载王孙满谓楚庄王："昔夏之方有德也,远方图物,贡金九牧,铸鼎象物,百物而为之备,使民知神、奸。"杜预注"图物"曰："图画山川奇异之物而献之。"又注"铸鼎象物"曰："象所图物著之于鼎。"[43]上古左图右史,图画与典籍文献同等重要,历来被认为具有"成教化,助人伦,穷神变,测幽微,与六籍同功"的作用,甚至是"有国之鸿宝,理乱之纪纲"。故有"夏之衰也,桀为暴乱,太史终抱画以奔商。殷之亡也,纣为淫虐,内史挚载图而归周"的记载。[44]

作为图画中的重要类别之一,壁画很早便出现在宫廷和宗庙祠堂中了。比如,孔子入周,"观乎明堂,睹四门墉有尧舜之容、桀纣之像,而各有善恶之状,兴废之诫焉。又有周公相成王,抱之负斧扆,南面以朝诸侯之图焉。"[45]这些画于宫廷等重要场所墙壁上的圣贤等人的图像,成为劝诫君王的重要方式之一,在当时发挥着其特殊的教化作用。

春秋战国时期,壁画创作在诸侯和公卿士大夫的生活中渐多。屈原《天问》给我们提供了直接和丰富的文献资料,上文已谈到,不再赘述。此外,从考古发现的其他形式的图像遗存,也不难想象战国楚地各类图画创

㊷ [宋]李昉等编:《太平御览》卷七百五十《工艺部》七《画》上,中华书局,1960年,第3331页。

㊸ [春秋]左丘明撰、[晋]杜预注、[唐]孔颖达疏:《春秋左传正义》卷二十一,[清]阮元校刻:《十三经注疏》本,中华书局,1980年,第1868页。

㊹ [唐]张彦远:《历代名画记》卷一"叙画之源流",第1—4页。

㊺ [三国魏]王肃注:《孔子家语》卷三《观周》,影印文渊阁《四库全书》,台湾商务印书馆,1985年,第695册,第26页。

作流行的状况。比如，1949 年在长沙陈家大山出土的战国时期著名的楚帛画《龙凤人物图》（今藏于湖南省博物馆）：

　　图上主要位置画一身着长袍、发髻绾起、细腰长身、双手合十、侧面而立的女性，其衣着束身束袖，却又宽袖宽摆，显示出其体形修长。衣服上有装饰花纹。似为一位祈祷上天赐福、保佑墓主人的女巫。人的上方另有一龙一凤，凤昂首振羽，奋爪腾起，龙亦舒展，与其相顾，然凤较龙的形象更为生动。整幅图画比例恰当，线条勾勒有力，显示出较高的绘画水平。

　　又如，1978 年湖北随县发掘的战国早期的曾侯乙墓，出土了大量珍贵文物，其中保存完整、规仿周王室的编钟等乐器、宏大精致的礼器和优美的漆画等，都为世人震惊。这里值得我们注意的，则是乐器、衣箱和棺椁上装饰性神怪漆画。像下列五弦琴尾端的漆画（今藏湖北省博物馆）。

　　五弦琴尾端画有人面龙躯或蛇躯之神，头顶长发高竖，分开成卷云状，五官分明，嘴角上翘微笑，耳部各叮一蛇，上肢由两龙躯构成，显得很粗壮，末端为龙首，下肢较细，不明显，其下为两条双首龙相互缠绕。全图以神的鼻子为中轴线，呈对称图形。《山海经·大荒西经》载："西南海之外，赤水之南，流沙之西，有人珥两青蛇，乘两龙，名曰'夏后开'。开上三嫔于天，得《九辩》与《九歌》以下。"[46]与此画中的形象正相吻合。而夏后启正是从天帝之处窃来《九辩》《九歌》的人物。在琴的尾端画上此神，也可见时人对琴曲来源的认识。这幅漆画既具有浓厚的图案装饰性，又有着明显的写实性质，虽较原始，然从中仍可见出贵族生活中绘画创作的普遍性。

---

　　[46]　袁珂：《山海经校注》卷十六，上海古籍出版社，1980 年，第 414 页。

西汉景帝时,景帝之子鲁恭王刘余兴建灵光殿,规模宏伟,雕梁画栋,极为华丽。[47] 其中所饰图画,内容亦十分丰富。王延寿《鲁灵光殿赋》描述道:

> 云棼藻棁,龙桷雕镂。飞禽走兽,因木生姿。奔虎攫挐以梁倚,伉奋鬐而轩鬐;虬龙腾骧以蜿蟺,颔若动而蹳跜。朱鸟舒翼以峙衡,腾蛇蟉虬而绕榱。白鹿孑蜺于欂栌,蟠螭宛转而承楣。狡兔跧伏于柎侧,猨狖攀椽而相追。玄熊舑舕以龁龂,却负载而蹲跠,齐首目以瞪眄,徒脉脉而狋狋。胡人遥集于上楹,俨雅跽而相对,伉欺惥以鵰盹。鸋颓颡而睽睢,状若悲愁于危处,憯嚬蹙而含悴。神仙岳岳于栋间,玉女窥窗而下视。忽瞟眇以响像,若鬼神之仿佛。图画天地,品类群生,杂物奇怪,山神海灵。写载其状,托之丹青。千变万化,事各缪形,随色象类,曲得其情。上纪开辟,邃古之初。五龙比翼,人皇九头。伏羲鳞身,女娲蛇躯。鸿荒朴略,厥状睢盯。焕炳可观,黄帝唐虞。轩冕以庸,衣裳有殊。下及三后,淫妃乱主。忠臣孝子,烈士贞女。贤愚成败,靡不载叙。恶以诫世,善以示后。[48]

这段描绘,主要包括了雕梁画栋和大殿。壁画上的内容。前者多是飞禽走兽,而后者则涵盖了上自开天辟地洪荒时代的神人伏羲、女娲,下自三代以来的忠臣孝子、烈士贞女等诸多人物形象。真所谓"图画天地,品类群生,杂物奇怪,山神海灵",无所不有;"贤愚成败,靡不载叙。恶以诫世,善以示后",充分反映了壁画在汉代社会生活中的教化作用和发展兴盛的实际状况,足可与屈原《天问》中所载相参。

东汉时壁画的运用更为广泛。比如赵岐,享年颇高,生前自营圹墓,于圹中

---

[47] 鲁灵光殿至北魏已不存。郦道元《水经注》卷二十五《泗水注》曾记载道:"孔庙东南五百步,有双石阙,即灵光之南阙。北百余步,即灵光殿基。东西二十四丈,南北十二丈,高丈余。东西廊庑别舍,中间方七百余步。阙之东北有浴池,方四十许步。池中有钓台,方十步。台之基岸悉石也,遗基尚整。故王延寿《赋》曰:'周行数里,仰不见日者也。'是汉景帝程姬子鲁恭王之所造也。"([北魏]郦道元撰、陈桥驿校释:《水经注校释》,杭州大学出版社,1999年,第448页)

[48] [南朝梁]萧统编、[唐]李善注:《文选》卷十一,上海古籍出版社,1986年,第514—516页。

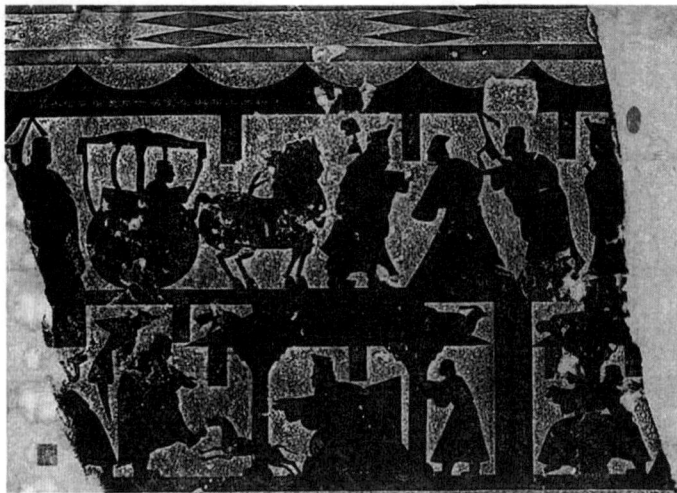

左室第一石历史人物故事画像

"图季札、子产、晏婴、叔向四像居宾位,又自画其像居主位,皆为赞颂"⁴⁹。壁画由现实生活中衍入陵墓,其普遍性可想而知。

东汉桓帝建和元年(147),山东(今山东嘉祥县)武氏家族墓葬前左右石阙石刻画像,内容亦相当丰富。

其中不但有东王公、西王母等神灵、祥瑞图画,而且更有羲和、祝融、神农、尧舜禹汤文武周公、忠臣义士、孝子贤妇等大量的神话传说和历史人物石刻画像,其旁各有小字赞文、识文。这些神灵和历史人物等,也与屈原《天问》中所写相似。其内容以鉴戒为主,在艺术上较之此前的壁画,更贴近下层生活,注重细节,线条熟练流畅,刻画准确,各肖其人,形象也更为精美。⁵⁰

在上述图画尤其是壁画创作的背景之下,屈原既可以观先王之庙和公卿祠堂壁画而作《天问》,也完全可能写出《九歌》。

---

⁴⁹ [南朝宋]范晔撰、[唐]李贤等注:《后汉书》卷六十四《赵岐传》,中华书局,1965年,第2124页。
⁵⁰ 参[宋]洪适:《隶释》卷十六《武梁祠堂画像》,影印文渊阁《四库全书》第681册,第619—622页。

五、"诗中有画"：《九歌》的图像分析

大约自苏轼说了"味摩诘之诗，诗中有画；观摩诘之画，画中有诗"的话以后，[51]诗、画相同，诗画相通的看法，在中国绘画史和诗画关系的研究上，便逐渐占了上风。张舜民说："诗是无形画，画是有形诗。"[52]孔武仲又由诗扩展到文。说："文者无形之画，画者有形之文，二者异迹而同趋，以其皆能传生写似，为世之所贵珍。"[53]清人叶燮更直接地说："摩诘之诗即画，摩诘之画即诗，又何必论其中之有无哉。故画者，天地无声之诗；诗者，天地无色之画。"[54]古代西方的诗人和理论家们持此观点者亦多。[55] 富有诗意的画面和富有画面感的诗歌，在中西的许多理论家看来，是相通的。[56]

然历来也有不同的看法。如刘勰就说："绘事图色，文辞尽情。色糅而犬马殊形，情交而雅俗异势。熔范所拟，各有司匠，虽无严郛，难得逾越。"[57]刘勰的话道出了诗与画在性质、功能和表现手法等方面的区别和差异。西方的诗学和美学家们对此有更细致的区分。古希腊诗学理论家亚里士多德说："有一些人用颜色和姿态来制造形象，模仿许多事物，（略）而另一种艺术则只用语言来模仿。"[58]德国美学家莱辛指出，画描绘在空间并列的事物，画运用线条和颜色，画

51　[宋]苏轼撰；张志烈、马德富、周裕锴主编：《苏轼全集校注·苏轼文集校注》卷七十《书摩诘蓝田烟雨图》，河北人民出版社，2010年，第7904页。苏轼在多处表达了这样的看法。如曰："诗画本一律，天工与清新。"（《苏轼全集校注·苏轼诗集校注》卷二十九《书鄢陵王主簿折枝》二首其一，第3170页）"少陵翰墨无形画，韩干丹青不语诗。"（《苏轼诗集校注》卷四十八《韩干马》，第5551页）

52　[宋]张舜民：《画墁集》卷一《跋百之诗画》，影印文渊阁《四库全书》，第1117册，第8页。

53　[宋]孔武仲：《东坡居士画怪石赋》，《清江三孔集》卷三，影印文渊阁《四库全书》，第1345册，第205页。

54　[清]叶燮：《已畦文集》卷八《赤霞楼诗集序》，《四库全书存目丛书》影印清康熙叶氏二弃草堂刻本，集部244册，第85页。

55　参钱锺书：《中国诗与中国画》（文载《旧文四篇》，上海古籍出版社，1979年）、朱光潜：《拉奥孔译后记》（[德]莱辛《拉奥孔》，人民文学出版社，1979年）等。

56　关于诗画关系的讨论，学界已取得很多成果。如钱锺书《中国诗与中国画》（《旧文四篇》，上海古籍出版社，1979年）、邓乔彬《有声画与无声诗》（上海社科院出版社，1993年）、陈华昌《唐代诗与画的相关性研究》（陕西人民美术出版社，1993年）、[日]浅见洋二《距离与想象——中国诗学的唐宋转型》（上海古籍出版社，2005年）等，读者可参。

57　[南朝梁]刘勰：《文心雕龙·定势》，周勋初《文心雕龙解析》本，凤凰出版社，2015年，第513页。

58　[希腊]亚里士多德撰、罗念生译：《诗学》，人民文学出版社，1962年，第4页。

着眼整体并展现美的事物。"在永远变化的自然中,艺术家只能选用某一顷刻,特别是画家还只能从某一角度来运用这一顷刻。"⑤而"诗的范围较宽广,我们的想象所能驰骋的领域是无限的,诗的意象是精神性的,这些意象可以最大量地、丰富多彩地并存在一起而不至互相掩盖,互相损害,而实物本身或实物的自然符号却因为受到空间和时间的局限,而不能做到这一点。"⑥

其实,无论诗画相通还是诗画相异,都是相对的、有条件和有限制的。诗画相通说主要指的是以文人画为主的表现山水景物题材的作品,若是其他题材和主题,就不尽然。诗画相异说则多从二者的表现手段等着眼,诗与画毕竟是两种不同文学艺术形式,其区别亦显而易见。此处我们不拟对二者关系进行讨论,只是试图从以下的角度去思考,即颜色和姿态、空间与构图等这些绘画艺术中常用的手段和长处,既与诗歌不同,若是这些手段和特色较多地出现了诗歌创作中,那是否可以说明,这些诗歌作品与绘画之间隐约有着某种特殊的联系呢?其间是否存在着一个由图像到诗歌的痕迹呢?

《九歌》写诸神,自然会有对神的形象的一些描写,这似乎很正常,然《九歌》中对神灵容姿、体态、服饰和所居处的环境、出行的车马及场面的描写之多,尤其是诗人与神灵的情感交流之多,实已远远超出一般题写人物的诗歌。诗中的这些特点,都从一个侧面启示着我们:《九歌》是一组观画之作,诗人眼中有诸神的群像,而并非空无依傍的想象之辞,虽然诗人并没有告诉我们这一点,正像其《天问》的创作一样。

兹逐一作些分析。

先看《东皇太一》:

> 吉日兮辰良,穆将愉兮上皇。抚长剑兮玉珥,璆锵鸣兮琳琅。瑶席兮玉瑱,盍将把兮琼芳。蕙肴蒸兮兰藉,奠桂酒兮椒浆。扬枹兮拊鼓,疏缓节兮安歌,陈竽瑟兮浩倡。灵偃蹇兮姣服,芳菲菲兮满堂。五音纷兮繁会,君欣

---

⑤ [德]莱辛撰、朱光潜译:《拉奥孔》,人民文学出版社,1979年,第18页。
⑥ 《拉奥孔》,第41页。

欣兮乐康。⑥¹

古代庙堂祠神之所的壁画，除了颂扬和鉴戒的作用之外，还有致神的用意。《史记·孝武本纪》载，齐人少翁以方术为汉武帝所宠，其言于武帝："'上即欲与神通，宫室被服不象神，神物不至。'乃作画云气车，及各以胜日驾车辟恶鬼。又作甘泉宫，中为台室，昼天、地、泰一诸神，而置祭具以致天神。"⑥²故《九歌》中时有祭神场面的描写。此是组诗的第一首，诗中大部分内容便是写祭祀的场面，庄严肃穆，奇采纷呈。值得我们注意的是诗的最后四句。"灵"，王逸谓："巫也。"洪兴祖虽也认为指巫，但又解释说："古者巫以降神。'灵偃蹇兮姣服'，言神降而托于巫也，下文亦曰'灵连蜷兮既留'。"朱熹注此亦同洪氏，然他在《楚辞辩证》中又说："旧说以灵为巫，而不知其本以神之所降而得名。盖灵者，神也，非巫也。若但巫也，则此云'姣服'，义犹可通，至于下章则所谓'既留'者，又何患其不'留'耶？"⑥³并谓："《九歌》诸篇，宾主、彼我之辞最为难辨，旧说往往乱之，故文意多不属，今颇已正之矣。"⑥⁴朱熹在《楚辞集注》中，多数情况是将灵解释为神的。我们比较赞同朱熹的看法。其实，在这首诗中，不管是把灵理解为神还是神与巫的合体，这后四句都是在描写这位至高无上的神灵。他有着华丽的服饰、曼妙的姿态和怡然自得的神情，这让我们不禁想到了陈家山帛画中的巫的图像。至于太一的图像，在1972年发掘的长沙马王堆一号汉墓中的《太一将行图》（今藏湖南省博物馆）中也可看到。

此图近于正方形，上端有鹿角状神人，东侧雷公，西侧雨师，巨眼圆睁，怒目，张口吐舌，裸上身，赤红。（太一）跨腿作骑马式，下层有青龙、黄龙各一。又，未公布的南阳汉墓画像石，太一居中，左右有青龙白虎等，又有伏羲、女娲、北斗、南斗星。近在北京故宫展出的汉画像石，也有类似的太一形象。从现存的图像资料看，这位太一神的形象并不很美妙，壁画上的太一神，其形象可能也与传世图

---

⑥¹ 《楚辞补注》卷二，第55—57页。

⑥² 《史记》卷十二《孝武本纪》，第577页。

⑥³ 《楚辞集注》，第180页。

⑥⁴ 《楚辞集注》，第182页。

像相近,并不很优雅,也许是这个原因,在屈原的诗歌中,对他的描写也就不得不以巫为原形了。

《云中君》不然。诗曰:

> 浴兰汤兮沐芳,华采衣兮若英。灵连蜷兮既留,烂昭昭兮未央。蹇将憺兮寿宫,与日月兮齐光。龙驾兮帝服,聊翱游兮周章。灵皇皇兮既降,猋远举兮云中。览冀州兮有余,横四海兮焉穷。思夫君兮太息,极劳心兮忡忡。[65]

云神丰隆在《离骚》中已出现过:"吾令丰隆乘云兮,求宓妃之所在。"就是写的云神。王逸注曰:"言我令云师丰隆乘云周行,求隐士清洁若宓妃者,欲与并心力也。"[66]《九章·思美人》中也写道:"愿寄言于浮云兮,遇丰隆而不将。"王逸注:"云师径游,不我听也。"[67]此诗所写的云神,或安逸地处于宗庙祠堂之中,体态修长,光彩照人;或龙驾帝服,翱游九州,威风八面。后一个场面是在前一场面基础上的想象,一动一静,云神图像,宛在目前。在《九歌》中,诗人所描写的神灵形象往往有两种:一是诗人眼中的神灵,一是诗人心中或想象中的神灵。前者趋于写实,是观昼的所得;后者出于想象,寄托着诗人的情感。无论是写实还是想象,诗人与神灵的情感交流都始终贯穿其中,通过这种交流,写实与想象连贯融合为一,同时也从中透露出若干重要信息。"思夫君兮太息,极劳心兮忡忡",即是面对神灵的感喟:这位周游四海的神灵为何总是如此忙碌呢?

再看《湘君》《湘夫人》:

> 君不行兮夷犹,蹇谁留兮中洲,美要眇兮宜修。沛吾乘兮桂舟,令沅湘兮无波,使江水兮安流。望夫君兮未来,吹参差兮谁思。驾飞龙兮北征,邅

---

[65] 《楚辞补注》卷二,第57—59页。
[66] 《楚辞补注》卷一,第31页。
[67] 《楚辞补注》卷四,第147页。

吾道兮洞庭。薜荔拍兮蕙绸，荪桡兮兰旌。望涔阳兮极浦，横大江兮扬灵。扬灵兮未极，女婵媛兮为余太息。横流涕兮潺湲，隐思君兮陫侧。桂棹兮兰枻，斲冰兮积雪。采薜荔兮水中，搴芙蓉兮木末。心不同兮媒劳，恩不甚兮轻绝。石濑兮浅浅，飞龙兮翩翩。交不忠兮怨长，期不信兮告余以不闲。鼌骋骛兮江皋，夕弭节兮北渚。鸟次兮屋上，水周兮堂下。捐余玦兮江中，遗余佩兮澧浦。采芳洲兮杜若，将以遗兮下女。时不可兮再得，聊逍遥兮容与。⑱

帝子降兮北渚，目眇眇兮愁予。袅袅兮秋风，洞庭波兮木叶下。登白蘋兮骋望，与佳期兮夕张。鸟何萃兮蘋中，罾何为兮木上。沅有芷兮澧有兰，思公子兮未敢言。恍惚兮远望，观流水兮潺湲。麋何为兮庭中，蛟何为兮水裔。朝驰余马兮江皋，夕济兮西澨。闻佳人兮召予，将腾驾兮偕逝。筑室兮水中，葺之兮荷盖。荪壁兮紫坛，匊芳椒兮盈堂。桂栋兮兰橑，辛夷楣兮药房。罔薜荔兮为帷，擗蕙櫋兮既张。白玉兮为镇，疏石兰兮为芳。芷葺兮荷屋，缭之兮杜衡。合百草兮实庭，建芳馨兮庑门。九疑缤兮并迎，灵之来兮如云。捐余袂兮江中，遗余褋兮澧浦。搴汀洲兮杜若，将以遗兮远者。时不可兮骤得，聊逍遥兮容与。⑲

这两位女神，《山海经·中山经》中也有描写："洞庭之山，（略）帝之二女居之，是常游于江渊。澧沅之风，交潇湘之渊，是在九江之间，出入必以飘风暴雨。是多怪神，状如人而载蛇，左右手操蛇。"郭璞注："天帝之二女，而处江为神也。"⑳天帝及其二女，在楚国的神话体系中，后来便被演绎为舜之二妃。屈原笔下的两位女神是极其美丽的："美要眇兮宜修"，"目眇眇兮愁予"㉑。诗中虽没有过多的对

---

⑱ 《楚辞补注》卷二，第59—64页。
⑲ 《楚辞补注》卷二，第64—68页。
⑳ 胡小石先生不同意这种解释。他说："案《九歌·湘君》《湘夫人》自是二神。江湘之有夫人，犹河洛之有虑女也。此之为灵，与天地并矣，安得谓之尧女？"（参其《楚辞郭注义征》，《胡小石论文集》，第45页）。周勋初先生在此基础上进一步提出，天帝之二女与湘水二女神的合一，有一个发展演变的过程（参周勋初先生《九歌新考》第六章《楚神杂论》第一、二两节，第87—104页）。
㉑ "愁予"，黄灵庚先生引《睡虎地秦墓竹简》，以为与"君不行兮夷犹"句中的"夷犹"同意，解为首鼠、踌躇、迟疑不进貌（见其《楚辞与简帛文献》，第211页）。可参。

图像的刻画,但仅仅是这两句,已传达出多少温婉,给后人留下了无限的想象空间。然而,屈原笔下的这两位女神又是可望而不可即的,故诗中便有了大段的"望君""思君"和远征洞庭的想象,但这种想象所展现的仍是场面。这让我们想到《离骚》中"求女"一节的描写:"溘吾游此春宫兮,折琼枝以继佩。及荣华之未落兮,相下女之可诒。吾令丰隆乘云兮,求宓妃之所在。解佩纕以结言兮,吾令蹇修以为理。纷总总其离合兮,忽纬繣其难迁。夕归次于穷石兮,朝濯发乎洧盘。保厥美以骄傲兮,日康娱以淫游。虽信美而无礼兮,来违弃而改求。"[72]理想不能超越现实,现实中难以实现的,在想象中也会终究归于幻灭。

《大司命》《少司命》继续着这种想象:

> 广开兮天门,纷吾乘兮玄云。令飘风兮先驱,使冻雨兮洒尘。君回翔兮以下,逾空桑兮从女。纷总总兮九州,何寿夭兮在予。高飞兮安翔,乘清气兮御阴阳。吾与君兮斋速,导帝之兮九坑。灵衣兮披披,玉佩兮陆离。壹阴兮壹阳,众莫知兮余所为。折疏麻兮瑶华,将以遗兮离居。老冉冉兮既极,不寖近兮愈疏。乘龙兮辚辚,高驼兮冲天。结桂枝兮延伫,羌愈思兮愁人。愁人兮奈何,愿若今兮无亏。固人命兮有当,孰离合兮可为。[73]

> 秋兰兮麋芜,罗生兮堂下。绿叶兮素枝,芳菲菲兮袭予。夫人兮自有美子,荪何以兮愁苦。秋兰兮青青,绿叶兮紫茎。满堂兮美人,忽独与余兮目成。入不言兮出不辞,乘回风兮载云旗。悲莫悲兮生别离,乐莫乐兮新相知。荷衣兮蕙带,儵而来兮忽而逝。夕宿兮帝郊,君谁须兮云之际。与女游兮九河,冲风至兮水扬波。与女沐兮咸池,晞女发兮阳之阿。望美人兮未来,临风怳兮浩歌。孔盖兮翠旌,登九天兮抚彗星。竦长剑兮拥幼艾,荪独宜兮为民正。[74]

---

[72]《楚辞补注》卷二,第30—31页。
[73]《楚辞补注》卷二,第71—73页。
[74]《楚辞补注》卷二,第74—76页。

战国之时，司命之神，遍及南北，属职能神，掌管生命年寿，或专司生育，亦称司命，故有二司命。屈原描写大司命，诗中人称颇为混杂，反复体味，觉诗的前半以神之口吻出之，后半则是诗人自己的情感活动。写神乘玄云或乘龙而行，灵衣飘飘，玉佩陆离，主宰着人类的寿夭。面对这样一幅画面，诗人触物而感，开始思考人世间的生离死别：离别既不可免，若能人生无亏，也就够了。《少司命》中，诗人与神灵的交流更多，尤其是"满堂兮美人，忽独与余兮目成"两句，透露出诗人与壁画上孔盖翠旌、佩长剑拥幼艾的神灵形象面对时的一幕。

再看描写日神的《东君》：

> 暾将出兮东方，照吾槛兮扶桑。抚余马兮安驱，夜皎皎兮既明。驾龙辀兮乘雷，载云旗兮委蛇。长太息兮将上，心低徊兮顾怀。羌色声兮娱人，观者憺兮忘归。缤瑟兮交鼓，萧钟兮瑶簴。鸣篪兮吹竽，思灵保兮贤姱。翾飞兮翠曾，展诗兮会舞。应律兮合节，灵之来兮蔽日。青云衣兮白霓裳，举长矢兮射天狼。操余弧兮反沦降，援北斗兮酌桂浆。撰余辔兮高驼翔，杳冥冥兮以东行。[75]

在《天问》中，屈原有"日月安属？列星安陈？出自汤谷，次于蒙汜，自明及晦，所行几里"的疑问，然没有具体的描写。此诗中的"吾"，王逸、洪兴祖都理解为日神，朱熹以其为巫，似不可取。诗中以日神的口吻写出了太阳出于扶桑、入乎西方的完整过程和场面。龙车云旗，万众瞩目；青衣白裳，入乎冥茫。诗中写到的"观者"，透露出诗人的观赏者身份。而这些描写又都是在祭祀的场景下展开的，观看祭祀者亦即观赏壁画者。

《河伯》又与《东君》不同。诗曰：

> 与女游兮九河，冲风起兮水横波。乘水车兮荷盖，驾两龙兮骖螭。登昆仑兮四望，心飞扬兮浩荡。日将暮兮怅忘归，惟极浦兮寤怀。鱼鳞屋兮龙

堂,紫贝阙兮朱宫,灵何为兮水中。乘白鼋兮逐文鱼,与女避兮河之渚。流
澌纷兮将来下,子交手兮东行。送美人兮南浦,波滔滔兮来迎,鱼鳞鳞兮
媵予。⑯

这是一幅诗人与河伯携手同游的场景。诗人随着河伯一起登车揽辔,乘龙而行,
上登于昆仑,下至于水中,冲风破浪,上下遨游,场景阔大,色彩斑斓。河伯的衣
着、车马、居所等,皆具有水神的特色,视觉的感受是很鲜明的。

再看《山鬼》:

> 若有人兮山之阿,被薜荔兮带女萝,既含睇兮又宜笑,子慕予兮善窈窕。
> 乘赤豹兮从文狸,辛夷车兮结桂旗。被石兰兮带杜衡,折芳馨兮遗所思。余
> 处幽篁兮终不见天,路险难兮独后来。表独立兮山之上,云容容兮而在下。
> 杳冥冥兮羌昼晦,东风飘飘兮神灵雨。留灵修兮憺忘归,岁既晏兮孰华予。
> 采三秀兮于山间,石磊磊兮葛蔓蔓。怨公子兮怅忘归,君思我兮不得间。山
> 中人兮芳杜若,饮石泉兮荫松柏,君思我兮然疑作。雷填填兮雨冥冥,猨啾
> 啾兮狖夜鸣,风飒飒兮木萧萧,思公子兮徒离忧。⑰

在《九歌》中,对山鬼的描写也许是众神灵中最细致和最具特色的了。这位来自
山野的精灵,从衣着到出行,处处体现出南方山野的风光,而与横空驾临的天神
截然不同。"被薜荔兮带女萝,既含睇兮又宜笑,子慕予兮善窈窕。乘赤豹兮从
文狸,辛夷车兮结桂旗。被石兰兮带杜衡",这简直就是诗人自己的理想装束。
与《离骚》中的"扈江离与辟芷兮,纫秋兰以为佩""朝搴阰之木兰兮,夕揽洲之宿
莽""畦留夷与揭车兮,杂杜衡与芳芷""揽木根以结茝兮,贯薜荔之落蕊。矫菌
桂以纫蕙兮,索胡绳之纚纚"。⑱ 众多的香草,与姿态优美,脉脉含情,隐有忧怨
的美人,融合自然,画面感极强。其情感的表达,较之天神,也更为细腻。诗风

---

⑯ 《楚辞补注》卷二,第76—78页。
⑰ 《楚辞补注》卷二,第78—81页。
⑱ 《楚辞补注》卷一,第4、6、10、13页。

婉丽。

《国殇》所写，已离开了神鬼之界，它给我们描绘的是一幅浴血沙场、为国捐躯的战士的群像。

> 操吴戈兮被犀甲，车错毂兮短兵接。旌蔽日兮敌若云，矢交坠兮士争先。凌余阵兮躐余行。左骖殪兮右刃伤。霾两轮兮絷四马，援玉枹兮击鸣鼓。天时坠兮威灵怒，严杀尽兮弃原野。出不入兮往不反，平原忽兮路超远。带长剑兮挟秦弓，首虽离兮心不惩。诚既勇兮又以武，终刚强兮不可凌。身既死兮神以灵，子魂魄兮为鬼雄。⑦

春秋战国时期，崛起于荆湘之地的楚国，至少到楚武王时已很强大，攻城略地，吞并周边小国，不断开疆拓土，与中原地区宋、陈、郑、蔡及秦、齐等国之间的战事十分频繁，楚惠王时灭陈，楚简王时一度攻取郑之榆关。然至楚悼王、宣王时，秦、齐、三晋渐强，楚与北方诸国争战渐失优势。楚怀王时，楚军大败于秦，怀王入秦不返。顷襄王时更是一蹶不振，遂至亡国。长期的南北征战，使楚国君臣上下为此付出了重大代价，阵亡将士之多，可以想见。清人林云铭论曰："怀王时，秦败屈匄，复败唐昧，又杀景缺。大约战士多死于秦，其中亦未必悉由力斗。然《檀弓》谓：死而不吊者三，畏居一焉。《庄子》曰：战而死者，葬不以翣。皆以无勇为耻也。故三闾先叙其方战而勇，既死而武，死后而毅，极力描写。不但以慰死魂，亦以作士气，张国威也。前段言错毂，言左骖，言两轮四马，当日犹重车战耳。"⑧分析颇细致。在上述背景之下，诗歌为人们展现出一幅令人惊心动魄的两军大规模车战的惨烈悲壮的历史画卷，就中充满了对这些英勇殉国的将士们的颂扬和礼赞。

《九歌》中的最后一首诗是《礼魂》。诗很简短：

---

⑦　《楚辞补注》卷二，第82—83页。
⑧　［清］林云铭：《楚辞灯》卷二，《四库全书存目丛书》集部第2册，第191页。

盛礼兮会鼓,传芭兮代舞,姱女倡兮容与。春兰兮秋菊,长无绝兮
终古。[81]

相对于天神、地祇和为国捐躯的将士,壁画对一般人生活的描绘自然会放在最
后,祭祀的等级,也以此为最低。诗中所礼赞或祭祀的,便是民间一般的百姓。
此诗洪兴祖引前人之说,曰:"礼魂,谓以礼善终者。"朱熹同。我们也觉得大致
是符合实际的。诗仅五句,前三句所写为祭祀的场景。

　　20 世纪的 20 年代初,胡小石先生在北京女子高等师范学校任教时,曾以人
神恋爱的新说解释《楚辞》中的许多爱情描写。后来,他的学生苏雪林亦从宗教
学的角度,进一步论述了《九歌》中人神恋爱的问题。苏雪林认为《九歌》中有大
量的"对神的爱慕"的描写。她说:"无论男女,向对方进行恋爱时,常恐对方无
情于我;既有情矣,又愁他或她中道变心,故常发生疑怨的心理。人对神的恋爱,
到了极热烈时,也是如此。"又认为《九歌》中有许多对"神境的想象"。其曰:"巫
师鼓励人与神结婚,如果不将神的家乡说得万分的好,谁愿意听他们的话跑到深
山或水里去死呢?"[82]人神恋爱的看法虽仍可商,然此说充分注意到诗中神鬼形
象与诗人之间的关系,注意到诗中对"神境"的描写,角度固与我们不同,然对作
品的理解,亦可证成本文关于诗中多有神灵形象及其所处环境的描写,多有神灵
与诗人情感交流的解读,而这些解读的指向既与观赏壁画的背景相吻合,也反过
来有助于我们对作品本身的理解。

　　从以上分析,也许还不能遽然断定《九歌》为观楚先王之庙或公卿祠堂壁画
所作,然从诗中对神灵形象的描写及其出行场面、所处环境的刻画等大量绘画因
素(如形象、神情、色彩、构图等)的出现,从诗人与所写神灵的情感交流,大致已
可印证我们上文的看法,是没有疑问的。

---

[81]　《楚辞补注》卷二,第 84 页。
[82]　苏雪林:《〈九歌〉中人神恋爱问题》,《屈赋论丛》,武汉大学出版社,2007 年,第 93 页。

六、"着壁成绘":从后世《九歌》题材的绘画反观《九歌》

唐人殷璠评王维诗曰:"维诗词秀调雅,意新理惬,在泉为珠,着壁成绘。"[83]敏锐地指出其诗中有画的特点。《九歌》在后世的流传过程中,因其所写为诸神形象,自然更容易由诗入画,诗中有画,"着壁成绘",也就出现了很多以《九歌》为题材的绘画作品。

最早以《九歌》入画的,是北宋杰出的画家李公麟。《宣和画谱》称其"平生所长,其文章则有建安风格,书体则如晋宋间人,画则追顾、陆,至于辨钟鼎古器,博闻强识,当世无与伦比"。[84]在文学艺术上有多方面的成就,而尤以画称,于人物、牧马,皆其擅长。

李公麟的绘画,境界甚高。他曾自谓:"吾为画如骚人赋诗,吟咏情性而已。奈何世人不察,徒欲供玩好耶!后作画赠人,往往薄着劝戒于其间,与君平卖卜谕人以祸福,使之为善同意。"[85]且其作画,"深得杜甫作诗体制,而移于画。如甫作《缚鸡行》,不在鸡虫之得失,乃在于'注目寒江倚山阁'之时。公麟画陶潜《归去来兮图》,不在于田园松菊,乃在于临清流处。甫作《茅屋为秋风所拔叹》,虽衾破屋漏,非所恤,而欲'大庇天下寒士俱欢颜'。公麟作《阳关图》,以离别惨恨为人之常情,而设钓者于水滨,忘形块坐,哀乐不关其意。其他种种类此。"[86]既能得诗人之意,又能寓以己意,有所寄托,故李公麟画《九歌图》,也必能会骚人之意,在某种程度上再现《九歌》诸神的形象,而借以寓己内心忧怨之情。惜李公麟的《九歌图》,今已不可见。然后人临之者甚多。如元代画家赵孟頫、张渥、钱舜举等。此举张渥所绘《九歌图》(今藏吉林省博物馆),以见其大概。

此画笔触流畅飘逸,纯用白描手法,便得之李公麟。明张丑在《清河书画

㉘ [唐]殷璠:《河岳英灵集》卷上,附于李珍华、傅璇琮撰:《河岳英灵集研究》,中华书局,1992年,第148页。
㉙ [宋]佚名:《宣和画谱》卷七,影印文渊阁《四库全书》,第813册,第109页。
㉚ 《宣和画谱》卷七,第109页。
㉛ 《宣和画谱》卷七,第108—109页。

舫》中把李公麟的《九歌图》列为神品，跋云："余不佞，未能窥画学之奥，而愿为检法执鞭者，则以《九歌图》卷板实中有风韵沉着，内饶姿态，其间山水、树石、人物、屋宇，形形色色，事事绝伦。非胸襟丘壑、汪洋如万顷波，胡能为此擅场之笔？"[87]

我们当然不能以后例前，从后人所画《九歌图》而推断《九歌》乃观壁画而作，然《九歌》本身具有的鲜明的绘画性，既很显然，其最初的创作或由图画而起，也绝非毫无理由的臆断。

明末陈洪绶有《九歌图》，也是精心构思之作，然系其早年所画，笔力稍弱，风格也与宋元人不同，倒是他的《屈子行吟图》，能写出屈原行吟泽畔，形容憔悴，忧心忡忡的形象，后世传播甚广。

清初萧云从又有《离骚全图》，自云："吾尊《骚》于经，则不得不尊《骚》而为图矣。"[88]因推崇《楚辞》，而撰为图画，在前人《九歌图》的基础上，扩大到《离骚》《天问》《九章》等篇，并附《楚辞》原文，图文并茂，足为读《骚》之助，为时人所称，镌刻流传亦广。

后世的《九歌图》，与本文所论《九歌》是屈原观壁画所作之间，虽并无必然联系，然后人心目中诸神的形象，却因此而得以鲜明起来。

七、结语

清四库馆臣在论及《天问》时曾说："楚辞之兴，本由图画而作。"[89]其所论虽是《天问》，然是否也可推衍到《九歌》呢？近人刘师培在《古今画学变迁论》一文中也说道："古人象物以作图，后世按图以列说。（略）若夫所绘之事，亦贵征实。盖古代神祠，首崇画壁。《周礼·春官》云：'凡有神祀者，掌三辰之法，以犹鬼神祇之居，辨其名物。''犹'训为图。复言'辨其名物'，则神祠所绘，必有名物可

---

[87] ［明］张丑：《清明书画舫》卷八上，影印文渊阁《四库全书》，第817册，第302—303页。

[88] ［清］萧云从《离骚图序》，《钦定补绘萧云从离骚全图》卷首，影印文渊阁《四库全书》，第1062册，第497页。

[89] 《钦定补绘萧云从离骚全图提要》，见是书卷首，《四库全书》第1062册，第499页。然至纪昀删定提要稿，即改作："是《天问》一篇，本由图画而作。"（［清］《四库全书总目》卷一百四十八《钦定补绘萧云从〈离骚全图〉提要》，中华书局，1965年，第1268页）

言，与师心写意者不同。楚词《九歌》《天问》诸篇，言多诙诡，盖楚俗多迷，屈赋多事神之曲，篇中所述，其形态、事实，或本于神祠所图绘。"⑨刘师培先生所说的"或本于神祠所图绘"是否成立呢？本文作了上述推测。这一推测能否成立，当然可以再讨论，然它或有助于学界对《九歌》的进一步理解，则是我们所希望的。

《九歌》既然是屈原观楚"先王之庙及公卿祠堂图画"而作，那么，这一组题写"天地山川神灵"的诗歌，就恰好与书写"古贤圣怪物行事"的《天问》一起，构成了一个完整的楚国古史和诸神的体系，也构成了一个融合南北的楚文化的体系。这一体系源于夏、商时代的文化，与中原等其他地区的文化同源同根，而又有着自身的鲜明特点。这里我们要特别指出的是，不意这一文化，竟是通过楚先王之庙和公卿祠堂内壁画的方式而得以展现，并在屈原的楚辞创作中得以长久地保存和传播的。由此，或可使我们对《楚辞》的研究、对图像的作用及其与文学的关系的认识得以深化，使我们对楚文化和中国早期思想文化的形成和演进，有更进一步的理解。

【巩本栋　南京大学文学院教授】
原文刊于《中国文化》2019 年 01 期

---

⑨　刘师培：《左庵外集》卷十三，《刘申叔先生遗书》第 53 册，1923 年宁武南氏印本。刘师培此处疑《九歌》"或本于神祀之所图绘"，然在《舞法起于祀神考》一文中又说："《九辩》《九歌》，殆亦歌舞相兼之乐。"（《左庵外集》卷十三）

《盐铁论》的结构分析与臆造问题

赖建诚

【内容提要】本文把《盐铁论》内 59 篇的内容,以篇名为单位分成经济问题、社会问题、政治问题、意识思想、匈奴问题、相互讥讽等六类,制表分析后得到一项结构性的观察:谈论经济问题的篇数只占 12%,而与意识形态争执(儒法对立)相关的篇数最多,将近占了全书的三分之一。然后根据这个结构分析表,列举四项理由说明《盐铁论》内的 42—59 篇有可能是桓宽所拟,而非据会议实况推衍增广的。或曰:以篇为单位的归类未免过于粗松,恐导致错误推论。附录内的表 2 改以段落为单位,各类问题的结构也因而变动,但整体而言并未能推翻前论。

一、前言

1.问题的本质

西汉昭帝始元六年(前 81 年),帝诏承相田千秋与其下属(承相史),以及御史大夫桑弘羊与其下属(大夫),代表朝廷来和代表民间的儒生(文学、贤良)六十余人,辩论盐铁酒专卖以及均输平准等措施的存废。

作者桓宽在西汉宣帝时举为郎(皇帝的侍从官,前 71—前 49 年),后任庐江太守丞(生殁年待查)。据史书载,桓宽根据辩论的会议记录,推衍增广整理成《盐铁论》(成书年待查),内分十卷六十篇。此书虽以西汉中期以前的经济政策为主题(尤以盐铁应为公营专卖或开放民营为核心),但亦涵盖国防(匈奴)以及贫富、奢俭、重农抑商等多项政治与社会性的问题,所以这是一本了解西汉社会经济问题的重要文献。

依现代的经济概念来看,由于武帝大展疆界,与匈奴多次大战,劳民伤财,他想借平准均输同时达到两项目标:第一是控制全国的经济资源,以便帝国统治,并提供军事物资粮饷;第二是借盐铁专卖来增加税收,以应付行政与救灾的开支。这样的做法,必然加强了官僚体系的权威,图利了和他们勾结的大工商富豪;而百姓的生活负担更重(盐铁价高),贫富差距扩大,使社会阶级更明显,对立更尖锐。

用经济发展的术语来说,由于向外扩张经济的可能性小(无海外市场与殖民地),所以必须采内生式的经济成长策略,从提高内部的经济效率着手。武帝(桑弘羊)的具体做法,就是以政府的力量,透过均输法来互通各地之剩余与不足,发挥各地区特产上的比较利益,提高国内市场的规模与效率。同时也用平准法,以政府的力量逢低买入逢高售出,一方面可获利,另一方面可以维持各地区的基本经济需求。

在国防经费透支、武帝的性格是外扩型的两项限制下,我也想不出比平准均输、盐铁专卖更好的财政手段。甚至到了北宋王安石的市易法也是这样设计的,可见在这样的帝国经济规模与特质(边患)下,这种构想是贯穿时代性的,必然会一而再地被提起和执行。这是由于中国历代帝国的规模与体制相似、边防开支负担甚重、国家财政困难,所以在无法往外扩张经济势力,无法突破既有经济格局的限制下,只好在内部更深苛地榨取民间资源,以政治之力与民争利。这项特质在中国经济史上是贯穿性的现象,从秦汉到明清都曾以不同的面貌出现过不同程度的盐铁平准均输之争,起因类近,败因也雷同。

2.前人研究

《盐铁论》成书二千年来,注释本不知凡几,详见林平和《盐铁论析论与校补》(台北文史哲出版社 1983 年版)第三章中所列比较历代各种校本的优失。

目前最完整的集注本,是王利器《盐铁论校注(定本)》(北京中华书局《新编诸子集成》第一辑,1992),分上下两册,汇集诸家注释本之异同,上百注的篇数甚多,在阅读与对比上提供了很大的便利。

两千年来的校注者,大都把精力投入训诂辩辞上,较少分析此书内的各项经济与社会问题;较常见的方式,是把这方面的见解融入简短的注文中。目前只见到一本以社会经济问题为取向的专书,分析《盐铁论》内所提到的诸项问题:影山刚《中国古代の商工业と专卖制》(东京大学出版会,1984,其实也是论文集,其中以第五至十章与盐铁专卖主题相关)。

这一类不以训诂为取向的单篇论文并不多,在中文方面,可在江苏古籍出版社 1992 年出版的《中国古籍整理研究论文索引:清末至 1983》内的第 271—272页找到十篇左右;另外在林平和《盐铁论析论与校补》内第 80—85 页也收集了中日文的单篇研究文献书目 36 篇。若除去重复、简介性的文章,从民初至今约八十年之间,真正属于研究《盐铁论》社会经济问题的论文,竟然不出 40 篇。而其中较有分量的,是徐复观 1975 年撰写的《〈盐铁论〉中的政治社会文化问题》,他的优点是:包含的层面最广,每个子题都有相当的析论,所以篇幅甚长(收在《两汉思想史论》卷三,第 117—216 页)。在此之后即少见这个取向的论文出现,也尚未闻有超越此文的作品。

3.分析角度

虽说前述的研究多着力于《盐铁论》的训诂与释义,较少投入其中的单一社会经济或政治文化性问题,但这些以问题为取向的研究(例如匈奴问题、贫富问题),也多少都被处理过了,若要再进一步的研讨,就要对每个子题做更深的理解,所牵涉的层面也较广杂,且各子题之间(如两汉政治与贫富问题)必然难以明确切隔。所以本文不拟触及训诂考证面(非所长),也不触及社会经济政治国防问题(子题过多,相互牵扯,不易更深入),而是取两个前人尚未探索的角度,来分析《盐铁论》的结构与臆造问题。

第一个角度是分析《盐铁论》内各篇的结构,我把本书的 59 篇依性质分成六类,统计各类篇数的分布情形。在制表分析之后,得到一项观察:谈论经济问题的篇数,在比例上最低(7/59),而意识形态(儒法之争)的则将近三分之一

（19/59）。所以，盐铁之议是名目上的，隐含在背后的是对政治权力与经济政策路线的争执。

第二个角度是讨论 42—59 篇是否为桓宽所臆造。姚鼐曾有过疑问，但证据不足。在第三节里，根据表 1 的结构分析，提出四个论点来推论 42—59 篇是否为桓宽所臆造，结论是倾向于支持姚鼐的观点：后半部很有可能是桓宽所杜撰。

本文的探讨角度，不属于任何学门的专业性分析，也不是从某个特定的学派（儒或法）来判断，而是纯就原书的结构来分析，透过表格的制作，可以把结果一目了然地呈现出来。整体说来，在分析手法上与前人的研究相异，是属于解剖性的论证。

二、结构分析

表 1 的分类判准是依各篇的主调来判断。主要的困难在于有许多篇包含了好几个子题，例如《本议》就含有社会性与经济性的主题，但其主调是在争议盐铁是否应该公营专卖的经济政策问题，所以在此就归在经济问题那一栏内。当然，有些篇难以明确归类，例如《通有》，依主题看这是个讨论商业的题材，而究其实质，还是在路线上争论应否重农抑商，这是一个先秦就已争论多次的老问题，因此把它归在意识形态思想性那一类里。

此外，全书 59 篇中可散见相互讥讽的部分，徐复观举了不少例子[①]，表 1 内只举了 8 篇，是因为这个现象在这几篇内特别明显。还有少数几篇的主题不够清晰，例如《论菑》虽以论天人之间的自然关系起头，双方相互讥讽，文学劝当政者勿违天道逆势而行，但要点在第六段：勿用严刑。所以本篇虽以论菑为题，实以宽民为旨，且与下篇《刑德》衔接起来。因此，《论菑》就归在意识思想类内。同样的，《刑德》虽是谈法律与政治方面的题材，但在思路上与用语上是儒法双方的路线争执，所以也归在意识思想类。

---

① 徐复观：《〈盐铁论〉中的政治社会文化问题》，《新亚学报》（11 卷下）1975，收入《两汉思想史》，卷三（1979），第 117—206 页。

表1 主题分类(以篇为单位)

1	2	3	4	5	6
经济问题	社会问题	政治问题	意识思想	匈奴问题	相互讥讽
01 本议	13 园池	07 非鞅	03 通有	12 忧边	10 刺复
02 力耕	29 散不足	09 刺权	05 禁耕	16 地广	18 毁学
04 错币	30 救匮	28 国疾	06 复古	38 备胡	20 相刺
14 轻重	34 后刑	33 疾贪	08 晁错	共 3 篇(7%)	21 殊路
15 未通	共 4 篇(10%)	37 崇礼	11 论儒		24 论诽
35 授时		39 执务	17 贫富		26 刺议
36 水旱		41 取下	19 褒贤		27 利议
共 7 篇(17%)		共 7 篇(17%)	22 颂贤		40 能言
			23 遵道		共 8 篇(20%)
			25 孝养		
			31 箴石		
			32 除狭		
			共 12 篇(29%)		
以上是 1—41 篇的结构					
以下是 42—59 篇的结构					
			53 论邹	42 击之	
			54 讼蕾	43 结合	
			55 刑德	44 诛秦	
			56 申韩	45 伐功	

续表

1	2	3	4	5	6
			57 周秦	46 西域	
			58 诏圣	47 世务	
			59 大论	48 和亲	
			共 7 篇(38%)	49 徭役	
				50 险固	
				51 论勇	
				52 论功	
				共 11 篇(62%)	
总共 7 篇	总共 4 篇	总共 7 篇	总共 19 篇	总共 14 篇	总共 8 篇
(12%)	(7%)	(11%)	(32%)	(24%)	(14%)

这样的分类难免有主观认定的成分,而不是绝对的标准。虽有此缺点,但这么做的好处,是可以更明白地看出本书 59 篇的结构与特质。从表 1 可以看到,本书所涵盖的主题大约可分为六类,若各类的篇数可以代表其重要性的话,本书的经济性比我们想象的低很多(12%左右);匈奴问题所占比例,依西汉匈奴问题的严重性来看,也未免太少:在前 41 篇当中只占 3 篇,远少于相互讥讽的篇幅(8篇)。全书 59 篇中社会性(5 篇)和政治性(6 篇)的议题,两者相加起来(共 11篇)还比不上意识思想性的篇数(19 篇)。

这样的结果一方面有点出乎意料:本书以盐铁专卖为主议题,但在破题之后,虽然沿着主题进行了一阵子(卷一内的六篇,从篇名上看来都是经济性的),但在各篇的内容上,却已经开始偏离主调,在经济与社会性的题材上,大量的运用意识/思想性的语言,各自引经据典与前朝史例,相互攻诘对方在路线上的错误,以及基本概念上的错失。

这个表格虽是我个人主观的分类,但也是逐篇分类之后,才确定有此结构性的特质:以盐铁为名,行儒法之争。桑弘羊在武帝时权极一时,配合武帝的扩张性政策,居功甚伟;昭帝即位不久(六年),即召开盐铁会议(霍光主政),敏感的桑弘羊应心知昭帝(与霍光)之意,况且帝诏贤良文学与丞相御史对诘,帝意甚明。会议后一年(昭帝元凤元年,前80年),桑弘羊以谋反罪被杀应非意外。在《非鞅》篇内,桑弘羊尊商鞅之策,而文学则以商鞅终难免"车裂族夷,为天下笑"为警告,在250年之后,桑弘羊步上了商鞅的后尘。

三、臆造问题

全书60篇内,除了《杂论》是作者桓宽的"跋"(记载编著此书的经过、参与者以及桓宽对盐铁会议的人与事之评论),其余59篇大约可分成两个阶段。第1—41篇可称为本论,因为主题是在争论是否要"罢盐、铁、酒榷、均输"(《本议》);到了《取下》最后的结论是:"请罢郡国榷酤,关内铁官。"皇帝(一说是丞相)批准了这项结论,所以主题到此告一段落。

42—59篇,依姚鼐的见解:"……四二篇以下,乃异日御史大夫复与文学论伐匈奴及刑法事,此殆尤是桓之设言。"[2]这句话说了两件事:(1)42—59篇的主题移转为匈奴与法律问题,与盐铁本议无涉,所以是"余论"而非主论;(2)这18篇是桓宽臆造的。

主题转移是有目共睹的事实,在表1的下半部也可以很清楚地看到:本书下半部的18篇中,国防问题占了11篇、刑法问题(透过儒法理念来争辩,因此归在意识思想类内)与意识思想问题(如《申韩》《诏圣》)占了7篇,经济问题、社会问题、政治问题、人身攻击等则全未涉及。所以表1证实了姚鼐的第一项论点:本书下半部是余论而非主论。

而42—59篇是否为桓宽臆造则较易引起争辩。姚鼐的论点刊在他的《惜抱轩文后集》卷二《跋盐铁论》[3]。姚鼐评《盐铁论》冗长不实:"其明切当于世,

---

② 王利器:《盐铁论校注》(定本),中华书局,1992年,第471页。
③ 收录于王利器《盐铁论校注》一书第802—803页。

不过千余言，其余冗蔓可削也。……（桓）宽之书，文义肤阔无西汉文章之美，而述事又颇不实，殆苟于成书者与！"冗长的部分，读此书的人大都有同感。而不实的部分，姚鼐的证据是：《击之》的开头说"贤良、文学既拜，咸取列大夫，辞丞相、御史"。姚鼐认为西汉时的贤良与文学很不容易取列为大夫，证据是："按汉士始登朝，大抵为郎而已，如严助、朱买臣对策进说，为中大夫，乃武帝不次用人之士，岂得多哉？昭帝时，惟韩延寿父死难，乃自文学为谏大夫，魏相以贤良对策高第，仅得县令，其即与此对者，固未可决之。要之，无议盐、铁六十人取大夫之理，此必宽臆造也。"他的论点是：文学朱买臣能当大夫是武帝破格取用，贤良韩延寿对策高第，也只能当县令，参加盐铁会议的六十多位文学与贤良，怎可能"咸取列大夫"？

姚鼐据此认定42—59篇为桓宽臆造。但照理西汉的桓宽应比清朝的姚鼐更明白汉代的官位伦理，怎会犯这种幼稚性的错误？"咸取列大夫"的确实意思又是什么？并不够明确。我认为很难单凭此点来论断42—59篇为桓宽所臆造，以下提出我对这个臆造问题的看法。

第一是双方代表人物方面的问题。如果是官方正式的会议，怎会在42篇开头说"辞丞相、御史"，而只剩文学、贤良、大夫三方？42—59篇中的主要对话者是大夫与文学双方，直到《刑德》倒数第二段时御史竟然出现了，之后的《申韩》《周秦》《诏圣》也都是以御史主问，由文学应答，到了《诏圣》的最后及《大论》时才又由大夫主导。这和《击之》所说的"辞丞相、御史"不合：既已辞御史，为何御史又出现？此外，贤良在42—59篇中全未出现。总之，御史实未辞，而贤良虽未辞，但亦未赞一词。若说这是官方的会议，在形式上也奇怪；说是桓宽臆造，也不无可能。

第二是主题方面的问题。盐铁会议的主题在《取下》时已有结论："罢郡国榷估、关内铁官"。主题至此已毕，为何要另日再有42—59篇之议？况且42—59篇的主题（见表1）在1—41篇中也都已论过，何必在42—59篇中重复？若要再论，何必"辞丞相、御史"？再说，42—59篇并未得出具体政策性的结论，也毫无经济方面的主题（见表1）与本书的名称《盐铁论》不符。

第三是匈奴问题。或曰：本书虽以盐铁之议为题，然盐铁官卖的根源问题,是由于匈奴边患导致国防支出过高,所以与匈奴相关的国防问题才是前提性的主题。1—41篇中若以经济、社会、政治问题为主,42—59篇转以匈奴问题为主,两者是相贯通的。反论:若国防问题为首要,何以在全体出席争辩的1—41篇中才只占三篇,反而在"辞丞相、御史"之后,在42—59篇中大论特论(11篇)?且匈奴问题在武帝晚年时威胁大减,昭帝霍光主政时匈奴问题的重要性大减,所以在1—41篇的"主论"内,只有三篇谈匈奴问题,这么低的比例(3/41)和当时的实情较吻合;42—59篇中的高比例(11/18)反而违反当时的问题优先顺序。再说,1—41篇中谈论匈奴问题的篇名都是防卫性的:《忧边》《地广》《备胡》,这和昭帝时对匈奴采取防守和平的路线相符;而42—59篇的篇名则较积极主动,例如《击之》《伐功》,这和1—41篇的立论在气息上大异;若42—59篇为桓宽所拟,则有可能是桓宽时(宣帝)的匈奴问题再度吃紧所致[《汉书·宣帝纪第八》本始二年(前72)夏之后,"匈奴数侵边,又西伐乌孙。……凡五将军,兵十五万骑,校尉常惠持节护乌孙兵,咸击匈奴。"]。所以,恐是桓宽写书时对匈奴问题另有切肤之感,在42—59篇中大幅的托事立书。

第四是内容的顺序问题。表1依六大主题分类,每类内的篇序参差不齐,以经济类为例,《本议》《力耕》《错币》是盐铁会议的经济性主题,排在前面是合理的,之后就跳到《轻重》《未通》,之后到《授时》《水旱》才再出现,中间差隔甚远,这种顺序跳跃的情形在其他五类中都可见到。而42—59篇中,篇序则相当井然整齐:42—52篇连续的都是与匈奴相关的题材;在意识思想类内也同样:53—59篇连续。若此表的分类大致可信,由于当时会议激辩,偏离主题的情况时常出现,所以在1—41篇内的顺序自然会参差不齐。42—59篇的秩序未免过于井然,较像是个人作品的推理。此外,在1—41篇中激烈人身攻击的部分,在42—59篇中竟然不见了,这通常是单一作者抑压激情转化为理智语言的结果,而非政治对立双方的常态。

从以上的四点,我大概可以推论1—41与42—59篇是不连续的,下半部很可能就是桓宽自己的"续论"。以下第五点是旁证的性质,非我所专长,而是根据他人的说法来推论的。

第五，从文体与内文的角度来论证《盐铁论》的作者问题。山田胜美在这方面投入最多心力,也甚有见解。④ 他从《盐铁论》内找出六十多处引用《公羊春秋传》之处,这和《汉书·列传》卷六十六列传三十六说桓宽"治《公羊春秋》"是相符的,这是"在《盐铁论》后半部分到处可见的现象";此外,常见到的不仅是《公羊传》,《穀梁传》的踪影也可见到。总之,春秋学的影子在后半部中相当明显,而在1—41篇中则少见,隐指后半部桓宽推衍增广之处不少。山田的其他论点包括:从《盐铁论》所引管子用语,断定作者不只桓宽一人。但整体而言,他并未断定此书后半部是否为桓宽所臆造。

徐复观说辩论"两方皆多次引用《史记》"⑤。他的论点是:"若史公死于武帝后元甲午,距始元六年(盐铁会议)仅六年",《史记》在司马迁死后六年即被朝野"多次引用",这和《汉书·司马迁传赞》所说的不符合("迁既死后,其书稍出。宣帝时,迁外孙杨恽祖述其书,遂宣布焉")。徐复观的意思是:若《汉书》所言为真,此书应在宣帝时才流传,而盐铁会议是昭帝六年的事,怎可能多次引用尚未流传的《史记》? 所以徐复观怀疑《汉书》所记"未能完全符合《史记》流传的真相"。这项推论有两个疑点:(1)徐复观未提出证据,说明两方在哪些篇中引用了哪些《史记》的语句;(2)徐复观的论文主旨是在分析《盐铁论》中的政治社会文化问题,他没有从文体与经文的角度去探讨他自己所提出的疑点。

山田的说法是:桓宽引用群经诸子的文字已是众目共睹之事,但"清儒精查后发现,引用《史记》之处意外多得惊人"。⑥ 可是,山田并未列举证据来支持此点,而只是指引性地说,可以从这个角度来区别出桓宽在《盐铁论》中推衍增广的部分。影山刚对比《史记》与《盐铁论》内文相似的部分,其中与《平准书》类近的条文有八,集中在《刺权》《复古》《本议》《错币》《刺复》内;与《货殖列传》相近的有三条,分布在《本议》《毁学》《禁耕》内。若这些证据具有代表性的话,可见引用《史记》的部分是在1—41篇的"主论"里,而不是在被疑为桓宽所臆造的

---

④ 山田胜美:《盐铁论》,明德出版社,1967年,第11—30页和第59—62页。
⑤ 徐复观:《〈盐铁论〉中的政治社会文化问题》,《新亚学报》(11卷下)1975,收入《两汉思想史》,卷三(1979),第117—206页。
⑥ 山田胜美:《盐铁论》,明德出版社,1967年,第59页。

42—59 篇内。而引用这些《史记》文句的人，几乎全都是桑大夫，其他人则未见引用，影山刚认为《史记》书当时已成，依司马迁自序的说法，是"藏之名山，副在京师"，所以桑弘羊以职务之便得以先阅；其他人则未引用《史记》，在 42—59 篇中也未见《史记》的文句。⑦

我的看法是：《史记》在昭帝始元六年时仍少流传，文学与贤良都未引用到；甚至到了宣帝时，桓宽也未用《史记》来推衍增广。所以无法从《盐铁论》内引用《史记》的文句，来判断 42—59 篇是否为桓宽所臆造。徐复观的怀疑不成立：《史记》到了宣帝桓宽之时仍未流传，《汉书》的记载是对的。

四、结论

综述以上诸点，我认为姚鼐的怀疑是有道理的，但证据不够坚实。透过表 1 的分析，我提出四点证据来推论 42—59 篇为桓宽所撰。最后的第五点是旁证性的：从内文与文体的角度来看，不支持徐复观的怀疑。另外，如前所述，山田胜美认为春秋学的影子在 1—41 篇中少见，但在后半部中则相当明显，隐指桓宽把精研的春秋学推衍增广在这部分；但我对这项论点无专业知识可供判断，只能视之为 42—59 篇是桓宽臆造的佐证。

再就 42—59 篇的内容来看，与 1—41 篇相较之下，这下半部书所提出的新论点甚少，基本上是在重复 1—41 篇的论点，饰以不同的文句而已；辞多而义寡，属于续貂之作。姚鼐说"（桓）宽之书，文义肤阔"，大部分的读者想必同意。又云："其明切当于世，不过千于言，其余冗蔓可削也。"此言或许稍过，但删去 42—59 篇必无碍主题，删去 1—41 篇内的一半文句（尤其是文学的发言部分），反较能显出"西汉文章之美"。

在此引发出另一个问题：若 42—59 篇确为桓宽臆造，那如何去推论 1—41 篇内有多少百分比是桓宽"推衍增广"进去的？真正根据盐铁会议记录文

⑦　影山刚：《中国古代の商工业と专卖制》，东京大学出版会，1984，第 395—408 页。

的部分又占多少比例？此点实难论断，但以1—41篇中文学冗蔓的发言，在文体上与42—59篇类近，恐怕桓宽在前半部中也借机畅抒己见，理由如下：若参加盐铁会议者退而记录议文，通常以记录论点为主，通观诸篇中代表朝廷的大夫与丞相发言大都针对主题，要言不烦，坚定有力，甚引读者注目。相对地，文学与贤良的言论，则显得冗长反复，在有限的论点内循环。1—41篇内这种冗长反复的文体，与42—59篇内的笔法类似，若42—59篇是桓宽所造，则1—41篇内文学与贤良的冗长言论，很可能就是桓宽推衍增广着力之处。

先秦至两汉的文人，若非有强势的原创性，大都透过注释经典来表达自己的思想，这项传统直到明清仍常可见。桓宽在《杂论》中说，是他的同乡汝南朱子伯告诉他有盐铁会议之事，"当时相诘难，颇有其议文"。桓宽抓住了这个机会，把它编纂成一项会议记录，借机在不同学派（儒法）、不同政治势力（朝野）、不同社会阶层（豪商平民）之间游走评判，这是表达自己思想千载难逢的好机会。他的做法是运用自己熟悉的古代经典，把诸项议文巧妙地连缀起来，这种手法在两汉文章中也可见到，王充的《论衡·超奇篇》在手法上就类似这样⑧。在立场上，桓宽的儒学背景和文学的发言密切配合，而桓宽冗蔓的笔调，反而害了儒生，因为丞相、大夫这边立论精简有力，而文学这边则显得迂阔反复。

附录：以段为单位的分类法

或曰：表1以篇为单位来做主题分类，未免过于粗略，因为各篇内通常包含几项不同性质的主题；若能以段为单位来分类，一方面可以避免同篇内有几项主题的困扰，另一面也可以看看是否能支持正文内的推论，或是因而会得到不同的结果。

---

⑧ 山田胜美：《盐铁论》，明德出版社，1967年，第19页。

表 2 以段落为单位的分类,旨在提供一组对照性的结构。表 2 多了一项分类:"状况描述",这类的段落并无主题,而是以开头语、结束语等描述为主,详见表 2 上的例句。这一类共有 23 段(占 7%),在 1—41 与 42—59 篇内的百分比都一样(6%)。

这种以段为分类单位的做法,在程度上必然较精密,但也引起分类上的一些困扰;例如《通有》内有六,内容全是重农抑商之争;各段的主题虽是经济性的,但主调却是意识思想性的(本末经济路线之争),所以就归在意识思想类内。这和表 1《通有》归在同一类内的原因相同。

有一项与表 1 大异之处,是 42—59 篇在表 1 内都归在匈奴问题类内,因为各篇的主调都是以匈奴问题为主。而在表 2 内的结果却大不相同,原因是这 11 篇的主调虽是国防问题,但有许多段落是牵扯到国内的政治问题,所以就把这类的段落归在"政治问题"这一类内,共计 22 段(见此栏内的 42:3 到 52:6),这占了这栏内 30 段的 22 段(三分之二)。换句话说,若以篇为单位来分类,这三分之二是应该归在匈奴问题类的。换个角度来说,42—59 篇内与政治问题相干的段,大多是附在匈奴问题上来讨论的。真正以国内政治问题为主题的段落,反而只占三分之一。

有几件事在表 1 与表 2 内是相同的:(1)经济问题与社会问题这两类在 42—59 篇内都没出现;(2)匈奴问题类内,两个表都呈现同样的结构:1—41 篇内谈此问题的篇数和段数,都远少于 42—59 篇,确定匈奴问题在正式的会议上(1—41 篇)以及"会议后"(42—59 篇)的比重是颠倒的。

有两项不同:表 1 内的政治问题类在 42—59 篇内未出现,而在表 2 的 42—59 篇内则出现 30 段(占 33%)。就算与匈奴相干的政治问题不算,也还有 8 段是政治属性的(集中在《刑德》,共 6 段)。这牵涉到分类的判准:虽是讨论刑罚问题,但主要是用仁义/刑名、儒家/法家的德治/刑法观在相互辩驳。若把这类段落归在意识思想类(与表 1 同),再把与匈奴相关的政治问题归到匈奴问题的话,表 2 内 42—59 篇的政治问题就只剩下两段了。所以,这种以段落为分类单位的做法,更会因为认定上的差异而造成结构上的大不同。

整体而言,以篇和以段为单位的分类法,在经济问题、社会问题、意识思想、相互讥讽这四类上,基本上是类似的。匈奴问题在表 2 的 42—59 篇中,虽然在段数上较少,但如前所述,那是因为被政治类分掉了一大部分。表 1 与表 2 最大的差异在于政治问题这一类上,也就是说,以段为单位的分类法,较能突显《盐铁论》内政治议题的重要性,这是在表 1 内未能观察到的,也是表 2 最重要的新义。

以下验证本文的主题:从表 2 的结构是否也能推论 42—59 篇是桓宽所臆造?在正文的第三节内以四个问题来推论。

第一是双方代表人物的问题。因为表 2 与此问题无关,不会产生反论,故维持原论。

第二是主题方面的问题。即以盐铁政策为主议题,而表 1 的 42—59 篇内竟毫无经济性的题材,可见与本书主旨不合。我们从表 2 内也得同样的观察,所以维持原论。或曰:在《取下》的最后两段已确定不罢盐铁专卖,而只罢郡国榷沽和关内铁官,此事已决,自然无必要在 42—59 篇重提。反论:若 42—59 篇是众人在会后再议,怎会对不罢盐铁这么重要的事毫无评论?且对社会问题一概不提?很有可能是:若 42—59 篇为桓宽所造,表 1 与表 2 的下半部正好显现出桓宽的主要关怀:政治问题、意识思想、匈奴问题。经济与社会问题不是他的主要关怀。

第三是匈奴问题。原论是说:在 1—41 篇内匈奴问题的比重不高,为何在 42—59 篇内匈奴问题反而重要起来了?那很可能是因为会议当时(始元六年)的匈奴问题不严重,而桓宽著书时(约在会议后十年),匈奴问题再度严重,桓宽才大幅托事立言。这项推论的要点在于 1—41 与 42—59 篇内匈奴问题的篇幅比重前轻后重,这个现象在表 1 与表 2 内都一样,所以原论有效。

表 2　主题分类(以段为单位)

1.表中的数字,如 23:7 表示第 23 篇《遵道》的第七段。

2.各篇的段落是根据王利器(1992)校注本的分段。

3.表中的"状况描述",是指例如 30:4"大夫勃然作色,默而不应";41:4"公卿愀然,寂若无人。于是遂罢议止词"。这类无主题舆论点的状态描述、开头语、结束语。

1	2	3	4	5	6	7
经济问题	社会问题	政治问题	意识思想	匈奴问题	相互讥讽	状况描述
1:2;1:7;1:9;1:10;1:11;1:12;2:1;2:3;4:1;4:3;4:4;4:5;4:6;5:1;5:2;5:3;5:4;13:1;14:1;14:2;14:3;14:5;15:3;15:4;15:5;29:6;35:4;35:5;35:6;36:1;36:2;36:3;36:4;36:5;36:6;41:4 共36段(14%)	13:2;15:7;15:8;17:1;29:7;29:8;29:9;29:10;29:11;29:12;29:13;29:14;29:15;29:16;29:17;29:18;29:19;29:20;29:21;29:22;29:23;29:24;29:25;29:26;29:27;29:28;29:29;29:30;29:31;29:36;30:1;34:1;34:2;35:3 共34段(13%)	7:1;7:2;7:3;7:4;7:5;7:6;7:7;7:8;7:9;7:10;8:1;9:1;9:2;9:3;9:4;10:5;11:1;12:1;12:2;14:4;14:6;15:1;15:2;15:6;16:1;16:2;16:4;20:2;20:4;28:1;28:5;28:6;29:5;29:32;29:33;29:34;29:35;29:38;33:1;33:2;35:1;35:2;37:1;37:4;39:1;41:1 共46段(18%)	1:4;1:6;1:8;2:2;2:4;2:5;2:6;3:1;3:2;3:3;3:4;3:5;3:6;4:2;6:1;6:2;6:3;6:4;8:2;10:4;11:2;11:4;11:5;11:6;12:3;12:4;12:5;12:6;16:6;17:2;17:5;17:6;19:1;19:2;19:4;20:5;20:6;20:7;20:8;21:2;21:4;21:6;22:1;22:2;22:4;23:4;23:5;23:7;25:1;25:2;25:3;25:4;25:5;25:6;25:7;26:1;29:2;29:37;31:2;32:1;32:2;33:3;37:2;39:2;41:2 共65段(26%)	1:3;1:5;16:3;38:1;38:2;38:3;38:4;38:5;38:6;38:7;38:8 共11段(4%)	10:1;10:2;11:3;16:5;17:3;17:4;18:1;18:2;18:3;18:4;18:5;18:6;19:3;19:5;19:6;20:1;20:3;20:9;20:10;20:12;21:1;21:3;21:5;22:3;23:3;23:6;24:1;24:2;24:3;24:4;24:5;24:6;24:7;26:2;27:1;27:2;27:3;27:4;27:5;28:3;28:4;29:1;30:2;30:3;31:1;33:4;37:3;40:1;40:2 共49段(19%)	1:1;10:3;11:7;13:3;15:9;20:11;23:1;23:2;26:3;28:2;29:3;29:4;29:39;30:4;38:9;41:3;41:5 共17段(6%)

1	2	3	4	5	6	7
以上是1—41篇的结构共258段(73%)						
以下是42—59篇的结构共92段(27%)						
		42：3；42：4；42：5；43：4；43：6；44：1；44：2；47：2；48：4；49：1；49：2；49：3；49：4；50：1；50：2；50：3；50：4；50：5；50：6；51：1；52：4；52：6；55：1；55：2；55：3；55：4；55：6；55：7；56：1；57：1 共30段(33%)	47:4;47:6;51:2;51:4;54:2;54:3;54:4;56:2;56:3;56:4;56:5;56:6;57:2;57:3;57:4;58:1;58:2;58:3;58:4;58:7;59:3;59:4;59:6 共23段(25%)	42：2；43：1；43：2；43：3；43：5；44：3；44：4；45：1；45：2；46：1；46：2；46：3；46：4；47：1；47：3；47：5；48：1；48：2；48：3；51：3；52：1；52：2；52：3；52:5 共24段(26%)	53:1;53:2;54:1;54:5;54:6;58:6;59:1;59:2;59:5 共9段(10%)	42：1；55：5；58：5；59：7；59:8;59:9 共6段(6%)
总共36段(10%)	总共34段(10%)	总共76段(22%)	总共88段(25%)	总共35段(10%)	总共58段(16%)	总共23段(7%)

第四是内容的顺序问题。原论是表1上半部各项问题的篇顺呈不规则跳跃，而在下半部内却井然有序。或曰：下半部有可能是"会外之会"，因为文学与贤良来自全国各地，正式的会议结束后，有些人留下来继续争论，这些人把会外之会的发言也记录下来，桓宽把这些资料搜集之后，再托词说"贤良文学既拜，咸取列大夫，辞丞相、御史"（42:1），然后写成42—59篇。这项说法的用意是要推论说：42—59篇并不一定是桓宽臆造，而只是根据会外之会的记录推衍增广的，所以42—59篇有可能是当时参加会议的人私下的辩论记录，虽然不是官方

会议,但也不是桓宽所虚拟。

这项说法也有可能性,因为 42:2 一开始大夫就说:"前议公事,……"或许隐指以下所说的不是"公事"。若这种会外之会的说法成立,那么参与者应比正式会议时更无拘束,发言也更自由更激烈。所以要反驳这项说法,可以从三个问题上来看:第一,表 2 的下半部是否也呈现秩序井然的现象?第二,既属较自由性质的会外之会,那么表 2 下半部的"相互讥讽"类,应该会比上半部的比例高。第三,若是会外之会,为何把御史扯进来(见 55:6;56:1;56:3;56:5;57:1;57:3;58:1;58:3 等八段)?对第一问题的回答是:表 2 下半部不易看出"秩序井然"的现象,因为以段落为单位来分类,在本质上就有主题内容较参差零散的分布现象。然而在这种较不井然有序的外观之下,仍有不少段落是连续性很高的。在政治问题内有:(1)42:3;42:4;42:5 等三段;(2)50:1—50:6 等六段;(3)55:1—55:7 等六段。在意识思想类内有:(1)56:2—56:6 等五段;(2)57:2—57:4 等三段;(3)58:1—58:4 等四段。在匈奴问题类内有:(1)43:1—43:5 等四段;(2)46:1—46:4 等四段;(3)48:1—48:3 等三段;(4)52:1—52:5 等四段。虽然有这些佐证,但整体而言表 1 内秩序井然的疑点在表 2 内已不够明确,所以这一点置疑。

第一点是会外之会既较自由,何以反而较少见相互讥讽的情形?表 1 的上半部有八篇的主要内容是在相互攻击,而下半部则全无。而在表 2 的下半部里,相互讥讽的部分有 9 段(占 10%),相对于上半部的 49 段(占 19%)。总体而言,虽然表 2 的下半部出现了表 1 所未见的相互讥讽,但在比例上仍比在正式会议中少,这是较不合情理的事。第二是御史是否出席会外之会的问题,这和 42:1的描述矛盾,前已述及不再重论。

综上所述,以表 2 来检验这第四个问题内的两个子题,所得到的结果是:(1)秩序井然的现象大幅减弱,但并未到推翻"秩序井然说"的程度,因为仍有不少主题连续性的段落。(2)从相互讥讽的角度来看,前论认为这有可能是"单一作者抑压激情转化为理智语言的结果,而非政治对立双方的常态",这个论点似乎仍然可以成立。

总结:在以上的四个问题内,从表 2 的结构并无法对前面的三个问题提出有效的反论。至于第四个问题,可分为两个子题来看:(1)表2确实对其中的"秩序井然论"提出了不同的观察;但表2仍可看出双方在态度上却是违反争论常态,相互讥讽的情况反而比正式会议要少。所以,以段为单位的分类方式,并未能推翻正文中以篇为单位所得到的结论:42—59篇有可能是桓宽所虚拟臆造的。

【赖建诚　台湾清华大学经济系教授】

原文刊于《中国文化》1996年02期

《西京杂记》的作者

程章灿

　　《西京杂记》是一部很有趣、也很奇怪的书。在中国文史学界，它的知名度和使用频率都很高，然而问题和疑点亦复不少。

　　自然，这些疑问不是用几句话就能说清楚的，也许可以这样"一言以蔽之"：它的真实身世和本来面目云遮雾漫，扑朔迷离，形成了一系列困扰了人们千百年、至今也还没有完全解开的谜；而正是这些谜，渲染了它的神秘色彩，增强了它对一般读者和专业研究者的吸引力。

　　迄今为止，关于《西京杂记》的作者，至少有五种不同的说法：汉代的刘歆，东晋的葛洪，南朝的吴均、萧贲、无名氏。下面，让我们对这些说法逐一加以考察。

　　葛洪《西京杂记跋》最早提出《西京杂记》为刘歆所撰："洪家世有刘子骏《汉书》一百卷，无首尾题目，但以甲乙丙丁纪其卷数，先父传之。歆欲撰《汉书》，编录汉事，未得缔构而亡，故书无宗本，止杂记而已，失前后之次，无事类之辨。后好事者以意次第之，始甲终癸为十帙，帙十卷，合为百卷。洪家具有其书，试以此记考校班固所作，殆是全取刘书，有小异同耳。并固所不取，不过二万许言。今抄出为二卷，名曰《西京杂记》，以裨《汉书》之阙。"照此看来，刘歆是本书的原作者，葛洪只不过删录抄集为二卷，并补题了一个书名而已。似乎已无可疑。本书第51条"弹棋代蹴鞠"称刘向为家君，似乎也能证明本书的作者确是刘向的儿子刘歆。北宋黄伯思《东观余论》卷下就认为"此书中事,皆刘歆所记,葛稚川采之以补班史之阙耳。其称余者,皆歆本语"。后来,清代学者卢文弨《抱经堂丛书》本《新雕西京杂记缘起》、姚振宗《隋书经籍志考证》以及上海古籍出版社1991年出版的向新阳、刘克任《西京杂记校注》等,都相信葛洪的跋语,奉行这一说法。

然而,作为这一观点的基石的葛洪跋语果真靠得住吗?我们不能不打个问号。早在南宋时代,陈振孙就提出过疑问。《直斋书录解题》卷七传记类《西京杂记》条云:"向、歆父子亦不闻尝作史传于世,使班固有所因述,亦不应全没不著也。"其后,《四库全书总目》卷一四〇、李慈铭《越缦堂日记》卷五(1865)等书又相继提出了一系列强有力的证据,证明《西京杂记》的内容或者与《史》《汉》乖谬、互相冲突,或者荒诞不经、有悖情理。例如,据《汉书》记载,广陵王胥、淮南王安并为谋反自杀,而本书第64条、71条却说淮南王安与方士一起成仙而去,广陵王胥为兽所伤,陷脑而死。霍光妻霍显指使太医淳于衍下毒害死许皇后,事后唯恐被人发觉,根本不敢重谢他,这在《汉书》里已写得明明白白;本书第18条却说霍显大加赏赐,搞得轰轰烈烈,丝毫不避嫌疑。司马迁与李陵本无深交、更无荐举之事,后来因为替李陵兵败投降匈奴辩护,忤怒了汉武帝,被处以宫刑,出狱后官中书令,发愤著书,写完了千秋巨著《史记》,此举世所共知。《史记·太史公自序》及《汉书·司马迁传》中亦已言之凿凿,本书第130条却说司马迁"坐举李陵,陵降匈奴,下迁蚕室,有怨言,下狱死"。刘歆学识渊博,又是以汉人叙汉事,记当代这么重大的史实,竟然荒谬至此,是难以置信的。此外,如第50条"圣教"一词不会出现于西汉时代(马叙伦《读书续记》卷二),第118条所记大驾卤簿掺入了后汉魏晋的舆驾典制(沈钦韩《汉书疏证》卷三十三)等,也是《西京杂记》绝非刘歆所撰的铁证。余嘉锡《四库提要·西京杂记辨证》更以确凿的证据,详密的考辨,考定班固"《汉书》之采自刘氏父子者,仅《新序》《说苑》《七略》中之记汉事者而已";所谓"刘歆《汉书》一百卷"乃是葛洪"依托古人以自取重耳","必不可信",从而识破了葛洪的弥天大谎,从根本上推翻了刘歆撰《西京杂记》的说法。

在进行《西京杂记》译注的过程中,我们也发现了一些本书非刘歆所撰的新

证据,不妨增举四例如下:

一、本书既称刘向为家君,却不避家讳"向"字,这只能证明其作者是冒牌的刘歆。洪业《再说〈西京杂记〉》(载《洪业论学集》)只举出第 123 条"向者孤洲乃大鱼"和第 132 条"乃向所挑之妇也"两条,而遗漏了第 63 条:"向余说古时事。"

二、第 72 条根据"《记》言孔子教鲁哀公学《尔雅》",推论"《尔雅》之出远矣"。按《大戴礼记·小辨》原文作:"子曰:循弦以观于乐,足以辨风矣;尔雅以观于古,足以辨言矣。"《汉书·艺文志》云:"《书》者,古之号令,号令于众,其言不立具,则听受施行者弗晓。古文读应尔雅,故解古今语而可知也。"此即《西京杂记》所本,而子骏焉能袭孟坚,此亦足证《西京杂记》非刘歆作。

三、第 93 条称公孙弘"躬自菲薄,所得俸禄,以奉待之(宾客)",而第 35 条又谓其"内服貂蝉,外衣麻枲;内厨五鼎,外膳一肴",自相矛盾,不像是同一个作者的手笔。

四、第 97 条云:"司马迁发愤作《史记》百三十篇,先达称为良史之才。"按:《汉书·司马迁传》:"然自刘向、扬雄博极群书,皆称迁有良史之材。"则所谓"先达"就是"刘向、扬雄"。刘歆不应该称父亲为"先达",而扬雄与刘歆年辈相同,彼此又有交往,刘歆更不可能称扬雄作"先达"。这种称呼只能出自刘向、扬雄的后辈之口。

《汉书·匡衡传》颜师古注:"今有《西京杂记》者,其书浅俗,出于里巷,多有妄说。"《隋书·经籍志》史部旧事类著录《西京杂记》二卷,也不题撰人姓名。那时差不多是七世纪四五十年代。产生这种看法的背景可能是因为当时没有看到葛洪的《西京杂记》跋,更可能是虽然看到了却不肯相信。从种种迹象看来,前一种可能性几乎可以排除,因为我们注意到,"葛洪《西京杂记》"这一说法也正产生于这个时代,其根据只能是葛洪的那篇跋文。

《史记·梁孝王世家》张守节《正义》引《括地志》云:"兔园在宋州宋城县东南十里,葛洪《西京杂记》云:'梁孝王苑中有落猨岩、栖龙岫、雁池、鹤洲、凫岛。诸宫观相连,奇果佳树,瑰禽异兽,靡不毕备。'俗人言梁孝王竹园也。"这段引文见本书第 59 条。据《新唐书·艺文志》二及《新唐书·濮王泰传》,《括地志》为魏王泰命著作郎萧德言、秘书郎顾胤等编撰,历时四年,其时李泰爵位为魏王。考《新唐书·太宗纪》,贞观十年,泰封魏王,贞观十四年正月,太宗幸魏王泰第、赦长安县,免延康里今岁租赋。检《新唐书·濮王泰传》,知此次幸临在《括地志》成书、"诏藏秘阁,所赐万段"之后。可见《括地志》编撰始于贞观十年,成于贞观十三年(639)。至迟在这个时候,葛洪跋语已经露面,为人所知。颜师古和《隋书》史臣大概都很怀疑葛洪跋语中所谓《西京杂记》出于刘歆《汉书》一百卷的说法,因此在涉及本书作者时,干脆宁缺毋滥,以表明自己的审慎态度。

后来,大多数人似乎都想弄个水落石出,而不赞成阙疑的做法,他们或多或少地接受了葛洪跋语中的观点,或者由此出发作进一步的考索。宋晁伯宇《续谈助》卷一《洞冥记》后引张柬之(625—706)之言云:"昔葛洪造《汉武内传》《西京杂记》,并操觚凿空,恣情迂诞。"刘知幾(661—721)在《史通》中也屡次说到,"孟坚所亡,葛洪刊其《杂记》"(《忤时》);"故立异端,喜造奇说;汉有刘向,晋有葛洪"(《杂说》下);"若和峤《汲冢纪年》,葛洪《西京杂记》,此之谓逸事者也"(《杂述》)。晚唐段成式《酉阳杂俎·广动植篇》载葛稚川(洪)就上林令鱼泉问草木名,张彦远《历代名画记》载毛延寿画王昭君事,亦称出自葛洪《西京杂记》。《旧唐书·经籍志》和《新唐书·艺文志》在著录本书时,都称其作者为葛洪,看来他们都已有选择地采纳了葛洪跋语中的意见。无名氏作者之说刚一浮现,就被一片"葛洪"的呼声湮没了。

令人迷惑的是段成式《酉阳杂俎·语资篇》又说:"庾信作诗用《西京杂记》事,旋自追改曰:'此吴均语,恐不足用也。'"晁公武《郡斋读书志》卷二据此称"江左人或以为吴均依托为之",这恐怕有些捕风捉影。"所谓吴均语者,恐指文句而言,非谓《西京杂记》也。梁武帝敕殷芸撰《小说》,皆钞撮故书,已引《西京杂记》甚多,则梁初已流行世间,固以葛洪所撰为近是"(鲁迅《中国小说史略》)。以周楞伽辑本《殷芸小说》与本书对校,发现《殷芸小说》中抄录《西京杂记》多达十二条。余嘉锡更进一步指出,吴均(469—520)、殷芸(471—529)二人"仕同朝,同以博学知名,虑无不相识者;使此书果出于吴均依托,芸岂不知,何至遽信为古书,从而采入其著作中乎?"(《四库提要·西京杂记辨证》)总之,吴均撰《西京杂记》说是靠不住的。庾信作诗所用《西京杂记》,可能是另外一种同名的书,因为段成式在《酉阳杂俎·广动植篇》中已确定了葛洪和《西京杂记》的关系,岂能出尔反尔? 再者,假设《西京杂记》果出吴均伪撰,西晋张华《博物志》和东晋干宝《搜神记》又怎么能预先见到本书第95条、第125条等的内容呢?

南宋末年,王应麟(1223—1296)在《困学纪闻》卷十二又提出了一个新说:"今按《南史》,萧贲著《西京杂记》六十卷,然则依托为书,不止吴均也。"翁元圻注认为其"卷数多寡悬殊,当另是一书",这一辨驳是能够成立的。有人推测说,《西京杂记》后来散失严重,流传到隋唐之际,只剩下二卷了,又有人伪作了一篇跋文,嫁名刘歆和葛洪(前引洪业文)。但这种假设是站不住脚的。根据我们的考察,萧贲的年代更晚于殷芸(贲为齐竟陵王萧子良孙,死于侯景之乱中,详见《南史·齐武帝诸子传》),他作的书绝不可能被《殷芸小说》抄录。劳干《论〈西京杂记〉之作者及成书年代》(《中央研究院历史语言研究所集刊》第33本)根据本书第73条推断作者是个不谙北方地理的南方人,所以把东京邙山放到西京,因而怀疑是萧贲所作。但第73条"袁广汉园林之侈"云:"于北邙山下筑园。"① 按《长安志》卷一四引《三秦纪》云:"长安城北有始平原数百里,其人井汲巢居,井深五十丈。汉时亦谓之北芒岩。"故《西京杂记校注》认为"北芒岩即北邙山,又称北邙坂,在今自咸阳北至兴平一带,与洛阳北邙山异地同名"。由此可见,作者未必对北方地理不娴熟,更不会把东京地名误认为在西京。退一步说,汉魏以来王公贵族多葬于洛阳北邙,此山可谓名闻遐迩;六朝诗文吟咏描写此山者屡见不鲜②,以萧贲之博闻强识,焉有不知之理? 美国学者倪豪士(William H. Nienhauser, Jr)在《再论〈西京杂记〉的作者》(*Journal of American Oriental Society* 98.3,1978)一文中,根据《汉书·匈奴传》及《玉台新咏》等书,认定昭君故事中画工作祟的情节到齐梁时代才流行,因此刘歆、葛洪二人作《西京杂记》的可能性可以排除,从而把作者权断然判给萧贲。其实这一推论是很危险的。我们今天所拥有的古代文献的视野是有局限的,谁能保证我们今天看不到或未曾发现的文献中就没有材料可以证明画工作祟的情节在齐梁以前即已流行呢?

---

① 刘壎《隐居通议》卷二十九"袁广汉园池"条引此句作"于北山下筑园"。
② 《文选》卷二三张载《七哀诗》:"北芒何垒垒,高陵有四五。借问谁家坟,皆云汉世主。"东晋陶潜《陶渊明集》卷四《拟古诗》之四:"一旦百岁后,相与还北邙。"参看《全晋文》卷五十一傅咸《登芒赋》,卷八十五张载《登北芒赋》。

讨论还得回到葛洪这篇聚讼纷纭的跋语上来。我们认为,这篇跋语真假参半,《西京杂记》虽然不是刘歆作的,但它确是葛洪钞撮而成。葛洪推出刘歆作挡箭牌,自己甘心退居幕后,只充当一个钞撮编集的次要角色。《抱朴子·自叙》自言"又抄五经、七史、百家之言,兵事、方伎、奇要三百一十卷,别有目录"。(《晋书·葛洪传》曾采此说入传)《西京杂记》大约就在这"别有目录"的三百一十卷中。陈振孙《直斋书录解题》卷七说"(葛)洪博闻深学,江左绝伦,所著书凡五百卷,本传具载其目,不闻有此书",这个疑问可以消释了。

余嘉锡《四库提要·西京杂记辨证》对此作了较详密的正面论证。他的证据主要有以下几条:"《隋志》不著撰人姓名者,盖以为此系葛洪所钞。非所自撰,故不题其名",此其一;《西京杂记》中与《史》《汉》相乖谬处甚多,亦非葛洪杜撰,而是采自百家短书,皆有所本,如汉高祖为太上皇建新丰事,可能采自《三辅旧事》;太史公下狱死之说,可能钞自卫宏《汉旧仪》;第51条可能是采用《七略·兵书略·蹴鞠新书》条下之文,此其二;第46条"或问扬雄为赋。雄曰:'读千首赋乃能为之。'"此乃桓谭《新论》之文(见《北堂书钞》卷一百二,《艺文类聚》卷五十六、《意林》卷三引),"以《新论》著于后汉,既托名刘歆,不欲引之,故不言桓谭问,而改为或问。采掇之迹,显然可见"。此其三。这些证据是可以信服的。此外,第43条的情形也与第46条类似,其中有云"扬雄读书,有人语之曰",据《汉书·扬雄传》,这个人就是刘歆。作者讳言刘歆而改曰"有人",正是所谓欲盖而弥彰。

毋庸讳言,葛洪所钞撮的百家短书中确有一些可能出自刘歆所撰,如第51条、69条、72条、123条等,在抄录这些书时,葛洪故意照抄其中的称谓;对他来说,这不恰好为他在跋文中假托刘歆提供了具体的内证吗?何乐而不为呢?这可以说是葛洪设计的最得意的骗局,也最容易诱人上当。卢文弨《新雕西京杂记缘起》曾理直气壮地质问"(葛)洪奈何以一小书之故,至不惮父人之父",便是落进葛洪的陷阱里去了。但卢文弨坚持"虚文可以伪为,实事难以空造",却是极有见地的。《西京杂记》中所记秦汉旧事、苑囿器物、典章制度等,往往都能在汉晋其他文献或当代考古发现中得到印证。如第22条记汉帝送礼用珠襦玉匣,不仅与《汉旧仪》所记大致相同,而且与1968年河北满城汉中山王刘胜墓中出土的玉匣(即"金缕玉衣")形制相同。第 47 条记匡衡小名鼎,曾被颜师古斥为流俗妄说。但是,曹魏时代的张晏也说"匡衡少时字鼎,长乃易字稚圭"(《汉书·匡衡传》注引)。可见此说在汉晋时代颇为流行,非出葛洪杜撰。第 29 条所记被中香炉,与 1963 年西安窖藏中出土的卧褥香炉的实物完全相同(参见李素桢《探索〈西京杂记〉的史料》)。需要强调指出的是,葛洪据以钞撮的是百家短书、稗乘野史之类,这些书流品颇杂,其共同特点是鱼龙混杂,泥沙俱下,真伪一时难辨,因此才出现了与正史记载多有抵牾的情形。

如果我们细细研读,就不难发现今本《西京杂记》中仍然遗留着葛洪钞撮编集的若干痕迹。除了跋语之外,第 117 条末注:"弘答烂败不存",第 118 条后注"自此后糜烂不存",就是葛洪钞完后加上去的。第 65 条末"亦洪恶也"四字更显然是葛洪的批注,后遂阑入正文。姚振宗《汉书艺文志拾补》解为"洪纤"之"洪",《西京杂记校注》释"洪意"为"宏图",应当说是一种误会或曲解。

有趣的是,《抱朴子》与《西京杂记》二书间常有彼此呼应之处。例如《抱朴子》外篇《安贫》"广汉以好利丧身"与第 73 条,《抱朴子》外篇《应嘲》"公孙刑名之论"与第 81 条都能相互印证。洪业先生举出这两个例子,他的解释是葛洪先杜撰典故,然后自复征引。这里,我们还可以替洪先生增补两条例子:本书第 7 条所记神兽吉光之名又见《抱朴子》外篇《博喻》,第 119 条记董仲舒语有云"水极阴而有温泉,火至阳而有凉焰",《抱朴子》内篇《论仙》也说"水主纯冷,而有温谷之汤泉;火体宜炽,而有萧丘之寒焰"。此外,第 64 条"淮南王与方士俱去"之说亦见葛洪《神仙传》。不过,洪先生的观点我们不敢苟同,症结不在于葛洪自我作古,而是《抱朴子》《神仙传》及《西京杂记》都共同祖述一种时代更早的"百家短书"。洪先生还有一个很大胆的假设:《西京杂记》曾经沉霾多年,故六朝以旁征博引著称的几郡典籍,如裴松之《三国志注》、裴骃《史记集解》、刘孝标《世说新语注》、郦道元《水经注》等,都不曾引述本书,直至梁初,才又被重新发现,为当时的《殷芸小说》及随后东魏贾思勰的《齐民要术》引用。但事实并非如此,本书第 63 条、77 条及 125 条栾书冢一节等早已被《搜神记》卷二、卷十五引录。只是当时《西京杂记》据以钞撮的那些原书多半尚存,因此,作者们便可以经从原书引用所需资料,而不必转引并标明出自《西京杂记》。齐梁以后,原书多佚,才据《西京杂记》引录。

总之,《西京杂记》的作者既非刘歆,也不是葛洪、吴均、萧贲或者别的什么人。它实际上是葛洪利用汉晋以来流传的稗史野乘、百家短书钞撮编集而成的,故意假刘歆《汉书》以自重,以今托古,以野史杂记托之正史,可谓双重假托,其用心不可谓不灵巧,其手段不可谓不精密。余嘉锡《四库提要·西京杂记辨证》首倡《西京杂记》为葛洪编集之说。本文在余先生的基础上,以重新挖掘出来的一些证据续加考订,希望使这一论证更趋精严。

【程章灿　南京大学中文系教授】
原文刊于《中国文化》1994 年 01 期

论"汝语":一位亡国之君的谑诗

对《世说新语》"尔汝歌"的还原阐释

范子烨

　　280年（太康元年）三月，当晋朝的大军攻占石头城，当金陵的王气黯然而收，当晋武帝司马炎（265—290年在位）实现其总齐八荒、一统江山的梦想的时候，①他应该是为之四顾、为之踌躇满志的；而面对他的阶下囚孙皓（264—280年在位）——一个荒唐、残暴的亡国之君，他自然也是凭高视下、无所顾忌的。我们看《世说新语·排调》第五条的记述：

　　　　晋武帝问孙皓："闻南人好作'尔汝歌'，颇能为不？"皓正饮酒，因举觞劝帝而言曰："昔与汝为邻，今与汝为臣。上汝一杯酒，令汝寿万春！"帝悔之。

　　这个趣味横生的幽默故事是人们耳熟能详的。《三国志》卷四十八《吴书·三嗣主传第三》说"皓举家西迁，以太康元年五月丁亥集于京邑"，但对"尔汝歌"之事却只字不提，这或许是因为陈寿有意回护司马炎，也可能是因为在三分归晋的历史巨变中这朵小小的"花絮"本来就无足轻重。《资治通鉴》卷八十一

---

① 《晋书》卷三《武帝纪》："三月壬寅，王濬以舟师至于建邺之石头，孙皓大惧，面缚舆榇，降于军门。濬杖节解缚焚榇，送于京都。收其图籍，克州四，郡四十三，县三百一十三，户五十二万三千，吏三万二千，兵二十三万，男女口二百三十万。其牧守已下皆因吴所置，除其苛政，示之简易，吴人大悦。乙酉，大赦，改元，大酺五日，恤孤老困穷。"本文征引古籍文献之不注明版本者，皆为文渊阁《四库全书》本。

《晋纪三》：

> 夏四月，甲申，诏赐孙皓爵归命侯。……五月，丁亥朔，皓至，与其太子瑾等泥头面缚，诣东阳门。诏遣谒者解其缚，……庚寅，帝临轩，大会文武有位及四方使者，国子学生皆预焉。引见归命侯皓及吴降人。皓登殿稽颡。

这就是"尔汝歌"的故事发生的历史背景。我最初阅读《世说》这段文字，以为孙皓之言不过是亡国之君在无奈之际的自我解嘲而已，因其幽默有趣而被编纂者采入《排调》一门。孙皓所赋的四句诗每句皆含一"汝"字，依照"尔汝歌"的名目，此歌中亦当有"尔"字存乎其间，但为何其中只有"汝"字，而没有"尔"字？"尔汝歌"的原貌究竟如何？② 这些问题使我如坠烟雾，困惑多年，近来研究中古文学，读书稍广，而旧日有关"尔汝歌"的种种疑问乃涣然冰释。案鲁迅先生辑本《裴子语林》：

> 吴主孙皓字孙宾，即钟之玄孙也。晋伐孙皓，皓降晋，晋武帝封皓为归命侯。后武帝大会群臣，时皓在座，武帝问皓曰："朕闻吴人好作'汝语'，卿试为之。"皓应声曰："□。"因劝帝酒曰："昔与汝为邻，今与汝作臣。阙汝阙春。"座众皆失色，帝悔不及。③

作为杂抄众书之作，东晋学者裴启所著《语林》一书是《世说》取材的重要渊薮之一，故其"汝语"之记载深可留意。但《语林》之记载，其事涉晋人的文字，所依据的是晋人旧史，如东晋时代干宝的《晋纪》，王隐、虞预、朱凤三家的《晋书》

---

② 张永言主编《世说新语辞典》"尔汝歌"条："魏晋时盛行于南方的民歌，歌词中以'尔''汝'等称谓表示亲昵。"四川人民出版社1992年，第102页。

③ 又见周楞伽辑注：《裴启〈语林〉》第五十五条，文化艺术出版社，1988年，第39页。此条下周氏按语云："此条《类林杂说》卷五，亦见《世说新语·排调》。《类林杂说》前半叙述较详，惟'尔汝歌'后二句残缺，因据《世说》补足之。"鲁迅先生辑录之《裴子语林》，亦《类林杂说》卷五。见《古小说钩沉》，齐鲁书社1997年，第10页。唐许嵩《建康实录》卷四记载孙皓归降之事，在"臣于江南亦作此座相待"句下，许氏引《三十国春秋》，"尔汝歌"被写作"汝歌"。宋阮阅《诗话总龟》卷三十五《讥诮门上》引《世说》作"尔汝诗"。

等。南齐臧荣绪《晋书》卷一《世祖武帝》：

> 太康元年，吴平。五月，引孙皓升殿。武帝问孙皓曰："闻南人好'汝语'，颇为不？"皓因举觞奉帝而言曰："昔为汝国邻，今为汝国臣；劝汝一杯酒，愿汝寿万春。"帝悔之。④

《太平御览》卷三九〇引此文，⑤无"太康元年"等四句。臧氏《晋书》记载了两晋全史，其主要的材料来源也是以上四家晋人旧史。因此，从史料学的角度看，《世说》所谓"尔汝歌"，原文应为"汝语"，而据现代语言学者之研究，"尔"字为衍文，"歌"字乃"语"字的异文。如方一新指出：

> 考六朝人好作"汝语""汝歌"。《古小说钩沉》辑《裴子语林》："……武帝问皓曰：'朕闻吴人好作"汝歌"'，卿试为之。"……《裴子语林》《古类书》和《三十国春秋》均记孙皓为晋武帝作"汝语"或"汝歌"事，语句与本条大同小异，盖系同源。又《太平御览》卷一一八引《世说》作"女歌"，卷五七一引《世说》作"汝歌"，并为今本不当有"尔"字之证。⑥

杨勇赞同其说，且云：

> 《宠礼》"于时荆州为之语曰"之"语"字，《类聚》一九、《御览》二四九、三七四、四六五引《世说》作"歌"，殆时人"歌""语"可互用。⑦

这种衍文的产生，首先是由于"尔""汝"二字作为第二人称代词在意义上的相近相通，其次是由于"尔""汝"二字在轻贱意义上的经常组合成词（详见

---

④ [清]汤球辑，杨朝明校补：《九家旧〈晋书〉辑本》，中州古籍出版社，1991年，第7页。
⑤ 中华书局，1960年影宋本。
⑥ 《世说新语斠诂》，《文史》，中华书局1996年，第41辑。
⑦ 《世说新语校笺》，中华书局，2006年，第702页。

下文）；而这种异文的产生，则是由于"语""歌"二字在韵语意义上的相近相通。⑧

晋人还有"了语"和"危语"，尤足以证明"尔汝歌"本作"汝语"之实。《世说·排调》第六十一条：

> 桓南郡与殷荆州语次，因共作"了语"。顾恺之曰："火烧平原无遗燎。"桓曰："白布缠棺竖旒旐。"殷曰："投鱼深渊放飞鸟。"次复作"危语"。桓曰："矛头淅米剑头炊。"殷曰："百岁老翁攀枯枝。"顾曰："井上辘轳卧婴儿。"殷有一参军在坐，云："盲人骑瞎马，夜半临深池。"

张永言主编《世说新语辞典》"了语"条（第 267 页）："一种语言游戏。要求句末一字与'了'同韵，而且句子要有'了'的意思。"同书"危语"条（第 458 页）："一种语言游戏。陈述危险之事而每句末字须与'危'同韵的话。""了语"和"危语"的共同特点是：每句话都要重复表达同样的意思，尽管用词不同，取喻也不同。由此推断，"汝语"就是句句带有"汝"字的韵语。案《庄子·大宗师》：

> 俄而子来有病，喘喘然将死，其妻子环而泣之，子犁往问之，曰："叱！避！无怛化！"倚其户与之语曰："伟哉造化！又将奚以汝为，将奚以汝适？以汝为鼠肝乎？以汝为虫臂乎？"

子犁之言，一连用四个"汝"字，起到强调的作用，如同下文子来之言突出"我""吾"一样："夫大块载我以形，劳我以生，佚我以老，息我以死。故善吾生者，乃所以善吾死也。"但这是不押韵的日常谈话，而《诗·小雅·谷风之什·蓼

---

⑧ 在汉魏六朝时期，"歌""语"二词虽然词义有别，但在韵语的意义上是可以通用的，尤其是在与人物品藻方面有关的歌谣中，我们可以发现许多例证。关于这个问题，可参看拙著《中古文人生活研究》，山东教育出版社 2001 年，第 51—60 页；并可参看俞志慧：《语：一种古老的文类——以言类之语为例》，《文史哲》，山东大学，2007 年第 1 期。

莪》之第四章曰：

> 父兮生我，母兮鞠我，拊我畜我，长我育我，顾我复我，出入腹我。欲报之德，昊天罔极！

在八句诗中连用九个"我"字，此种重复使用某一人称代词的歌诗在形式上已经开"汝语"之先声了。

依照"了语""危语"之例，这种具有谐谑色彩的韵语在意义表达方面具有重复性。《世说·言语》第九十五条：

> 顾长康拜桓宣武墓，作诗云："山崩溟海竭，鱼鸟将何依。"人问之曰："卿凭重桓乃尔，哭之状其可见乎？"顾曰："鼻如广莫长风，眼如悬河决溜。"或曰："声如震雷破山，泪如倾河注海。"

如果顾恺之描述"鼻""眼""声""泪"的四句诗押韵的话，则可称为"哭语"，因为每一句都是说"哭"的。北魏杨衒之《洛阳伽蓝记》卷三"报德寺"条记高祖与诸臣欢宴之际，举起酒杯说："三三横，两两纵，谁能辨之赐金钟。"对于这个字谜，诸臣马上进行破解：

> 御史中丞李彪曰："沽酒老妪瓮注瓨，屠儿割肉与秤同。"尚书右丞甄琛曰："吴人浮水自云工，妓儿掷绳在虚空。"彭城王勰曰："臣始解此字是'习'字。"高祖即以金钟赐彪。朝廷服彪聪明有智，甄琛和之亦速。

古时"习"字有熟练、娴熟的意思，《资治通鉴·周纪一》："诵其词甚习。"胡三省注："习，熟也。""习"字的这个意义是从其本义引申出来的。《说文·习部》："习，数飞也。从羽，从白。凡习之属皆从习。"而李、甄二人以"会意"的方式对高祖出的字谜进行破解，每句话都是押韵的，同时又暗含"习"字的意思，故可称为"习语"。⑨ 但现存的六朝民歌,实无句句带"汝"字者。尽管我们对晋武帝时代江南是否有这种民歌不得而知,⑩但汉魏六朝时期的江南民歌常常使用单数第二人称代词"汝"则是客观的事实。宋郭茂倩《乐府诗集》卷七十三《焦仲卿妻》,其中的诗句如：

> 吾意久怀忿,汝岂得自由。
>
> 可怜体无比,阿母为汝求。
>
> 十三教汝织,十四能裁衣。
>
> 十七遣汝嫁,谓言无誓违。
>
> 汝今无罪过,不迎而自归。
>
> 阿母谓阿女："汝可去应之。"
>
> 否泰如天地,足以荣汝身。
>
> 适得府君书,明日来迎汝。
>
> 汝是大家子,仕宦于台阁。
>
> 阿母为汝求,便复在旦夕。

《乐府诗集》卷四十六《华山畿》二十五首,其中的诗句如：

---

⑨ 关于此"习语"之为谜语,可参看钱南扬：《谜史》第三章《魏晋六朝之谜语》,第 18 页,民俗学会丛书之一,国立中山大学语言历史研究所,1928。此类谜语,颇有趣味性,故刘勰《文心雕龙·谐隐》论及之。

⑩ 《乐府诗集》卷七十六《杂曲歌辞》载杨方《合欢诗》五首其二,有曰："子笑我必哂,子蹙我无欢。来与子共迹,去与子同尘。"这四句诗(全诗凡二十二句),每句都含有一个单数第二人称代词"子"。据《晋书》卷六十八本传,杨方处于两晋之交,他是会稽山阴人,后来又出官于东晋,当然对江南民歌是非常熟悉的。《乐府诗集》卷四十四著录之晋宋齐辞《子夜歌》,歌中有曰："欢愁侬亦惨,郎笑我便喜。不见连理树,异根同条起。"其叙述之手法与抒发之情思均与杨方诗相类(六朝时期,江南人称情人为"欢")。其实我国古代诗人常常以回环往复的方式运用人称代词以表达男女之间的缠绵情思。如宋李之仪《姑溪居士前集》卷四十五《卜算子》词："我住长江头,君住长江尾。日日思君不见君,共饮长江水。此水几时休？此恨何时已？只愿君心似我心,定不负相思意。"又如清王奕清等撰《历代词话》卷九"赵管倡和"条所载："赵承旨与管夫人伉俪相得,倡和甚多。一日赵欲纳姬,以一曲调管夫人云：'我为学士,你做夫人。岂不闻陶学士有桃叶桃根,苏学士有朝云暮云。我便多娶几个吴姬越女何过分。你年纪已过四旬,只管占住玉堂春。'管亦以一曲答之云：'你侬我侬,忒煞情多。情多处热似火。把一块泥,捏一个你,塑一个我。将他来齐打破,用水调和。再捏一个你,再塑一个我。我泥中有你,你泥中有我。和你生同一个衾,死同一个椁。'调笑甚工。"赵承旨,指赵孟頫,他的夫人是元代著名的诗人和书画家管道升(1262—1319)。这首著名的《我侬词》,蕴含着八个"一"字和七个"个"字,其形式与"汝语"相近,喃喃的吴语,深情若春水,柔媚如碧柳,令人感动。见唐圭璋编：《词话丛编》,第二册,中华书局 1986 年,第1284 页。

开门枕水渚,三刀治一鱼,历乱伤杀汝。

未敢便相许,夜闻侬家论,不持侬与汝。

无故相然我,路绝行人断,夜夜故望汝。

摩可侬,巷巷相罗截,终当不置汝。

奈何许,天下人何限,慊慊只为汝。

长鸣鸡,谁知侬念汝,独向空中啼。

又如《读曲歌》八十九首中的诗句:

坐起叹,汝好愿他甘。

飞龙落药店,骨出只为汝。

麻纸语三葛,我薄汝粗疏。

湖燥芙蓉萎,莲汝藕欲死。

芙蓉腹里萎,莲汝从心起。

而作为单数第二人称代词的"尔"字则极少见于现存之汉魏六朝民歌。据《乐府诗集》在《华山畿》《读曲歌》诗题下所引《古今乐录》和《宋书·乐志》等文献的记载,这两组诗都是刘宋时期的民歌,晋武帝虽无缘而知,但此类以表现爱情为主要内容的民歌多以"汝"字为称的习俗在江南地区却是相沿不绝的。而在东汉、三国以讫西晋初期,这样的民歌在江南地区应当有很多,晋武帝必曾亲有所闻,才会有"南人好'汝语'"的印象,正如王运熙所说:"《尔汝歌》原来应当是民歌,但这时已为孙吴的上层阶级所仿效,它的名声且流播中原。"⑪"流行于吴地的《尔汝歌》,不但为该地的统治者所爱好,同时更赢得了中原贵族的注意。"⑫而晋武帝所谓"汝语",就是指当时南方民间情歌中经常使用"汝"字这个

---

⑪ 《吴声西曲的渊源》,《乐府诗述论》,上海古籍出版社 1996 年,第 30 页。
⑫ 《论吴声与西曲》,同上,第 425—426 页。

第二人称代词的文化现象。⑬

在六朝时期韵语是非常流行的。《宋书》卷五十八《谢弘微传》：

（谢）混风格高峻，少所交纳，唯与族子灵运、瞻、曜、弘微并以文义赏会。……尝因酣宴之余，为韵语以奖劝灵运、瞻等曰："康乐诞通度，实有名家韵，若加绳染功，剖莹乃琼瑾。宣明体远识，颖达且沉隽，若能去方执，穆穆三才顺。阿多标独解，弱冠纂华胤，质胜诚无文，其尚又能峻。通远怀清悟，采采标兰讯，直缨鲜不蹍，抑用解偏吝。微子基微尚，无倦由慕蔺，勿轻一篑少，进往将千仞。数子勉之哉，风流由尔振，如不犯所知，此外无所慎。"

同书卷六十七《谢灵运传》：

临川王义庆招集文士，（何）长瑜自国侍郎至平西记室参军。尝于江陵寄书与宗人何勖，以韵语序义庆州府僚佐云："陆展染鬓发，欲以媚侧室。青青不解久，星星行复出。"如此者五六句，而轻薄少年遂演而广之，凡厥人

⑬ 魏培泉在《汉魏六朝称代词研究》第二章《人称代词》第二节《汉以后三身代词的演变》二《第二身代词》中指出：

就整个大势而言，当"尔""汝"之间的对比失去时，有的方言"尔"发展为强势，有的方言"汝"则为强势。譬如说，不仅先秦如《墨子》《庄子》《荀子》《韩非子》"尔"都极少用，西汉的《史记》"尔"的比例也显然不高。到了东汉，文献中也很少见到"尔"的，都以"女（汝）"为主。在南北朝，"尔"也没有像"汝"那么流行。不过从现在的方言及隋唐以后的发展来看，"尔"的势力一直保存在某些方言中。文献上"尔"不够多，或者是书面语言未必反映方言，或者是使用"尔"的方言地区政治地位尚未受到重视。从齐鲁方言"尔""汝"的对比保持较久，和金、元以后山东、河北政治力量大增来看，"尔"大概一直保存在这一带而且比"汝"为强势。在政治地位提升后，同时也对"尔"的扩张起了促进的效用。至于别的方言区的情况又怎样就很难说了，因为方言区对词汇选择的情况往往是很复杂的，而文献的材料既有限，又有很深的文学传统来限制口语的浮现。……第二身代词的这种种形式到了东汉似乎都约化了。如注释家所使用的语言就只剩下一个"女（汝）"了，"尔""若""而""乃"需要注释为"女（汝）"的例子已很常见。……事实上，东汉以后一般散文体作品"尔"字并不怎么占地位。佛经中的情形也一样。除了三国和西晋的作品外，大多是用"汝"不用"尔"了，因此也不会和佛经中常用的指示词相混淆。不过较通俗的作品（如歌谣、小说）的出现率就较高。

见该书第21—23页，台湾大学中国文学研究所博士论文，1990。从《乐府诗集》中"尔"字作为人称代词的使用情况看，上述观点是合乎实际的。而"汝"作为代词在民歌中的亲昵意义，今日某些地区的方言仍然保留。《汉语方言大词典》"汝"字条："夫妻间亲密的称呼，相当于'你'。中原官话。山西运城。1919年《解县志》：'夫妻称尔汝，亲密之词也。'"复旦大学，京都外国语大学合作编纂，第二卷，中华书局1999年，第2217页。在福州话里，"汝"仍然作为代词"你"来使用。见李荣主编：《现代汉语方言大词典》，第二卷，江苏教育出版社2002年，第1550—1551页。

士,并为题目,皆加剧言苦句,其文流行。

谢、何的韵语都是评论人物的。谢混评论乌衣子弟的韵语,其中"实有""若加""若能""其尚""抑用""无倦""如不""此外"等语汇,一般只有在日常谈话中才能出现,何长瑜的韵语几乎就是白话。而孙皓的"汝语"也几乎完全由口语词构成,尽管它在形式比较整饬,但仍然不失其韵语的特征,而与文人诗判然有别。孙皓是吴人,其吟唱"汝语",必用吴语。《世说新语·言语》第一〇四条:

> 桓玄问羊孚:"何以共重吴声?"羊曰:"当以其妖而浮。"

而晋武帝出身于河内之世家大族,必操洛阳官话。《颜氏家训·音辞》第十八:

> 夫九州之人,言语不同,生民已来,固常然矣。……共以帝王都邑,参校方俗,考核古今,为之折衷。摧而量之,独金陵与洛下耳。南方水土和柔,其音清举而切诣,失在浮浅,其辞多鄙俗。北方山川深厚,其音沉浊而化钝,得其质直,其辞多古语。……

所以,两位君王之对语应当是情趣盎然的。但是,晋武帝作为刚刚取得大一统胜利的君王,他对孙皓这貌似不经心的一问却是颇有机心的。

机心之一是借用"汝"字的卑贱意义凌辱来自南方的亡国之君。在我国中古时期,"尔""汝"作为第二人称代词多流行于民间,在民歌里常有亲昵之意,而在贵族、名流的圈子里,一般是尊长对卑幼以此为称,如果是平辈人之间用此种称呼,则有极端轻贱、蔑视之意。[14]《魏书》卷八十四《儒林传》:

---

[14] 另一方面,在上层人士的交往中,如果不避"尔汝"之称,有时则说明交情至深。《太平御览》卷四百九引晋张隐《文士传》曰:"祢衡与孔融作尔汝之交,时衡未满二十,融已五十,重衡才秀忘年也。"《何逊集》卷一《赠江长史别》:"二纪历兹辰,投分敦游处。况事兼年德,宴交无尔汝。"清仇兆鳌《杜诗详注》卷三杜甫《醉时歌》:"得钱即相觅,沽酒不复疑。忘形到尔汝,痛饮真吾师。"何、杜皆用此典故。

雅性护短，因以为嫌。尝众辱奇，或尔汝之，或指为小人。奇曰："公身为君子，奇身且小人耳。"⑮

　　游雅以"尔汝"称呼陈奇，并以"小人"目之，显然，"尔汝"属于"小人"常用的第二人称代词，而当时所谓"小人"就是现在所说的平民。胡适在《尔汝篇》一文中指出：

　　汝为单数对称代词。……尔为众数对称代词。……尔汝两字，同为上称下及同辈至亲相称之词。然其间亦不无分别。用汝之时所称必为一人，而称一人不必即用汝，有时亦用尔。……凡以众数之对称代名，其始皆以示礼貌，或以示疏远。此在欧文，盖莫不皆然。其后乃并废单数之代名而不用，其众数之代名遂并用于单众两数。如英文之 Thou 当吾国古代之汝，其 You 则当吾国古代之尔。今英文中已绝少 Thou 者矣。德文法文，今尚存此区别。其在吾国则《论语》《檀弓》两书作时，尔汝两字之区别尚严谨如上所云（两书之作皆在孔子死后）；至战国时，则尔汝同为亲狎之称，或轻贱之称。《孟子》全书中不用汝字，亦少用尔字。孟子对弟子亦皆称"子"，不复如孔子之称尔汝矣（《论语》中弟子称孔子为子）。孟子曰："人能充无受尔汝之实，无所往而不为义也。"此可见其时人之以尔汝为相轻贱之称，而皆避而不用矣。此亦可以考见时代风尚之变迁也。⑯

　　案胡适所引《孟子》之语，见《尽心章句下》，此语下汉赵岐注曰："'尔汝之实'，德行可轻贱，人所尔汝者也；既不见轻贱，不为人所尔汝，能充大而以自行所至，皆可以为义也。"⑰杨伯峻注云："'尔''汝'为古代尊长对卑幼的对称代词，如果平辈用之，便表示对他的轻视贱视。孟子之意，若要不受别人的轻贱，自己便先应有不受轻贱的言语行为，这便是'无受尔汝之实'。"⑱中古时期"尔"

---

⑮　此事又见《北史》卷八十一。
⑯　姜义华主编：《胡适学术文集·语言文字研究》，中华书局1993年，第121—122页。
⑰　《十三经注疏》，下册，中华书局1980年，第2778页。
⑱　《孟子译注》，下册，中华书局1960年，第337页。

"汝"的词义,与其先秦时期的词义是有承继关系的。柳士镇称:"这种用法一直沿留至后代。此期'汝''尔'在运用中虽仍具有这种意味,但同时又逐渐表现出尊长者以之称呼卑幼者来表示亲昵的感情色彩,又以'汝'字更为常见。"[19]贵族之间用以表达居高临下、以贵凌贱之意的第二人称代词一般是"卿"字(详见下文),如果用"尔汝"为称,则表示轻贱已极。因此,晋武帝对孙皓提出这种要求,实际上暗寓着极端的鄙薄和极大的蔑视,其所谓"南人好'汝语'",意思是说南方人喜欢唱以卑贱为称的民歌。

机心之二是故意设置一个"艺术的圈套",让孙皓自己来钻,充当卑贱的"演员"角色。历史上常常有许多惊人的相似。我们可以对比一下十六年前在同样的历史场景中所发生的类似事件,《三国志》卷三十三《蜀书·后主传第三》记刘禅(223—263年在位)投降后:

> 后主举家东迁,既至洛阳,策命之曰:"惟景元五年(264)三月丁亥。皇帝临轩,使太常嘉命刘禅为安乐县公。……"

这里的"皇帝"是指魏元帝曹奂,其时司马昭执掌朝政。裴松之注引《汉晋春秋》曰:

> 司马文王与禅宴,为之作故蜀技,旁人皆为之感怆,而禅喜笑自若。……

案《资治通鉴》卷七十八《魏纪十·元帝咸熙元年》亦载此事,胡三省注:"蜀技,蜀乐也,如巴渝舞之类也。"这就是乐不思蜀的故事。同样是亡国之君,孙皓与刘禅的表现完全不同,确实令人感叹不已。[20] 不仅如此,音乐艺术居然被轻松

---

[19] 《魏晋南北朝历史语法》,南京大学出版社1992年,第150页。

[20] 大约五个半世纪以后,这个故事仍然给著名的诗人刘禹锡(772—842)带来强烈的震撼。《刘宾客文集》卷二十二《蜀先主庙》诗曰:"天地英雄气,千秋尚凛然。势分三足鼎,业复五铢钱。得相能开国,生儿不象贤。凄凉蜀故妓,来舞魏宫前。"唐穆宗长庆元年至三年(821—823),刘禹锡担任夔州刺史。此诗当作于这一时期。

而娴熟地转化为政治手段———一把宰割失败者心灵的软刀子，这也同样令人震惊。音乐是世间最动人的艺术，它具有国家、地域和民族等诸多文化属性。所以，深陷囹圄的楚囚，戴南冠而操南音，㉑楚汉垓下大战之时，汉军夜唱楚歌，致使强大的楚军土崩瓦解。㉒"故蜀技"属于蜀国本土的音乐文化，而"汝语"属于吴国本土的音乐文化，这意味着司马昭和司马炎父子两人不约而同地用其敌国的音乐文化对诚心归降的敌国君王进行情感测试和情感折磨，其目的在于炫耀自己的胜利并摧残他们的自尊心。就采用的方式而言，他们是文雅、文明的，就其恶毒的用心而言，他们是卑俗、残酷的———作为胜利者，他们以一种极其富于美感的音乐艺术的方式来达到其违背艺术精神并且戕害人性的政治目的。显然，司马氏父子也是深谙中国文化之道统的。当然，从"艺术的圈套"的角度着眼，最能让司马炎获得快感的情况应当是孙皓老老实实、原原本本地演唱一首带有"汝"字的吴歌。但是，这位残暴酷毒的君王却是一个极其聪明的智者：㉓既然胜利的君王主动赐给他进行"艺术表演"的权利，他就乘机借题发挥，以其人之道还治其人之身，因而吟出了那四句绝妙的"汝语"。至此，孙皓以其富于智能的幽默"暂时消解"了丧国亡家的深重苦难，并且在轻松愉快的气氛中将沉重的精神包袱推给了晋武帝。就历史的结局而言，司马炎是胜利者，孙皓是失败者；而就此幽默故事所表现的短暂的历史场景而言，则正好相反：胜利的君王陷入了万分尴尬的境地———当他不得不回味自己不小心吞进肚子里的苍蝇时，那种心情肯定是很不好受的。其实西晋名士刘宝（字道真）年轻时的一则逸事也表现出了孙皓式的智能。周楞伽辑注本《裴启〈语林〉》第五十一条：

> 刘道真年十六，在门前戏，弄尘，垂鼻涕至胸。洛下少年乘车从门前过，曰："此少年甚垧埠。"刘便随车问："此言为恶为善？"答以"为善"。刘曰："若佳言，令君翁亦垧埠，母亦垧埠。"

㉑ 《左传·成公九年》。
㉒ 《史记》卷七《项羽本纪》。
㉓ 孙皓所行残暴之事甚多，如《三国志·三嗣主传》说他："又激水入宫，宫人有不合意者，辄杀流之。或剥人之面，或凿人之眼。"

案"坰塠"一词,周楞伽注称"各书所引,写法不一","此系晋时俗语,究作何解,今不详。"但由刘道真弄尘垂涕的状态推断,这应当是一个贬义词,大致上与"埋汰""灰颓"等词同义。刘宝是西晋高平(今山东巨野南)人。他十六岁时尚未到洛阳为官,对当时洛阳地区流行的某些俗语不太了解,所以问"此言为恶为善"。而当洛下少年回答"为善"的时候,他便将这个词语用于对方的父母身上,因为尽管他对"坰塠"一词非常陌生,但他对该词之非善言这一点是心知肚明的。与此相类,孙皓明明知道"汝"字的贬义,也非常清楚晋武帝的动机,因而吟出那绝妙的"汝语",而自我作缚的晋武帝只有尴尬而已。

从清谈的角度看,这两位君王的言谈实际上是一种戏谈。[24] 戏谈是六朝清谈的一个方面,上引"了语"和"危语"的故事即是。[25] 就清谈艺术而言,重复使用某一个字确实能够取得特殊的效果,涉及家讳的戏谈尤其如此。《世说·排调》第三十三条:

> 庾园客诣孙监,值行,见齐庄在外,尚幼,而有神意。庾试之曰:"孙安国何在?"即答曰:"庾稚恭家。"庾大笑曰:"诸孙大盛,有儿如此!"又答曰:"未若诸庾之翼翼。"还,语人曰:"我故胜,得重唤奴父名。"

庾园客(小字园客,庾翼次子,庾翼字稚恭)和孙齐庄(孙放字齐庄,孙盛次子,孙盛字安国)的本意并不在于羞辱对方,而在于较量智能和才学,较量口才和思维。据本条刘孝标注引《孙放别传》,"放兄弟并秀异,与庾翼子园客同为学生"。六朝人最重家讳。庾园客故意犯讳,齐庄自然要以牙还牙,随后庾园客以貌似揄扬实为贬抑的语言再次犯讳,而齐庄则以貌似推许实为鄙薄的辞令来回敬他,其中"翼翼"二字用得最为巧妙:一是二字叠加,用一句话两次触犯对方的家讳,"得重唤奴父名",因而胜过对方一筹;二是巧妙化用《诗经》的语意,暗喻诸庾不过是随处蔓延、滋生的黍稷而已。张永言主编《世说新语辞典》"翼翼"条

---

[24]　关于戏谈问题,可参看拙著《中古文人生活研究》之第六章《清谈中的玄学内容和言语游戏》,见该书第291—311页。

[25]　关于"了语"和"危语",可参看李剑国:《唐前志怪小说史》,天津教育出版社2005年,第226—227页。

（第 539 页）："繁茂兴盛貌。""语出《诗·小雅·楚茨》：'我黍与与,我稷翼翼。'"孙放善于"应机制胜,时人仰焉"（见前引《孙放别传》),这是一个典型的例证。与此不同的是,孙皓的"汝语",将一个"汝"字分布在四句诗中,[26]在缠绵的吴歌声中,那蝉联而出的"汝",字字如利剑——它以平民阶层表达亲昵之意的称谓形式携带着贵族阶级在同一称谓形式中特有的鄙贱之意,飞向不可一世的晋武帝。一百多年以后,在刘宋时代一次王公大臣们的高层聚会中,孙皓的"汝语"再一次发挥了它的"强大威力"。《宋书》卷四十二《刘穆之传》附《长子虑之传》：

河东王歆之尝为南康相,素轻邕。后歆之与邕俱豫元会,并坐。邕性嗜酒,谓歆之曰：[27]"卿昔尝见臣,今不能见斟一杯酒乎?"歆之因敩孙皓歌答之曰："昔为汝作臣,今与汝比肩。既不劝汝酒,亦不愿汝年。"[28]

王歆之模仿孙皓的"汝语",以四个"汝"字表达了对刘邕的极端蔑视,用以回敬他的一个"卿"字。案《世说·惑溺》第六条：

王安丰妇常卿安丰。安丰曰："妇人卿婿,于礼为不敬,后勿复尔。"妇曰："亲卿爱卿,是以卿卿。我不卿卿,谁当卿卿!"遂恒听之。

清赵翼《陔余丛考》卷三十六"卿"条："六朝以来,大抵以卿为敌以下之称。……南齐陆慧晓见士大夫,未尝卿之,曰：'贵人不可卿,贱者乃可卿。人生何容立轻重于怀抱!'故常呼人官位。……"这就是王戎所说的"妇人卿婿,于礼为不敬"的文化背景。在这里,女主人公关心的是自己对丈夫的爱,她认为"卿"

<hr>

[26] 前两个"汝"字为介词宾语,第三个"汝"字为动词宾语,第四个"汝"字为兼语。见冯春田：《魏晋南北朝时期某些语法问题探究》,程湘清主编：《魏晋南北朝汉语研究》,山东教育出版社 1992 年,第 232—235 页。

[27] 根据上文所引《裴子语林》,臧荣绪《晋书》以及《三十国春秋》的材料,这里的"孙皓歌",当作"孙皓汝歌","汝"字或者在传抄过程中脱落,或者沈约等人所删,而李延寿（唐初相州人）又承其误。

[28] 又见《南史》卷十五《刘穆之传》。

字足以表达她的爱,这也就足够了,至于"卿"这一人称形式在世族社会中的低贱意义,她是根本不予考虑的。㉙

孙皓的"汝语"采取了五言四句的诗歌艺术形式。王运熙说:"五言四句这一体制,在吴声西曲中均占绝对优势,它可以说是吴声、西曲的基本形式。这种基本形式是江南民谣原有的形式,而且起源很早,著名的《尔汝歌》便是其例。"㉚同时在五言四句的结构框架中,"汝语"的每句诗皆重复单数第二人称代词"汝"字。如上文所述,此种诗体形式滥觞于《诗经》。但《诗经》是其远源,而汉代著名的《江南》古辞则是其近源,《乐府诗集》卷二十六《相和歌辞》:

> 江南可采莲,莲叶何田田! 鱼戏莲叶间。鱼戏莲叶东,鱼戏莲叶西,鱼戏莲叶南,鱼戏莲叶北。

自汉代以来,这首民歌就一直传唱不已——从峨峨的廊庙,㉛到扰扰的闾里,从旖旎的南国,到辽阔的中原,㉜《江南》的歌音袅袅余回,不绝如缕。作为一首歌诗,它生动地表现了我国古代长江两岸人民水乡生活的一个侧面,而歌诗的语言则以回还、往复为最基本的艺术特征,具言之,即通篇每句都含有一个"莲"字,后五句每句诗前四字相同,末尾一字不同,从而形成了谐谑、生动的艺术风格。在六朝时代(222—589),受其影响,诗坛上出现了若干与其具

㉙ 陈望道《修辞学发凡》论积极修辞,有"转类"辞格。他说:"说话上把某一类词转化作别一类词来用的,名叫转类。"他分析《世说》的这个故事说:"这里的三个'卿卿'中间,下面一个'卿'字都是代词,上面一个'卿'字都是转类的动词。用法也极寻常,但因用得合拍,便觉异样生动,终至历代流传作为亲昵的称谓。"上海教育出版社1976年,分别见该书第190、192页。

㉚ 《吴声西曲的渊源》,《乐府诗述论》,上海古籍出版社1996年,第30页。

㉛ 《乐府诗集》卷第二十六《相和歌辞一》称《江南》为"魏、晋乐所奏"之曲。同书卷第七十四《杂曲歌辞》载沈约《乐未央》:"亿舜日,万尧年。咏《湛露》,歌《采莲》。愿杂百花气,宛转金炉前。"清陆世仪《思辨录辑要》卷三十五:"商周雅颂朝庙之歌,象功昭德,光扬盛美,故能合洽神人,格于上下,垂典则为经制,汉以后郊庙之歌,但言鬼神祥瑞奇怪幽渺之谈,无关典礼;至于朝享多采里巷讴谣,如《江南可采莲》《乌生十五子》《白头吟》之类,奏之金石,被之管弦,甚无谓也。"

㉜ 《乐府诗集》卷第七十四《杂曲歌辞》载江总《内殿赋新诗》:"遍著故人织素诗,愿奏秦声《采莲》调。"可知六朝时代《采莲》之曲,亦有秦声的唱法,而为南北人士所共习。同书卷七十七《杂曲歌辞》施肩吾《古曲》五首其一:"可怜江北女,惯唱江南曲。摇落木兰舟,双鬓不成浴。"亦可证明这一点。

有相同艺术风貌的作品,孙皓的"汝语"即是其中之一。[33] 孙皓对于《江南》一类的民歌应当是非常谙熟的,所以他能够信口而出,将此种民歌诗体仿真得惟妙惟肖。[34]

"汝语"毕竟是一首帝王诗,孙吴帝王诗之传世者,唯此一首,而其作者孙皓又是一个残暴的失败的君王——这两方面的特殊情况自然就吸引了人们关注的目光,并决定了它的特殊影响力。后来,关于东晋孝武帝司马曜(373—396年在位)劝酒长星的传说更扩大了它的影响,《世说·雅量》第四十条:

> 太元末,长星见,孝武心甚恶之。夜,华林园中饮酒,举杯属星云:"长星,劝尔一杯酒,自古何时有万岁天子!"[35]

---

[33] 另如陶渊明《止酒》诗,庐山诸沙弥《观化决疑诗》和梁元帝《春日诗》,我将此种诗体称为"《江南》体",参看拙作《六朝"〈江南〉体"诗歌释证》,《文史》,2007年第4期。

[34] 《乐府诗集》卷四十五《清商曲辞·吴声曲辞》引《古今乐录》:"《团扇郎歌》者,晋中书令王珉,捉白团扇与嫂婢谢芳姿有爱,情好甚笃。嫂捶挞婢过苦,王东亭闻而止之。芳姿素善歌,嫂令歌一曲当赦之。应声歌曰:'白团扇,辛苦五流连。是郎眼所见。'珉闻,更问之:'汝歌何遗?'芳姿即改云:'白团扇,憔悴非昔容,羞与郎相见。'后人因而歌之。"芳姿之所以能够应声而歌,也是因为她熟悉、了解当时的民歌,孙皓也是如此。《建康实录》卷四:"(孙皓甘露二年)冬十月,遣守丞相孟仁、太常姚信等,备官寮中军步骑二千人,以灵舆法驾东迎神于明陵,引见仁等,亲拜送于庭。十二月,仁奉灵舆法驾至,后主遣中使日夜相继,奉问神灵起居动止。巫言见文帝被服颜色如平生,后主悲泣。悉诏公卿诣阙,赐各有差。使丞相陆凯奉三牲祭于近郊。后主于金城门外露宿,明日望拜于东合。翌日拜庙荐祭,唏嘘悲感。比至七日三祭,倡伎昼夜娱乐。有司奏:夫祭不欲数,数则渎,宜以礼断情。乃止。"所谓"倡伎昼夜娱乐",不仅涉及娱神之乐,如神弦歌之类,还应包含吴地的民歌。

[35] 此事又见《晋书》卷九《孝武帝纪》。本条刘孝标注:"徐广《晋纪》曰:'泰元二十年九月,有蓬星如粉絮,东南行,历须女、至央星。'按泰元末,唯有此妖,不闻长星也。且汉文八年,有长星出东方。文颖《注》曰:'长星有光芒,或竟天,或长十丈,或二、三丈,无常也。'此星见,多为兵革事。此后十六年,文帝乃崩。盖知长星非关天子,《世说》虚也。"余嘉锡说:"《开元占经》八十六引郗萌曰:'蓬星出太微中,天子立王,期不出三年。'又引《荆州占》曰:'蓬星出北斗魁中,王者坐贼死。若大臣诸侯,有受诛者。蓬星出司命,王者疾死。'又引何法盛《中兴书》曰:'晋孝武太元二十年九月,有蓬星如粉絮,东南行。历女虚、危至哭星。其年烈宗崩。'然则孝武因蓬星之出,其占为王者死,故言古无万岁天子。《世说》误'蓬星'为'长星'耳……"见《世说新语笺疏》,中华书局1983年,第379页。而早在1976年以前,美国著名汉学家Richard B.Mather(马瑞志)根据西方现代的天文学成果推算,尽管哈雷彗星曾经在370年和446年两度出现,却没有在376—396年间出现彗星的记载。由此可以证明《世说》和《晋书》关于孝武帝劝酒长星的记载是不真实的。见其所著 *A New Account of Tales of the World*,第206页,Ann Arbor:Center of Chinese Studies,the University of Michigan,2002。《世说·言语》第五十九条:"初,荧惑入太微,寻废海西;简文登阼,复入太微,帝恶之。"马氏引用现代天文学成果证明这里所描述的火星运动过程发生于371年11月15日和372年5月29日之间,从而确定了《世说》这一记载的真实性。见上书,第62页。凡此等等,皆堪称注释家之绝唱。

长星就是彗星。㊱ 古人认为,出现彗星的天文现象是除旧布新、改易天子的象征。《宋书》卷四十三《傅亮传》叙刘裕登基之始末,有云:

> 亮从征关、洛,……从还寿阳。高祖有受禅意,而难于发言,乃集朝臣燕饮,……于是即便奉辞。亮既出,已夜,见长星竟天。亮拊髀曰:"我常不信天文,今始验矣。"至都,即征高祖入辅。

傅亮看到"长星竟天"的天文现象,更加坚定了他辅佐刘裕登基的信念。又《唐开元占经》卷八十八《彗孛名状占二》著录了许多关于彗星的记载和解说,如:

> 郑玄曰:"彗星主扫除。"
> 文颖注《汉书》曰:"孛、彗、长三星,其占略同,然其形象小异。孛芒短,其光四出蓬蓬孛孛也。彗,其光芒长,参参如扫彗。长星其光芒有一直指,

---

㊱ 《中国大百科全书·天文学卷》(第155—159页)"彗星"(comet)条:"在扁长轨道(极少数在近圆轨道)上绕太阳运行的一种品质较小的天体,呈云雾状的独特外貌。……彗星外貌的变化表示彗星的外貌和亮度随着它离太阳的远近而显著变化:当它远离太阳时,呈现为朦胧的星状小暗斑,其较亮的中心部分叫作'彗核'。彗核外围的云雾包层称为'彗发',它是在太阳的辐射作用下由彗核中蒸发出来的气体和微小尘粒组成的。彗核与彗发合称为'彗头'。当彗星走到离太阳相当近的时候,彗发变大,太阳风和太阳的辐射压力把彗发的气体和微尘推开生成'彗尾'。由于彗星的这种独特外貌,中国民间又称彗星为扫帚星。汉字'彗'字就是'扫帚'的意思。……在科学不发达的古代和中世纪,彗星的偶然出现和它的奇特外貌,常使人们感到惊慌和恐怖,以致认为彗星的出现是战争、饥荒、洪水、瘟疫等灾难的预兆。虽然有些彗星碰巧出现在灾难事件前后,但实际上,彗星的出现完全是一种自然现象,跟地球上的天灾人祸毫无关系。……中国是世界上最早记录彗星和记录资料最丰富的国家。在中国古代,正史和地方志中有成千条彗星记录,其中尤其是关于哈雷彗星有世界公认的最早最完整的记载。中国古代对彗星的记载有时称彗星,有时又用其他名称,如孛星、妖星、星孛、蓬星、长星、异星、奇星,等等。……一般彗星由彗头和彗尾两部分组成。……少数大而亮的彗星走到土星轨道附近时,就可以从大望远镜中看到,但一般彗星要走到离太阳三个天文单位左右才能从望远镜中看到,这时彗星只有暗星状彗核及其周围朦胧的彗发。当它走到离太阳两个天文单位左右时,开始产生彗尾,离太阳更近时,彗尾显著地变长变大。当它过近日点之后离开太阳越走越远时,彗尾也逐渐缩小。彗尾的体积很大,大彗星长达上亿公里,宽度从几千公里甚至到2,000多万公里,但物质是极稀薄的(密度只有地面上空气的十亿亿分之一)。当彗发和彗尾遮掩恒星时,一般星光不因此而减弱或偏折,但有时也观测到星光闪烁。……彗尾形状多种多样,一般总是向背离太阳方向延伸,而且常常有两条以上。……彗星每次经过太阳附近时,都被太阳辐射蒸发出一些物质,形成彗尾,这些物质逐渐消失到行星际空间中去,于是彗星的品质越来越少。不仅如此,彗星还会由于太阳等天体施加的起潮力而逐渐瓦解,形成流星群(见流星雨),比拉彗星的分裂和瓦解就是一例。彗星的寿命有长有短,但平均大概只有几千个公转周期。"中国大百科全书出版社1980年。

或竟天，或十丈，或一、二丈，无常也。大法，孛、彗星多为除旧布新，火灾，……"

《黄帝占》曰："彗星出见，可二丈至三丈，形如竹木枝条，名曰扫星，三丈已上至十丈名曰彗星。彗扫同形，长短有差，殃灾如一，见则扫除凶秽，必有灭国，臣弑其君，大兵起，国易政。无道之君当之，期三年，中五年，远九年。"

石氏曰："扫星者，逆气之所致也。枝条长短如彗星之形，出居二十八宿及中外官，三日、七日，或三十日，或五十日，常不灭。彗孛出而即灭。扫除凶秽，除故布新，故言扫星。"

其中第二条材料，在"火灾"句前，文渊阁《四库全书》本《前汉书》有"改易君上"四字。因此，长星出现是当朝君王的大忌，而这也就是孝武帝借酒浇愁的原因。其所谓"长星，劝尔一杯酒，自古何时有万岁天子"，[37]乃是反用孙皓"汝语"之"上汝""令汝"二句的语意。他所说的"万岁天子"，是指永恒的、永远的、不死的天子，在他看来，这样的天子自古以来就没有，即使没有长星的出现，天子也不会是永远是天子；而天子的显贵尊荣，包括他的个体生命，也正如在黝黑的夜空里倏然划过的长星一样，虽然炫人眼目，却是那样的短暂。于是，他举起酒杯，向美丽的长星深深地遥祝。一个与星辰同乐的富有雅量的帝王形象呼之欲出！又如《陶渊明集》卷二《示周续之祖企谢景夷三郎》诗：

负疴颓檐下，终日无一欣。药石有时闲，念我意中人。相去不寻常，道路邈何因？周生述孔业，祖谢响然臻。道丧向千载，今朝复斯闻。马队非讲肆，校书亦已勤。老夫有所爱，思与尔为邻；愿言诲诸子，从我颍水滨。

诗中对三位青年学者在浔阳城北讲礼校书一事深表赞赏（参见本诗序），语气亲切、幽默，尤其是"老夫"二句，化用了孙皓"汝语"的首句"昔与汝为邻"，明

㉟ Richard B.Mather 将这两句话译为："Comet, I toast you with a cup of wine! From all antiquity, when was there ever a Son of Heaven who lived ten thousand years?"可谓准确而传神。

显地带有开玩笑的意味;其次,这首诗的韵脚(即"欣""人""因""臻""闻""勤""邻"和"滨"等八字)和"汝语"的韵脚(即"邻""臣"和"春"等三字)属于同一韵部,其中"邻"字不仅是这两首诗共有的韵脚,而且也是其共有的"诗眼"。显然,这并非偶然的巧合。其实,作为一个文化通人,陶渊明在知识领域有着非常广泛的阅读与涉猎,正如他在《赠羊长史》一诗中所说:"得知千载外,正赖古人书。"其所着《四八目》一书征引了五十多种文献,其中绝大部分都是历史典籍。如涉及汉、魏、晋等朝代历史的就有《史记》《汉书》《汉纪》《续汉书》《晋纪》《晋书》《魏书》和《吴录》,等等。陶渊明对历史的了解及其胸中蕴含的浓郁的历史意识,决定了他必然熟知"汝语"。同时,陶渊明身经晋、宋易代的历史变迁,驻足于历史巨变的当口,他就对在历史上改朝换代之际所发生的事件格外关注,如《陶渊明集》卷三《述酒》诗称"安乐不为君","安乐"就是安乐公刘禅。陶公既然熟知刘禅乐不思蜀的故事,则其于孙皓的"汝语"不容不知。在传世的《陶渊明集》中有一首《止酒》诗,全诗共二十句,每句用一"止"字,我们从其诗体形式中亦可窥见"汝语"的影子。

　　"汝语"是孙皓在特殊的情境中以偶然的机缘创作的一首谑诗。作为一个施行暴政的君王,当其在位时,固然难逃臣民的斥骂,但在国灭家亡之后,他又自然成为人们关注乃至同情的对象;因为无论如何,他都不失为一个已经消失了的国家的代表和依然如故的江东文化的符号。《资治通鉴》卷八十一《晋纪三》载晋武帝对江东孙氏的怀柔政策:"赐衣服、车乘、田三十顷,岁给钱谷、绵绢甚厚。拜瑾为中郎,诸子为王者皆为郎中。吴之旧望,随才擢叙。孙氏将吏渡江者复十年,百姓复二十年。"尽管如此,在国破家亡之际,孙吴之遗民,江东之故老,无论是入洛为官的士人,还是仍居本土的豪族,他们都是孤独无依、心存疑虑的。而孙皓的"汝语"恰好能够为他们出一口恶气。"汝语"故事的传播,与这种心理背景是分不开的。宋蔡绦《铁围山丛谈》卷四:

　　　　范温元实议论卓尔过人,当宣和初,尝为吾言:孙皓曰:"昔与汝为邻,今与汝为臣。劝汝一杯酒,令汝寿万春。"武帝悔之。及陈后主上隋文帝诗曰："日月光天德，山河壮帝居。太平无以报，愿上登封书。"且一种降王，就中后主真孴才。

孙皓虽然比陈后主有骨气，但他以"汝语"取得的口头胜利也不过是暂时的精神胜利而已。明黄时《白螺山吴大帝庙》诗："虎既负其隅，龙乃战于野。哀哉尔汝歌，谁永霸图者。"[38]然而，永恒的胜利者在历史上并不存在。"汝语"的妙音在洛水之滨仅仅落下三十年，随着"永嘉之乱"（307—312）的爆发，北方的世家大族又纷纷南迁，当年那些为取得大一统胜利而欢呼雀跃的人们乃至其子子孙孙，[39]一变而为新的失败者和流亡者，故晋元帝有"寄人国土，心常怀惭"的感叹，[40]而新亭对泣的凄凉无奈[41]和"举目见日，不见长安"的童稚妙语[42]也在这惨烈的历史大幕之下发生了！《旧约·传道书》说："已有的事，后必再有；已行的事，后必再行。日光之下，并无新事。"旨哉斯言！

【附志】

2006年11月14日上午，我在中国社会科学院文学研究所中国古代文学研究室，曾以《中古时期江南之"汝语"释证——以陶渊明〈止酒〉诗为中心》为题，就本文的部分内容向我的同事们做了汇报，同事们提出了许多宝贵的意见，蒋寅研究员又惠示若干资料，令我感佩；而本文在撰写的过程中，又承蒙语言研究所吴福祥研究员指正，并惠示有关的语言学资料，谨此一并致谢。

【范子烨　文学博士，中国社会科学院文学研究所研究员】
原文刊于《中国文化》2007年01期

---

[38] ［清］朱彝尊《明诗综》卷六十七。

[39] 从《世说·言语》第二十九条的记载可以看出当时西晋胜利者的普遍心态："蔡洪赴洛，洛中人问曰：'幕府初开，群公辟命，求英奇于仄陋，采贤俊于岩穴。君吴楚之士，亡国之余，有何异才，而应斯举？'蔡答曰：'夜光之珠，不必出于孟津之河；盈握之璧，不必采于昆仑之山。大禹生于东夷，文王生于西羌，圣贤所出，何必常处。昔武王伐纣，迁顽民于洛邑，得无诸君是其苗裔乎？'"

[40] 同上，第二十九、第三十一、第三条。

[41] 同上，第二十九、第三十一、第三条。

[42] 同上，第二十九、第三十一、第三条。

读梁鉴藏镜四篇

说汉镜铭文中的女性赋体诗

李　零

　　梁鉴者,梁任公之曾孙也,藏镜多奇品。铜镜乃汉代艺术之缩影,虽广止数寸,而纳天地于其间,四方八位,万象杂陈,恍如仙境,试取其纹饰,较汉画像石,可知吾言不虚。而古工匠铸妇女哀怨之辞于镜背,可补文学史,亦足珍贵。其中有女性赋体诗四篇,一向号称难读,览者不知如何破读断句,至文义而不可得。今草短札四篇,以答梁鉴之请。

第一篇　"纳清质"镜

　　汉镜中有一种六言镜,第一句以"内清质以昭明"开头,习惯上多称"昭明镜"。这种镜子,流行时间较长,以纹饰分,大体有两类:一类是蟠螭纹镜,或以三组花苞纹分区,或以四组花苞纹分区;一类是连珠纹镜,以十二连珠纹居内,或以八角连弧纹环绕之。前者又分两种:武帝前,铭文"彻"字不避武帝讳,可称"彻字镜";武帝后,铭文"彻"字避武帝讳,改成"泄"字,可称"泄字镜"。① 此类铭文,往往丢字落字,甚至整句脱去,字体简率,甚至被写错,只有参合诸铭,才能通读。这种铭文的镜子,梁鉴藏镜有五件,其中一件完整(下简称"全铭镜"),四

---

① 　参看冈村秀典:《前汉镜铭の研究》,《东方学报》,第48册(2009年3月),第1—54页。

件残缺(下简称"半铭镜"和"残铭镜")。我先讲其中的全铭镜。

一、全铭镜

此镜饰十二连珠纹(图一),年代属西汉晚期。

(一)释文

内(纳)请(清)质以昭明,光辉(辉)象夫日月。

心忽(汹)穆而颙(愿)忠,然雍塞而不泄。(内圈)

絜(挈)精白而事君,惌(患)污骅(秽)之弁明。

彼(被)玄锡之流泽,恐疏远而日忘。

怀靡(媚)美之穷(躬)嚕(体),外丞(承)骅(欢)之可说(悦)。

慕窔(窈)佻(窕)之灵景(影),颙(愿)永思而毋绝。(外圈)

按:月、泄、悦、绝是叶月部韵,明、忘是叶阳部韵。

图一　梁鉴藏"内清质"镜

(二)注释

"内请质以昭明,光辉象夫日月",是讲镜。说话人是对镜鉴容的女子,说话对象是她深爱的夫婿。"内"读纳。"请质"读"清质",他本或作"清",这里指造镜之材质是清明之物。"辉"同晖、辉。《文选》卷十三谢庄《月赋》"升清质之悠悠,降澄晖之蔼蔼",以"清质"指月亮,"澄晖"指月光,互文见义,正与此同。汉镜铭文中的"内而光,明而清"是类似的意思。

"心忽穆而颙忠,然壅塞而不泄",是讲心。人纳外物于心,与镜相似。俗话说"心如明镜"。古人常以心比镜,把心叫"玄鉴"。如《淮南子·修务》"诚得清明之士,执玄鉴于心,照物明白,不为古今易象",就是这种用法。"玄鉴"出自《老子》,今本第十章作"涤除玄览(鉴),能无疵乎",马王堆本稍异,甲本作"玄蓝(鉴)",乙本作"玄监(鉴)",北大汉简《老子》作"玄鉴"。鉴本作监。其古文字写法,像人俯身,临于盛水的容器,乃鉴容之鉴和盆鉴之鉴的本字,后来为了表示鉴之材质为铜,才加上金旁。览、蓝皆假借字。玄有幽深之义,镜面虽平,而其象则深。光学原理,有光就有影,有明就有暗。上两句主要讲光、明、清,这两句主要讲玄、幽、深。"忽穆"就是形容玄、幽、深。裘锡圭先生说,这个词的第二字,左半从禾,乃穆字的变体,而非扬字,很对。"忽穆"即《史记·屈原贾生列传》引贾谊《鵩鸟赋》的"沕穆",索隐的解释是"深微之貌",《淮南子·原道》作"物穆",《说苑·指物》作"呦穆"。[2]"颙忠",颙见《说文解字·页部》,许慎的解释是"颠顶也",同部另有愿字,许慎的解释是"大头也",都是从形旁立说,与实际用法不同。案秦汉简牍多以颙为愿,用为愿望之愿。愿字见《说文解字·心部》,许慎释为"谨也",古书多训悫。愿忠是老实忠厚之义,义同忠悫。王国维自沉,清廷谥忠悫。鲁迅先生说,"他老实到像火腿一般"(《谈所谓"大内档案"》)。"然壅塞而不泄",是说此妇把她对夫婿的爱深藏心底,其情郁结,无法说出来。"泄",原作"彻",彻是尽的意思,武帝后改"泄",泄是发泄之义,不太一样。汉避武帝讳多以通代彻,盖此为韵文,作通则失韵。改泄是为了与月字叶韵。彻、泄都是月部字。

"絜精白而事君,愬污骖之弇明","絜"可读挈,又与携通,如《公羊传》襄公

---

② 裘锡圭:《昭明镜铭文中的"忽穆"》,收入氏著《古文字论集》,北京:1992年,第633页。案:"沕"同"滵",滵是青黑色,与幽含义相近。"穆"同"缪",有深远之义。《逸周书·谥法》:"中情见貌曰穆。""壅遏不通曰幽。"

二十七年"挈其妻子而与之盟",唐石经"挈"作"携",这里是怀携之义。"精白"是纯白,他本亦作"清白"。《鹖冠子·度万》"精白为黑","精白"是对"黑"而言。"精白"又可形容忠正之心,如《汉书·贾山传》引贾山《至言》:"天下之士莫不精白一心,以承休德。"《盐铁论·讼贤》:"二公怀精白之心,行忠正之道,直己以事上。""恧",他本或作"志",属于错字。此字与怨、冤等字相通,字可训怨、训患,有愤恨之义,又可读悥或患,训忧。两种读法都通,读患更好。"污曤"读污秽,污字或释汻,不对。曤是晓母元部字,秽是影母月部字,古音相近。"弇明",遮盖光明。弇同掩。

图二 镜铭"彼"字

"彼(被)玄锡之流泽,恐疏远而日忘",是说深蒙夫婿的恩泽,唯恐色衰而见弃。"彼"读被,或释彶,铭文简率,比勘他本,知释彶误(图二)。[3]"玄锡",《淮南子·修务》:"明镜之始下型,蒙然未见形容,及其粉以玄锡,磨以白旃,鬓眉微豪,可得而察。"意思是说,镜始成型,镜面仍很模糊,只有用白毡蘸上玄锡的粉末磨镜,才能照见人形,纤毫备至。可见玄锡是镜药。[4]"流泽",古书常见,多指恩泽。这里是以玄锡施镜,赋镜以光,喻此女感荷夫婿之恩。施恩曰施,蒙恩曰被。《楚辞·大招》"流泽施只",王逸注:"言豪杰之士执持国政,惠泽流行,无不被其施也。"张华《食举东西厢乐诗》"流泽被无垠",都是以被字讲"流泽",可见"彼"读被。

---

③ 彼字的写法,可参看王刚怀《清华铭文镜——镜铭汉字演变简史》,清华大学出版社,2011 年,第 60 页:图版三十、第 78 页:图版三十九、第 80 页:图版四十,作者释彶。案:图版三十的彼字像假,但对比照片,可知铭文被一道竖线划断,并非假字。图版三十九的彼字略有简省。图版四十的彼字相对标准。

④ 参看王士伦:《浙江出土铜镜》(修订本),文物出版社,第 13—14 页。

"怀糜美之穷噎,外丞骅之可说",是提醒她的夫婿,千万不要忘记,她曾用她的身体和容貌讨他的欢心。"怀"是怀念。"糜美"读媚美,是妩媚之义。糜字,广下的部分严重变形,比勘他本,相当糜或靡字。《汉书·王莽传下》"赤糜闻之",颜师古注:"糜,眉也,古字通用。""穷噎"读躬体。躬本从吕,吕是声旁。这种吕乃雍、宫二字所从,非脊吕之吕(字亦作膂),从邑从弓都是它的变形。穷乃窮之变。窮本从宀,从身宫声。窮字是躬字的另一种写法。古人常把躬写成穷,例子很多,如《仪礼·聘礼》"鞠躬",《释文》作"鞠穷"。马王堆本《周易》也是借窮为躬。噎,左半从口,右旁似岂,下残铭镜三、四也有这个字,对比可知,是个从豊得声的字(图三),他本或从水,其实是澧字。⑤ 西汉岂字,还延续早期写法,上面并不作山(图四)。豊字上半较繁,山是它的省体。躬训身,躬体即身体。《淮南子·精神》:"人之所以乐为人主者,以其穷耳目之欲,而适躬体之便也。"《盐铁论·徭役》:"故四支(肢)强而躬体固,华叶茂而本根据。"下句,《楚辞·九章·哀郢》有类似的句子,作"外承欢之汋(绰)约兮"。"外"指外貌。"丞骅"读承欢,指讨男人喜欢。"可说"读可悦。

"慕窔佻之灵景,顗永思而毋绝",是提醒她的夫婿不要忘记她的美丽身影。"慕"是思慕。"窔佻"读窈窕。"灵景"读灵影,指镜中的形象。古人以画像、镜像为影。"顗",写法同第三句,这里与"慕"字互文,应为愿望之愿。"永思",即镜铭常见的"长相思"。永是长远之义。"毋绝",即镜铭常见的"毋相忘"。

图三　镜铭"体"字

---

⑤ 王刚怀藏镜,此字左半从水,右半似岂,实为澧字。参看王刚怀:《清华铭文镜——镜铭汉字演变简史》,第 78 页:图版三十九,作者释皅。

(三)译文

镜子是用清白的东西铸成,光辉有如日月,可以照见一切。

我对你一心一意,千言万语埋心底,但郁结于内,没法说出来。

我是携清白之心侍奉你,就像一尘不染的明镜,最怕污秽掩盖光明。

你对我的深恩,就像镜子施以玄锡,光可鉴人,怕的是被你疏远,渐渐想不起来,就像镜子失去光泽。

但愿你能怀念我花容月貌,千娇百媚,讨你的欢心。

但愿你能思慕我镜中的美丽身影,长相思,毋相忘。

图四　汉代"豈"和"豊"字

二、半铭镜和残铭镜

古代镜铭往往丢字落字,甚至截其半。其规律如何,可以下述镜铭为例。

1.半铭镜一

纹饰为蟠螭纹,铭文只有前四句,缺后八句:

内(纳)请(清)质以昭明,光煇(辉)象夫日月。

心忽(汤)穆而颙(愿)忠,然壅塞而不泄。

按:这是武帝后的昭明镜,但纹饰接近武帝前的昭明镜,在梁鉴藏镜中最早。

2.半铭镜二

纹饰同上全铭镜,字体也相近。铭文作:

> 内(纳)清质以昭明,光晖(辉)象夫日月。
>
> 心忽(沕)穆而颙(愿)忠,然壅塞而不泄。(内圈)

按:此铭只有前四句,缺后八句,外圈是"姚皎光"铭。

3.残铭镜一

纹饰类似上全铭镜,但加饰八角连弧纹,字体也相近,铭文作:

> 絜(挈)精(清)〔白〕而事君,(志)〔患〕〔污〕骓(秽)之合(弇)明。
>
> 彼(被)玄锡之〔流〕泽,恐疏远〔而〕日忘。
>
> 怀〔媚〕美之穷(躬)礼(体),〔外〕承骓(欢)之可说(悦)。
>
> 〔慕窈窕之灵影,愿永思而毋〕(之纪)〔绝〕。

按:此铭只有后八句的残文,缺前四句。这八句,前六句,每句皆夺一字;后两句,只剩最后一字,还写错。今为比较,把缺字用〔〕号补出,错字用小字括在( )号内,改正的字用大字括在〔〕号内。"志",疑是"患"之误。"穷"下的字左半似从示,右半从丰。"之纪"是"绝"之误。

4.残铭镜二

纹饰同上全铭镜,字体也相近,铭文作:

> 内(纳)清质以昭明,光〔辉象〕夫日月。
>
> 心忽(沕)〔穆〕而颙(愿)忠,然壅塞而不泄。(内圈)
>
> 絜(挈)清〔白而〕事君,(志)〔患〕〔污秽〕之合(弇)明。
>
> 彼(被)玄锡之〔流〕泽,恐疏远〔而〕日忘。
>
> 怀〔媚〕美之穷(躬)礼(体),〔外〕承骓(欢)之可说(悦)。

慕窀(窈)〔窕〕之灵景(影),〔愿永思而毋〕(纪)〔绝〕。(外圈)

按:此铭只有后八句的残文,缺前四句。这八句,前七句还在,每句皆夺一字;最后一句,只剩最后一字,也是错字。今为比较,也补改了一下。"志"亦"患"之误。"穷"下的字左半似从示,右半从豊,同上。"纪"亦"绝"之误。这些残铭,多因设计不周,难以容纳,故有简省,但简省的规律是顾前不顾后,前面每句减一字,后面大减,而大减之后,也还要留个尾巴。我怀疑,汉有全铭流行,人皆熟诵于心,或不害其阅读,但今人不同,必得全铭,始能通读,此全铭之可贵也。

附:"内清质"铭早期蟠螭纹镜举例

(一)彻字镜(约武帝前)

1.高本汉著录镜⑥

纹饰分三组。重圈铭,内圈止于"彻"。

2.1999年西安雅荷城市花园(郑王庄)M95出土彻字镜(1999YCH M95:4)。⑦

纹饰分三组。重圈铭,内圈止于"彻"。

3.陈凤九藏镜(图五)。⑧

纹饰分三组。重圈铭,内圈止于"彻"。

4.中国国家博物馆藏彻字镜⑨

图五　陈凤九藏"彻字镜"

⑥ Bernhard Karlgren, "Early Chinese Mirrors, Classification Scheme Recapitulated", *Museum of Far Eastern Antiquities*, Bulletin No.40, Stockholm 1968, pp.79-95, PL.70, F8.

⑦ 程林泉、韩国河著:《长安汉镜》,陕西人民出版社,2002年,第47页,50页:图七,2;图版六,2。

⑧ 陈凤九:《丹阳铜镜青瓷博物馆·千镜堂》,文物出版社,2007年,第17页:图版20。

⑨ 杨桂荣:《馆藏铜镜选辑》,《中国历史博物馆馆刊》,总18—19期(1992年),第207—228页。拓本见第217页:图7。

纹饰分三组。只内圈有铭,止于"彻"。

按:此类铭文,"忽"从艸,"糜"作糜(米省作木),"体"从口。

(二)泄字镜(约武帝时)

1.黄濬藏镜⑩

纹饰分四组。重圈铭,内圈止于"忽"。

2.泉屋博古馆藏镜一⑪

纹饰分四组。重圈铭,内圈止于"忽"。

3.泉屋博古馆藏镜二(与上同范)⑫

纹饰分四组。重圈铭,内圈止于"忽"。

4.故宫博物院藏镜(图六)⑬

纹饰分四组。重圈铭,内圈止于"忽"。

5.梁鉴藏镜

纹饰分三组。只内圈有铭,止于"泄"。

按:此类1—4,纹饰分四组,内圈止于"忽",与上不同。但此类5,纹饰分三组,内圈止于"泄",却仍保持上一类的特点。其铭文,除"彻"改"泄",大体同上一类,但"糜"作诽麋(非在上,米在下,米亦省作木)。其中故宫藏镜,还把"忽"字写成上芬下心,芬是勿之误。

图六　故宫博物院藏"泄字镜"

⑩ 黄濬:《尊古斋古镜集景》,上海古籍出版社,1990年,第92页。

⑪ 冈村秀典:《蟠螭纹镜の文化史》,《泉屋博古馆纪要》第十四卷(1998年3月10日),第7—19页,照片见第8页:图一。

⑫ 同上,照片见第9页:图二。

⑬ 郭玉海:《故宫藏镜》,紫禁城出版社,1996年,第22页:图版22。

第二篇 "君忘忘"镜

梁鉴藏镜有一件"君忘忘而失志兮"镜（图七），纹饰为十二连珠纹居内，外环八角连弧纹。这种铭文往往不全，"久"字下脱六字，下接最后的"已"字，并把第二个"兮"字错写成"行"。他的这面镜子，铭文完好，很难得。这种铭文的全铭镜，出土发现，还有几件，品相不太好，最好的一件要属1999年山东滕州丰山墓地36号墓所出，[⑭]与此镜不相上下，可比较。

图七 梁鉴藏"君忘忘"镜

值得注意的是，1978年11月阿富汗席巴尔甘（Siberkand）"黄金之丘"也出过一件全铭的镜子，铭同，但"心"下七字锈蚀严重，看不清。李学勤先生据他本补字，已经做过很好的考证，[⑮]这里做一点补证。

---

⑭ 现藏山东省文物考古研究所。见《镜の中の宇宙》，山口县图立萩美术馆·浦上纪念馆，2005年，第45页：图版32；山东省文物考古研究所编：《鉴耀齐鲁——山东省文物考古研究所出土铜镜研究》，文物出版社，2009年，第275页：图版141。案：据梁鉴统计，同样铭文的镜子至少有八件。

⑮ 参看李学勤：《重论阿富汗席巴尔甘出土的汉镜》，《史学新论》，河南大学出版社，2005年，第3—6页。

(一)释文

> 君忘忘(恍恍)而失志兮,舜(顿)使心臾(痿)者。
>
> 臾(痿)不可尽兮,心污(纡)结而独愁。
>
> 明知非(彼)不可久处,志所骓(欢),不能已。

(二)注释

"君忘忘而失志兮,舜使心臾者",说话人是对镜鉴容的女子,说话对象是她深爱的夫婿。这两句是形容他情绪低落。"君",镜铭多指夫君。"忘忘",李学勤读"茫茫",今案当读"恍恍",即"恍恍惚惚"的"恍恍"。"恍惚"出《老子》,原指大道无形,混沌朦胧,后人用来形容失志者精神恍惚。如《三国志·蜀书·刘琰传》:"琰失志恍惚。"《晋书·殷仲文传》:"仲文失志恍惚。"都是形容失志貌。"恍惚"的"恍",字亦作怳或慌。"舜使",疑读顿使。舜是书母文部字,顿是端母文部字,古音相近。顿有顿时之义。舜可读瞬,也有时间短暂之义。李学勤先生说,此字"乃是'忧'字,参看《银雀山汉简文字编》第 193 页(后二例)",我查过该书,感觉并不像。这个字,除省舛为夊,全同舜字。⑯ 请比较罗福颐《汉印文字征》(北京:文物出版社,1978 年)卷五第 16 页正的舜字(图八)。⑰ "臾"读痿。李学勤先生据《尔雅·释训》读痿,很正确。但痿是什么病,值得讨论。古人常说"痿死狱中",住监狱的人最容易得这种病。如《汉书·宣帝纪》"今系者或以掠辜若饥寒痿死狱中",颜师古注引苏林说:"囚徒病,律名为痿。"这种"囚徒病"不是一般的病,而是精神病,古人叫心病,现代医学叫抑郁症(depression)。

图八 汉代"舜"字

---

⑯ 请与前引《鉴耀齐鲁》图版 141 比较。

⑰ 铜镜铭文系铸造而成,字体往往更接近玺印的铭文,而不是简牍文字。

"奥不可尽兮,心污结而独愁",是形容她的夫婿独自发愁,不是把难受的情绪释放出来,而是憋在心里。"奥"亦读瘦。"尽"训止,指病好。"兮",他本多作"行",盖形近而致误。"污结"读纡结。污同汙。李学勤先生读"阏结",以为"意如'郁结'",大义是对的,阏是鱼部字,也可通假,但古书没这种写法。《汉书·艺文志·诗赋略》序:"春秋之世,周道浸坏,聘问歌咏不行于列国,学《诗》之士逸在布衣,而贤人失志之赋作矣。""纡结"正是形容贤人失志。如《艺文类聚》卷十八引阮瑀《止欲赋》"怀纡结而不畅兮,魂一夕而九翔",卷二六引曹摅《述志赋》"悲盛衰之递处,情悠悠以纡结",卷三四引魏文帝《悼夭赋》"气纡结以填胸,不知涕之纵横",《后汉书·冯衍传》引冯衍《显志赋》"心怫郁而纡结兮,意沉抑而内悲",《晋书·赵志传》引赵志《与嵇康书》"寻历曲阻,则沉思纡结",它们都是写成"纡结"。

"明知非不可久处,志所欢,不能已",是说明知对方不可久处,但分手之际还是难舍难分。第一句,李学勤先生于"非"下点断,不破读,似可商榷。"非",《诗》《书》《易》多作"匪",早期用法,除作否定词,多半读彼,这里应读彼,作一句读。"志所欢"指心里喜欢。"欢"读欢。"不能已"是没法控制自己。李文说席巴尔甘镜为37字,"已"下还有"之"字,但我看过照片,铭文只有36字,没有"之"字。

(三)译文

夫君神志恍惚不得志呀,好像突然得了抑郁症。
此病好不了呀,让他独自发愁,心里的疙瘩解不开。
我明知那人不可久处,但心里喜欢,还是放不下。

第三篇 "姚皎光"镜

铜镜中有一种赏月诗,铭文是以"姚皎光而曜美兮"开头,全铭很少。
梁鉴藏镜有两件这类铭文的镜子,一件与"内清质"铭的前四句配,"内清质"铭在内圈,"姚皎光"铭在外圈;一件与"清治铜华"铭配,"清治铜华"铭在内圈,"姚皎光"铭在外圈(图九)。前者的"姚皎光"铭完整无缺,后者的"姚皎光"铭脱一字,今以完整者为标本,解释一下。

图九　梁鉴藏"姚皎光"镜

(一)释文

姚(眺)皎光而曜美兮,挟佳都而承闲。

怀骦(观)察而恚予兮,爱存神而不迁。

得竝执(执)而不衰兮,清(请)昭折(晢)而侍君。(外圈)

(二)注释

"姚皎光而曜美兮,挟佳都而承闲",是说趁花好月圆,带美人赏月。"姚"读眺。"皎光"是月光。《说文解字·白部》:"皎,月之白也。从白交声,《诗》曰'月之白也'。""曜美"指月光明亮而美丽。"曜"同耀,它本或作"耀"。"佳都",佳、都皆有美义。汉代喜欢用"佳人"指美人。"都"是娴静美好之义。"承闲"是趁机。《楚辞》三用"承闲",《九章·抽思》:"愿承闲而自察兮,心震悼而不敢。"《七谏·谬谏》:"愿承闲而效志兮,恐犯忌而干讳。"《九叹·逢纷》:"愿承闲而自恃兮,径淫曀而道壅。"

"怀骦察而恚予兮,爱存神而不迁",是说自己的爱人老是暗自观察,怨恨自己。"玃察"读观察。"恚"是愤恨,释"性"误。"存神"犹言"潜心""藏心"。如《法言·问神》:"或问'神'。曰:'心。''请问之。'曰:'潜天而天,潜地而地。天地,神明而不测者也。心之潜也,犹将测之,况于人乎?况于事伦乎?''敢问潜心于圣。'曰:'昔乎仲尼潜心于文王矣,达之;颜渊亦潜心于仲尼矣,未达一间耳。神在所潜而已矣。'"《太玄经·玄数》也以"藏心""存神"并说。《后汉书·冯衍传》引冯衍《显志赋》:"陟山谷而闲处兮,守寂寞而存神。"《艺文类聚》卷三六引张华《答陆士龙诗序》:"修道以养和,弃物以存神。"道家也以这个词指炼气养神。"不迁"犹言不变。

"得竝埶而不衰兮,精昭折而侍君"。"竝埶"读并执,意思是手牵手。竝和并是同一字的两种写法。《诗·邶风·击鼓》"执子之手,与子偕老",《邶风·北风》"惠而好我,携手同行",都是讲男女相爱手牵手。"清"读请。"昭折"读昭皙,是光明、白皙之义。

(三)译文

> 眺望星空,月光皎洁,明亮又美丽,何不乘此良宵美景,带美人来赏月。
> 哪怕你暗自观察百般挑剔怨恨我,我会把我的爱深藏心底,永不变心。
> 但愿与你携手,白头到老,请让我像这轮明月,明亮皎洁,陪伴你。

(四)比较

最近发表的王刚怀藏镜也有一件这种铭文的全铭镜(图十),[18]字体差异较大,但内容相同。异文有二:

1."曜",王本从日从俞,俞是龠的误写。

2."折",王本从日从制,见《集韵·祭韵》,字同"晣"。折与制古书常通假,如"折狱"同"制狱","制衣"作"裂衣"。

---

⑱　王刚怀:《借镜喻人,托物言志》,《中国文物报》,2011 年 11 月 23 日,第 7 版。

图十　王刚怀藏"姚皎光"镜

第四篇　"君行有日"镜

梁鉴藏镜有一件"君行有日反毋时"镜(图十一),非常罕见。铭文共十三句,四句在内圈,九句在外圈,铭文完整。今查上海博物馆也有一件这种铭文的镜子(图十二),惜铭文不全,只有后九句,而且丢了一个字。[19] 这篇铭文,相当难读。我读了好几天,才豁然开朗:原来这是一篇古代的两地书。镜铭说话人为女性,语言生动,性格泼辣。她对她的夫君敲敲打打,一个劲儿埋怨他:为什么你来信,不是讲自己在外如何,就是祝父母如何,反正不关心我。她强调的是"半斤换八两,人心换人心",你要不想我,我也不想你。这篇铭文不像其他描写闺怨的镜铭,悲悲切切,一门心思吊死在丈夫身上,非常有趣。下面是我的理解。

---

⑲　陈佩芬编:《上海博物馆藏青铜镜》,上海书画出版社,1987 年,图版 34,拓片 34。

图十一　梁鉴藏"君行有日"全铭镜　　　图十二　上海博物馆藏"君行有日"半铭镜

（一）释文

君行有日反（返）毋（无）时。

思简忩（忽），倘（尚）可沮（苴），人尚（憋）心成不足思。（内圈）

君有远行妾私喜。

饶自次，具某止。

君征行来，何以为信？祝父母耳。

何木毋疕（枝）？何人毋友？

相思有常可长久。（外圈）

按：原文叶韵，可据以断句。韵脚：时、思、喜、止、来、耳、友、久是之部字，沮是鱼部字。两汉韵文，之、鱼二部常合韵。

（二）注释

"君行有日反毋时"，是说夫君出门已久，回家的日子还遥遥无期。"反"读返。"毋时"是无时。毋读无，下同。"无时"与"有日"相反。

"思简念,倘可沮,人㡀心成不足思",意思是说,你要是疏忽,想不起我,这事还可弥补,但恶心已成,故意如此,我也不把你当回事。"思",铭文有三个思字,第一个思字写法比较怪,上面加了一短竖一长横,但对比上引上海博物馆藏镜"相思"的"思"字,可知这个形如"惠"字的字,其实是用作"思"字。"简念",疑是"简忽"之误。上文提到,汉"内清质"镜有"忽穆"一词,忽字或从艸从忽,或从艸从念,就是忽、念相混的例子。"简忽",古书常见,意思是轻慢、疏忽,这里指夫君不把自己放在心上。"倘"读尚,尚是庶几。"沮"读苴,意思是补苴。"㡀"是敝字所从,《说文解字·巾部》有这个字,许慎的解释是"败衣也",这里读憋。憋训恶,见《方言》卷十、《广雅·释诂三》。王念孙说从敝得声的字往往有恶义(《广雅疏证》卷三下)。憋是心肠恶毒,如《后汉书·董卓传》"羌胡敝肠狗态",李贤注:"言羌胡心肠敝恶,情态如狗也。《续汉书》敝作憋。《方言》云:'憋,恶也。'""人憋心成"是人之恶心已成。[20]"不足思"是不值得思念。这里值得注意的是,镜铭"尚"对"不",这种句式,来源很早,如《诗·大雅·抑》:"白珪之玷,尚可磨也;斯言之玷,不可磨也。"汉代也流行这种句式,如《史记·淮南衡山列传》:"孝文十二年,民有作歌歌淮南厉王曰:'一尺布,尚可缝;一斗粟,尚可舂。兄弟二人,不能相容。'"《太平御览》卷一八七引傅玄《栋铭》:"国有维辅,屋有栋梁。室之倾,尚可柱也;心之倾,不可辅也。"

"君有远行妾私喜",是说你远行在外,别以为我会痛不欲生,其实我是暗自高兴。

"饶自次,具某止",意思是任凭投宿何处,你都详细说明自己的行止,具体地点是什么。饶的意思是任凭。今北京话有"饶世界"一词,犹存古义。朱骏声《说文通训定声·小部》:"饶又借为任,为由,为如,唐人所用饶他、假饶字,皆一声之转。""次"是止宿。"具某止"是具言止于何处。"某",《广雅·释诂三》:"某、命、鸣,名也。"王念孙《广雅疏证》卷三下:"凡言某者,皆所以代名也。"上引上海博物馆藏镜漏掉"某"字,则不成句。"具"上多一横画,估计还是"具"字。

---

⑳ "成"亦可读"诚"。"诚不足"乃古代习语,如果是这样,句子结构就是"人憋心/诚不足思"。

"君征行来,何以为信?祝父母耳",是说自君别后,你都来信讲什么?无非是些祝愿父母的话罢了。"征行",古书中的"征"或"征行"都是远行,不限于兵役之行。"征"字右半的第一笔(横画)有点弯曲,陈佩芬以为从辵,对比此铭,可知它的第一笔与第二笔并不连,还是从正。"来"指自"君征行"以来。"信"指来信。《晋书·陆机传》有"我家绝无书信"语。书信称信始于何时,值得讨论。顾炎武《日知录》卷三二"信"条曰:"《东观余论》引晋武帝、王右军、陶隐居帖及《谢宣城传》谓:'凡言信者,皆谓使人。'杨用修又引《古乐府》:'有信数寄书,无信长相忆'为证,良是。然此语起于东汉以下,杨太尉夫人袁氏《答曹公卞夫人书》云:'辄付往信。'《古诗为焦仲卿妻作》:'自可断来信,徐徐更谓之。'魏杜挚《赠毋丘俭诗》:'闻有韩众药,信来给一丸。'以使人为信始见于此。若古人所谓信者,乃符验之别名。《墨子》:'大将使人行守,操信符。'《史记·刺客传》:'今行而无信,则秦未可亲也。'《汉书·石显传》:'乃时归诚,取一信以为验。'《西域传》:'匈奴使持单于一信到国,国传送食。'《后汉书·齐武王传》:'得司徒刘公一信,愿先下。'《周礼·掌节》注:'节犹信也。'行者所执之信,此如今人言印信、信牌之信,不得谓为使人也。故梁武帝赐到溉《连珠》曰:'研磨墨以腾文,笔飞毫以书信。'而今人遂有书信之名。"案:信是音信,无论口信,还是书信,皆可称信。书信,不过记其言于书札而已。顾炎武说古书中的信字,非信使,即符传、印信,书信称信"起于东汉以下",此说不可信。镜铭"信"应指来信。西汉私人信件,今有出土发现(图十三)。当时已有书信,无可疑也。"祝"是祝愿。

"何木毋疪?何人毋友",是说谁还没个朋友,难道非你不可?你别以为,离开你我就没法活了。"疪"疑读枝或柴。疪是从母支部字,枝是章母枝部字,音近,可通假。柴与此皆从此声,亦可通假。

"相思有常可长久",是说你常想着我,我常想着你,才能活得长久。"相思"是互相思念,"常"是恒久之义。"长久"是人长久。镜铭常见"保长久,寿万年"。"长久"是祝愿之语。苏轼《水调歌头》"但愿人长久,千里共婵娟"就是这类祝愿。

图十三　西汉私人信件两件,敦煌悬泉置遗址出土

(三)译文

夫君出门已久,不知何日归来。

你的心上没有我,如果只是疏忽,此事尚可弥补,如果良心大坏,我又何必把你放心上。

夫君出远门,妾心暗自喜。

不管到哪里,你都津津乐道,每个地点,详详细细。

自你远行在外,你都来信说什么? 无非祝愿父母罢了。

哪棵树没有树枝,哪个人没有朋友?

只有你常想着我,我常想着你,才能人长久。

2012年三八妇女节次日写于北京蓝旗营寓所

【补记】上述镜铭,第一种数量最大,流行时间较长,蟠螭纹"彻字镜"约在武帝前,蟠螭纹"泄字镜"约在武帝时,重圈铭"泄字镜"约在武帝后(昭至平)。其他三种的年代大体同于第一种的第三类。四种都属西汉镜。铜镜可以纹饰风格粗分早晚,但每种风格的起止时间可能较长,彼此有重叠,要根据考古发现(主要是从共出关系看)和工艺特点加以校正。

【李　零　北京大学中文系教授】

原文刊于《中国文化》2012年01期

朱希祖《汲冢书考》辨证

朱渊清

提　要：朱希祖《汲冢书考》是一部史学名著。朱希祖的日记详细记录了他的写作过程，写作的起始、用到的书、思考的路径、遇到的问题、维护己见的努力和纠正错误的细节，以及更深的理论思考。

关键词：朱希祖　《汲冢书考》　《汲冢书》

《汲冢书考》是朱希祖的一部史学名著，写于 1939 年，中华书局于 1960 年出版。朱希祖留下了很详细的日记，整理后的《朱希祖日记》2012 年也由中华书局出版，同时出版的还有《朱希祖书信集》。根据日记和书信，我们可以恢复朱希祖撰写《汲冢书考》的整个过程，他这一研究的起因、研究过程中所用到的书、思考的路径、遇到的问题、维护己见的努力和纠正错误时的细节，以及更深的理论思考的探索。

朱希祖极赞赏钱穆《先秦诸子系年》以《竹书纪年》来订正《史记》之误的做法，决定自己重新来做《东西周年表》。战国纪年的纷繁错乱，引发朱希祖进一步去追索各种分歧纪年的出处，也就是原始材料的文本本身。这就有了他的汲冢书研究。汲冢书是西晋初年出土的一批竹简，《竹书纪年》即是汲冢书中文献价值最高的一部书。

1939 年 2 月 16 日，朱希祖上午写《东西二周君年表》初稿。日记中写道：

"午后一时进城,三时至中华书局,购《越绝书》(翻印明刻本)一册、《竹书纪年》(翻印洪颐煊校本)一册。五时乘校车至中央大学。夜阅《竹书纪年》。"朱希祖当时在重庆中央大学任教,他日记中记下了洪颐煊的洞见:"束晳、杜预所见《纪年》本起自夏、殷,至周幽王以后,以晋纪年,晋灭以魏纪年。""束晳、杜预所见本与和峤、郭璞本异。"朱希祖提出了自己的问题"今本《纪年》与和峤、郭璞本有异同否? 待考,而《竹书》只有一本,何以晋时束晳、杜预所见与和蟜、郭峤本不同? 若是,是亦可疑之甚者,皆宜考其原由以明真相。"

这一天很重要,朱希祖去城里买了洪颐煊校的《竹书纪年》,当晚读了洪颐煊序之后,朱希祖问了上述两个问题,根本上就是一个:汲冢书出土,西晋时《竹书纪年》到底有一个还是两个整理本? 由此开始,他展开了汲冢书的研究。当然,朱希祖对于《竹书纪年》《穆天子传》这些书并不陌生,朱希祖对汲冢书发生兴趣早在二十六年之前,可以说朱希祖踏上学术之路的第一步就与汲冢书结缘,当时他刚赴北京大学任教。1913 年 2 月 11 日朱希祖抵京当日就即奔琉璃厂购书,2 月 12 日琉璃厂得书中有"陈逢衡补正《穆天子传》",随后两天又购得翟云升校《穆天子传》、朱右曾《汲冢纪年存真》。朱希祖是古籍版本鉴定家,常与海盐同乡张元济讨论古籍版本。1934 年 3 月 16 日朱希祖在南京萃文书局购得"《明钞本穆天子传》(箓竹堂藏钞本,伪)一册,四元(退)。"有意思的是,对于这部钞本他是如何鉴定真伪的呢? 这不仅关系到纸张、装帧、墨色、字体等等,可能还需要对文本内在情况有特殊的理解吧。

回到 1939 年,朱希祖刚一入手就直指问题关键,他在此后几十天时间里考证汲冢书,迅速拓展到问题各个方面、多个层次,准确地找到各种原始材料,可见对汲冢书相关问题的思考在他脑中肯定已有不短的时间。

2 月 17 日之后的一周,朱希祖还在继续完成《东西二周君年表》《东西二周君世系考》相关考证。2 月 25 日,"去图书馆,借得《古本竹书纪年辑校》(嘉定朱右曾辑录,海宁王国维校补)、《今本竹书纪年疏证》(王国维撰)王氏遗书本。夜阅《竹书纪年辑校》"。3 月 5 日,"撰《〈竹书纪年〉杂记》三篇"。3 月 6 日,"午后及夜撰《秦大事年表》,以《秦本纪》、《始皇本纪》附录《秦纪》、《六国表》、《古本竹书纪年》为据,以他书参考"。3 月 7 日至 11 日,朱希祖每天都在写《秦大事年表》。

3月12日，开始撰写《古本竹书纪年考异》。"本日借得中央大学竹柏山房本《战国纪年》及《竹书纪年补证》三册，《周季编略》一册"。朱希祖引《晋书·束皙传》记所得汲冢竹书篇目，认为《束皙传》所记十六种六十九篇加上不识名题的七篇，共七十六篇，即是全部的汲冢竹书。《汉书·艺文志》"周书七十一篇"并非出于汲冢，《隋书·经籍志》说"汲冢竹书十五部八十七卷"也显误。他又引《史通》论及《汲冢琐语》数条，以为与《束皙传》所谓诸国卜梦妖怪相书相合。其后几日朱希祖都在写作《古本竹书纪年考异》，他认为，晋时考释《竹书纪年》、编缀次第者不止一人，亦非成于一时。日记中记录他大致讨论如下几个问题："文丁杀季历在大丁十一年"，疑"文丁"即"大丁"之误。晋时《竹书纪年》有卫恒、束皙两次整理。汲冢书《穆天子传》由荀勖整理。杜预见到的是已经编成的七十五卷。干宝《搜神记》所引的一条与束皙本不合，是否即是卫恒的初定本？《铁琴铜剑楼书目》记载的一条《穆天子传》旧钞本前保留了第一次整理小组的名单，朱希祖于是做了关于这个名单人物的考证。在3月16日日记天头，有他后来做的补充说明："此篇议论因未见《晋书》，殊多谬误，下已改正。"关于杜预，朱希祖认为杜预所见《竹书纪年》为束皙重订之本，其理由是杜预记录的《竹书纪年》篇起自夏、殷、周，而接晋、魏事，符合《束皙传》的记载。但朱希祖这个判断是错的，杜预曾见到过汲冢竹简的原简。

3月17日，女婿罗香林代为购得《先秦经籍考》三册，其中有神田喜一郎《汲冢书出土始末考》、小川琢治《穆天子传考》。朱希祖从中得益颇多，但遗憾的是神田的书对于汲冢书编缀写定的始末并无发明。"今吾所欲知者，此汲冢古文七十五篇，究竟经过若干岁月、若干人士编缀写定之耳。"接下来朱希祖又引多书考订卫恒在世时汲冢七十五篇尚未完全考证写定。"俟借得《晋书》后再详考之。"3月19日，"上午复阅《汲冢书出土始末考》。午后进城，五时乘工校车至中央大学"，"夜出史学系所藏百衲本《晋书》，阅《武帝纪》，荀勖、和峤、卫恒、束皙、王接及杜预传。"知杜预卒于太康五年闰十二月，荀勖卒于太康十年十一月，卫恒卒于惠帝永平元年六月。查到了杜预的去世时间，朱希祖已经意识到自己关于杜预的判断可能是错的。

3月20日,"午后一时至图书馆,借丛书集成本《九家旧〈晋书〉辑本》及四部丛刊本《竹书纪年》(明嘉靖范氏天一阁刻本)、《穆天子传》(同上刊本)。阅《九家〈晋书〉辑本》"。3月21日,"上午阅天一阁本《竹书纪年》,与洪颐煊校本对勘。午后考钞本《穆天子传》五行衔接"。"五行衔接"就是旧钞本提供的一个整理者职官名单,朱希祖考证指出:荀勖仅"撰次注写"了《穆天子传》,而《竹书纪年》一书殆为和峤所成。

3月22日,考证《晋书·王接传》"秘书丞卫恒考证汲冢书未讫而遭难,佐著作郎束皙述而成之,事多证异义"句。最后提到了谯周《古史考》对《史记》的纠谬和司马彪的工作,司马彪多据汲冢《竹书纪年》。在本页日记天地头上有朱希祖的补充:"卫恒为秘书丞或在永平元年之前。"而在3月17日,朱希祖已经对卫恒所起的作用和地位有了新的关注。三月底之前,朱希祖已改变汲冢书第一次整理由卫恒主导的观点。

3月23日,"上午,读杜预《春秋经传集解》",朱希祖怀疑《后序》"系后人伪作"。他提及神田喜一郎《汲冢书出土始末考》引中井履轩《左传雕题略》,亦谓此《左传后序》疑系后人伪作,但神田仍信此序为真。关于杜预,朱希祖没有放弃己见,他质疑《后序》文本本身的可信度,认为杜预《春秋经传集解后序》系后人伪作。朱希祖提出了八个疑问,"窃疑此序为讲杜预之学而又笃信竹书古文者之所为"。

3月24日,至图书馆阅《隋书·经籍志》,考证"卫宏诏定古文官书"条。朱希祖考证认为,卫宏定《古文尚书》,而《诏定古文官书》是卫恒所撰。"夜阅《晋书·经籍志》,考证司马彪等传"。3月25日,"十时后至图书馆阅马国翰辑卫宏《诏定古文官书》。"3月26日,"夜阅《晋书·贾谧传》,知谧于元康六年为秘书监,请束皙为佐著作郎,考正汲冢书"。3月27日,"阅《穆天子传》。根据荀勖序,怀疑荀勖时采入《中经》《新簿》,藏于秘府者,仅《竹书纪年》《穆天子传》《琐语》三种,其余十余种,在束皙时始成"。3月28日,"撰《汲冢书编校写定年月考》一篇"。3月29日,上午"完成《汲冢书编校写定年月考》","午后撰《汲冢书编校写定人物考》,成荀勖一小传,略其仕历,详其学历"。3月30日,"撰《汲冢书编校写定人物考·和峤小传》"。3月31日,"十时半至图书馆参考万斯同《晋将相大臣年表》",他认为万斯同此表"年月不尽可据也"。又研究秦锡圭《补〈晋书〉执政表》,"秦《表》亦不可据"。这是他研究荀勖、和峤的职位变动状况。朱希祖考证精微,得力于职官制度甚多。从 20 世纪 20 年代开始他就致力于起居注、史官官职等专门研究。

4 月 2 日,朱希祖考证元康元年至九年的秘书监官,张华、挚虞、华峤、华畅、陆机、贾谧、潘岳等人。关于张华,朱希祖没有给予足够的重视。张华是汲冢书最早的著录者,甚至很可能就是汲冢竹简的最早分类者。另外一个没有引起朱希祖注意的问题,张华、荀勖、贾谧、王瓒、陆机、束皙这些人,都对撰述国史深有研究,尤其关注纪元断限,在晋武帝、晋惠帝时会就《晋书》的纪元断限问题,他们之间发生过激烈的辩论;并且值得注意的是,第一次断限辩论的主角是荀勖,第二次断限辩论的主角是束皙。

4 月 3 日至 5 日,朱希祖续写《汲冢书编校写定人物考》,并考永平元年至永康元年秘书监及著作郎,写成挚虞、卫恒、华矫、缪徵、贾谧、束皙等人小传。4 月 7 日,"十时半至图书馆,还王国维《古本竹书纪年辑校》,借玉函山房丛书本《诏定古文官书》一册、《汲冢琐语》一册、《广仓学宭丛书》三册"。4 月 8 日,"十时半至图书馆参考《隋书经籍志考证》。夜阅新在商务印书馆所购顾实《穆天子传讲疏》",他认为《讲疏》颇合清儒考证方法,但夸大之书太多"。4 月 9 日,"夜补撰《汲冢书出土地方及年月考》"。

4 月 10 日至 11 日,撰写《汲冢书文字考》。"考汲冢古文体势与汉壁中古文相同,见卫恒《四体书势》,而魏《三体石经》之古文亦出于壁中古文"。他认为以魏石经考释《纪年》《穆天子传》等汲冢古文,事半功倍,"盖检得古文即知隶字,检得隶字即知古文"。汲冢书研究已经到了尾声,因为对今古文字的关心,之后的几天朱希祖暂时停下了汲冢书的写作,读书写跋,由今古文字而今古文之学,并旁及刘歆是否造伪,回顾了章太炎、崔适、顾颉刚、钱玄同、钱穆的学术。

4 月 17 日,"撰《汲冢书篇目考》,至夜十时成《〈纪年〉第一篇》"。考定《竹书纪年》初定本为和峤所编,起于黄帝,东周以后仍以周纪年;重定本为束皙所编,起于夏商,东周以后以魏晋纪年。"伪杜预《左传后序》所引《纪年》起于夏,东周以后盖以晋魏纪年。"《竹书纪年》是编年之通史,《春秋》是编年之断代史。

《竹书纪年》为魏国私人所撰而非魏国官修。从 2 月 16 日研究开始到此时,恰是两个月的时间,朱希祖对《竹书纪年》已经得出了他的全面判断。汲冢书经过前后两次整理;《竹书纪年》第一次整理由和峤主导,第二次的整理者是束晳,朱希祖研究的这两项关键结论都可谓准确、不可改易。随后两天继续撰写《汲冢书篇目考》,4 月 18 日"成《易经》以至《春秋》七篇,又补正《纪年》两条";4 月 19 日"成《琐语》以至于《穆天子传》六种"。

4 月 21 日,"十时半至宿舍阅《周书》。午后去图书馆阅《四库全书总目》,得知刘恕《通鉴外记》、路泌《路史》成书时间,二家皆引《竹书纪年》甚多。夜与刘节谈《竹书纪年》"。4 月 22 日,"午后一时与静庵至重庆大学图书馆借《玉海·艺文类》三册。三时后,摘录《玉海·魏石经》四条、《竹书纪年》七条、《琐语》一条,夜摘录《周书》七条。金静庵来谈汲冢《周书》"。朱希祖与金静庵就"篇"与"卷"的数目尝有讨论。"篇"与"卷"的问题非常重要,其实质是,战国竹简写在竹简上的编联成"篇",而誊写在纸张上的称"卷"。金静庵就是金毓黻,他是朱希祖 1913 年在北大任教时的老学生,后在政界任职,1936 年受聘为中央大学史学系教授。金毓黻此时正在撰写《中国史学史》,他是朱希祖开创的中国史学史的传人。朱希祖前一天日记提到的另一位学生刘节,后在中山大学任教,1982 年中州书画社出版了他的遗稿《中国史学史稿》。

4 月 25 日,"《杂书十九篇》成,其中以《周书》为最重要而难考"。4 月 26 日,《汲冢书篇目考》完成。4 月 27 日,上午完成《周书两大匡篇释疑》,"始断定孔晁注《周书》为汉以来所传今隶本,与汲冢古文本同出一源"。4 月 28 日,"傍晚静庵代借到《全晋文》荀勖、束晳两册,摘录有关汲冢书者数条"。

4 月 30 日,"午后撰《汲冢杂考》,成《汲冢古书之外有古物》一则,夜撰《汲冢发掘人不准姓氏》一则"。5 月 2 日,"上午撰《汲冢或书魏襄王冢或言魏安釐王冢皆无确证》一则,午后撰《魏今王及周隐王释疑》一则,夜补写日记"。5 月 3 日,"上午誊写《汲冢书考》第一篇《汲冢书来历考》。午后日机来袭,之后续写《汲冢书考》"。5 月 4 日,"上午续写《汲冢书考》"。5 月 6 日,"夜考证荀勖《穆天子传叙录》"。5 月 7 日,"夜续考荀勖《穆天子传叙录》"。5 月 8 日,"日来考证荀勖《穆天子传叙录》。荀勖《穆天子传叙录》,实仿刘向《战国策》等叙录而作,有目录有序文"。朱希祖写了长文考证,随后写了附录《臣瓒姓氏考》,长文连附录共约八千字。5月9日,"撰《臣瓒姓氏考》"。5月10日,"兹先撰《云南两爨氏族考》"。

1939年5月9日,朱希祖的汲冢书研究结束,此后除了偶尔誊写、修订外,他进入了云南少数民族相关问题的研究。持续近三个月紧张艰苦的工作,还要躲避空袭,防乱时偷抢,对朱希祖的身体造成了颇为严重的伤害。5月7日,他的身体已出现状况。5月9日,"便血甚多"。这场病延续了两个月之久。6月1日,"写《汲冢书考》第一卷完"。6月4日,"写《汲冢书考》第二卷完"。7月24日,"上午写《晋书束晳传汲冢书目中周书考》一篇,约千五百字"。

1939年5月23日,朱希祖写信给罗香林谈《汲冢书考》概要。信中谈到汲冢书的意义:"汉代孔壁古文、晋代汲冢古文、今代殷墟甲骨文,可称三大发现,然学者之中对此三者有全信者,有全不信者,有信其一而不信其二者,有信其二而不信其一者,余谓全信可也,全不信亦可也,信此而不信彼则必有入主出奴之见矣。案此三大发现,当时目睹实物者皆信之,惟信耳而不信目者,有先入之见者,则不能无疑焉。此事有关于中国全体学术及历史甚巨,余为此书有深意存焉。"4月14日日记中,朱希祖读钱玄同《重论经今古学问题》而反思治学方法,指出"玄同误解孔壁古文为殷周古文"。他反对今古文家门户之见。"旧时以汲冢古文书为晋人伪造,今治晋史,知其不然。"强调要"以论理学方法解决一切疑难","盖真伪之事,须为客观判断,不宜偏任主观凭空臆说"。

4月12日至17日这几天,是朱希祖得出研究结论前的回顾和思考时间,朱希祖对出土材料问题考虑极深,还特意读了王国维"二重证据法"的名作《殷卜辞中所见先王先公考》。关于"三大发现",王国维1925年7月暑期演讲《最近二三十年间中国新发见之学问》中就提出了(更早在1922年2月,王国维就已化名"抗父"在《东方杂志》十九卷三期上发表了内容相近的《最近二十年间中国旧学之进步》)。王国维强调这三批资料数量多、学术影响大,但朱希祖的考虑显然更深,他的研究指向历史研究材料的本质。朱希祖珍视保存《竹书纪年》的汲冢书,以之为战国所存的古史档案。朱希祖的学生、现代档案学的开创者傅振伦明确指出,殷墟甲骨文、汉晋简牍、唐五代文献图籍、明清档案,"皆当时之案牍也"。

朱希祖史学承自章太炎,曾写《章太炎先生之史学》回顾明清以来浙东史学的传承。经学在二十世纪初衰微之后,经世致用的史学主动承担起了经学之任。在完整经历了经世致用、社会史观这些史学功用目标的外向探索之后,朱希祖最终完成了自己向科学实证史学研究的蜕变。科学实证研究的《汲冢书考》,也是他所开创的中国史学史研究的代表作。

(《朱希祖日记》,朱元曙、朱乐川整理,中华书局 2012 年版;《朱希祖书信集》,朱元曙整理,中华书局 2012 年版)

【朱渊清　上海大学思想与知识史研究中心教授】
原文刊于《中国文化》2019 年 01 期

法钦碑及作者考

黄夏年

法钦亦称道钦,唐代僧人。《宋高僧传·唐杭州径山法钦传》有其传,全文曰:

> 释法钦,俗姓朱氏,吴郡昆山人也。门地儒雅,祖考皆达玄儒,而傲睨林薮,不仕。钦托孕母管氏,忽梦莲华生于庭际,因折一房,系于衣裳。既而觉已,便恶荤膻。及迄诞弥岁,在于髫辫,则好为佛事,立性温柔,雅好高尚,服勤经史,便从乡举。

> 年二十有八,僦装赴京师,路由丹徒,因遇鹤林素禅师,默识玄鉴,知有异操,乃谓之曰:"观子神府温粹,几乎生知,若能出家,必会如来知见。"钦闻,悟识本心,素乃躬为剃发,谓门人法鉴曰:"此子异日大兴吾教,与人为师。"寻登坛纳戒,炼行安禅,领径直之一言,越周旋之三学。自此,辞素南征。素曰:"汝乘流而行,逢径即止。"后到临安,视东北之高峦,乃天目之分径。偶问樵子,言是径山,遂谋挂锡于此。见苦盖,覆置网,肩近而宴居,介然而坐。时雨雪方霁,旁无烟火,猎者至,将取其物,颇甚惊异叹嗟,皆焚网折弓,而知止杀焉。下山募人营小室,请居之。近山居,前临海令吴贞舍别墅以资之。自兹盛化,参学者众。

> 代宗睿武皇帝大历三年戊申岁(768)二月下诏曰:"朕闻江左有蕴道禅

人,德性冰霜,净行林野。朕虚心瞻企,渴仰悬悬,有感必通,国亦大庆。愿和尚远降中天,尽朕归向,不违愿力,应物见形。今遣内侍黄凤宣旨,特到诏迎,速副朕心。春暄,师得安否?遣此不多及。"敕令"本州供送,凡到州县,开净院安置,官吏不许谒见,疲师心力。弟子不算多少,听其随侍。"帝见,郑重咨问法要,供施勤至。

司徒杨绾笃情道枢,行出人表。一见钦于众,退而叹曰:"此实方外之高士也,难得而名焉。"帝累赐以缣缯,陈设御馔,皆拒而不受,止布衣蔬食,悉令弟子分卫,唯用陶器行,少欲知足,无以俦比。帝闻之,更加仰重,谓南阳忠禅师曰:"欲锡钦一名。"手诏赐号"国一"焉。

德宗贞元五年(789),遣使赍玺书宣劳,并庆赐丰厚。钦之在京及回浙,令仆公王节制州邑名贤执弟子礼者,相国崔涣、裴晋公度、第五琦、陈少游等。自淮而南,妇人礼乞号,皆目之为功德山焉。六年(790),州牧王颜请出州治龙兴寺净院安置,婉避。韩滉之废,毁山房也。

八年(792)壬申十二月,示疾说法而长逝。报龄七十九,法腊五十。德宗赐谥曰大觉,所度弟子崇惠禅师、次大禄山颜禅师、参学范阳杏山悟禅师、次清阳广敷禅师。于时奉葬礼者,弟子实相、常觉等,以全身起塔于龙兴净院。

初,钦在山,猛兽鸷鸟驯狎,有白兔二跪于杖屦之间。又尝养一鸡,不食生类,随之若影,不游他所。及其入长安,长鸣三日而绝。今鸡冢在山之椒。

钦形貌魁岸,身裁七尺,骨法奇异。今塔中塑师之貌,凭几犹生焉。杭之钱氏为国,当天复壬戌中,叛徒许思作乱。兵士杂宣城之,卒发此塔,谓其中有宝货,见二瓮上下合藏,肉形全在,而发长覆面,兵士合瓮而去。刺史王颜撰碑述德,比部郎中崔元翰、湖州刺史崔玄亮、故相李吉甫、丘丹,各有碑碣焉。①

《法钦传》中提到法钦圆寂后,为其作碑铭及丹书的有五人:"刺史王颜""比

---

① 宋左街天寿寺通慧大师赐紫沙门赞宁等奉敕撰《宋高僧传·唐杭州径山法钦传》卷第九。

部郎中崔元翰""湖州刺史崔玄亮""故相李吉甫""丘丹"。本文拟分别考述以
上五位之行状。

一、王颜与"国一禅师塔铭"

第一位"撰碑述德"的王颜,旧、新《唐书》无传。《山西通志》有传曰:"王
颜,临晋人。晋河东太守司空卓之裔,唐慈州文城县令景祚之孙,彬州郴县丞简
真之仲子,登大历二年进士,补太子校书,转河东猗氏尉,同州合阳县令,再转洛
阳令,移典杭州,入大理少卿,拜御史中丞,出虢州刺史。"②王颜好文,博览群书,
对王氏家族的尊严甚是爱护。山西有崔、卢、李、郑、王五大姓氏。其中,太原王
氏家族出自姬姓。周灵王太子晋子宗敬为司徒时,人号王家,因以为氏。王氏十
五世孙王翦是秦朝大将军,太原王氏就出自王翦的孙子离这一系。离的次子威
之九世孙王霸,位汉朝扬州刺史,长居太原晋阳,其后人在相当长的一段时间内
一直继承祖位。"后魏定氏族,金以太原王为天下首姓,故古今时谚有鼎盖之
名,盖谓盖海内甲族著姓也。"③太原王姓开始发展成四房,接着发生分歧,"又见
近代《太原房谱》称,显姓之祖,始自周灵王太子晋。《琅琊房谱》亦云太子晋后,
且晋平公闻周太子生而异,使师旷朝周见太子……"④为此,王颜专门撰写《追树
十八代祖晋司空太原王公神道碑铭》一文,考证"太子晋"的生平。指出"魏之风
俗,俭不中礼,周之子孙,日失其序。颜实永痛,力建丰碑,有四义焉:一归流遁者
之心,二正迷宗者之望,三伏旌垂庆之德,四永铭储祉之仁"⑤。王颜认为各房王
姓抢夺王姓正宗是失礼失序的行为,故为之作《钟鼎铭》曰:"太原一宗,晋代三
公。薨时世故,葬此河东。孙谋克著,祖庆所钟。显魂凛凛,遗冢崇崇……"⑥王
颜晚年倾心道教,"希心自然,冥怀阴骘,奉道典阴功重,阳功轻,阴罪重,阳罪轻

---

② 《山西通志》卷一百三十八。
③ 王颜:《追树十八代祖晋司空太原王公神道碑铭》,《山西通志》卷一百九十二。
④ 王颜:《追树十八代祖晋司空太原王公神道碑铭》,《山西通志》卷一百九十二。
⑤ 王颜:《追树十八代祖晋司空太原王公神道碑铭》,《山西通志》卷一百九十二。
⑥ 王颜:《追树十八代祖晋司空太原王公神道碑铭》,《山西通志》卷一百九十二。

之言于中条山,创建道静院,自虢州弃官,栖息其中。"⑦

《乾道临安志》卷三说王颜于"贞元六年(790)为杭州刺史",亦即是说,他于大历二年(767)获进士后,经河东猗氏尉、合阳县令、洛阳令等23年官场历练,最后到杭州当了刺史。他为杭州刺史期间与释法钦关系甚密,于是在大历八年(792)法钦圆寂之后,为法钦"撰碑述德"。他所撰写的碑文是"国一禅师塔铭"⑧,已佚,故撰文的具体时间不详。贞元十一年(795)九月,虢州刺史王颜撰写了《铸鼎原铭》⑨。贞元十七年(801)十月,王颜又撰写了《追树十八代祖晋司空太原王公神道碑铭》,说明他还在世上。王颜卒于何年,因史料缺乏,尚不可考。《河南通志》卷四十九曰:"王颜墓,在阌乡县七正洞侧。颜,虢州刺史。"说明他没有葬在老家山西,而是埋在了河南。

二、崔元翰与《大觉禅师国一影堂碑》

比部郎中崔元翰是第二位撰碑者。崔元翰在旧、新《唐书》和《会稽志》《山西通志》《宝刻丛编》《册府元龟》等有载。

《旧唐书》卷一百三十七云:"崔元翰者,博陵人。进士擢第,登博学宏词制科,又应贤良方正、直言极谏科,三举皆升甲第,年已五十余。李汧公镇滑台,辟为从事。后北平王马燧在太原,闻其名,致礼命之,又为燧府掌书记。入朝为太常博士、礼部员外郎。窦参辅政,用为知制诰。诏令温雅,合于典谟。然性太刚褊简傲,不能取容于时,每发言论,略无阿徇,忤执政旨,故掌诰二年,而官不迁。竟罢知制诰,守比部郎中。元翰苦心文章,时年七十余,好学不倦。既介独耿直,故少交游,唯秉一操,伏膺翰墨。其对策及奏记、碑志,师法班固、蔡伯喈,而致思精密。为时所摈,终于散位。"

《新唐书》卷二百三曰:"崔元翰,名鹏,以字行。父良佐,与齐国公日用从昆

---

⑦　《山西通志》卷一百三十八。
⑧　《乾道临安志》。
⑨　《广川书跋》卷八。

弟也。擢明经甲科，补湖城主簿，以母丧，遂不仕。治《诗》《易》《书》《春秋》，撰《演范》《忘象》《浑天》等论数十篇。隐共北白鹿山之阳。卒，门人共谥曰贞文孝父。元翰举进士，博学宏辞，贤良方正，皆异等。义成李勉表在幕府，马燧更表为太原掌书记，召拜礼部员外郎。窦参秉政，引知制诰。其训辞温厚，有典诰风，然性刚褊，不能取容于时。孤特自恃，掌诰凡再期，不迁，罢为比部郎中时，已七十余，卒。其好学，老不倦，用思精致，驰骋班固、蔡邕间，以自名家。怨陆贽、李充乃附裴延龄。延龄表钩校京兆妄费，持吏甚急，而充等自无过，讫不能傅致以罪云。"

《新唐书·崔元翰传》述元翰生平，疑有错误，此为后人所指出。宋咸林吴缜曾曰："今案《崔日用传》，乃滑州灵昌人。而又《崔元翰传》，述良佐云与日用从昆弟也。此二传乡里宗族与《艺文志》不同，未知孰是？然以《宰相世系表》考之，则良佐乃日用之再从侄，以是言之，则从子者是，而从昆弟者误欤。"[10]

综合新、旧《唐书》，可知崔元翰是一大器晚成之人，五十岁以后才开始得志，然又因性格刚而不悦，直言而不徂，在官场上始终不能如意，最终没有提拔。崔元翰官场不得意，但是文学水平很高，各种文体皆能写作，作品产量巨丰，是一位难得的文学天才。唐代著名文人权德舆曾与崔元翰相交，崔元翰逝世后，权德舆"捧遗文见咨"[11]，为崔元翰的遗著作序。他评价崔元翰："其文若干篇，闳茂博厚，菁华缜密，足以希前古而耸后学。记循吏政事，则《房柏卿碣》《孙信州颂》；叙守臣勋烈，则《黎阳城碑》《刘幽求神道碑》；表宗工贤人兆域，则李太师、梁郎中《志文》；撰门中德善，则贞文、孝文《志》《碣》二铭；摅志气以申感慨，则《与李都统及二从事书》；纂桑门心法，则《大觉禅师碑》；推人情以陈圣德，则《请复尊号表》；铺陈理道，则有制策；藻润王度，则有诏诰。向所叙《诗》《书》《说命》《骊颂》而下，君皆索其粹精，故能度越伦类，有盛名于代。其他诗、赋、赞、论、铭、诔、序、记等合为三十卷，如黄钟玉磬，琼璧琬琰，奏于悬间，列在西序。其章者，虽汉廷诸公，不能加也。无溢言曼辞以为夸大，无谄笑柔色以资盂晋，劲直而不

---

⑩ 《新唐书》纠谬卷四。
⑪ 权德舆：《唐尚书比部郎中博陵崔元翰文集序》，《唐文粹》卷九十二。

能屈已，清刚而不能容物。介特寡徒，晚达中废，斯亦命之所赋也。"⑫曲高和寡，才高位轻，纵使文赋天下，崔元翰也受制于人事所囿。

可惜这么一位有天赋、有文采的学者，却没有留下他的更多著作，令人叹惋。现在所见崔元翰之作，仅《与常州独孤使君书》⑬，以及《清明卧病不得游开元寺》与《奉和圣制重阳日百寮曲江宴示怀》两诗。读崔元翰之遗作，"训辞温厚，有典诰风"，如权德舆所说："闳茂博厚，菁华缜密，足以希前古而耸后学。"其文气势庞大，论古说今，德才相匹，循循深入，"然患后世之文，放荡于浮虚，舛驰于怪迁，其道遂隐。谓宜得明哲之师长，表正其根源，然后教化淳矣"。元翰自成一论，点明了世风日下之怪状，以及治理世风之办法。其诗"执宪纠奸邪，刊书正讹谬"⑭、"远岫对壶觞，澄澜映簪绂"⑮，抒发了士大夫"铁肩担道义，妙手著文章"的正义情怀。崔元翰"用思精致，驰骋班固、蔡邕间，以自名家"。然不谙世事，只以才论，最终落得"为时所摈，终于散位"。据说柳宗元的文集中，"集百官《请复尊号表》六首，皆出于崔元翰"⑯。良可叹也！

权德舆说崔元翰的"诠桑门心法，则《大觉禅师碑》"，亦名"大觉禅师国一影堂碑""唐嘉祥寺大觉禅师影堂记"和"唐径山大觉禅师国一影堂记"等。"影堂"是祭祀法钦禅师的祖师堂，内有法钦禅师的画像或塑像。《会稽志》卷十六云："大觉禅师国一影堂碑，崔元翰撰，羊士谔正书，贞元九年（793）二月八日。石在府城大庆寺，碑作嘉祥寺。"因碑作于嘉祥寺，故名"唐嘉祥寺大觉禅师影堂记"。《宝刻丛编》卷十四云："唐大觉禅师国一碑，唐崔元翰撰，归登行书并题额。元和十年四月十五日建在径山。《复斋碑》录。"故简称"唐大觉禅师碑"⑰。

史书记载崔元翰所撰写的这块碑，现在看来问题很多，有必要细考一下：

《舆地碑记目》卷一云："大觉禅师国一影堂碑，在府城大庆寺，正元元年。"此为错记。"正元"是三国魏朝高贵乡公曹髦在位时期，时间在255年，比法钦

---

⑫ 权德舆：《唐尚书比部郎中博陵崔元翰文集序》，《唐文粹》卷九十二。

⑬ 《唐文粹》。

⑭ 《唐诗纪事》卷三十五，《清明卧病不得游开元寺》。

⑮ 《唐诗纪事》卷三十五，《奉和圣制重阳日百寮曲江宴示怀》

⑯ 《鲒埼亭集外编》卷三十四。

⑰ 《宝刻丛编》卷十四。

圆寂的贞元八年（792）壬申十二月早 573 年。如果"正元"是"贞元"之误，则"贞元元年"也是错误，因为法钦是在八年圆寂的。《会稽志》说"大觉禅师国一影堂碑"的写作时间在"贞元九年二月八日"，则是在法钦圆寂两个月后，碑文就已经写出。

"大庆寺"自唐到明有好几座同名的寺院，唐代大庆寺在会稽城内。《渭南文集》卷二十四《重修大庆寺疏》曰："佛出本为一大缘，初无差别。越城昔有六尼寺，五已丘墟，惟大庆之名蓝，实故唐之遗址。兹蒙贤牧命复旧规，方广募于众财，冀亟成于伟观。魔王魔民魔女，尽空蜂蚁之区；法鼓法炬法幢，一新龙象之众。悦承金诺，敢请冰衔。"《渭南文集》五十卷由南宋诗人陆游所撰，其所写《疏》明确指出，大庆寺为唐代会稽城内的六大尼寺之一。在晚唐时，大庆寺仍然还在，唐咸通三年（862），寺里立有"《大庆寺众尼粥田记》，裴澹述，王隋正书，咸通三年十月二十七日，后有田段四至"[18]。咸通十一年（870），立有"《大庆寺复寺记》，贝灵该分书并篆额，咸通十一年二月二十日刻"[19]。之后可能由于战争原因，兹寺渐渐衰落，到了宋时已经衰败不堪，所以才要重新修葺。《会稽志》卷十一曰："大庆桥在城东南，以傍有大庆寺，故名。"《会稽志》卷八又载："尼戒坛在大庆寺大殿之后。"可知大庆寺不仅是会稽城内尼寺名蓝，也是传戒正范之处。

虽然陆游记载大庆寺为会稽城内六大尼寺之一，但是在唐代，大庆寺确有比丘住过。《宋高僧传·唐上都大安国寺好直传》载："释好直，俗姓丁氏。会稽诸暨人也。幼不喜俗事，酒肉荤茹天然不食。因投杭坞山藏师落发。元和初受具于杭之天竺寺，凡百经律论疏钞，嗜其腴润，一旦芒屩策杖，诣洪州禅门，洞达心要，虚往实归，却于本郡大庆寺。求益者提训凡二十余载，为江左名僧。见儒士能青眼，故名辈多与之游，往往戏为诗句，辞皆错愕。凡从事廉问护戎于越，入境籍声实而造其户，不独能诱，亦善与人交者。"[20]好直禅师于元和初（807—811）在杭州受戒之后，回到会稽大庆寺住了二十余年，成为江左名僧。他于四年（839）十月二十五日圆寂，"春秋五十六。夏三十二"[21]。据此可推知他 23 岁时出家受

---

[18] 《会稽志》卷十六。
[19] 《会稽志》卷十六。
[20] 宋左街天寿寺通慧大师赐紫沙门赞宁等奉敕撰《宋高僧传》卷第三十。
[21] 宋左街天寿寺通慧大师赐紫沙门赞宁等奉敕撰《宋高僧传》卷第三十。

戒为僧。此距法钦圆寂的贞元八年(792)相隔5年,考虑到好直禅师"诣洪州禅门,洞达心要"的禅宗背景,加上他在大庆寺的名声,很有可能是他在大庆寺里建造了"大觉禅师国一影堂",并请崔元翰撰写了碑文。

崔元翰撰写"大觉禅师国一影堂碑",然而此碑却在会稽嘉祥寺所作,由羊士谔所书。嘉祥寺是佛教史上著名的寺院。据《高僧传》,吴人竺道壹法师思彻渊深,讲倾都邑,会稽郡守琅琊王荟,"于邑西起嘉祥寺,以壹之风德高远,请居僧首。壹乃抽六物遗于寺,造金牒千像。壹既博通内外,又律行清严,故四远僧尼,咸依附咨禀,时人号曰'九州都维那'"[22]。之后,梁代学通内外,博训经律的高僧释慧皎,住嘉祥寺,"春夏弘法,秋冬著述,撰《涅槃义疏》十卷及《梵网经疏》行世。又以(宝)唱公所撰《名僧(传)》颇多浮沉,因遂开例成广,著《高僧传》一十四卷。……传成,通国传之,实为龟镜。文义明约,即世崇重"[23]。少康"于越州嘉祥寺受戒,便就伊寺学《毘尼》。……洎到睦郡,入城乞食,得钱诱掖小儿,能念阿弥陀佛,一声即付一钱。后经月余,孩孺蚁慕念佛多者,即给钱。如是一年,凡男女见康,则云阿弥陀佛"[24]。少康因推行念佛,被奉为净土宗四祖。释慧虔"以晋义熙之初,投山阴嘉祥寺。克己导物,苦身率众,凡诸新经,皆书写讲说"[25]。临终时得到观世音菩萨的接引,最早在我国传扬观音信仰。隋代安息人吉藏大师"止泊嘉祥,如常敷引。禹穴成市,问道千余。志存传灯,法轮相继"[26]。吉藏曾撰写论著千部,号称"千部论主",又讲《三论》百遍,是三论宗大师。他曾"止会稽嘉祥寺,疏请智𫖮讲《法华经》"[27]。此外,还有善讲《法华》《毘昙》的昙机法师和道凭法师,"亦是当世法匠"[28],被郡守琅琊王琨请居邑西嘉祥寺[29]。

虽然嘉祥"寺本琨祖荟所创也"[30],但还有另外的说法,谓该寺为书圣王羲之

---

[22] 梁会稽嘉祥寺沙门释慧皎撰《高僧传》卷第五。

[23] 大唐西明寺沙门释道宣撰《续高僧传》卷第六。

[24] 《唐睦州乌龙山净土道场少康传》,宋左街天寿寺通慧大师赐紫沙门赞宁等奉敕撰《宋高僧传》卷第二十五。

[25] 梁会稽嘉祥寺沙门释慧皎撰《高僧传》卷第五。

[26] 《续高僧传》卷第十一。

[27] 《六研斋》笔记卷三。

[28] 梁会稽嘉祥寺沙门释慧皎撰《高僧传》卷第七。

[29] 梁会稽嘉祥寺沙门释慧皎撰《高僧传》卷第七。

[30] 梁会稽嘉祥寺沙门释慧皎撰《高僧传》卷第七。

的故居,王荟是羲之的叔叔。羲之的第七代孙兄弟两人舍家入道,弟弟取名法极,字智永,哥哥取名惠钦,字智楷。他们开始住在旧宅,后来因每年拜墓的需要,将此寺移到了县西南三十一里的兰渚山下。"梁武帝以欣、永二人故号所住之寺,曰永欣焉。"[31]因家传的缘故,法极与惠钦两兄弟终身钻研先祖的书法,特别是法极,"常居阁上临书,凡三十年。所秃笔头,置之大竹簏,簏受一石余,而五簏皆满。人来觅书如市,户限为之穿穴,用铁裹之,人谓之铁门限。后取笔头瘗之,号秃笔冢,自制其铭。又尝临写真草千字文八百余本,浙东诸寺各施一本,妙传家法,精力过人。隋唐间工书者,鲜不临学"[32]。嘉祥寺不仅是书法圣地,也是佛教造像的圣地。史载"东晋会稽山阴灵宝寺木像者,征士谯国戴逵所制。逵以中古制像略皆朴拙,至于开敬不足动心。素有洁信,又甚巧思,方欲改斫。威容庶参真极注虑,累年乃得成。遂东夏制像之妙,未之有如上之像也。致使道俗瞻仰,忽若亲遇,高平郗嘉宾撮香咒曰:若使有常将复睹圣颜,如其无常,愿会弥勒之前。所拈之香于手自然,芳烟直上,极目云际,余芬裴回,馨盈一寺。于时道俗莫不感厉,像今在越州嘉祥寺"[33]。

文化底蕴如此厚重的嘉祥寺,自然成为历代文人心中的圣地。能够在这座书法圣地创作留世的作品,是每一位文化人心中的愿望。在这个背景下,崔元翰撰写"大觉禅师国一影堂碑"在嘉祥寺出品,也成为意中之事。故此碑亦称为"唐嘉祥寺大觉禅师影堂记"[34],应为顺理成章之作。

为"大觉禅师国一影堂碑"书写者羊士谔,也是唐代著名的诗人,曾经出版过《羊士谔诗》一卷,至今仍有诗若干首存世。羊士谔,"贞元元年,擢进士第。顺宗时为宣歙巡官王叔文所恶,贬汀州宁化尉。元和初李吉甫知,奖擢监察御史,掌制诰,出为资州刺史"[35]。羊士谔卷入党争,官场曲折,但他才华横溢。史载"谔工诗,妙造《梁》选,作皆典重。早岁尝游女几山,有卜筑之志,勋名相迫,

㉛ 《会稽志》卷十六。
㉜ 《会稽志》卷十六。
㉝ 西明寺沙门释道世撰《法苑珠林》卷第十三。
㉞ 《宝刻丛编》卷十三。
㉟ 《郡斋读书志》卷五下。

不遂初心。有诗集行于世"㊱。他的诗喻景表心志，曲委无奈。如《西郊兰若》："云天宜北户，塔庙似西方。林下僧无事，江清日正长。石泉盈掬冷，山实满枝香。寂寞传心印，无言亦已忘。"人评此诗："五六有夏间山居之景，眼前事，只他人自难道也。"㊲又如《题郡南山光福寺》："传闻黄阁守，兹地赋长沙。少壮称时杰，功名惜岁华。岩廊初见刹，宾从亟鸣笳。玉帐空严道，甘棠见野花。碑残犹堕泪，城古自啼鸦。寂寂清风在，怀人谅不遐。"㊳此诗通过描述光福寺的风光，借昔日之热闹喧嚣，对比如今之冷清寂寞，道出世事无常之感叹。

元和九年（815），羊士谔被贬到四川资州（今资中市），曾撰写《毗沙门天王赞》，此碑"岁久陷于城北隅，绍兴中邵博为守，始掘得之"㊴。在会稽，他于贞元元年四月撰写了《南镇会稽山永兴公祠堂碣》㊵。此碣由韩梓材书、韩方明篆额，享誉于世。韩梓材的书法很有名。史载"唐韩梓材，字利用。元稹观察浙东，幕府皆知名士，梓材其一也。笔迹睎颜鲁公、沈传师而加遒丽，披沙见金，时有可宝"㊶。韩梓材与羊士谔"同在越州，亦以文翰称云"㊷。法钦圆寂于贞元八年（792），"大觉禅师国一影堂碑"于翌年撰写，羊士谔此时正是擢得进士得意之时，又以文翰称越州，以他的名声和嘉祥寺的重要历史文化地位，请他来书写"大觉禅师国一影堂碑"，自是水到渠成之事也。《宝刻丛编》卷十四说此碑于"贞元九年（793）二月八日立"，可知碑文写成之后，很快就由羊士谔书成。由此也可以透露出，至少在贞元九年，羊士谔还在越州。

除了大庆寺里有大觉禅师影堂之外，径山寺同样也建有影堂。唐代诗人张祜曾经撰有《题径山大觉禅师影堂》一诗。该诗云："超然彼岸人，一径谢微尘。见想应非想（集作见相即非相），观身岂是身。空门性未灭，旧里化犹新。漫指堂中影，谁言影似真。"㊸张祜，唐代著名诗人。字承吉，邢台清河人。有诗集留

㊱《唐才子传》卷三。
㊲《瀛奎律髓》卷四十七。
㊳《唐诗品汇》卷七十九。
㊴《蜀中广记》卷八。又《宝刻丛编》卷四云："毗沙门天王赞，撰并书，元和九年，资。"
㊵《会稽志》卷十六。
㊶《墨池编》卷三。
㊷《墨池编》卷三。
㊸《文苑英华》卷三百五。

世。他出生在清河（今邢台清河）张氏望族,家世显赫,被人称作张公子,有"海内名士"之誉。"淮南杜牧为度支使,善其诗。尝赠之诗曰:'何人得似张公子,千首诗轻万户侯。'尝作淮诗有'人生只合扬州死,禅智山光好墓田'。"④④张祜性情狷介,不肯趋炎附势,终生没有跻身仕途,未沾皇家寸禄。其晚年在丹阳曲阿筑室种植,寓居下来,与村邻乡老聊天,赏竹品酒,过着世外桃源的隐居生活。他在诗歌创作上取得了卓越成就,曾因"故国三千里,深宫二十年"而得名,《全唐诗》收录其349首诗歌。张祜一生坎坷不达,而以布衣终。他卒于唐宣宗大中六年（853）,葬在丹阳县尚德乡⑤⑤此距法钦圆寂相差约百年。张祜为径山寺撰大觉禅师影堂诗,说明这座影堂在法钦圆寂百年后仍然存在。

在会稽,除了大庆寺的"大觉禅师国一影堂碑",还有其他的"唐大觉禅师碑"。略考如下:

1."唐径山大觉禅师碑"。《宝刻丛编》卷十四引《金石录》云此碑:"唐王颖撰,王俦正书,贞元十年（794）十一月。"此碑时间略晚于崔元翰一年,于贞元十年所出。碑文作者王颖生平已不可考,很可能属于当地文人,因为《舆地碑记目》卷一曾曰:"王颖书《尊圣经》,咸通十三年（872）,在戒珠寺。"梅溪王先生文集后集卷四有诗《九日与同官游戒珠寺用去年韵》云:"九日重登古蕺山,劳生又得片时闲。菊花今岁殊不恶,蓬鬓去年犹未斑。蓝水楚山诗兴里,鉴湖秦望酒杯间。醉中同访右军迹,题扇桥边踏月还。"鉴湖在会稽城西南,为浙江名湖之一,名字始于宋朝。戒珠寺则历史悠久,唐已有之。戒珠寺后面蕺山有王右军遗像⑥⑥王颖撰"唐径山大觉禅师碑"是贞元十年。《通志》卷七十三载:"大觉禅师碑,王称书,贞元十五年杭州。"即是在王颖写出碑文之后的第五年才被王称在杭州书写出来。王颖书《尊圣经》是咸通十三年即872年,与他写"唐径山大觉禅师碑"相差78年,如果两者是一人的话,王颖也应在90岁上下,则《尊圣经》应是王颖高龄之作,此时他已经无法撰文,但是书经还是可以的。书碑者王俦,也无可考,《宝刻丛编》卷十四云:"王俦,德宗时人。"《通志》说"王称书",这

④④ 《昭德先生郡斋读书志》卷第四中。
⑤⑤ 《嘉庆重修一统志》卷二千二百五十二册。
⑥⑥ 《渊颖吴先生文集》卷三,有"戒珠寺后登蕺山谒王右军遗像"文,可供参考。

个"王称",旧新《唐书》均无载,疑是笔误,或是通假。《宝刻丛编》又说"王俏正书",这块"唐径山大觉禅师碑"很可能是法钦法师的入室弟子出于对法钦的仰慕而追记的,然后放在径山寺影堂里面,也有可能在法钦圆寂以后,径山寺马上为祖师建造了影堂,因为大庆寺影堂已经立有崔元翰的碑,所以径山寺就立了王颖碑。

2."唐大觉禅师国一碑"。《宝刻丛编》卷十四引《复斋碑录》云此碑:"唐崔元翰撰,归登行书并题额,元和十年(815)四月十五日建在径山。"此碑晚于大庆寺碑22年,又是崔元翰撰文,立在径山寺影堂内。撰写碑文者归登是唐朝名士。史载:"归登,字冲之,崇敬之子。事继母笃孝,举孝廉高第,又策贤良。性温恕,尝慕陆象先为人。贞元初为右拾遗。裴延龄得幸,右补阙熊轨⑰易疏论之,以示登。登动容曰:'愿审吾名,雷霆之下,君难独处。'同列有所谏正,辄联名无所回讳,转起居舍人,凡十五年。退然远权势,终不以淹晚慨怀。顺宗为太子,登父子侍读。宪宗问政所先,知睿而果于断,劝顺纳谏争,内外传为谠言。进工部尚书,封长洲县男,谥曰宪。"⑱归登对佛教有感情,曾受诏与给事中刘伯刍、谏议大夫孟简、右补阙萧俛等,同就醴泉佛寺翻译《大乘本生心地观经》,他还与驸马杜琮,向华严宗澄观大师"请述《正要》一卷"⑲。归登擅长文学,书法亦好,工真、行、草、篆、隶等体,他撰写的"唐大觉禅师国一碑","乃登骑省时书也。字皆真行,纵横变动,笔意尤精"⑳。正是由于他的佛教徒与书法家的身份,书写"唐大觉禅师国一碑"的任务落在了他的身上。他用行书撰写的"唐大觉禅师国一碑",因为纵横变动,特点明显,似龟在爬,被冠以"惟称此龟字"㉑。归登撰写的崔元翰所述碑是在元和十年(815)四月十五日,此碑明确是"建在径山",也就是说在法钦圆寂22年后,径山的大觉禅师影堂还在,并且放进了新碑。

3.大觉禅师碑。《宝刻丛编》卷十四引《诸道石刻录》云此碑,"崔元翰撰,胡季良八分书并篆额,宝历二年(826)十一月"。这块"大觉禅师碑"既为"崔元翰撰",应为国一禅师碑,因为崔元翰没有理由再次重写新的碑文。时间在"宝历

---

⑰《嘉庆重修一统志》卷二千二百四十九册为"执"字。
⑱《吴郡志》卷二十二。
⑲嘉兴路大中祥符禅寺住持华亭念常集,《佛祖历代通载》卷第十四。
⑳《宝刻丛编》卷十四。
㉑《南部新书》卷十。

二年（826）十一月"，与大庆寺碑和王颖碑相差约 33 年，与归登书的碑相差 11 年。书写碑文者胡季良，史书无传。《宣和画谱》曰其"惟工行草，追慕古人而得其笔意。字体温润，虽肥而有秀颖之气，运笔略无凝滞，殆非一朝夕之工也。扬雄有言：'精而精之，熟在其中矣。'故技有操舟若神，运斤成风，岂非积习之久，而后臻于妙耶。观季良《读元和文》与夫《大乘寺帖》，字皆行书，既精且熟，想见其秃千兔之毫，穷万谷之皮，而能至是也。今御府所藏十。草书：题然公山房诗，逸草障，文赋帖，说龙帖，蔡瑰帖。行书：读元和文，大乘寺诗，孔山寺诗，昆山寺诗，陈智帖"[52]。虽然胡季良的生平事迹不详，但是他的书法在当时为人所赞誉，以至在很多地方都留下了他的墨迹，明代胡季良书唐开成二年写的"陀罗尼石幢"被发现后，曾引起人们注意[53]，有人写文章说："考诸家记录金石文字，太和八年湖州德本寺碑阴系季良正书。宝历二年杭州大觉禅师碑、元和二年平李锜纪功碑，均系季良八分书。元和四年国子司业辛璇碑、九年永兴寺僧伽和尚碑，均系季良篆额。是季良于书法诸体精熟，不独行草见长矣。"[54]从大庆寺碑到胡季良书碑仅相距 34 年，这段时间一连出现了四块碑，而且使用的全是崔元翰的文章，说明法钦禅师在当时的影响的确非同小可，可惜的是崔元翰的碑文没有流传下来。

三、崔玄亮与国一禅师碑

崔玄亮是赞宁《宋高僧传》提到的又一位法钦禅师碑的撰写者。《新唐书》载："崔玄亮，字晦叔，山东磁州人也。贞元十一年，登进士第，从事诸侯府。性雅淡，好道术，不乐趋竞，久游江湖。至元和初，因知己荐达入朝，再迁监察御史，转侍御史，出为密、湖、曹三郡刺史。每一迁秩，谦让辄形于色。太和初，入为太

---

[52] 《宣和画谱》卷十八。

[53] 《樊榭山房集》卷第五云："龙兴寺陀罗尼石幢，为处士胡季良书。（寺为梁发心院，唐改龙兴，宋改祥符，在杭州城西，旧基广袤九里，后渐没入民舍。石幢在夹墙空堑中，明季忽放异光，居人舍宅重建，去今祥符寺里许矣。）"《樊榭山房集外词》又云："幢为处士胡季良书，埋地中已久，下有舍利五十四粒。崇祯丙子忽放光，掘得之，都穆赵崡诸人所未见者也。"

[54] 《湖州天宁寺尊胜陀罗尼石幢跋》，《曝书亭集》卷第五十。

常少卿。四年,拜谏议大夫。中谢日,面赐金紫,朝廷推其名望,迁右散骑常侍。来年,宰相宋申锡为郑注所构,狱自内起,京师震惧。玄亮首率谏官十四人,诣延英请对,与文宗往复数百言。文宗初不省其谏,欲置申锡于法。玄亮泣奏曰:'孟轲有言:众人皆曰杀之,未可也;卿大夫皆曰杀之,未可也;天下皆曰杀之,然后察之,方置于法。今至圣之代,杀一凡庶,尚须合于典法。况无辜杀一宰相乎?臣为陛下惜天下法,实不为申锡也。'言讫,俯伏呜咽。文宗为之感悟。玄亮由此名重于朝。七年,以疾求为外任。宰相以弘农便其所请,乃授检校左散骑常侍、虢州刺史。是岁七月,卒于郡所,中外无不叹惜。始玄亮登第,弟纯亮、寅亮相次升进士科。藩府辟召,而玄亮最达。玄亮孙贻孙,位至侍郎。"⑤⑤崔玄亮六十六岁去世,朝廷赠礼部尚书。玄亮曾遗言:"山东士人利便近,皆葬两都,吾族未尝迁,当归葬滏阳,正首丘之义。"⑤⑥

晚年的崔玄亮,好黄老清静术。道书载:"崔公玄亮,奕叶崇道,虽登龙射鹄,金印银章,践鸳鹭之庭,列珪组之贵,参玄趋道之志,未尝怠也。宝历初,除湖州刺史。二年乙巳,于紫极宫修黄箓道场,有鹤三百六十五只,翔集坛所。紫云蓬勃,祥风虚徐,与之俱自西北而至。其一只朱顶皎白,无复玄翮者,栖于虚皇台上,自辰及酉而去。杭州刺史白居易,闻其风而悦之,作《吴兴鹤赞》曰……"⑤⑦"唐太和中,崔玄亮为湖州牧。尝有僧道闲,善药术,崔曾求之。僧曰:'此术不难求,但利于此者,必及阴谴。可令君侯一见耳。'乃遣崔市汞一斤,入瓦锅,纳一紫丸,盖以方瓦,叠炭埋锅,备而焰起。谓崔曰:'只成银,无以取信。公宜虔心想一物,则自成矣。'食顷,僧夹锅于水盆中,笑曰:'公想何物?'崔曰:'想我之形。'僧取以示之,若范金焉,眉目巾笏,悉具之矣。"⑤⑧此是神仙幻术,不足信也,但也可反映出玄亮的宗教观。

崔玄亮撰写的法钦禅师碑,只见于《宋高僧传》的记载。赞宁只说了一句"湖州刺史崔玄亮……各有碑碣焉"。其他各书均不见载,成为悬案。但是僧传既有"各有碑碣焉"之说,可知玄亮撰碑未必是空穴来风。法钦于贞元八年圆

---

⑤⑤ 《新唐书》卷一百五十二。
⑤⑥ 《新唐书》卷一百六十四。
⑤⑦ 《云笈七签》卷一百二十一。
⑤⑧ 《太平广记》卷七十三。

寂,玄亮于十一年登进士第。如果真如僧传所载,玄亮为法钦撰碑文很可能是在取得进士之后,因为这时他已有名声,将会受人之请撰写碑文。白居易为玄亮撰写的墓志说:"公(玄亮)晚年师六祖,以无相为心地。易箦之夕,大怖将至,如入三昧,恬然自安。于遗疏之末,手笔题云:暂荣暂悴石敲火,即空即色眼生花。许时为客今归去,大历元年是我家。"[59]白居易是玄亮的好朋友,人云:"元[60]亮与元徽之、白乐天皆正元初同年生也。元亮名最后,自咏云:人间不会云间事,应笑蓬莱最后仙。后白刺杭州,元为浙东廉使刺越,而崔刺湖州。白以诗戏之曰:越国封疆吞碧海,杭城楼阁入青天。吴与卑小君应屈,为是蓬莱最后仙。三郡有唱和诗,谓之《三州唱和集》。"[61]虽然书载玄亮晚年专意道教与道术,但是从白居易与崔玄亮两人的关系看,白居易所作的墓志应该是可信的。师法六祖,就是学习禅宗,法钦是一代高僧,朝廷敕赐的禅师,玄亮又在浙江做官,他与法钦的因缘自然可以通过撰写碑文得以表现,只是更多的资料尚有待发现。

四、李吉甫与《杭州径山寺大觉禅师碑铭并序》

李吉甫是唐宪宗时宰相,也是唐代著名的地理学家、政治家、思想家。《旧唐书》有传。李吉甫(758—814),字弘宪,赵郡(今河北赞皇县)人。父栖筠,为唐代宗朝御史大夫。吉甫以门荫入仕。德宗时,任驾部员外郎,颇为宰相李泌、窦参推重,后出为郴州刺史。宪宗即位,征为考功员外郎、知制诰。不久,入为翰林学士、中书舍人,得宪宗信任。元和元年(806),因参与平息剑南西川(今四川成都)节度使刘辟据蜀之乱,翌年又平息浙西(今江苏镇江)节度使李锜之乱,以功封赞皇县侯,徙赵国公。但因与牛僧孺对贬谪制科考官和压抑对策高第等事件产生分歧,酿成牛李党争,遭到舆论指责。又与御史中丞窦群不睦,遭到弹劾,

---

[59] 《唐诗纪事》卷三十九。

[60] 原书为"元",系避宋讳"玄",特此说明。

[61] 《唐诗纪事》卷三十九。又云:"元亮为散骑常侍后,以太子宾客分司东都,归洛。和乐天诗云:病余归到洛阳头,拭目开眉见白侯。风诏恐君今岁去,龙门欠我旧时游。……"

遂自请出为淮南(今江苏扬川北)节度使。李吉甫在淮南三年,发展经济,巩固民生,政绩可观。元和六年,吉甫升为宰相。上任后精兵裁员,减免税赋,恢复交通,加强军事,颇有作为。

作为官员,李吉甫勇于破旧立新。他迁饶州刺史时,"先是,州城以频丧四牧,废而不居,物怪变异,郡人信验。吉甫至,发城门管钥,剪荆榛而居之,后人乃安"⑥²。贞元中,义阳、义章二公主,在墓地造祠堂一百二十间,花钱数万。元和七年,京兆尹元义上书,要求同意永昌公主令起祠堂,请其制度。宪宗同意永昌之制,但是减旧制规模之半。李吉甫奏曰:"然陛下犹减制造之半,示折衷之规,昭俭训人,实越今古。臣以祠堂之设,礼典无文,德宗皇帝恩出一时,事因习俗,当时人间不无窃议。昔汉章帝时,欲为光武原陵、明帝显节陵,各起邑屋,东平王苍上疏言其不可。东平王,即光武之爱子,明帝之爱弟。贤王之心,岂惜费于父兄哉!诚以非礼之事,人君所当慎也。今者,依义阳公主起祠堂,臣恐不如量置墓户,以充守奉。"⑥³李吉甫的一番规劝,得到宪宗的奖掖,认为:"卿昨所奏罢祠堂事,深惬朕心。朕初疑其冗费,缘未知故实,是以量减。览卿所陈,方知无据。然朕不欲破二十户百姓,当拣官户委之。"⑥⁴

李吉甫少好学,能属文,年二十七为太常博士,该洽多闻,尤精国朝故实。沿革折中,时多称之。贞元初,为太常博士,后迁屯田员外郎、驾部员外郎等。他通晓儒学,善察历史,学识渊博,精通史地,著作等身,人称"唐宰相之善读书者,吉甫为第一人矣"。他"尝讨论《易象》异义,附于一行集注之下;及缀录东汉、魏、晋、周、隋故事,讫其成败损益大端,目为《六代略》,凡三十卷。分天下诸镇,纪其山川险易故事,各写其图于篇首,为五十四卷,号为《元和郡国图》。又与史官等录当时户赋兵籍,号为《国计簿》,凡十卷。纂《六典》诸职为《百司举要》一卷,皆奏上之,行于代"⑥⁵。特别是他撰写的《元和郡县图志》,强调地理对于治理国家有极为重要的作用,关系到兴衰安危,是唐代地理巨著,也是中国现存最早的一部地理总志。

<hr>

⑥² 《旧唐书》卷一百四十八。
⑥³ 《旧唐书》卷一百四十八。
⑥⁴ 《旧唐书》卷一百四十八。
⑥⁵ 《旧唐书》卷一百四十八。

元和九年(814)冬,李吉甫暴病卒,终年五十七。宪宗伤悼久之,遣中使临吊;常赠之外,内出绢五百匹以恤其家,再赠司空,赐谥曰忠懿[66]。

李吉甫对宗教有自己的认识。当时长安城内"诸僧有以庄砲免税者,吉甫奏曰:'钱米所征,素有定额,宽缁徒有余之力,配贫下无告之民,必不可许。'宪宗乃止"[67]。他与佛教的关系非常密切,曾经"奉诏撰《一行传》一卷"[68]。他曾与沙门僧标结尘外之交[69]。唐代州五台山清凉寺澄观大师,在长安频被礼接,朝臣归向,"故相武元衡、郑绸、李吉甫、权德舆、李逢吉、中书舍人钱徽、兵部侍郎归登、襄阳节度使严绶、越州观察使孟简、洪州韦丹,咸慕高风,或从戒训"[70]。又"元和二年(李吉甫)擢中书侍郎同平章事,尝请清凉观师为述《华严正要》一卷"[71]。尤其需要提出的是李吉甫对径山佛教的贡献,他撰写了法钦法师的碑文——《杭州径山寺大觉禅师碑铭并序》,此文收在唐文献之中。全文如下:

杭州径山寺大觉禅师碑铭并序[72]
李元吉

如来自灭度之后,以心印相付嘱,凡二十八祖至菩提达摩。绍兴大教,指授后学。后之学者,始以南北为二宗。又自达摩三世传法于信禅师,信传牛头融禅师,融传鹤林马素禅师,素传于径山,山传国一禅师。二宗之外,又别门也。

於戏!法不外来,本同一性。惟佛与佛,转相证知。其传也,无文字语言以为说;其入也,无门阶经术以为渐。悟如梦觉,得本自心,谁其语(一作

---

⑥⑥ 《旧唐书》卷一百四十八。
⑥⑦ 《旧唐书》卷一百四十八。
⑥⑧ 嘉兴路大中祥符禅寺住持华亭念常集,《佛祖历代通载》卷第十三。
⑥⑨ 乌程职里宝相比丘释觉岸、宝洲(编集再治)《释氏稽古略》云:沙门名僧标,幼而神宇,清茂首中。肃宗乾元元年,试通经之选为僧。后习《毘尼》,有高行。至是贞元十四年,结庵杭州之西岭上,大雅与之游。如李吉甫、韦皋、孟简,皆与结尘外交。吴人语曰:杭之标,摩云霄。越之澈,洞冰雪。之昼,能清秀。竟陵陆羽见标曰:日月云霞,吾知为天标;山川草木,吾知为地标;推能归美,吾知为德标。闲居趣寂,得非名实在公乎!杭人尊之而不名,但呼曰西岭和尚(《高僧传》)。
⑦⑩ 宋左街天寿寺通慧大师赐紫沙门赞宁等奉敕撰《宋高僧传》卷第五。
⑦① 会稽沙门心泰编、天台沙门真清阅《佛法金汤编》卷第九。
⑦② 李吉甫:《杭州径山寺大觉禅师碑铭并序》,《文苑英华》卷八百六十五。

悟)之,国一大师其人矣。

太师讳法钦,俗姓朱氏,吴都(一作郡昆山)人也。身长六尺,色像第一。修眸莲敷,方口如丹。嶷焉若峻山清孤,泊焉若大风海上。故揖道德之器者,识天人之师焉。

春秋二十有八,将就宾贡,途经丹阳,雅闻鹤林马素之名,往申款谒。还得超然自诣,如来密印,一念尽传,王子妙力,他人莫识。即日剃落,是真出家。因问以所从,素公曰:"逢径则止,随汝心也。"他日游方至余杭西山,问于樵人,曰:"此天目山之上径。"大师感鹤林逢径之言,知雪山成道之所,于是荫松借草,不立茅茨,无非道场。于此宴坐之久,邦人有构室者,大师亦因而安处,心不住于三界,名自闻于十方。华阴学徒,来者成市矣。

天宝二祀,受具戒于龙泉法仑和尚。虽不现身,亦不舍外仪。于我性中,无非自在。大历初,代宗睿武皇帝高其名而征之,授以肩舆,迎于内殿。既而幡幢设列,龙象图绕,万乘有顺风之请,兆民渴洒露之仁。问我所行,终无少法。寻制于章敬寺安置,自王公逮于士庶,其诣者日有千人。

司徒杨公绾,情游道枢,行出人表。大师一见于众,二三目之。过此默然,吾无示说。杨公亦退而叹曰:"此方外高士也,固当顺之,不宜羁致。"寻求归山,诏允其请,因赐策曰"国一大师",仍以所居为径山寺焉。

初大师宴居山林,人罕接礼;及召赴京邑,途经郡国,譬若优昙一现,师子声闻。晞光赴响者,毂击肩摩;投衣布金者,邱累陵聚。大师随而檀施,皆散之。建中初,自径山徙居于龙兴寺。余杭者,为吴东藩,滨越西境。驰轺轩者数道,通滨驿者万里,故中朝御命之士,于是往复;外国占风之侣,尽此(一作"此为")奔走。不践门阃,耻如瘖聋。而太师意绝将迎,礼无差别。我心既等,法亦同如。贞元八年岁在壬申十二月二十八夜,无疾顺化,报龄七十九,僧腊五十。

先是一日,诚门人令设六斋。其徒有未悟者,以日暮恐不克集事。大师曰:"若过明日,则无所及。"既而善缘普会,珍供丰盈。大师意若辞诀,体无患苦。逮中霄,跏趺示灭。本郡太守王公颜实时表闻,上为虚欷,以大师元慈默照,负荷众生,赐谥曰大觉禅师。

海内伏膺于道者,靡不承问叩心,怅惘号慕。明年二月八日,奉全身于院庭之内,遵遗命也;建塔安神,申门人之意也。呜呼,为人尊师,凡将五纪,居唯一床,衣止一衲,冬无纩氎,夏不绤绤。远近檀施,或一日累千金,悉命归于常住,为十方之奉。未尝受施,亦不施人。虽物外去来,而我心常寂。自象教之兴,数百年矣,人之信道者,方怖畏于罪垢,爱见于庄严。其余小慧,则以生灭为心,垢净为别,舍道由径,伤肌自疮。至人应化,医其病故。大师贞立迷妄,除其瞢冥,破一切相,归无余道。乳毒既去,正味常存。众生妄除,法亦如故。尝有设问于大师曰:"今传舍有二使,邮吏为刲一羊。二使既闻,一人救,一人不救,罪福异之乎?"大师曰:"救者慈悲,不救者解脱。"惟大师性和言简,罕所论说,问者百千,对无一二。时证了义,心依善根。未度者道岂远人,应度者吾无杂味。日行空界,尽欲昏痴;珠现镜中,自然明了。或居多灵异,或事符先觉,至若饮毒不害,遇疾不医,元鹤代暗,植柳为盖。此昭昭于视听者,不可备纪。于我法门,皆为妄见,今不书,尊上乘也。弟子实相,门人上首,传受秘藏,导扬真宗。甚乎有若似夫子之言,庚桑得老聃之道。以吉甫连蹇当代,归依释流,俾筌难名,强著无迹。其词曰:

水无动性,风止动灭。镜非尘体,尘去镜澈。众生自性,本同诸佛。求法妄缠,坐禅心没。如来灭后,谁证无生。大士密授,真源湛明。道离言说,法润根茎。师心是法,无法修行。我体本空,空非实性。既除我相,亦遣空病。誓如乳毒,毒去味正。天师得之,斯为究竟。何有涅槃,适去他方。教无生灭,道有行藏。不见舟筏,空流大江。苍苍遥山,成道之所。至人应化,万物皆睹。报盖形灭,人亡地古。刻颂丰碑,永存(一作"全")涧户。

李吉甫所作,是唯一保留下来的释法钦的碑文,也是介绍法钦生平事迹最全的碑文之一。此碑介绍了禅宗的源流,法钦的法脉,以及法钦的禅法思想和他当时的影响,是了解法钦禅师不可多得的基本资料。此文撰写于法钦禅师圆寂之后,时间应在法钦禅师圆寂两年后所撰。史载"德宗之末……贬驾部员外郎李吉甫为明州长史,既而徙忠州刺史"⑦。德宗一共在位 25 年,曾经用过"建中""兴元""贞元"三个不同年号。其中"建中"共 4 年(780—784 年),"兴元"仅一年(785),"贞元"共 20 年(785—805 年)。由此可知,"德宗之末十年",即是贞元十年(794)。而这一年正是李吉甫被贬到明州做长史的时候,虽然他已是遭贬之人,但是作为有影响力的官员,余威仍在。凭借他的影响力,请他为刚圆寂的大禅师撰写碑文是意中之事,而李吉甫本人对佛教也有感情,又了解佛教的知识,加之正好被贬在浙江地区,闲赋之时,时间与精力都有,兴趣与感情亦在,又对法钦禅师有所了解,所以应承了这篇碑文,造就了禅宗史上一段宝贵的因缘。

《金石录》卷十云:"唐大觉禅师碑,李吉甫撰,萧起正书,大中八年十二月。"又云:"唐大觉禅师碑,丘丹撰,萧起行书,大中九年五月。"⑦这是说在唐大中八、九这二年,先后有两块法钦禅师碑出现。这里只讨论李吉甫碑,另一块丘丹碑将放在下面分析讨论。

"大中八年"是 854 年,为法钦禅师圆寂的贞元八年(792)之后 62 年,也距李吉甫逝世的元和九年(814)过去 40 年。李吉甫何以撰完文章要在 40 年后才被刻碑?确实让人费解。按常理,李吉甫在当时的身份与地位,只要撰写出法钦禅师碑文,就应该能够书出镌刻于碑,而且李吉甫在文章里面专门强调了要"刻颂丰碑,永存(一作全)涧户"的想法,所以没有必要在他离世 40 年后再刻碑。此事要么是记载的时间有错,要么是有人假借,要么是径山寺的历史上出现了什么大事,因而要刻碑纪事。

为李吉甫碑文书碑的人——萧起,史书无传。《御定佩文斋书画谱》称他是"宣宗时人"⑦,想来是颇有成就的书法家。他除了书写李吉甫碑文之后,还书写了由魏庚撰写的"阳翟县水亭记碑"⑦。萧起留世有"汾州诗"一首曰:"汉家亭

---

⑦ 《资治通鉴》卷二百三十六。
⑦ 《金石录》卷十。
⑦ 《御定佩文斋书画谱》卷二十九。
⑦ 《六艺之一录》卷八十四引《金石录》云:"《阳翟县水亭记》,魏庚撰,萧起行书,大中九年五月。"

起向汾阴,俯瞰中流百尺深。昔日遗基微有迹,多年古柏自成林。"⑰与崔元翰碑一样,李吉甫碑也给我们留下了扑朔之谜,有待解开。

五、丘丹与法钦碑

丘丹是赞宁提到的最后一位撰碑者。丘丹,苏州嘉兴(今浙江嘉兴市南)人。约唐德宗建中初前后在世。曾经做过诸暨令,历检校尚书户部员外郎,兼侍御史。贞元初,隐居临平山⑱。

"唐大历,有侍御史丘丹、州刺史裴士淹,继至皆有诗。"⑲丘丹是才华横溢的文人,亦诗亦文。为诗,《全唐诗》录存十一首,皆为咏物抒志清丽之作。如"溪上望悬泉,耿耿云中见。披榛上岩岫,峭壁正东面。千仞泻联珠,一潭喷飞霰。嵯溧满山响,坐觉炎氛变。照日类虹霓,从风似绡练。灵奇既天造,惜处穷海甸。吾祖昔登临,谢公亦游衍。王程惧淹泊,下磴空延眷。千里雷尚闻,峦回树葱茜。此来共贱役,探讨愧前彦。永欲洗尘缨,终当惬此愿。"⑳前面谈景,溪岩相映,得天独造。后面讲人,追求解脱,一洗尘缨。为文,言史探志,悲心融贯。现仅存《惠山寺宋司徒右长史湛茂之旧居志并诗》一篇。文曰:"无锡县西郊七里有惠山寺,即宋司徒、右长史湛茂之之别墅也。旧名历山,故南平王刘铄有《过湛长史历山草堂》诗,湛有酬和。其文野而兴,特以松石自怡,逍遥岑寂,终见止足之意,可谓当时高贤矣!至齐竟陵王友江淹亦有继作。余登兹山,以睹三篇列于石壁。仰览遗韵,若穆清风。遽访湛氏胄裔,山下犹有一二十族,得十三代孙。略执其谱书,笺墨尘蠹,年世虽邈,茔垄尚存。余披《宋史》,略不见其人,心每惕叹,悲夫斯人也,而史阙书。然其有一篇,则为不朽矣。因复追缉六韵,以次三贤之末。时有释若冰者,踪迹兹山。修念之余,凿嵌注壑,酾入诸界,无非金碧。钵

---

⑰ 《御定渊鉴类函》卷三百三十六。
⑱ 《海塘录》卷八:"曰临平山,唐邱丹隐居处。"
⑲ 《剡源戴先生文集》卷第十三。
⑳ 《浙江通志》卷二百七十一。

帽之资,悉偿工费。是以道友邑僚,讽玩嘉赏。呜呼! 得非茂之之缘,果而阴骘
于上人。不然者,何竭虑之至耶? 余圣唐山令臣也,屏居临平山墅亦有年矣。尝
讽茂之篇句云,'衰废归林樊,岁寒见松柏。不觉禅意超,散若在庐霍'之间矣。
异时同归,犹茂之之不忘也。嗟乎湛君,用刊岩石。徯俟后之知我者,得不继之乎!
贞元六年,岁在庚午。诗曰:身退谢名累,道存嘉止足。设醴降华辂,挂冠守空
谷。偶寻墅中寺,仰慕贤者躅。不见昔簪裾,犹有旧松竹。烟霞虽异世,风韵如
在瞩。余仰江海人,归辙青山曲。"③①

　　唐代著名文人韦应物是丘丹的好友。曾有人赞曰:"韦郎昔日在苏州,唯许
丘丹共唱酬。今日故人天上去,谁将好句慰清愁。"③②时人评价曰:"韦公以清德
为唐人所重,天下号曰'韦苏州'。当贞元时为郡于此,人赖以安。又能宾儒士,
招隐独,顾况、刘长卿、丘丹、秦系、皎然之俦类见旌引,与之酬唱,其贤于人远
矣。"③③丘丹与韦应物的关系非同一般,两人经常往来唱还。丘丹的《奉酬韦使君
送归山之作》云:"侧闻郡守至,偶乘黄犊出。不别桃源人,一见经累日。蝉鸣念
秋稼,兰酌动离瑟。临水降麾幢,野艇才容膝。参差碧山路,日(一作目)送江帆
疾。涉海得骊珠,栖梧惭凤质。愧非郑公里,归扫蒙笼室。"③④丘丹听见韦应物来
到的消息,非常激动。两人在一起相互酬酌,共同参游。韦应物离开时,丘丹送
到江边,珍重告别。韦应物送丘丹回临平山,作《重送丘二十二还临平山居》云:
"岁中始再觏,方来又解携。才留野艇语,已忆故山栖。幽涧人夜汲,深林鸟长
啼。还持郡斋酒,慰子(一作此)霜露凄。"③⑤一路叮咛,作诗回忆在一起的情景,
读之身同感受。

　　丘丹的思想受佛道两教的影响,沉浸于隐居生活,自认是"余仰江海人,归
辙青山曲"③⑥。他寄诗韦应物说:"露滴梧叶鸣,风秋桂花发。中有学仙侣,吹箫
弄山月。"③⑦表达了他隐遁山林,修道成仙的愿望。他在苏州曾与诗僧皎然来往,

---

③① 《无锡县志》卷三下。
③② 《梅山续稿》卷十二。
③③ 《吴经图集续记》卷上。
③④ 《韦苏州集》卷四。
③⑤ 《韦苏州集》卷四。
③⑥ 《无锡县志》卷三下。
③⑦ 《韦苏州集》卷三。

又与大历寺神邕法师"赋诗往来,以继文许之游"⑧。赞宁说他为法钦禅师撰写碑文,《宝刻丛编》引《金石录》说:"唐大觉禅师塔铭,唐丘丹撰,萧起行书,大中九年五月立。"⑧"大中九年"是 855 年,距法钦禅师圆寂的贞元八年(792)相差 63 年,故丘丹碑应是最晚出的一块碑。但是这个时间也有问题,可以商榷。丘丹撰《惠山寺宋司徒右长史湛茂之旧居志并诗》自述:"贞元六年,岁在庚午。诗曰:身退谢名累,道存嘉止足。设醴降华辖,挂冠守空谷。偶寻墅中寺,仰慕贤者躅。不见昔簪裾,犹有旧松竹。烟霞虽异世,风韵如在瞩。……"⑨说明他贞元六年仍然在世,并且撰写了《惠山寺宋司徒右长史湛茂之旧居志并诗》。如果他又在大中九年撰写了法钦禅师塔铭,那么此时他至少有 90 岁高龄。可惜我们现在没有更多的材料来说明他为法钦禅师撰写塔铭的因缘,还需要进一步地研究与考证。

与李吉甫撰文一样,丘丹的法钦禅师塔铭也被记载为萧起所书,可以说萧起在大中八、九这二年时间里,先后用正书与草书,既书写了一通法钦禅师碑,又书写了一个塔铭。关于萧起的研究,还有待资料补充。

六、结语

历史上有关法钦禅师碑铭的情况汇总如下:

在法钦禅师圆寂后短短三十余年的时间里,竟有五位文人士大夫为其撰写碑文,这不能不说是中国佛教史上的稀有之事。禅宗六祖是南宗创始人,为其撰碑文者也只有柳宗元、王维两位大家,而法钦禅师作为六祖传人,身后却有五位不同的人士为其或撰写碑文,或书写碑铭,足以想见法钦禅师在当时的影响之大。法钦门下僧才辈出,其所开创的径山寺成为禅宗史上的一个重要山头,尤其

---

⑧ 浙东沙门昙噩述《新修科分六学僧传》卷第五。另参见宋左街天寿寺通慧大师赐紫沙门赞宁等奉敕《宋高僧传》卷第十七《唐越州焦山大历寺神邕传》。

⑧ 《宝刻丛编》卷十四。

⑩ 《无锡县志》卷三下。

在宋元时代开创了中国佛教一代新风。

碑名	碑铭撰写者	碑铭书写者	时间	出处	备注
国一禅师塔碑	王颜		贞元八年(792)	《宋高僧传·唐杭州径山法钦传》	
大觉禅师国一影堂碑	崔元翰	羊士谔	贞元九年(793)二月八日	《舆地碑记目》卷一	在府城大庆寺
唐径山大觉禅师碑	王颖	王俦	贞元十年(794)十一月	《宝刻丛编》卷十四引《金石录》(同上)	
唐大觉禅师国一碑	崔元翰	归登	元和十年(815)四月十五日建在径山。《复斋碑录》	《宝刻丛编》卷十四	行书并题额
大觉禅师碑	崔元翰	胡季良	宝历二年(826)十一月	《宝刻丛编》卷十四、《诸道石刻录》	八分书并篆额
大觉禅师碑	崔玄亮			《宋高僧传·唐杭州径山法钦传》	
杭州径山寺大觉禅师碑	李吉甫	萧起	大中八年(854)十二月	《文苑英华》卷八百六十五、《御定佩文斋书画谱》卷二十九引《金石录》	正书
唐大觉禅师碑	丘丹	萧起	大中九年(855)五月	《六艺之一录》卷七十八引《金石录》	行书

【黄夏年　中国社会科学院世界宗教研究所研究员】

原文刊于《中国文化》2012年02期

宋朝"以火德王"刍言

刘复生

　　庞朴先生《火历钩沉》(载《中国文化》创刊号)揭示了一个深沉的课题,令人为之振奋。然于赵宋"以火德王"一段文字有小疵,鉴于该文引起的广泛关注,兹稍议如后,求垂教焉。

　　这段文字说:"赵匡胤起于宋城(原注:今河南商丘县南),国因号宋。这一偶然事实,竟引来一帮北门学士的幽思,他们首先把赵宋与两千年前的微子封于宋勾连起来;惜微子系亡国降君,无善可述,只得继续上溯,直于高辛氏长子阏伯。于是大做文章,定国运以火德王,色尚赤。"并引李石《续博物志》的话来说明这个问题。笔者以为,宋"以火德王"的认定完全是采用邹衍那一套五德转移的政治循环理论,并非因为赵匡胤所兴的宋城与陶唐氏火正阏伯之间所存在的那一段瓜葛而得。史载于此甚明。

　　宋认定"以火德王"事在立国之初。李焘《续资治通鉴长编》载:太祖建隆元年(960)三月壬戌,"有司言国家受周禅,周木德,木生火,当以火德王,色尚赤,腊用戌,从之。"①又,宋因唐制,每岁有祀五方上帝的活动。乾德元年(963)闰十二月,太常博士聂崇义上言:"皇家以火德上承正统,膺五行之王气,篡三元之命历,恭寻旧制,存于祀典。伏请奉赤帝为感生帝,每岁正月,别尊而祭之。"②五方

---

　　① 李焘:《续资治通鉴长编》卷一,中华书局标点本第 10 页。
　　② 李焘:《续资治通鉴长编》卷四,中华书局标点本第 113 页。

上帝者,昊天上帝之佐,所谓青帝、赤帝、黄帝、白帝、黑帝是也。古以为帝王之兴,必感其一,此为君权神授张本。赤帝被认作感生帝,地位遂居五帝之首。从上可见,以五行说来确定国运在当时是一件本无异议的事。又,传说炎帝也以火德王,亦称赤帝,故宋代又有炎帝之崇,此不详表。

二十余年后,有人对宋朝"以火德王"提出了疑问,但其所据依者,仍然是五德转移说。太宗太平兴国九年(984)四月甲辰,有布衣赵垂庆者上书言:"皇家当越五代而上承唐统为金德。……矧自禅代以来,符瑞狎至,羽毛之色,白者不可胜纪,皆金德之应也。"③要求改正朔,易服色。按唐为土德,土生金,故赵言承土德为金。右散骑常侍徐铉等奏议表示反对,大体谓"五运相承"乃国家大事,不可随意更改。言及五代承统事,至宋"运膺火德",又云:"况国初便祀火帝为感生帝,于今二十五年,而又圜丘展祀,已经六祭。"故而年谷丰登,合于天心。"乞圣宋永为火德",得到了太宗的首肯。④又二十多年后,大中祥符三年(1010)九月戊戌,开封府功曹参军张君房上言,谓"唐土德,五德相承,国家当承唐室正统,用金德王"。这遭到了真宗的驳斥,谓:"言此者多矣。且国初徇群议为火德,今岂当骤改耶?"⑤过了十年,关于德运问题在朝中又有一番争论,天禧四年(1020)五月,光禄寺丞谢绛和大理寺丞董行父分别就此上言发议。谢绛要求"宜黜五代,绍唐土德",认为宋以来多"土德之验",且"土于五行,位居其中,国家兆运于宋,作京于汴,诚万国之中区矣"。⑥董行父则请"用天为统,以金为德",企图杂糅古之三统说与五运说。真宗下诏两制议,结果"皆言用土德则当越唐上承于隋,用金德则当越五代绍唐,而太祖实受终周室,岂可弗遵传继之序。绛、行父议皆黜不用"。⑦至此,关于宋应如何承继五运的议论平息下来,距宋立国已六十年了。

从上可知,五运之说在北宋前期仍然保持着相当大的影响。诸人的议论,无一将火德问题与大火阏伯联系起来,纠缠于"正统"承绪而褒贬前朝,要求以金

---

③ 李焘:《续资治通鉴长编》卷二十七,中华书局标点本第 577 页。
④ 李焘:《续资治通鉴长编》卷二十七,中华书局标点本第 577 页。
⑤ 李焘:《续资治通鉴长编》卷七十四,中华书局标点本第 1690 页。
⑥ 《宋会要辑稿·运历》1 之 1 至 1 之 3。
⑦ 李焘:《续资治通鉴长编》卷九十五,中华书局标点本第 2194 页。

德或土德取代火德，表现出时人的政治历史观。如若宋初"首先"把赵宋与地处兴王之地的阏伯勾连起来以定国运为火德的话，诸人或不致敢于不断要求改变国家的德运的。庞文所引李石《续博物志》的一段话说："今上于前朝作镇睢阳，洎开国，号大宋，又建都在大火之下，宋为火正。按天文，心星为帝王，实宋分野。天地人之冥契，自古罕有。"此言似为宋太祖时人所说，然李石乃南宋初人，未知所本，不足为据，且其意在"冥契"二字，与朝廷"定"国运无涉。

前提如此。庞文接前所言"于是恢复大火之祀，以阏伯配食"自然就不会是在议论德运之所属的北宋前期了。首先提出此议的，是太常博士集贤校理胡宿，时为仁宗康定元年（1040）十月十七日。先是宋地商丘南京鸿庆宫发生火灾，胡宿乃言此为上天示变于人主，请修火祀，以阏伯对祭大火。他说："火正阏伯之祠在南京，国朝受命之神，自祖宗以来未领祠官，窃为朝廷惜之。……大火之精，阏伯之灵，拥祐福荫，国家潜受其施者深矣。"他还批评说："祥符（1008—1016）中，交修大礼，拱揖诸神，虽偏方远国，山林之祀、不出经据，偶在祀典者，尚秩王公之爵，增牲牢之品。而大火、阏伯，国家蒙福之神，又陶唐氏之火正，宋兴八十年，祠官不以闻，此有司之缺也。"⑧商丘本有阏伯祠，然而祠屋制度陋小，岁时府吏飨祀而已。阏伯祠受到如此冷落，正是因为"北门学士"尚未将这位火神与宋的国运火德勾连起来的缘故。

礼官议定的结果，对胡宿的意见表示赞同。当年十二月四日，太常礼院上进南京大火坛的设计方案，得准对阏伯旧庙进行修饰。同时还规定了按"中祠"的标准，每年三月、九月（即建辰、建戌之月），由朝廷降颁祝版，由留司长吏奉祭行事。按，宋初凡领于太常的祀典，岁计大祀三十、中祀和小祀各九，后增大祀为四十二。祀感生帝列居大祀之中，而大火之祀皆不与。至徽宗政和（1111—1117）年中定《五礼新仪》，方列应天府祀大火为大祀。⑨ 而此时北宋已快亡了。

原文刊于《中国文化》1991 年 02 期

⑧　《宋会要辑稿·礼》19—9 至 19—12。
⑨　据《宋史》卷九十八《礼》1，中华书局标点本第 2421 页、第 2422 页。

《遗言录》与《传习录》

陈　来

　　去年,日本广岛大学吉田公平教授、福冈女子大学难波征男教授分别赠予
《阳明先生遗言录》《稽山承语》影本。二书同为王阳明语录,而国内馆藏无存。
《遗言录》所载近十分之四未收入诸本《传习录》,《稽山承语》所录则全未收入
《传习录》,故此二本对阳明学研究,颇有价值。另一方面,《遗言录》的出现,引
出了《传习录》史的许多问题,须加进一步研究。本文专论《遗言录》与《传习录》
之关系,以探究《传习录》今本形成的历史。《遗言录》及《稽山承语》中的阳明语
录佚文,则另文刊布。

一、《遗言录》

　　《王文成公全书》前三卷为《传习录》,其上卷收徐爱、陆澄、薛侃所录阳明论
学语,最初由薛侃于正德十三年(1517)刻于虔州(习称虔刻)。中卷收阳明答人
论学书若干,初由南大吉于嘉靖三年(1524)刻于绍兴(习称南本),收入全书时
有所增删。下卷分主体部分与补遗,主体部分收陈九川、黄直、黄修易、黄省曾、
钱德洪所录阳明语录,补遗则题为"此后黄以方录"。薛侃正德十三年刻本名
《传习录》,南大吉嘉靖三年刻本名《续刻传习录》,下卷主体部分初由钱德洪于

嘉靖三十年所刻行,名为《传习续录》,后增入补遗并加以删定。虔刻《传习录》,南本《续刻传习录》与《传习续录》后合并为一书,统名为《传习录》,以薛刻为上卷;南本为中卷,而有所增删;以《传习续录》与补遗为下卷。隆庆六年(1572)谢廷杰刻《王文成公全书》(今有四部丛刊影印原本),四部备要本名为《阳明全书》,即以由钱德洪编定的三卷《传习录》为全书之首。此一三卷本《传习录》即通行定本,明清间虽有其他异本刻行,亦皆以此三卷为基础略事增减,仍以全书本流传为最广。

《遗言录》在虔刻与南本之后,故与今本《传习录》上、中卷无关,而与《传习续录》,或者说与今本《传习录》下卷关系颇大。今所见此本《遗言录》分上下两卷,无序引,上卷篇首注"门人金溪黄直纂辑,门人泰和曾才汉校辑",中收阳明语录五十五条。下卷篇首注"门人余姚钱德洪纂辑,门人泰和曾才汉校辑",亦收阳明语录五十五条。合而计之,此书上下卷共收王阳明语录一百一十条。据上下卷篇首所注可知,此书上卷所收为黄直收辑的阳明语录,下卷所收系钱德洪收辑的师门教言,而皆由曾才汉校定刊行。曾才汉字明溪,号双溪,江西泰和人,进士出身,曾任茶陵州及太平县令①。曾氏与黄直、钱德洪俱为阳明门人。

钱德洪号绪山,阳明门下与王龙溪并称高弟之首,阳明《文录》《传习录》及《年谱》之编定悉出其手。今本《传习录》卷下之末载有钱德洪跋文,云:

> 嘉靖戊子冬,德洪与王汝中奔师丧,至广信讣告同门,约三年收录遗言。继后同门各以所记见遗,洪择其切于问正者,合所私录,得若干条。居吴时,将与文录并刻矣,适以忧去,未遂。当是时也,四方讲学日众,师门宗旨既明,若无事于赘刻者,故不复萦念。
>
> 去年同门曾子才汉,得洪手抄,复傍为采辑,名曰《遗言》,以刻行于荆。洪读之,觉当时采录未精,乃为删其重复、削去芜蔓,存其三之一,名曰《传习续录》,复刻于宁国之水西精舍。
>
> 今年夏,洪来游蕲,沈君思畏曰:"师门之教,久行于四方,而独未及于

---

① 参见吴震:《王阳明逸文论考》,《学人》第一辑,第439页。

蕲。蕲之士得读《遗言》，若亲炙夫子之教，指见良知，若重睹日月之光。惟恐传习之不博，而未以重复之为繁也，请袭其所逸者增刻之，若何？"洪曰"然"。……乃复取逸稿，采其语之不背者得一卷。其余影响不真与《文录》既载者，皆削之。并易中卷为问答语。以付黄梅尹张君增刻之。庶几读者不以知解承，而惟以实体得，则无疑于是录矣。嘉靖丙辰夏四月门人钱德洪拜书于蕲之崇正书院。②

按照德洪此说，今本《传习录》下卷的编定经历了三个主要阶段：德洪居吴时集同门所录，择其切要，合其自己所录，编成《续录》而未及刊行，此为第一阶段。曾才汉得到了钱德洪手编而未及刊行的部分，加上他自己收辑的部分，题名《遗言》刻行；嘉靖三十四年（1555，乙卯）钱德洪对同年刊行的《遗言》加以删削，仅保留了三分之一，以《传习续录》为名刻于水西精舍，形成了今本《传习录》下卷的主体部分。此为第二阶段。至嘉靖三十五年（1556，丙辰），钱德洪应沈思畏所请，复就《遗言》中删去而未收入乙卯水西刻本的逸稿中选取一卷，作为补遗，附于《传习续录》之后，形成了现在我们看到的《传习录》下卷的全貌。此为第三阶段。钱氏曾编辑阳明《文录》《续录》，主持阳明年谱纂集，《传习录》三卷定本亦出其手，故上引钱跋关于《传习录》史的说法一直是学者引以为据的权威陈述，未有疑者。

据钱跋所说，《传习录》下卷的形成史明白有序而无可怀疑，可是，《遗言录》的发现，使得钱跋所说的正确性变得可疑。由钱跋应合理推出三点，而这三点可由《遗言录》得到确证或否定：第一，《遗言录》乃刊于嘉靖三十四年乙卯（1555），应既包括德洪居吴时编定的未刊的阳明语录集，又有曾才汉自己另外采辑的部分。今所见《遗言录》上卷为黄直纂辑，当即所谓曾氏"复傍采辑"者，而下卷为钱德洪纂辑，即曾氏"得洪手抄"的部分，故第一点基本得到证实。第二，钱德洪嘉靖三十五年丙辰（1556）附在《传习续录》后增刻的部分，即今本题"此后黄以方录"的二十七条，是从《遗言》中删去而未收入乙卯水西本《续录》的逸稿中选

② 《阳明全书》卷三，第86页。

取而来,故"此后黄以方录"应皆在《遗言录》中。今查《遗言录》,见《传习录》下卷"此后黄以方录"二十七条中二十五条皆见于《遗言录》,证明补遗确实是由德洪在丙辰年从《遗言录》删去未入《续录》的逸稿中选来(另外两条详后)。第三,由钱跋可推出的最重要的结论是,今本《传习录》下卷的主体部分(即"此后黄以方录"以前的百一十五条),依通常将《传习录》三卷合并编号的惯例,即第201条至315条,应全部选自《遗言录》,且为《遗言录》的三分之一。但是,《遗言录》上下卷共百一十条,比《传习录》下卷主体的百一十五条还少。检勘《遗言录》与今本《传习录》下卷可具体得知:《遗言录》上卷见于今本《传习录》下卷者共13条,即《遗言录》的第1、2、3、4、5、15、17、18、21、22、23、45、54条,其中除17、23、54外,皆见于"此后黄以方录"。《遗言录》卷下见于今本《传习录》下卷者共22条,即第6、10、11、13、14、15、17、18、19、21、22、23、26、29、34、36、39、42、44、45、48、54条,其中除29、34、36、39、42、44、45、48条之外,皆见于"此后黄以方录"。也就是说,《遗言录》见于今本《传习录》下卷者共36条,而其中25条见于"此后黄以方录",只有11条见于《传习录》下卷的主体部分亦即《传习续录》。本来,照钱德洪丙辰跋文所说,《传习续录》或者说今本《传习录》下卷主体的一百一十五条应全部见于《遗言录》而为后者的三分之一,而我们现在所见的《遗言录》不仅在数量上不是《传习续录》的三倍,而且《传习续录》中只有11条见于《遗言录》。这个事实显然与钱跋关于《传习续录》由《遗言》删制后得三之一而成的说法不能相合。

二、甲寅本《传习续录序》

尤有进者,不仅今见《遗言录》与钱说不能相合,我在北京大学图书馆曾寻得嘉靖本《传习续录》,载有钱德洪的《传习续录序》(此序未收入《全书》及今见诸刻本),此序与钱德洪自己的丙辰跋语亦不一致,该序云:

> ……洪在吴时,为先生裒刻《文录》。《传习录》所载下卷,皆先师书也,

既以次入《文录》书类矣，乃摘录中问答语，仍书"南元善所录"，以补下卷。复采陈惟濬诸同志所录，得二卷焉，附为《续录》，以合成书。适遭内艰，不克终事。去年秋会同志于南畿，吉阳何子迁，初泉刘子起宗，相与商订旧学，谓师门之教，使学者趋专归一，莫善于《传习录》，于是刘子归宁国，谋诸泾尹丘时庸，相与捐俸，刻诸水西精舍，使学者各得所入，庶不疑其所行云。时嘉靖甲寅夏六月门人钱德洪序。③

甲寅即嘉靖三十二年（1554），此序说明，钱德洪在丙辰跋文所说的乙卯水西本《传习续录》之前，向有一甲寅水西本《传习续录》。这个甲寅本早于1555年乙卯所刻的《遗言录》，及同年由《遗言》删刻的乙卯水西本《传习续录》，更早于1556年丙辰钱德洪在黄梅所刻的《传习录》。可是，钱德洪在丙辰跋文中只提到乙卯本，而对此两年前所刻的甲寅本却只字未提。

特别是，甲寅本钱序关于《传习录》与《传习续录》的说法与丙辰钱氏自己的跋语中关于《传习续录》形成的说法几乎完全不同，无可回避。甲寅钱序中说《续录》是在虔刻、南本之后复取陈九川（字惟濬）诸人所录而成，根本未及《遗言录》，而丙辰钱跋却说《续录》是据《遗书》删削而来，根本未提取陈九川等录一事。甲寅本早于《遗言》一年，故钱序未及《遗言》是当然的。今本《传习录》下为丙辰德洪定本，其开首即陈九川录二十一条，下次黄直、黄修易、黄省曾录。钱德洪丙辰跋中绝口未提"复取陈惟濬诸同志所录"一事，只说《续录》自《遗言》删削而成，可是今所见《遗言录》中根本没有陈九川录！那么，《续录》开首的陈九川录又自何而来呢？从这一点来说，今本《传习录》下不可能是仅就《遗言录》删削而来的。今本《传习录》下所收陈九川、黄直、黄修易、黄省曾诸人所录，与甲寅序"复采陈惟濬诸同志所录，得二卷焉，附为续录"的说法颇为相合，表明甲寅序关于《续录》的说法反倒比较近于今本《传习录》下的情况。

③　此序亦收入新印本《王阳明集》卷四十一，第1583页。

三、钱氏论年谱书

上节所说,于甲寅序支持较多,但钱德洪晚年与罗洪先论阳明年谱书中亦有一段涉及续录之刻的回顾:

> 洪居吴时,见吾党喜为高论,立异说以为亲得师传,而不本其言之有自。不得已,因其所举而指示立言之端。私录数条,未敢示人。不意为好事者窃录,甲午主试广东,其录已入岭表。故归而删正,刻《传习续录》于水西。实以破传者之疑,非好为多述,以耸学者之听也。④

前文及此处所说德洪"居吴"皆指任苏学教授时。据钱德洪自叙:"戊子冬先生时在两广,谢病归,将下庾岭,德洪与汝中闻之,乃自钱塘趋迎。至龙游闻讣,遂趋广信,讣告同门,约每越三年遣人衷录遗言。明日又进贵溪,扶丧还玉山,至草萍驿,戒记书箧,故诸稿幸免散佚。自后同门各以所录见遗,既七年壬辰,德洪居吴,始校定篇类。"⑤此处"遗言"兼指语录与文字,而指明德洪壬辰始居吴。按德洪嘉靖十一年壬辰(1532)秋除苏学教授赴姑苏⑥,开始编辑阳明文录及未刊语录⑦,至嘉靖十四年(1535)乙未正月刻《文录》成⑧。又据王龙溪《绪山行状》,"乙未冬,丁内艰,归越"⑨,故未及将已经编就的《传习录》(包括《续录》)付梓印行,此即德洪在几处所说的"适以忧去""不克终事"。

德洪居吴时在编定文录的同时亦着手编纂尚未刊行的阳明语录,在嘉靖十一年至十四年间,"因同门各以所记见遗,择其切于问正者,合所私录,得若干

---

④ 钱德洪:《答论年谱书》第十一,《全书》卷三十六,第504页。
⑤ 钱德洪:《刻文录叙说》,《全书》卷首,第5页。
⑥ 湛若水:《甘泉文集》卷十七《钱君之姑苏序》。
⑦ 见甲寅本《传习续录序》。
⑧ 参见《年谱》附录一,嘉靖十四年乙未条及《文录叙说》。
⑨ 王畿:《王龙溪先生全集》二十《绪山钱君行状》。

条",即其所纂乃择同门所记遗言,加上自己所录。据甲寅序的说法,当时所择同门记录,即是陈九川等人所录,并已确定了"续录"的题名。德洪与罗洪先书所谓"私录数条,未敢示人,不意为好事者窃录",其中的"私录"可能即"合所私录"的私录,指德洪自己平时所录师门教言,并未包括陈九川等人所录;也可能合同门及自己所录而笼统言之,在这里尚无法完全确定。

吉田公平氏曾以为钱书中所谓"不意为好事者窃录"为指曾才汉刻行《遗言录》一事。[10] 但是甲午乃嘉靖十三年(1534)而嘉靖三十五年丙辰钱跋明称"去年同门曾子才汉得洪手抄,复傍为采辑,名曰遗言,以刻行于荆",则曾刻《遗言》,当在嘉靖三十四年乙卯,而不当在嘉靖十三年甲午之前。德洪与罗书在其晚年,记忆混淆,亦未可知。若德洪记忆无误,则《传习续录》之前不独有曾才汉将"得洪手抄"不告而刻,更有一本为甲午前所窃录,且流入广东。但是,德洪丙辰跋文中并未提及此点。

值得注意的是"归而删定,刻传习续录于水西"的讲法。前引甲寅序只说复取陈九川等录,而无删定之说。惟丙辰跋语提到"洪读之,觉当时采录未精,乃为删其重复,削去芜蔓,存其三之一,名曰传习续录,复刻于宁国之水西精舍"。跋语此说,除时间(甲午主试)外,略与答罗书所述相通。这表明,《传习续录》之形成,亦不能全据甲寅序为说,无论甲寅、乙卯哪一水西本续录,应必经过某种"删定",钱与罗书的这一记忆应大致不错。

四、甲寅本《传习续录》

拙著(《有无之境》)论阳明著述时曾提及北京大学图书馆藏有甲寅水西原刻《传习续录》[11],而语焉未详。兹就本文所论,对此本略加介绍,并借此讨论《传习续录》形成的实际过程。

按北大此本原题"传习录续录",嘉靖刻本,四册一函。卷首为南大吉续刻

⑩　吉田公平:《关于钱绪山〈传习续录〉的编纂》,《哲学年报》三十一辑,1972.3.
⑪　参看《有无之境——王阳明哲学的精神》,人民出版社,1991年,第377页。

传习录序(今《全书》未载)、徐爱序(《全书》未列于《传习录》篇首,置于旧序中),徐爱序后附有南逢吉(大吉弟)小跋。卷一收徐爱录,为册一;卷二陆澄录,卷三薛侃录,为册二,册三、册四为《传习续录》卷上、卷下。《传习续录》首为钱德洪序(即前引甲寅序),卷上收陈九川录至"问孔子回也非助我者也……",为册三。卷下首条为"何廷仁……"且注明"门人钱德洪、王畿录"。下卷倒数第三条为天泉证道,末两条一为"先生初归越时……"一为"南逢吉曰,吉尝以答徐成之书请问……"(且有小注:"此本在答徐成之书下,今录于此。")

　　以北大本续录与今本《传习录》下卷相较,差异不少。陈九川所录各条,北大续录与今本同,唯一二字有异。黄以方所录各条,今本第 223 条"先生曰:圣贤非无功业"为北大本续录所无。第 224 条"发愤忘食是圣人之志如此……"亦为北大本续录所无。而此两条皆见于《遗言录》,分别为《遗言录》上卷的 23、54条。黄修易所录各条,今本第 241 条"问读书所以调摄此心……"一条之后,北大本续录此今本多出两条,一条为"先生曰:良知犹主人翁……",一条为"合着本体的是工夫,做得工夫的方识本体"。今人陈荣捷先生《王阳明传习录详注集评》之《拾遗》据佐藤一斋所见闾东本补出,为拾遗之②与③(所谓闾东本现亦不存,闾东本之传习续录即甲寅本)。黄省曾所录各条,今本第 257 条"王汝中、省曾侍座……"条下,北大本续录较今本多出两条,一条为"又曰:此道至简易的……",一条为"问孔子回也非助我者也……"。此二条收在今本《传习录》下的补遗部分即"此后黄以方录",分别为 340、341 条。今本黄省曾录第 259 条"先生曰孔子无不知而作……"为北大本续录所无,而见于《遗言录》卷下第 44条,值得特别提出的是,北大本续录并无今本"此后黄以方录"各条(除 257 条下两条),这显然是因为,"此后黄以方录"是嘉靖丙辰蕲州本在传习续录之后增刻的补遗,北大本既是丙辰前二年的甲寅本传习续录,自当无这部分补遗,这可以说是北大本早出的证明。

　　由上述可知,北大本《传习续录》因无"此后黄以方录"诸条,应与今本《传习录》下卷的主体部分(201 条至 315 条)相当。我们称 201 条至 315 条为"《传习录》下卷主体部分",而不径称为传习续录,是考虑到钱德洪最后将《传习续录》与补遗合并为《传习录》下卷时曾对《传习续录》作过删定。比较《传习续录》与今本《传习录》下的主体部分,今本与《遗言录》并有而《续录》所无者三条,而北大本《续录》除卷末附南逢吉曰一条为今本所无外,有四条语录为今本《传习录》下主体部分所无,亦为《遗言录》所无。

《续录》与今本《传习录》及《遗言录》的差异,其合理的解释应当是:北大存本即甲寅原刻的水西本《传习续录》,乃据德洪居吴时编定规模刻行(包括陈九川录二十一条,黄直录十三条,黄修易录十三条,黄省曾录十四条,钱德洪、王畿录五十六条,即"复取陈惟濬诸同志所录""合所私录");次年德洪又就《遗言录》中删取若干,并入甲寅本,复刻于水西,是为乙卯本;再次年丙辰德洪在蕲州又就《遗言录》未收入乙卯本者选取 25 条,作为补遗,附于乙卯本,并对全书进行了最后删定,成为今天看到的《传习录》下卷。

上述推论成立的关键是,能够证明今本《传习录》下的主体部分比甲寅本《续录》增多的内容都是取自《遗言录》。换书之,《遗书录》有十一条语录见于今本《传习录》下的主体部分,如果这十一条在甲寅本《续录》都未出现,而在乙卯的《遗书录》和丙辰定本的《传习录》下共同出现,那就证明今本《传习录》下是在《续录》基础之上(《续录》共 117 条)增入《遗言录》的 11 条,又删去若干条,构成了今本《传习录》下的主体。事实上,我们知道,今本《传习录》下卷 260 条至315 条为钱德洪录,《遗言录》下卷为钱德洪纂,甲寅本《续录》中有德洪"私录",所以今本《传习录》下主体部分与《遗言录》共有的某些德洪所录亦见于《续录》中,是完全合理的。也就是说,我们并不需要证明今本《传习录》下主体部分见于《遗言录》的 11 条都未在《续录》出现,而只需证明今本《传习录》下主体部分见于《遗言录》的 11 条中,除去德洪所录外,皆不见于甲寅本《续录》即可。经将三本对勘,《遗言录》卷上 55 条中仅 3 条见于今本《传习录》下的主体部分,即17、23、54 条,分别为今本《传习录》下的 230、223、224 条,在黄直所录中。这三条中,23、54 皆不见于北大甲寅本《续录》,可证明乙卯本及今本确实是据《遗言录》增入此两条。第 17 条亦见于北大本《续录》,但《续录》中与《遗言录》第 17条文字略异。而今本《传习录》下 230 条同于《续录》而与《遗言录》略异。这应当是因为《续录》甲寅本在先,《遗言录》虽有此条,乙卯本不必因文字稍异改从《遗言》。《遗言录》卷下有八条见于今本《传习录》下的主体部分,即 29、34、

36、39、42、44、45、48，分别为《传习录》下的246、247、313、276、275、259、295、312。《遗言录》下44条即今本《传习录》259条，为北大甲寅本《续录》所无。其他七条虽见于北大本《续录》，但皆为"门人钱德洪纂辑"部分。与《续录》相重数条是在情理之中的。由此可知，今本《传习录》下卷主体部分见于《遗言录》的各条，除德洪纂录者外，皆不见于甲寅《续录》，我们所需要的证明是满足的。

至于甲寅本《续录》较今本《传习录》下主体部分多出的四条，即"问读书所以调摄此心"条下多出的两条与"王汝中，省曾侍座"条下多出的两条，应属于"削去芜蔓"，在德洪乙卯或丙辰编定时为之删去，其中"王汝中，省曾侍座"条下较今本多出的两条虽自《传习录》下卷主体部删去，却又在丙辰最后订定时移入补遗的最后，与另25条共同构成"此后黄以方录"。这大概就是丙辰钱跋和德洪论年谱书中所说的"删定"。

总上所讨论，北大本《续录》有甲寅钱序，无《遗言录》所载各条（除德洪纂录数条外），无补遗部分，亦无丙辰钱跋，说明此本与《遗言录》无关，不但在已增入《遗言录》材料的乙卯本之前，亦在增刻了补遗的丙辰本之前，故此本当即甲寅水西原刻《传习续录》。《遗言录》中数十条见于今本补遗中，说明补遗是从《遗言录》选取而来。《遗言录》与今本《传习录》下主体部分并有若干条而不见于甲寅《续录》，说明今本此若干条系据《遗言录》所增入。甲寅本《续录》中若干条并为《遗言录》与今本所无，说明甲寅本早出，并最后被删削。据此，前述种种矛盾可得一合于事实的解释。至于钱德洪前后抵牾之处，只能归之于他自己的贻误和粗疏。事实上，整个《传习录》中卷与下卷的编定及按语，处处可以看到钱德洪的贻误，这也是心学一派忽遗文献之学的流弊表现。

五、佐藤一斋所见"闽本"

日本江户时代著名阳明学家佐藤一斋（1772—1859），天保元年（1830）编成《传习录栏外书》，其书上卷补录南大吉序，卷下录钱德洪甲寅传习续录序，附录载有全书本《传习录》所无而见于他本的语录拾遗三十余条，在阳明学史上有重要的地位。

佐藤一斋《栏外书》之成绩主要得力于所见"间东本"。从现有文献看，一斋所见间东本在日本亦已不存（台湾有一藏本似近于间本）。吉田公平往时撰文所论及间东本的诸条，多引述楠本硕水为《评注传习录》所写的附记⑫，及一斋的《栏外书》。楠本硕水附记谓一斋所说"间本"本名《重刻阳明先生文集》，该书有序引九种，其中最早者为南大吉续刻传习录序。此本亦收钱德洪嘉靖甲寅传习续录序，且有间东本人嘉靖二十九庚戌八月所撰《重刻王阳明先生文集序》，间序云："阳明先生《文录》旧刻于姑苏，《传习录》刻于赣，继有薛子者刻其《则言》，然相传不多得，同志者未得合并以观全书，每有余憾。东按西秦、历关陇，见西土人士俊髦群然，皆忠信之质也，因相与论良知之学，尽取先生《文录》《传习录》并《则书》共若干卷刻之，愿与同志者共焉。"⑬据此序，间本当刻于嘉靖二十九年（1550），早于甲寅水西本《传习续录》四年，故间本原刻应无《续录》及甲寅钱序。一斋、楠本所见本既有钱序，因知是本并非原刻，而为重刻。此本为重刻，故不独收入甲寅钱序，亦收万历、崇祯间序，盖明末所刻也；因此，严格说来，佐藤一斋等所见本并非原刻的"间本"。

因一斋所见"间本"有甲寅钱序，故一斋已注意到甲寅钱序与丙辰钱跋所述不合，一斋《传习录栏外书》云："间本有钱德洪续刻传习录序，载在此卷首，录于左：'……时嘉靖甲寅夏六月门人钱德洪序。'案：此序恐系旧撰，末简所说事实与跋文不合，未审何谓。但跋文干支在此序之后三年，则似宜以跋文为定。"⑭一斋虽见甲寅序，未曾就此详考。跋文谓《续录》自《遗言》删得三分之一，而《续录》一百一十七条，不惟多于《遗言》百一十条，且见于《遗言录》者，钱氏所纂数条而已，故一斋以晚出为是的说法，不足为训。

一斋所见间本收入《传习续录》，《栏外书》在"问读书所以调摄此心"条上有佐藤一斋注："此条之后间本多二条，诸本多阙，惟良知条王、张二本载在卷末，今录于左。"在"何廷仁"条上有注云："此条以下间本分为续录卷下，题曰'钱德

---

⑫ 参吉田公平文：《关于钱绪山〈传习续录〉的编纂》，《哲学年报》三十一辑，1972.3。

⑬ 此序亦已收入新印本《王阳明集》卷四十一，第 1592 页。

⑭ 皆见佐藤一斋《传习录栏外书》下帙。

洪、王畿录'。"又在"先生初归"条上注曰:"闾本此条后尚有一条。录于左:'南逢吉曰:吉尝以答徐成之请问……"⑮佐藤一斋所引"闾本"各条,与甲寅本《传习续录》全同,可知"闾本"所收亦是有甲寅钱序的甲寅本《续录》。事实上,明代不少阳明集刻本皆曾收入甲寅本《续录》。

佐藤一斋在丙辰钱跋"并易中卷为问答语"条注曰:"愚按中卷恐指《续录》中卷……又案闾本有《遗言录》二卷、《稽山承语》一卷,附于原录,而无《续录》,绪山所取舍,可就考也。"⑯这说明一斋所见重刊闾本收入了《遗言录》《稽山承语》,今所见二本当即源出重刊闾本。不过,一斋此处说闾本以《遗言录》附于原录,"而无续录",这与《栏外书》多处引证闾本中的续录相矛盾。吉田氏认为一齐所说的"而无续录"是指无补遗(即"此后黄以方录"),此说虽巧,但一斋前后多用"续录",皆明指《传习续录》,且《续录》亦难称"原录",故一斋此说甚不可晓。

六、白鹿洞本与乙卯本

据以上所说,北大今存《传习续录》即嘉靖甲寅水西刻本,今《全书》本《传习录》下卷则自丙辰蕲州本而来,在此两本之间还有一钱德洪提及的乙卯水西刻本。据钱氏丙辰跋文,乙卯本续录当已增入《遗言录》的材料,固与甲寅本不同;又乙卯本尚未增入丙辰本增入的补遗,与丙辰本即今所见本亦不同。但此本迄今未见。

据吉田氏之文,日本曾藏有一"白鹿洞本",不知此本为文集或《传习录》,但有《传习续录》。该本亦载钱德洪序,其序实即甲寅钱序而略有改订。甲寅钱序末句本作:"使学者各得所入,庶不疑其所行云。时嘉靖甲寅夏六月门人钱德洪序。"白鹿本将此序刊年与署名除去,而在序文之首加"德洪曰"三字,且将末句"使学者……"改为"复删续录,得二卷焉";又将甲寅序中"其知始彻矣"一句改

---

⑮ 皆见佐藤一斋《传习录栏外书》下帙。
⑯ 皆见佐藤一斋《传习录栏外书》下帙。

为"成功始一者矣",删去甲寅序"且惑于吾师"一句,将"通我通物"改为"只此良知",将"莫知其所由入"改为"莫觉其入"⑰。

白鹿本序除去甲寅序刊年之署,又加"复删续录"之说,表明白鹿本当在甲寅本《传习续录》之后,此本又无丙辰钱跋,故疑白鹿本的祖本即是乙卯水西刻本。白鹿本序虽未提及《遗言录》,但从逻辑上说,只能是乙卯本。从白鹿本序与甲寅本序的异同来看,白鹿本序乃就甲寅本序略加改动而成,应无疑问。前节已经提到,甲寅本《传习续录》较今本《传习录》下主体部分多四条,白鹿本序所谓"复删续录",大概指的就是删去这四条一类的"剖去芜蔓"。只是白鹿洞本未见,在日本似亦不存,无以详加比勘,为可憾耳。

钱德洪为王门高弟,然其所叙《传习录》之形成,前后抵牾;按之《遗言录》,尤不能相合。本文就《遗言录》加以考察,且借《传习续录》甲寅本为证,以求得《传习录》成书次第之合理解释,并用谢赠书之日本友人。

写于 1993 年 3 月 17 日

【陈　来　清华大学国学研究院院长】
原文刊于《中国文化》1994 年 01 期

---

⑰　均引自吉田氏文:《关于钱绪山〈传习续录〉的编纂》,《哲学年报》三十一辑,1972.3。

论方以智"大伤心人"
视域下的解庄进路

朱志学

提　要:本文的诠释策略,一言以蔽之,就是"从'边缘'进入'传统'"——边缘,指涉目前尚属主流语境外的诠释取径;传统,则指涉环绕《庄子》文本而展开的庄学诠释史。具体入手处,则通过《庄子》文本两千年间在不同接受时刻、不同时代挑战、不同方法意识、不同注疏取径之间所产生的"诠释裂隙",寻觅一个既能"自外主流典范"又可"自彰切己向度"的观察点,以作为重探《庄子》文本的边缘视角。方以智的"大伤心人"视域,就其作为一个尚属沉隐、乏人探勘却深富拓迹潜力的切入点,正符此要求。本文以此而借重《药地炮庄》的"大伤心人"语境所凝蓄的强大"边缘"张力;这"边缘性格"正好吻合《庄子》在《人间世》《德充符》《大宗师》高度密集出现的"畸人"叙事。两相接榫,正好构成本文贯通方以智解庄进路的研究主轴;笔者因得以循此论述轴线,重新进入传统,并尝试透过"诠释裂隙"的空白处以寻求思维突破的可能。思维突破之所在,正乃传统的丰饶生命力得以释放之所在。本文作为彰显此论域的探勘之作,其意义或以此而获得确立。

关键词:方以智　觉浪道盛　大伤心人　畸人　托孤　吊诡　人文疗愈藏身别路

一、前言

杨儒宾于《儒门内的庄子》序言有云:"近代之前的《庄子》诠释史源远流长,每个历史阶段提供的庄子图像不一样,大致说来,笔者认为我们现在对庄子的理解受到早期庄学诠释传统的影响最大,司马迁、向郭(向秀与郭象)与成玄英这三位庄学早期的诠释者奠定了后世庄学的图像。[①]"此说,就学术史标准言之,自有绝高的相应性。然而,这论断本身,何尝非出以一种悲凉?所云悲凉者,可就两向度而言之:首先,是指向两千四百年前那位漆园蒙叟的悲凉,身为《庄子》作者,举世沉浊,不可与庄语[②],已知之矣! 悲而有作,托旨遥深,没身不遇,亦属历史之必然;此则独属作者之悲凉。其次,则是庄学诠释传统的悲凉;积累达两千年的注疏成果,诠释视域却不免为早期典范所笼罩,而难期突破性的新眼界;偶有一、二解人[③]横空出世而发愤振起于百代之后;然而,自学术主流语境视之,终属冷然稀音,固未足以裂解渐趋固化的庄学图像,遑论激扬出典范转移的风潮。笔者视此为悲凉,只因对方以智所开启的解庄进路,别有悟入处;视其在"大伤心人"视域下所开展的另类解庄进路,与《庄子》文本里同样乏人深掘的"畸人"语境,有绝高的对应性。这意味:《庄子》诠释史,很有机会循此线索而有迥异往昔的拓迹可能。是以,在诠释策略上,以"大伤心人"这饱富吊诡义的概念,接榫于《庄子》同样凌越"同一性思路"的"畸人"语境,则是笔者尝试借此论文以为《庄子》诠释史一个暗哑数百年[④]犹乏人问津的边缘观点,留下一线发声机会。这显然跳脱主流庄学诠释传统的"异质"语境,从某一个尚属隐晦的意义而言,指向贯穿《庄子》全书的"命限"体悟——不论是出以病苦、出以患难、出以生死淬炼、出以教门行迹或宗派意识的伦理张力,庄书"不得已"三字,依笔者,正乃

---

① 杨儒宾:《序言》,《儒门内的庄子》,联经出版中心 2016 年 2 月,第 4 页。

② 语出《庄子·天下篇》。

③ 依笔者,方以智的《药地炮庄》,即是典型一例。

④ 《药地炮庄》成书迄今,已逾三百五十年有余。1665 年,方以智持所成《药地炮庄》书稿,焚于青原喷雪轩以祭觉浪道盛。参见蔡振丰、魏千钧、李忠达校注:《药地炮庄校注》导论,台湾大学出版中心 2017 年 2 月。

漆园微旨有以焕然昭显的决定性线索。以《人间世》一段关键文脉为例："且夫乘物以游心,托不得已以养中,至矣";既以"至矣"结语,可见"托不得已以养中"所代表的意义动向,可堪为漆园微旨结穴所在。惟扣此"不得已"三字而展开的解庄进路,自司马迁以还,绵亘逾两千年的《庄子》诠释传统里,看似多所涉及,实又位处边缘,始终未得到全面的正视,遑论打入庄学主流语境而代表一系巍然独立的庄学诠释体系。本文之作,区区微衷所在,恰是要为此沦落"边缘"而不免喑哑失语的"晚明残响",在当代两岸庄学论域留下讨论的"余地";而方以智经由"托孤"隐喻所展开的"大伤心人"视域,则代表这远绍晚明的"边缘遗音"得以获得高度阐发的理论关隘⑤。

二、《庄子》作为"以哭笑寄万世"之作：一个挣脱庄学诠释史的边缘观点

清代乾隆年间学者胡文英⑥于《庄子独见》有云：

> 庄子眼极冷,心肠极热。眼冷,故是非不管,心肠热,故感慨无端。虽知无用,而未能忘情,到底是热肠挂住,虽不能忘情,而终不下手,到底是冷眼看穿。⑦

> 庄子最是深情,人第知三闾之哀怨,而不知漆园之哀怨有甚于三闾也。盖三闾之哀怨在一国,而漆园之哀怨在天下;三闾之哀怨在一时,而漆园之哀怨在万世。⑧

---

⑤ 需补充说明的是:这阐发有赖远比往昔更坚实的方以智文献基础;然而,方以智著作因特殊历史条件而湮没久远,散佚严重。所幸,中国学界近年对方以智文献所展开的浩大梳理工程,已取得惊人进展。
⑥ [清]胡文英,字质余,号绳崖,江苏武进人。朴学学者。著作主要有:《诗疑义释》《屈骚指掌》《吴下方言考》《庄子独见》《诗疏补遗》《毛诗通议》等。
⑦ 参见胡文英:《庄子独见》卷首《庄子论略》,华东师范大学出版社 2011 年 12 月 1 日。
⑧ 同上注。

此论不俗,确有所见;惟胡文英所自恃一家之言者,不论上溯晚明⑨或下逮晚清⑩,只怕皆非属"独见",而是隶属于一道为庄学诠释史所隐蔽的历史伏流。以晚明方以智为例,他评论庄书之作早有云:"子休之以哭笑寄万世也,怒激乎?遣闷乎?忍不得乎?⑪"以晚清刘鹗⑫为例,他在《老残游记》自序,更通过"哭泣"作为一种灵性现象,提出"有一分灵性即有一分哭泣,而际遇之顺逆不与焉"⑬,并顺此推论:

> 灵性生感情,感情生哭泣。哭泣计有两类:一为有力类,一为无力类。痴儿骏女,失果则啼,遗簪亦泣,此为无力类之哭泣。城崩杞妇之哭,竹染湘妃之泪,此有力类之哭泣也。有力类之哭泣又分两种:以哭泣为哭泣者,其力尚弱;不以哭泣为哭泣者,其力甚劲,其行乃弥远也。⑭

行文至此,刘鹗乃得顺势援引诸多历史范型以印证他别开生面之洞察,固有所本,洵非虚论:

> 《离骚》为屈大夫之哭泣,《庄子》为蒙叟之哭泣,《史记》为太史公之哭泣,《草堂诗集》为杜工部之哭泣;李后主以词哭,八大山人以画哭;王实甫寄哭泣于《西厢》,曹雪芹寄哭泣于《红楼梦》。王之言曰:"别恨离愁,满肺腑难陶泄,除纸笔代喉舌,我千种相思向谁说?"曹之言曰:"满纸荒唐言,一把辛酸泪;都云作者痴,谁解其中味!"名其茶曰"千芳一窟",名其酒曰"万

⑨ 依本文,以方以智为代表。
⑩ 依本文,以刘鹗为代表。
⑪ 参见蔡振丰、魏千钧、李忠达校注:《药地炮庄校注》总论下《人间世总炮》,台湾大学出版中心 2017 年 2 月,第 227 页。
⑫ 刘鹗(1857—1909),江苏丹徒人,原名孟鹏,字云博。后更名鹗,字铁云,又字公约。别署洪都百练生。1903 年出版《老残游记》。
⑬ 原文如后:"婴儿堕地,其泣也呱呱;及其老死,家人环绕,其哭也号啕。然则哭泣也者,固人之以成始成终也。其间人品之高下,以其哭泣之多寡为衡,盖哭泣者,灵性之现象也,有一分灵性即有一分哭泣,而际遇之顺逆不与焉。马与牛,终岁勤苦,食不过刍秣,与鞭策相终始,可谓辛苦矣,然不知哭泣,灵性缺也。猿猴之为物,跳掷于深林,厌饱乎梨栗,至逸乐也,而善啼;啼者,猿猴之哭泣也。故博物家云:猿猴,动物中性最近人者,以其有灵性也。古诗云:'巴东三峡巫峡长,猿啼三声断人肠。'其感情为何如矣!"
⑭ 刘鹗《老残游记》自序。

艳同杯"者,千芳一哭,万艳同悲也。⑮

刘鹗这一席"哭泣现象学",相对胡文英之对比屈、庄,俨然又是另一番堂庑开阔的眼界。其所谓"不以哭泣为哭泣",但有"哭泣"而不现"哭泣相";哭泣,至此深化为一种纯属"内在性"的"浩瀚之境"而对肉眼保持隐蔽的精神现象。只因,有此深于"可见"而入于"不可见"的诗性凝视能力,蜕形为千古巨著的"泪水",遂成了刘鹗据以思接千载的精神甬道,让他得以借由"千世上之心"与"千世下之心"的交相引触感发⑯而对"《离骚》为屈大夫之哭泣,《庄子》为蒙叟之哭泣,《史记》为太史公之哭泣,《草堂诗集》为杜工部之哭泣;李后主以词哭,八大山人以画哭;王实甫寄哭泣于《西厢》,曹雪芹寄哭泣于《红楼梦》"别有悟入处,而追踵其后以"其力甚劲,其行乃弥远也"之创作,浇胸中之块垒。以此观之,《老残游记》亦刘鹗泪水(无泪之泪)之蜕形也。此如其自序所结语:

> 吾人生今之时,有身世之感情,有家国之感情,有社会之感情,有宗教之感情。其感情愈深者,其哭泣愈痛,此洪都百炼生所以有《老残游记》之作也。⑰

因喟然叹曰:"棋局已残,吾人将老,欲不哭泣也得乎? 吾知海内千芳,人间万艳,必有与吾同哭同悲者焉!"⑱如此寄慨幽深之文字,非"有大伤心不得已者"⑲,焉得善解?《庄子》之作,果如刘鹗所云"为蒙叟之哭泣",这等诠释角度,确能贴切呼应庄子文本"托不得已以养中"的核心线索。毕竟,这份出于不容自已的"寓不得已"之情,一旦被取消掉,庄子就不复成其为庄子! 因为,庄子所揭示的超越可能,就是在"人间破局"里展开的,就是在"不得已"的命限重厄中展

---

⑮ 刘鹗《老残游记》自序。
⑯ 参见方以智:《青原志略发凡·文章》,《青原志略》卷首 42。原文是:"千世上之心与千世下之心,引触感发,恩力在何处耶?"
⑰ 刘鹗《老残游记》自序。
⑱ 同上注。
⑲ 借方以智《炮庄小引》语,以成"互文性"的映照:"读书论世,至不可以庄语而厄之、寓之、支离连犿,有大伤心不得已者。"

开的。循此以观,视蒙叟之作乃寄哭泣于《庄子》,这等诠释角度,在两千年的庄学诠释史里,就显出非比寻常的睿识。无他,此说既非属"出离体制、政治反动的解构性批判哲学"[20],也非属"超离世间、体证玄冥的同一性意识哲学"[21];既非"只批判而无所建立的否定哲学"[22],也非"追求绝对真常心而舍弃世间人文性的消极哲学"。[23] 总之,以"无泣之泪"或"不落哭泣相之哭泣"隐喻庄书之所由作,这等诉诸诗性隐喻的直观性洞察,确为后世研究者提供了一道深富启发性的理解路径,以"使得原本在文本或文化中处于被压抑边缘的沉默痕迹,得以展现其自身独特的意义,或是寻得发出自己声音的策略"。[24]

三、《庄子》作为衰世之书:显题化的受苦现场

钱穆于《庄子纂笺》自序,凭其纵深千载的"史家之眼",亦留下了相近的洞察。文曰:

> 《庄子》,衰世之书也。故治《庄》而著者,亦莫不在衰世。魏、晋之阮籍、向、郭,晚明之焦弱侯、方药地,乃及船山父子皆是。然而北宋诸儒,终亦不免有衰气。余之生,值世又衰……然则处衰世而具深识,必将有会于蒙叟之言,宁不然耶![25]

> 世益衰益乱,私所会于漆园之微旨者益深……若苟四十年来,漆园之书尚能索解于人间,将不致有若是。天不丧斯文,后有读者,当知其用心之苦,实甚于考亭之释《离骚》也。[26]

---

[20] 杨儒宾:《庄子之后的〈庄子〉》,《儒门内的庄子》,第455—458页。

[21] 同上注。

[22] 同上注。

[23] 同上注。

[24] 王涛:《书写》,北京大学出版社2013年5月,第143页。

[25] 参阅钱穆:《庄子纂笺》,三民书局2006年2月1日,自序。

[26] 同上注。

以"衰世"二字,点出庄书之作,所连动的人间"破局"。这是将庄子以极
轻笔触带过的"受苦现场"给"显题化",而让《庄子》成书的存在背景从文本
"隐约"处现身为"可见";这分体察本身,实则就内蕴着极深的诠释学意味。
所谓"世益衰益乱,私所会于漆园之微旨者益深"、所谓《庄子》,衰世之书也。
故治《庄》而著者,亦莫不在衰世"。这是点出善解庄书的"认识论前提"——
善解庄书者,其理解活动每"牵连"着一个由刀兵惨杀、国族凌夷、历史动荡、
文化崩毁的世界所构成的整体"视域";正是"视域"的相应性,保证了理解所
以可能的基础。以此观之,"漆园之书"若尚能"索解"于人间,那是因为饱濡
"无泣之泪"的"蒙叟之言",在泪水氤氲所模糊的视野里,获得了从遮蔽走向
开显的理解条件。原来,有一种"知",命定只为"受苦现场"的幸存者而存在。
无他,"知"之所以可能,无非决定于"视域融合"的条件。正是在这个意义上,
钱穆点出了一个深富诠释学意涵的理解条件——"处衰世而具深识,必将有会
于蒙叟之言"。此则方以智感怀死生师友所痛切陈词者——"烈烟触着伤心
处,不是伤心人不知"[27]。

显然,身值乱离衰世,钱穆所受益于《庄子》者,洵非儒学、佛法可及。缘于
"身世之感"的引触感发,让钱穆得以善体漆园微旨而深察其用心之苦。因于
《庄子纂笺》序文发为一连串的天问:

> 作逍遥之游乎,则何逃于随群虮而处裈?
>
> 齐物论之芒乎,则何逃于必一马之是期?
>
> 将养其生主乎,则游刃而无地。
>
> 将处于人间乎,则散木而且蹶。
>
> 儵忽无情,混沌必凿。
>
> 德符虽充,桎梏难解。
>
> 计惟鼠肝虫臂,唯命之从。

---

[27] 方以智《天界老和尚周忌拈香》。语出《BETA 电子佛典集成·嘉兴藏·第 34 册·No.B313·第 4 卷
青原愚者智禅师语录卷四》,侍子兴馨同门人兴斧编:"黄花刚谢西风吹,鹧鸪依旧三更飞。自从刀头
撞倒太平拦路锥,十年并作一年啼。醍醐毒药涂虎皮,托孤异类哀支离。以香热炉中云:即今不得唤
作烧香,不得唤作诗题,烈烟触着伤心处,不是伤心人不知。便拜。"

曾是以为人之宗师乎！

又乌得求曳尾于涂中？

又乌得观鱼乐于濠上？

天地虽大，将不容此一人，而何有乎所谓与天地精神相往来？㉘

　　细察之，环环相扣的问题意识所对应者，一言以蔽之，无非就是伏流庄书底蕴的一股"不得已"之情。深切言之，此不独是蒙叟一人的"不得已"之情，亦是叩问者钱穆个人的"不得已"之情，更是天下大伤心人的"不得已"之情。即此而言，看似质疑："蒙叟复生亦将何以自处？"实则，是以个人强烈的身世哀感，与天下大伤心人的感与痛，交相引触感发而从魂命深渊喷薄而出的大疑团。此疑团，固贴紧钱穆有痛切实感的"时代处境"而生。此所以对深察蒙叟用心之苦如钱穆者，不免暗合吴文英与刘鹗的解庄思路，对庄书作为"蒙叟之泪"别有契会而深致寄托之情。此亦无他，当"赤县神州值数千年未有之巨劫奇变"㉙而群儒束手、诸佛敛衽、众神引退；值此劫尽变穷之际，钱穆遭逢了他的存在深渊；不独他个人的存在深渊，这深渊经验，以炽烈魔考般的烧灼，深烈触碰到"天下大伤心人"的感与痛。这一刻，"世界"沦为米兰昆德拉（Milan Kundera）笔下的"陷阱"——"在外部的决定性已经变得如此不可抗拒，而内部的推动力再也无济于事时，人在这样一个世界中还剩下什么可能性？"㉚笔者因于此思忖："中国历来思想家中，舍庄子而外，又有谁更能面对如是严厉酷烈的变局犹得以苟全性命于乱世？又有谁的智慧比庄子更能启发人在几无立锥之地的'人间世'开出'逃逸线'以蝉蜕尘嚣之外？只怕，舍漆园之书，天下间再无第二人可示以一种近乎'不可能性'的逃逸线索。"㉛所云"不可能性"

㉘　参阅钱穆：《庄子纂笺》，三民书局2006年2月1日，自序。

㉙　借陈寅恪先生《王静安先生遗书序》之语。

㉚　语出米兰昆德拉（Milan Kundera）《关于小说艺术的对话》访谈稿，收录于艾晓明编译《小说的智慧》（台北：智慧大学出版有限公司，1994.1.1）第36—37页。"生活是一个陷阱，我们并没有要求出生就被生下来，被囚禁在我们从未选择的肉体里，并注定要死亡。……结果，我们就越来越为外部条件，为无人能够幸免和使我们彼此越来越相像的境况所决定。……在外部的决定性已经变得如此不可抗拒，而内部的推动力再也无济于事时，人在这样一个世界中还剩下什么可能性？"

㉛　参阅朱志学东华大学博士学位论文《庄子物学的宗教维度》第六章第一节，第224页。论文下载网址：http://etd.lib.ndhu.edu.tw/cgi-bin/gs32/gsweb.cgi？o=dstdcdr&s=G0810401006.id

乃扣紧"不得已"三字而说,依笔者,先秦儒道,下逮佛禅,就属《庄子》所开出的慧命方向,最能正视微尘众生寓"不得已"之世的根本活路何在? 这意味,《庄子》所代表的超越之道是在"不得已"的命限重厄中展开的;是"下身落地"而有以"调适上遂"的"受苦转化"之道。隐喻地说,庄子诠释史一切既成诠释体系,若不能正视庄子的"超越进路"乃扣紧"不得已"三字而从人间破局突围的活路,就形同取消了"蒙叟之泪"。依笔者,这形同抽掉了作为庄书底蕴所在的"灵魂",而懵然无视《庄子》"不以哭泣为哭泣"的幽微寄托如何散见文本而贯穿全书文脉。

综上所述,本文由此形成的问题意识,或可撮要表述如下:历来庄学诠释传统,有哪一家说法,最能正视以"蒙叟之泪"作为隐喻的"寓不得已"之情,而创造出远比"吴文英—刘鹗—钱穆"之直观式洞见更具"理论严整性"、也更具"典范挑战强度"的庄学诠释体系? 晚明桐城方以智,就是笔者判读两千年庄学史最能相应此诠释进路的代表人物。

四、刀头天理:"大伤心人"语境的第一重意义脉络——不罹九死,几负一生

晚清民初佛教学者欧阳竟无,自叙平生成学动力有云:"悲而后有学,愤而后有学,无可奈何而后有学,救亡图存而后有学。"[32]此语移诸方以智身上,最能见出其"磅礴成学"的独特道路,何以与《庄子》寓"超越之道"于命限感悟的"不得已"之学,有绝高的相应性。

方以智家学渊源,淹通三教,加以天资绝高,学问技艺,凡有所涉,靡不精通。刘城《峄桐文集》如是称道:"密之才高学博,凡天官地志阴阳五行筵籍诸术,艺无不精,此非以为易,而皆与易有涉者。"[33]并世同游者,亲炙其绝学,辄叹为畏

---

[32] 参见欧阳竟无《内学》叙言。原刊《内学》第一辑,收于《内学杂著》上,载《欧阳竟无先生内外学》第十二册。
[33] 刘城:《峄桐文集》卷三,第14页上。

友。黄宗羲亦负不世才情,于方以智却有追蹑无及之叹。《南雷文定前集》,颇多思旧叙事,曾留下一段动人的回忆,可资佐证。原来,方以智弱冠之时,曾与黄宗羲游,宗羲患疟时甚而为之诊尺脉㉞。宗羲亲见神技,喟然叹曰:

> 余束发交游,所见天下士,才分与余不甚悬绝,而为余之所畏者,桐城方密之、秋浦沈昆铜、余弟泽望及子一四人。五行一览,半面十年;渔猎所及,便企专门。天生此才,仅供丧乱之摧剥;乃使顽钝如余者,执简而拾其后。可愧也夫!㉟

方以智天纵之资凌越并世高才有如此者。惟真欲深于密之绝学,笔者不得不指出:学力而外,别有关窍。无他,《易经系辞》下传有谓:"作《易》者,其有忧患乎?无忧患则不为而足也。"㊱方以智之学,亦从忧患入,而成学于刀兵惨杀、屡濒死生之际。这意味,方氏之学,若只"就学问而论学问"而悬置成此绝学背后的百死摧剥之境,那等同取消了淬炼其一生绝学的"受苦现场";而后者,才是通过"以死炼生"催化其学以臻极诣的"转化场域"。未经此转化,方以智天分再高,顶多也就是作为一位博学宏文的"诠释实践者"以成就那"坐集千古之智"㊲的恢宏视野所整饬的学问,而非踩踏在"伦理实践者"的知识位置所蜕化的学问。前者,学问未经"人间"烈火淬炼炮治,于圣人深心寄托所在,未免犹隔一层;后者,成学于刀锯鼎镬斧钺临颈的必死之机,乃真能与千圣之心"鼓舞相见"㊳而优入圣域于死生悬命之际。以此观之,方以智最臻圆熟阶段的学问,命定不可能在年甫三十即高中进士的春风得意时所成就;因为真入于杀活纵横的

㉞ 据黄宗羲《思旧录》所记:"宗羲称其'敏明多艺';言《河》《洛》之术,另出新意。盖宗羲尝因病疟,而服用些许子远从茅山道士求来之药丸,然疲困异常;是时,密之为宗羲切脉,取其尺脉距关下一尺,宗羲乃言'亦好奇之过也'。"参见沈善洪主编《黄宗羲全集》,第一册,《思旧录》,第 367 页。

㉟ 参见沈善洪主编:《黄宗羲全集》,浙江古籍出版社 2005 年,第十册《撰杖集》、《南雷文定前集》卷六、《南雷文约》卷一,《翰林院庶吉士子魏先生墓志铭》,第 416 页。

㊱ 参见孔颖达《周易正义》《系辞下卷》八之六:此之所论,谓《周易》也。"作《易》者其有忧患乎"者,若无忧患,何思何虑,不须营作。今既作《易》,故知有忧患也。身既患忧,须垂法以示于后,以防忧患之事,故系之以文辞,明其失得与吉凶也。其余《易》忧患,已于初卷详之也。

㊲ 方以智:《通雅》,收入方以智著,侯外庐主编《方以智全书》,上海古籍出版社 1988 年,第一册,第 2 页。

㊳ 参见方以智《道艺》,《东西均注释》,第 183 页:"千圣之心与千世下之心鼓舞而相见者,此也。"

方氏绝学,固有其非关天资与学力者,而必得在"藏身别路"以"化归中和"的隐
忍曲折中上扬于濒死之际,乃得"入其非以成其是"而终抵大成之境。这意味,
方以智深于"异质交错—诡辞为用"的学问路数,是通过百死千难的摧剥、冶炼,
才终得点滴转化而来。这意义下的学问,乃沿着肉身摧败、伦理破局,以至国族
凌夷、文化丧亡的"临界情境"所淬炼而成,借欧阳竟无所论,则悲愤而后有学、
无可奈何而后有学、救亡图存而后有学。[39] 令人生畏的存在深渊,即此而被吊诡
地转化为成学的助缘;这意义下的学问,原只能成学于人间炼狱,不是仅靠读书
可以得来的。此则觉浪道盛禅师,何以必得"求天下大伤心人"于刀兵水火之际
而"托孤"于竹关[40];无他,惟"大伤心人"能在"千古伤心"中成就一种"赴死"的
决断,而彻底迎纳"天下大伤心人之感与痛"。如此,遂能化"怨艾之毒"为"济世
之药",而于苍生疾苦知所对治,应病予药。

以此观之,最磅礴的学问,每激扬跌宕于神圣而残酷的临界张力,这意义
下蜕形而生的作品,遂灿如危崖之巅的盛放,是学养、是功夫、是性情,更见悲
愿之所寄。后世学者,若无足以匹配的情感深度所成就的相近视域,欲入其堂
奥,只怕犹差临门一脚;可这决定性的"一脚",却是诠释者与文本得以"合拍"
而抵达"视域融合"的理解前提。方以智悼乃师觉浪道盛周年祭有云:"烈烟
触着伤心处,不是伤心人不知。"恰于个中关隘,提示了某种饱富启示性的线
索——原来,有一种深及魂命深渊的"知遇",是以"伤心"作为沟通彼此的"桥
梁"。伤心,就某个隐微的向度,固然代表被抛掷于世的"边缘者"所煎迫其中
的断裂处境——那是"与世多忤"的"畸于人"者,困阨俗情世间之是非漩流里
所不可免的毁伤与断裂。然而,毁伤与断裂不是一切,有一种不落在"认知维
度[41]"的深密缔结可能,就即此毁伤断裂处,悄然蕴生。即此而言,《炮庄》语境
里的"大伤心人"概念,注定无法放在是非判然、有无悬隔的"认知维度"被精
确界定,却必得在"是非—有无"謇然崩解的吊诡思路中,才有被善巧把握的
可能。此亦无它,"伤心"与"快意",在《炮庄》语境里不是一组对立性的概

[39] 参见欧阳竟无《内学》叙言。原刊《内学》第一辑,收于《内学杂著》上,载《欧阳竟无先生内外学》第十二册。
[40] 竹关即方以智是也。
[41] 简言之,由"同一性思路"所主导的"心知辖域";有别解构同一性思路后所临在的"气化场域"或"虚廓空间"。详细理论展示,请参阅笔者博士论文《庄子物学的宗教维度》第六章内容。

念,而是可在"吊诡性思路"中交叠互涵的诡谲性概念。作为诡谲性概念,"伤心",不是定然的"伤心",而是可朝向"快意"过渡的"伤心";"快意"也不是定然的"快意",而可朝向"伤心"转动的"快意"。这异质交错的吊诡性,一言以蔽之,就取决于"伤心"与"快意"间的"转化"过程;而"转化"又与"受苦现场"上扬于濒死之际的催迫力量,相伴而生。于是,"快意"里有底蕴深沉的"伤心",伏流其中;"伤心"里也有逸兴遄飞的"快意",破茧待放。底下,请例举相关文献以为佐证——

展卷《药地炮庄》所录文献与方以智留下的眉批评点,很难不留意到:俨然已自成丰饶"语境"的"大伤心人"叙事脉络,如何在文本里形成回环相应的"互文性"景观。笔者不免于此有疑——明清易鼎之际,天下"遗民"何限?以大法自命的觉浪道盛禅师却于刀冰水火中求天下"大伤心人"于方以智,试问:缘何必得是"大伤心人",而非一般意义下的博学鸿儒或佛门龙象?可见,觉浪道盛禅师眼中,是否可堪为"文化所托命者",自有更严苛的拣别标准;而"大伤心人"正是觉浪道盛法眼中,可堪以大法相托的"印心之人"㊷;"大伤心人"四字在《药地炮庄》语境中的殊胜地位,由此可见。若以此四字,纯属文学性的夸饰之词而轻易看过,势必错过药地解庄进路的关键线索。依笔者之见,这四字潜在的内蕴,非但不止于修辞意义上的文学手法;事实上,"大伤心人"四字所牵连共构的互文式语境,已足赋予"大伤心人"概念以极为深层丰饶的哲思内蕴,甚而从中延展出对既有庄学诠释典范极具挑战强度的颠覆性思路。

举例言之,徐芳《天界觉浪盛禅师全录序》有云:"杖人于刀兵水火中,求大伤心人,穷尽一切,超而随之,乃集大成,乃定宗旨,恰好托孤于竹关"㊸;方以智悼其师觉浪道盛周忌拈香祭拜亦恸吟:"烈烟触着伤心处,不是伤心人不知。㊹"这意义下的"伤心人",显然不同寻常文人的伤春悲秋、满纸自怜,却倒映着巍峨崇高而令千古识者为之血气动荡、壮怀激烈的人文身影。"大伤心人"四字,在《药地炮庄》语境里反复出现,或直述,或曲说,生前与方以智时相过,从而文献

㊷ 学力、才情则在觉浪道盛眼中,则显然未足以构成"可堪以大法相托"的充分条件。

㊸ 《天界觉浪盛禅师全录》第1卷,《CBETA电子佛典集成·嘉兴藏·第34册·No.B311·第1卷》;另参见蔡振丰、魏千钧、李忠达校注《药地炮庄校注》导论(台北:台湾大学出版中心,2017.2)

㊹ 《青原愚者智禅师语录》第4卷,《CBETA电子佛典集成·嘉兴藏·第34册·No.B313·第4卷》。

可考的师友弟子,于此致意再三,岂偶然哉?以此观之,此四字,非但布满了晚明痛史叠影幽深的集体记忆与遗民心事,它甚而就是方以智"坐集千古之智"而据以"折中其间"的核心凝视点与统贯《药地炮庄》诠释体系的主轴理路。这意味,作为诠释主轴概念的"大伤心人"四字,本身就凝聚了方以智最深致的存在感悟,也形塑了他在古今夙昔典型里寻找"认同典型"的宏大历史意识。"大伤心人"作为方以智解庄进路的根本视域,其决定性不言而喻。然而,为避免对此四字轻易看过;有待更仔细地检证:依《炮庄》语境,所云"大伤心人",究竟该作何体会? 伤心是什么意义下的伤心,文本上可留下具体线索以作为诠释取径处? 再者,"大"伤心人,又在什么意义下而言其为"大"? 如何提出与文本回环相应的诠释理路? 线索多端,不一而足。这意味,大伤心人这概念,饱含着层次丰饶的多重义蕴,非望文生义式的单线性理解所可轻易概括。何则? 因为"大伤心人"是兼综"伤心—快意"为一体的吊诡性概念,奠基同一性思路的单线逻辑,施加其上,非但无以把握"伤心"与"快意"间的转化动势,反而势必将此概念的丰饶层蕴给"扁平化"为只剩字面上的单薄含义。比如,视"大"伤心人为"非常"伤心或伤心"至极"之人,如此失之简化的理解,有可能将内蕴此概念的多重转化动势给细腻把剔梳理而出吗? 所以,在方法学的起码自觉上,笔者把握到的一个基本态度是:既然是吊诡性的概念,在诠释上就只合以吊诡思路对应之,如是,乃得深探:由觉浪道盛与方以智一脉相承的"大伤心人"语境中,"伤心"可以不纯然是一种情绪上的哀怨与陷溺;看似深渊失坠、如堕空茫的不得已中,仅凭一机之微,又近乎不可能地迸生朝向对反一极的潜在动势。所云吊诡思路,无非是就此转化动势而说;更精确地说,是在视域转化中成就了"大伤心人"概念的吊诡义。于是,伤心中有快意、受苦中有疗愈、绝望中有升腾[45]。这意义下的"伤心",自须被"高看",否则就错过它"异质交错"的深层肌理。

行文至此,已为"大伤心人"的解读进路,擘划出更能超脱俗情知见、也更富哲理深度的理解可能:首先,就常识性的层次进行望文生义式的解读,伤心,无非

---

[45] 此意云何? 只因"伤心人"别有"怀抱",遂让有大伤心不得已者,得依此"怀抱"而有了"调适以上遂"的可能。

是指向遭时丧乱而托庇无门、天地难容的"外在处境";这意义下的"伤心",反映了缘于外在形势的强大逼迫力,厕身其中者,终而"伤尽偷心"而被迫跃入一种"视域转化"过程,否则就无以自寻活路;即此而言,伤心,乃蕴借于逼仄张力已推到极限的"边界处境(Boundary situations)"⑥;正是"后者"⑦,迫使一切缘于"同一性思路"所生发的攀缘、爱憎、防御、巩固、划界、占有等地盘意识或领域习性,都沦于覆灭而令结习经年的旧有视域随之土崩瓦解。不可否认,当缘于"同一性思路"的行险侥幸之心(偷心),所建构的认知维度或常规世界沦于崩解,这意义下的"伤心",确实创造了某种"转化之机"而催迫"伤尽偷心"者,不得不作出"决断"以因应"天地难容"的"边界处境"。这只能积蕴成形于"边界处境"的"转化之机",自有其不容忽视的正面意义,因为,它借着"常规世间"的裂口,而催迫出足可颠覆习常知见模式的"视域转化"动向。此则方以智禅堂开示有云:

> 每闻先外祖"雪里打春雷,中有大父母"。后从刀兵水火中,息喘杖人之门;又闻"死是大恩人,乃祝无量寿"。由今看来,以雪埋雷,以死祝寿,不妨奇特,有触此语。彻底放下,得一场大庆快者么?果然绝后重苏,通身白汗,回视一切利害、得失、人我、生死,瓦解冰消,由我自在出入。⑧

所云"回视"二字,正乃"视域转化动势"的关隘所在。回视,是"伤尽偷心"后的"蓦然回首";这"绝后重苏"的瞬刻,所见迥然不同往昔,只觉"一切利害、得失、人我、生死,瓦解冰消,由我自在出入"。所云"瓦解冰消"者,"云空未毕空"的残存偷心者也。即此而言,死是大恩人,因为,正是瞬间掩胁而至、令人猝不及防的濒死经验,让残存偷心得以彻底"烧尽"而顺势催逼出"绝后重苏"的视域转化。揆诸史实,方以智一生遭逢刀锯临颈的生死关头,凡有三次。其所以不避众讳而视"死"为大恩人,只因他真切体会到——正是通过

---

⑥ 简言之,一种"临界转化"经验据以发生的极限情境。
⑦ 困陑于"天地难容"的边界张力。
⑧ 见方以智述,方中通、兴斧合编:《青原愚者智禅师语录》,《中华大藏经》本(台北:修订中华大藏经会,1968)卷二"示众",第58034页。

濒死之际所催逼出的"视域转化",才让他回首来时路,每有涣然冰释、恍如隔世之感。此则"刀头天理"⑭所赐予的恩典。方以智以此慨然有感:"匡庐归省见逼,遂以煴火为铁门,痛锥见血,于轰雷闪电中过身,此盖日日在刀头,感天地之钳锤也。忽然嚼破黄叶,重历千差,乃叹巧于锻炼。"所谓"日日在刀头,感天地之钳锤也"⑮;又所谓"忽然嚼破黄叶,重历千差,乃叹巧于锻炼";此固通过"回视"之关隘所成就的视域转化。转化而后,方真切见得"无限风光在险峰"的"刀头天理";"死是大恩人"五字,正宜由此而获得善解。同样经由"刀头天理"猝然临在瞬刻所迫发的视域转化经验,也淋漓具现在他写给友人周思皇的书简:

> 囊以蒙庄之悬寓,适安乐之环中,尝曰:"道不必闻,死无不可;生死小事,时至随顺,何足胶胶言之?"……卒封刀于平乐,毕命俄顷,而大笑自若,岂非天地之炉鞴锻炼相成就耶? 加此一年,比前三年之大笑自若,进乎? 不乎? 白浪稽天,铁船可驾。围数匝而弦歌,讳穷求通,还之时命;知之,斯安之矣。益信死者,吾之大恩人也! 非炉鞴(皮鼓风箱)如是,乌能亲见死即无死,生即无生,而受用之哉?⑯

此番剀切自省,益见未经"毕命俄顷"的临界经验,"死无不可—生死小事—时至随顺"等漂亮话头,乃至"大笑自若",自命豁达,说到底,也不过是未经淬砺、不通时命的虚生浪死。以此观之,方以智所以终能洞达生死,而尽褪佯狂姿态,还之时命,此固非靠读书得来,而实受益于几番死境淬炼所成就的视域转化;转化后之视域,或又回过头来修正了自己"云空未毕空"的死生戏论。此所以方以智于《东西均·生死格》复有言:"不胜生死,则为生死累。不舍则不能胜,不空则不能舍,不险则不能空。"⑰结语"险"字下得切。此真工夫关隘所在。方以

---

⑭ "刀头天理"四字,语出方以智《人间世总炮》。参见蔡振丰、魏千钧、李忠达校注:《药地炮庄校注》导论,台湾大学出版中心 2017 年 2 月,第 226 页。
⑮ 方孔炤:《周易时论合编图象几表》,文镜文化事业公司 1983 年,方中德《跋》。
⑯ 方以智:《书周思皇纸远害之弟》,《浮山文集后编》卷一,第 661—662 页。
⑰ 参见方以智撰、庞朴注释:《东西均注释(外一种)》,《生死格》,中华书局 2016 年 7 月,第 184 页。

智非袖手空谈心性者,由斯可见。其所谓"不'险'则不能空"。"险者",正所以
"转化之机";在修行或疗愈的课题上,其重要性,决不下于安立一个作为实践理
据的"创化之源"。此亦无它,后者每流于意识形态的妄构,前者却必得历经"以
死烧生"的刳心濯骨之痛,方得促成真实转化的可能。此则施闰章于《无可大师
六十序》所云者:"(方以智)后归事天界浪公,闭关高座数年,刳心濯骨,涣然冰
释于性命之旨,叹曰:我不罹九死,几负一生。古之闻道者,或由恶疾,或以患难,
类如此矣。"[53]以"不罹九死,几负一生"来肯定"苦难之意义";由此具见,真能豁
然生死大事而涣然冰释于性命玄微者,每由恶疾、患难入之;此亦无它,恶疾、患
难之必要,惟在其创造了让"视域转化"得以发生的条件——简言之,因为灾厄
疾患的强行介入,人瞬间断裂于习常攀附的常规世界而如坠空茫,陷入一种"没
有对象的恐惧";然而,正是这濒临"深渊失坠"的一刻,催生了"视域转化"的契
机。这就为"大伤心人"之所以为"大",创造了第一种理解可能——伤心,在于
深渊经验所带来的全面断裂;这意义下的断裂,指向"常规世界"的崩解,而让习
于通过攀附以建构、维护并强化自我认同的"偷心"(行险侥幸之心),全面受挫。
正是"同一性思路"全面受挫而失其依附的一刻,经由"恶疾—患难"带来的深渊
经验,为"终有一死者"以"必死之身"转向"赴死之在"创造了"发生条件"。波
德里亚(Jean Baudrillard)评论巴塔耶(GeorgesBataille)作品的断言,在此给出了
极有意义的参照:"只要死亡脱离生命,生命就有缺陷,生命只存在于死亡的闯
入中,存在于与死亡的交换中,否则生命必定是价值的断裂,因此也就是绝对的
亏损。"[54]原来,生命与死亡,不尽然走向对裂,对裂与否,决定于我们联结于"生
命—死亡"的视域,是否业已经过"深渊"中的"转化"。这缘于"深渊经验"而催
迫出的"视域转化"动势,正是余德慧教授在《恒河母的明心见性之道》一文所尝
试指出的深刻事实:

> 对一生顺遂、功成名就的人来说,他的存有深渊就是死亡。对遭受天灾
> 人祸的受苦者来说,灾难的后果就是存在深渊,这存有深渊会发出强迫的讯

[53] 施闰章:《施愚山集·文集》,黄山书社,卷九,第166页。
[54] 波德里亚:《巴塔耶作品中的死亡》,收录于《象征交换与死亡》,译林出版社2006年4月,第241页。

号:"它想被知道、被感觉、被表达与被面对"。修道人知道自己必须进去,而一般受苦者则哭喊着要出来。一般的心理治疗则努力要把"存有深渊"抹平,当然没有人能抹平"存有深渊",只能制造一些假象将"存有深渊"遮蔽起来,以为看不见就是没有。⑤

修道人与凡人最大的分野即在此,修道人进入深渊,然后转化,而凡人则是寻求世界的屏障(如找工作来取代悲伤或者另外娶妻来减低配偶的亡故等)。……对风灾的居民来说,屋顶被吹走意味着"家破人亡",对修道人来说,却是"明月赏光,自由自在"。这是两条泾渭分明的路。⑤⑥

综上以观,我们不由要问:始于伤心痛愤,终而在极限情境的摧剥下,伤尽偷心如坠深渊而逼出的视域转化,是否已足可穷尽"大伤心人"的内涵? 果真如此,我们就可结论如下——"大伤心人"之所以为"大",就在于"伤心"张力之巨,已推迫终有一死者抵达一种视域转化的强度。承前文所析,方以智几度濒临死境,让他凭着先天颖悟与后天学力而获得的智思解悟,在"以死炼生"的实存考验下,确然有此面向;但,真以为这就是方以智通过一生行迹所穷尽的"伤心"内蕴,就未免太小看他——因为,对方以智而言,"大伤心人"之所以为"大",不只"大"在伤心的"强度",更是"大"在伤心的"境界"。以下请进论方以智大伤心人概念的第二重义涵。

五、药树息荫:"大伤心人"语境的第二重意义脉络——藏身别路,化归中和

欲深探"大伤心人"语境的第二重意义脉络,依笔者诠释理路,以"藏身别

---

⑤ 余德慧:《恒河母的明心见性之道》,收入《生命诗情》,心灵工坊 2013 年 9 月,第 195 页。
⑤⑥ 余德慧:《恒河母的明心见性之道》,收入《生命诗情》,心灵工坊 2013 年 9 月,第 198 页。

路,化归中和"⑤作为核心寓意的"托孤"隐喻,是不容忽视的线索。这条伏流深隐的诠释线索,就凝聚在"伤心"与"托孤"在《药地炮庄》语境里的内在关联。依笔者,将"伤心"与"托孤"两个各自饱蕴吊诡性的概念予以绾结为一,正是方以智所承继于觉浪道盛又予以"创造性转化"的决定性思路。这思路既与觉浪道盛"托孤说⑤"一脉相承,却在使用脉络上有所移转。这一转之间,显示了方以智所侧重的面向,不在于执实庄子是否果真是"儒宗别传—孔门托孤"等学术史考辨,而在于侧重《史记》"赵氏孤儿⑤"典故与明朝覆亡之切身处境所激荡交感而生的一种近乎"象征"的把握。这意味,"托孤说"在此已从"学术史意义"上的论题抽离出来,而被视作一种"隐喻","托孤说"遂一转而为"虚言",其意义所在,固无关于学术史考辨,也不在于为某种学术洞见提出无懈可击的立论基础,而在能将"托孤说"所牵连的诸多意义线索提炼为某种近乎"集体文化原型⑩"的象征。即此而言,方以智转化过的"托孤说",其力量固不在于形成一个客观的学术议题,而在能对"各以其情入之"的"闻风兴起"者在相应个人身世之感的历史处境上,形成一种"个体"与"集体文化原型"的深秘联结。方以智显然从切身的

---

⑤ 药地学人兴月《炮庄发凡》,参阅蔡振丰、魏千钧、李忠达校注《药地炮庄校注》导论,台湾大学出版中心 2017 年 2 月,第 25 页。另参阅方中通追述乃父方以智一生志节有云:"独是生于忧患,别路藏身,甘人所不能堪之苦,忍人所不能忍之行。……异类中行,原非获己;行者固难,知者亦不易。……集大成而不厌不倦,其天之所以救世乎?惜辞世太迫,世鲜知者。"语出方中通《陪诗》卷四《惶恐集·哀述》序言暨自注。收录于汪世清《方中通"陪诗"选抄》;另见余英时《方以智晚节考》,"附录",第 328、330 页引文。

⑤ 参阅觉浪道盛《正庄为尧孔真孤》一文,出自《庄子提正》,收入《天界觉浪盛禅师全录》,《嘉兴大藏经》第 34 册,新文丰出版公司 1987 年,卷 30,第 769a—769b 页。"古人以死节易,立孤难。立孤者必先亡身避仇,使彼无隙以肆其害,则必转徙藏之深远莽渺,托其可倚之家,易其名,变其状,以扶植之成人,然后乃可复其宗而昌大其后。予读《庄子》,乃深知为儒宗别传,夫既为儒宗矣,何又欲别传之乎?盖庄子有若深痛此内圣外王之道,至战国,儒者不知有尧孔之宗,惟名相诩利是求,不至杀夺不餍;至于治方术者,窃仁礼乐而杀夺,以丧乱其统宗,使尧舜危微精一、孔颜至诚天命之道,并归于杀夺;即有一二真儒,亦未深究性命之极,冥才识智虑、仁义礼乐而复其初,遂使后世不复有穷神知化之事,而天下脊脊不能安性命之情,则所学皆滞迹耳。而此嫡血之正脉孤而不存,天下万世下有为内圣外王之道者,无所宗承,庄生于是有托孤之惧矣。故托寓言于内外杂篇之中,上自羲、黄,下及诸子,以荒唐自恣之说,错综其天人精微之密,而存宗脉于内七篇,以《大宗师》归孔颜,以《应帝王》归尧舜,《应帝王》之学即《大宗师》之道也。此庄生所立言之真孤,虽天地覆坠,不能昧灭也。夫立孤之人,视殉节为尤难,隐身易状,转徙于渺莽,以存其真,又谨护其所证,非直寄之以避一时之危而已,固将图复昌大其后也。"

⑤ 《史记·赵世家》记载,程婴与公孙杵臼谋立赵氏遗孤时,公孙杵臼问道:"立孤与死孰难?"程婴答道:"死易,立孤难耳。"觉浪道盛"托孤说"正由此典故化用而来。参见司马迁,《史记》,鼎文书局 1984 年,卷 43,第 1784 页。

⑩ 所云"集体文化原型",以极具风格化的象征或隐喻,对从中获得启示的"一心皈命"者,示现为某种立身处世的存在姿态与精神动向。

受苦经历体察到：一切"视域转化"与连动此视域转化而生的"受苦转化⑥¹"，无非就蕴生并成形于残片似之"个体"与饱富启示之"集体文化原型"间的"深秘联结"；正是在这饱富疗愈力的联结基础上，托孤，作为一种"集体文化原型"⑥²，为受苦现场的生命转化开启了与西方"意义治疗"或"神话治疗"可以对比而观的疗愈向度。综上以观，方以智所承继于乃师"托孤说"者，就笔者所踩踏的诠释位置而言，实已转化为一种饱富疗愈性的"虚言"或"隐喻"⑥³。"疗愈"与"伤心"自然是对应的；方以智《炮庄》语境里缩结"伤心"与"托孤"为一的解《庄》进路，因之可视为在"人文疗愈维度"⑥⁴展开的"解庄进路"；可兹代表的文献例示有二：

> 其一，方以智次子方中通《癸丑元旦拜墓》诗句所云："天地难容处，伤心为托孤。"
>
> 其二，方以智点评《庄子·人间世》有关"支离疏"之畸人叙事而赋诗记感："天地伤心久托孤，弥缝自肯下红炉。支离藏却人间世，破碎人间有世无？"

两段文脉，连类比观，很难不留意到"伤心"与"托孤"在《炮庄》语境里潜在的缔结关系。不论是方中通直切点明的？天地难容处，"伤心为托孤"，或方以智的"天地伤心久托孤"，不难从中窥见，"伤心"与"托孤"在《炮庄》语境中并非了不相涉的独立概念，二者间，自有其内在联结理路而有待诠释者予以充分证成⑥⁵。

即以方中通《癸丑元旦拜墓》诗为例，"天地难容处，伤心为托孤"十字，殊堪

---

⑥¹ 受苦转化，正是一种"疗愈"；更准确地说，通过与"人文空间"的深密缔结所形成的"人文疗愈"。

⑥² 托孤，作为一种"集体文化原型"的意涵，依笔者之见，正可提炼为"藏身别路，化归中和"的精神动向与存在姿态。焦灼不安、流落无归的畸零者，就在这雍容大度的悲愿音容中，获得了各自的安顿。

⑥³ 这意味，觉浪道盛的"托孤说"，只宜虚看，而不可执实；否则，所得皆"滞迹"耳，不足以言善解。

⑥⁴ 人文疗愈维度，亦即是"受苦转化的界面"。以"人文疗愈"维度（药地）作为解庄进路（炮庄），正暗合《药地炮庄》书名与方以智在《人间世总炮》留下的"药树息荫"之喻。以此观之，置"托孤说"于"人文疗愈维度"以求善解，宁不深合"药树息荫"之旨？

⑥⁵ 此指一种诠释学下的证成。此亦无它，方以智寄托深微的玄旨，可"诠"而不可"诂"也。

玩味。笔者以为这十字虽手法简练,凝蓄的义涵,却不失周延与深致。若说,"天地难容处"指向遭时丧乱者无所逃于天地间的"外在形势";"伤心为托孤",就显示一种响应此严峻受苦现场的"内在决断"。前者,固然也在深渊猝临的极限处境迫发出某种意义下的视域转化;后者却透过"托孤"二字,一举抓住明朝覆亡之日,曾如野火狂烧而过的时代脉动⑥,并因此深化了看待"伤心"的眼界。所云"伤心",在此全新眼界中,根本是以"托孤"为诠释线索而获得开展的。这意味,适切地把握方以智的师友社群以至当年广大明遗民的集体精神动向,究竟是在甚么样的共通默契下来使用"托孤"这在意涵结构上特富延展性与隐喻性的多义概念,当是解码"大伤心人"内蕴的关窍所在。

然则,"托孤"与"伤心"互为依存的内在理路,究竟该作何理解?又如何在哲理上予以妥帖地证成?依笔者诠释,"伤心"强度一旦推至其极,必然指向不可承受的"断裂"⑥,所谓"天地难容处"正喻此无可逆转的断裂处境,而"托孤"则是尝试对此"断裂"所做出的"弥缝"。可当断裂至极,无可逆转,这意义下的"弥缝",就得别有所托——托之以虚言幻构的"无何有之乡"⑥,或说是托之以一种"不可能的联结"。说其为不可能,乃就"同一性思路"所决定的认知维度而说其为"不可能";虽"不可能",却终有所"联结",此"联结"则就"吊诡性思路"所开启的"异质空间"或"非现实空间"而说。《庄子·人间世》以"畸于人而侔于天"喻之,断裂在"人",而联结在"天";这意味"断裂"与"联结",乃落在不同维度而说。于是,"可见域"的断裂,可通过"不可见域"的联结,而有所弥缝;"现实"的断裂,可通过"非现实"的联结,而有所安抚。即此而言,在"同一性思路"朝向"吊诡性思路"的视域转化中,极尽断裂的受苦现场(天地难容处),因着"托孤"意识的介入而获得了调适上遂的可能。"伤心"与"托孤"于是随着"视域转化"而各自开展为一种吊诡性的概念——"伤心"

<hr/>

⑥ "托孤"一语,俨然令当日无数已沦为明遗民的士大夫"有不胜感慨喜悦而欲绝倒,甚至痛哭悲伤,汗下心死,不自已者。"觉浪道盛述,大成、大然等校《天界觉浪盛禅师全录》,《中华大藏经》本,修订中华大藏经会,1968年,卷三十,《庄子提正》,凌世韶跋语,第57924页。
⑥ 此指断裂于我们称之为文化的集体意义网络。顾炎武《日知录》所谓"亡天下"是也。这意义下的断裂,形同遭逢一种文化沦亡之劫,更惨酷的是,因异族入侵,被强势文化给殖民,而被迫承受一种难以承受的屈辱。
⑥ 喻指认知维度所无以捕获的"非现实空间"。

与"快意"被吊诡地错综为一；"断裂"与"联结"被吊诡地错综为一；"畸于人"与"侔于天"被吊诡地错综为一。

"托孤"微旨所在，惟在其作为"从极至'断裂'处所展开之不可能性的'联结'"；借《人间世》之语一言而决："托孤"微旨所在，正相应庄子论及"畸人"所谓"畸于人而侔于天"者也。"畸于人"，喻"藏身别路"；"侔于天"，喻"化归中和"；这意味，作为"大伤心人"的畸人，正是通过"藏身别路，化归中和"的"托孤"之行，而在万方多难的"人间世"，重新赎回了自己。是以，所云"托孤"作为一种隐喻，无非指向"藏身别路，化归中和"所成就的"异类中行"之道。于是，"大伤心人"之所以为"大"，就此豁然开朗。与其说是"大"在撕裂至极的受苦强度，无如说是大在兼备"异类（畸于人/藏身别路）—中行（侔于天/化归中和）"的双重视域、大在"弥缝"人间破局的"无涯悲愿"、大在经由"不可能的联结"让"千圣之心"与"千世下之心"鼓舞而相见遂将千古大伤心人浑融一气的"浩瀚之境"[69]。于是，面对"伤心人别有怀抱"一语，我们有了迥然不同往昔的解读眼光：伤心人，非别有怀抱，又何足以深解伤心之为物？伤心人，非别有怀抱，又何足以化"伤心骨性"为"无涯悲愿"而成其为"大伤心人"？依笔者诠释，正是"别有怀抱"的托孤之举，升华了"伤心人"的境界而成就了"千古伤心之人"的格局。这是境界之大，大在眼界、气度、胸襟、悲愿所相涵为一的雍容大度。这意义下的雍容大度，所成就的正是"病里乾坤"[70]义下的"人文空间"[71]。方以智以"药树息荫"的诗性意象，暗寓解庄进路之微旨，其另辟蹊径之视角，对庄子作为大医王的面向，果有独到而深致之揭示。尤为可感者，惟在觉浪道盛禅师于爱徒受戒前，特撰《破篮茎草颂》相赠的苦心孤诣。斯情斯景，亦具见当日黎元宽[72]《丈人

---

[69] 此则相应《庄子·知北游》所谓："通天下一气耳。"此浩瀚之境，惟"吊诡性思路"为能，而"同一性思路"不与焉。

[70] "病里乾坤"四字，语出唐君毅先生书名，本文援用此四字以隐喻与"受难现场"或"受难身体"宛若迭影共在的"人文空间"。

[71] 精确地说，是身体性的人文空间。人文空间而不离身体，是因为这意义下的人文空间，本就必须包涵身体的脆弱性，并基于对脆弱性的正视而逐步转化出超越的可能。这可能就指向作为"病里乾坤"的"身体人文空间"。

[72] 黎元宽闻道于竺庵大成，故为道盛的再传弟子。黄容《明遗民录》载："黎元宽，字博庵，江西人。进士。曾任浙江学使，奇才必录，甚得士心。乱后不出，淡归挽诗云：'大节留千载，闲名谢一丘。'其风可想见云。"见谢正光、范金民编，《明遗民录汇辑》，南京大学出版社 1995 年，第 1081 页。

翁全录集要序》所慨云:"惟托孤一语,于斯道绝续之际,恫乎其言之不独以资谈柄。[73]"黎元宽所云"斯道绝续之际",何尝不具见觉浪道盛以大法相托方以智的庄严传承?可以想见,方以智受戒天界寺一刻,那是只存在于"大伤心人"(觉浪道盛)与"大伤心人"(方以智)间的深秘缔结。这一刻,觉浪道盛以大法相托,方以智以大法自命;通过一场庄严的受戒仪式,此则形同觉浪道盛之托孤于方以智;受戒当下,方以智不复只是个的与世支离的"畸于人者",而是在慧命相续的悠远传承中,体悟了自己的天命。这担子,自然是沉重的;方以智扛负的不再是个人遭际之流离丧乱,而是坚定站上"文化所托命之人"[74]的位置,将天下大伤心人的感与痛全视同己命而有以弥缝之;非以大法自命者,焉能有此托孤之举?方以智或有感于斯,而在《药地炮庄·人间世总炮》以七绝之体,总结了自己的"托孤"心事;既是自寓,亦借此畅发"托孤"微旨:

> 天地伤心久托孤,弥缝自肯下红炉。
> 支离藏却人间世,破碎人间有世无?

首句"伤心—托孤"并举,印证了次子方中通善体父志而写下的"天地难容处,伤心为托孤[75]",确有所本,洵非虚言。二、三、四句,无非是为"托孤"作为一种隐喻的诗性表达:

红炉,险阻场也,隐喻可供"以死炼生/以死烧生"而顿悟"刀头天理"的"破碎人间";"自肯下红炉"则以"主动赴死"之姿隐喻"以大法自命"者"弥缝"天地人心[76]的沉雄悲愿;然而,却也正因有此"悲愿",人而至此,反倒每显得比常人还

---

[73] 参见觉浪道盛《天界觉浪盛禅师全录》,附录,《杖门随集》上,第57959页。

[74] 参阅《王观堂先生挽词并序》凡一种文化值衰落之时,为此文化所化之人,必感苦痛,其表现此文化之程量愈宏,则其受之苦痛愈甚;迨既达极深之度,殆非出于自杀无以求一己之心安而义尽。

[75] 方以智猝逝两年,次子方中通在《癸丑元旦拜墓》一诗写道:"天地难容处,伤心为托孤";并自注曰:"杖人翁有为天地托孤之说";汪世清《方中通"陪诗"选抄》;余英时《方以智晚节考》,附录,第336页引文。

[76] 参阅觉浪道盛点评:"谁识孔子是能支离其德,不以神圣自居?甘心碌碌,与世浮沉,如挫针治繲,弥缝此'天地人心',鼓其笑,播其精,删定为群圣之大成哉!"蔡振丰、魏千钧、李忠达校注《药地炮庄校注》导论,台湾大学出版中心,2017年2月,第401页。

要来得脆弱,因为,心中有视为神圣的价值必须护持[77];这必得舍身护持的神圣价值,就特显一种悲剧性——一种"不与时人弹同调",遂难免不合时宜、无用于世的悲剧;此则"别路孤行"者的"天刑"。一旦宁为玉碎都护持不了,这份透骨的伤心,又岂是无感于"天命"召唤的常人可以想见的?

若说第二句"弥缝自肯下红炉"传达了地藏王般"地狱不空誓不成佛"的悲愿,与为了圆成此悲愿所难以掩藏的脆弱性;那么,第三句则点出:对应形同"险阻场"的人间,还得善学《庄子·人间世》里的"支离疏"[78]。于此,有显隐二义可说:首先,以废残无用之身,而遭时丧乱,命如悬丝——必无所逃也,寓不得已[79]——也只能含辱忍垢,匿踪寄迹,藏身别路,以暗遂己志;此则以大法自命的"托孤者"对应人间险阻所必有的姿态,否则不免与世相刃而虚生浪死。其次,庄子笔下的支离疏,虽支离其形,犹得苟全性命于乱世;然而,若能反观第二句以曲探心迹,我们不免要问:若支离疏不只是寻常的伤残者,还是"弥缝自肯下红炉"的胸怀悲愿者,那么,支离疏能不伤心吗?还是,他果真游刃于人间夹缝而自得其乐?依笔者之见,这正是方以智解庄进路所以有别《庄子》诠释史传统的核心歧异点而不可轻易看过。何则?毕竟,对重度残疾的支离疏,沿着肉身的残败线辛苦挣来的一线生存缝隙,在仅免于刑的残酷世道,实已足堪珍惜;惟觉浪道盛于此,目光深锐,别有所见,并做出了惊人点评:"支离亦傲人间世乎!非伤尽偷心者,孰能知之?此处庄生自寓,亦为孔子写真。"原来,觉浪道盛眼中,庄子写支离疏,是在这卑微人物身上寄托了自己的身世之感;既出于自寓,又是为孔子写真。支离疏抗怀高尚其志,焉能不傲人间世乎?既傲人间,能尽销伤心骨性呼?那么,方以智又对支离疏作何看法?方以智于此,虽未直接道破[80],可若

---

[77] 不论是出于"以大法自命",或受人"以大法相托",都难可幸免。

[78] 《庄子·人间世》:"支离疏者,颐隐于脐,肩高于顶,会撮指天,五管在上,两髀为胁。挫针治繲,足以糊口;鼓筴播精,足以食十人。上征武士,则支离攘臂而游于其间;上有大役,则支离以有常疾不受功;上与病者粟,则受三钟与十束薪。夫支离其形者,犹足以养其身,终其天年,又况支离其德者乎!"

[79] 参见蔡振丰、魏千钧、李忠达校注《药地炮庄校注》导论,台湾大学出版中心2017年2月,第232页。

[80] 毕竟,此番心事,已由乃师道破,方以智深心首肯,无待赘续,遂乃以诗代之:"天地伤心久托孤,弥缝自肯下红炉,支离残却人间世,破碎人间有世无?"

比观方以智另一处点评[81],即不难揣测,方以智眼中的支离疏,不可能纯然"宁游戏污渎之中自快"[82],却必然如"蚕室畅其父志"的司马迁,皆乃"以大法自命而傲人间世"者,所以也必然皆是"有大伤心不得已"者。这又是以大法自命的"托孤者"必然为"大伤心人"的又一经典例示。以此观之,托孤者的"伤心"命定深彻骨髓,不可销解;然而,本也无须销解,无待断除,因为,在"同一性思路"中互为矛盾的"伤心"与"快意",在"吊诡性思路"中,却是一根而发,显隐互具。[83] 此所以方以智笔下之"大伤心人",每有如底下文字所刻画者:

> 古之人,不见我、不见人、不见世,而儵然游于其间,苦心哭笑,不望人知,当亦竟无知者。[84]
>
> 子休之以哭笑寄万世也,怒激乎? 遣闷乎? 忍不得乎?[85]
>
> 士藏刀于才不才,背负青天,热肠而怒,冷视而笑。笋之干霄,某之破冻,直塞两间,孰能锢之?[86]

其所谓古之人"苦心哭笑",更有言庄子亦是"以哭笑寄万世也"的痛快人!此固非文人兴感之哀乐无端,而是庄子笔下之至人、神人、圣人所朗现的浩瀚之境。原来,至人、神人、圣人以自身人格所朗现的浩瀚之境,即令是哭笑怨怒,都需要高看,才不致错过:看似怨怒藏身的"大伤心人",却也正是了却生死悬念后纵横杀活、从容中道的"大快心人"。这意味,在此天下大伤心人交相引触感发所汇流而成的浩瀚之境里,"伤心"与"快意"原就是在异质交错中悲欣交集、万感哀迫,甚而深于血气动荡的私密浩瀚感。即此而言,庄子"以哭笑寄万世"所

---

⑧ 此指方以智借司马迁点明庄子心迹所云:"蚕室畅其父志,正是忍辱菩萨。览此游戏污渎自快,悲何如耶? 又曰:子长以实事杀活自适,子休以虚言剽剥自适,都是伤心人,所以一语道破。"

⑧ 《史记·老子韩非列传》楚威王闻庄周贤,使使厚币迎之,许以为相。庄周笑谓楚使者曰:"千金,重利;卿相,尊位也。子独不见郊祭之牺牛乎? 养食之数岁,衣以文绣,以入大庙。当是之时,虽欲为孤豚,岂可得乎? 子亟去,无污我。我宁游戏污渎之中自快,无为有国者所羁,终身不仕,以快吾志焉。"

⑧ 依方以智"随泯统三因"论,伤心与快意,本来不二。

⑧ 参见蔡振丰、魏千钧、李忠达校注:《药地炮庄校注》导论,台湾大学出版中心 2017 年 2 月,第 227 页。

⑧ 参见蔡振丰、魏千钧、李忠达校注:《药地炮庄校注》导论,台湾大学出版中心 2017 年 2 月,第 227 页。

⑧ 参见蔡振丰、魏千钧、李忠达校注:《药地炮庄校注》导论,台湾大学出版中心 2017 年 2 月,第 21 页。

成就之"私密的浩瀚感"⑧，正乃方以智"解庄进路"所独辟的人文景观。这通过吊诡性思路所开辟的独特视角，绝对大有裨益于庄子畸人哲学的开拓。可叹，此中胜境，体之深切如方以智者，虽"苦心哭笑，不望人知，当亦竟无知者。"⑧惟知味者少⑧，知音者希，必无所逃而别路藏身的托孤者，寓不得已，乃发为愤世之作，此则与"子休之以哭笑寄万世"⑩鼓舞而相见者。

　　尾句以疑问句作结，最耐人寻思。"人间世"一词，在此被方以智拆成"两个世界"——作为"险阻场"⑨的"人间"，以及与"人间"交叠而生却保持隐匿的另一个存在维度。世界，于是在方以智的"托孤"思路中，拉开了双重维度：其一，是天下大伤心人所共历的破碎人间（受苦现场）；其二，可见的世界而外，另有不可见的世界，与此受苦现场如影相随；后者，与其过度指实地视作方以智所藏身的"佛门"，依笔者之见，远不若视作"虚言"而隐喻那匿踪于"认知维度"外的"精神性场域"⑫。在此，后者指向一种不可见的内在性维度；一种与可见"现实"迭影宛然、虚实相生的"非现实空间"。⑬依笔者诠释理路，"非现实空间"在方以智的"托孤"语境里，最具代表性的思路，就展现在底下文本："千世上之心与千世下之心，引触感发，恩力在何处耶？⑭"显然，"千世上之心"与"千世下之心"跨越今古时空而交相引触感发，是"不可见"却又冥然可感的一个存在维度，这对"同一性思路"保持"不现身"的隐匿维度，无非是建立在一种跨时空的"缔结关系"；是通过"千世上之心"与"千世下之心"的深密缔结所共构的"内在性世界"。相对于可见的受苦现场，这意义下的"内在世界"，虽不可见，却对沉沦破碎人间的受苦者，形成一种"无限远却亲密相连"的抚慰力量。方以智结语有谓

---

⑧　借用巴舍拉（GastonBachelard）概念以为隐喻。参阅巴舍拉《空间诗学》，张老师出版社 2003 年 7 月，第八章。

⑧　参见蔡振丰、魏千钧、李忠达校注：《药地炮庄校注》导论，台湾大学出版中心 2017 年 2 月，第 227 页。

⑧　参见蔡振丰、魏千钧、李忠达校注：《药地炮庄校注》导论，台湾大学出版中心 2017 年 2 月，第 225 页。

⑩　参见蔡振丰、魏千钧、李忠达校注：《药地炮庄校注》导论，台湾大学出版中心 2017 年 2 月，第 227 页。此借方以智"千圣之心与千世下之心鼓舞而相见者"以为喻。

⑨　《人间世》总炮药地愚者曰："人间，险阻场也。讵人间乎？心若不生，何险、何阻？然以有心、无心之幡，争雄妙祸之门，神贩利器，甚则诬天，流涕久矣。"

⑫　庄子最擅长以虚言幻构"非现实空间"，虽是幻化生成的"内在性"世界，却带有深沉的疗愈力量。

⑬　对肉眼保持隐匿而现身为一种"不在场的在场"。

⑭　方以智：《青原志略发凡·文章》，《青原志略》卷首，第 42 页。

"恩力在何处耶?"无非就指向这不可见的"内在世界"对可见"受苦现场"所形成的支撑力量;于是,看似"非现实"的"不可见域",却能对"现实"的"可见域"(受苦现场),形成一种调节与宽缓的疗愈作用;让受苦现场的强大撕裂感,不得不让步于一种来自"不可见域"的"弥缝"力量。

即此而言,受苦不纯为外境所决定,据以介入受苦经验而令受苦经验有所调适的"视域",才是受苦经验得以进入"转化历程"的关窍所在。此所以方以智在《炮庄·人间世总炮》有底下振聋发聩之论:"人间,险阻场也。诬人间乎?心若不生,何险、何阻?然以有心、无心之牖,争雄妙祸之门,裨贩利器,甚则诬天,流涕久矣。"⑨⑤循此以观,"人间"被视为险阻场,是平白受冤的!真相是:"人间"只对框限于"同一性思路"所窄化的视域,才示现为"险阻场";当视域得突破"同一性思路"之局限而有所转化,险阻场遂亦随之转化而不复显迟滞、抵拒与险阻相。即此而论,当方以智叩问:"支离⑨⑥藏却人间世,破碎人间有世无?"我们隐然可见,以大法自命而"藏身"别路的托孤者,实是同时活在两重世界里:一个是"可见"而进退失据、天地难容的人间破局;另一个是"不可见"却足令人潜心优游、托命深隐的"中道世界"⑨⑦。所云"藏身别路",自是指后者而说——不是藏身作为可见现实的"人间",而是藏身与此"人间"互为叠影的"人文空间⑨⑧"——后者,宛若灼烫人间的一剂清凉散;依方以智所喻,正是可供息荫的药树。"药树息荫"四字,依笔者,恰构成了方以智解庄进路的"人文疗愈"向度;而所云"人文疗愈"者,揆其微旨,无非是为所有"抱已死之心全生"⑨⑨而含垢忍辱、别路藏身的

---

⑨⑤ 参见蔡振丰、魏千钧、李忠达校注:《药地炮庄校注》导论,台湾大学出版中心2017年2月,第226页。

⑨⑥ 杖云:"支离亦傲人间世乎!非伤尽偷心者,孰能知之?此处庄生自寓,亦为孔子写真。谁识孔子是能支离其德,不以神圣自居?甘心碌碌,与世浮沉,如挫针治繲,弥缝此天地人心,鼓其笯,播其精,删定为群圣之大成哉!"

⑨⑦ 此喻"藏身别路"者之"化归中和"也。所云"中道",借方以智"随泯统三因"而说,则双遣随泯,而入于中道第一因。此则"不落边见"之"吊诡性思路"必然归结的理境。

⑨⑧ 此则《炮庄》"药树息荫"四字所隐喻的托庇之所。

⑨⑨ 此则侥幸豁免杀身之罪而"听任为僧"的方以智,在遭逢第三次生死关卡后,所记下的生死感悟:"汝以今日乃死耶?甲申死矣!……能以知其所不死,知不死之无不可以死,则此死也,诚天地之大恩矣!此年来感天地之大恩,痛自洗刮者也。"参见方以智《浮山文集后编》,《辛卯梧州自祭文》,卷一,第650页。觉浪道盛于此,亦致意殷切,所谓:"使生也能以死为心,则人之心终无死地,为不亡也。"参见蔡振丰、魏千钧、李忠达校注《药地炮庄校注》,卷之七,《庚桑处》引文,第790页,台湾大学出版中心2017年2月,第227页。

托孤者,指出一线"活路":即令刀锯延颈、命悬如丝——总有一条通向"非现实"[100]的出路,无时不在,也无处不在。那就是托孤者所寄命深隐而不受死生侵扰的"精神王国"。

《炮庄·人间世总炮》有"药树息荫"[101]之喻,以"天间之世"[102]隐喻可供息荫托庇的药树之林。其寄托深远,心领神会者固无待赘语。循此以观,当方以智仰天长嘘:"支离藏却人间世,破碎人间有世无?"显然,他的答案早琢磨多时:"人间之世"再如何破碎零落,终难掩那始终保持隐匿的"天间之世"所漫溢而来的疗愈漩流。于是,即令置身刀兵惨杀的人间炼狱,惟"天地之坠,死生之变,此心未始不常[103]"。此则方以智《人间世总炮》所评:"药树息荫,呼六极之风来,垂两褒袖以为翼,何天之衢,是亦天间之世乎?"

六、方以智"大伤心人"视域下的解庄进路

"大伤心人"的丰饶内涵,既依"刀头天理"与"药树息荫"两条论述主线而分头有所阐发。行文至此,乃能顺势通过方以智"大伤心人"所涵具的"视域"以进窥——依"大伤心人"视域而展开的解庄进路,将为庄子诠释史带来什么样的颠覆性景观? 底下,请列举方以智双评庄子与司马迁的按语,以窥其奥:

《药地炮庄·总论上》,方以智间接借由司马迁《史记·老子韩非列传》一段评述"庄周"的文字,妙手暗藏了自己迥异昔贤注庄传统的独特见解。我们惊见:方以智如何以备极精练的眉批,让"庄子—司马迁—方以智"三人的精神动向,叠影宛然地交织一气:

> 《史记》传曰:庄周尝为蒙漆园吏,与梁惠王、齐宣王同时。著书率寓

言,无事实。然善属书离辞,指事类情,用剽剥儒墨,虽当世宿学不能自解免也。洸洋自恣以适己,故自王公大人,不能器之。楚威王币迎为相,庄周笑曰:不见郊祭之牺牛乎?养食之数岁,衣以文绣,入太庙,欲为孤豚,岂可得乎?我宁游戏污渎之中自快。[104]

愚曰:蚕室畅其父志,正是忍辱菩萨。览此游戏污渎自快,悲何如耶?又曰:子长以实事杀活自适,了休以虚言剽剥自适,都是伤心人,所以一语道破。[105]

两段文本,前段出自《史记》原文,隐含了司马迁看待《庄子》的观点。但观点从非"不言自明";即令有所言说,亦不保证就"洞然明白"。这意味,观点究竟从何角度而开显,实有赖诠释行动的介入,才有以开拓更丰饶深致、也更层蕴多方的理解可能。然而,方以智究竟采取了什么角度呢?这正是本文尝试把握方以智解庄进路的"关窍"所在。事实上,方以智经由此段眉批所开启的解庄进路,所以格外耐人寻味,只因他精心选定的介入角度,仿若一颗下对棋路、摆对位置而令整座棋盘瞬间闪闪发光的棋子。看似评论他者,实乃夫子自道;所谓借古人酒杯,以浇胸中垒块[106]是也。依笔者,这段点评,于《炮庄》全书,实具有画龙点睛的分量;无他,方以智借此双关按语,对历来庄子诠释传统,展现了非比寻常的典范挑战强度。

首先,司马迁《史记·老子韩非列传》中论庄子"宁游戏污渎之中自快",以谢绝楚威王币迎为相之邀,甚可留意的是,方以智对此语竟别有痛触而做出如下点评:"蚕室畅其父志,正是忍辱菩萨。览此游戏污渎自快,悲何如耶?"此段点

---

[104] 《药地炮庄·总论》此段为节录。兹转录《史记》全文如下,以为参照:"庄子者,蒙人也,名周。周尝为蒙漆园吏,与梁惠王、齐宣王同时。其学无所不窥,然其要本归于老子之言。故其著书十余万言,大抵率寓言也。作渔父、盗跖、胠箧,以诋訿孔子之徒,以明老子之术。畏累虚、亢桑子之属,皆空语无事实。然善属书离辞,指事类情,用剽剥儒、墨,虽当世宿学不能自解免也。其言洸洋自恣以适己,故自王公大人不能器之。楚威王闻庄周贤,使使厚币迎之,许以为相。庄周笑谓楚使者曰:'千金,重利;卿相,尊位也。子独不见郊祭之牺牛乎?养食之数岁,衣以文绣,以入大庙。当是之时,虽欲为孤豚,岂可得乎?子亟去,无污我。我宁游戏污渎之中自快,无为有国者所羁,终身不仕,以快吾志焉。'"

[105] 所云"愚曰","药地愚者"之言也。此则方以智附尾《史记》正文后的按语。

[106] 南朝宋刘义庆《世说新语·任诞》:"阮籍胸中垒块,故须酒浇之。"明李贽《杂说》:"夺他人之酒杯,浇自己之垒块;诉心中之不平,感数奇于千载。"

评所以特耐人寻思,正在于:通过方以智的解读,让我们深刻领略到——面对庄子肌理错综、层蕴丰饶的吊诡之语,解读《庄子》若只从表层观之,势将错过庄子寄托深隐的言外之意、弦外之音。所以,解读《庄子》文本,不能不正视诠释实践所必然牵动之"诠释裂隙";而此"诠释裂隙"就依违于"表层诠释"与"深层诠释"之间。比如,同样一句"游戏污渎自快",自表层观之,我们很可能解读成一种"高尚其事,不事王侯"而宁可曳尾泥涂、放旷江湖的"快意",甚而将此简化为庄子"逍遥精神"的具体体现。然而,方以智的解读是惊人的;同样一句话,他既能窥见司马迁"以实事杀活自适"的快意,却也同时深体司马迁蚕室受辱以畅其父志背后"悲何如耶"的伤心。前者指向完成《史记》以湔雪前耻、痛抒胸臆的"快意";后者则指向身毁无用而不得已藏身别路、忍死以待的"伤心"。以此观之,不论是"司马迁眼中的庄子",抑或"方以智眼中的司马迁","快意"之处,又何尝不是"伤心"之所在?二者看似显隐有别[107],实则互为底蕴[108]。此则方以智借此眉批所畅发之旨:"子长(司马迁之字)以实事杀活自适,了休(庄子之字)以虚言剽剥自适,都是伤心人,所以一语道破。"不论是"以实事杀活自适"或"以虚言剽剥自适","快意自适"与"伤心痛愤"看似互为悖论的两极,在方以智与庄子"两行"并观而不陷"同一性思路"偏滞的"吊诡之眼"中,原是异质交错地相即为一,不落边见。其所以能一语道破者无它,方以智自己就是"抱已死之心全生"[109]而受觉浪道盛"托以大法[110]"的"大伤心人";亦是即此"伤心痛愤"而不失"快意自适"的"大快心人"。"大伤心人?"与"大快心人"显隐互具地相即为一,此则相应道盛禅师所开示:

　　杖人四十年来,以一霜藤横行海岳,于刀兵惨杀、天翻地覆中,求个真伤

---

[107] 同一性思路所见。

[108] 吊诡性思路所见。

[109] 此则方以智于《辛卯梧州自祭文》所寄语者:"汝以今日乃死耶?甲申死矣!……能以死知其所以不死,知不死之无不可以死,则此死也,诚天地之大恩矣!此年来感天地之大恩,痛自洗刮者也。"参见方以智《浮山文集后编》,卷一,第 650 页。觉浪道盛于此,亦致意殷切,所谓:"使生也能以死为心,则人之心终无死地,为不亡也。"参见蔡振丰、魏千钧、李忠达校注《药地炮庄校注》,卷之七,《庚桑处》引文,第 790 页,台湾大学出版中心 2017 年 2 月,第 227 页。

[110] 方以智《杖人全集跋》有云:"我杖人横身刀兵水火,求天下大伤心人,与之担荷,传真宗旨。"语出《天界觉浪盛禅师全录》,附录,《杖门随集》下,第 57988 页。

心人不可得、真快心人不可得,而心服口服之人,又岂易得哉?⑪

世界是个洪炉,人人都被世界磨坏;是个汉,始被世界磨成。造化必夺英雄之志,始能化英雄;英雄必夺造化之权,始能雄造化。若能为千古伤心之人,则能作万世快心之事。⑫

综上所述,就让我们对庄子的"逍遥",别有悟入处。原来,最沉烈的"快意"与最彻骨的"伤心",在超然"认知维度"之外的域外空间,原是不可分割的整体;而"逍遥"一词,绝不徒然只是偏滞"快意自适"一端的孤调逍遥,却是"笑中含泪—泪中带笑""伤心痛愤—快意自适"沦浃交感为一的逍遥。这循"吊诡思路"而有以化归"中和"的逍遥,以其底气沉厚,肌理丰饶,惟"眼界始大⑬—感慨遂深⑭的畸人,方有以善会之。此亦无它,惟畸人能深于"悲欣交集"的"异质交错"力量而通过一己之"伤心—快意"以连类共感于千古畸人之"伤心—快意"。此则方以智、觉浪道盛、司马迁与庄子何以能在"伤心痛愤—快意自适"的千古共感中,缔结为不受"死生幽明"所限隔的"生命共通体"。不难想见,同样通过畸人的线索,《齐物论》"参万岁而一成纯"一语,也势将带给我们不同的诠释想象空间。或许,唯有转"伤心—快意"为"无涯悲愿"的"大伤心人",才能在吊诡性思路中深刻体会那通过"思接千载—古今共感"而在"参万岁而一成纯"的历史意识中所成就的"人文空间"⑮——一种凌越"认知维度"⑯的禁锢而与"萧条异代不同时"的"大伤心人"悲欣交感于"非认知维度"⑰的"私密的浩瀚感"⑱;或

---

⑪ 《天界觉浪盛禅师全录》第 5 卷 CBETA 电子佛典集成·嘉兴藏·第 34 册·No.B311·第 5 卷。

⑫ 觉浪道盛:《天界觉浪盛禅师全录》,《杖门随集》下,第 799b 页。

⑬ 超越同一性思路的吊诡之眼所打开的视域。"

⑭ 借王国维《人间词话》李煜判词以为喻:"词至李后主而眼界始大,感慨遂深,遂变伶工之词而为士大夫之词。"

⑮ 以虚言、卮言、寓言、诗性语言所换化生成的"非现实空间",庄子笔下多有孟浪之语所虚构的"乌何有之乡",大抵类此。

⑯ 由同一性思路所辖制而成。

⑰ 由吊诡性思路所拓迹而成。

⑱ 借巴舍拉(Gaston Bachelard)《空间诗学》的核心概念以为喻。参阅巴舍拉《空间诗学》,张老师出版社 2003 年 7 月,第八章。

说,一种古今大伤心人在"非认知维度"的"深度会遇"[19]所交光互映而成的"浩瀚之境"[20]。这思路,高度相应司马迁《报任少卿书》通过古今辉映的夙昔典型所归结的"边缘"叙事:

> 古者富贵而名摩灭,不可胜记,唯倜傥非常之人称焉。盖文王拘而演《周易》;仲尼厄而作《春秋》;屈原放逐,乃赋《离骚》;左丘失明,厥有《国语》;孙子膑脚,《兵法》修列;不韦迁蜀,世传《吕览》;韩非囚秦,《说难》《孤愤》;《诗》三百篇,大底圣贤发愤之所为作也。此人皆意有所郁结,不得通其道,故述往事、思来者。乃如左丘无目,孙子断足,终不可用,退而论书策以舒其愤,思垂空文以自见。[21]

凡所论列者,皆汇流为司马迁日夜萦绕不去的"共在感"。这意味:司马迁"所以隐忍苟活,幽于粪土之中而不辞者",又岂仅是为了"恨私心有所不尽,鄙陋没世,而文采不表于后也",无如说,更决定性的著述条件,在于文王、仲尼、屈原、左丘、孙子、吕不韦、韩非,乃至诗三百篇无数隐姓埋名的作者,全通过"大伤心人"的生命底色,连绵一气地构成了"无限远却亲密相连"的支撑力量,并灌注于司马迁的笔锋;这如象巨笔所牵动历史长河[22],才真是司马迁"悲恸中之坚强"的底蕴所在。此真深于可见而入于不可见之凝视也。一道落在视线尽头而投向无限远的深远凝视,所以能让人守之弥笃,靠的,无非就是来自与古人神交于不可见域所形成的隐秘支持力量——无限远,却亲密相连;不可见,却焕然如在。

以此观之,这意义下的大伤心人,在出处行迹上,迥然有异"自杀以求一己

---

[19] 所云"深度会遇"者,一言以蔽之,即是"同一性思路"在"深度物化"中解构"认知维度"(德勒兹谓之"解辖域化")所引发的"共在感"。

[20] 此固非"可见"的"实体空间"或"现实空间",而是"不可见"却冥然可感、若有所遇的"精神空间"或"非现实空间"。前者立基于"认知维度",后者则幻化生成于同一性思路所无以企及的"存在维度"。

[21] 参见司马迁《报任少卿书》。

[22] 此喻由一尊又一尊文化巨擘身影所串成的"时光队伍"(借苏伟贞小说书名以为喻)。人间受苦现场,与此相形之下,亦可说是某种"人文疗愈"义下的"不废江河万古流"。

之心安而义尽⑫"的"死殉者";却更近于在"为往圣继绝学"的文化传承意义上决志以"托孤"之姿"忍死以待"的"生殉者"。死殉者,固然以愤烈一死而得恪守士节;然而,如何从忍辱含垢的"幸存者""流亡者"一转而为慨然有"弥缝破碎人间"之志的"生殉者",在道德实践上,绝不会是更容易的事;此则木心自叙身世所云:"'浩劫'中多的是死殉者,那是可同情可尊敬的,而我选择的是'生殉',在绝望中求永生""以死得道,是'殉';不死而得道,也是'殉'"⑫。

即以方以智多所致意的司马迁为例,正因他在高度自觉下,选择忍辱蚕室之刑以成惊人绝业而无负父命所托;其发愤述作以全其"得道而不死"的文化承担,才让自己的幸存,在极尽残酷苛毒的存在境遇确证了"有大伤心不得已者"的悲愿与音容。同理,道盛师徒"以不死殉道"绝不比"以死殉道"来得容易;此则方以智《独往》一诗所寄慨深微者:"同伴都分手,麻鞋独入林。一年五变姓,十字九椎心。听惯干戈信,愁因风雨深。死生容易事,所痛为知音。"⑫死生寻常事,固非所计;一代"大伤心人"方以智,停笔于烂纸昏墨之余,仁思空茫而耿耿难以为怀者,惟在痛惜知音素志未竟而亟思有以承续死生师友所托命于己者。"大伤心人"即此一转而为"悲愿四方者"。此则,庄子、觉浪道盛与方以智之"千古印心处"⑫;亦历史浩瀚长流中一切"得道而不死"的"生殉者",何以得能悲欣交感而共成"千古大伤心人"。惟以"生殉之姿"尽命遂志的"大伤心人"方以智,依余英时先生细腻推考,终因"粤难"而追踵南宋文天祥以"死殉之姿"自沉惶恐滩。以一人之身,全备"生殉之义"与"死殉之节",此诚方以智次子方中通追述乃父志节所谓"以此报前之大伤心人,复以此望之天下后世之大伤心人"⑫。如此学问性命通贯为一的"大伤心人",伤心,即其学问之所由,而在《药地炮庄》语境里镕铸为具有高度"实践意涵"的"文化符码"。

综上以观,笔者隐然从方以智的解庄进路看出一道尚未经深致阐发的诠释

---

⑫ 语出陈寅恪《王观堂先生挽词》:"凡一种文化值衰落之时,为此文化所化之人必感苦痛,其表现此文化之程量愈宏,则其所受之苦痛亦愈甚;迨既达极深之度,殆非出于自杀无以求一己之心安而义尽也。"

⑫ 木心:《文学回忆录》,广西师范大学出版社 2013 年 1 月,第 454 页。

⑫ 方以智《独往》。收录于《晚晴簃诗汇》卷 195。

⑫ 当道盛勉方以智"以大法自命",以为唯有"伤尽偷心""伤心痛愤"如方以智者,能化内心"怨艾之毒"为"济世之药"。只此印心处,方以智实为道盛所"托孤"者。

⑫ 《青原愚者智禅师语录》第 4 卷,《CBETA 电子佛典集成·嘉兴藏·第 34 册·No.B313·第 4 卷》。

策略,那就是——从"边缘"进入"传统"以深探那隐蔽于文本"表层叙事"与"深层心迹"间的诠释裂隙,并即此裂隙以抉发古今大伤心人所千载共感的"幽光狂慧"。所云"边缘"者,"畸人"或"大伤心人"视角是也;所云"传统"者,《庄子》诠释史已叩问两千年的"文本"。不容讳言,从"畸人"视角切入《庄子》文本,最显文本"表层叙事"与"深层心迹"的诠释裂隙;也特显"大伤心人"视域下的"解庄进路"与"历代注庄传统"间所形成的诠释裂隙。依笔者之见,《药地炮庄》自成完整语境的"大伤心人"叙事,在"解庄进路"上所展开的殊胜意义动向之一,就是——通过"大伤心人"的"边缘叙事",将天下"大伤心人"的"凤昔典型"给汇流为"千古伤心之人",并据以接榫《庄子》寓"不得已"之情于"畸人叙事"的"悲愿心迹"。所云"千古伤心之人"在笔者的诠释中,遂以此而不复是一个聚焦并拘限于特定个体的"主体性"概念,而是由历史长河中无数心迹相近、悲愿相通的"大伤心人"所交光迭影而成的"共在"概念。这里头引申的潜在论述是:原本以废残之体、无用之身而于破碎人间流落无依之残片似的"畸零个体",却因着天下"大伤心人"度越今古时空所形成的"跨时性共在";"支离"之命,因获所托,而缔结上一股底蕴丰沛沉厚的支撑力量。所云"人文疗愈"者,关隘所在,就在于能否与此奠基"共在感"的支撑力量形成"一心皈命"的深密缔结关系。若然,所有蛰隐深微的"内在创伤",悉皆能通过《庄子》畸人叙事所谓"畸于人而侔于天"的"托命关系"而获致某种"形亏而德全"义下的创伤疗愈。此则《炮庄》所援引袁小修解庄之语:"借形亏以验德全,岂可便作支离兀者会?"[123]此段引文,乃《炮庄》所节引。惟此段文本,借"形亏"与"德全"间之转化关系以传达"人文疗愈"的精义,此则点明"人文疗愈"非属"认知维度"之事,而只能通过吊诡思路以展开。兹转录袁小修完整原文如下以畅其义:

> 全其形者德亏,则亏其形者德全。德全不可见,而形亏可见。故大仙借形亏以验德全,而相形亏者为德全之符验也。故通篇皆因形亏之人,如兀

---

[123] 参见蔡振丰、魏千钧、李忠达校注:《药地炮庄校注》导论,台湾大学出版中心2017年2月,卷之二,第433页。

者、支离之流是也。若便作兀者、支离会,是痴人前说梦矣,乌乎可!⑫

　　诚如袁小修所画龙点睛的关窍处:"通篇皆因形亏之人,如兀者、支离之流
是也。若便作兀者、支离会,是痴人前说梦矣,乌乎可!"何则? 若在视域上自蔽
于"可见",而悬置其"不可见",形亏之人,观者遂只能视作"兀者—支离"之流的
身毁无用者,而不见此"无用之人"在庄子眼中却获得一种"高看"的可能——无
它,畸于人者,却可通过"侔于天"的工夫,而如大鹏鸟的"变形"过程,一路抟扶
摇直上九万里,遂令人间世里备受歧视的"形亏之身"得以托命于"德全"之域,
而依然可逍遥于不落俗情是非的"浩瀚之境"。依笔者,那"上遂于浩瀚之境"
(侔于天)的转化工夫,就对应于《炮庄》语境里——由"大伤心人"朝向"千古伤
心之人"转化的"精神过渡"历程。这段"肉身成道"或"道成于肉身"的"生命转
化过程",正是方以智解庄进路所开启的"人文疗愈"⑬维度。具体文脉的对口
处,无非是扣紧遍见庄子《人间世》《德充符》《大宗师》所高密度呈现的畸人意象
与畸人叙事。所云"畸于人而侔于天""形亏而德全",在笔者的诠释策略中,无
非就对应着方以智从"大伤心人"到"千古伤心之人"的概念转换间所展现的"精
神过渡"。云何为"千古伤心之人"? "千古"二字于此,难道仅属文学性的修辞?
底下几段引文,或将提示不同的悟入处,而引领读者对"千古伤心之人"有不同
的感会:

---

⑫　语出袁中道:《珂雪斋集》,上海古籍出版社 1989 年,卷二十二《导庄·德充符》。
⑬　人文疗愈,其所以为"人文"者,根柢所在,固不在于"冥契经验"角度所窥见的"根深宁极"之境。根深
　　宁极,犹落在"栖心玄冥"以"随顺时命"的"自然"维度,笔者所谓的人文疗愈,则落在深于"悲愿承担"
　　的"人文"维度。以《庄子》畸人叙事为例:形亏,而以"德全"救之,这出于人文动向;畸于人者,而通过
　　"侔于天"以救之,亦出于人文动向。这通过"以人合天—存身于道"而遂行的拯救,正切乎觉浪道盛所
　　言:能存身于道,即所以存道于身世也。根深宁极之待,即庄生不行于时。万世卒赖此言,而见先圣之
　　大全也。天下何能穷吾之不可穷乎?(参见蔡振丰、魏千钧、李忠达校注《药地炮庄校注》卷之五《缮
　　性》第十六,台湾大学出版中心 2017 年 2 月,第 676 页。根深宁极,偏守"自然",此则蔽于滞迹而不自
　　见;依觉浪道盛,建立在"根深宁极"上的庄子诠释图像,正是庄子所以不行于时、无用于世的根本缘由。
　　殊不知"存身于道"与"存道于身世"在深秘交织中所形成的双向拯救(案:以大法自命者,亦在天下大
　　伤心人的感与痛中,获得了厚实绵远的支撑力量),正是"存道之身(道成于肉身)"得以游刃人间而无
　　伤的"恩力"所在。

千世上之心与千世下之心，引触感发，恩力在何处耶？[131]

千圣之心与千世下之心鼓舞而相见者，此也。[132]

以此报前之大伤心人，复以此望之天下后世之大伤心人。[133]

依笔者之见，“千古伤心之人”六字，就当放在这三段引文所烘托的整体脉络中，方足以彻见其真义所在，而深解方以智赋予“大伤心人”的深微用心。须知，大伤心人，云何为“大”？借王国维论李后主“眼界始大，感慨遂深”八字以言之——方以智、觉浪道盛、司马迁与庄子，虽各自萧条异代不同时，可是在肉眼所不可见的维度，四位错落于各自历史坐标的大伤心人，却又跨越千年时空地叠影为一。所云“千圣之心与千世下之心鼓舞而相见者，此也”，洵非虚言，而真有所见。循此以观，方以智侧身明末天崩地裂的残局所展开的凝思与回望，确与“蚕室忍辱以畅父志”的司马迁，形成叠影宛然的共在关系。所云“千古伤心之人”，正是通过“千世下之心”与“千世上之心”引触感发的“恩力”[134]而获得把握。于是，“怅望千秋一洒泪”的别路孤行者，看似独行，却是同行。所有在魂命深渊与其悲泣与共的古今大伤心人，就在方以智援笔濡墨望风怀想的瞬刻，汇流为作为“共在概念”的“千古伤心之人”。

综上所论，“大伤心人”犹属“个体性”概念，亦即，因“形亏之伤”而跌落存在深渊的“待转化者”。“千古伤心之人”在笔者的创造性诠释中，则特意尝试着重“千古”二字所带入的“历史意识”与“跨时空意象”，而将其从“主体中心”的束缚给释解出来。扫落疆界，去其滞迹后的“大伤心人”，遂一转而为在“不可见

---

[131] 参见方以智：《青原志略发凡·文章》，《青原志略》卷首 42。

[132] 参见方以智：《道艺》，《东西均注释》，第 183 页。原文是：门吹橐之煻煨火也。若见花而恶之，见枝而削之，见干而砍之，其根几乎不死者？核烂而仁出，甲拆(壳裂之意)生根，而根下之仁已烂矣。世知枝为末而根为本耳，抑知枝叶之皆仁乎？则皆本乎一树之神，含于根而发于花，则文为天地之心。千圣之心与千世下之心鼓舞而相见者，此也。

[133] 《青原愚者智禅师语录》第 4 卷，《CBETA 电子佛典集成·嘉兴藏·第 34 册·No.B313·第 4 卷》。

[134] 所云“恩力”者，在此诠释脉络下，无妨被视为是缘于“共在感”所生的疗愈力量。它指向一切自伤畸零者的意义缺口，而具现为一种贴紧受苦现场并饱蕴人文深度的救治性力量。

域"与"天下大伤心人的感与痛"暗相与化、叠影共在的"非主体性"概念。[133] 即此而言,从"大伤心人"到"千古伤心之人"的转化,正相应于《庄子》"畸于人而侔于天—形亏而德全"所内藏的生命转化过程;而"吊诡"义,正就此"转化"过程的启动而说。这奠基吊诡思路而通过"废残支离之身—刀兵惨杀之世"展开的"转化"过程,毫无疑问,全然正视了《庄子》寓不得已之情于沉烈哀感所化身的泪水。此笔者所以断言:作为刘鹗笔下之"不以哭泣为哭泣者",取消"泪水"的《庄子》,已无复其所以为《庄子》的本色;同理,取消"泪水"的《药地炮庄》,亦不见此书全依"岂不痛哉"[136]四字致悟而发愤有所为作也。所云"泪水"之为隐喻者无它,它指向"天下大伤心人的感与痛"。于是,当作为个体、残片之"大伤心人"得以通过"泪水"的净化与洗涤而冥然共感于"天下大伤心人的感与痛",这饱富联结力量的"泪水"就内藏了绵延深远的疗愈力量——一种抖落"同一性思路"的作茧自缚而朝向更辽阔的"无围之域—浩瀚之境"建立联结的能力。这意义下的"泪水",只宜就"人文疗愈"的维度才有以善巧地把握。此则相应德里达从"眼泪"所窥见的无尽启示:

> 眼光的实质不是视力而是眼泪,……那显露了眼睛的真真实实的盲目,是为眼泪遮蔽的凝视……当泪水遮蔽了视力的那一刻,它们揭示了眼睛真正的功能。……眼睛的终极目的是使视力探寻而非观看,关注祈求、爱、欢乐或悲伤而非打量或凝视。[137]

德里达展现了多简练而深刻的洞见!"打量—观看—凝视",皆属"同一性

---

[133] 借马丁布伯《我与你》一书的核心概念以言之,这是将"我与它"关系里的"孤零之我"转向"我与你"关系里的"共在之我"。严格说,"我与它"的关系,建立在"有用之用";这意义下的关系,纯属工具性的利用,无有亲密的缔结性可言。"我与你"的关系,就不是虚说的关系,只因关系里真能发展出密的缔结向度,而形成一股厚实、可靠的支撑力量,而对"孤零之我"有所转化。

[136] 语出方以智弟子兴斧随身侧记的先师语录:"乘湖曰:'杖人云:一切由感生。王右军云:欣然有感,但遗放耳。且问如何是它竿头进步斧?'老人以杖击水曰:'岂不痛哉!'"参见兴斧《上巳语》,《青原志略》,卷十三,第717—718页。

[137] 参见耿幼壮:《圣痕:基督教与西方艺术》第五章,橄榄出版社2009年10月。另可参阅曾庆豹:《泪水、祈祷与书写——重读奥古斯丁〈忏悔录〉》,收录曾庆豹主编《重读奥古斯丁忏悔录》,橄榄出版社2012年2月,代序。

思路"在"认知维度"的运作;这意义下的运作,只带来切割、划界而让一切被界定物与观看主体深陷主客对峙的知识格局,德里达却深睿地透视这等知识建构所掩盖的盲目性。眼泪则不然,不同于总是深陷对裂格局的观看,氤氲润湿的泪水所牵动的情感,总是指向在深度物化中形成的亲密联结。亲密联结,则是一切创伤所以复原,也是一切疗愈所以可能的基础。即此而言,《庄子》的"无泣之泪",一端牵系着"寓不得已"之情;一端却悄然埋下了"形亏而德全—畸于人而侔于天"的疗愈线索。于是,通过庄子或德里达的眼界,泪水,就其最高的意义而言,却可以是贯通"天—人"的甬道。就此意义而高看"泪水"作为庄书的一种隐喻,此固非彻底洞烛理性之障蔽者不能言。⑬⑧

七、结论

本文命意所在,惟在凸显方以智"大伤心人"视域下的解庄进路,在"庄子诠释史"传统所独具的殊胜姓。具体进路,则通过《炮庄》"大伤心人"的边缘视角以接榫《庄子》"畸人"概念而铺衍成更大的论题格局。这包含两重叙事层次:首先,抉发"大伤心人"概念的哲理潜蕴;其次,以此哲理潜蕴,作为切入庄子"畸人哲学"的诠释视角。这意味,本文不只是孤谈方以智的"大伤心人"概念,而是立意将"大伤心人"的哲理潜蕴给收迭于更大的庄学诠释体系。简言之,经由方以智的"大伤心人"视域以重探《庄子》潜飞随乘的逍遥之举(乘物以游心),固不离"托不得已以养中"所暗寓的"苦难现场"与"转化线索"。什么意义下的转化?一言以蔽之:陷"困"而不失"亨";何以可能? 笔者试图借此指出:方以智"大伤心人"视域下所畅发的超越进路,是不舍"人间世"的超越,是潜行于"冥府魔道"的超越;而"向上穿翻"的超越动力与"下身落地"的存有底线,就在"畸于人而侔于天"的吊诡思路中相蕴为一。涵具生衰残老病死于一身的"血肉形躯",于此,非但不是走向超越的障碍,却是"具身性"超越所必涵的实践进路——不是"取

---

⑬⑧ 伊底帕斯若真见及于此,就不必挖瞎那用以支撑理性运作、实则拘限于视力而旷废其更深本质的眼睛。

消身体"的超越,而是"涵带身体"的超越;甚而,是沿着肉身的残败线而展开的"吊诡性"超越。于是,同一性逻辑所视为悖论者,却即此"具身性"超越进路而诡谲地相"即"为一。

然则,作为贯穿本文诠释主轴的"大伤心人"视域,其具体内涵为何?一言以蔽之,解码"大伤心人"的核心线索,就内具于"伤心"与"托孤"互为依存的内在理路。依笔者之见,深入"托孤"的隐喻,正是深解"大伤心人"内涵的必要前提。惟在学术取径上,本文基于特定的诠释策略,对"托孤"一词的把握,别有悟入处。总括言之,不采取学术史角度以检证觉浪道盛"托孤说"的立说理路与论据真伪;不倾向将"托孤说"限缩于晚明痛史的历史反响与广大遗民的集体心理效应;亦不倾向将"托孤说"指实为一种"反清复明"的文化密码⑲;而倾向将"托孤"视为仍对当代人的伦理实践有深远启迪的丰饶隐喻。这相较学界前贤颇显歧出的诠释进路,并非刻意标新立异之举,而是出于笔者更深的学术关怀——以"畸人"视角,重构"人文疗愈"义下的庄学诠释体系。这条解庄进路,就某个意义而言,恰恰主导了笔者近年的学术动向。依笔者观察,"人文疗愈"的庄子,相对两千年"庄子诠释史"的诠释典范,仍属一个保持隐匿的维度;而方以智依"药地""药树""破篮茎草""炮庄""大伤心人"等意象纵横立说,衍为书名;这些寓意深微的符码所共构的意义场域,在笔者看来,实高度相应庄子扣紧"受苦现场"而依"畸人"边缘视角所建构的人文疗愈哲学。本文具体研究进路,即循此线索,汇整一切与此"大伤心人"相关的文献记录,并尝试通过《庄子》"畸人"叙事以对比考察此"文化符码"背后所潜在的丰饶哲思。经由这条诠释进路,我们对庄语的理解,将不复停留于训诂方法所把握的表层字义;却是相应"庄语"作为隐语的高度吊诡性,而让庄子沉喑千载的心迹,有了被重新解读的可能。

---

⑲ 谢明阳:《明遗民的庄子定位论题》,台湾大学出版委员会 2001 年,第 84 页。

参考文献

一、古籍文献：

司马迁：《史记》，北京：中华书局，1962。

王叔岷：《庄子校诠》，台北："中研院"历史语言研究所，1999。

郭庆藩：《庄子集释》，北京：中华书局，1997。

王先谦：《庄子集解》，北京：中华书局，1999。

郭象：《庄子注》，台北：台湾中华书局，1993。

胡文英：《庄子独见》，李花蕾点校，上海：华东师范大学出版社，2011。

刘鹗：《老残游记》，田素兰校订、缪天华校阅，台北：三民书局，1986。

刘鹗：《老残游记》，严薇青注，台北：建安出版社，1997。

刘城：《峄桐文集》，《四库禁毁丛刊》集部第 121 册，北京：北京出版社，1999。

黄宗羲：《南雷文定》，刊于"梨洲遗著汇刊"，台北：隆言出版社，1969。

孔颖达疏《周易正义》，王弼、韩康伯注，台北：艺文印书馆，1989。

刘义庆：《世说新语》，余嘉锡笺疏，《世说新语笺疏》，台北：华正书局，2002。

二、方以智相关文献：

方以智：《东西均注释》，庞朴校释，北京：中华书局，2016。

方以智：《药地炮庄》，蔡振丰、魏千钧、李忠达：《药地炮庄校注》，台北：台湾大学出版中心，2017。

方以智：《天界老和尚周忌拈香》，语出 BETA 电子佛典集成"嘉兴藏"第 34 册，No.B313，第 4 卷《青原愚者智禅师语录卷四》，侍子兴磐同门人兴斧编。

方以智：《青原志略发凡·文章》，收入《青原志略》卷首 42。

方以智：《通雅》，收入侯外庐主编《方以智全书》（上海：上海古籍出版社，1988），第一册。

《青原愚者智禅师语录》第 4 卷，CBETA 电子佛典集成"嘉兴藏"第 34 册，No.B313，第 4 卷，侍子兴磐同门人兴斧编。

方以智述，方中通、兴斧合编《青原愚者智禅师语录》，《中华大藏经》本（台北：修订中华大藏经会，1968）卷二"示众"。

《天界觉浪盛禅师全录》第 5 卷，CBETA 电子佛典集成"嘉兴藏"第 34 册，No.B311，第 5 卷。

方以智古诗《独往》，收录于《晚晴簃诗汇》卷 195。

方以智：《书周思皇纸远害之弟》，《浮山文集后编》卷一。（上海：上海古籍出版社，2002 年，《续修四库全书》，集部别集类，第 1398 册，影印湖北省图书馆藏清康熙此藏轩刻本）。

施闰章于《施愚山集·文集》（合肥：黄山书社），卷九。

药地学人兴月：《炮庄发凡》，收入蔡振丰、魏千钧、李忠达校注《药地炮庄校注》导论，（台北：台湾大学出版中心，2017.2）。

觉浪道盛：《正庄为尧孔真孤》一文，出自《庄子提正》，收入《天界觉浪盛禅师全录》，《嘉兴大藏经》第 34 册（台北：新文丰出版公司，1987），卷 30，第 769a—769b 页。

觉浪道盛述，大成、大然等校《天界觉浪盛禅师全录》，《中华大藏经》本，（台北：修订中华大藏经会，1968），卷三十，《庄子提正》，凌世韶跋语，第 57924 页。

觉浪道盛：《天界觉浪盛禅师全录》，第 791c 页。

袁中道：《珂雪斋集》卷二十二《导庄·德充符》。

三、近世学人著作：

沈善洪主编《黄宗羲全集》（杭州：浙江古籍出版社，2005）

钱穆：《庄子纂笺》（台北：三民书局，2006.2.1）

杨儒宾：《儒门内的庄子》（台北：联经出版中心，2016.2）

馀德慧：《生命诗情》（台北：心灵工坊，2013.9）

谢明阳：《明遗民的庄子定位论题》（台北：台湾大学出版委员会，2001）。

王涛：《书写》（北京：北京大学出版社，2013.5）

耿幼壮：《圣痕：基督教与西方艺术》第五章（台北：橄榄出版社，2009.10）。

曾庆豹：《泪水、祈祷与书写——重读奥古斯丁〈忏悔录〉》，收录曾庆豹主编《重读奥古斯丁忏悔录》（台北：橄榄出版社，2012.2）代序。

欧阳竟无：《内学》叙言，原刊《内学》第一辑，收于《内学杂着》上，载《欧阳竟无先生内外学》第十二册。

唐君毅:《病里乾坤》,台北:鹅湖月刊杂志社,1980年9月。

黄容:《明遗民录》,见谢正光、范金民编,《明遗民录汇辑》(南京:南京大学出版社,1995)

陈寅恪:《清华大学王观堂先生纪念碑铭》,收录于《陈寅恪先生文集(二)·金明馆丛稿二编》(台北:里仁,1981),第218页。

刘浩洋:《从明清之际的青原学风论方以智晚年思想中的遗民心志》,台北:政治大学中国文学系博士论文,2004。

四、当代华语文学著作:

苏伟贞:《时光队伍》(台北:印刻出版社,2006.7)

木心:《文学回忆录》(广西:广西师范大学出版社,2013.1)

五、西方译著:

米兰昆德拉(Milan Kundera):《关于小说艺术的对话》,收录于艾晓明编译《小说的智慧》(台北:智慧大学出版有限公司,1994.1.1)

巴舍拉(Gaston Bachelard):《空间诗学》(台北:张老师出版社,2003.7)。

波德里亚:《巴塔耶作品中的死亡》,收录于《象征交换与死亡》(南京:译林出版社,2006.4)

【朱志学　台湾东华大学中文博士】
原文刊于《中国文化》2019年02期

红豆小史

以王维、杜甫、《云溪友议》、钱谦益为中心

邓小军

红豆小史的学科范围,不是植物学,而是文学。

本文讨论中国文学史上红豆意象发生发展的主要脉络,重点是红豆意象的历次新变。

一、 红豆意象的本义: 相思

唐　王维《相思》

红豆生南国,春来发几枝。

劝君多采撷,此物最相思。①

红豆是南国相思树的果实。中国早期传说中的相思树,本来并不是指生于南国的红豆树。唐佚名编《文选集注》卷九晋左太冲(思)《吴都赋》"相思之树",集注引《文选钞》引三国魏曹丕《列异传》:"韩凭夫妻死,作梓,号曰相思

---

① 唐王维撰、清赵殿成笺注:《王右丞集笺注》,卷十五,上海古籍出版社,1984 年,第 273 页;陈铁民校注:《王维集校注》,中华书局 1997 年,第二册,第 410 页。

树。"②晋干宝《搜神记》卷十一《韩凭妻》：战国宋国韩凭夫妻殉情而死，两冢相望，"宿昔之间，便有大梓木生于二冢之端，旬日而大盈抱，屈体相就，根交于下，枝错于上。又有鸳鸯，雌雄各一，恒栖树上，晨夕不去，交颈悲鸣，音声感人。宋人哀之，遂号其木曰'相思树'。相思之名，起于此也"。③《太平广记》卷三百八十九《相思木》引梁任昉《述异记》："战国时，卫国苦秦之难，有民从征，戍秦不返，其妻思之而卒。既葬，冢上生木，枝叶皆向夫所在而倾，因谓之相思木。"④魏晋南北朝笔记小说《列异传》《搜神记》《述异记》所记载的相思树故事传说，其背景为先秦时期，因此是相思树的早期传说。其内容为爱情超越于相思之人双方之间的阻隔之上，超越于生死之上。早期传说中的相思树，是生于北方的梓树或其他树木。

东汉以后写实性文献记载的相思树，逐渐专指生于南国的红豆树。《文选集注》卷九晋左太冲《吴都赋》"楠榴之木，相思之树"，集注引唐李善注引晋刘逵注引东汉刘成国［熙］曰："相思，大树也，材理坚强，邪斫之则有文，亦可作器。其实赤如珊瑚，历年不变。东冶有之。"⑤东冶即今福建福州，"相思之树"即红豆

---

② ［唐］佚名编：《唐钞文选集注汇存》，卷九，上海古籍出版社，2000年据日本金泽文库藏旧钞本影印，上册，第141页。
《文选钞》所引《列异传》，已见于唐初欧阳询撰《艺文类聚》卷九十二鸟部下《鸳鸯》条（上海古籍出版社1985年，下册，第1604页）。但《类聚》未引出"相思树"三字。
《隋书》卷三十三《经籍志二》史部杂传类："《列异传》三卷，魏文帝撰。"《旧唐书》卷四十六乙部杂传类："《列异传》三卷，张华撰。"《新唐书》卷五十九丙部小说家类："张华《博物志》十卷，又《列异传》一卷。"《隋志》与两《唐志》著录不同，当从《隋志》，以《列异传》为三国魏曹丕撰。无论《列异传》为魏曹丕或西晋张华撰，其所载韩凭妻相思树故事，亦早于东晋干宝《搜神记》所载同一故事，当为《搜神记》所资取。
③ ［晋］干宝撰，汪绍楹校注：《搜神记》，卷十一，中华书局1985年，第142页。
④ ［宋］李昉等编：《太平广记》，卷三百八十九，中华书局1986年，第八册，第3099—3010页。
⑤ 《唐钞文选集注汇存》，卷九，上册，第140页。
按 以《文选集注》对勘，中国国内《文选》传世诸本李善注此条脱误甚多，列举如下：第一，《文选集注》李善注此条引晋刘逵注引东汉"刘成国曰"，国内传世《文选》诸本皆脱一"国"字，误作"刘成曰"。
《四部丛刊》影宋本《释名》卷首《释名序》题下署："刘熙字成国撰。"《三国志》卷四十二《蜀书·许慈传》："师事刘熙……建安中，自交州入蜀。"同书卷五十三《吴书·程秉传》："避乱交州，与刘熙考论大义，遂博通五经。"又《薛综传》："少依族人避地交州，从刘熙学。"《隋书》卷三十二《经籍志一》经部礼类《大戴礼记》条："《谥法》三卷，后汉安南［交州］太守刘熙撰。"又小学类："《释名》八卷，刘熙撰。"同书卷三十四《经籍志三》子部儒家类："《孟子》七卷，刘熙注。"（以上参考清钱大昕：《跋释名》，《潜研堂文集》卷二十七，《四部丛刊》影印《潜研堂全集》本。）
由上所述可知，刘熙字成国，汉末著名学者，曾为交州（今越南河内）太守，居交州多年，自熟知南国红豆树。《吴都赋》"相思之树"晋刘逵注所援引的"刘成国曰"，刘成国自是指刘熙。《文选》国内传世诸本如中华书局1981年影印清嘉庆十四年胡克家刻本李善注《文选》卷十六，《四部丛刊》影宋本《六臣注文选》卷十六，皆作"刘成曰"，脱一"国"字，作者之名遂误。高步瀛《文选李注义疏》，中华书局1985年，第三册，第1068页，亦沿其误。
第二，刘逵注引刘成国曰："相思，大树也，材理坚强，邪斫之则有文，亦可作器。其实赤如珊瑚，历年不变。东冶有之。"《文选》国内传世诸本如中华书局影印胡刻本李善注《文选》，《四部丛刊》影宋本《六臣注文选》，"材理坚强"，皆脱"强"字；"邪斫之则有文"，皆脱"有"字；"亦可作器"，皆脱"亦"字；"其实赤如珊瑚"，皆脱"赤"字。高步瀛《文选李注义疏》亦沿其误。
以上脱文，尤其"国"字、"赤"字，至关紧要，真不可脱，幸赖日本所藏《文选集注》本存其原文。

树,"其实赤如珊瑚",指红豆子色如红珊瑚。刘熙是汉末著名学者,曾为交州(今越南河内)太守,自熟知南国的红豆树。刘熙此段文字是现存记载红豆树的最早文献。由此可见,早在汉末以前,红豆树已经得名"相思树"。

刘宋江淹《草木颂十五首并序》第二首《相思》:"竦枝碧涧,卧根石林。日月断色,雾雨恒阴。绿秀八照,丹实四临。"《草木颂序》自述作于"守职闽中"⑥。相思树的"丹实",即红豆子。东汉以后文献中的相思树,逐渐专指生于南国的红豆树。只是未写出红豆二字。

南国红豆树何以得名相思树?《文选集注》卷九左太冲《吴都赋》"相思之树",集注引《文选钞》:"《南越志》云:翔凤山多相思树。《列异传》:韩凭夫妻死,作梓,号曰相思树。"⑦刘宋沈怀远《南越志》所载相思树显然是南国红豆树⑧。而魏曹丕《列异传》所述韩凭夫妻故事中的相思树,则是北方梓树。《文选钞》引录《列异传》所载韩凭夫妻死后化作相思树的故事,以牵合注释南国相思树,可见《文选钞》作者当知道南国红豆树得名相思树是由于某种爱情故事传说,而未得其详,故辗转引录故事情节相似的韩凭夫妻相思树传说作为参考。《文选钞》的作者,是初唐人⑨。

明李时珍《本草纲目》卷三十五《木部·乔木类·相思子·释名》"红豆"条

---

⑥ [明]胡之骥注,李长路等点校:《江文通集汇注》,卷五,中华书局1984年,第190—191页。
　　按 《南史》卷五十九《江淹传》载江淹宋时"黜为建安吴兴令",与《草木颂序》自述"守职闽中"相合,可知《相思颂》作于任吴兴(今福建浦城)令时。

⑦ 《唐钞文选集注汇存》,卷九,上册,第141页。

⑧ 按 《隋书》卷三十三《经籍志二》史部杂史类:"《南越志》八卷,沈氏撰。"《旧唐书》卷四十六《经籍志上》乙部地理类:"《南越志》五卷,沈怀远撰。"《宋本册府元龟》卷五百六十《国史部·地理》类:"[宋]沈怀远为武康令,撰《南越志》。"中华书局1989年,第二册,第1601页。《宋书》卷十九《乐志一》空侯条:"宋孝武帝大明中,吴兴沈怀远被徙广州,造绕梁,其器与空侯相似。"可知《南越志》为刘宋沈怀远所撰,怀远曾徙广州。

⑨ 《文选钞》在中国无著录,亦无传世之本,因《文选集注》而部分保存。
　　《文选钞》六十九卷,公孙罗撰,见日本藤原佐世《日本国见在书目录》(889—897年)著录,清光绪中黎庶昌《古逸丛书》据日本旧钞卷子本景刊。公孙罗为初唐人,与李善同为曹宪弟子,见《旧唐书》卷一百八十九《曹宪传》附《公孙罗传》、《新唐书》卷一百九十八《曹宪传》。
　　日本学者斯波六郎认为《文选钞》并非公孙罗撰,见所撰《文选诸本研究》,载《文选索引》,李庆译,上海古籍出版社1997年,第一册,第116—117页。参阅屈守元:《文选导读》,巴蜀书社1993年,第61—66页,第142—146页;周勋初:《唐钞文选集注汇存·前言》,《唐钞文选集注汇存》,第6—7页;傅刚:《文选版本研究》,北京大学出版社,2000年,第138—139页。
　　按 《文选集注》引录诸注的次序为:李善(《钞》)(《文选钞》)、《音决》(《文选音决》),五臣、陆善经等。李善为初唐人,五臣、陆善经皆唐玄宗开元时期人,可见《文选集注》注例基本上是依时代先后次序引录诸注。《文选集注》引录《文选钞》,在开元时期五臣、陆善经之前,依其注例,《文选钞》之成书年代是在开元时期以前,亦即是在初唐。据傅刚《文选版本研究》所考,《文选集注》是以李善注为底本,所以它先引李善注,其次是《钞》《音决》,再次是五臣、陆善经,"《钞》也许要早于李善"(第139页)。
　　要之,无论《文选钞》是否为公孙罗所撰,其作者亦为初唐人。

引北宋李颀《古今诗话》："相思子圆而红。故老言：昔有人殁于边，其妻思之，哭于树下而卒，因以名之。"⑩《古今诗话》是现存记载红豆树得名相思树的爱情故事传说的最早文献。原书已佚，此条文字幸赖《本草纲目》得以保存⑪。

按《古今诗话》多载唐宋诗本事，此条内容为红豆树得名相思树的爱情故事传说，可知此条实为红豆诗条。唐宋红豆诗，第一数王维，可知《古今诗话》此条当为王维红豆诗条。按《本草纲目凡例》："诸品首以释名，正名也。"⑫故《本草纲目·相思子·释名》"红豆"条只引出《古今诗话》所载相思树得名的传说即可，而略去其所述王维红豆诗。

《古今诗话》所载红豆树得名相思树的故事传说，其内容亦为爱情超越于相思双方之间的阻隔之上，超越于生死之上。这一故事中的相思树是生于南国的红豆树，可知红豆树得名相思树的故事传说产生于南国⑬。参证左思《吴都赋》"相思之树"晋刘逵注引东汉刘熙语，可知这一故事传说产生于东汉末以前。

《古今诗话》红豆诗条所载红豆树得名相思树的爱情故事传说，实际表明盛唐王维红豆诗出现以前这一故事已经流传于世。

---

⑩ [明]李时珍：《本草纲目》，卷三十五，人民卫生出版社 1978 年，第三册，第 2059 页。

⑪ 《宋史》卷二百九《艺文志八》集类："李颀《古今诗话录》，七十卷。"苏轼有《李颀秀才善画山以两轴见寄仍有诗次韵答之》诗（《苏轼诗集》，卷十一，中华书局，1982 年，第二册，第 527 页）。宋何薳《春渚纪闻》卷五《李朱画得坡仙赏识》条："李颀字粹老，不知何许人，少举进士，当得官，弃去。乌巾裘，为道人，遍历湖湘间。晚乐吴中山水之胜，遂隐于临安大涤洞天。"（中华书局，1997 年，第 75 页）《苏轼诗集》卷十一引清查慎行注引此条，误作明田汝成《西湖游览志余》。

可知《古今诗话》为李颀著，李颀为北宋人，与苏轼同时。（以上参考郭绍虞：《宋诗话考》，中卷之下，《古今诗话》条，中华书局，1979 年，第 165—166 页。）

郭绍虞《宋诗话辑佚》卷上李颀《古今诗话》辑佚（中华书局，1980 年，上册），《宋诗话全编》第二册《李颀诗话》（江苏古籍出版社 1998 年），皆未收《本草纲目》所引此条。

《本草纲目》卷一《序例·引据古今经史百家书目》列有《古今诗话》，《书目》末注："已上四百四十家，时珍所引者。"（《本草纲目》，第一册，第 40 页。）可知《古今诗话》明代尚存。《宋诗话考》谓"此书世无传本"（第 166 页），似欠确。

⑫ 《本草纲目》，卷首，第一册，第 33 页。

⑬ [清]屈大均《广东新语》卷二十五《木语·红豆》条："红豆，本名相思子，其叶如槐，荚如豆子，夏熟，珊瑚色。……又红豆花，形似莲而小，色白，中有红心一缕。王摩诘诗：红豆生南国，此物最相思。按相思子，朱墨相衔，豆大莹色，山村儿女，或以饰首，婉如珠翠，收之二三年不坏。相传有女子望其夫于树下，泪落染树结为子，遂以名树云。"（中华书局，1985 年，下册，第 660—661 页。）

南国人屈大均所记红豆树得名相思树的爱情故事传说，与李颀《古今诗话》所载红豆树得名相思树的爱情故事传说基本相合，可见此故事原型渊源于并长期流传于南方。

同书卷二十五《木语·海南文木》条又记红豆树："其树多连理枝，故名相思。唐诗：红豆生南国，又曰：此物最相思。"（下册，第 655 页。）

红豆树得名相思树的主要原因是爱情故事传说，其次才是树多连理枝。

晚唐李匡乂《资暇集》卷下《相思子》条："豆有圆而红,其首乌者,举世呼为相思子,即红豆之异名也。其木邪斫之则有文,可为弹博局及琵琶槽。其树也,大株而白枝,叶似槐,其花与皂荚花无殊,其子若稨豆,处于甲中,通身皆红。李善云其实赤如珊瑚是也。"⑭可见晚唐以前,红豆又名相思子,已经家喻户晓。《古今诗话》所载红豆树得名相思树的爱情故事传说,当亦流传已久,家喻户晓。

南国相思树故事与北方相思树故事的相同点,是相思树得名于生死不渝的爱情故事。不同点是南国相思树专指红豆树,北方相思树并无专指树种。唐代以后文献中的相思树,基本上已专指南国红豆树,并写出红豆二字。

中国古代诗歌中的相思一词,多指爱情,亦可指友情及兄弟之情。指爱情,如汉乐府《有所思》"从今以往,勿复相思,相思与君绝";《古诗十九首》第十七首"文彩双鸳鸯,裁为合欢被。著以长相思,缘以结不解";南朝乐府《子夜四时歌·秋歌》第十一首"自从别欢来,何日不相思";《长相思》"长相思,久离别,美人之远如雨绝";以及李白《长相思》"长相思,在长安";"美人如花隔云端"。指友情及兄弟之情,如曹植《赠白马王彪》第四首"踟蹰亦何留,相思无终极",陶渊明《移居》第二首"农务各自归,闲暇辄相思"。南北朝以后,相思主要指爱情。相思与爱情不尽相同,相思是男女双方被阻隔时的爱情。

红豆入诗,始于王维《相思》。王维诗中的相思,是指爱情,还是泛指爱情及友情,其诗简短含蓄,或有不同理解。根据王维以前红豆树得名相思树的爱情故事已经流传于世,以及用王维诗红豆相思之典故的唐代诗词如敦煌曲子词《竹枝子》、温庭筠《南歌子》、韩偓《玉合》等(见下文),其中相思例指爱情,可知红豆树得名相思树的爱情故事传说为王维《相思》诗所汲取,王维诗中的相思是指爱情。

在王维诗,红豆象征相思、爱情。这是红豆意象的本义。红豆的形象,红艳

---

⑭ [唐]李匡乂:《资暇集》,卷下,《丛书集成初编》据阳山顾氏文房覆宋本排印,中华书局1985年,第23页。
　按李匡乂《资暇集》中记晚唐事甚多。复按《新唐书》卷五十八《艺文志二》乙部编年类:"李匡文《两汉至唐年纪》一卷。"原注:"昭宗时宗正少卿。"又卷五十九《艺文志三》丙部小说家类:"李匡乂《资暇》三卷。"可知李匡乂即李匡文,为唐昭宗时人。

艳、亮晶晶,红豆的性格,热烈、温润、玲珑、精致、坚贞,也确实是爱情的绝妙象征。诗中"此物最相思"之句,意味着红豆象征相思、爱情,已经是盛唐人普遍的默契。

在中国诗歌史上,从王维起,红豆与相思结下了不解之缘。唐敦煌曲子词《云谣集杂曲子·竹枝子》第二首云:"口含红豆相思语,几度遥相许。"⑮中晚唐民间歌词也写出红豆相思,可见在中晚唐,王维红豆诗已经家喻户晓。

红豆的象征内涵,在王维以后的唐诗宋词中获得显著发展。

唐五代诗词写红豆相思,如温庭筠《南歌子词二首》第二首:

玲珑骰子安红豆,入骨相思知不知。⑯

韩偓《玉合》:

中有兰膏渍红豆,每回拈着长相忆。⑰

牛希济《生查子》(新月曲如眉):

红豆不堪看,满眼相思泪。⑱

宋词写红豆相思,如晏几道《浣溪沙》(已拆秋千不奈闲):

绿窗红豆忆前欢。⑲

---

⑮ 《云谣集杂曲子》,朱孝臧刻《疆村丛书》本;收入曾昭岷等编:《全唐五代词》,中华书局1999年,下册,第805页。
关于唐写本《云谣集杂曲子》,参阅吴熊和:《唐宋词通论》,浙江古籍出版社,第166页,第329页。
⑯ 清彭定求等编:《全唐诗》,卷五百八十三,中华书局1979年,第十七册,第6764页。
⑰ 《全唐诗》,卷六百八十三,第二十册,第7835页。
⑱ 《全唐五代词》,上册,第547页。
⑲ 唐圭璋编:《全宋词》,中华书局1980年,第一册,第240页。

黄庭坚《点绛唇》（罗带双垂）：

半妆红豆，各自相思瘦。⑳

刘过《江城子》（楼前江柳又江云）：

万斛相思红豆子，凭寄与个中人。㉑

赵崇嶓《归朝欢》：

交枝红豆雨中看，为君滴尽相思血。㉒

王沂孙《三姝媚·樱桃》：

几度相思，红豆都销，碧丝空袅。㉓

比较王维诗与其后的唐诗宋词，红豆意象同是象征相思、爱情，但是王维以后唐诗宋词中的红豆相思，往往写出了相思双方之间的被阻隔。这一特点，在王维诗中只是潜在地涵有，而在王维以后的唐宋诗词中，则获得显性化表现。

在唐诗宋词中，红豆相思的常例，是红豆象征爱情超越于相思双方之间的阻隔之上。红豆相思的典型，则是红豆象征爱情超越于生死之上。红豆相思的典型品格，其实更为符合《古今诗话》所载红豆树得名相思树的爱情故事原型。黄庭坚《点绛唇》"半妆红豆，各自相思瘦"，赵崇嶓《归朝欢》"交枝红豆雨中看，为君滴尽相思血"，能写出红豆相思的典型品格。

红豆相思从唐宋诗词一直绵延到清诗、近现代诗。红豆相思亦深入到元曲，

⑳ 《全宋词》，第一册，第 410 页。
㉑ 《全宋词》，第三册，第 2152 页。
㉒ 《全宋词》，第四册，第 2833 页。
㉓ 《全宋词》，第五册，第 3359 页。

明清民歌、小说,如元高明《商调·黄莺儿》"几番血泪见红豆,相思未休",清华广生辑《白雪遗音》卷二《马头调·止不住的》"止不住的相思血泪如红豆",《红楼梦》第八十回中宝玉唱"滴不尽相思血泪抛红豆",《花月痕》中甚至有以红豆为名的人物。中国文学史上的这些红豆意象,大多数未离开红豆相思的本义。

二、红豆意象的第二层意义——唐朝人的故国之思

在中国文学史上,红豆的第二象征意义是故国之思。红豆意象象征意义从男女相思到故国之思的这一转变,发生于唐代安史之乱之后,发展于明末清初时期。红豆意象的第二象征意义,包含唐朝人的故国之思,明遗民的故国之思。

就在王维作《相思》诗之后不久,红豆意象象征意义的发展演变,超越了红豆相思的本义。

唐范摅《云溪友议》卷中《云中命》:

> 明皇幸岷山,百官皆窜辱,积尸满中原,士族随车驾也。伶官……唯李龟年奔迫江潭,杜甫以诗赠之曰:"岐王宅里寻常见,崔九堂前几度闻。正是江南好风景,落花时节又逢君。"龟年曾于湘中采访使筵上唱:"红豆生南国,春来发几枝。劝君多采撷,此物最相思。"又:"清风明月苦相思,荡子从戎十载余。征人去日殷勤嘱,归雁来时数附书。"此词皆王右丞所制,至今梨园唱焉。歌阕,合座莫不望行幸而惨然。龟年唱罢,忽闷绝仆地,左耳微暖,妻子未忍殡殓,经四日乃苏。㉔

安史之乱爆发后,李龟年在湖南长沙唱"红豆生南国","合座莫不望行幸而惨然",在这个故事中,红豆象征唐朝人的故君之思、故国之思。这是红豆意象

㉔ [唐]范摅:《云溪友议》,卷中,《四部丛刊》影印常熟瞿氏铁琴铜剑楼藏明刻本。

的第二层象征意义。

乐工李龟年本是唐明皇的梨园弟子㉕，王维红豆诗作于唐明皇的盛唐时期。这是李龟年唱红豆诗，歌唱者与满座听众联想起明皇与盛唐，为明皇的失位和盛唐的毁灭而惨然的原因之一。

红豆热烈、坚贞的品格，红豆所象征的相思、爱情，与故国之思、爱国热情之间，具有明显的相似性。这是唱红豆诗而触发起故国之思的原因之二。

简言之，相思、爱情，与故国之思、爱国热情之间，具有明显的相似性，这是红豆由象征相思演变到象征故国之思的内在依据。李龟年唱"红豆生南国"，"合座莫不望行幸而惨然"的历史故事，则使红豆象征故国之思成为典故，从而成为诗歌创作的一宗新资源。

杜甫诗歌用红豆意象表现故国之思，亦与李龟年唱红豆诗故事大约同时发生。

杜甫《秋兴八首》第八首：

> 昆吾御宿自逶迤，紫阁峰阴入渼陂。
> 红豆啄余鹦鹉粒，碧梧栖老凤凰枝。
> 佳人拾翠春相问，仙侣同舟晚更移。
> 彩笔昔曾干气象，白头吟望苦低垂。㉖

"红豆"，《续古逸丛书》影印《宋本杜工部集》卷十五、宋郭知达《九家集注杜诗》卷三十、《四部丛刊》影宋本《分门集注杜工部诗》卷二、《四库全书》本宋黄希原注黄鹤补注《补注杜诗》卷三十作"香稻"；《古逸丛书》影宋本鲁訔编次蔡

㉕ 《旧唐书》卷二十八《音乐志一》："玄宗在位多年，善音乐……于听政之暇，教太常乐工子弟三百人为丝竹之戏，音响齐发，有一声误，玄宗必觉而正之。号为皇帝弟子，又云梨园弟子，以置院近于禁苑之梨园。"
[唐]郑处诲《明皇杂录》卷下："唐开元中，乐工李龟年、彭年、鹤年兄弟三人，皆有才学盛名。彭年善舞，鹤年、龟年能歌，尤妙制《渭川》，特承顾遇。"，中华书局1994年，第27页。
㉖ [唐]杜甫著、[清]钱谦益笺注：《钱注杜诗》，卷十五，上海古籍出版社1979年，下册，第511页。

梦弼会笺《集注杜工部草堂诗笺》卷三十二作"红豆"[27]。

按宋祝穆《事文类聚后集》卷二十六、陈景沂《全芳备祖后集》卷六著录晚唐诗人庄布《石榴歌》"鹦鹉啄残红豆颗"[28],显然语本杜诗"红豆啄余鹦鹉粒",可见早在唐代,杜诗此句即是作"红豆",或有作"红豆"之异文。

无论作"香稻",或作"红豆",杜诗此二句,以渼陂风景物产之丰美富饶,象征盛唐之繁荣昌盛,寄予了诗人深挚缠绵的故国之思。

作"香稻啄余鹦鹉粒",意思自然是好[29]。作"红豆啄余鹦鹉粒",亦未必不佳。涵咏全诗,联系红豆相思之义,及杜甫当时身在荒江萦思故国之背景,则作"红豆"更别具神韵,既描写出渼陂风物之丰美富饶,亦默示出刻骨铭心的故国之思。若以为长安不产红豆,或未闻鹦鹉啄食红豆,因此作"红豆"不合写实,似乎是不必要的顾虑。因为《秋兴八首》的笔法本来就包含想象,并非全是写实。如第五首"蓬莱宫阙对南山,承露金茎霄汉间",上句是写实,唐代长安大明宫曾改名为蓬莱宫[30]。下句则是想象,汉代长安建章宫有铜柱承露盘,而唐代长安并无此物,但是借写此物更能写出盛唐气象,故杜诗以想象写出之。至于鹦鹉是否啄食红豆,其实似亦不必顾虑[31]。晚唐诗人庄布《石榴歌》"鹦鹉啄残红豆颗",虽是以红豆子喻指石榴子,但亦表明,在唐代,鹦鹉啄食红豆是可以入诗的。杜诗此处异文,各有胜义,不妨两存。

杜诗"红豆"意象之本身,虽未必即具有象征故国之思的含义,但是杜诗"红豆"二句所具有的故国之思的含义,则至少使后来红豆象征故国之思获得一分

---

[27] 杜诗此处异文,本文仅举杜集宋本及宋人注本作"香稻"或"红豆"之异文。至于其作"红饭"或"红稻",以及元明清诸注本此处异文,请参阅:叶嘉莹《杜甫秋兴八首集说》,五《分章集说》,其八,校记,"香稻"条,河北教育出版社 2001 年,第 312 页。

[28] 陈尚君辑校:《全唐诗补编》,第三编,童养年:《全唐诗续补遗》卷七,庄布条,中华书局 1992 年,上册,第 419 页。按庄布《石榴歌》,系童氏辑自清代《古今图书集成》;其早期出处南宋祝穆《事文类聚后集》、陈景沂《全芳备祖后集》,则系陈氏补证。

[29] 请参阅叶嘉莹:《杜甫秋兴八首集说》,五《分章集说》,其八,集解,"香稻"二句条,第 324—325 页;以及卷首《论杜甫七律之演进及其承先启后之成就(代序)》论"香稻"二句,第 40—41 页。叶先生之解释甚为精湛。

[30] [清]徐松撰、张穆校补,方严点校:《唐两京城坊考》,卷一,《西京》大明宫条:"龙朔二年……改名蓬莱宫。"中华书局 1985 年,第 18 页。

[31] 《广东新语》卷二十五《木语·海南文木》条记红豆:"马食之肥泽,谚曰:'马食相思,一夕䐴肥。马食红豆,腾骧在厩。'"(下册,第 655 页。)可见至少红豆可以饲马。

支持意识。

至明末清初,钱谦益在其诗歌创作及其杜诗注释中,进一步使杜诗"红豆"意象与李龟年唱"红豆生南国"的历史故事融为一体。

晚唐诗僧贯休《将入匡山别芳昼二公二首》第二首:

> 红豆树间滴红雨,恋师不得依师住。[32]

诗中红豆隐喻自己对芳、昼二公的别后相思,亦有深情。在唐诗中,这可能是红豆相思非指爱情亦非指故国之思的一个特例。尽管未来红豆相思超越爱情本义发展的主要方向并不在象征师弟或师友情谊,但贯休此诗仍值得在此一提。

三、红豆意象的第三层意义——明遗民的故国之思

明末清初遗民诗人群体,充分地开发了红豆象征爱国这一虽故犹新的资源,创作出一大批隐喻象征忠爱故国的红豆诗,宛如百花怒放。

明末清初红豆诗,往往具有诗人亲自参与复明运动的背景和内容,故不同于一般单纯抒情的遗民诗。

红豆相思的本义,在明末清初红豆诗中也同时获得表现。女性爱国志士参与反清复明的政治活动和文学活动,使明末清初红豆诗兼有象征男女相思和故国之思的双重意蕴。明末清初红豆诗因此而格外鲜艳夺目。

明末清初红豆诗的代表诗人是钱谦益。钱谦益《牧斋初学集》卷三十二《朱云子小集引》云:"人谓[唐]伯虎如李龟年流落江潭,红豆一曲,使人凄然掩泣。"[33]可知牧斋早在明代时已熟谙李龟年唱红豆诗的故事。这是牧斋在明亡后创作红豆诗的资源储备。《云溪友议》虽非僻书,可是如牧斋留心到李龟年唱红

---

[32] 《全唐诗》,卷八百二十六,第二十三册,第9331页。

[33] [清]钱谦益著、钱曾注,钱仲联标校:《牧斋初学集》,上海古籍出版社1985年,中册,第937页。

豆诗的故事及红豆可象征故国之思的人似乎并不多。

1.钱谦益注杜中的红豆意象

杜甫《秋兴八首》第八首：

> 红豆啄余鹦鹉粒，碧梧栖老凤凰枝。

钱谦益《钱注杜诗》卷十五注：

> 沈括《笔谈》及洪兴祖《楚辞补注》，并作"红豆啄余鹦鹉粒"，当以草堂本为正。《云溪友议》：李龟年曾于湘中采访使筵上"唱红豆生南国，春来发几枝"。㉞

杜甫《江南逢李龟年》：

> 岐王宅里寻常见，崔九堂前几度闻。
> 正是江南好风景，落花时节又逢君。

《钱注杜诗》卷十七注：

> 《云溪友议》："明皇幸岷山，百官皆窜辱，李龟年奔迫江潭，杜甫以诗赠之。龟年曾于湘中采访使筵上唱'红豆生南国'，又'清风明月苦相思'，此词皆王右丞所制，至今梨园唱焉。歌阕，合座莫不望南幸而惨然。"㉟

钱注《江南逢李龟年》引《云溪友议》所记李龟年唱红豆诗的故事，其中引出"歌阕，合座莫不望南幸而惨然"这一细节，尤其原本作"望行幸"而钱注作"望南幸"，这一异文，值得读者留意。

㉞ 《钱注杜诗》，卷十五，下册，第511页。
㉟ 《钱注杜诗》，卷十七，下册，第604页。

钱注以前,宋人注杜,在杜诗此二处,并没有这一引文。

《秋兴八首》"红豆",《九家集注杜诗》卷三十、《分门集注杜工部诗》卷二、黄鹤《补注杜诗》卷三十,作"香稻",自不注"红豆"。蔡梦弼会笺《集注杜工部草堂诗笺》卷三十二,虽作"红豆"并注释之,但未引《云溪友议》。

《江南逢李龟年》,《九家集注杜诗》卷三十四、《分门集注杜工部诗》卷十六、黄鹤《补注杜诗》卷三十四均未引《云溪友议》,蔡梦弼会笺《集注杜工部草堂诗笺》卷三十七虽引《云溪友议》,但并未引及"歌阕,合座莫不望行幸而惨然"。

要之,宋人注杜,在此二处大多未引《云溪友议》,或虽引《云溪友议》,但未引及"歌阕,合座莫不望行幸而惨然"。钱注引出《云溪友议》此语,实为首创。㊱

按《四部丛刊》影印常熟瞿氏铁琴铜剑楼藏明刻本、《四库全书》本《云溪友议》,皆作"歌阕,合座莫不望行幸而惨然";钱谦益《牧斋有学集》卷二《秋槐诗支集·闽中徐存永陈开仲乱后过访各有诗见赠次韵奉答四首》第三首"南国歌阑皆下泣",及卷四《辛卯春尽歌者王郎北游告别戏题十四绝句》第八首"可是湖湘流落身,一声红豆也沾巾",钱曾注两次引《云溪友议》此条,亦皆作"望行幸"。可见明代善本《云溪友议》,皆作"望行幸"。唯有明万历年间商浚刻《稗海》本《云溪友议》,作"望南幸"。

复按明皇行幸蜀中,其地理方位位于湖南长沙之西北,自长沙望蜀中,若作"望南幸",便是欲望西北反而望南。若"望行幸"之"行"为方位词,亦当作"望西幸",方向才对。可见《云溪友议》《四部丛刊》影明刻本、《四库全书》本,以及钱曾注两次所引之本作"望行幸"为不误,《稗海》本作"望南幸"则误。《稗海》本《云溪友议》卷首无范摅自序,各条无三字标题,又有文字讹误,可见并非善本。

钱牧斋精于目录版本之学,引《云溪友议》不至于不引当时善本,而引文字讹误之《稗海》本。牧斋精于历史地理之学,亦不会不辨地理方位,误以"望南幸"为是。尤要者,钱曾注谦益红豆诗两次所引《云溪友议》亦作"望行幸",而钱

㊱ 《钱注杜诗》卷首钱谦益《草堂诗笺元本序》,借钱曾语自述:"草堂笺注……皆吾夫子独力创始。"(上册,第4页。)此并非虚言。《钱注杜诗》的学术性格,是以史证诗,做出重要发明,若无发明之处,即不作笺注。

曾为牧斋族孙，又为牧斋之学生，所学来自牧斋，钱曾引此书不误，牧斋亦必不误。

然则牧斋注杜，何以要作"望南幸"？

按牧斋在明崇祯十六年所刻《牧斋初学集》卷一百六至一百十《读杜小笺》《读杜二笺》，未注杜甫《秋兴八首》"红豆"，亦未注《江南逢李龟年》。据《钱注杜诗》卷首季振宜《序》述钱遵王语："我牧翁笺注杜诗……极年八十书始成"㊲，可知《钱注杜诗》完成于牧斋八十岁，是年为南明永历十五年，即清顺治十八年（1661）。可见，牧斋注杜甫《秋兴八首》"红豆"，注《江南逢李龟年》，是在明亡之后的清初顺治年间。

当身在江南的钱牧斋注杜甫《秋兴八首》"红豆"，注《江南逢李龟年》之时，正是永历政权延续明朝一线命脉于两广、云南之日，亦正是牧斋心魂萦思永历政权之时㊳。职此之故，钱注《江南逢李龟年》引《云溪友议》李龟年唱"红豆生南国"，"合座莫不望行幸而惨然"，而作"望南幸"，与其说是从不善之本之异文，不如说是有意改"望行幸"为"望南幸"，以寄托牧斋及其志同道合者莫不南望远在南国之永历政权的今事今情。如陈寅恪《柳如是别传》论《钱注杜诗》所说："细绎牧斋所作之长笺，皆借李唐时事，以暗指明代时事，并极其用心抒写己身在明末政治蜕变中所处之环境。实为古典今典同用之妙文。"㊴《钱注杜诗》此条，则不仅是"借李唐时事，以暗指明代时事"，借注杜而"极其用心抒写己身在明末政治蜕变中所处之环境"，而且是有意改变古典之细节，以确指今典㊵。

在《钱注杜诗》此条，红豆意象潜在地象征了明遗民的故国之思。

《钱注杜诗》此条，同时亦是留下解开钱谦益《牧斋有学集》《投笔集》众多红豆诗暗藏之意蕴的一把钥匙。换言之，牧斋笺注杜诗，与自己所作诗歌之间，存

㊲ 《钱注杜诗》，卷首，上册，第1页。
㊳ 如永历三年即顺治六年(1649)，谦益致书南明吏兵两部尚书、桂林留守瞿式耜书论救国大计"三局"，式耜将谦益所论救国大计上奏永历帝，即是突出例证。详见《报中兴机会疏》，《瞿式耜集》，卷一，《奏疏》，上海古籍出版社1981年，第104—107页。参阅陈寅恪：《柳如是别传》，第五章《复明运动》，上海古籍出版社1980年，下册，第1014—1016页。
㊴ 《柳如是别传》，第五章，下册，第1000页。
㊵ [唐]皎然：《诗式·诗有四深》"用事不直，由深于义类"，肯定灵活用典，是对梁刘勰《文心雕龙·事类》篇不许"改事失真"之说的突破。这一文学理论的突破，反映了改变古典细节以确指今典的诗歌艺术发展。但是，在诗歌注释中改变古典细节以确指今典的做法，这也许只能是特例。

有互证、互补的密切关系。此点特别值得读者注意。

在此当提出一个问题:杜甫《秋兴八首》"红豆啄余鹦鹉粒",钱注引《云溪友议》李龟年唱红豆故事,何以未引及"歌阕,合座莫不望行幸而惨然"?

原因当在于此处杜诗中有"红豆"二字。如果注出了唱红豆而"望行幸",使"红豆"意象与"望行幸"之象征意义发生直接联系,则《牧斋有学集》《投笔集》众多红豆诗暗藏的故国之思,将容易被清朝统治者及其耳目所发现。牧斋于杜诗"红豆"之句不注"望行幸",而于杜诗无"红豆"之《江南逢李龟年》注出"望行幸",则使其红豆诗暗藏之意蕴难以被清朝统治者及其耳目所发现。

牧斋自期盼后世读者能发现自己红豆诗暗藏之意蕴。《牧斋有学集》卷三十九《复遵王书》论己所作诗云:"居恒妄想,愿得一明眼人,为我代下注脚,发皇心曲,以俟百世。"[41]足见其用心之苦,用意之深。

不久之后,康熙年间,仇兆鳌亦注杜。《杜诗详注》卷十七《秋兴八首》"红豆啄余鹦鹉粒",仇注引钱笺引《云溪友议》李龟年唱红豆故事,自未引及"歌阕,合座莫不望行幸而惨然"[42]。《杜诗详注》卷二十三《江南逢李龟年》,仇注引蔡曰引《云溪友议》李龟年唱红豆故事,亦未引及"歌阕,合座莫不望行幸而惨然"[43]。仇氏注杜诗"红豆"引钱笺,注杜诗《江南逢李龟年》则不引钱笺,避开了唱红豆而"望行幸"这一钱笺的关键文字,原因何在? 当是出自避祸心理。

2.钱谦益等明遗民的红豆诗

红豆诗云兴霞蔚。与钱谦益注杜中的红豆意象一样,在明末清初红豆诗中,红豆亦象征了明遗民的故国之思。在中国诗歌史上,这是红豆意象的第三层象征意义。

明末清初红豆诗,以钱谦益作品为最多、最佳。《牧斋有学集》,是钱谦益入清以后的诗文集。《牧斋有学集》一书中,包含《红豆诗初集》《红豆诗二集》《红豆诗三集》,其中往往一道红豆诗题,就有十首八首之多。

---

[41] [清]钱谦益著、钱曾注,钱仲联标校:《牧斋有学集》,上海古籍出版社1996年,上册,第1360页。

[42] [清]仇兆鳌注:《杜诗详注》,卷十七,中华书局1979年,第四册,第1497—1498页。

[43] 《杜诗详注》,卷二十三,第五册,第2060—2061页。

《牧斋有学集》卷四《辛卯春尽歌者王郎北游告别戏题十四绝句》第八首：

> 可是湖湘流落身，一声红豆也沾巾。
> 休将天宝凄凉曲，唱与长安筵上人。

钱曾注：

> 范摅《云溪友议》："李龟年奔逐江潭，杜甫以诗赠之曰：'岐王宅里寻常见，崔九堂前几度闻。正是江南好风景，落花时节又逢君。'龟年曾于湘中采访使筵上唱《红豆词》，合座莫不望行幸而凄然。"[44]

辛卯为南明永历五年，即清顺治八年（1651）。"一声红豆也沾巾"，这是牧斋诗第一次直接用李龟年唱"红豆生南国"，"合座莫不望行幸而惨然"的古典，隐喻自己以及志同道合者心向南明的今典[45]。

《牧斋有学集》卷十《红豆二集·后秋兴八首·八月初十日小舟夜渡，惜别而作》第八首：

> 临分执手语逶迤。白水旌心视此陂。
> 一别正思红豆子，双栖终向碧梧枝。
> 盘周四角言难罄，局定中心誓不移。
> 趣觐两宫应慰劳，纱灯影里泪先垂。[46]

永历十三年即顺治十六年（1659），郑成功率水师入长江进攻南京，钱谦益将与水师随行时，特作此诗慰别其妻河东君柳如是。陈寅恪《柳如是别传》第五

---

[44]《牧斋有学集》，卷四，上册，第126页。

[45] 庚寅明永历四年即清顺治七年（1650年），牧斋所作《闽中徐存永陈开仲乱后过访各有诗见赠次韵奉答四首》第三首"南国歌阑皆下泣，山阳诗罢倩谁传"（《牧斋有学集》，卷二，《秋槐诗支集》，上册，第78页），已使用这一典故，但诗句中尚未直接出现"红豆"二字。

[46]《牧斋有学集》，卷十，上册，第518页。

章《复明运动》云："[此八首]乃专为河东君而作……主旨实在河东君一生志事。"[47]柳如是不仅全力支持钱谦益投身反清复明运动，自己亦积极从事反清复明运动，如南明隆武二年即清顺治三年(1646)亲至海上犒劳黄毓祺义师[48]，永历八年即顺治十一年(1654)尽橐捐资助饷姚志卓义军[49]。牧斋《后秋兴八首》第四首："闺阁心悬海宇棋，每于方罫系欢悲。"能写出这位女爱国志士的品格。钱柳夫妇爱情的根基，正是反清复明之共同志事。

《柳如是别传》解释牧斋此诗全篇意旨云："第八首言此时虽暂别，后必归于桂王也。'碧梧枝'不独用杜诗'凤凰栖老碧梧枝'之原义，亦暗指……顺治三年丁魁楚瞿式耜等迎永历帝于梧[州]等事。……'两宫'者，指桂王生母马太后及永历后王氏也。"[50]所言极是。但是，寅恪先生从未解释红豆一词之意义。

"一别正思红豆子，双栖终向碧梧枝"，是用王维诗、李龟年故事及杜甫诗的古典，隐喻自己对柳如是的别后相思和夫妇双方共同的故国之思(上句)，以及夫妇双方对于反清复明事业的必胜信心(下句)。红豆意象成为钱柳夫妇爱情与爱国两重相思的精诚凝聚之象征。钱诗此二句，可说是明末清初红豆诗的经典之句。

柳如是题红豆山庄望海楼联云："日毂行天沦左界，地机激水卷东溟。"上联隐喻明朝亡于满洲，下联隐喻郑成功兴起复明运动。其爱国志向，有如精卫之志，不可磨灭。柳如是联语，可以媲美牧斋红豆诗[51]。

永历十五年即顺治十八年(1661)五月，牧斋家园江苏常熟白茆港红豆山庄

---

[47] 《柳如是别传》，第五章，下册，第1173页。

[48] [清]祝纯嘏《愚[孤]忠后录》："[顺治]四年丁亥……黄毓祺起兵海上，谋复常州。[五年]正月，毓祺纠合师徒，自舟山进发。常熟钱谦益命其妻艳妓柳如是至海上犒师。"(张元济藏旧钞本，第4页；范景中、周书田辑：《柳如是事辑》，中国美术学院出版社2002年，第95页。)

金鹤冲《钱牧斋先生年谱》丙戌隆武二年鲁监国元年谱："江阴黄毓祺自舟山起师，先生使河东君至海上犒师(江阴祝氏《孤忠录》)。《秋兴》诗所云：'闺阁心悬海宇棋，每于方罫系欢悲。乍传南国长驰日，正是西窗对局时。'盖指此事。"(民国三十年线装铅印本，第6页。)

钱仲联主编《清诗纪事》第三册顺治朝卷钱谦益《后秋兴之三》条："按金《谱》所云，事本《孤忠后录》，足以征信。"(江苏古籍出版社1987年，第1334页。)其说为是。

[49] 《柳如是别传》，第五章，下册，第1040—1042页。

[50] 《柳如是别传》，第五章，下册，第1176—1177页。

[51] 柳如是手书联语，旧为常州刘靖基先生所藏；周书田、范景中辑《柳如是集》，中国美术学院出版社2002年，卷首照片。

的红豆树开花,九月,结红豆子一颗。这是二十年来红豆山庄的红豆树第一次开花结子。在钱柳心目中,二十年来红豆树第一次开花结子,真是老天对满怀红豆相思之人的回报。九月,正是牧斋八十岁生日。如《柳如是别传》第五章云:"河东君于牧斋生日,特令童探枝得红豆一颗以为寿,盖寓红豆相思之意,殊非寻常寿礼可比。"[52]这红豆相思,原来是爱情与爱国赤诚凝聚的两重相思。五月和九月,牧斋及其志同道合者迎来了红豆诗的两次高潮。

今存作品,有钱谦益《遵王敕先共赋胎仙阁看红豆花诗吟叹之余,走笔属和八首》《红豆树二十年复花,九月贱降时,结子才一颗,河东君遣童探枝得之。老夫欲不夸为己瑞,其可得乎? 重赋十绝句,示遵王,更乞同人和之》,陆贻典《红豆花诗和韵》《东涧先生村庄红豆树二十年复花,时当季秋,结子一颗,适八十悬弧之月,有诗纪事奉和》十首[53],冯班《和牧翁红豆花诗八首》[54],钱曾《红豆树二十年不开花,今年夏五忽放数枝,牧翁先生折供胎仙阁,邀余同赏,饮以仙酒,酒酣,命赋诗,援笔作断句八首》《奉和红豆诗十首》,以及方文《红豆诗》八首[55]。

《牧斋有学集》卷十一《红豆三集·遵王敕先共赋胎仙阁看红豆花诗吟叹之余,走笔属和八首》第四首:

> 红豆春深放几枝,花神作意洗妆迟。
> 应知二十年渲染,只待催花数首诗。[56]

后两句,咏叹红豆树二十年不开花、二十年酝酿,只待今日之红豆花开、红豆诗成。言外之意,是遗民故国之思、爱国之心,历久不渝,能感动天地。

第六首:

> 金尊檀板落花天,乐府新翻红豆篇。

---

[52] 《柳如是别传》,第五章,下册,第1200页。
[53] 徐兆玮辑:《芙蓉山庄红豆录》,辑自《海虞诗苑》卷五;范景中、周书田辑:《柳如是事辑》,第447页。
[54] 《牧斋有学集》,卷十一,《红豆诗三集》附,中册,第539—540页。
[55] 清方文:《嵞山续集》,《钱遵王诗集笺校》引,第257页。方文此诗为翌年作。
[56] 《牧斋有学集》,卷十一,中册,第538页。

取次江南好风景,莫教肠断李龟年。^{⑤⑦}

"金尊檀板落花天""取次江南好风景",用李龟年唱红豆诗故事,及杜甫《江南逢李龟年》之古典,指百花飘零、红豆花开之今典。"乐府新翻红豆篇","莫教肠断李龟年",则是反用李龟年唱红豆诗,合座莫不望行幸而惨然的古典,言今日之新红豆故事,不同于昔日之旧红豆故事,今日之主人公乃满怀信心,不同于昔日之主人公肠断而已。言外之意,是深信反清复明之大业必定成功。

《牧斋有学集》卷十一《红豆三集·红豆树二十年复花,九月贼降时,结子才一颗,河东君遣童探枝得之。老夫欲不夸为己瑞,其可得乎? 重赋十绝句,示遵王,更乞同人和之》第一首:

院落秋风正飒然,一枝红豆报鲜妍。

夏梨弱枣寻常果,此物真堪荐寿筵。^{⑤⑧}

秋风飒然,秋气肃杀,隐喻满洲之暴虐^{⑤⑨};一枝红豆,鲜妍夺目,象征遗民之心不死。河东君采来的这一颗红豆,殊非寻常果品可比,其中寄寓的红豆相思之深意,不仅是为牧翁祝寿,更是为南明祝寿也。

第三首:

秋来一颗寄相思,叶落深宫正此时。

舞辍歌移人正醉,停觞自唱右丞词。^{⑥⑩}

"秋来一颗寄相思""停觞自唱右丞词",用安史之乱后李龟年唱王维红豆诗,合座莫不望行幸而惨然的古典,暗指今日遗民面对这一颗红豆,思念明朝故

---

⑤⑦ 《牧斋有学集》,卷十一,中册,第 539 页。
⑤⑧ 《牧斋有学集》,卷十一,中册,第 549 页。
⑤⑨ 同时期王夫之《读文中子》第二首云"天下皆忧得不忧? 梧桐暗认一痕秋",以秋气肃杀象喻满洲之暴虐,象喻相同。船山此诗,见《王船山诗文集》,《柳岸吟》,中华书局 1983 年,下册,第 298 页。
⑥⑩ 《牧斋有学集》,卷十一,中册,第 550 页。

国的今典。

第五首：

> 斋阁燃灯佛日开，丹霞绛雪压枝催。
>
> 便将红豆兴云供，坐看南荒地脉回。⑥

"佛日"指南明⑥。钱柳入清以后诗文中的"佛国""莲花国土"，往往字面指
印度，借指王维红豆诗的"南国"，暗指南明或明朝。"佛日"，即佛国之日，借指
王维红豆诗的"南国"之日，亦暗指南明。"佛日"之"日"，并射明朝之"明"，因
为"明"字从"日"从"月"。钱柳诗文中，往往一个微言隐语，具有多重隐喻，寓意
则只有一个：故国之思与复明之志。

此诗前二句，言南国日暖而红豆花开（参阅注释第 14 条引《广东新语》述红
豆花色白，中有红心一缕），是用"红豆生南国"的古典，暗指永历兴起南方的今
典。此处绾合佛日、红豆，便见巧思。后二句，言云物兴起，供奉这一颗红豆，诗
人面对红豆，期待春从南国复苏大地，隐喻遗民馨香祷祝，期盼明朝自南方复兴。

钱谦益红豆诗精深华妙，超逸出尘，真不似八旬老人之作。

当时常熟遗民诗人与钱谦益唱和红豆诗，亦多佳作。

陆贻典《红豆花诗和韵》：

---

⑥ 《牧斋有学集》，卷十一，中册，第 551 页。
⑥ 柳如是《依韵奉和二首》第二首："佛日初辉人日沉。"（《牧斋有学集》卷二，《秋槐诗支集》附，上册，第
76 页。）陈寅恪《柳如是别传》第五章解释云："河东君以'佛日'指永历，'人日'指建州。谓永历既起，建
州将亡也。"（下册，第 931 页。）寅恪先生所言极是，但犹有可以进一步言之者。
《牧斋有学集》卷二十二《赠愚山子序》云："印度为梵天之种，佛祖之所生。脂那为君子之国，周礼之所
化。南曰月邦，东曰震旦，日月照临，礼教相上。波斯轻礼重货，猃狁犷暴忍杀，区以别矣。"（中册，第
901 页。）印度为南邦，故可曰南国。佛祖之所生，故可曰佛国。印度、脂那，皆礼教相上，故可以借印度
喻中国。由此可见，钱柳入清以后诗文中的"佛国""莲花国土"，字面指印度，借指王维红豆诗的"南
国"，暗指南明或明朝。由此而来的"佛日"，即佛国之日，借指王维红豆诗的"南国"之日，亦暗指南明。
《牧斋有学集》卷二十五《石林长老七十序》："抑又闻之，佛法五百年而一兴，法运将隆，宗镜再阐，汉东
粟散之邦，涌现为莲华佛国。余固尚父之耳孙也，愿与公炷香佛前，翘勤以俟，以斯文为告报焉其可
也。"（中册，第 970 页。）此是以佛国暗指明朝。
《牧斋有学集》卷三十七《莲蕊居士传》："人亦有言，旧国旧都，望之畅然。子羽栖神莲花国土，巡回藏
识，殆未能舍然于此。余为斯传，循念崇祯故事，若夫鸟兽之号鸣，燕雀之啁噍，而不能自已也，其亦子
羽之志也夫！"（中册，第 1285 页。）此是以莲花国土暗指明朝。

花前今昔事难陈,不饮真辜头上巾。

试问湘潭歌一曲,相思至竟为何人?㊌

冯班《和牧翁红豆花诗八首》第一首:

廿载方看白玉丛,人间桃李几回空。

何因结得相思子? 应为当心一线红。㊍

陆诗后两句用李龟年唱红豆诗故事,追问故事中人是为谁而相思。冯诗后两句则借问为什么结出红豆子,直指红豆花中之一缕红心。两诗皆借吟咏红豆,寄寓故国之思,有深情高致。

钱曾《奉和红豆诗十首》第四首:

万国兵尘草木前,止留红豆向江天。

水村路与花源接,花合花开不计年。㊎

万国草木蒙尘,红豆独向江天,隐喻满洲武力征服天下,遗民之心只向南明。"花源"即陶渊明之桃花源,暗指奉永历正朔的郑成功之台湾。"水村路与花源接",隐喻长江边的白茆港红豆山庄,可由长江水道通海连接台湾。句中潜藏红豆山庄主人曾策应郑成功水师进攻南京之今典㊏,及随时准备再次接应水师之志事。钱谦益《投笔集》卷下《后秋兴之十二》第七首"莫笑长江空半壁,苇间还有刺船翁"㊐,即是自述这一志事。"花合花开不计年",用《桃花源记》"乃不知

㊌ 徐兆玮辑:《芙蓉山庄红豆录》,辑自《支溪小志》卷六《艺文志·诗》;范景中、周书田辑:《柳如是事辑》,第 444 页。

㊍ [清]冯班:《钝吟集》,卷中,常熟二冯先生集本;谢正光笺校:《钱遵王诗集笺校》引,三联书店 1990 年,第 258 页。

㊎ 《牧斋有学集》,卷十一,《红豆诗三集》附,中册,第 553 页。

㊏ 请参读:钱谦益《投笔集》;陈寅恪《柳如是别传》,第五章《复明运动》,下册,第 1014 页以下。

㊐ 《投笔集》,卷下;转引自钱仲联主编:《清诗纪事》,第三册《顺治朝卷》,钱谦益,《后秋兴之十二》,江苏古籍出版社 1987 年,第 1341 页。

有汉,无论魏晋",及《桃花源诗》"虽无纪历志,四时自成岁",隐喻世外桃源之台湾及红豆相思之遗民永不奉满洲之正朔也。

第九首:

> 秋院萧晨香母微,疏窗佛日影辉辉。
> 莲花国土真无恙,一颗相思寄雪衣。⑱

秋气萧条,香火稀微,而南国佛日,仍光辉照耀,隐喻明朝看似灭亡其实未亡,永历之正朔尚存也。"莲花国土"即佛国,"雪衣"代指岭南⑲,皆暗指南明政权。莲花国土安然无恙,红豆一颗遥寄南方,隐喻遗民祝愿南明政权安然无恙,和对于南明之无穷相思。

康熙三年(1664),钱柳夫妇相继去世。黄宗羲作《八哀诗·钱宗伯牧斋》哭之,诗中云"红豆俄飘迷月路"⑳。红豆相思,一时黯然飘零。

红艳艳的红豆,红豆象征的明遗民火焰般燃烧的爱国热情,实已进入历史之永恒。

3.余论

在明末清初红豆诗中,红豆意象有时出自用典,有时则出自兴。当红豆是兴象(眼前景物)时,仍然具有红豆典故的象征意义。

红豆意象所象征的两种相思,男女相思与故国之思,有时并存一诗,融为一体。但是,在明末清初红豆诗中,红豆意象的主要象征意义,是从男女相思转移到了故国之思。

明末清初红豆诗多以传统的红豆相思为古典字面,而以明遗民的故国之思为今典实指。

两种红豆相思之间具有一致性:红豆象征爱心对双方之间的阻隔的超越。

---

⑱ 《牧斋有学集》,卷十一,《红豆诗三集》附,中册,第553页。

⑲ 《太平御览》卷九百二十四《羽族十一·白鹦鹉》引唐郑处诲《明皇杂录》:"开元中,岭南献白鹦鹉,养之宫中,岁久,颇聪慧,洞晓言词,上及贵妃皆呼雪衣女。"(中华书局,1992年影印上海涵芬楼影宋本,第四册,第4103页。)因"雪衣女"出自岭南,故钱曾诗以"雪衣"代指岭南,暗指南明。

⑳ [清]黄宗羲:《南雷集·南雷诗历》,卷二,《八哀诗》,《四部丛刊》影原刊本。

这使以第一种红豆相思隐喻第二种红豆相思成为可能。

随着红豆意象的象征意义从爱情到爱国的转变，与红豆相关的其他意象，如王维红豆诗中的"南国"，由此引申出来的"岭南""佛国""佛日"，杜甫红豆诗中的"碧梧"等，亦皆转而借用以象征南明。

随着红豆意象的象征意义从爱情到爱国的转变，与"红豆"结下不解之缘的"相思"一词词义的主要义项，亦从男女之间的相思，或唐朝人的故国之思，转变为明遗民对故国明朝、对南明朝廷的相思。换言之，中国诗歌史上的红豆"相思"已经"脱胎换骨"，如果不是"点铁成金"的话。

红豆意象的象征性、隐喻性和抒情内容的深藏不露，是明末清初红豆诗的基本艺术特色。

明末清初红豆诗所表现的故国之思、爱国之心，不仅超越于明遗民与明朝及南明之间迢远的时空阻隔之上，亦超越于生死之上。可说是第二种红豆相思的典范。

后 记

本文写成后，与刘梦溪先生通电话，承梦溪先生指出，红豆之"红"，也许射朱明之"朱"，红者，朱红也。梦溪先生之说甚是，可以补充本文未尽之义。然则明遗民诗之红豆，又多一重暗指故国明朝之隐喻。谨补书于此，并志谢忱。

二〇〇二年十一月四日

【邓小军　首都师范大学文学院教授】
原文刊于《中国文化》2002 年 Z1 期

元声元气与清洁的诗史

从诗学读懂王船山

孟　泽

提　要:王夫之是从整体意识形态的高度来审视诗歌和诗史的,因此,对于历代诗歌,多所批判。他召唤英雄主体,召唤元气淋漓的诗歌写作,以便再造华夏文明,他的美学可以称为"英雄美学"。

关键词:王夫之　元声元气　诗性　英雄美学

《中国诗史》的作者陆侃如、冯沅君曾说:"在中国古代哲学家中,只有三个人是真能懂得文学的,一是孔丘、一是朱熹、一是王夫之,他们说话不多,句句中肯。"作为卓有成就的现代学者,陆氏与冯氏所概括的事实惊人地宏大,但确实高屋建瓴。

自然,这并不是说,对此可以无所置辩。譬如,说王夫之关于"文学"的言论"句句中肯",就未必确切;说他关于诗歌"说话不多",也不准确。船山关于诗的著述,卷帙浩繁;而说他的主张和议论"句句中肯",则只有基于他本人特定的诗学立场才可以成立,离开他本人与诗学有关的思想逻辑和历史逻辑,其所论则"罅隙"甚多。在今天看来,甚至不免有迂阔的"道学"之嫌。

总体言之,王夫之确是"真能懂得文学"的。而且,他所显示的,绝不是一般文人士大夫所具有的胸襟和手眼。在此种胸襟手眼之下,王夫之不仅把明代的大部分文人墨客,还把我们今天仍然视为大家的杜甫、孟郊、韩愈、白乐天、苏轼等人的创作所体现的某些精神气质与审美风度，批评得"痛快淋漓"，这很让一些拥戴他们的学者不安，大惑不解之外，甚至不惜著文责怪船山悖于情理的偏激。

在无法否定船山美学与诗学的杰出贡献的同时，研究者似乎总是有意无意地回避船山对历代诗人的苛刻批评，这种批评，不论是用古典的还是现代的审美标准来看，都不尽合理，有的不免违背"文学"常识。而且，这种批评显然不可能与他富有创造性的美学与诗学理论无关。

那么，除了某种可以理解的意气使然之外，是什么原因使得船山超越或者说背离了"文学"判断的常识呢？

事实上，研究者对此的回避，不止出于呵护圣贤的下意识策略，也缘于船山思想本身。按照船山的诗学理想，他对于诗史的苛评，完全是这种理想支配下的自然而然的结果，可以自圆其说。而更加充满诱惑力的是，从对于船山诗学立场与诗学思想的诠释中，我们可以从古典诗学与美学中，发现某种并不陌生的中国式的"英雄主义"理念，这种理念及其所隐含的思维方式，有着更深远广大的文化与精神背景值得关注，它们甚至延伸到了现代，延伸到了现代艺术的审美选择之中。

一、从"元声"到"霸气"

整个明代诗歌创作，船山最不屑的是"竟陵派"领袖钟惺、谭友夏，其中，对钟惺毫无保留地指斥，对谭友夏则保留了同情的理解，他说："人自有幸不幸，如友夏者，心志才力所及，亦不过为经生、为浪子而已，偶然吟咏，或得慧句，大略于贾岛、陈师道法中依附光影，初亦何敢以易天下，古今初学诗人，如此者亦车载斗量，不足为功罪也，无端被一时经生浪子，挟庸下之姿，妄篡风雅，喜其近己，翕然宗之，因昧其本志而执牛耳，正如更始称尊，冠冕峨然，而心怀扭促，谅之者亦不能为之恕已。"

对"竟陵派"的批判，表明了船山对诗歌创作者的创作天资和才能的推崇。

在船山看来,"竟陵派"之不成样子,最直接的原因是他们根本不具备大方之家的才具,强立山头,婢学夫人,装腔作势而已。"诗不以学"而"别有风旨,不可以典册、简牍、训诂之学与焉也"。而且,即使有才具,也很容易为"名利"所葬送:"夐州以诗求名,友夏以诗求利,受天虽丰,且或夺之,而况其本啬乎!""竟陵派"乃至整个明代诗歌的失败,正是源于"受天"不丰又误入歧途。

依照船山的观点,最宏量大度的诗属于"元声元韵",即保持了生猛蓬勃之气、未曾分解破裂的生命元声。除了无法避免的时间因素,对于生命中原生浑厚的诗性构成不能挽回的淘洒剥蚀外,最明显的破坏性因素大约有两端,一端是功利主义的围剿,所谓"名利热中,神不清,气不昌,莫能引心气以入理而快出之","汉晋以上,惟不以文字为仕进之羔雉,故名随所至,而卓然为一家言。隋唐以诗赋取士,文场之赋无一传者,……燕、许、高、岑、李、杜、储、王所传诗,皆仕宦后所作,阅物多,得景大,取精宏,寄意远,自非局促名场者所及。"

具有破坏性的另一端是创作上的过分"自觉",即刻意地以某一种程式和技术作为僵硬的指导原则,以至走向反动。船山会直截了当地指出,有《诗式》而诗亡,有"八大家文"的范本而文衰,他甚至具体说"五言之敝,始于沈约,约偶得声韵之小数,图度予雄,奉为拱璧,而牵附比偶,以成偷弱、汗漫之两病",以至后来者"强砌古事,全无伦脊",成为"猥媒亡度之淫词"。

在船山看来,声律对于古诗并不是绝对的,惟一的,声律的刻意讲求在某种意义上正是诗道沦亡的标志,所谓"因小失大",诗因此成为一种可以堆砌做作出来的技术,而失去了其大本大原,即与白月争光的主体及其情感,即"穷六合、亘万汇"的"如江如海之才"。

这也正是"晚节渐于诗律细""语不惊人死不休"的杜甫总让船山耿耿于怀的原因之一。

船山直言,屈赋之伟大之"光焰瑰玮"就"不在一宫一羽之间"。

与此相似的是,任何美学趣味的单方面推崇,往往导向偏执和偏蔽,譬如"趋新而僻,尚健而野,过清而寒,务纵横而莽",结果是"亡度""无伦脊"可言。此种结果的酿成,不仅意味着内在情感与内在性理的贫枯、俭啬、浮浅、褊躁,也意味着创作者在创作法度讲求和美学把持上的能力低下。

更等而下之的是,文坛上因为某一种创作径路可资取巧借鉴,某一种风尚可以献宠求荣,往往导致拥戴宗盟,这同样是诗道文场的异数乃至劫数。即使如杜甫推戴庾信"清新""健笔纵横",也是如此。

然而,唐以后,这种"异数"和"劫数",却简直成了日常上演的功课。

以无法为大法,认为为诗为文的关键不在撮弄字句、起承转合,不在章句韵律之限,这是中国诗学史上被不断重复过的思路。船山并不例外地以一种更加极端的姿态肯定了诗文的天然本性,也因此而多少凸现出某种原始主义的审美取向①,和难免被指目为"退化"的历史观。

确实,船山虽然对"诗"与"史"有理智的分解,对"诗""文"的审美属性有宽容的见识,但是,他的诗学观与经学思想依然是浑然一体的。"风华不由粉黛","言有余则气不足",船山对后世"文明"丧失了原生浑厚的"诗性"而被偏枯干涩的"理性"取代,甚为不满。在他看来,韩愈称得上是这种偏枯的理性的宗师,"屈嘉谷以为其稂莠,支离汗漫",而且才华不足,"夺元声而矜霸气",韩愈以"霸气"为根基的创作与作为,对于生命的文明的"元声"来说,完全是破坏性的。

对现实文化所显示的精神状态的不耐,加上逐渐内化为思想惯性与思想传统的文明观、历史观②的驱使,轻易导致了船山的清算与归结指向原初混沌之境,指向天人之际。

《夕堂永日绪论·序》是理解船山诗学观的入口,研究者往往忽略不计而直接检索《夕堂永日绪论》中合乎现代美学理念的言说:但是,对船山美学的整体索解却无法绕过这篇序言。按照这篇序言的表述,在船山心目中,"诗"是"礼乐崩解"后的补偿物,"乐"降为"俳优"的同时,"天机"化作"诗",化作"经义",它们自然以抵达"元声"为最高境界,所谓"《周礼》大司乐以乐德、乐语救国子,成童而习之,迨圣德已成,而学《韶》者三月。上以迪士,君子以自成,一惟于此。盖涵泳淫泆,引性情以入微,而超事功之烦黩,其用神矣。世教沦夷,乐崩而降于

---

① 所谓"原始主义的审美取向",是指返回整体主义和有机主义的人文世界,把审美纳入与政治、宗教、道德教化相统一的意识形态建构,具体地说,就是把"诗学"还原到经学的高度。

② 包括儒道两家思想,均以"三代"甚至"三代"以上的蒙昧的人文世界,作为社会的人文的价值指归之所,并以此打量和缔造现实。另外,从文明检讨的方法论角度看,任何批判与反思,往往需要通过对原初事实的澄清或想象作为现实判断的起点。

优徘。乃天机不可式遏,旁出而生学士之心,乐语孤传为诗,诗抑不足以尽乐德之形容,又旁出而为经义。经义虽无音律,而此次成章,才以舒,情以导,亦所谓言之不足而长言之,则固乐语之流也。二者一以心之元声为至。舍固有之心,受陈人之束,则其卑陋不灵,病相若也。韵以之谐,度以之雅,微以之发,远以之致,有宣昭而无罣礙,有淡宕而无犷戾:明乎乐者,可以论诗,可以论经义矣。"

从最深远的来源、最普遍的功能、最精微的旨趣立论,船山以一种具有人类学意味的经学立场和视点看待文学。

大体而言,这种陈述并不违背历史真实。"礼""乐"的发生即是文明的发生,诗的艺术的因子最初是与宗教、伦理、教育的因子一体同构的,"礼""乐"由神秘的仪式过渡到人为的仪式,诗由一种宗教、历史、游戏的公共抒写进入到人文的、私人化的非集体的抒写,这是一个普遍的过程,一个没有可逆性的过程,船山与历史上大多数思想者一样,并不甘心于诗歌的这种"退而求其次""每下愈况"的补偿性质,而希望企及原初的境界。因此,他对"元气"泄尽的后世诗歌与诗人的轻视,就是一种不会因局部观感而改变的基本立场(他常曰,某人某诗"去古未远""依然古道""是古人心",以示旌表)。以他对诗歌作为统一的意识形态性质的确认,他甚至认为,"自竟陵乘闰位以登坛,奖之使厕于风雅.乃其可读者一二篇而已。其他媒者如青楼哑谜,黯者如市井局话,蹇者如闽夷鸟语,恶者如酒肆拇声,涩陋秽恶,稍有须眉,人见欲哕,而竟陵唱之,文士之无行者相与学之,诬上行私,以成亡国之音,而国遂亡矣。竟陵灭裂风雅,登进淫靡之罪,诚为戎首","推本祸原,为之訾裂。"

由此,这种跨越"文学"的政治指责和意识形态讨伐,对船山而言就一点也不奇怪,而是"当下自然"的逻辑。

正像孔子"知其不可为而为之"的努力与热情并不仅仅是基于一种社会性的洞察和意愿,同时也是出于对生命及其精神本原的洞察和意愿,船山对历史的清算不止停留在人事、社会的层面,而涉及整体的精神历程。他的美学与诗学正是建立在立足拯救与重建的深刻反思之上,挑剔的打量是全方位的,事关生命的本质,在他的心胸手眼中,在他以天下兴亡为担当的使命意识中,虽然无法挽回精神的分化与流变,但整体的人格唤起和具有洒盖性、普遍性的英雄主体及其情感的缔造,庶几可以振拔诗性的萎靡与文明的虚弱。

二、私人化与"女性化":情感失范文章失度

将"诗"与"经义"置于统一观照之下,③同时又意识到,"经生之理,不关诗理",一如"浪子之情,无当诗情"。船山肯定"诗以道情,情之所至,诗无不至","往复百歧,总为情止"。

但是,既然"诗"与"经义"同样服从于一种更高的精神指令,即作为统一的意识形态,它们在情感品质上就必须是相同或相似的,这种情感不能是过于私人化和充满偶然性的,而应该是一种集体的甚至囊括天地的情感。诗必须有着普遍意义的能指,主"知"要深入"微词奥义",主"情"要关乎"万古之性情"。船山对诗史的苛评,很大成分就是对历代诗歌所显示的情感品质及价值取向,它们总是趋向于私人化和"女性化",所施予的尖锐批判。

船山对杜甫多所责难,除了杜甫那些被称为"诗史"的篇章让他"终觉于史有余,于诗不足",而论者干脆以"诗史"推尊老杜,更让他觉得是"见驼则恨马背之不肿"④,几近荒唐外,更根本原因是杜甫诗中所显示的某种情感品质让船山痛心不已。

《诗广传》卷一《论北门》一篇长行文字,表达了船山对杜甫诗中卑俗情感的轻蔑,以及对整个诗史上这一类情感的演化流程的检讨:

"诗言志,非言意也;诗达情,非达欲也。心之所期为者,志也;念之所觊得者,意也;发乎其不自己者,情也;动焉而不自持者,欲也。意有公,欲有大,大欲通乎志,公意准乎情。但言意,则私而已;但言欲,则小而已。人即无以自贞,意封于私,欲限于小,厌然不敢自暴,犹有愧怍存焉,则奈之何长言嗟叹,以缘饰而文章之乎?意之妄,忮忿为尤,几悻次之。欲之迷,货私为尤,声色次之。货利以为心,不得而忮,忮而忿,长言磋叹,缘饰之为文章而无怍,而后人理亡也。故曰:

---

③ 《夕堂永日绪论》之"内编"多谈诗,而"外编"所谈"经义",时有夹缠。
④ 《古诗评选》释上山采蘼芜。

'宫室之美、妻妾之奉、穷乏之得我,恶之甚于死者,失其本心也。'由此言之,恤妻子之饥寒,悲居食之俭陋,愤交游之炎凉,呼天责鬼,如衔父母之恤,昌言而无忌,非殚失其本心者,孰忍为此哉!二雅之变,无有也;十二国之风,不数有也。汉、魏、六代、唐之初,犹未多见也。夫以李陵之逆,息夫躬之窒,潘安、陆机之险,沈约、江总之猥,沈佺期、宋之问之邪,犹有忌焉。《诗》之教,导人于清贞而蠲其顽鄙,施及小人而廉隅未刓,其亦效矣。若夫货财之不给,居食之不腆,妻妾之奉不谐,游乞之求未厌,长书之,嗟叹之,缘饰之为文章,自绘其渴于金帛,设于醉饱之情,靦然而不知有讥非者,唯杜甫耳。呜呼!甫之诞于言志也,将以为游乞之津也……韩愈承之,孟郊师之,曹邺传之,而诗遂永亡于天下……是《北门》之淫倍于《桑中》,杜甫之滥百于《香奁》。不得于色而悲鸣者,其荡乎!不得于金帛而悲吟,荡者之所不屑也,而人理亦亡矣。"

不完整地引述这段文字很容易造成歧解,也很难看到船山缕述诗歌的内在情感如何从杜甫、韩愈、孟郊等一步步趋向淫滥龌龊的全过程,但对"情""意""志""欲""大欲""公意"的分辨是明确的。

杜甫的不堪,在于将一些过于物质化与私人化甚至充满女人气的情感情绪纳入了诗歌的长言咏叹中,甚至缘饰成章而不以为愧耻,即他某些时候所表达的欲望、情感、意念,是一些无法上升到关于家国天下的理性与天道的高度,没有普遍意义和合法性,不能使人性获得超拔反而会使人性沉沦的欲望和情感。船山几乎所有对于杜甫的不满都是由此生发出来的:"啼饥号寒,望门求索"、自怜悲苦似"游食客"、"装名理腔壳""摆忠孝局面"等等。

确实,抒写悲苦的情志和宠辱皆惊的遭遇,是杜诗最常见的主题。按照某一种标准,这样的主题所显示的器量胸怀,自难广大。

在船山看来,情感与品度是连在一起的,恶劣的没有深度的情感伴生于本不杰出的品度,"性正则情深","力薄则关情必浅","诗以道性情,道性之情也"。

性、情、欲的组合与关联,既简单又微妙,但差之毫厘、谬以千里。诗心与平常心(饥寒心)及圣贤之心,诗情与日常情感("数米计薪"之情)及社稷生民之情,诗性与理性(功利)及天地之性,往往交缠于同一主体,既重叠又相互区别,既排斥又兼容。杜甫之"滥"情,关键在于他"诞于言志""自比稷契",却是以此作为"游乞之津",世俗的心思、理性和情感,不仅遮蔽了他与圣贤之心、社稷生民之情与天地之性的沟通,也笼罩了他基本的诗性与诗情:

船山在艰难繁复的分辨中,冲击碰撞,曲折回互,充满理论的紧张与险峻,但保持了基本立场的一致性,打通情感与性理,对情感品质与审美表达做出统一的解释。他认为,汉人辞赋大多成为"怨怼之辞"而无法比拟屈赋,是因为作者"徒寄恨于怀才不试","以厄穷为怨尤"。"屈子忠贞笃于至性,忧国而忘生,故轮囷絜伟于山川,粲烂比容于日月,而汉人以热中宠禄之心,欲相仿佛,悻怒猖狂,言同讥咒。"

因此,结论其实非常简单:"其情贞者其言恻,其志菀者其言悲,则不期白其怀来,而依慕君父、怨悱合离之意致,自溢出而莫囿";"其情私者,其词必鄙;其气戾者,其言必倍"。内在的情感状态、心性状态、"气"的状态,决定着审美表达的分量和品级,"情贞"则"言恻","志菀"则"音悲","情私"则"词鄙","气戾"则"言倍",一切粗糙的、卑俗的、生硬的、无法登大雅之堂的审美表达,对应着作者内在心性与情感的粗粝与卑俗。

这符合并且深化了"言为心声"的古老命题。

值得加以考虑的是,按照现代美学观点,文学情感以及表达的私人性质,是文学作为起点与前提的要素之一。在远离"史诗"时代之后,无法设想某种集体情感(与船山的"大欲""公意"相仿佛)与理念支配下的写作,会不是做作和充满意识形态意味的。

与此同时,情感之"贞"与"私",气之"戾"与"昌",很难作简单的道德评判,特别是对于审美来说,更难作优劣取舍。审美表达常常是在一种并不平衡的心性状态下(即"气""情"的不同状态的郁结与释放)完成的,现代审美甚至以表现变态的、阴郁的、暴戾的、怪诞的情感为当仁不让的使命。这样的理论变迁,自然非古典语境下的船山所能响应。他对曹植的鄙薄,就是因为他从曹植的诗中读出情感与气质的病态、偏枯,他无法喜爱曹植的多愁善感、忸怩优柔,"以腐重之辞,写鄙秒之情",风雅因之扫地。他甚至怀疑《七哀诗》"明月照高楼"非植所作,而是"谲冒家传,豪华固有,门多赋客,或代其庖"。

从文字考察情感之"贞""淫",由情感检讨时代的精神状态,检讨"人理"的存废,船山所痛心疾首、噩梦连连的心结所在——晚明的天塌地陷、中原陆沉,由此可以有所归结和解答。

船山认为,"精神""命脉""遭际""探讨""总之""大抵""不过"一流语词进入晚明"经义",就是人心朽坏的证明,相应地,"诗""文"被"俚语咿哑""里巷淫哇"所充斥,这种现实远非一日之现实,而由来有自。"汉魏以降,无所不淫",这种"淫"不仅是心性情感的,同样是关于法度形式的。陶渊明诗中有"饥来驱我去"之类句子就是"量不弘而气不胜","杜甫不审,鼓其余波","愁贫怯死,双眉作层峦色像",白居易"本无浩渺之才,如决池水,旋踵而涸",苏轼"菱花败叶,随流而漾,胸次局促,乱节狂兴所必然也"。更可怕的是,元稹、白居易放弃"诗教"之任而"将身化作妖冶女子,备述衾裯中丑态","韩、苏诐淫之词,但以外面浮理浮情诱人乐动之心……惮于自守者,不为其蛊,鲜矣……伊川言佛氏当如淫声美色以远之,韩、苏亦然,无他,唯其佻达引人,夙多狐媚也。"

这种对感性的拒斥,这种严谨端肃到苛刻的诉求,显然基于"为天地立心,为生民立命"的高标,基于对经国济世的崇高心志情感的期望与要求,以一种抽象、圣洁、高远的普遍性,取消"文学"表达的独立性与私人性,以至高无上的圣贤境界,规范所有的世俗情感。

所以,船山不仅不屑妇人、衲子、游客、诗佣之作,对市井之谈,俗医星相、迷惑丧心之语,污目聒耳之秽词,亦深耻之。他需要的是"博大弘通"、"淹贯古今"、"有得于道要"的"雅正之音"与"冲穆之度",可以"引申经传之微书",而讨厌诗文中"正是不仁"的"娇涩之音""忿决之气",尤其无法忍耐"末路悲戚"如贾岛者。

三、"天文斐蔚"与"旷世同情"

不能忍受纯粹诗人气质的曹植,船山对高祖、武帝、魏主曹操、曹丕的创作,却是无限心仪,俯之仰之,从他们身上,船山读出了一种禀于天地的高贵气象和巨人的人格力量。

船山视高祖《大风歌》为"天授",以为"绝不入文士映带";认为汉武帝的《秋风辞》,"宋玉以还,惟此刘郎足与悲秋";无保留地认同曹操,谓之"天文斐蔚""意抱渊永""卓荦惊人",建安七子"臣仆之有余矣,陈思(曹植)气短,尤不堪瞠望阿翁"。又谓"读子桓(曹丕)乐府,即如引人于张乐之野,泠风善月,人世陵嚣之气淘汰俱尽",《燕歌行》"倾情倾度,倾声倾色,古今无两","殆天授,非人力","圣化之通于凡心,不在斯乎?"说曹丕、曹植有"仙凡之隔"。

出现在船山几种诗歌评选中的如上表述,今天读来,有点触目惊心。

简单地把这种取向看作船山对君权的膜拜,有失肤浅,对船山这样以洞彻天地,贯通古今自任且心智卓越、器宇宏大的思想家来说,"帝王气象"意味着一种可以化育天下、字养生民的崇高的主体性,一种感天动地、民胞物与的心量与情怀。在古代社会,作为臣民,无论蒙昧与否,雄才大略,文情豪迈的君主,都是他们最深刻、最内在的"情结"所在,所有的光荣和梦想指归于此。

船山自不例外。

船山生当易代之际,以遗臣自居,渴望光复前朝,并为此魂牵梦萦,不遗余力。他把清朝入主中原,看作是野蛮对文明的颠覆(有时几乎要看成"禽兽"抢占了人的家园)而不只是常见的改朝换代。当光复无法付诸行动时,船山将满腔热情和抱负,注入思想文化的清理,如同孔子般重新诠释"经""史"(即使是他的诗歌评选,也曾获得"与尼山自卫反鲁、正乐删诗之意,息息相通"的评价),以期重建人的精神与国家的精神——"天之未丧斯文也"。

在船山看来,晚明的失败,根本就是思想文化上的颓堕所致,"自李贽以佞舌惑天下,袁中郎、焦弱侯不揣而推戴之,于是以信笔扫抹为文字,而消含吐精微、锻炼高卓者为咬姜呷醋,故万历壬辰以后,文之俗陋,亘古未有","王伯安厉声吆喝个个人心有仲尼,乃游食髡徒夜敲木板叫街语,骄横鲁莽,以鸣其蠢动含灵皆有佛性之说,志荒而气因之躁",因为志荒气躁,情感失范,文章失度,"色引其目而目蔽于色,声引其耳而耳蔽于声",外在的诱惑遮蔽了内在的性理,于是"划断天人,失太极浑沦之本性",异端纷纭,形而下猖獗。

船山标榜气节惟欠一死,以赴死的精神与意志,稽核儒家原典,俯瞰历史,指点人文,并且把释、道思想也纳入自己的考核中,所谓"六经责我开生面,七尺从天乞活埋"，"疏浍水之歧流，引万派而归墟，使斯人去昏垫而履平康之坦途"，以此为毕生的使命，首要的目标正在于使"失度"的"文章"（它就是文明的表征）、"失范"的"情感"（它指向性理），重新回到固有的轨辙上来，尽管这种轨辙有点子虚乌有。

易代的遭际，使船山对时代的精神现象较之承平之世的思想家有更敏锐的判断与洞察，也强化了他的"经世"倾向，强化了他关于"天理民彝"的思考，对于可以寄托天下的博大的主体的向往异常迫切，指归"帝王气象"的美学与诗学选择，便成为他整个思想的必不可少的环节。

在《俟解》中，他说："有豪杰而不圣贤者矣，未有圣贤则不豪杰者也。能兴即谓之豪杰。兴者，性之生乎气者也。拖沓委顺当世之然而然，不然而不然，终日劳而不能度越于禄位田宅妻子之中，数米计薪，日以挫其志气，仰视天而不知其高，俯视地而不知其厚，虽觉如梦，虽视如盲，虽勤动其四体而心不灵，惟不兴故也。圣人以诗教荡涤其浊心，震其暮气，纳之于豪杰，而后期之以圣贤，此救人道于乱世之大权也。"

将孔子诗教中"兴"的概念引申到人性锻造的高度，表明船山手眼中并没有一种独立于经世之学的诗学或美学，而且它们都共同召唤着"英雄"主体与"英雄"人格，所谓"豪杰""圣贤"，由此去获得最高的完成。

完整而恰当地体现了船山有关主体与人格诉求的，是屈子及其骚赋，船山以自己与屈子"时地相疑，孤心尚相仿佛"，作《九昭》列于《楚辞集释》之末，以正选解人的姿态解说《楚辞》，并对《楚辞》的篇什予以调整，不屑王逸注解，对朱子的某些说法也不以为然。

在他看来，屈赋中所有浓墨重彩抒写的愤怒、失望、犹疑、徘徊、叹息、悲伤、眷顾，都源于忠贞之性、高尚之情，源于一个丰沛充实、精光四溢、充满浩然之气的主体，一种完美健康的人格。屈原以千古独绝之忠，"往复图维于去留之际，非不审于全身之善术"，"既达生死之理，则益不昧忠孝之心。"

问题的关键就在这里，并非不知道全身之术，并非没有对于个人存在的"生死之理"的参悟，然而，代表家国天下承担的"忠孝之心"，反而更加堂堂正正。船山反复强调，屈子"情贞""素怀不昧"，是真正的大丈夫，船山自己亦不屈身降志于现实,不屈身降志于任何可以让信仰、意志妥协迁就的思维模式与生存方式。

船山认为,其实屈原非常清楚,所谓"与天为徒,精光内彻,可以忘物忘己",但屈原不能改变"倏尔一念,不忘君国之情"的怀抱。

同样的,船山于丹道不陌生,对五行魂魄之说也精熟,但他只认可屈原那种不失自身意志与立场("己之独立")的老庄之思、王乔之教,而且认识绝不取代信仰。他也知道"冥飞蠖屈"就可以应对现实、身家平安,但是却"固不能从"。

船山"旷世同情,深山嗣响",指认《离骚》为"词赋之祸,万年不祧。汉人求肖而愈乖,是所谓奔逸绝尘,瞠乎皆后者矣"。后世之所以"求肖而愈乖",就是因为不具备可以对称的主体与人格,而拥有这种英雄般的主体以及人格,情感将变得纯正,艳诗不艳,闲适不闲,表达也由"必然"进入"自由","诗教虽云温厚,然光昭之志,无畏于天,无恤于人,揭日月而行,岂女子小人牛含不吐之态乎","两间之固有者自然之华,因流动生变,而成其绮丽,心目之所及,文情赴之,貌其本荣,如所存而显之,即以华奕照耀,动人无际矣","神理流于两间,天地供其一目,大无外而细无垠,落笔之先,匠意之始,有不可知者存焉。"

当表达成为有关生命的书写或者进而是生命的自我抒写时,表达就变得无可指责了,当诗意是天人共赋的诗意,当"文情"是"两间"固有之情,它们所指示的审美状态便接近一种自然而然的不可亵玩的状态。

这已然接近圣人"师心""原道"的神秘主义境界:造化本身就是诗文的极致,伟大的诗文必定是伟大的主体人格及其情感与造化对称的产物,诗人只需以开放的心怀体会感受那生生不息的脉动,载录天地间的浩然之气以及对应于心的苍茫情怀就足够光彩照人——"元气元声,存乎交禅不息而已",所谓"揭日月而行""大无外而细无垠",完全无视"女子小人半含不吐之态"。

四、"英雄主体"与"英雄美学"

充足的才华,发乎性理的纯正情感,类似于圣贤豪杰的伟大主体以及人格,这是船山美学的主要构件,也是他认可的诗学理想的基本元素。

这是一种充满"英雄主义"气质和色彩的诗学与美学,所谓"英雄美学"。

大体言之,船山的"英雄美学"是由儒学所内含的基本美学思想与船山在末世遭逢中挽救颓堕、期许英雄的精神创发共同构成的。

儒学,特别是演化为宋明理学的儒学,对主体、人格与情感原本有着苛刻的要求,对文学有非常强烈的工具意识,而船山召唤英雄、期待大器,为主体设置了更高的标准,正是这种要求与标准,导致了船山对诗人与诗史的苛评。

在很大程度上,这种苛评是非审美的,正如后世崇拜者所说:船山"胸有千秋,目营四表","于荒山�径之中,穷天人性命之旨","考其所评选诗钞,与尼山自卫反鲁、正乐删诗之意,息息相通,迥非唐、宋以来各选家所能企及"。孔子"删诗"而使"天道备,人事浃,遂立千古诗教之极",而船山《诗广传》"从齐、鲁三家之外开生面焉。又评选汉、魏以迄明之作者,别雅、郑、辨贞、淫,于词人墨客唯阿标榜之外,别开生面,于孔子删诗之旨,往往有冥契也,知此可以读三百篇,知此可以观汉魏以来之正变,以及无穷。紫不夺朱,郑不乱雅,利口覆邦之祸,庶几不再见于中华乎"。

船山对诗史的甄别,上升到可以"兴国覆邦"的高度,这对于今天的人来说显得不可思议。如果说是后来者的需要使得孔子"删诗"成了一个范型了数千年文化的大事件,而无法回避其意义的话,那么,船山在末世的待遇,却远没有这样幸运,当他的思想从灰墙土瓦中走出并光大于清季时,社会已正在告别古典时代,新的语境和"语言"在一步步建立。将船山的诗学继续往非审美的诗教意义上拉扯,不仅不能让它获得肯定,反而会使那些真正值得肯定的具有原创性的思想被遮蔽。

事实上,只有当船山的理论触角超越已经发育饱满的儒家诗教而作独立的审美体察时,他的卓越的领悟力和创造性才真正显示出来,而这正是他被专业领域内的研究者看成文论大家之所在。

但是,这并不意味着我们可以撇开船山作为理学家所具有的基本思想和逻辑,而能够对船山美学与诗学的最高旨趣获得充分的理解。恰恰相反,当我们孜孜以求于船山思想中合乎现代美学与诗学理念的理论亮点而缺少对其思维方式与逻辑的整体把握时，我们对船山的表彰往往是"谨毛而失貌"，不得要领，甚至指东打西，把风马牛不相及的现代诉求安派在船山只言片语的附会解释上，也无法解释他在理论上的矛盾夹缠，譬如他既对魏晋以降的诗文大家挑剔再四，又并不要或者说自知不能取消他们在诗史上的地位，而且常常不小心忘记了自己的"经学"立场而让审美判断占据先机。

理解船山诗学理想的最终指归，理解船山有意无意标举的"英雄美学"，也许必须要回到他的崇拜者的阐释所提供的非审美的经学立场上去，虽然我们不必像他的崇拜者那样把立论者的理论初衷与实际意义等同起来而视船山为"千古圣人"，以至对于他其实充满是非矛盾的思想不敢置一词。

按照经学的视角，审美的诗常常是感性的奢侈品，是理性的颠覆之具，由审美气质与性情创造的审美，只有纳入"兴、观、群、怨""兴于诗、立于礼、成于乐"等有效于家国性命的渠道，才具有建设性，其意义才是充足的。否则，就不足以服务于有关主体、人格、情感、气质、风度的统一缔造，以使个体生命达于圣境，使国家履踏康庄。

思想通达深刻如船山，当然懂得感性的诗对于生命的正面含义（他甚至说过"薄夫欲者之亦薄夫理，薄于以身受天下者之薄于以身任天下"），他同时也懂得诗可以负载某些负面的情感而具有破坏性。

实际上，这正是一切感性之具共同的两面性。

既不能像迂阔僵化的道学家，无视生命的诗性成分与欲求而放言审美的取消，何况他深知"诗""乐"的审美是"成人"的仪式与"初阶"，也是生命不可或缺的大成"华严之境"。但是，又不能放任情感扩张、诗心狂野到覆水难收的程度，乃至引来江山易主、社稷倾覆。

在古典语境中，秉承一元有机的生命观及思维方式，我们无法要求船山不将改朝换代、社会崩解与道德沦丧、思想窳败、诗人堕落连在一起考虑。那么，船山折中而高明的选择便是将一种英雄主义的理念和理想，纳入古典美学与诗学中，以期英雄主体跨越审美与非审美的鸿沟，书写代表"大欲""公意"的"诗"篇，进而像写"诗"一样书写人生、打理社会、重整乾坤、赞化天地。

此时，就是天与人归、天人合一之实现了。

在审美认知与非审美认知之间的理论分辩中，船山的思想获得了不失宽广的生长空间，他的美学与诗学称得上是理学化了的儒家美学与诗学的最高完成。

但是，我们无法从船山自列于《楚辞》之末的《九昭》中，读出屈骚似的美感与意味，甚至也无法读出船山所期望的那种主体与人格。那么，由此看来，最高蹈、最经典的美学与诗学，也并不意味着能直接孕育出最经典的"诗""文"。对一个美好的事物，我们可以将每一个要素分解得很清楚，但并不意味着可以重构这个事物，或者说重构本无意义，正像船山所意识到的，"文章与物同一理，各有原始，虽美好奇特，而以原始揆之，终觉霸气逼人。如管仲之治国，过为精密，但此与王道背驰，况宋里之烦扰妆腔者乎"！

确实，当船山把自己认可的"光昭之志""亘日月之情"嵌入他所创作的唯一杂剧《龙舟会》时，《龙舟会》就像一出几百年前的"样板戏"，情感枯涩造作[5]，意味淡薄，正是船山所嘲弄的"不蕴借而以英雄，屠狗夫耳"，不免"制骨称雄，破喉取响"之病。

热切的社会关怀与紧迫的当局感，并不一定有助于诗性的孕育与理性的澄明，有时甚至相反。

船山既秉承了一元的"原道""载道"观，将"诗""文"置于统一的意识形态范畴，又以服从服务于当时当世为崇高使命（《四书训义》卷一说"道至平天下而极矣"），其激烈的工具愿望、主题意识，难免成就苍白造作甚至拙劣的表达，"史诗"般的情怀，始料不及地衍生出语录式的教案和单调的意识形态符号。

时移世易，二十世纪中国处在一个较船山所处更加激越沧桑的时代，民族国家的拯救与再造，同样召唤着船山标举的英雄主体与情感，毛泽东屡屡说不喜杜诗，说杜"哭哭啼啼"，这绝非只是他个人的一时好恶，且不说毛泽东与船山在学术上的渊源关系，从二十世纪中国文化的基本走向看，将文学与启蒙、与国民精神的改造、与主体的高扬作划一的规范与要求，就显示了古老的世界观、生命观的延续与再生。

除此之外，对创作主体及其情感纯洁性的诉求，对高洁绝尘的英雄人格的推

---

⑤ 船山喜"边塞诗""疆场诗"，不仅喜其豪气，且沉迷于其中复仇的"战斗"的快感，自己的创作也屡屡表现出"种族情绪"，且视为庄严神圣。

崇,对私人性体验与欲求的拒斥,美学上清洁单纯到"洁癖",与审美过程(无论是创作过程还是欣赏过程)中类似"儿童思维"与逻辑的情感与想象,直到今天某些以"史诗"自任的写作,无不可以从船山的"英雄美学"中找到影子。

由此也凸现了古典的"英雄美学"在现代的困境及其可能性。

毕竟,文学就是文学,文学又并不止于文学。

【孟　泽　中南大学外国语学院比较文学系教授】

原文刊于《中国文化》2019 年 02 期

钱曾与严熊

《柳如是别传》钱氏家难章补论

张旭东

　　陈寅恪先生撰《柳如是别传》，条件所限，搜讨材料极见艰辛，仍有不能弥缝之处，故推论多有，而"俟考"数见。此稿杀青刊布，至今三十年，赞誉及批评皆多，而以新材料考其俟考，补其未及者，并不多见。今人眼福大胜前人，三十年间新材料层出不穷，然终究事与愿违，其间因缘又是如何呢？

　　陈先生当日撰《柳传》，遗阙很多材料，此为事实。以"钱氏家难"为例，其间几个关键人物，如主犯钱朝鼎，从犯钱曾，替钱家诉讼之严熊，他们皆有诗集，然条件所限，陈先生都没能看到。《柳传》所采皆"间接人物"之别集，如归庄，如顾苓，一在昆山，一在苏州，非"钱氏家难"之当事人，未亲与其事；至于龚鼎孳、宋琬诸人，更隔而远矣。故推论、俟考丛集，如果有问题，就可能出在这里。

　　这三个人的集子，钱朝鼎的尚未现身。钱曾的集子一直隐匿人间，直至20世纪80年代现身美国，才知道是盛宣怀旧藏，由谢正光先生详加笺释，让我们更多地了解遵王生平。只有严熊的《严白云诗集》传了下来，由邓之诚文如先生收藏，但可惜没有派上大用场，直到后来北京《四库未收书辑刊》（第七辑）、上海《续修四库全书》及《清代诗文集汇编》出，我们在影印本的卷首看到邓先生的印章，才知道此为邓氏旧藏。邓先生《清诗纪事初编》于严熊只寥寥数语，其云："严熊，字武伯，常熟诸生。入清后，以告隐终。撰《严白云诗集》二十七卷。自丁未（康熙六年）以前，为《雪鸿集》三卷，戊申（康熙七年）以后，岁为一集，至辛未（康熙三十年）止。

熊年十九,明亡。至是当年六十有五。尝受诗法于钱谦益。以香山、放翁为宗。其诗自抒胸臆,颇喜纪事,集中年月首尾不阙,最足以考见当时之事。"①在选诗部分,实在没有选出其"纪事"的那部分。我们知道,清初别集最难得,邓先生藏清初别集达七百种,材料虽夥,一时未顾得用;陈先生避居岭南,又没得用,故严熊的集子虽存而实亡。有意思的是,《柳传》最后一条材料,用的是邓氏《骨董琐记》,更退一步讲,陈邓二位互通有无,陈先生得《严白云诗集》而用之,《柳传》与"钱氏家难"便逼近真实一分吗? 恐不一定。因为事情往往是这样,一个材料必得另一材料两相激发,才产生出新的问题,引你追逐向前,若得不到激发,则此材料必在沉睡中,无用也。严熊的集子为陈先生所用,也许会偏得更远,因为这个材料必得钱曾的七个集子相激发,才能射出火光,而钱曾的集子陈先生是无论如何用不到的。

《邓之诚文史札记》录下钱曾五集的名字,它们是《怀园》《莺花》《交芦》《判春》《溪囊》,算是略存梗概。但他是从《海虞诗苑》看到的,邓先生自己并没有收到钱曾的集子。②

钱曾共有七集,只有《今吾集》是刻本,其他皆为钞本。《今吾集》刻本亦少见;钞本更鲜流传,不知如何到了盛宣怀手上,亦不知如何流到国外,入藏美国堪萨斯市博物馆中国馆馆长何惠鉴先生响山堂,谢正光机缘巧合于何先生处见到这《虞山钱遵王诗稿》钞本,含六集,分别为《怀园小集》《交芦言怨集》《莺花集》《夙兴草堂集》《判春集》和《奚囊集》。③

谢正光钱曾七集的公布,解决不了钱曾与严熊的关系问题,但可以解决钱曾与牧斋的关系问题,已是巨大的收获。

一、牧斋与遵王

《邓之诚文史札记》一九五二年农历五月二十六号记阅《有学集》,认为牧斋

---

① 邓之诚:《清诗纪事初编》卷一,上海古籍出版社,2012 年 6 月第二版,第 75 页。
② 邓之诚:《邓之诚文史札记》,凤凰出版社,2012 年 4 月第一版,第 668 页。
③ 谢正光:《钱遵王诗集笺校》(增订版),"中研院"中国文哲研究所,2007 年 12 月第一版,前言第 15 页。

丁亥被逮北京，《江上孤忠录》谓费三十万金，未必如此之多，第二次戊子之秋被黄毓祺所牵入金陵狱，亦大有所费，牧斋《与徐仲光书》力述贫窘，大约皆耗于此两狱矣。文如先生又说：

> 绛云烬后，以余书归述古，未言得价，疑牧斋所取于遵王者，平时已多，必有啧言，乃以书偿之，书犹不足，故遵王勾结钱朝鼎，破其家于身后也。牧斋干没朝鼎之资，必与柳如是有关，故不索之孙爱，而索之柳。柳殁，遵王论徒，严熊仗义入都，求伸公论。《杜诗笺注》之刻，或遵王以之自赎耶？此两事，世人多不悉究竟，故为著之。④

所言两事，一为"以书偿之，书犹不足"事，一为"遵王自赎"事。皆关涉晚年牧斋与遵王之关系，今依次论之。

（一）"以书偿之，书犹不足"事

钱曾《读书敏求记》卷二地理舆图类"统舆图二卷"条云："吾家藏《统舆图》，南北直隶及各省郡县，以及边防海道，河图运漕，外国属夷，靡不考核详载焉。图如蚊睫，字若蝇头，缮写三年而后成。彼柏翳所图，章亥所步，不出户庭而列万里职方于几案间，岂非大快事欤？宝护此书，便可压倒海内藏书家，非予之伪言也。"⑤又"郦道元注水经四十卷"条云："昔者陆孟凫先生有影抄宋刻《水经注》，与吾家藏本相同，后多宋版题跋一叶，不著名氏，余因录之。"⑥又史类"资治通鉴二百九十四卷"条谓："吾家《通鉴》有大字宋本，复有宋人手披者半部。刻镂精工，乌丝外标题周遭殆遍，尚是宋时装潢。"可窥见其藏书情况之一斑。则遵王父裔肃藏书本不贫，非得绛云残烬始富。

卷二史类"王偁东都事略一百三十卷"条云："《东都事略》宋刻仅见此本，先君最所宝爱。荣木堂牙签万轴，独阙此书，牧翁屡求不获，心颇嗛焉。先君家道中落，要索频烦，始终不忍捐弃。吾子孙其慎守之勿失。"⑦知裔肃与牧斋因藏书

---

④ 《邓之诚文史札记》，第655页。
⑤ 钱曾撰、丁喻点校：《读书敏求记》，书目文献出版社，1983年，第60页。
⑥ 《读书敏求记》，第55页。
⑦ 《读书敏求记》，第29页。

发生纠纷。

《初学集》卷七十六有《文林郎湖光道监察御史钱府君墓表》为钱曾曾祖钱岱而作,文首述钱氏谱系,谓"千一公玄孙始渡江居常熟"为始迁祖,"又四世曰镛,其小宗曰珍,公与余自是始分。公讳岱,字汝瞻,镛之第八世孙也"。⑧牧斋与钱岱同辈,则为珍之第八世孙。牧斋弟子冯舒作《虞山妖乱志》,记"尚书素不乐侍御史,口语亦藉藉",当有其事。钱岱,号秀峰,为明隆庆五年(1571)进士,官至湖广监察御史。其子时俊官湖广副使。时俊子裔肃,字嗣美,号淡岇,万历四十七年(1619)举人,好聚书,牧斋《有学集》卷三十一有《族孙嗣美墓志铭》。嗣美子即钱曾,字遵王,其名字之义即希望效曾祖王父,数祖典,遵圣谟,考德问业。《虞山妖乱志》又略云:"嗣美奸祖妾,族人告发,尚书缓颊,出三千两贿尚书,事竟不成,遂成怨。"故家难中有"立索三千金"语,旧隙也,此《柳传》已论之。嗣美卒后,遵王转从牧斋学,其时方弱冠,与牧斋由族曾孙转而为师弟。

顺治七年(1650)冬,牧斋与柳夫人之女正处孩提,剪纸引烛嬉戏,引起大火,绛云楼付于灰烬。牧斋心灰意懒,将烬余之书,尽付遵王。然此"尽付"是举数赠与还是低价转让?若是相赠,是否有附加条件?牧斋与遵王之父前有嫌隙,后与遵王极融洽,再后则遵王参与家难逼死柳如是,其间二人关系到底如何?遵王诚小人欤?请列钱曾七集相关内容及《读书敏求记》若干条目,于以上诸问题试做探讨。

曹溶《绛云楼书目题辞》谓牧斋藏书"好自矜啬,傲他氏以所不及,片楮不肯借出"。牧斋晚年窘迫,残余之中又不乏善本,牧斋、遵王向有书籍买卖,(参《读书敏求记》卷三子部"高诱注战国策三十三卷"条"予初购此书于绛云楼"之语。⑨)似以折阅相售、半送半卖为合理。然此仅为逻辑上之合理,算不得数。

钱曾《判春集》有《寒食行》一首,有句云:"绛云脉望收余烬,缃帙缥囊喜充牣。尽说传书与仲宣,只记将军呼子慎。"句下自注:"绛云一烬之后,所存书籍,大半皆赵玄度脉望馆校藏旧本,公悉举以相赠。"仲宣谓王粲。

---

⑧ 钱谦益撰、钱仲联标校:《牧斋初学集》,上海古籍出版社,2009年4月第二版,第1657页。
⑨ 《读书敏求记》,第80页。

《读书敏求记》卷二地理舆图类"杨衒之洛阳伽蓝记五卷"条云：

> 予尝论牧翁绛云楼，读书者之藏书也；赵清常脉望馆，藏书者之藏书也。清常殁，武康山中白昼鬼哭，嗜书之精爽若是。（中略）然绛云一烬之后，凡清常手校秘抄书，都未为六丁取去，牧翁悉作蔡邕之赠。天殆留此以佽助予之《诗注》耶？何其幸哉，又何其幸哉！⑩

按：此条标举牧斋为"读书者之藏书也"，则遵王自己无理由只作清常一流。"蔡邕之赠"，蔡邕以书赠王粲也。《诗注》指《初学有学集诗笺注》。

又卷三子部"邵子皇极经世观物篇解六十二卷"条云：

> 忆己丑春抄，侍牧翁于燕誉堂。适见检阅此册，余从旁窃视，动心骇目，叹为奇绝。绛云一烬后，牧翁悉举所存书相赠，此本亦随之来。今岁侨居也是园，检点缥囊缃帙，藏弄快然堂，偶翻及此书，追理前尘，杳如宿劫，日月易迈，屈指已三十七年矣。栖迟衡泌，为草茅贱士，有负公书斯文嘱累之意。⑪

又卷四诗集类"高常侍集十卷"条云：

> 静言思之，吾家典籍，异日不知传于何人，惜世无王仲宣，聊作郑馀庆舐掌之藏可耳。⑫

按：诸条皆谓赠与，则非折价相售。几条贯读，玩其语义，牧翁作蔡邕之赠之原因大约有二：一为知己之感，中郎找到了王粲；二为赠书助遵王完成初学有学集诗注，即相赠亦有条件。"有负公书斯文嘱累之意"一语言之甚明。"斯文嘱累"指牧翁以初学有学集诗郑重相托，请遵王作注。"有负公书"则诗注尚未完

---

⑩ 《读书敏求记》，第 57 页。
⑪ 《读书敏求记》，第 73 页。
⑫ 《读书敏求记》，第 132 页。

成,负公赠书之盛意。又以述古堂藏书无传人为虑,若是售与,正不必如此。

《读书敏求记》卷二地理舆图类"黄山图经一卷"条云:

> 黄山旧名黟山,轩辕黄帝栖真之地,当宣歙二郡。唐天宝六年六月七日,敕改为黄山,今名《图经》,尊此书也。予注牧翁《游黄山诗》,大半取此,披览全图,真神游于三十六峰之间矣。⑬

按:此正牧斋赠书助遵王作注之旁证。著书难,作注亦难,非得证以群书不可。遵王谓牧斋为"读书者之藏书",即藏书为读。牧斋储群书而读,融化所见,随手入诗。遵王若要一一注出,非走老路,重读这些书不可。残余相赠,聊胜于无。

至此,赠书抑或售书之疑业已解决,而牧斋遵王之间关系亦渐明了。遵王七集中及牧翁者多,情意皆真切。不意牧斋捐馆,遵王卷入家难,不理于众人之口。遵王于此始终不辩。那么突遭变故,替牧斋作注之诺言是否继续遵守? 理董牧翁遗著能否得到救赎,获取其他同门之原谅? 这些问题便涉及邓文如先生所言第二事。

(二)"遵王自赎"事

书癖略同钱癖,牧斋"片楮不肯出借"前已引及,钱曾想亦略同。然《读书敏求记》卷二豢养类"蟋蟀经二卷"条云:

> 《蟋蟀经》相传贾秋壑所辑。其于相辨、喂养、调治之法咸备,文辞颇雅驯。牧翁诗中"更筹帷幄,选将登场"句,采其语也。予昔藏徽藩芸窗道人五采绘画本,为季沧苇豪夺去。兹则绛云楼旧钞本也。⑭

按:此云为季振宜"豪夺"去,似恨季。其实非也,此不过藏书家之间故事而已。遵王《判春集》有《寄怀季沧苇一百韵》,闻沧苇卧病,狂书千字,以诗代函问

---

⑬ 《读书敏求记》,第64页。
⑭ 《读书敏求记》,第46页。

询,急切之情溢于言表。季振宜助遵王刻《钱注杜诗》,此处五采绘画本让季,自己只留旧钞本,原委在此。

不仅如此,《敏求记》卷四集部"陶渊明文集十卷"条云:

> 娄江顾伊人藏弄宋椠本《陶渊明集》,颜其读书处曰陶庐,而请牧翁为之记。伊人交予最厚,真所谓兄弟也,但各姓耳。见予苦爱《陶集》,遂举以相赠。丙午丁未之交,予售书季沧苇,是集亦随之而去。每为念及,不能舍然。此则购名手从宋刻影摹者,笔墨飞动,行间字有不可遏之势,视宋刻殆若过之。沧苇殁,书籍散入《云烟过眼录》矣。伊人前年渡江,念《陶集》流落不偶,访求得之,持归视予,(中略)予畀以牧翁《陶庐记》手稿,俾揭之简端。⑮

按:丙午丁未为康熙五、六年(1666、1667),牧斋卒于康熙三年(1664),卒后遵王谋刻牧翁《钱注杜诗》于季沧苇,折阅售书与季,许多宋本随之去,述古堂仅留复印件。此在藏书家中,必是特例。其行为之目的在于注书,已一目了然。《钱注杜诗》成,平允论,已算不甚负牧斋。又,牧翁手稿多在遵王处,则牧斋晚年与遵王极亲近可知,此详后。

《钱注杜诗》在牧斋卒后三年刻成,季振宜作序。季氏序详述颠末,记遵王当时语最多,其序记遵王语谓"牧斋阅世者于今三年,门生故旧无有过而问其书者",已算明说遵王不负牧斋,隐言其他弟子护师如干城,而于牧翁遗著不闻不问。

邓文如先生亦以《钱注杜诗》之刊刻为遵王之自赎,可见古今同情。然从现有文献看,此举并未获得同门原谅。陆贻典《觌庵诗钞》有《乙卯人日风雪,同黼季山中早行,送东涧先生葬,兼示遵王》诗,诗云:

> 肠断梅花发故丛,空山赴哭及瞳眬。百年身世悲风里,千古文章白云

---

⑮ 《读书敏求记》,第121页。

中。留谒不辞来孺子,起坟多愧葬扬雄。何人为琢寒山石,有道碑裁第二
通。(时未有志文)⑯

按:牧斋于康熙三年(1664)五月二十四日卒,卒后未葬。后十一年,康熙十
四年(1675)端月八日,即乙卯人日,灵柩下葬。遵王似未参加,是不愿参加,或
不许参加,不得而知。陆贻典作诗以告遵王。黼季,即毛扆,字斧季,又作黼季,
毛晋幼子。据叶昌炽《藏书记事诗》"陆贻典"条,称陆为"汲古季子之妇翁",知
陆贻典为毛斧季之泰山翁。毛晋前卒,故只得毛扆送牧翁。时值隆冬,红梅花
发,又逢大雪,更感空山寂寥。由陆诗看,送葬规模不大,皆里人。末句"何人为
琢寒山石,有道碑裁第二通",注谓牧翁死十一年而无人作墓志,牧斋后人转求
多人作志文未果。陆氏以此诗示遵王,则他人未必谅遵王而陆氏谅之。《海虞
诗苑》"陆文学贻典"条谓"钱曾笺注东涧诗,僻事奥句,君搜访饮助为多"。⑰ 遵
王注牧斋诗,同门陆敕先襄助不遗余力,故能设其身而处其地于遵王给予同情
之理解。

然此句尚有深意。何为"有道碑"?即郭有道碑。东汉郭泰人品气节最为
人所重,蔡邕在从逆前曾为写墓志并书碑,曰郭有道碑,于郭有道深致敬重。此
文为蔡邕得意之作,亦入选《昭明文选》。后董卓篡汉,蔡邕不能舍死以争,妻子
之念太重从而从逆,碑便为人毁去。清初傅青主重书,青主为遗民,大节凛然,犹
不以蔡中郎心口不一而弃去其文,而是重书此碑。陆敕先此诗预感到牧斋身后
之评将遭反复,而能为牧斋作郭有道碑第二通者将是遵王及自己,其原因在于
《牧斋初学有学集诗注》能"发皇心曲,为作注脚",牧斋赖此而重活。

牧斋下葬是在一月,三个月后是寒食。该年寒食,遵王中酒。中酒之后,夜
梦牧斋,牧翁以诗注事相询,问他做得怎么样了,醒来大哭,此即《判春集》中《寒
食行》小引。其诗云:

---

⑯ 陆贻典《觌庵诗钞》卷五"渐于集二",清雍正元年刻本。转引自谢正光《钱遵王诗集笺校》(增订本),第
261 页。又王应奎《海虞诗苑》卷五"陆文学贻典"条引,"瞳昽"作"瞳昽",上海古籍出版社《海虞诗
苑·海虞诗苑续编》,2013 年 4 月第一版,第 95 页。
⑰ 王应奎《海虞诗苑》卷五"陆文学贻典"小传。上海古籍出版社,第 93 页。

凄凉情绪逢寒食，当午盲风妒晴色。望望江南寂寞春，垂杨罩遍莺花国。秣陵草碧路迢遥，卖酒楼前旦暮潮。麦饭一盂无泣所，杜鹃新恨几时消。砚北老生但痴坐，灯残自剔琉璃火。铜辇孤衾梦未成，抱影将愁泪溃堕。甲帐尘埋表奏年，汉宫遗事散轻烟。抚今追昔心悲怆，只合蒙腾中酒眠。山城漏点严更柝，谁信藏舟趋夜壑。一缕营魂何处飞，含凄又到胎仙阁。更端布席才函丈，絮语雄谈仍抵掌。空留疑义落人间，独持异本归天上。（梦中以诗笺疑句相询，公所引书皆非余所知者。绛云秘籍，久为六丁下取，归之天上矣。）寂历闲房黯淡灯，前尘分别总无凭。梦回肠断噭然哭，忽漫披衣戒夙兴。忆昔华堂屡开宴，光风却月欢愉遍。银筝偏殢白头翁，清醅盈觞照颜面。（中略）嗟公仙去十年余，阐茸无成转惜予。海内知交半凋谢，一室徒烦事扫除。绛云脉望收余烬，缃帙缥囊喜充牣。尽说传书与仲宣，只记将军呼子慎。（绛云一烬之后，所存书籍，大半皆赵玄度脉望馆校藏旧本，公悉举以相赠。）此日真过一百六，悲啼直欲枯湘竹。泪点繁花杂乱飘，洒向江天红簌簌。斜行小字丛残纸，笺注虫鱼愧诗史。未及侯芭为起坟，不负宫门庶在此。（乙卯端月八日，稿葬公于山庄，故发侯芭之叹。）⑱

按：此诗有三处自注，皆重要。第二处前已论明，不赘。第一注云"梦中以诗笺疑句相询，公所引书皆非余所知者。绛云秘籍，久为六丁下取，归之天上矣"，牧斋卒后十一年，遵王仍在为《有学集》诗作注，疑问不能解，而形之梦寐，中酒而哭，惊愧而醒，遵王亦苦人。诗末言"斜行小字丛残纸，笺注虫鱼愧诗史。未及侯芭为起坟，不负宫门庶在此"，注云："乙卯端月八日，稿葬公于山庄，故发侯芭之叹。"侯芭起坟，用《汉书》典，须略及之，不然不能尽知其义。《汉书·扬雄传》云："巨鹿侯芭常从雄居，受其《太玄》《法言》焉。刘歆亦尝观之，谓雄曰：'空自苦！今学者有禄利，然尚不能明《易》，又如《玄》何？吾恐后人用覆酱瓿也。'雄笑而不应。年七十一，天凤五年卒，侯芭为起坟。"扬雄侯芭典有二义，一为传玄，一为起坟。牧斋弟子常用此典，然义有不同，当具体分析。陆贻典前诗

⑱《钱遵王诗集笺校》（增订本），第260页。

"起坟多愧葬扬雄",即用起坟义。此处遵王谓"斜行小字丛残纸,笺注虫鱼愧诗史。未及侯芭为起坟,不负宫门庶在此",用传玄义,谓自己不负牧翁,在此不在彼。不负牧翁,在于为《初有学集》诗作注,不在"起坟"也。"未及侯芭为起坟"亦是牧斋下葬,遵王不预之旁证。故邓文如先生所猜测之"遵王自赎",不仅在《钱注杜诗》,更在《牧斋诗注》。则总体上讲,遵王不负牧斋当可成立。

(三)遵王注钱事

遵王《怀园小集》由牧斋作序,云"族孙遵王侍陆丈孟凫过余水亭啜茗,出其所著《怀园小集》求是正焉。"⑲谢正光先生《钱遵王诗集笺校》有考,云:"序首所谓陆丈孟凫,陆铣(1581—1654)也。《有学集》卷三十一有《陆孟凫墓志铭》,记陆氏以'甲午八月二十二日卒于虞山里',甲午为清顺治十一年(1654)。可推见牧斋此序至迟应作于顺治十年(1653)。时遵王二十五岁。"⑳则此诗集作于遵王廿五岁之前。中有《早春闲居十首效天随子》,其三云:

> 坐觉松窗日影斜,风兰烟蕙叶交加。苔荒断岸鸡头竹,泉护寒庭鸭脚花。小品新疑空记浩,太玄旧义独传芭。到头心事终难定,拟向长堤理钓车。㉑

按:此时牧斋尚在,如何"太玄旧义独传芭"?而"到头心事终难定",不知是何事;"拟向长堤理钓车",不知有何决定?此诗当指牧斋将著作托与遵王事,而遵王有所迟疑,即"到头心事终难定"。牧斋诗中事,多将延祸,作注事与出处之关系,一而二,二而一,不能截然而分,故遵王有所迟疑。钱曾《判春词二十五首,意之所之,笔亦及之,都无伦次》之十八自注:"《初学有学诗集笺注》始于庚子之夏,星纪一周,粗得告蒇,癸卯七夕后一日,以《笺注》稿本就正牧翁,报章云:'居恒妄想,愿得一明眼人,为我代下注脚,发皇心曲,以俟百世,今不意近得之于足下。'今牧翁仙去数年,而诗笺挂一漏万,殊不足副公之意,未知后人视

⑲ 《怀园小集》又称《笔云集》,牧斋序在《有学集》卷十九,目录题作《遵王笔云集序》,正文作《族孙遵王诗序》,见钱谦益《牧斋有学集》,上海古籍出版社,1996年9月第一版,第827页。
⑳ 《钱遵王诗集笺校》,第4页。
㉑ 《钱遵王诗集笺校》,第8页。

之,虎狗鸡凤,置之于何等耳。"②庚子为顺治十七年(1660),该年夏,遵王开始为《初学集》诗作注,渠三十二岁,牧斋七十九。三年之后,即康熙二年癸卯(1663),诗注初稿完成,请牧斋过目,得《有学集》卷三十九《复遵王书》"居恒妄想"云云。

遵王生于崇祯二年(1629),入清时十六岁。以一般原则,遵王在明朝未登仕版,不必为明守节。年岁相近参加科考出来做官,如钱朝鼎者,不可胜数,亦不一定遭严责。遵王追随牧斋作遗民,又为牧斋诗作注,其时有"到头心事终难定"之慨。几年之后,已选定了路,表现得很坚定。遵王《交芦言怨集》有《悲秋二十首》,其九云:

> 圆盖无梯那可登,钧天梦觉又何曾。髻头欲掩栖瓶雀,摇翅难飞穴纸蝇。秋水暗凝金狄泪,暮云清澈玉壶冰。颠毛种种西风里,总被时人唤不应。

其十五云:

> 卷然双鬓感秋蓬,十四年来昔梦中。放鹤亭南寻处士,操蛇山北笑愚公。新愁汴酒烟花绿,旧恨樊楼灯火红。苦爱青州从事好,醉乡端合老无功。㉓

按:入清十四年,遵王正三十岁。时人唤他,总不应也,岁月流逝,仍活在过去。又,樊楼,《读书敏求记》卷二地理舆图类"梦华录十卷"条云:"幽兰居士孟元老,追叙东京旧游,编次成集。缅想曩昔,如同华胥梦觉,因名《梦华录》。书成于绍兴丁卯,去靖康丙午之明年,又二十一年矣。南渡君臣,其犹有故都之思,如元老者乎。刘屏山《汴京绝句》'忆得少年多乐事,夜深灯火上樊楼'。盖同一

---

② 《钱遵王诗集笺校》,第235页。
㉓ 《钱遵王诗集笺校》,第56、57页。

痡叹也。"㉔"旧恨樊楼灯火红"即"追叙东京,华胥梦觉"之义,家国感、遗民味是很足的。遵王诗得牧斋一体,极写家国之感,善能造哀,幸而久失传,不然必延祸。失传而后重现,惜义宁老不曾见也。

牧斋卒时,遵王三十六。牧翁卒后,遵王憔悴,然不忘夙诺,继续笺注钱诗,不负乃师在此。邓文如先生治史言事皆如老吏,然文如能谅遵王,如何其同门不能谅之耶? 其关节点在哪里?

二、严熊及其家世

钱氏家难发生,由于牧斋子孙爱懦弱,由牧斋弟子严熊出面诉讼。这是个有一定传奇色彩的人物,严熊入清后不仕,是遗民,集中有延祸之句,故《严白云诗集》流传不广。邓之诚先生与陈寅恪先生,一有缘见之而未注意,一无缘见之,故《清诗纪事初编》及《柳传》于此人皆着墨不多。请先述其家世。

(一)严熊家世

严氏为虞山名门,并四代与牧斋交,此《柳传》已及之而未详叙,或因陈先生以此未为重要而省之,其实严熊之为人豪壮与其家世不无关系;其外家亦与牧斋有关,此《柳传》言之更少。今略补苴之,当非画蛇添足,或可知人论世。

曾祖严讷,字敏卿,嘉靖辛丑进士,官拜吏部尚书、武英殿大学士。以文学名,称"青词宰相",谓政绩不多。嘉靖四十四年以疾乞归,里居廿年,卒年七十四,谥文靖,《明史》卷一九三有传。著《春秋国华》十七卷,《四库》著录。

严讷与子严澍、严泽等皆善书,列名《御定佩文斋书画谱》卷四十三中。严熊祖严泽,字道溥,仕中书舍人,神宗爱其书。严熊《严白云诗集》卷二《和归玄恭养疾诗十二首》其十一"字"云:"拍案高低拟问天,(予与玄恭较字,各不相下,往往拍案大呼)何妨张米并称颠。看碑妙诀三朝悟,悬肘神灯四代传。(予家自先相国文靖公后皆称能书,其法必主悬肘)微处试参戈法进,兴来常得笔锋圆。

㉔《读书敏求记》,第57页。

诚悬讽谏成佳话,不独书裙可换钱。"㉕

　　父严栻,字子张,崇祯七年(1634)甲戌科进士。为信阳知州,自制火器败流寇,有政绩,官至兵部职方司员外郎。为姚希孟门人。举人与阎尔梅同年,进士与吴昌时、龚鼎孳同榜。当有举兵反清之行为,严熊、顾苓皆言之不详。后隐居不出。《初学集》卷三十六《赠文文起宫相六十序》即严栻所求。㉖

　　严熊外祖父为文震孟,字文起,吴县人,文徵明曾孙。十赴会试不售,至天启二年殿试第一,授修撰。上疏斥魏忠贤,廷杖八十,贬秩调外,不赴调而归。后又用,特擢礼部左司郎兼东阁大学士,入阁预政。与温体仁沮,不尽其用归,归半岁卒,极有正声。福王追谥文肃,《明史》卷二五一有传。另汪琬有《文文肃公传》,《东林点将录》点为地文星圣手书生萧让。

　　严家自乌衣门第,然不甚以忠孝节义显,武伯父严栻似有起兵抗清事,武伯集中于此不著一言,岂畏祸而隐晦耶?然于其舅氏文乘死难事,何大书而特书?顾苓《塔影园集》有《文公子传》,论文乘亦及严栻,吞吐不详,似严栻确有起兵事,捕文乘以招严栻,文乘不就范,死。严栻亦至官府解释,归。武伯有难言之隐。武伯外祖父文震孟及震孟仲子文乘,于忠孝节义最显,武伯屡言之。

　　文震孟二子秉、乘。长子秉,字孙符,明亡后杜门著书,今其所著书流传者,有《烈皇小识》《先拨志始》等。

　　仲子乘,字应符,《明史》文震孟本传谓"遭国变死于难",语焉不详。黄宗羲《周子佩先生墓志铭》云:"文相国子乘,子佩之妹婿也。牵连吴日生事被杀,子佩迎妹于家,抚其孤成立。"吴日生,即吴易。子佩,周顺昌子。子佩妹妻文乘。文乘姊妻严栻,文乘为严熊母舅。严熊《严白云诗集》卷一有《重过药圃(外王父相国文肃文公故宅)》诗云:"历历池台触处惊,此来疑是梦中行。竹穿败砌苔空绿,柳拂危桥水自清。两月去留天下事,(文肃入相两月而罢,尝图其石曰'两月平章')十年兴废一家情。伤心剩有梁间燕,犹泥愁人故故鸣。"卷二又有《感旧四首》分咏文震孟、文秉、文乘,不俱录。柴德赓《明季留都妨乱诸人事迹考上》

　　㉕　严熊:《严白云诗集》卷二,《清代诗文集汇编》100,上海古籍出版社影印,2010年12月第一版,第21页下。
　　㉖　《牧斋初学集》,第1005页。

第十六"因事累为清室所获殉义者（七人）"考文乘其人，引《南疆逸史》卷十一云："文（秉）〔乘〕，字应符，文肃仲子。隐山中，有诬其与吴江（易）〔易〕通者，逮至官，（秉）〔乘〕不辨，徐曰：不敢辱吾父，愿就死！临刑赋诗曰：'三百年前旧姓文，一心报国许谁闻。忠魂今夜归何处，明日滩头吊白云。'妻□氏，亦殉其旁。"又引《苏州府志》八七云："妻周氏，即顺昌之女，亦殉其旁。"

周顺昌，《东林点将录》点为地满星玉幡竿孟康。张溥名文《五人墓碑记》云因顺昌事处死苏州义士五人，断头城上，有贤士大夫出资治葬，"贤士大夫者，冏卿因之吴公、太史文起文公、孟长姚公也"。太史文起文公，即文震孟；孟长姚公，即姚希孟，字孟长，吴县人。震孟生十月而孤，母文氏抚养长大，稍长与母舅震孟同学，少震孟五岁，并负时名。举万历四十七年（1619）进士，改庶吉士。天启初，震孟亦取上第入翰林，甥舅并持清议，名亦重。遭党祸，崇祯九年（1636）卒，谥文毅。震孟长协，亦卒。尚在甲申之前。《明史》卷二一六有传，《东林点将录》点为地阔星摩云金翅欧鹏。牧斋《初学记》卷二十有《冯二丈犹龙七十寿诗》自注云："冯为同社长兄，文阁学、姚宫詹皆社中人也。"㉗知牧斋所交不仅严氏四代，与武伯外家关系尤密。至此关系始明，方知严武伯诗"十年兴废一家情"所蕴之义。

严熊母舅文乘，武伯《严白云诗集》卷一《拜文烈士应符母舅旅殡》云："悠悠渭水去无期，犹忆追随最小时。静远斋东探柳色，石经堂北嗅梅枝。乌衣作伴他生事，白首难同后死悲。七尺形骸千岁计，白云明月是心知。"（舅临刑有"忠魂今夜归何处，明月滩头卧白云"之句）按：文应符绝命诗有异文，自以武伯所记为确，《南疆逸史》传写致讹。

武伯父辈谱字用水旁，武伯同辈谱字用火旁，族兄弟行中另有严炜，字伯玉，诸生，与牧斋关系亦密。谢正光先生名文《清初贰臣曹溶及其"遗民门客"》考伯玉与曹溶、牧斋，甚而金堡等人关系较详。伯玉有《沧浪集》，《千顷堂书目》著录。

因文乘居间，严熊与牧斋另一重要弟子顾苓，在家世上亦有联系。顾苓《塔

㉗ 《牧斋初学集》，第713页。

影园集》卷一《先处士府君行状》及周顺昌事,云:"吴江周忠毅公为先太仆公外孙,以忤阉魏忠贤被逮,先一日,文文肃公来密语府君,府君告忠毅,因为出入经营,几被株累,不惜也。"

又同卷《文公子传》记文乘事,云:"崇祯丙子,将试应天,而文肃公薨,既免丧,颇托迹声伎,阴结客,故人问遗,随手散尽。思文皇帝继位福建,改元隆武,遣吴江孙某,密诏前总督漕运都御史路振飞于太湖中,主吴趋赵生家。赵生素善公子,出孙某所赍登极、亲征二诏,出示公子。公子慨然曰:'吾有君矣!'赵生随孙某如福京,公子具表,自陈世受国恩,将纠结草泽应援之师状,上相国黄道周、陈洪谧书,趣王师西征。封以蜡丸,珍重投赵生。赵生许诺。既出门,毁弃之。及抵福京,以父官礼部得官,踰年,以谩语报,公子信之,遂集故所结客,治兵太湖中。湖中义士亦公推公子。丙戌六月,部署将发。土国宝伺湖中事,刺得状,急发卒捕,公子被获,连所亲数人。公子语国宝曰:'吾一人事,事不成,死耳。彼皆不得与闻。'国宝悉遣所亲,而令公子招余众以赎死。公子骂曰:'吾有死,不为若用。'先是,公子姊丈兵部主事严栻于乙酉六月起兵常熟,不克,弃去。国宝疑两人共事,招主事书曰:'君来任公子则生之。'主事至,国宝与言所以任公子者,辞不与闻,公子亦坚请死,遂以是月二十六日被杀,年二十九。死之先一夕,赋诗曰:'阀阅名家旧姓文,一身许国死谁闻。忠魂今夜归何处,明月滩头卧白云。'死之日,过其甥顾苓家,与妻子诀,饮食如平时。悬首阊门,越一日犹视。国宝从城外来,望见,恶之,函送主事以敛。死之日,流星坠所陈尸寺中。"则严熊与顾苓皆自称文乘甥。然亲疏不同,据顾苓《先处士府君行状》云"外祖,故文待诏公孙婿,相国文肃公姊夫",盖顾苓之外祖父为文震孟之姊夫,震孟仲子文乘为顾苓舅辈。

武伯本能自树立,威武豪壮,诗酒纵横,如燕赵豪杰,兼忠贞之后,又增慷慨。其本家、外家,忠孝辈出,故一旦与人龃龉,胆气粗壮,拍胸敢言"汝不信吾乎"!其诗效乐天、放翁,一泻千里。

(二)严熊其人

严熊,字武伯,生于明天启六年(1626),诸生。明亡时十九岁,钱曾与牧斋子孙爱同岁,武伯长钱曾、孙爱三岁。入清不仕,喜山水游,诗酒纵横。钱氏家难发生后,出面严讨钱曾,有《负心杀命钱曾公案》,天下多之,《柳传》已引及。与牧斋其他门人归庄、顾苓等皆善,顾苓前已言之,归庄与严熊则可能性格接近,相交最深,《严白云诗集》中唱酬最多即是玄恭,不一一录。

武伯守遗民之节不堕,《祝陈太丘七十》后半云:"无何又世变,真主起辽燕。宇宙再开辟,投簪返林泉。两人又相从,相从百忧煎。久要殊未忘,微节守能坚。从此谢世事,息心究玄禅。痛定温昨梦,堪贺寔堪怜。"[28]

与遗民往还不绝,互通声气。又贞不绝俗,往往与当朝巨公游,与龚鼎孳、徐乾学兄弟皆有往来。《岁暮杂诗十首次湘灵韵》之九有"安贫掉臂能辞贿,守拙摇头不要官"句,下有小注云:"戊午岁,徐健庵、曹荩眉诸公欲以予应博学宏词之荐,予力辞之。"[29]卷二十七又有《洞庭即事呈徐尚书健庵》《次和健庵山居三首》等。[30]

武伯后来又从钱陆灿与修《常熟县志》《江南通志》。《严白云诗集》卷十九《漫兴二十六首次钱遵王韵》第十七首云:"三钱鸡笔绍春秋,谁卧元龙百尺楼。宋氏繁芜唐史谬,纷纷未数万毛牛。(去夏同湘灵修《常熟县志》,秋冬之交,与修《江南通志》,今皆告成,因慨《明史》久未竣局。)"[31]

《柳传》云:"牧斋与严氏一家四代均有交谊,前已言及。晚岁与武伯尤为笃挚。观上列材料并《有学集》三七《严宜人文氏哀辞并序》(此序前已引)、同书四八《题严武伯诗卷》及《再与严子论诗语》等篇,可知武伯之'为虞山先生义愤'固非偶然。但武伯之'纵横跌荡','眉宇轩轩,燕赵间侠客壮士',自是别具风格之人,故其与钱曾辈受恩于牧斋者同,而所以报之者迥异也。"然"与钱曾辈受恩于牧斋者同"与"所以报之者迥异"二句,皆当分析。侯芭之争已起,便会有余波产生。

阎古古曾访牧斋,与论不合,赖武伯斡旋方解,详下。以性情论,阎、严较合,武伯于牧斋,四代相交,尊之者多,性情实有别。及遵王半路从牧斋,王前卢后,易起纠纷。《牧斋杂著》卷二十三有《与遵王》,即所谓"杜诗八札",遵王得牧斋

㉘ 《严白云诗集》卷二十三,第147页。
㉙ 《严白云诗集》卷十八,第122页。
㉚ 《严白云诗集》卷二十七,第161页。
㉛ 《严白云诗集》卷十九,第126页。

垂青起于注杜,往还讨论,渐亦相得。《有学集》卷二十六《述古堂记》以"好古敏以求之"相勖,即看出遵王性情特点,钱曾述古堂、读书敏求记之名,皆从此出,牧斋谓"以余之老耄,犹将羹墙仰止,朝夕陈拜,而况子少壮努力者乎",殷殷相嘱。[32]

《有学集》卷三十九收《复遵王书》《与遵王书》二函,皆论注《初学集》诗事,有"居恒妄想,愿得一明眼人为我代下注脚,发皇心曲,以俟百世。今不意近得知之于足下"数语,知从注杜而相知,又进而开始注钱。而于遵王所注未尽满意,随笔指出,又约抵掌再谈,具见此二函中。及绛云楼烬,举烬余归遵王,此时已易蛾眉人妒。遵王《判春集序》云:"(牧翁)易箦前数日,手持《有学集》稿郑重嘱付。"[33]又邹式金《牧斋有学集序》云:"易箦时,乃以手订《有学集》授遵王,余子漪为及门,故得见而知之。"[34]明为传衣钵,遵王意中,自绛云传粲起,已自认侯芭,传玄自任。则陈寅老"晚岁与武伯尤为笃挚"之判断未为全中。而武伯意中,未必以为然,《严白云诗集》卷十三《春朝拜钱宗伯墓》云:"夙与斋沐到山中,拜罢先茔便拜公。谈笑明明如昨日,池台处处想流风。乔松抱雪寒犹在,线柳含春气旋融。悬刺书香望郎主,(唐人呼座主之子为郎主,此句勉文孙镜先也。)侯芭端不负扬雄。"[35]末句以侯芭自指。侯芭本有二义,今日看来,钱、严本可分任之,当日情形,势不能分,必起小争端。

(三)严诗二序

《严白云诗集》前有阎尔梅序,为《柳传》作者无缘寓目者,颇有涉及诸人之间关系之语,今录于下:

> 有明崇祯庚午,吾师姚文毅公主顺天乡试,予幸而获隽。是年,武伯之尊人子张亦举南闱,子张少受业于文毅,故事,两京称同年,又同门也,订交长安,互相题拂,以为英流神士。已而子张成进士,予老计偕,踪迹遂阔。鼎革后,予患难濒死,遥闻子张亦同之,即知有令子武伯,未识面也。癸卯,避

㉜ 《牧斋有学集》,第 993 页。
㉝ 《钱遵王诗集笺校》,第 203 页。
㉞ 《牧斋杂著》,第 953 页。
㉟ 《严白云诗集》,第 93 页。

迹吴下，与子张相晤，握手慰劳，唏嘘太息，各已班白。而武伯亦年几四十矣，形体魁岸，须髯猬张，目光电烨。予爱其有河朔壮侠之气，及与谈诗文，恂恂暗暗，确有源委。赠予诗云："四海为家不裹粮，儿童也识报韩张。开编莫叹陈琳老，览景空思阮籍狂。往迹危曾当虎口，新踪愁为入羊肠。何时负笈亲函丈，历遍残山剩水傍。"予和之曰："钵乞晴天雨作粮，朱琴萧索不曾张。伯伦随地皆能醉，光禄诸儿若个狂。山水离奇穷鸟道，鼙笳辛苦试鱼肠。游来万里怜孤影，此夜悲歌尔在傍。"予南游，相知投赠不下千篇，惟此篇能绘出心貌。盖文人则相如之击剑，猛士则荆卿之好书，殆兼有之，称其家儿者也。当是时，牧斋钱宗伯以老学宏才挟主文柄，于人少所许可，独酷爱武伯，如禅门之付衣拂。然予与牧翁言不契，临行遗书诮让之，牧翁滋愠，武伯曲为调剂。昔人所谓两姑之间难为妇者，予雅重之。

又三年，予往合肥，会龚司马尊人之葬，武伯亦至，相见甚欢，痛饮于司马斋者再四。时牧翁已殁，会丁家难，宠姬柳氏自缢。武伯不避嫌怨，所至讼言。一日，司马大会宾客，谈及其事，或为探巢人解纷者，武伯乘酒瞋目叱之，座中以为狂，独司马感泣称异，以为不负知己，有古人之风，郑重赠诗而别。

今年戊申来京师，复饮于司马斋，醉后立和予《观剧》八章，笔不停辍，风雅可诵。冠盖中争欲交欢武伯，重币延致，文章意气，称誉籍甚，先生俱以亲老为辞，予益重之。于其归，折柳御河，广为饯别，历叙交谊，词繁而不杀焉。庸正告天下之取武伯者，当于俗口谣诼牝牡骊黄之外，而武伯亦将自励其后也。白苎山人阎古古撰。

按：姚文毅公，即姚希孟。阎古古与武伯尊人同门又同年，以此识武伯。虬髯慷慨，能折阎氏，武伯之能自立可知。席间谈牧翁旧事，又及遵王。癸卯，为清康熙二年（1663）。"又三年"，为康熙五年（1666，丙午），牧斋卒已两年。时武伯四十一岁。谈及旧事，态度依然激烈，此刻武伯不谅遵王尚可理解。

尤可注意者，龚鼎孳大会宾客，座中有"为探巢人解纷者"，文献阙失，惜不知此人为谁，然可确定座中有袒遵王之人。武伯乘酒斥之，须发尽张，瞋目欲斗，不容辩是非，人自避之，座中以为狂。独龚鼎孳感泣称异，以为"不负知己"，并赠诗数章。阎古古描画武伯，栩栩如生，一则谓"似河朔壮侠"，一则谓"文人则相如之击剑，猛士则荆卿之好书"，可谓等其气类，相见忘年者。

再按：邓之诚《清诗纪事初编》卷一"阎尔梅"条谓："阎尔梅，字用卿，号白耷山人，又号古古，沛县人。崇祯三年庚午举人。为复社魁硕，有重名，埒于二张。甲乙之间，屡以奇计说史可法，不能用。乃散家财万金，结豪杰，往来山东河南。数有兵起，旋皆破灭，事连尔梅。顺治九年，官发兵系之至大明质证，移济南狱。再逾年，有左右之者，得回籍听勘。明年携子出亡，十余年间，遍游西北，会事解乃归。复为人所告，康熙四年，入京师，援恩诏诣诏狱自首。龚鼎孳时为刑部尚书，与有旧，为之疏通，竟得宽免。是狱言者不详，黄宗羲谓以诗祸亡命，尔梅亦有'贾祸诗文尽数删'之句，然被逮时，其弟尔羹父子同下江宁狱，经年始释。亡命之先，妻妾自杀，虑发冢，预平先墓，狱情严急，知与诗未尝无关，而不尽由于诗。"此所谓"鼎革后，予患难濒死"者。又谓："诗才若海，茫无涯涘，说者谓似太白，盖论其古体；若律绝，不薄七子，而格律谨严，声调沉雄，纯以史事隶之，与靡靡者异，当时无不重之。吕留良睥睨一世，闻人誉之半似阎古古而喜。"晚村固重其诗，更重其人。阎古古如此待武伯，所谓"此夜悲歌尔在傍"者，几于忘年知己，无疑又为武伯增重焉。武伯家室如此，威武如彼，足以震慑人而使不能辩也。

又按：《柳传》推测严熊至京之时间在康熙五年之后，阎尔梅此序可支持这一推测，并进一步具体到康熙七年。《柳传》云：

> 清史列传柒玖贰臣传乙龚鼎孳传略云："康熙元年谕部以侍郎补用，明年起都察院左都御史，三年迁刑部尚书，五年转兵部，八年转礼部。十二年八月以疾致仕，九月卒。"据上列之材料，可知严武伯至北京乃在康熙五年丙午后龚氏任职京师之际，而此时牧斋之从侄孙保曾再发起向孙爱索逋之事。

据阎古古序知，龚鼎孳、阎古古、严熊三人两次会面，一在康熙五年（1666，丙午），事由为龚司马尊人之葬，地点在合肥。这一次武伯酒后骂坐，龚鼎孳赠诗而别。第二次在康熙七年(1668,戊申),阎序谓"今年戊申来京师,(与武伯)复饮于司马斋,醉后立和予《观剧》八章,笔不停辍"。合肥之会甚欢洽,故又有京师"复饮于司马斋"之会。据此可将寅翁所测"康熙五年之后"考定为康熙七年(1668,戊申)。

合肥之会龚鼎孳所赠诗,即《严武伯千里命驾,且为虞山先生义愤,有古人之风,于其归,占此送之》七绝五首,在《定山堂集》卷四十二,《柳传》已录,今不惮烦重录之,并加析语。

其一云:

清秋纨扇障西风,红豆新词映烛红。扣策羊昙何限泪,一时沾洒月明中。

按:此首以"扣策羊昙"句为重点。羊昙感旧,哭悼谢安事,见《晋书》卷七十九谢安本传,略谓:羊昙为谢安所爱重,安薨后,辍乐弥年,行不由西州路,怕思旧也。尝醉后不觉至州门,左右曰此西州门,昙悲感不已,以马策扣扉,诵曹子建诗"生存华屋处,零落归山丘",恸哭而归。此首写严熊感旧,不忘牧斋。

其二云:

死生胶漆义谁陈,挂剑风期白首新。却笑关弓巢卵事,当时原有受恩人。

按:"关弓"即"弯弓",弯弓射巢鸟。此首讽钱曾。

其三云:

河东才调擅风流,赌茗拈花足唱酬。一着到头全不错,瓣香齐拜绛云楼。

按：此首咏河东君。所谓"一着到头全不错"，似今俗语"一条道儿走到黑"，赞柳氏有主心骨不动摇，又赞家难中决绝非常人。此组诗为严武伯而作，写到颇服柳氏，则武伯于柳夫人之态度可推而知。柳如是非婉娈小妇，于武伯慷慨较易接受。

其四云：

> 高平门第冠乌衣，珠玉争看彩笔飞。曾读隐侯雌霓赋，至今三叹赏音稀。

按：此首乃叙严家门第。文靖、文肃两相国，武伯屡屡言及，"高平门第冠乌衣"正此也。严家善于文艺，外家崇尚气节，武伯殆兼而有也。"隐侯"指沈约，作《郊居赋》，有"驾雌霓之连蜷，泛大江之悠永"句，出示王筠，筠读"雌霓"为"雌鶂"，约喜谓："霓字惟恐人读作平声。"许为赏音。指武伯诗赋能动江关，龚孝升于武伯亦生知己之感。

其五云：

> 君家严父似严光，一卧溪山岁月长。头白故交零落尽，几时重拜德公床。

按：子张与孝升为同年，入清后一隐一仕。"德公"即庞德公，隐者有德，比为德公，指严栻。此首与本文主旨较无关系，而于龚孝升心事较有关系。

龚氏诗题中谓"郑重赠诗而别"，其实未即作别，武伯"即席倚和奉酬"，当场即有和作。《严白云诗集》卷二有《丙午秋谒大司寇龚公于合肥里第，公赋诗五章辱赠，即席倚和奉酬》，亦五章，中多酬应之语，故不全录，录有关系者。

之二云：

> 颓鹤探巢事已陈，相逢和泪话犹新。平生知己公怜我，天下争嗤骂座人。（偶谈牧翁身后，有询及探巢人者，予厉色斥之）

按:题目中"丙午"即康熙五年(1666),可与阎古古序下按语合观。武伯《负心杀命钱曾公案》中即主要针对钱曾,而未提及钱朝鼎。怪矣哉,朝鼎是主犯,钱曾从之耳。遵王受大恩而叛,固可恨;然不及朝鼎,专骂钱曾,亦可怪也。序与诗中更对准钱曾,不及朝鼎。

尤可注意者,此诗所写与阎古古序所记为一事,皆在合肥龚鼎孳座上,此处但谓"有询及探巢人者,予厉色斥之",只是询及,何必斥之? 而阎序正所谓"或为探巢人解纷者",自以阎序得当日之实。此处用"徇"字方是写真,武伯一字之换,轻描淡写,出人意料。

末谓"平生知己公怜我,天下争嗤骂座人",此处"公"指龚鼎孳,即阎古古序中所谓"独司马感泣称异"。下句"骂坐人"为武伯自指,"天下争嗤"当过度其言,然有人为遵王辩护则可确定;为武伯气势压倒,亦可想见。

之五云:

曲江名姓几灵光,冷淡交情味自长。若询吾亲今日况,一龛佛火一匡床。(公与大人同年登第)

按:录此首,只为其小注也。知龚孝升与武伯尊人为崇祯七年(1634)甲戌科同年。

《严白云诗集》前尚有宋琬序,陈寅老已从宋氏《安雅堂集》中读之,然未考虑钱、严二人关系,今重录并申述之,其云:

虞山钱牧斋先生,以先朝耆宿操海内文章之柄者四十余年,所著《初学集》,海内争传诵之。暮年稍涉颓唐,又喜引用稗官释典诸书,于是后进之好事者,摘其纤疵微瑕相訾謷,以为口实。然而夏后之璜,不无径寸之考,固不害其为天球弘璧也。

岁辛丑,先生顾余于湖上,辟咡之遐,语及当代人物,先生曰:"吾虞有严生武伯者,纵横迭宕,其才未易当也。"越乙巳,始与武伯定交于吴门,而先生之撤琴瑟已再闰矣。武伯身长八尺，眉宇轩轩，骤见之，或以为燕赵间侠客壮士也。酒酣已往，为言先生下世后，其族人某，先生平日遇之甚恩厚，一旦妄意室中之藏，纠合无赖少年，嚣于先生爱妾之室，所谓河东君者，诟詈万端，迫令自杀。武伯不胜其愤，鸣鼓草檄，以声厥罪。其人大惭，无所容。聆其言，坐客无不发上指者。呜呼！何其壮哉。居平郁郁不自得，则去而之京师，出居庸关，经弹琴峡，爰及上谷、云中，所至辄下马赋诗。大司马合肥龚公甚激赏之，而沛人阎古古者，方为龚公上客，且俨然武伯父执也。阎生老矣，而狂亦甚，往往骂其坐人不少忌，而独心善武伯，故其倡和之诗尤最多，予读之，颇以不得预于其间为恨。一日，饮酒漏三鼓，武伯出牧斋先生文一篇示余，相与辩论，往复不中意，武伯须髯尽张如猬毛，欲掷铁灯檠于地者再。厥明酒醒，相视而笑，曰"夜来真大醉也"。虽狂者之态固然乎，而其护师门如干城，不以死生易心，良足多也。昔者扬子云殁，世人未之奇也，独其门人侯芭以为《玄》过《周易》，芭之文采不少概见，卒赖此一言以传，况武伯之卓然名家者乎！其驰骋豪纵之气，飞扬踔厉之才，览者当自得之，余椎不文，终未能绘其一二也。莱阳同学弟宋琬。

以《严白云诗集》卷首宋琬序与宋琬《安雅堂集》所收《严武伯诗序》对勘，发现异文，"先生曰：'吾虞有严生武伯者，纵横迭宕，其才未易当也。'越乙巳，始与武伯定交于吴门，而先生之撤琴瑟已再闰矣"几句，《安雅堂集》作："先生曰：'吾虞有严生武伯者，纵横跌宕，其才未易当也。'与武伯定交吴门，先生已撤琴瑟再闰矣。"按：所涉几个年份，辛丑为顺治十八年（1661），这一年宋琬会钱牧斋于湖上，提到严武伯。乙巳为康熙四年（1665），即四年以后，宋琬与武伯始相见。但是问题来了，牧斋卒于康熙三年，第二年宋严见面，怎么能说"而先生（指牧斋）撤琴瑟已再闰"呢！古人以为五年中两闰，故以再闰代五年。同一篇文章中，时间不合，若订交必在"乙巳"，则其时牧斋卒只一年；若订交时"先生撤琴瑟已再闰"，则其年必非"乙巳"。两者必有一误。孰是孰非呢？"再闰"云云是，因此文收入宋琬集中时，宋氏删去"乙巳"字样，盖当日笔误也。

再按：宋序与阎序，写法颇似，两篇序文如此相似，这是一大巧合。知牧斋卒后五年，武伯又谈往事，上次是在合肥，这次是在吴门，宋琬所记与阎古古所记相差无几，而听众反应略不同，"聆其言，坐客无不发上指者"，更无人再争。惟时间有差，此时《钱注杜诗》早已刊刻成功，遵王为牧斋诗作注亦已有年，武伯仍然不谅遵王，气仍未消，瞋目欲斗。序中且用扬雄侯芭典，谓武伯足以传玄，遵王乃"无所容"之人，则遵王注钱事业为其隐没。

又按：《钱注杜诗》刻成，季振宜为序即言："（遵王）一日指杜诗数帙，泣谓予曰：'此我牧翁笺注杜诗也，年四五十即随笔记录，极年八十书始成。……牧翁阅世者，于今三年，门生故旧，无有过而问其书者。"又云："牧翁著述，自少至老，连屋叠床，使非遵王笃信而死守之，其漫漶不可料理，纵免绛云楼之一炬，亦将在白鸡栖床之辰也。"此语初读以为泛泛，今日再看，则明明有针对。遵王已借季氏之笔，于武伯有所反驳。武伯气势压人，故不直接辩，亦不道歉。家难诉讼双方，严武伯颇得舆情，钱遵王不欲多辩，则案情陷于明灭晦暗中。

三、钱曾与严熊

遵王与武伯为两位侯芭。《读书敏求记》子部"严君平道德指归论七卷至十三卷"条云：

> 牧翁从钱功甫得其乃翁叔宝钞本，自七卷讫十三卷，前有总序，后有"人之饥也"至"信言不美"四章，（中略）真秘书也。辛丑除夕，公于乱帙中检得，题其后而归之予。来札云："此夕将此残书商榷，良可一胡卢。"嗟嗟！公之倾倒于苏至矣，惭予湮厄无闻，为里中儿所贱简，未能副公仲宣之托。抚今念昔，回首泫然。抱此残编，徒深侯芭之痛而已。

按：此条可注意者二，一为"公之倾倒于苏至矣""未能副公仲宣之托""抱此残编，徒深侯芭之痛"云云，谓遵王、牧翁知己之感，并再次证实前文所论赠书与作注有关。牧翁以此方面托遵王，遵王在此方面报牧翁。二为"为里中儿所贱简","里中儿"三字排除了很多可能，如柳如是，如朱鹤龄；"抚今念昔，回首泫然"，则为人所轻时间在牧斋身后。

遵王《判春集序》云：

> 忆髫年以诗文受知于牧翁，每览篇什，辄题词张之。尝采《破山寺》断句诗，录为《吾炙集》压卷。易箦前数日，手持《有学集》稿郑重嘱付。公为半千间出，倾倒于苏若此。惭予阇茸放废，湮厄无闻，甚至为里中儿所贱简。行将槁项息影，投老菰芦。固不敢自诡为东家丘也。后山一瓣香，负公实多，不成其乎为人矣！不成乎其为人，则亦不成乎其为诗。而复余情瞀起，未能舍然。辑缀钝句，联之为一集，庶几知我者，等于月光之水观，勿窥窗而投诸瓦砾，是予之幸也夫。丁巳除夕，述古主人钱曾自题。

按：此序大概二义：一为里人所轻，二将不负牧斋。遵王于家难后，不辩解，不道歉，只求不负凤诺，于注钱事自赎，以不负牧斋。为里人所轻一项，与前引《敏求记》略同。其为人所轻之时间，亦在牧斋身后，丁巳为康熙十六年（1677），已是牧斋卒后十三年。

然牧斋生前，已起是非。遵王《今吾集》有《述怀诗四十韵呈东涧先生》，诗云：

> 感极翻垂涕，衔悲只自知。颛愚蒙品藻，侗直荷恩私。入室容窥秘，登楼与析疑。篇章烦往复，格律斗新奇。压卷标吾炙，开编戒汝欺。缥囊题古帙，绛雪和清词。书竟传王粲，人夸说项斯。有文先许读，无席不容追。云上轩中酒，胎仙阁里诗。客来招共话，宾至唤相随。更喜经过数，偏怜光景移。晬盘春盎盎，夜宴漏迟迟。却月停歌扇，光风泛酒卮。红灯依笑语，清醑照须眉。鼓急花争放，弦么柳暗垂。翻思宾作主，犹记祭为尸。酒罢扶床坐，诗成剪烛窥。墨庄香馥馥，文海字淋漓。宇宙存洪笔，乾坤剩绛帷。扪心惊报答，没齿戴荣施。豚犬安名字，泉台勒铭碑。沉吟双泪涸，感激一身危。窃叹悬如磬，堪嗟钝若锤。百年宁肯负，千载更从谁？蜮影凭人射，蚕

僵笑我痴。谤伤殊可畏,欲杀又何辞? 俗子添蛇足,狂奴窃虎皮。石浮心独省,金铄志全亏。巧立词坛帜,难降辨围旗。拍肩悲瞽相,借目笑痴儿。印首徒轩激,低眉嫉喔咿。谗言兴白璧,古道托朱丝。谣诼诚多矣,疏狂或有之。交游云汗漫,贫贱日支离。瑟缩中怀恶,懵腾壮志衰。舌存空啸傲,筋倦强扶持。霜戛窗楞夜,冰澌檐瓦时。岁寒松影直,月淡竹痕欹。卷籍能忘食,琴书可乐饥。平生仰止意,只是奉洪规。㊱

按:此诗作年,谢正光《钱遵王诗集笺校》有考。略述其意,《有学集》卷十三"东涧诗集下"有牧斋《和遵王述怀诗四十韵兼示夕公、敕先》诗,《有学集》系之于康熙二年(1663),由此可考定遵王《述怀》诗亦作于此年,即牧翁卒前一年。㊲全录此诗,是因为它勾勒了遵王与晚年牧斋相交往之梗概。此诗分前后两段,于"百年宁肯负,千载更谁从"后判。前半描写遵王自弱冠从牧斋学,诗酒唱和,夜宴追陪,这十几句写得光影流动,一段幸福的遗民生活。"豚犬安名字"谓牧斋替遵王子取名,《有学集》卷五十有《遵王四子字序》。"百年宁肯负,千载更谁从",亦信誓旦旦。此诗题为《述怀》,重点在表明心迹,这光影流动只是衬托后面为人所谗之凄零,这光影流动又未尝不是后面为人所谗之原因。由"俗子添蛇足,狂奴窃虎皮"看,似指朱鹤龄。朱注杜,用牧斋而违牧斋,引起纷争。然朱鹤龄早已离开虞山,此次攻击并非来自朱,朱之攻击只是此次攻击之引子。而从此诗语调来看,更不可能是柳如是。遵王《述怀》诗前面极写牧斋之垂青,后面紧接写为人所中伤,则"蔡邕赠书""侯芭传玄",引起他人妒忌,于牧斋与遵王间,有间语。而中伤者定亦牧斋身边亲近之人,有其影响力,观遵王畏之、亟起而述怀即可知。诗中有"谤伤殊可畏,欲杀又何辞"之句,亦颇激烈。转眼遵王食言负恩,卷入家难事,为人所言中。遵王性格中有缺点,毋庸讳言。而遵王卷入,是否为人所激而致,其中细节,资料短缺,不能细考。

再按:遵王此诗,陆贻典亦有和,《觌庵诗钞》卷三有《遵王见示述德感怀呈牧斋先生之什,不胜斐然,用韵书情,奉呈牧翁,兼赠遵王》,其中有句云"物态多

㊱ 《钱遵王诗集笺校》,第186页。
㊲ 《钱遵王诗集笺校》,第187页。

谗忌,余儿独懊伊",句下有注:"时有间遵王于先生者。"又言:"兰佩诚纫美,荃情实察之。"陆敇先从旁助遵王陈说,知此间语为不能置之不理者。所谓"余儿"即"里中儿"。

数条材料并读,所谓"里中人"或为同一人,且与遵王颇有关系,致其耿耿于怀,不能平也。

严熊《严白云诗集》卷八《次和友人岁暮杂怀二十首》有短序,序云:

> 壬子春,友人传示岁暮杂怀之作,余客岁曾赋八章,未罄所怀,因复次和如数。同床异梦,晓人自能辨之。亦以见虞山之诗,自牧公化后,支分派别,所谓善学柳下惠者不必皆坐怀也。㊳

按:"岁暮杂怀"原作者为谁,武伯隐晦不言。然"同床异梦",真奇语也。疑此与武伯"同床异梦"者为遵王。检遵王七集,果不其然,遵王《判春集》赫然有《辛亥岁暮杂诗二十首》,韵脚与严白云所和者如合符契。则"辛亥"为康熙十年(1671),"壬子"即康熙十一年(1672)。当是辛亥岁暮遵王有《岁暮杂怀》之作,严白云即和八章,所谓"客岁"也。来年春,复如数次和,写下"同床异梦"之语。

又按:武伯此短序,其内容有两点需注意。第一,武伯与遵王有所唱和,说明二人已重归于好。陈寅老从曹溶集中看出遵王最后与武伯和好,又不敢论定,谓"俟考"。寅翁《柳传》多推论,有中有不中,此处所推,精确无疑义。第二,二人虽和好,但芥蒂难销,皆在诗中有隐语。丁亥年武伯初看此组诗,未解其所指,有八首之和;来年再看,悟其义,如数次和,并有"同床异梦"之语。

遵王《辛亥岁暮杂诗二十首》到底写了什么,引起武伯反弹。遵王诗飘忽犹夷,晦涩难懂,若李义山诗,这二十首当中,初读皆不觉与武伯有关,再读便觉有异。其六云:

> 年光身计两相违,背索初逢事已非。野客定怜萱马磨,山妻虚话卧牛

㊳ 《严白云诗集》卷八,第67页。

衣。床棱暗记蒲卢长,檐隙遥看凫乙飞。有口竟同河渚喑,旁人还道食言肥。

按:末联上句似言家难事不自辩解,下句谓不负牧翁,旁人视而不见反谇之。其七云:

门巷萧疏岁旅催,帘前今雨植莓苔。然糠眼冷中宵火,拨芋心枯后夜灰。木榻梦和筇影瘦,蒲龛情逗鬖丝回。睡余骂鬼浑闲事,怕上人间避债台。

按:末二句不识究为何意,武伯读之或疑骂己。

二人和好,似出于众人拉和,毕竟同里,不必相恨一生。但这一消息,在遵王七集中杳无痕迹。家难发生后,遵王矢口不辩解,亦不道歉,于集中将涉及钱朝鼎及严武伯两方面者,皆删削一尽,后与武伯和好,有所唱和,然仍不欲其名入己集中,今从钱曾七集中,不能见此二人之名号。

武伯集中屡及遵王,但皆在卷八以后,即可推定二人重归于好约在辛亥,即牧斋卒后七年,武伯四十六岁,遵王四十三岁。

今将卷八以后及遵王者录在下面,以便参考。卷九有《次和钱遵王莪匪楼六首》,中有"回首绛云余烬处,半襟血泪与谁论"句。[39] 卷十有《秋冬之交,穷愁亦甚,将卜居于村,适遵王以南村诗见示,依韵酬和十首》,[40]皆酬应之辞,不录。同卷有《长至后二日,吴江徐松之同在兹、遵王、稼梅诸词人集绳武堂,分得红字(篇中三押丽字,字义各别)》,[41]诗长不录。卷十三有《又次诸词人韵九首》[42],第二首即次钱黍谷(朝鼎),第六首次钱湘灵(陆灿),第七首次遵王,第八首次僧鉴和尚,第九首次平厓和尚。卷十五有《病中杂诗有序》,第三首云:"伏枕无聊赖,惟思好有朋。广时书莫达(时彦龙在广),燕邓唤难应(邓肯堂在燕)。豪饮失韦

㊴《严白云诗集》卷九,第80页。
㊵《严白云诗集》卷十,第83页。
㊶《严白云诗集》卷十,第84页。
㊷《严白云诗集》卷十三,第94页。

（象三）顾（楫侯），高吟阔戴（稼梅）凌（南楼）。何时能杖起，莪匪共钱等（遵王家有莪匪楼）。"㊸卷十九有《漫兴二十六首次钱遵王韵》。㊹卷二十三有《祝陈太丘七十》诗，句云："屈指同队者，晨星光黯然。尚余八九友，曾（先一）王（楚先、子立）马（丹卿）陈（在兹）钱（湘灵、遵王）。尽堪为老伴，水涯复山颠。"及遵王者不算少，然无推心置腹语，家难旧事亦不提及，此其一；遵王作注不负乃师事，亦不提及，此其二。故遵王集中删去武伯亦如旧。

严熊与钱氏家难另一主要人物钱朝鼎关系如何，此文亦当述及，不如此，依然是只见钱币之一面。

《严白云诗集》卷三有《月下钱中丞黍谷携尊丹井山房看梅花得化字》诗㊺，此卷系于丁未，即康熙六年（1667），可知武伯与钱朝鼎之来往，最迟在牧斋下世三年后便恢复。集中酬唱频繁。卷四有《风满楼为钱黍谷赋》，云："依山嵘岊构危楼，榜得佳名称卧游。俯槛飘飘消毒暑，凭栏肃爽领新秋。东南霞起金乌射，西北云开玉兔流。何日披襟容我醉，江山千里望中收。"㊻卷十二有《晦日集黍谷丹井山房看梅分韵二首》，㊼酬应之辞，不录。卷十三有《雨中同天公访钱黍谷看写大幅蕙兰，即事成咏》，㊽诗长不录。卷十四《钱黍谷游黄山归次春间山馆留题原韵二首》，㊾第一首末有注云："黍谷家有女乐。"同卷有《雨中钱黍谷乔梓过赏早桂有作次韵》，㊿诗末有注云："前一日黍谷招饮。"卷十八有《走笔致钱黍谷索观女乐二首》云："一部清商响遏云，池台花竹自缤纷。功成异代同高尚，鄂国嫌他尚少文。""雀罗门巷省当年，管领东山只管弦。竞说先生能爱士，惟将蔬豆享彭宣。"51由于家难事我们不能知其细节，故很多问题无法展开。家难事，武伯谅朝鼎而怨遵王，然柳夫人死，朝鼎实有首功，武伯忘之耶？

光绪《常昭合志稿》卷十六《寺观》，虞山"中峰寺"条云："康熙三年讷孙杖

㊸　《严白云诗集》卷十五，第108页。
㊹　《严白云诗集》卷十九，第125页。
㊺　《严白云诗集》卷三，第29页。
㊻　《严白云诗集》卷四，第38页。
㊼　《严白云诗集》卷十二，第89页。
㊽　《严白云诗集》卷十三，第95页。
㊾　《严白云诗集》卷十四，第102页。
㊿　《严白云诗集》卷十四，第103页。
51　《严白云诗集》卷十八，第121页。

重建大殿,邑人钱朝鼎撰记。"复引朝鼎文。[52] 则似武伯与朝鼎原有关系即不坏,
家难后亦很快恢复,未如与钱曾关系如此之僵。

结　语

遵王曾祖岱及父嗣美皆与牧斋不甚相得,嗣美卒后遵王改弦更张从牧斋问
学,这中间已有种因。自注杜始,往来函札,渐自相得,终以《初学集》相托付,又
以绛云丛残作蔡邕之赠,此二事实为一事,前已详考之。遵王沾沾自喜,屡自比
王粲,藏书问字,诗酒唱和,夜宴追陪,正所谓一段幸福的遗民生活。遵王近章句
儒,又藏书家脾性,见之必得,入则不出。他人自以牧斋重遵王,其实牧斋各用所
长而已。武伯四代均与牧斋交,其人又威武肮脏,如燕赵豪杰,本与遵王性格有
别,必厌遵王之巧言善笑,故有《述怀》诗所言之事。侯芭之争自在牧翁生
前即起。

及牧斋易箦前数日,又以《有学集》稿郑重托付遵王,牧斋曾降清,极怕后代
描画,"发皇心曲"自为大事。且牧斋晚年悔过自赎,参加抗清,当有其事,观归
庄《祭钱牧斋先生文》谓牧斋"赍志以终"即可知。八十老翁赍志而没,是何言
哉!故更须人"发皇心曲,代下注脚"。不料遵王不知为谁所诳,负恩讨债,逼死
柳夫人,《述怀诗》言犹在耳,大负牧翁,自陷小人。武伯仗义执言,讨伐遵王。

严武伯一门忠烈,话直说,气直出,纵横磊落,不类小人,即阎古古亦让出一
头地。钱氏家难中钱曾癫狂已甚,武伯挺身而出,不作乡愿,本无不妥,然捉住钱
曾之过不放,于其悔过之行,视而不见,已失公允之心。于序跋,于方志,但言遵
王负牧翁处,不言遵王不负牧翁处,则其心中有私,则无疑也。

家难事虽事实不明,然无非讨债,牧斋一方,未必占十分理,柳夫人死,则万
万不料。由《严白云诗集》阎古古序即知,在合肥龚鼎孳座上即有人替遵王缓

---

[52]　光绪《常昭合志稿》卷十六《寺观》,台北成文出版社 1974 年复印本第四册,总第 909 页。此条承谢正光
先生赐告,并致谢忱。

颊,武伯被酒骂座,须髯如猬,奋臂欲斗,压服之。可知家难事当时即有异言。故遵王事后不解释,不道歉,只求注钱,不负牧翁。所有公案皆私案,人与人之关系为第一关系,公案不过私案之集合与掩护罢了。武伯即把遵王此事做成公案,无法翻了。归庄、顾苓未参与家难事,非亲历者,皆与武伯要好,赖武伯传递消息,则消息可以形成垄断。此文又兼考武伯与云美之亲戚关系。若有一得,即为公案与私案之变奏提供一例,便已足矣。

钱曾之性格有阙,不言自明,然比较难得的是,他不改夙诺完成注钱,此亦其性格独有者,一般人便不干了,反正也落了坏名声。赖遵王诗集失而复得,重现天壤,我们才知道他不负牧翁。遵王武伯后和好,遵王一生注钱武伯怎会不知,而于旧序跋不增改一字,《常熟》《江南》两志不书遵王不负牧斋一语。

《柳传》早云:"明清间之史料,是非恩怨难于判定。"虽言是非恩怨难于判定,然随着新材料之出现,亦可稍作探寻。今勉力判之,只求能明朗一分。《柳传》着眼于大,此文所涉则小,谨就钱曾与严熊旧事略做补苴,为天下爱读《柳传》者献。

寅老以分析入微名,每令读者叹为观止。今向寅老致敬,略效其法。不料入微为有限,附会之危险随之而来,乃知寅老之不易学,记此志感。乙未三月。

【张旭东　上海古籍出版社编辑】
原文刊于《中国文化》2016 年 01 期

别集流变论

虞万里

小引

三十年前，予与纂《汉语大词典》，日与古书为伍，手不释卷。始知自注之体，古已有之，至赵宋吴正仪淑《事类赋》而极其盛。而效舍人之雕龙，援正仪之注体，则有近世姚茫父华之《论文后编》焉。观其行文简而隶事赅，三复其诵，不能自已，私心所仪，历久弥笃。既而察四部之流变，究别集之演迹，思欲一叙其颠末。适予友陈鸿森教授沉潜二十余年所辑之王鸣盛、阮元、钱大昕三家遗文成，问序于予，乃效茫父之体式，为叙别集之流变云。

道术裂而官守失，百家鸣而学业兴。虽九流之论，各得一端一察；[1]百家之

---

[1] 《汉书·艺文志》："九家之术，蜂出并作，各引一端，崇其所善。"

学,不免所长所用。② 要皆书疏干于诸侯,③论说寄之著作,卓尔自立,无愧作者。逮步趋师法,严章句之格局;风谕人主,极辞赋之阂衍。经生文儒,汲汲欣欣,体式文运,黯然潜移。故曰:官守学业,兴替乎战国,著作辞章,盛衰于炎汉。当涂典午之际,魏文陈思倡乎上,④伟长稚川应乎下,⑤犹欲兴子学而成一家言,无奈冲风式微,继者杳然。於戏,时也势也,岂人之好尚也哉!

苟撰《叙录》,⑥虞志《文章》,识其诗赋碑箴若干,⑦为范晔《文苑》所本,是东京文士,知藏弄篇什而未尝编集。及徐陈应刘,一时俱逝,文帝伤悼之余,撰其遗文,都为一集,⑧文人合集,奠定于兹矣。至陈典佐郎,初拟丞相故事,开列篇目,并著字数,别集雏形,肇端于斯矣。⑨魏文展卷以思旧,承祚集目以表勋,意主悼念之情,聿开编集之式。然两晋之世,风犹未炽。《晋书》于《儒林》《文苑》,犹多言"文章若干行于世",偶云"文集行于世",唯《成公绥传》谓"所著诗赋杂笔十余卷"。夷

---

② 《庄子·天下篇》:"百家之学,时或称而道之……天下多得一察焉以自好,譬如耳目鼻口,皆有所明,不能相通。犹百家众技也,皆有所长,时有所用,虽然,不该不遍,一曲之士也。"

③ 《史记·孟子荀卿列传》:"自邹衍与齐之稷下先生,如淳于髡、慎到、环渊、接子、田骈、邹奭之徒,各著书言治乱之事,以干世主,岂可胜道哉。"

④ 曹丕《与吴质书》:"伟长独怀文抱质,恬淡寡欲,有箕山之志,可谓彬彬君子矣。著《中论》二十余篇,辞义典雅,足传于后,此子为不朽矣。"曹植《与杨德祖书》:"吾虽薄德,位为藩侯,犹庶几勠力上国,流惠下民,建永世之业,流金石之功。岂徒以翰墨为勋绩,辞赋为君子哉?若吾志未果,吾道不行,则将采庶官之实录,辩时俗之得失,定仁义之衷,成一家之言。虽未能藏之于名山,将以传之于同好。非要之皓首,岂今日之论乎? 其言之不惭,恃惠子之知我也。"兄弟皆不以翰墨为荣,而以成一家之言为终身之志。

⑤ 徐幹字伟长,著《中论》见前曹丕所论。葛洪《抱朴子·自序第五十一》:"洪年二十余,乃计作细碎小文,妨弃功日,未若立一家之言。乃草创子书,会遇兵乱,流离播越,有所亡失,连在道路,不复投笔十余年,至建武中乃定。凡著内篇二十卷,外篇五十卷。碑颂诗赋百卷,军书檄移章表笺记三十卷。又撰俗所不列者为《神仙传》十卷,又撰高尚不仕者为《隐逸传》十卷,又抄五经七史百家之言兵事、方伎、短杂奇要三百一十卷,别有目录。"洪著作不谓不多,而必欲作子书,成一家言者,殆犹有战国秦汉诸子百家之气概。

⑥ 苟勖撰《中经新簿》,分为四部,其丁部细分诗赋、图赞、汲冢书三类,未明标文集或集部,可见此前文士尚未有结集风气。《隋志》载苟撰《新撰文章家集叙》十卷,《三国志》裴注、《世说新语》刘注皆引作《文章叙录》,目录学家认为是《中经新簿》中之文章目录,为范晔《文苑传》所取资。以范撰而镜观《集叙》,知苟书亦仅著录诗赋、碑铭若干而已。参见张政烺《王逸集牙签考证》(《历史语言研究所集刊》第十四本)。

⑦ 挚虞《文章志》已佚,然《三国志·魏志·陈思王传》裴注引有"刘修著诗赋颂六篇"之语,《后汉书·桓彬传》李贤注引有"桓麟文见在者十八篇,碑九首,诔七首,说一首"之语,与范晔《文苑传》于传主后交代诗赋若干一致,盖当时之现实如此。

⑧ 魏文帝《与吴质书》:"昔年疾疫,亲故多离其灾。徐陈应刘,一时俱逝,痛可言邪! ……数年之间,零落略尽,言之伤心。顷撰其遗文,都为一集,观其姓名,已为鬼录,追思昔游,犹在心目,而此诸子,化为粪壤,可复道哉!"

⑨ 《三国志·蜀志·诸葛亮传》载,济北侯荀勖、中书令关内侯和峤使著作佐郎陈寿定故丞相诸葛亮故事,开列"诸葛氏集目录"二十四篇,计十万四千一百一十二字。时在晋武帝泰始七年(271)前后,为今有文献可按之最早别集。

考《隋志》，三张二陆，皆标卷次，乃知唐臣纂辑，剪裁众家，颇存旧观。其后傅亮、刘彧，继踵虞《志》，[10]尚辞崇文，可窥一斑。休文《宋书》，频言文集，纂辑之风，油然改观。二萧以还，世风丕变，文人学士，无不有集。刘族一门，七十人并能属文；[11]萧姓三朝，数十人皆有专集。[12] 王氏七叶，累代有别集行世。[13] 翰墨风雅，猗欤甚哉。《七录》之言，萧梁表征：顷世文词，总谓之集。[14] 若王俭之什，汇辑于身后，[15]江淹之文，结撰于生前。[16] 情则有异，传则是同，其生前身后，难以一一确指矣。观六朝集名，恒标名姓，复加官职，间用庙谥，杂出沙门，谅以史官编简追拟为多。

古来不朽，立言为下，德衰文盛，传集为荣。李唐集贤，赵宋崇文，芸阁蓬观，职典经图。经纶筹策，艺文学术，凡有可采，表申藏录，谥议史传，参凭资取。[17] 其犹足多者，流韵遗响，耸动天听，玉音褒奖，誉泽昆裔。[18] 观光诗笔，中宗谕集；[19]摩诘清韵，代宗旨进；[20]欧公全集，神宗诏求；[21]临川遗文，徽宗敕纂；[22]韩忠彦之上《安

---

⑩ 《隋志》有傅亮《续文章志》二卷，宋明帝《晋江左文章志》三卷。明帝讳彧。

⑪ 《梁书·刘孝绰传》："孝绰兄弟及群从诸子侄，当时有七十人并能属文，近古未之有也。"

⑫ 依据《隋书·经籍志》、两《唐志》所载统计。

⑬ 《梁书·王筠传》：筠与诸儿书论家世集云："史传称安平崔氏及汝南应氏，并累世有才洿，所以范蔚宗云崔氏世擅雕龙，然不过父子两三世耳；非有七叶之中，名德重光，爵位相继，人人有集如吾门世者也。"

⑭ 王俭《七志》，变诗赋为文翰；孝绪《七录序》云："王以诗赋之名，不兼余制，故改为文翰。窃以顷世文词，总谓之集，变翰为集，于名尤显，故序文录为内篇第四。"足见梁时文集之流行程度。

⑮ 任昉《王文宪集序》谓"春秋三十有八，七年五月三日，薨于建康官舍……是用缀缉遗文，永贻世范，为如干秩如干卷。"

⑯ 《南史·江淹传》："凡所著述，自撰为前后集，并《齐史传志》，并行于世。"

⑰ 《唐六典·中书省·集贤院》："其有筹策之可施于时，著述之可行于代者，较其才艺，考其学术而申表之。"宋时由崇文院司其责。

⑱ 魏文之后，梁元帝为萧机诗篇作序，见《南史·梁宗室传下·安成康王秀》（"〔机〕所著诗赋数千言，元帝集而序之"），此皆唐以前之文人佳话。

⑲ 郗云卿《骆宾王文集序》："文明中，与嗣业于广陵共谋起义兵，事既不捷，因致逃遁，遂致文集悉皆散失。后中宗朝，降敕搜访宾王诗笔，令云卿集焉。所载者，即当时之遗漏，凡十卷。此集并是家藏者，亦足传诸好事。"《旧唐书·文苑》本传谓："则天素重其文，遣使求之，有兖州人郗云卿集成十卷，盛传于世。"与此不同。

⑳ 《旧唐书·文苑传》："代宗时，缙为宰相。代宗好文，常谓缙曰：卿之伯氏，天宝中诗名冠代。朕尝于诸王座闻其乐章，今有多少文集，卿可进来。缙曰：臣兄开元中诗百千余篇，天宝事后，十不存一。比于中外亲故间相与编缀，都得四百余篇。翌日上之。帝优诏褒赏。"

㉑ 《文忠集》附录吴充《太子太师欧阳公行状》："公之薨，上命学士为诏，求书于其家，方缮写进御。"

㉒ 《续长编纪事本末》卷一三四："六月（重和元年，1118）壬申，门下侍郎薛昂奏：承诏编集王安石遗文，乞更不置局，止就臣府编集，差检阅文字官三员。从之。"魏鹤山《临川诗注序》："国朝列局修书，至崇、观、政、宣后，尤为详备。而其书则经史图、乐书礼制、科条诏令、记注故实、道史内经。臣下之文，鲜得列焉，时惟临川王公遗文，获与编定。"

阳》，满纸忠义；㉓王丰甫之进《华阳》，真堪顾托。㉔藏诸名山，犹有陵谷之变；上
之石渠，足备向歆之录。故流风所被，秩在流内，理在例外，子孙珍爱，表上于
朝。㉕即布衣诗人，犹为后人进御者。如孟襄阳诗缮送秘府，㉖戴石屏诗刊刻进
御。㉗若此之类，不一而足，降及元明，余韵不息。

　　所见魏晋别集，类皆后人掇撷。历宋齐，跨梁陈，歧嶷凤雏，神明龙驹，山
东英妙，洛阳才子，藻丽辞典之辈，才赡学博之伦，虽咸能咏凤吟鹅，吸虹喷霓，
而其清韵佳笔，荣为帝王撰成，㉘幸为门人集录。㉙至流闻绝域，纸贵京师之手
笔，亦多子孙史官为之编定。㉚唯一二雅士，顾盼自娱，始开手编之例。㉛唐人

<hr/>

㉓　《韩魏王家传》卷十：韩琦死后，神宗"仍谕忠彦（韩琦长子）曰：'先侍中忠义于国，平生奏议甚多，可悉录奉来。'敕崇文院遣笔吏数人至相州，遂以《二府忠议》五卷、《谏垣存稿》三卷、《陕西奏议》五十卷、《河北奏议》三十卷、《杂奏议》三十卷上之。上得之喜，阅之殆遍……又有《安阳集类》五十卷，《祭仪》一卷，藏于家"。

㉔　王丰甫《进家集表》："恭惟皇帝陛下，英猷天启，睿学日熙，制规二帝之摹，言合六经之训。……重念先臣某，少缘家学，早中甲科，校天禄之文，才称金马；视淮南之草，名在玉堂。作新两汉之文章，润色三朝之诰命。世有儒宗之誉，史多天奖之辞。传诵一时，岂特语言之妙；协成大事，固多翰墨之功。晚受知于裕陵，久登庸于宰路，当廊庙谟谋之暇，犹国家论撰之兼。毕罄精忠，仰赞格天之业；追膺顾托，独先定策之言。暨陷骧兜之诬，阻奏东方之牍。方阵下丕扬先烈，追念旧劳，辨销骨之谗，既昭前事；览凌云之作，恨不同时。悉哀平日之遗文，益怆他年之荣遇。启金縢之策，不及于生前；上茂陵之书，徒嗟于没后。"《读书附志》："大观二年诏故相岐国王公之家以文集来上，其子朝奉大夫管勾南京鸿庆宫上护军仲修等表进之，许光疑为之序。"

㉕　宋嘉泰间，吴儆之曾孙吴资深将曾祖儆之《竹州文集》二十卷上于朝，以请谥，朝廷谥文肃。按，儆之绍兴二十七年进士，历知泰州，旋以亲老告归，秩在七品，原不应有谥，亦不必缮送文集至崇文院。

㉖　唐天宝九载（750），韦滔得王士源所编《孟浩然诗》，因"书写不一，纸墨薄弱"，乃"重加缮写，增其条目，送上秘府"。

㉗　明弘治年间马金《书石屏诗集后》云："天台布衣戴石屏以诗鸣宋季，类多闵时忧国之作，同时赵蹯中选为《石屏小集》，袁广微选为《续集》，萧学易选为《第三稿》，李有山、姚希声选为《第四稿》，巩仲至仍为摘句，又有欲以其诗进御而刊置郡斋者。"

㉘　《南史·梁宗室传·萧机》："机所著诗赋数千言，元帝集而序之。"《陈书·文学传·陆琰》："字温玉，吏部尚书琼之从父弟也……其所制文笔多不存本。后主求其遗文，撰成二卷。"

㉙　《梁书·诸葛璩》："诸葛璩，字幼玟，琅邪阳都人……璩所著文章二十卷，门人刘暾集而录之。"

㉚　《宋书·后妃传上·殷淑仪》："谢庄作哀策文奏之，帝卧览读，起坐流涕曰：'不谓当今复有此才。'都下传写，纸墨为之贵。"然《宋书·谢庄传》云"著文章四百余首行于世"，又《梁书·刘孝绰传》："孝绰辞藻为后进所宗，世重其文，每作一篇，朝成暮遍，好事者咸讽诵传写，流闻绝域。文集数十万言行于世。"谢、刘之文，盖皆生前未及编纂，故史书犹云"四百余首""数十万言"云。

㉛　如《梁书·萧子范传》谓其"前后文集三十卷"，又《刘之遴传》谓其"前后文集五十卷行于世"，又《徐勉传》谓其"所作前后二集十五卷"，又《王筠传》谓筠自撰其文章，以一官为一集，自洗马、中书、中庶子、吏部、左佐、临海、太府各十卷，尚书三十卷，凡一百卷行于世。既分前后集，或以一官一集，知其生前已自纂辑篇什。

文集,渐多生前辑次。太白清高,犹命魏颢哀集;[32]长吉偃蹇,遂遗子明手编。[33]权载之纂制传世,[34]孙可之聚编贻孙。[35]刘梦得解嘲而蒙酱,[36]陆鲁望自谦以缓忧。[37]至白傅乐府,播声宇内,惭富贵之无分,信文章之有名,故诗经五编,分藏五处,历五季之乱而不亡者,良有以也。[38]自编诗文,犹且关乎行卷,如次山纳《文编》于礼部,[39]鹿门投《文薮》于有司。[40]虽系举业所必须,实辟撰集之新径。然统观唐集,仍以后人哀辑为多。其间有子孙兄弟,戚属亲故,门人友挚,宗族文士,更有史官及后之向慕好事者。唯时椠版未盛,多凭传抄,搜校写集,流播维艰。及贯休逝化,门人昙域检寻稿草,雕刊印行,[41]至和凝好曲,自为模

[32] 魏颢《李翰林集序》:"颢平生自负,人或为狂。白相见泯合,有赠之作。谓余尔后必著大名于天下,无忘老夫与明月奴(李白子)。因尽出其文,命颢为集"。时李白尚在,故后云"白未绝笔,吾其再刊"。

[33] 杜牧《李贺集序》:"太和五年十月中半夜时,舍外有疾呼传缄书者。某曰:必有异,亟取火来。及发之,果集贤学士沈公子明书一通。曰:吾亡友李贺,元和中,义爱甚厚,日夕相与起居饮食。贺且死,尝授我平生所著诗歌,杂为四编,凡千首。数年来,东西南北,良为已失去。今夕醉解,不复得寐,即阅理箧帙,忽得贺诗前所授我者。"

[34] 权德舆字载之。《郡斋读书志》:"尝自纂《制集》五十卷,杨凭为序,今已逸。"

[35] 孙樵字可之。唐中和四年(884)孙樵自序其文集云:"遂阅所著文及碑碣书檄传记铭志得二百余篇,丛其可观者三十五篇编成十卷,藏诸箧笥,以贻子孙。"

[36] 刘禹锡《刘氏集略说》:"前年蒙恩泽,授以郡符,居海壖,多雨曀作。适晴,喜,躬晒书于庭,得已书四十通。悠尔自哂曰:'道不加益,焉用是空文为,真可供酱蒙药楮耳。'它日,子婿博陵崔生关言曰:'某也向游京师,伟人多问丈人新书几何,且欲取去。而某应曰无有,辄愧起于颜间。今当复西,期有以弭愧者。'繇是删取四之一为《集略》,以贻此郎,非敢行乎远也。"(岳麓书社2003年,第1181页。)

[37] 陆龟蒙《笠泽丛书自序》:"自乾符六年春,卧病于笠泽之滨。败屋数间,盖蠹书十余箧。……体中不堪羸耗,时亦隐几强坐,内壹郁则外扬为声音,歌诗赋颂铭记传序,往往杂发,不类不次,混而载之,得称为丛书。自当去诿忧之一物,非敢露家世耳目。"

[38] 白居易五次自编诗集分别为长庆四年(824)、太和二年(828)、太和九年(835)、开成元年(836)、开成四年(839),其所藏之处:一本在庐山东林寺经藏院,一本在苏州南禅寺经藏内,一本在东都圣善寺钵塔院律库楼,一本付侄龟郎,一本付外孙谈阁童。详见万曼《唐集叙录·白氏文集》(中华书局1980年,第239—248页)。

[39] 大历三年元结《文编自序》:"天宝十二载,漫叟以进士获荐,名在礼部。会有司考校旧文,作《文编》纳于有司。"

[40] 《皮子文薮自序》:"咸通丙戌(866)中,日休射策不上第,退归州东别墅,编次其文,复将贡于有司,发箧丛萃,繁如薮泽,因名其书曰《文薮》焉。"

[41] 昙域《禅月集后序》:"先师名贯休,字德隐,婺州兰溪县登高里人也……以癸酉年三月十七日于成都北门外十余里置塔之所,地号升迁,葬事既周,哀制斯毕。暇日或勋贤见访,或朝客相寻,或有念先师一篇两篇,或记三句五句,或未闲深旨,或不晓根源。众请昙域编集前后所制歌诗文赞。日有见问,不暇枝梧,遂寻检稿草及暗记忆者约一千首,乃雕刻成部,题号《禅月集》。"时在后蜀乾德五年(923)癸未。

板印行百帙,分惠于人。㊷ 斯殆承佛道之常例,㊸趋元白之雅事,㊹出入世间,洊夺先声。

宋初承五季之弊,文尚骈俪,词袭花间。柳子号呼,肩愈绍元,㊺倡文为道筌,恶辞华理窟。其后禹偁、穆修,石介、尹洙继起,抄刻韩柳韵笔,鼓吹古文。时方雕椠勃兴,官校经史,坊刻别集,一时搜辑、编刊唐集之风燎如荼火。赵宋文人学士,浸润激荡其间,斐然述作,诩然自珍,人人思有集,家家欲传世。然文集虽重诗文诔铭,亦包谏疏策林,事涉机密,议关党争,故帝王颁诏,朝廷敕令,㊻严申屡禁,权归官府。及夫民间需求,书肆牟利,禁而不绝,焚而复生。《宋志》载天水一朝别集达千余部,㊼迭经散佚搜辑补刊,犹存八百余家,㊽而沉晦湮灭者无算

㊷ 《旧五代史·周书·和凝传》:"凝性好修整,自释褐至登台辅,车服仆从,必加华楚,进退容止,伟如也。……平生为文章,长于短歌艳曲,尤好声誉。有集百卷,自篆于版,模印数百帙,分惠于人焉。"(陈尚君《旧五代史新辑会证》卷一二七,复旦大学出版社 2005 年,第 3898 页。)按,凝十七举明经,十九登进士第,为贺瑰所辟。瑰与唐庄宗战于胡柳陂,已是公元 924 年以后事,故和凝刻集当在贯休之后。

㊸ 1974 年西安冶金机械厂内出土武周时期(690—699)《佛说随求即得大自在陀罗尼神咒经》梵文单页印本,1966 年韩国庆州佛国寺释迦塔发现武周后期(702—705)《无垢静光大陀罗尼经》印本,1944 年在四川成都唐墓出土八世纪刻印单页梵文《陀罗尼》,1907 年敦煌发现唐咸通九年(868)刊刻卷子本《金刚经》,1907 年敦煌发现唐乾符四年(877)刊行之历书。(参见潘吉星《中国韩国与欧洲早期印刷术的比较》,科学出版社,1997 年。)佛教与民间之雕版印刷唐代甚为普遍,是对昙域、和凝有直接影响

㊹ 元稹《白氏长庆集序》:"二十年间,禁省观寺、邮候墙壁之上无不书,王公妾妇、牛童马走之口无不道,至于缮写模勒,炫卖于市井,或持之以交酒茗者,处处皆是。杨越间,多作书模勒乐天及予杂诗,卖于市肆之中也。"王国维《两浙古刊本考》云:"夫石刻亦可云摹勒,而作书鬻卖,自非雕版不可。"此元白雅事,而为昙域间接之借鉴。

㊺ 柳开字仲涂,《郡斋读书志》卷四谓其"幼奇警有胆气,学必宗经。慕韩愈、柳宗元为文,因名肩愈,字绍元。既而易今名字,自以为能开圣道之涂也。集乃门人张景所编,欧公常推本朝古文自仲涂始"。

㊻ 宋代帝王下诏禁止刊刻别集之令频仍不绝,如大中祥符二年(1009)诏云:"仍闻别集众弊,镂板已多,傥许攻乎异端,则亦误于后学。……其古今文集可以垂范欲雕印者,委本路转运使就部内文士看详,可者即印本以闻。"天圣五年(1027)中书门下省云:"北戎和好以来,岁遣人使不绝,及雄州榷场商旅往来,因兹将带皇朝臣僚著撰文集印本,流布往彼,其中多有论说朝廷防遏边鄙机宜事件,深不便稳。诏今后如合有雕印文集,仰于逐处投纳,附递奏闻,候差官看详,别无妨碍,许令开板,方得雕印。如敢违犯,必行朝典,仍候断遣讫,收索印板,随处当官毁弃。"康定元年(1040)诏云:"访闻在京无图之辈及书肆之家,多将诸色人所进边机文字镂板鬻卖,流布于外,委开封府密切根捉,许人陈告,勘鞫奏闻。"又至和二年(1055)欧阳修上《论雕印文字札子》、元祐四年(1089)苏辙有《北使还论北边事札子》等,其诏文见于《宋大诏令集》卷一九一、《宋会要辑稿·刑法二》,札子见欧、苏集。

㊼ 《宋史·艺文志四》著录别集类一千八百二十四部,二万三千六百四卷,去六朝隋唐之别集,尚有一千余部。

㊽ 四川大学古籍研究所(编沈治宏)《现存宋人别集版本目录》著录 741 家,(巴蜀书社 1990 年版。)至祝尚书著《宋人别集叙录》,已谓现存约 800 家左右。(中华书局 1999 年版。)

数。观夫行状墓志，凡言诗文若干或数十百篇者，多在世未尝纂次者也；其明著集名卷次者，皆生前已经董理者也；至于卷次、若干并见者，其将有待于后续者也。㊾ 然即经编简，其刊梓与否，复又系之他因。或仅呈送有司以充史料，或冀贻遗子孙以留雪鸿，或欲刊而短于资，或将梓而悭于时，显晦以运，沉没系时。欧王三苏，俊声瑰望，生前刻集，一而再三，死而汇聚，流布后世。苏门六君，笔酣句健，遭禁崇宁，毁而复刊。㊿ 既自珍意挚，复传世心切，故生前约邀，卒后遗嘱，冀文豪达宦，代为董事。(51) 即子孙门徒，掇拾编次，亦必遍干巨卿名公，求志请序，留存人文。(52) 遂致鸿笔巨擘，疲于摩韵调声，缃缥绿帙，竟至集叙连篇。一变六朝隋唐之旧，下启蒙元明清之俗。于时显宦大家，或官刊坊刻；文士名流，则家刻私刊。就中一人一集，一人多集，一集翻刻，诸家合刊，情形繁赜，莫可殚述，足见宋人念兹在兹，乐而忘返。唯大宋小宋，(53)超凡脱俗，遗命戒子，不刊其集。(54) 复其次者，壮悔少作，多所焚弃。(55) 抑有异者，李直讲厌其"妖淫刻饰"之什而删之，

㊾ 孙觌《汪公墓志铭》曰："公之文有《浮溪集》六十卷行于世，《后集》若干卷。"此盖汪藻《浮溪集》生前已行世，嗣后续有所作，至卒后子孙欲纂辑而未成，故《志》识为"若干卷"。

㊿ 元陈桱《通鉴续编》卷十一："〔崇宁二年四月〕乙亥，诏苏洵、苏轼、苏辙、黄庭坚、张耒、晁补之、秦观、马涓文集，范祖禹《唐鉴》、范镇《东斋记事》、刘攽《诗话》、僧文莹《湘山野录》等印板悉行焚毁。"陈均《九朝编年备要》卷二九《禁元祐学术》："中书省言：福建路印造苏轼、司马光文集，诏令毁板。今后举人传习元祐学术者，以违制论。明年，又申严之。冬诏曰：朕自初服，废元祐学术，比岁至复尊事苏轼、黄庭坚。轼、庭坚获罪宗庙，义不戴天，片文只字，并令焚毁勿存，违者以大不恭论。靖康初罢之。"

(51) 尹洙《河南先生集》为范仲淹所哀辑，并为作序。苏舜钦《苏学士文集》为欧阳修所编集，并为之序。

(52) 文彦博《文潞公文集》为其少子维申"讨求追辑"，叶梦得所序。苏颂《苏魏公文集》由其子苏携编纂而请汪藻作序；汪藻生前编《浮溪集》请孙觌作序，死后又由孙觌志墓；孙觌《鸿庆居士集》等由周益公必大作序。周益公位极人臣，文誉隆盛，著作等身，其所著达八十一种，而文集即有二十余种，所载当时达官文人墓志及著作序跋极夥。张耒《柯山文潜先生集》亦由汪藻、周必大作序。凡此之类，不胜枚举，姑略识数种，以见一斑而已。

(53) 衢本《郡斋读书志》卷十九："宋祁字子京，开封雍丘人。天圣中与兄郊（按，宋庠初名郊）同举进士，奏名第一，章献以为弟不可先兄，乃擢郊第一，而以祁为第十。当是时，兄弟俱以辞赋妙天下，号大小宋。"

(54) 宋庠《缇巾集记》云："余幼学为文，尤嗜篇什，而不能工也。然性习所牵，为之不已，往往应和出诸公间，辄为名公训奖。……每自陋其辞，未尝缀缉，丛章坠稿，亡逸颇多。一日，忽得新旧诗十余卷于几案间，乃小儿充国等所次，览之不觉掩口胡卢而笑，谓之曰：'此燕石也，与瓦甓无异。虽缇巾什袭，庸足宝乎。'命亟去之，儿曹恳祈留于舍中，弗广布也。因取持橐近侍、出入藩辅至守郑日所赋，姑为限断，兼以志拥旄之岁云。凡五百余首，勒成十二卷，命曰《缇巾集》。"唐庚《宋景文集序》："其将殁世，又命其子慎无刊类文集，故其秘而不传于世。"兄弟二人名擅一时，而其自视若此，迥出侪辈远矣。

(55) 陈振孙《直斋书录解题》卷二一"歌辞类"有韩元吉《焦尾集》，自序云："予时所作歌词，间亦为人传道，有未免于俗者，取而焚之。然犹不能尽弃焉，目为《焦尾集》，以其焚之余也。"晁公武《郡斋读书志》谓陈师道"为文之多，少不中意则焚之，存者才十一"。秦观《淮海居士集自序》："元丰七年，余将赴京师，索文稿于囊中，得数百篇。辞鄙而悖于理者辄删去之。其可存者，古律体诗百十有二，杂文四十九，从游之诗附见者四十有六，合二百一十七篇，次为十卷，号《淮海闲居集》。"

闵其劬劳之作而存之。㊶ 更有奇者,贺梅子初悔妄作而投诸炀灶,复悔才尽而哀拾烬余。㊷ 竟有执者,张雪林吟入膏肓几四十年,一联一句一字一意,强弓牵满不中不发,其稿则界陈起一删再削损之又损。㊸ 致有食之无味,弃之可惜,集而名为《鸡肋》《志愧》㊹《敝帚》㊺《小丑》。㊻ 文人天真之情,谲诡之想,殆有不可以常理度者也。

著作存没,固系于时政禁毁;风什显晦,亦关乎灾祸人事,若水火之灭,虫鼠之啮,盗贼之窃,兵乱之掠,则逸散残损,犹所不免。而戚属后裔之穷搜遍撷也,片纸昆玉,只字鸿爪,故真伪杂矣;家塾坊肆之辑刻牟利也,强生分别,牵合古称,故名实乱矣。是以集部书名,犹当分疏。

晋宋文章,秘监编校,唯冠作者,羌无集名。齐梁结集,厘次卷帙而已。此观《隋》《唐》三志,暸然无蕴。时唯思光《玉海》,初标集名;㊽子良文笔,略分内外;㊾元礼创格,一官一集。㊿ 文通彩笔,结撰前后。⑥⑤ 元帝称"小",⑥⑥谢朓名

<hr />

㊶ 李觏《退居类稿自序》:"李觏泰伯以举茂材罢归。其明年庆历癸未秋,因料所著文,自冠迄兹十五年,得草稿二百三十三首,将恐亡散,姑以类辩为十二卷写之。间或应用而为,未能尽无愧,闵其力之劳,辄不弃去。至于妖淫刻饰尤无用者,虽传在人口,皆所弗取。"

㊷ 贺铸《庆湖遗老集自序》:"铸生于皇祐壬辰,始七龄,蒙先子专授五七言声律,日以章句自课。迄元祐戊辰(三年,1088),中间盖半甲子,凡著之稿者,何啻五六千篇。前此率三数年一阅故稿,为妄作也,即投诸炀灶,灰灭后已者屡矣。年发过壮,志气日衰落,吟讽虽夙所嗜,亦颇厌调声俪句之烦。计后日所赋益寡,而未必工于前,念前日之爨烬为妄弃也,始哀拾其余而缮写之。后八年,仅得成集。"

㊸ 影印南宋六十家小集本张至龙《雪林删余自序》:"予自髫龀癖吟,所积稿四十年,凡删改者数四。比承芸居先生又摘为小编,特不过十中之一耳。其间一联之雕,一句之琢,一字之炼,一意之镕,政犹强弓牵满,度不中发,发必中的。今耕老(至龙子)犹以弱弓浪箭妄发,期中目之多……予遂再浼芸居先生就摘稿中拈出数首,名曰《删余》,以授耕老。"

㊹ 晁补之《鸡肋集序》云:"食之则无所得,弃之则可惜,其鸡肋乎。故哀而藏之,谓之《鸡肋集》。"叶梦得《石林奏议序》云:"进对以来,奏稿藏于家者若干篇,不忍尽弃,乃序次为十卷,目之曰《志愧集》。"

㊺ 黄庭坚有《敝帚编》,见后注。傅维麟《明书经籍志》有包宏斋《敝帚稿》五册(阙)。

㊻ 《文献通考·经籍考》卷六六载眉山任尽言《小丑集》十二卷《续集》三卷。

㊽ 张融字思光。《隋志》:"又有张融《玉海集》十卷、《大泽集》十卷、《金波集》六十卷,亡。"

㊾ 《南齐书·武十七王传·萧子良》:"所著内外文笔数十卷,虽无文采,多是劝戒。"《隋志》著录"齐竟陵王子良集四十卷",《旧唐志》录为三十卷。

㊿ 《梁书·王筠传》:"筠自撰其文,以一官为一集,自《洗马》《中书》《中庶子》《吏部》《左佐》《临海》《太府》各十卷,《尚书》三十卷,凡一百卷行于世。按,"左"字据《隋志》《南史》《通志》补。《隋志》仅录《洗马集》十一卷、《中书集》十一卷、《临海集》十一卷、《左佐集》十一卷、《尚书集》九卷,盖已逸《中庶子》《吏部》《太府》等三集,《尚书集》残。其著录为十一卷者,合合"录"一卷。

⑥⑤ 《梁书·江淹传》:"凡所著述百余篇,自撰为前、后篇,并《齐史十志》,并行于世。"

⑥⑥ 《隋志》录《梁元帝集》五十二卷,《梁元帝小集》十卷。两《唐志》录《梁元帝集》五十卷,《旧唐志》又录《梁元帝集》十卷,《新唐志》作"又小集十卷",盖仅逸二卷。

"逸"。⑥⑦梁武诗赋独帙,杂别分编;⑥⑧领异标新,格局斯定。

"玉以比德,海崇上善",⑥⑨清韵标品,扬芳莹文。陈隋初唐,影响尚微,开天以还,绮思霞展。《童蒙》《雕虫》,《玉笥》《香奁》,⑦⑩《笔耕》《紫泥》,《乘辂》《梁苑》。⑦① 怡《浣花》而《忘筌》,⑦②爱《昆玉》而《冥搜》。⑦③ 宋元明清,斋号泛滥,冢卿台司,骚人墨客,无不搴香草,隐白云,友三君,傲六出。施于文集,饰之诗篇,于是亭台楼阁,掩映于松竹之间;轩馆斋堂,点缀于芝兰之旁。⑦④ 山房草庐,宅心高洁;翰苑玉堂,寄志耿忠。游情六合,比物天地。应有尽有,难状难摩。

内外之名,萌自西汉。依经作传曰内,羽翼经旨曰外。⑦⑤ 刘向校书,简择真伪,《南华》《晏子》,因分内外。⑦⑥ 其后葛稚川、陶贞白效之,咸以旨趣所重为内。⑦⑦ 云英学综儒典,敬信释氏,集虽不存,恐亦以内外别释儒。⑦⑧ 鲁直效《庄》,

---

⑥⑦ 《隋志》有《齐吏部郎谢朓集》十二卷,又有《谢朓逸集》一卷。两《唐志》作十卷,盖或散佚。

⑥⑧ 《隋志》录《梁武帝集》二十六卷,《梁武帝诗赋集》二十卷,《梁武帝杂文集》九卷,《梁武帝别集目录》二卷。两《唐志》录《梁武帝集》十卷,盖已散佚多多矣。

⑥⑨ 《南齐书·张融传》:"融自名集为《玉海》,司徒褚渊问'玉海'名。融答:'玉以比德,海崇上善。'文集数十卷行于世。"

⑦⑩ 权德舆有《童蒙集》十卷,王助有《雕虫集》一卷,皮氏有《玉笥集》一卷,韩偓有《香奁小集》一卷,皆见《宋志》卷七"别集类"。

⑦① 崔致远有《笔耕集》二十卷,王仁裕有《紫泥集》十二卷,《乘辂集》五卷,令狐楚有《梁苑文类》三卷。见两《唐志》与《宋志》。

⑦② 韦庄有《浣花集》十卷,杨怀玉有《忘筌集》三卷,皆见《宋志》卷七"别集类"。

⑦③ 高辇有《昆玉集》一卷,殷文圭有《冥搜集》二十卷,皆见《宋志》卷七"别集类"。

⑦④ 以亭台楼阁、轩馆斋堂与芝兰、松竹乃至一切花草结合成斋堂而名其集者,宋元明清以还无虑成千上万,唯例举一二,必示人以偏颇,故总述其意而不举示其例。以下皆同。

⑦⑤ 《诗毛传》依经作传,伏胜《尚书大传》则自解经旨,时解经之途有二而内外之名未立。至韩婴"推诗人之意,而作《内外传》数万言",始有其名。今《韩诗外传》存,略同伏胜《大传》,皆所谓羽翼经旨者也。

⑦⑥ 陆德明《经典释文序录》:"庄生宏才命世,辞趣华深,正言若反,故莫能畅其弘致,后人增足,渐失其真。故郭子玄云'一曲之才,妄窜奇说。……凡诸巧杂,十分有三。'《汉书·艺文志》:《庄子》五十二篇,即司马彪孟氏所注是也。言多诡诞,或似《山海经》,或类占梦书,故注者以意去取。其《内篇》众家同,自余或有外而无杂,唯子玄所注,特会庄生之旨,故为世所贵。"司马彪所注分《内篇》七,《外篇》二十八,《杂篇》十四,余嘉锡谓即刘向所分。又刘向《晏子书录》:"凡中外书三十篇,为八百三十八章,除复重二十二篇六百三十八章,定著八篇二百一十五章。……其书六篇,皆忠谏其君,文章可观,义理可法,皆合六经之义。又有复重,文辞颇异,不敢遗失,复列以为一篇。又有颇不合经术,似非晏子言,疑后世辨士所为者,故亦不敢失,复以为一篇。凡八篇,其六篇可常置旁御览。"是以六篇为内,二篇为外。

⑦⑦ 葛洪《抱朴子·自叙》:"《内篇》言神仙方药、鬼怪变化、养生延年、禳邪却祸之事,属道家;其《外篇》言人间得失、世事臧否,属儒家。"是《外》儒而《内》道。《隋志》:"梁隐居先生《陶弘景集》三十卷,《陶弘景内集》十五卷。"今虽不可得见其原书,恐其与葛氏意同。

⑦⑧ 梁任昉《齐竟陵文宣王行状》谓其"贵而好礼,怡寄典坟。虽牵以物役,孜孜无怠。乃撰《四部要略》《静住子》,并勒成一家,悬诸日月。弘洙泗之风,阐迦维之化"。

意后《语》《孟》，晚年幡然，复归周孔。⑦ 刘敞《公是》，自创新例：议论文词，自著为内；制诰奏疏，议政为外。⑧ 后世编刊，颇多仿摹。⑧ 舒芬《梓溪》，以专著为内，杂文为外。⑧ 清献《全录》，以自著为内，附录为外。⑧ 内外相对，外集已见歧出，宋以后人辑刻唐宋别集，复因正立外，遂歧外见杂。原集散落，重为搜辑，《刘梦得外集》是也；⑧ 正集无损，更缉散佚，《小畜外集》是也；⑧ 先编正集，复理遗逸，欧公《外集》是也。⑧ 至退之子厚遗文，初隶"集外"，转名"外集"。⑧ 他若以实

---

⑦ 宋史容《山谷外集诗注原目》："山谷自言欲仿庄周，分其诗文为内外篇，意固有在，非去此取彼。"《黄氏日抄》卷六十五："今愚熟考其书，其论著虽先《庄子》而后《语》《孟》，至晚年自列其文，则欲以合于周孔者为《内集》，不合于周孔者为《外集》。"

⑧ 宋刘攽《彭城集》卷十三《公是先生集序》："内集二十卷，诸议论、辩说、传记、书序、古赋、四言、文词、箴赞、碑刻、志、行状，皆归之内集；外集十五卷，诸制诰、章表、奏疏、驳议、斋文、覆谥，皆归之外集；小集五卷，诸律赋、书启，皆归之小集。"

⑧ 清陆陇其《三鱼堂文集》十二卷《外集》六卷《附录》一卷，乃其从子礼征裒辑，而请侯铨编次者。体例仿《公是集》，乃清史臣不知其例，驳之云："按陇其学问经术，卓然为国理学之儒。集中奏议、公牍，正其明体达用之学，确然见之行事者，乃列之为外集；至诗歌非陇所长，转列之为内集，则本末倒置，毋乃非陇其之旨欤？是编者之失也。"见《皇朝文献通考》卷二三二。

⑧ 明舒芬字国裳，进贤人。正德丁丑进士第一，授翰林院修撰。生平著作为《梓溪文钞》凡十八卷，分内外集，外集为杂文，内集则皆所著诸书，如《易问笺》一卷、《周礼定本》四卷、《东观录》一卷、《太极绎义》一卷、《通书释义》一卷。

⑧ 《四库全书总目》谓"有《菊坡文集》，佚于兵火"，"仅存其《言行录》三卷，奏札、诗文五卷。子璲因裒为一编，又以理宗御札及诸家诗文为附录二卷。……又蒋曾莹家别有写本，分为二集，《内集》二卷，前卷为《言行录》，后卷为奏札、诗文；《外集》三卷，上卷为所赐诏札，中卷为宋史本传及《续通鉴纲目》诸书所记与之事，下卷为题赠诗文。"

⑧ 陈振孙云："集本四十卷，逸其十卷，常山宋次道裒辑其遗文，得诗四百七篇，杂文二十二篇为外集，然未必皆十卷所逸也。"见《直斋书录解题》卷十六。

⑧ 苏颂《小畜外集序》："公之属稿晚年手自编缀，集为三十卷，命名《小畜》……而遗文坠简，尚多散落，集贤君（禹偁曾孙王汾）购寻裒类，又得诗赋碑志论议表书凡二十卷，目曰《小畜外集》。"

⑧ 吴充《行状》："公之薨，上命学士为诏，求书于其家，方缮写进御。……其遗逸不录者尚数百篇，别为编集，而未及成。"故苏辙《神道碑》云："别有外集若干卷。"孙觌《鸿庆居士集四十二卷》周必大序引孙介宗书："今定为四十二卷，其未备者方裒次《外集》"，可见宋时大家所见略同。

⑧ 韩愈门人李汉编韩集为四十卷。至北宋刘烨始编辑韩愈佚文，苏溥将刘辑佚文三十八篇及《顺宗实录》编为"集外"十卷。故潮本《昌黎先生集》作"集外文卷第几"，南宋祝充《音注韩文公文集》称"外集卷几"，可见北宋监本称"集外"，南宋监本已称"外集"。参见刘真伦《韩愈集宋元传本研究》（中国社会科学出版社 2004 版）晁公武《郡斋读书志》有《柳宗元集》三十卷《集外文》一卷，陆游《渭南文集》卷二七《跋柳柳州集》："'此一集集外文，其中多后人妄取他人之文冒柳州之名者，聊且裒类于此。子京。'右三十一字，宋景文公手书，藏其从孙晟家。然所谓集外文者，今往往分入卷中矣。淳熙乙巳五月十七日务观校毕。"至陈振孙《解题》、赵希弁《附志》，已有《柳柳州集》四十五卷《外集》二卷，甚至《附录》二卷，此可觇"集外""外集"名称之转换，以及"外集"之增加。

录、⑧⑧程试文、⑧⑨长短句、⑨⓪墓志行状、⑨①偈颂题跋、⑨②诏札赠答为外集者,⑨③各本私意,不一而足,渐行渐远,已非子良初意矣。

转官换集,雅人妙思,时官兼顾,殆同编年。彰扬辞彩,纪纂勋伐,继轨步武,代不绝人。在唐则颜鲁公,⑨④在宋则杨文公、⑨⑤杨诚斋,⑨⑥在元则柳道传,⑨⑦在明则宋文宪、⑨⑧杨文襄,⑨⑨在清则方象瑛、⑩⓪马维翰。⑩① 其后慧心兰思,脱胎换骨,

---

⑧⑧ 《顺宗实录》原当在史馆,刘烨、苏溥先编入"集外",后《别本韩文考异》《东雅堂昌黎集注》等皆归入《外集》。

⑧⑨ 《四库全书总目》云:"《外集》四卷,皆程试之文。"按,《四库》本乃明李茂元重刻本,《天禄琳琅书目》卷六著录元刊本谓"外集系五卷,其第五卷乃录孔炜、丁端祖所撰谥议二篇,然则九渊外集仍止四卷也",此与宋刻吴杰跋称"外集四卷,先生行状附焉"相符。

⑨⓪ 《直斋书录解题》卷十八:"《龙川集》四十卷《外集》四卷……平生不能诗,外集皆长短句,极不工而自负,以为经纶之意具在是,尤不可晓也。"

⑨① 《四库全书总目》:"集为其子矩所编,末有外集一卷,载奠祭文、志铭、叙述五篇,亦矩所辑。"行状见下注。

⑨② 居简有《北涧诗集》九卷《北涧文集》十卷,其《外集》宋淳祐刊本,存日本宫内厅书陵部。"全本凡偈颂三十六叶,赞十五叶,题跋六叶,末附《行述》一篇"。参见祝尚书《宋人别集叙录》卷二四,中华书局1999年,第1216页。

⑨③ 以诏札、传记、赠答为外集,见前赵清献《菊坡文集》蒋曾莹家之别本。

⑨④ 《新唐志》"别集类"著录其《吴兴集》十卷、《庐陵集》十卷、《临川集》十卷。

⑨⑤ 宋祝穆《古今事文类聚别集》卷二:"宋杨亿为文,每一官成一集,所著《括苍》《武夷》《颍阴》《韩成》《退居》《汝阳》《蓬山》《辞云》《冠鳌》等集。"今《宋志》存其《蓬山集》五十四卷、《武夷新编集》二十卷、《颍阴集》二十卷等。

⑨⑥ 杨诚斋万里生前自编诗入集,《宋志》录为《南海集》八卷、《荆溪集》十卷、《西归集》八卷、《朝天集》八卷、《江湖集》十四卷、《江西道院集》三卷、《朝天续集》八卷、《江东集》十卷,皆自有序。逝世后人为编《退休集》十四卷,专收晚年之作。

⑨⑦ 苏天爵《柳待制文集叙》云:"文集二十卷,别集又二十卷,皆公门生宋濂、戴良所汇次云"明宋濂《柳待制文集跋》:"年四十余,北游燕,始集为书名之曰《游稿》。及官成均,转奉常,则文以职司,名之曰《西雍稿》,曰《容台稿》;出提举江西,则又以地名之曰《钟陵稿》;自江西退而家居,则又以所居斋名之曰《静俭斋稿》;间尝西游吴中,则又以游名之曰《西游稿》;游而归休,日对乌蜀山,啸咏自娱,则又以山名之曰《蜀山稿》。未几,召还禁林,述作日益富,尚未名稿而先生没,遂与人乘间持去,今所存惟七稿。"

⑨⑧ 宋濂文集以《潜溪》前集、后集,《銮坡》前集、后集,《翰苑》续集、别集,《芝园》前集、续集,《朝京稿》等分编,盖从其官也。《明志》与《宋学士文集》名称略异,参见《宋濂全集》。

⑨⑨ 文襄公一清《关中奏议》十八卷,以"生平章疏之文分为六类:卷一、卷二曰马政类;卷三曰茶马类,则以副都御史督理陕西马政时所上;卷四、卷五、卷六曰巡抚类,则巡抚陕西时所上;卷七、卷八、卷九曰总制类,则总制延绥、宁夏、甘肃边务时所上;卷十曰后总制类,则其病initially复起时所上;卷十一至卷十八,则嘉靖四年以故相复提督三边军务以后所上da。以所陈多陕甘边事,故以关中为名"(见《四库全书总目》)。又明毛伯温《毛襄懋奏议》二十卷,亦以一官为一集,分为《台中》《抚台》《内台》《总边》《宫宾》《平南》《总宪》《枢垣》八集。

⑩⓪ 方象瑛字渭仁,号霞庄,浙江遂安人。康熙六年进士,十八年荐试博学鸿词,授翰林院编修。所著《健松斋集》二十四卷,文十六卷,诗八卷。诗分《秋琴阁诗》一卷,少作;《展台诗钞》二卷,官京师间作;《锦官集》二卷,康熙二十二年典蜀试时作;《四游诗》一卷,即邺游、燕游、越游、楚游;《萍留草》一卷,康熙十三年避闽难后与西陵诸子唱和之作。见柯愈春《清人诗文集总目提要》,北京古籍出版社,2002年,第一册,第232页。

⑩① 马维翰字墨麟,号仙侣,浙江海盐人。康熙六十年进士。由给事中官至四川川东道。所著《墨麟集》十二卷计分:《归省集》《跨驴集》《司勋集》《柱下集》《黄门集》《剑南廉访集》等。

或以游踪名,如徐釚之《草堂》;[102]或以游草名,如潘耒之《遂初》。[103] 或兼编年踪迹名,如章永祚之《南湖》。[104] 诚可谓流光溢彩,锦川绣岳,人籁彻天,芳草遍野矣。

萧梁集名,方孕未萌,自纂心切,遂成前后。江淹之外,群相仿效。之遴子范,[105]声驰齐梁;徐周沈江,[106]名噪陈隋。彦伯擅绝,[107]次山结撰,[108]已定名于生前;孝威流誉,[109]李观安边,[110]殆补辑于身后。两苏以后,[111]名同实乱。定国之编《淮

---

[102] 徐釚字电发,号拙存,又号菊庄等,吴江人。康熙十八年荐试鸿博,授翰林院检讨。其诗旧有《昌亭草》《皖江草》《齐鲁游草》《西陵草》等,晚年归田后辑为《南州草堂集》三十卷。见柯愈春《清人诗文集总目提要》,第259页。

[103] 潘耒字次耕,号稼堂,晚号止止居士,江苏吴江人。曾从顾炎武游,著有《类音》。其诗皆以"游草"名集,如《少游草》《梦游草》《近游草》《江岭游草》《海岱游草》《台荡游草》《闽游草》《黄庐游草》《楚粤游草》《豫游草》等。

[104] 永祚字锡九,号南湖,安徽贵池人。康熙二十年举人。诗以行踪与编年合编,所著《南湖集》十六卷,有《闽游草》《邗江游草》《金陵游草》《泪江旅梦录》《北征存稿》《西征草》《塞垣吟》《秦中游草》《军供草》《张掖游草》《凉州夜游草》《归省录》《入觐吟》《应召集》《水部吟》等等。

[105] 《梁书·刘之遴传》:"太清二年,侯景乱,之遴避难还乡,未至,卒于夏口,时年七十二。前后文集五十卷行于世。"又《萧子范传》:"寻遇疾卒,时年六十四。贼平后,世祖追赠金紫光禄大夫,谥曰文。前后文集三十卷。"

[106] 徐勉著作丰赡,《梁书》本传谓其所著前后二集四十五卷,《南史》作五十卷,《旧唐志》前集二十五卷,《后集》十六卷,《新唐志》前集三十五卷,《后集》十六卷,疑《旧唐志》"二"为"三"之误。《隋志》:陈金紫光禄大夫《周弘让集》九卷、《陈周弘让后集》十二卷;《陈侍中沈炯前集》七卷、《陈沈炯后集》十三卷。《开府江总集》三十卷、《江总后集》二卷。

[107] 两《唐书》本传谓其:"少以文学擅名","时司户韦暠善判事,司士李亘工于翰札,而彦伯以文辞雅美,时人谓之河中三绝","自晚年属文,好为强涩之体,颇为后进所效焉。有文集二十卷行于时"。而两《唐志》皆著录《徐彦伯前集》十卷,《后集》十卷,相加与本传符,故推测其为生前结撰。

[108] 李商隐后序:"次山有《文编》,有《后集》,有《元子》,三书皆自为之序。"无疑生前所编。

[109] 《隋志》录梁太子庶子《刘孝威集》十卷,至《两唐志》有《刘孝威前集》十卷,《后集》十卷,或唐人拾掇续编。

[110] 李观以策干郭子仪,由此起家,"兴元元年闰十月,拜四镇北庭行军、泾原节度使,检校兵部尚书。在镇四年,虽无拓境之绩,励卒储粮,训整宁辑"。《新唐志》载:《李观集》三卷,陆希声纂。《郡斋读书志》谓"其后蜀人赵昂,又得其《安边书》至《晁错论》一十四首为《后集》二卷"。

[111] 苏轼《东坡集》四十卷《后集》二十卷,《东坡集》又称《前集》,乃著者手定,《后集》二十卷,经今人考证,以为即由刘沔编录本增补而成,收罢杭州以后至北归途中所作诗文,当是。苏辙《栾城集》五十卷《后集》二十四卷《第三集》十卷,皆手自纂辑。其《栾城后集引》云:"予少以文字为乐,涵泳其间,至以忘老。元祐六年(1019),年五十有三,始以空疏备位政府,自是无述作之暇。顾前后所作至多,不忍弃去,乃裒而集之,得五十卷,题曰'栾城集'。九年,得罪出守临汝,自汝徙筠,自筠徙雷,自雷徙循,凡七年。元狩三年(1100),蒙恩北归,寓居颍川。至崇宁五年(1106),前后十五年,忧患侵寻,所作寡矣,然亦班班可见,复类而编之,以为'后集',凡二十四卷。"两苏皆生前结集,犹是齐梁古意。

海》,乃删剩之余;⑫李彤之辑《豫章》,实兼综三集;⑬陈起之刻《江湖》,皆续得之篇。⑭其有先辑其文以待后续而无成者,如《李华前集》《中集》,《李翰前集》;⑮复有尽弃少作独挹老成所作以名其书者,如《恕谷后集》,⑯是则前者无"后"而后者无"前"矣。后犹续也,故变而名续。其始也避后称续,⑰其继也泛称续集,其终也再三相续,绳续无休。

梁武博学罕匹,骏才独骋,诗赋与杂文三分,别集与目录合一。⑱ 斠诸《文

---

⑫ 秦观《淮海集》四十卷《后集》六卷《长短句》三卷。《淮海集自序》:"元丰七年,余将赴京师,索文稿于囊中,得数百篇。辞鄙而悖于理者辄删去之。其可存者,古律体诗百十有二,杂文四十九,从游之诗附见者四十有六,合二百一十七篇,次为十卷,号《淮海闲居集》。"是以其集为行卷之用。《通志》《郡斋读书志》又有二十九卷、三十卷本。乾道九年(1173),王定国守高邮,乃"搜访遗逸,咀华涉源,一字不苟,校集成编,总七百二十篇,厘为四十九卷"。按此四十九卷乃总言之。祝尚书曰:"王定国何以在前集四十卷外另编《后集》六卷……殆不欲乱其编次,因以为前集,再将其所编辑为后集,即无名氏题记所谓'今又采拾遗文而增广之'云尔。"(《宋人文集别录》,第557页。)

⑬ 山谷文集今传者一曰《内集》,即《豫章黄先生集》,又称"前集""正集",为外甥洪炎所编;一曰《外集》,又称"后集",为李彤所编;一曰《别集》,诸孙黄𦤅所编。据《避暑录话》卷上引黄元明说:"鲁直旧有诗千余篇,中岁焚三之二,存者无几,故自名《焦尾集》。其后稍自喜,以为可传,故复名《敝帚集》。晚岁复刊定,止三百八篇,而不克成。今传于世者,尚几千篇也。"李彤跋《后集》云:"彤曩闻先生自巴陵取道通城,入黄龙山,盘礴云窗,为清禅师遍阅《南昌集》,自有去取。仍改定旧句。彤后得此本于交游间,用以是正,其言'非予诗'者五十余篇,彤亦尝见于他人集中,辄已除去。其称'不用'者,后学安敢弃遗?今《外集》十一卷至十四卷是也。"是《外集》后四卷乃《南昌集》删去非黄庭坚之诗文。又史容《外集诗注引》云:"《焦尾》《敝帚》,即《外集》诗文。"是李编《后集》实兼综《焦尾》《敝帚》《南昌》三集诗文也。

⑭ 据《永乐大典》所载,宋陈起集有《江湖集》《江湖后集》《中兴江湖集》等。四库馆臣校核其异同,"有其人已见前集,而诗为前集未载者,凡敖陶孙、李彝、黄文雷、周文璞、叶茵、张蕴、俞桂、武衍、胡仲参、姚镛、戴复古、危稹、徐集孙、朱继芳、陈必复、释斯植及起所作共十七人。惟是当时所分诸集,大抵皆同时之人,随得随刊,稍成卷帙,即别立一名以售,其分隶本无义例,故往往一人之诗而散见于数集之内"。

⑮ 三书见《新唐书·艺文志》,《唐书经籍艺文合志》,商务印书馆,1956年,第342页。

⑯ 李塨字刚主,号恕谷,直隶蠡县人。生于顺治十六年(1659),卒于雍正十一年(1732)。晚年编集,尽弃康熙四十二年(1703),即四十四岁以前所为之文,唯存此后所作,故名为《恕谷后集》。由门人阎镐编定,雍正四年刻版。

⑰ 《宋志》东坡有《苏轼前、后集》七十卷、《奏议》十五卷、《补遗》三卷《南征集》一卷、《词》一卷、《南省说书》一卷、《应诏集》十卷、《内外制》十三卷、《别集》四十六卷、《黄州集》二卷、《续集》二卷、《和陶诗》四卷、《北归集》六卷。此处《续集》不知何指。东坡另有《续集》十二卷,系海虞程氏所编。是否因已有《东坡后集》,不便重复,故改称"续集",无可质指。然《宋志》载朱熹《前集四》十卷、《后集》九十一卷、《续集》十卷、《别集》二十四卷,丁逢《郴江前集》十卷又《后集》五卷、《郴江续集》九卷,则知因有"后集"而另称"续集"。

⑱ 此指《隋志》将其作品分为《梁武帝集》二十六卷,《梁武帝诗赋集》二十卷,《梁武帝杂文集》九卷,《梁武帝别集目录》二卷,殆梁陈间人之共识。因孝绪《七录》在文集录第四下仍将别集与杂文分开。武帝杂文集分编,为当时人之认识。

心》，固齐梁文体之区类也。⑲ 僧孺文集，弹事不入，⑳亦其比也。李唐诗韵，寄情宣志，常衮之诏，杨炎之制，㉑乃至权德舆、令狐楚、武儒衡之表奏，㉒并不与诗文杂厕，盖政事与艺能有别，韵文与载笔异辙也。北宋之翰林举首，文章巨擘，咸能蹈矩循轨。如王元之之《承明》，㉓张乐全之《玉堂》，㉔苏东坡之《内外制》，㉕周益公之《应制》，㉖此外则韩魏公、㉗蔡忠惠、㉘王履道、㉙叶石林，㉚皆秉遵其式。至有掇集之以南台、㉛西垣、㉜翰苑、㉝掖垣名者，㉞固可见一时之风气矣。㉟ 然文体一道，非尽人皆知。张方平特委敏吏，以为知体，㊱是知别集排纂，非可率意。子

<hr>

⑲ 《文心雕龙·杂文》："汉来杂文名号多品，或典诰誓问，或览略篇章，或曲操弄引，或吟讽谣咏，总括其名，并归杂文之区。"杂文既如刘说，而诗赋又为韵文，则《梁武帝集》之所以不称"文集"者，当收入书启、碑诔、哀吊、诏策、论说之类，以与文（诗赋）及杂文区别。齐梁颇重文体分类，故武帝纂集，各自为编。

⑳ 《梁书·王僧孺传》谓其"集十八州谱七百一十卷，《百家谱集》十五卷，《东南谱集抄》十卷，《文集》三十卷，两台弹事不入集内，为五卷，及《东宫新记》并行于世"，是弹事与诗赋有文笔之别。

㉑ 《新唐志》：《常衮集》十卷，又《诏集》六十卷。《杨炎集》十卷，又《制集》十卷（苏弁编）。

㉒ 《新唐志》：权德舆《童蒙集》十卷，又集五十卷，《制集》五十卷。令狐楚《漆奁集》一百三十卷，又《梁苑文类》三卷，《表奏集》十卷。《武儒衡集》二十五卷，又《制集》二十卷。皆以诗赋与诏制、表奏分编，深得文体之要。

㉓ 《通志》著录王禹偁《小畜集》《别集》外，又有《奏议》三卷、《承明集》十卷、《制诰集》十二卷等。

㉔ 王巩《张方平行状》："文四十卷，号曰《乐全集》；内外辞制杂著二十卷，号曰《玉堂集》。"

㉕ 《东坡集》四十卷、《后集》二十卷、《奏议》十五卷、《内制》十卷、《外制》三卷、《和陶诗》四卷、《应诏集》十卷。东坡文集，多系生前编定。其奏议、内外应制及应诏文，皆与诗文分编，后世合刊，是当别论。

㉖ 周必大有《政府应制稿》一卷，与他集分编，见《宋志》。

㉗ 韩琦除《安阳集类》五十卷外，又有《二府忠议》五卷，《谏垣存稿》三卷，《陕西奏议》五十卷、《河北奏议》三十卷等，见陈荐《韩公墓志铭》。

㉘ 蔡襄谥忠惠。有集六十卷，又有《奏议》十卷，见《宋志》。今存《莆阳居士蔡公文集》三十六卷。

㉙ 王安中字履道，号初寮。元符三年（1100）进士，官至尚书左丞。擅长四六，为当时词林之矜式。原有《初寮》前集四十卷、《后集》十卷，今存《初寮集》八卷。《郡斋读书志》谓其"前集，中兴以前；后集，中兴以后文也。内外制二十六卷，则李文敏公邴序"，是内外制不与其集也。

㉚ 叶梦得有《石林奏议》十五卷。据《通考》卷二四七引录叶氏《志愧集序》云："进对以来，奏稿藏于家者若干篇，不忍尽弃，乃序次为十卷，目之曰《志愧集》。"是生前所编。后第三子叶模增辑成十五卷。叶氏有《石林总集》一百卷，据其侄孙叶筌于开禧二年（1206）跋谓《总集》不载《奏议》，"往往见者为之兴叹"。《总集》今存，其中《石林建康集》八卷，亦当时一官一集之标志。

㉛ 南台，御史台。宋赵抃有《南台谏垣集》二卷，《清献尽言集》二卷，见《宋志》。

㉜ 西垣，唐宋中书省别称。宋敏求有《书闱前后集》，又有《西垣制词文集》四十八卷。邓绾《治平文集》三十卷，又有《翰林制集》十卷、《西垣制集》三卷、《奏议》二十卷、《杂文诗赋》五十卷。皆见《宋志》。

㉝ 翰苑，翰林院别称。宋梁周有《翰苑制草集》二十卷，见《宋志》。又无名氏《翰林笺奏集》三十卷，见《秘书省续四库书目》，亦属此类。

㉞ 掖垣，中书、门下二省。宋周必大有《掖垣类稿》七卷。

㉟ 马端临《文献通考·经籍考》之别集分为诗集、歌词、奏议三门。其将奏议独立，殆宋时之普遍分类。

㊱ 张方平《乐全集》卷三四《谢苏子瞻寄乐全集序》："凡所经述，或率意，或应用，每有稿草，投之箧中，未尝再阅。若再阅，辄不如意，自鄙恶之，故积两箧不曾有所改窜。熙宁中，得南京留台，无事，有一吏颇敏利，亦稍知文章体式，因付两箧令编次之。便依篇目，各成伦类，亦不曾亲阅。有书吏三数人，抄录成卷帙。"

孙不谙文轨，徒怀孝思，但汇编寄情，或难免差池。后世重辑复刻，唯求其全，多合难分。朱明台臣，独别奏议，[137]内外制文，不复分行。[138] 降及满清，奏议入集。[139]集而容史，无复古意矣。

刘琨别集，书佚难征。[140] 梁武别集目录，或乃正集之目录，以别于集也。盖孝绪《七录》，集有其录，录以叙名，兼综篇目。[141] 武帝卷帙丰赡，厘为二卷，盖与四部"别集"异撰。唐末宋初编集，各以著述所重。以制诰名者，则诗赋杂文为别，《会昌别集》是也；[142]以歌诗鸣者，则赋序书赞为别，《李翰林别集》是也。[143] 逮人自为集，搜编坊刻之风行，别集之义遂莫可定于一矣。《武夷别集》，避谗篇什也；[144]《水心别集》，制科进卷也；[145]《无为别集》，释老之诗也。[146]《伯衡别集》，专著之文也。[147]《文山别集》，自述他辑也。[148]《震川别集》，寺志纪行也。[149] 概而言

---

[137] 明代史臣编集，将奏议另编者颇多，见之于《明史·艺文志》者有五十二家。商辂、于谦等为其著者。

[138] 唯瞿景淳有《内制集》一卷，《文集》十六卷，见《明史·艺文志四》（商务印书馆，1959年，第106页）。

[139] 奏议、制诰等皆编入文集，不复分行，此清初陈廷敬《午亭文编》等已然。

[140] 《隋志》有《晋太尉刘琨集》九卷梁十卷，《刘琨别集》十二卷。

[141] 《隋志》集部书下引录阮孝绪《七录》，多言"录一卷"，而每比《隋志》无录者多一卷，论者谓系该书之目录。

[142] 《会昌一品集》称"制集"，所收皆诏敕制诰之类，以此为"正集"，则卫公之诗赋自当另编。钱大昕《跋李卫公集》云："右《李卫公文集》二十卷，即《会昌一品集》也。《别集》十卷，其前二卷杂赋也，后二卷《平泉山居草木记》也。《外集》三卷，《穷愁志》也。卫公撰述，各自为名，后人编集，并而一之。"此所谓别于集也。唐陆贽《翰苑集》亦制集，故权德舆撰《陆宣公翰苑集序》云："公之文集有诗文赋集表状，为别集十五卷。其关于时政，昭昭然与金石不朽者，惟制诰奏议乎。"宋宝章阁直学士方大琮《铁庵遗稿》收其奏疏章表，而其子将其尺牍、决讼等将汇为《别集》，见刘克庄《后村先生大全集》卷九十五《铁庵遗稿》。总之，此类编法，如钱牧斋所云："著述从其所重也。"

[143] 宋初咸平间乐史《李白别集序》云："李翰林歌诗，李阳冰纂为《草堂集》十卷。史又搜收歌诗十卷，与《草堂集》互有得失，因校勘排为二十卷，号曰《李翰林集》。今于三馆中得李白赋序表赞书颂等，亦排为十卷，号曰《李翰林别集》。"

[144] 《直斋书录解题》卷十七："《武夷集》二十卷《别集》十二卷，翰林学士文公浦城杨亿大年撰。……别集者，祥符五年避谗佯狂，归阳翟时所作也。"

[145] 《直斋书录解题》卷十八："《水心集》二十八卷《拾遗》一卷《别集》十六卷，吏部侍郎永嘉叶适正则撰。《外集》者，前九卷为制科进卷；后六卷号'外稿'，皆论时事；末卷号'后总'，专论买田赡兵。"是皆有别于诗赋、奏议、状表等。

[146] 杨杰《无为集》十五卷，《别集》十卷。赵士䌹序云："其诗赋、碑记、杂文、表启，共分一十五卷；若释、道二家诗文，则见诸《别集》云。"《直斋书录解题》卷十七："杰喜谈禅，《别集》皆是释老，而释又居十之九。"

[147] 苏平仲《空同子瞽说》一卷，《苏平仲文集》收入第十六卷，题为"别集"。《四库全书总目》云："是书仿诸子文体，多托物寓意之词。"

[148] 王阳明《文山别集序（甲戌）》："《文山别集》者，宋丞相文山先生自述其勤王之所经历，后人因而采集之以成者也。其间所值险阻艰难，颠沛万状，非先生之述，固无从而尽知者。先生忠节盖宇宙，皆于是而有据。"

[149] 《震川文集》，乃请钱牧斋手定。牧斋自述其例曰："次记三卷，旧有纪行诸篇，今取陆放翁、范石湖列入《别集》……欧、苏集是二公手定，外制、奏议别为一集，今集中才数篇，故居《别集》之首，而策问附焉……次《马政志》一卷，先生邢州入贺时留纂修寺志，故有此作。既有关于国故，其文则自谓仿《史记》六书也，取昌黎《顺宗实录》例系之《别集》。"（见《震川文集》附录。）

之,皆诗赋文论为重,而有别于正集也。⑱ 至《杜甫别集》,另有一本也。⑲《豫章别集》,正续所逸也。⑫ 要以先后刊刻为准,而为古人共识。⑬ 或有正编作者手定,编者不敢以"续",谦称为"别"者,乃式敬偶例。⑭ 明清而下,师心逞意,多歧无归,难以缕陈。

建平文集,王《志》所次,阮《录》失载,《唐志》难据。⑮ 元帝宏制,别出小集。⑯ 自编谦称,他辑薄名。樊晃踵事,挹辑杜诗。⑰ 元稹分体,遴简选本。⑱ 宋祁守蜀,乃有小集,⑲帙属轻短,情同官集。⑳ 罗愿卒鄂,清之裒集,高胜可传,不

---

⑭ 《旧唐志》云:"别集所纪,词赋杂论。"

⑮ 苏舜钦《题杜子美别集后》:"杜甫本传云:有集六十卷,今所存者才二十卷。又未经学者编缉,古律错乱,前后不伦。盖不为近世所尚,坠逸过半,吁!可痛闵也。天圣末,昌黎韩综官华下,于民间传得号《杜工部别集》者,凡五百篇。予参以旧集,削其同者,余三百篇。"此有与流传之集同者约二百篇,显为别一集本也。(《苏学士文集》卷十三)

⑫ 淳熙九年(1182)黄𬮿跋:"先太史《别集》,皆今《豫章》前、后集未载。"

⑬ 朱熹《答吕伯恭书》:"寄及《横渠文集》,此有一写本,比此增多数篇,偶为朋友借去,俟取得寄呈,可作别集以补此书之阙也。"

⑭ 周紫芝《书谯郡先生文集后》:"余顷得《柯山集》十卷于大梁罗仲洪家,已而又得《张龙阁集》三十卷于内相汪彦章家,已而又得《张右史集》七十卷于浙西漕台。先生之制作,于是备矣。今又得《谯郡先生集》一百卷于四川转运副使南阳井公之子晦之,然后知先生之诗文为最多。当犹有网罗之所未尽者,余将尽取数集,削其重复,一其有无,以归于所谓一百卷者,以为先生之全书焉。晦之泣为余言:'百卷之言,皆先君无恙时赗书交旧而得之,手自校雠,为之是正,凡一千八百三首,历数年而后成。君能裒其所未得者,以补其遗,是亦先君子之志,而某也与有荣耀焉。'因谓晦之:'他日有续得者,不可以赘君家之集,当为《别集》十卷,以载其逸遗而已。'"

⑮ 《旧唐志》录《宋建平王集》十卷,《宋建平王小集》十五卷;《新唐志》录《建平王宏集》十卷,又《小集》六卷。建平王宏之诗文,王俭《七志》当录,而阮孝绪《七录》失收,盖曾一度流散。《旧唐志》所录小集多于本集,不知其故。

⑯ 《隋志》:《梁元帝集》五十二卷,《梁元帝小集》十卷。《两唐志》录《梁元帝集》五十卷,《旧唐志》又录《梁元帝集》十卷,《新唐志》作"又小集十卷",盖仅逸二卷。

⑰ 《新唐志》载《杜甫集》六十卷外,有润州刺史樊晃编辑《小集》六卷。樊晃《小集序》云:"文集六十卷,行于江汉之南,常蓄东游之志,竟不就。……今采其遗文凡二百九十篇,各以事类分为六卷,且行于江左。君有子宗文、宗武,近知所在,漂寓江陵,冀求其正集,续当论次云。"盖樊氏知有六十卷宏著,而所得甚少,因名"小集",冀求正集而续编之。

⑱ 《新唐志》载:《元氏长庆集》一百卷,又《小集》十卷,《元白继和集》一卷,《三州倡和集》一卷(元稹、白居易、崔玄亮),《刘白倡和集》三卷(刘禹锡、白居易)。十卷本《小集》或自选,或他选,必是作品之精华。是当时在文集之外,复有选本及倡和集。

⑲ 《郡斋读书志》卷四下:"《宋景文集》一百五十卷,……集有《出麾小集》《西川猥稿》之类,合而为一。"《蜀中广记》卷一百谓两书乃"宋祁出守益州所著"。《通志》卷七十载《出麾小集》五卷。

⑳ 此犹一官一集者也。

暇求全。⑯书肆崛起,科举畅行,选本精要,薄帙易销,作家驰名,书贾牟利。⑯复乃分选汇刻,变本加厉,⑯易售易得,蔚成风习。其后各冠雅名,点缀缃帙,聊寄情愫,兼志踪迹。有清吟客,独好此尚,大名小名,总集小集,衍化变幻,更仆难数,至查初白《敬业堂集》五十六卷细分小集五十八名而臻极致矣。⑯

逸诗云者,相对官学,三家不收,故得云逸。⑯谢集十卷,或未尽全,复辑遗佚,掇为逸集。⑯郑樵所录,尚有《魏武逸集》;⑯理堂所编,亦称《望溪逸集》。⑯逸遗义近,佚逸音同,转相递用,名目滋多。⑯

古人立名,各有攸当。《隋志》有云:属文之士,流风殊别,欲观体势、见心灵,故别聚其文,名之为集。是集也者,集聚其文之谓。迨及后世,谦而自抑,称"稿"名"草";矜而自雅,曰"吟"云"咏"。复与内外前后正续别遗、亭轩斋馆美名雅称交互织组,遂乃绿漪千态红霞万姿、流心荡漾触目尖新矣。

虽然,犹有叹焉者,以为"古之以别集自见者多矣,而多不传;传矣,而不能

---

⑯　楼钥《攻媿集》卷七二《又题所书罗端良文三篇》:"新安罗端良愿,公辅器也。止于鄂州,世所共惜。刘子澄清之为倅,亟以其诗文为小集,以不暇求全也。所作无不精妙,而《陶令祠堂记》《社坛记》《尔雅翼后序》尤为高胜。"

⑯　宋吴聿《观林诗话》:"《渑水燕谈记》:张芸叟奉使辽东,宿幽州馆中。有题子瞻老人行于壁者,闻范阳书肆亦刻子瞻诗数十首,谓之《大苏小集》。芸叟题其后云:'谁传佳句到幽都,逢著胡儿问大苏。莫把文章动蛮貊,恐妨谈笑卧江湖。'小集所收之少,在十余篇至数十篇之间。宋吴子良《荆溪林下偶谈》卷四《唐任翻诗》:"唐项斯、周朴、任翻,皆赤城人,能诗,见《赤城志》。按《唐文志》:项斯诗一卷,周朴诗二卷,任翻诗一卷。独翻诗世罕传者,今郡斋有翻小集,仅十篇而已。"

⑯　《宋百家诗存·例言》:"宋人各家诗分选汇刻,宋时已有之。如吕居仁《江西诗派》二十五家,陈思《名贤小集》六十四家。"又卷二八《芸居乙稿》下云:"陈起字宗之,钱唐人。宁宗时乡贡第一,时称陈解元。事母至孝,开书肆于临安,鬻书以奉母。因取江湖间名人小集数十家,选为江湖集,汇刊以售,人盛称之。"

⑯　《敬业堂集》五十卷《续集》六卷,计分《慎旃集》《遄归集》《西江集》《逾淮集》《假馆集》《人海集》《春帆集》《独吟集》《竿木集》《题壁集》《橘社集》《勤酬集》《溢城集》直至《忘岁集》《粤游集》等五十三集,加上《续集》所含《漫与集》《余生集》《诣狱集》《生还集》《住劫集》五集。

⑯　《毛诗·小雅·都人士》首章下孔颖达正义:"《襄十四年·左传》引此二句,服虔曰:'逸诗也。《都人士》首章有之。'《礼记》注亦言'毛氏有之,三家则亡',今《韩诗》实无此首章。时三家列于学官,《毛诗》不得立,故服以为逸。"依照服虔之说,所谓逸诗,乃是相对于官学博士所传授者而言。

⑯　《隋志》有《齐吏部郎谢朓集》十二卷,又有《谢朓逸集》一卷。《两唐志》十卷,盖或散佚。

⑯　《通志·艺文略》载:《魏武帝集》三十卷,《武帝逸集》十卷。

⑯　苏惇元《跋方望溪先生全集集外文》云:"至韩理堂所编逸集,任心斋所藏逸稿,高密单氏所藏遗稿,今虽猝不得见,然审思之,恐此集所逸者亦不多矣。"

⑯　后世有"遗稿""遗集""遗文""辑遗""逸稿""佚稿""佚集""佚文""辑佚"以及"补遗""辑补"等等不同名目,而其实则相近,皆对已编成集之增补。

久;传且久矣,而或不著;其传而久、久而著者,数十家而已"。⑳ 旨哉斯言!夫懋堂以自律严、责人苛驰声,电光一瞥,阅尽千古矣。有清别集近二万家,四万余种,或学有纯驳,或文有工拙,其能播在人口者,百一而已矣。若王凤喈、钱晓徵、阮伯元者,人中之龙也;其《西庄始存稿》《潜研堂集》《揅经室集》者,是亦传而久、久且著之集也。二百余年来,随朴学而盛传于学人间,其若勿读勿知,虽曰不学无知可也。然三人生前皆主文坛,执牛耳,骋令誉,负盛名,日对众客,挥毫成文;游逢胜景,吟咏成诗。时过境迁,烟消云散。及其纂文辑集,已多不复能忆,即有存者,抑或以无关世道人心、学术盛衰而忽之。是以后人所读,皆神龙之藏首隐尾,鳞爪不全者也。予友陈教授鸿森者,饱学士也。其远世避嚣,屏迹读书者数十年,举凡四部七略,无所不窥,尤嗜于清代朴学家之交友学术。每与师友闲聊及于清代学术,则口若悬木《海》,倾郭《江》,汹涌匋訇,不闻他音矣。尝谓所识清儒远过于今人,则其貌其情其意其神,亦可想其仿佛矣。教授于王、钱、阮三家遗文,搜辑不遗余力,常端居讽籀,书百种犹难寻片玉;出揽胜迹,纵千里而方获一枝。分至往复,星辰起落,如斯二十余年之久,竟有数百十篇之丰。岂唯三家有功之臣,抑亦乾嘉点将之帅也。书将付梓,猥承下问,遂抒平日留意于文人之锦心霞思、文集之流别蜕演及教授冥搜苦求之辛劳诸端,序而归之,以求教于鸿森教授,并俟夫治甲丁两部及乾嘉学术者择焉。

二〇〇九年十一月至十二月初稿

二〇一〇年四月二稿

二〇一一年二月三稿

【虞万里　上海交通大学人文学院特聘教授】

原文刊于《中国文化》2011 年 01 期

---

⑳ 段玉裁:《潜研堂文集序》,《经韵楼集》卷八(上海古籍出版社 2008 年,第 186 页)。

《说文解字诂林》述论

傅　杰

　　丁福保(1874—1952)字仲祜,号梅轩,又号畴隐居士,曾任京师大学堂及译学馆教习。而"壮岁辞教习,不服贾,不作吏,购书十五万卷,读书日有程课,与作诸生时无少异,如是者三十年"①。除本书外,还编有《佛学大辞典》《古钱大辞典》《文选类诂》《全汉三国晋南北朝诗》《历代诗话续编》《清诗话》《正续一切经音义》《道藏精华录》以及《四部总录》等。生前不计,即其身后而论,从一九五九年中华书局的《全汉三国晋南北朝诗》,到二〇〇五年北京图书馆出版社的《道藏精华录》,丁氏所编的多种工具书及数据书由于"都是博大渊深,包罗宏富,一帙在手,寻选必要的参考资料,有左右逢源之便"②而一再印行,为文史研究者广泛取用。

　　在丁氏众多编著中,篇幅最巨、影响最大的是《说文解字诂林》。编写本书的设想始于丁氏就读江阴南菁书院之时,而直接影响他治学观念、启发他编纂思路的则是曾任江苏学政的著名学者王先谦。王氏擅长文献的集成汇注工作,所纂《皇清经解续编》、所著《诗三家义集疏》《尚书孔传参正》《释名疏证补》《汉书补注》《后汉书集解》《庄子集解》《荀子集解》等,都久为士林所推重。他曾颁给南菁书院诸生《治学琐言》,据当时的课生赵椿年在《覃研斋师友小记》中记录,

---

① 《说文解字诂林引用书目表跋》。所引《诂林》文字皆据中华书局1988年影印本。
② 顾廷龙:《四部总录艺术编序》,《顾廷龙文集》,上海科学技术文献出版社2002年,第217页。

王氏还将《尔雅》《说文解字》《水经注》及《文选》分配给各府、州的课生,命其收集资料,撰为集注,其事未能有成,最终却由丁氏身体力行。《畴隐居士自订年谱》叙"吾闻之王益吾先生曰":《尔雅》《说文解字》《水经注》《文选》及部分正史,皆可为之作集注与汇考:

> 治以上各书,果殚十载之功,便立千秋之业,励志之士,当有乐乎此。至所治之书,宜从容考究,不厌精详,非以速成为尚……学人每患途径闇昧,欲从末由。苟循斯道,决无歧误。如或惊为高美,病其难能,当思日知无忘,历久弗懈,积小高大,便成通儒。中材以下,皆可勉为,非必天禀异人,始可从事。每叹功名可遇而不可求,与其慕浮荣、希诡获,不若守其在我,早谋自立之地也。昔人任为一书,自非圣经贤传,何能毫无指摘。立名之事,争不胜争;前哲瑕疵,议不胜议。惟有自勤学业,方是实在受用。坐观徒羡,不胜结网;俟河之清,必非志士。③

丁氏入南菁书院已在王氏颁《治学琐言》十年之后,未必亲炙王氏,"闻之"云云,或即录自《治学琐言》④。"余既知学问之门径,即拟笺注各书,先从《说文》《文选》下手。"⑤由此可知《说文解字诂林》《文选类诂》等的纂录,都是跟王氏具体的指示与恳切的鼓励分不开的。而在古典文献方面论汇录资料之勤,成就著作之夥,丁氏亦庶几称得上是王氏之后第一人。

许慎的《说文解字》是中国古代通释汉字形义的经典,正如陈梦家在《中国文字学》中所说的那样,"今日古文字学之所以可得而研究,古典籍之所以可得而了解,无不依靠《说文》这部书"⑥。但以内容广博,言约义丰,理解并不容易,加以传刻中出现的讹误,所以历代尤其是清代的学者,从多种角度对之进行了深入的研究,写下了大量的著作。这既给我们研治《说文》带来了莫大的裨益,使很多疑难涣然冰释;但同时也给我们研治《说文》带来了不小的麻烦,因为要遍

---

③ 北京图书馆编:《北京图书馆藏珍本年谱丛刊》197 册,北京图书馆出版社 1999 年,第 73 页。
④ 参看赵统:《南菁书院志》(初稿),江苏省南菁高级中学《百廿南菁丛书》本,2002 年,第 24 页。
⑤ 北京图书馆编:《北京图书馆藏珍本年谱丛刊》197 册,北京图书馆出版社 1999 年,第 73 页。
⑥ 《中国文字学》,中华书局 2006 年,第 231 页。

觅前人的研究成果对任何人来说都不免费时费力,事倍功半。丁氏从廿二岁起念纂辑《说文解字诂林》,罗致资料历三十年,集中编录七年,终于在一九二八年由上海医学书局出版《说文解字诂林》六十六册,除按《说文》次序将历代字义考释成果分列其下,并附有前编与后编,前编收录相关《说文》著作的原叙、例言以及总论《说文》或六书的论著;后编收录考释《说文》逸字的论著。正文则包括:

一、大徐本《说文》及校勘、研究小徐本的论著。

二、小徐本《说文》及校勘、研究大徐本的论著。

三、清段玉裁《说文解字注》及订补段注的论著。

四、清桂馥《说文解字义证》及辨证《义证》的论著。

五、清王筠《说文解字句读》《说文释例》。

六、清朱骏声《说文通训定声》。

七、散见于清人及近人著作中研究《说文》的论著。

八、研究《说文》引经、引古语的论著。

九、清人及近人考释个别字义的论著。

十、与《说文》有关的研究甲骨、金石文字的论著。

丁氏既把《诂林》的完成当作一生事业的顶峰,又不以此自骄自足。书出次年,他翻造上海大通路瑞德里的旧居,即名之曰"诂林精舍",用以读书著述。一九三二年,他又推出了续辑的《说文解字诂林补遗》十六册。全书共辑入专著二百二十八种,不仅数据丰富,而且编印得法。《说文》研究著作,每每"篆真杂厕,卷帙繁重,木刻则写样不易,铅印则阙字尤多,且书经重刊,校雠綦难",编者乃"将各种原书截长补短,裱若碑帖,然后付之影印"⑦,不但减免了刊刻的困难,而且保留了原书的面貌。据丁氏自叙,前人已颇有欲汇《说文》注为一编的尝试,如王绍兰有《说文集注》,钱大昭有《说文统释》,陈介祺有《说文统编》,许槤有

---

⑦　《说文解字诂林纂例》。

《说文统笺》,陈鳣有《说文正义》,吴协心有《说文稽古编》等,但以卷帙繁富,艰于付梓,"其书皆佚而不传"⑧。丁氏还提及了"其稿藏于杭州沈君翼孙处"的孙礼煜、严曾诠合撰的《说文解字汇纂》,终亦不知踪迹⑨。丁氏以持久的毅力,相应的财力,在门人的襄助下最终成此伟业。《诂林》竣事之前就已受到学界关注,钱基博一九二五年在《清华周刊》上发表的《近五十年许慎说文学流别考论》,即对丁著作了报道⑩。其书既出,更是纸贵洛阳,驰誉海内,三年后即重印,吴敬恒、于右任等名流均交口赞誉,如于氏称:

> 许氏《说文》一书,为研究国学必备之籍。惟自逊清乾嘉以来,关于《说文》之著作品,不下二三百种之多。学者如欲检查一字,非遍检各书不可;而单文零义之散见于各家文集及笔记中者,一时尤难检阅。今丁君编辑此书,合原书一千余卷,囊括有清一代许氏之学,汇为渊海,检一字而顷刻即得,得一字而各说咸备,凡古书中之所谓某为正字,某为借字,某为古文,某为异文等,昔人穷老尽气而不得者,今费半小时即可得之。所以此书一出,不仅集许学之大成,实亦治《说文》者最便利之捷径也⑪。

至现代语言学家如周祖谟、俞敏等,也都给予了高度评价⑫。而这种集群书、汇众说为一编的诂林,其例既为后来的学者所继承,其名也为后来的著作所沿袭,如朱祖延主编的《尔雅诂林》、徐复主编的《广雅诂林》、于省吾主编的《甲骨文字诂林》、周法高主编的《金文诂林》、李圃主编的《古文字诂林》、谢纪锋编的《虚词诂林》等。即此也可见其书的意义与影响。

半个多世纪以来,在不断重印、深获好评的同时,《诂林》也受到了不少批

---

⑧ 据称《说文统释》有刻本与钞本,《说文通笺》有刻本,著录见阳海清等《中国丛书广录》(湖北人民出版社 1999 年)及《文字音韵训诂知见书目》(湖北人民出版社 2002 年)。

⑨ 孙氏后嗣见《诂林》后,在没有任何证据的情况下,竟疑其或脱胎于《汇纂》原稿。叶景葵当即驳之云:"其实丁氏亦富于收藏,且喜公开流布。如见原稿,决不致秘而不宣也。"见《卷盦书跋》第 15 页《说文解字汇纂条例》,上海古籍出版社 2006 年。

⑩ 《钱基博学术论著选》,华中师范大学出版社 1997 年,第 601—605 页。

⑪ 《说文解字诂林》卷首所录诸家评语。

⑫ 分见周氏为《中国大百科全书·语言文字》卷(中国大百科全书出版社 1988 年)所撰《说文解字》条与俞氏为《虚词诂林》(黑龙江人民出版社 1992 年)所撰序言。

评。这样一部皇皇巨制，自然不会尽善尽美；但有一些非议，却也值得商榷。

对《诂林》的第一点批评，是丁氏对元明《说文》研究著作的排斥。《诂林自叙》说得明白：

> 小学至元明诸人，多改汉以来篆书使就己见，几于人尽可以造字。始作俑者，其李阳冰、王安石、郑樵乎？戴侗、包希鲁、周伯琦扬其波，至杨桓、魏校而横溢旁决，不可究诘。于是许氏之学，旷然中绝，垂千年焉。

其实不止元明，在《纂例》第十条中他还指出，"如王夫之、程德洽之《说文广义》、董诏之《说文测议》、冯鼎调之《六书准》、潘肇丰之《六书会原》、庄述祖之《说文古籀疏证》等，皆未脱宋元明人乡壁虚造之陋习"，故亦概在摒弃之列。有论者引录唐兰在《中国文字学》中所说的"郑樵第一个撇开《说文》系统，专用六书来研究一切文字，这是文字学上的一个大进步"，以及戴侗"对于文字的见解，是许慎以后，惟一的值得在文字学史上推举的"诸语，来与丁氏对比，从而证明丁氏言行的不公正与不足取⑬。这里有两个问题。一是唐说肯定的是郑、戴在文字学上的贡献，丁说否定的是诸氏对《说文》的变乱。文字学与《说文》学自有千丝万缕的联系，但并不完全是一回事，有时文字学的进步是以变乱《说文》为代价的。丁氏之言固不免过于绝对，但必欲使丁氏在《诂林》中有所兼容，在操作上也是相当困难的。二是对宋元明文字学研究的评价，是一个颇有争议的问题，并不是丁氏之前众口反对、丁氏之后就众口赞同的，是值得进一步深入研究的。王力在《中国语言学史》中就说："自大小徐以来，《说文》之学中断了八百年。王安石作《字说》，郑樵作《六书略》，有许多穿凿附会的话，为文字学家们所不取。南宋戴侗作《六书故》，既非《说文》中的篆文，又非金文中的古文，字多杜撰，也受到了学者们的訾议。"⑭而文字学家的看法也存在很大的分歧。如姚孝遂在八十年代出版的《许慎与说文解字》深以丁氏将宋元明诸相关著作

---

⑬ 《20世纪〈说文〉学流别考论》，中华书局2003年，第67页。
⑭ 《中国语言学史》，山西人民出版社1981年，第109—110页。

"都目为异端邪说,摒而不录"为非⑮;而陈炜湛在九十年代发表的《许学管窥》则仍正面引述《说文解字诂林自叙》的"皆以巧说邪辞,蛊惑后世,遂开数百年向壁虚造、望文生训之陋习"来批评王安石的《字说》与郑樵的《六书略》,且云:

> 在元明两代,《说文》同样被随意改动,许学不仅未得发展,反遭到许多歪曲、误解。元戴侗《六书故》、包希鲁《说文解字补义》、杨桓《六书统》《六书溯源》、周伯琦《说文字原》《六书正讹》等书,不仅改变《说文》原有分部,而且增删篆文,随意立说。这些书皆与《说文》有关,而且打着"六书""字原"等旗号,虽不能说全无是处,但毕竟错误百出,无益于许学。

而"到了明代,情况更糟,几乎无善可述。丁福保《说文解字诂林自叙》对此有扼要述评,虽过于严厉,大体上却是正确的"⑯,几乎完全认同了丁氏的观点。然则丁说自不失为值得继续讨论的一家之言。当然,在可操作的前提下尽可能兼容并蓄,至少也可以起到"奇文共欣赏、疑义相与析"的作用,给我们纵观《说文》研究史提供便利。后人对此有所不满,也是可以理解的。丁氏后来也意识到这个问题,只是做得不够彻底。在《补遗自序》中设客质疑:《诂林》前编所采序跋止以收入之书为限,失之过严,致名人序跋遗弃颇多,甚为可惜。丁氏然其说,表示"纵有根柢浅薄、无甚精义者,亦当聊存一家著述,以备后人参考",因此在《补遗》前编中,就增入了戴侗《六书故》、杨桓《六书统》、周伯琦《说文字原》《六书正讹》诸书的自序。

对《诂林》的第二点批评,是丁氏对古文字研究论著收列太少。有论者说:

> 在对待出土文献资料上,丁福保的态度较为保守。对于许多学者以金石文字纠驳《说文》,丁氏认为这是"以似真非真之文,据半信半疑之字,遽

---

⑮ 《许慎与〈说文解字〉》,中华书局 1983 年,第 54 页。
⑯ 中国许慎研究学会编《说文解字研究》第一辑,河南大学出版社 1991 年,第 58 页;又《陈炜湛语言文字论集》,上海古籍出版社 2005 年,第 10 页。

然推翻旧说"，颇不以为然。对于出土之甲骨竹简文字，丁氏贬之为"断简残篇，零畸破裂之枯骨，文句既不完备，刀刻易失真形"(《诂林补遗自叙》)。故《诂林》及《补遗》中所录钟鼎甲骨著述，寥寥无几，不足以反映当时在古文字研究方面已经取得的成就⑰。

这里有三个问题。一是论者所引录《诂林补遗自叙》即"丁氏认为""丁氏贬之为"以下数语，都是丁氏引录的"叶德辉氏之言"，而非丁氏自语——虽然丁氏对叶氏的观点有所认可有所借鉴，但并不能在其间画上等号。二是丁氏所不满的，原非叶氏所谓的"近人好据金石文字纠驳《说文》"，而是"近人每据钟鼎甲骨文字擅改许书"，他显然并不反对以古文字数据来对《说文》加以补正。在《诂林自叙》中，他宣告所辑附各字之下的有"鼎彝款识、殷墟文字、正始石经等新出者"；在《纂例》第十三条，他明确将"各家金石龟甲文字"著作列为专类，指出这些著作"可为许书古籀之旁证，或可补许书之阙"。三是在收录古文字资料"允宜慎之又慎，宁狭毋滥"的思想指导下，丁氏所列古文字著作固然不多，但却已足以代表当时的研究水平。正编录入的出版未久的商承祚《殷墟文字类编》与容庚《金文编》，正是融会了罗振玉、王国维至编者自己研究成果而独步当时、最可信据的甲骨文与金文字典；在补编中又加上了王襄的《簠室殷契类纂》与陈邦怀的《殷契书契考释小笺》。丁氏对古文字数据的作用有毫不含糊的认识，而所以在《补遗自叙》中引述叶氏之言，乃是激于古文字考释中弥漫的"强不知以为知"的不良学风有感而发的。就在丁氏撰写上引《补遗自叙》的同一年亦即一九三二年，顾廷龙作《说文废字废义考叙》，亦记"时值举世学者侈言研究古文字惟从甲骨文、金文求之，薄《说文解字》者东汉字书耳，不足以言古焉"；甚至有友人径讥其"当今治金文、甲骨文，如丽日中天，子独不致力于彼，而又暖暖姝姝笃守许书，不其迂乎"！顾氏答云不熟习许书乃欲治甲骨金文，是孟子所谓"不揣其本，而齐其末也"，而"观诸家释字，别创理解、新奇可喜者固不少；而言人人殊、牵强附会者亦甚多"⑱。身处其间的丁氏在这一点上既未盲目趋新，又不一味守

⑰ 《〈说文解字诂林〉述略》，《辞书研究》1992年第5期。
⑱ 《顾廷龙文集》，第24页。

旧,态度应该称得上是平正而通达的。

对《诂林》的第三点批评,是失载《说文释例》。这是杨家骆在《说文解字诂林正补合编》序中提出来的:

> 通读丁书,于其尊为名家、列为专属之王筠《说文释例》正补各二十卷,应编于前编中《六书总论》及前编下《说文例》中者,乃除其前编上《叙跋类》收其一序一跋,及十四篇中散录其专指一字之条外,凡论六书及通例者竟至只字未采。百密一疏,固所难免;然于如此巨帙,竟至漏而不知,而《诂林》行世四十余年,复无发其事者,诚亦令人费解[19]。

编者亦知"《释例》全书有其一贯性,倘载之于前编中、下内,亦有未当处",故在《合编》第一册后专设"前编补",以录存《释例》全书,复郑重其事再下按语:

> 丁氏《诂林》以王氏《说文句读》《释例》及补正之属为其引用之第五类。《说文句读》固宜逐字散录于卷一至卷十四中,然《说文释例》一书以说明六书大意及《说文》通例为主,说明六书大意者在《诂林》应列于前编中,关于《说文》通例者应列于前编下《说文》总分论中。而王氏《释例》除一序一跋录在前编上外,竟将原应录于《诂林》前编中及前编下者,部分散录于卷一至卷十四中有关各字下,如此于原书体例实无从得其概矣!以《说文释例》在许学上之地位,不容不补于此[20]。

这里又有两个问题。一是将《说文释例》中有关部分散录于卷一至十四卷中,正体现了丁氏集释《说文》,欲使读者"检一字而顷刻即得,得一字而各说咸备"的良苦用心,打乱原书体例以就本书体例,不但无可厚非,反而正是编者用心的体现(至于欲了解《释例》乃至编排自成体系如《说文通训定声》之类著作的面貌,自当另求原书)。二是丁氏将《释例》列入重点大类,不仅录其序跋,而且

---

⑲ 《说文解字诂林正补合编》序文,鼎文书局 1977 年,第 7 页。
⑳ 《说文解字诂林正补合编》目录,第 26—27 页。

已将相关内容分别辑录到了一至十四卷各字之下,反而在可以照录原书时倒"漏略不知"——这还可能是合乎常理的推断吗?指斥编者之余,论者还怪罪四十年间的读者有眼无珠,这未免有些太高估自己而太小觑丁氏及读者了。《诂林》的主要目的在于"集许氏训诂之大成"㉑,编者复以各书之原叙及例言,与各书之总论《说文》或六书等冠于本书之首,正续编共列文五百四十五篇。其中固然也有如叶德辉《六书古微》这样曾单行的著作,但篇幅远不若《释例》之大,流传远不若《释例》之广,仍可视之为长篇论文。而《释例》则不然,除散录牵涉字义者于各字之下外,其余部分如果置之前编,分录则不免支离,照录则过于累赘。所以我——我想还可能包括《诂林》的多数读者——宁可相信不录《释例》乃是丁氏有意的省略而非无意的漏略。《诂林》的可贵之处即在经过编者的爬梳排比,我们即使已拥有多种较大篇幅的《说文》研究专著,在检阅《诂林》时其间任何一种都不会使人感到纯粹的重复多余。如今《合编》的编者用庞大的篇幅照录《释例》全书,惟一的好处是可以让未备《释例》的读者不必另置,除此之外没有提供任何其他益处,我想从中也正可见丁氏与今之论者间的区别。而论者不仅以这样唾手可得、人尽可为的"补正"沾沾自喜,进而还以"竟将原应录于《前编中》与《前编下》者,部分散录于卷一至卷十四中有关各字下,如此于原书体例实无从得其概矣"的指责来贬损丁氏为读者提供了实质性便利的劳作,这样的批评即使不教地下的丁氏齿冷,起码也是很难令其折节心服的。

至于有的批评,则更是以其昏昏,使人昭昭。例如《20世纪说文学流别考论》为《诂林》立了专章,以一节专论"《诂林》的不足"㉒,称《诂林》"有相当数量的论著,作者不清,时代不明",但论者并未举例。按《诂林》前有《引用书目表》,对每种著作都标明了作者与时代;丁氏门人周云青复编录《引用诸书姓氏录》,详列各作者之姓氏爵里,固仍有生平不详者,但"作者不清,时代不明"的论著,好像不应该有"相当数量"。何况这种现象既非编者粗心大意、张冠李戴所致,则有姓氏爵里不详的作者,正证明编者搜集资料之劬已广及于非名家的著述,即使不算优长,至少不宜视之为"不足"。其下论者倒是有一则具体的指摘,即"第

㉑ 《说文解字诂林纂例》。
㉒ 《说文解字诂林》卷首所录诸家评语。

七类不标出章太炎与《文始》之名亦不妥",按丁氏在《纂例》第十条叙及《诂林》取资之第七类时确未标出"章太炎"之名,但"章炳麟之《文始》与《小学答问》"则白纸黑字,不难共睹。更令人啼笑皆非的是论者把"这种化整为零、分解专著的做法,有利于材料的相对集中,不便于专著的阅读作为一大诘难真是匪夷所思。不难想见,借助《诂林》阅读《段注》《文始》,效果绝对不如阅读专书"也算作"《诂林》的不足",这样的批评如果也能成立,倒真开启了批评一切同类著作最为简便又无往不胜的快捷方式:借助《尔雅诂林》读《尔雅正义》、借助《广雅诂林》读《广雅疏证》,效果也必然是同样"绝对不如阅读专书"的。只是所有的《诂林》原本都不会也不该是为读者阅读专著而准备的,因借助《诂林》来阅读专著而感到不便,那就实在不是编者而是读者的问题了。

　　以上我们就学者对《诂林》的批评提出了若干申辩,这当然并不表示在我们眼里本书是完备无缺的,更不表示本书是不容批评的。只是希望作为在参天大树下歇荫乘凉的后人,对前人的辛劳成果,在面对时多一点尊重,在评说时多一点慎重。丁氏也很清楚"以个人之力而欲为此,譬若以蚊而负山,盲人而行万里也,可谓不知自量者矣"[23]。编者一己的精力究竟有限,又非语言文字研究专家,见闻不周、去取失当之处自不能免。是以丁氏本人既有补遗之作,今人亦有续编之议。何况汇编集释类的著作本有天然的两难:有人嫌其简略,有人嫌其芜滥——这两种截然相反的评价自《诂林》问世之日迄今就一直并行不悖,而且都不难找到支持己见的理由。《诂林》全书告成次年,郑师许发表书评,即针对马叙伦"失之驳杂"的意见,反称《诂林》本非凡见必录,有时"或且病在过狭"[24]。至今学者多憾其不备载古文字研究与元明人著作,而潘景郑则谓《诂林》已经"浩瀚无所取从,博而穷要,犹未快人意耳"[25]。这正如一个钱币的正反两面,全在各执一词者的见仁见智了。但无论如何,丁氏已经成功地达到了纂录《诂林》的目的,这就是"聚数百人腹笥渊博之学说于一编,百川洞注,潴为渊海,互相参校,洞见症结,俾观者如游名山胜水,望高深而识其径途也;如披珠林宝藏,阅斑

㉓ 《说文解字诂林引用书目表跋》。所引《诂林》文字皆据中华书局 1988 年影印本。
㉔ 《丁福保编〈说文解字诂林〉正编及补遗》,《图书评论》1933 年 2 卷 1 期。
㉕ 《说文段注集解稿本》,《著砚楼读书记》第 38 页,辽宁教育出版社 2002 年。

斓而知其名器也;如登崇台复阁,曲榭回廊,而得其门户梯阶与向导,又能升其堂,入其室,而厌饫其肴戴也"㉖。本书曾经、正在并一定还将继续发挥其无可替代的作用。

【傅 杰 浙江大学马一浮书院特聘教授】

原文刊于《中国文化》2006 年 02 期

㉖ 《说文解字诂林自叙》。

沈兼士《广新方言》研究

周敏秋

提　要:《广新方言》是沈兼士语言文字学尤其是方言学成就的重要学术著作。由于沈兼士早年的事迹罕为人知,平生以字行,本名反而被人遗忘;在乃师章太炎《新方言》影响下而撰著的《广新方言》,也为世人遗忘至今。文章从考证沈兼士的本名着手,证明署名沈罄的《广新方言》一书乃沈兼士的著作,进而对《广新方言》的编纂体例和训释条例、音转理论、语言学价值及其性质等方面进行详细研究,以见沈兼士在近代中国学术与政治上的贡献。《广新方言》一书的发现,不仅为考察沈氏早年生平与学术提供了宝贵资料,而且是探究沈氏学术与思想变迁的关键,为研究中国近现代学术的传承与中国方言学从传统向现代的转型提供了一份珍贵的历史文献。

关键词:沈兼士　章太炎　《广新方言》　国语　汉语文改革

一、引言

甲午战争失败之后,国中有识之士竞相奔走,振臂高呼:革新政治,统一国语,实现言文一致,建设现代民族国家,重构社会文化秩序,以求自立于世界民族之林。随着民族语文学的兴起和标准语意识的形成,汉语言文字学的学术地位逐渐上升,普及教育,开启民智,已成为国人的共识。然提到普及教育,当务之急便是进行汉语文改革,解决汉字识记困难、汉语言文长期分离的问题。梁启超曾引黄遵宪《日本国志》中语为据,以为汉字识解困难、言文分离乃"华民识字之希"的主要原因。① 为此,围绕汉语文的改革问题,国内部分醉心于欧化的知识分子,纷纷摇旗呐喊,掀起了以切音文字替代汉字的"切音运动"和以世界语取代汉语文的"万国新语运动"。至二十世纪初,在民族主义风潮的鼓荡之下,"昌明国粹,融化新知"的呼声益隆,汉语文改革浪潮被赋予了更加深远的含义:"对汉语文进行改良,时人不仅仅只是将其看成一种使中国走向富强之路的实用主义的手段,而且也将其当成了中华民族之立国、保种的基础来看待。一部分民族主义者,甚至还将其看成他们所正在从事的'古学复兴'('文艺复兴')运动的一个重要组成部分。"②

近代国学大师章太炎即曾呼吁:"国于天地,必有与立,非独政教饬治而已,所以卫国性、类种族者,惟语言、历史为亟。"③不仅如此,章氏以恢弘光大"闳硕壮美之学"④为职志,以中国文化为命运担当,连续发表鸿篇巨制,对汉语言文字进行探赜索隐,创作出《新方言》《小学答问》《文始》《国故论衡》等传世名著,其论述深刻而精到,理奥而无间,在中国现代语言文字学的建立、汉语文的统一与普及方面,可谓厥功至伟。

章太炎的《新方言》一书,作为"中国现代方言的第一部书"⑤,自 1907 年在日本东京出版以来,国内外学者或仿其体例而撰著立说,或取其理论以研究古语今言,方言研究之巨浪汹涌澎湃,遂掀起近代中国学术史上影响至今的方言调查与研究浪潮。现代方言调查与研究成为中国学术界一道亮丽的风景线,不仅为汉语方言学的独立与中国传统语言文字学的现代转型奠定基础,而且为建立现代民族国家、建立民族标准语言做出杰出贡献。

在此历史背景下,各种续《新方言》、广《新方言》、补《新方言》的著作纷纷涌

---

① 梁启超:《沈氏音书序》,《清末文字改革文集》,文字改革出版社,1958 年,第 7 页。
② 王玉华:《多元视野与传统的合理化——章太炎思想的阐释》,中国社会科学出版社,2004 年,第 255 页。
③ 章太炎:《重刊古韵标准序》,《章太炎全集(四)》,上海人民出版社,1985 年,第 203 页。
④ 章太炎:《癸卯狱中自记》,《章太炎全集(四)》,第 144 页。
⑤ 何仲英:《中国方言学概论》,《东方杂志》1924 年第 21 卷第 2 期,第 63 页。

现。其中,以《广新方言》命名者即有多种,其作者分别为沈罕、陈启彤、唐迪风等。沈罕的《广新方言》陆续发表在《独立周报》1913 年第 2 卷第 21—23 期,紧随其后,陈启彤的《广新方言》则刊载在《独立周报》同年同卷的第 24—31 期。二者甫一问世,便屡见著录;然沈罕的生平事略,却颇少可征。崔骥与沈罕同时,其作《方言考》时,已不知沈罕为何许人⑥;丁介民所撰同名著作,虽较崔著晚出 37 年,且以介绍方言研究书目最为丰富而著称,但对沈罕生平已是一无所知:"沈罕,字臥士,生平始末未详。"⑦引人注意的是,《独立周报》编辑康率群在陈启彤《广新方言》文中所附的一段议论。其云:

> 余杭章太炎先生,居东讲学,始有《新方言》之作,翔审往博,睥睨子云。不肖尝闻绪论,忆及乡里之音,为之疏释者亦数十事,惧多讹误,未敢示人。而同门沈臥士君,比辑音字,亦成《广新方言》一书。顷者陈君管侯,复寄一书,亦曰《广新方言》,准绳规矩,略同臥士。臥士浙人而久处吾秦,其于三辅之音,必能证疏疑网。……诸省学者,苟能如沈、陈二君治之之功,九服之音,既尽诠释,审定国音,直反掌事。吾知与今日之空言统一读音者,其效不可以道里计也。⑧

1906 年 6 月,"中国近代之大文豪,而亦革命家之巨子"⑨的章太炎,出狱后东渡日本,一面主编《民报》,鼓吹革命,一面开设国学讲习会,冀延国学命脉,"故东京留学生先后加盟中国同盟会者数千人,多以师礼奉先生"⑩,章太炎俨然成为留东学生政治革命的领袖和学术思想的导师。显然,康率群正是章太炎东京讲学时的章门弟子之一,其所谓同门沈臥士,正是《广新方言》的作者沈罕。章太炎在《自述学术次第》一文中亦提到:"弟子有沈罕者。"⑪章门弟子中,浙人

---

⑥ 崔骥:《方言考》,《图书馆学季刊》1932 年第 6 卷第 2 期,第 190 页。

⑦ 丁介民:《方言考》,台湾中华书局,1969 年,第 79 页。

⑧ 陈启彤:《广新方言》,《独立周报》1913 年第 2 卷第 24 期,第 63 页。

⑨ 《欢迎鼓吹革命之文豪》,汤志钧:《章太炎年谱长编(增订本)》(上册),中华书局,2013 年,第 209 页。

⑩ 潘重规:《国学略说跋》,《国学略说》,上海文艺出版社,2001 年,第 220 页。

⑪ 章太炎:《自述学术次第》,《制言》1936 年第 25 期,第 99 页。

而久居秦者,有沈士远、沈兼士昆仲;以研究语言文字学闻名者,惟沈兼士一人;而在时人的著作中,沈兼士正作沈臤士或沈坚士(见后)。毋庸置疑,署名沈罕的《广新方言》正是沈兼士的著作。

沈兼士的学术论文大都发表在各种学术刊物上,并未正式结集出版。1947年,沈兼士嘱咐弟子葛信益选择其中部分论文,编成《段砚斋杂文》一书,书稿虽经他本人亲自校订,但却因病去世,未能一见⑫。1947年12月,葛信益将《段砚斋杂文》编印,由北平琉璃厂来熏阁及隆福寺文奎堂代售。1984年,葛信益、启功广为搜求,将沈兼士关于文字训诂、书籍序跋、历史档案整理等方面的主要学术文章结集出版,名为《沈兼士学术论文集》。其中,《今后研究方言之新趋势》一文,主张政学分途,求是与致用并重,融汇古今中外,提出了一套系统而科学的现代方言研究方法与应用理论,成为中国现代方言学开创时期"产生的具有历史意义的文献"⑬,一举奠定了沈氏在现代方言学史上的地位。

遗憾的是,作为沈兼士早年方言学代表作的《广新方言》,《段砚斋杂文》与《沈兼士学术论文集》中均未收录。遍查与沈兼士相关的论著,如汇集沈氏弟子回忆文章的《沈兼士先生诞辰一百周年纪念论文集》,均未提及《广新方言》一书。沈氏门人如容庚、商承祚、赵荫棠、陆侃如、丁声树、丁山、魏建功、陆宗达、周祖谟、葛信益、李维棻、高景成等,亦无一提及沈兼士曾著《广新方言》之事。

换言之,在目前所见关于沈兼士的文字中,并无《广新方言》,而称沈兼士著有该书者,惟有康率群一家说法,难免孤证之嫌。不仅如此,何仲英在撰《中国方言学概论》时,更以沈兼士和沈罕为两人。⑭

目前学术界对沈兼士生平与学术思想的研究,多集中在其晚年事迹、文字画与字族学理论方面,而罕及其他。究其根本原因,则在于文献不足,学者偶有涉足,便觉迷影重重,索解无方。仅沈兼士的生年与名字,便已众说纷纭,莫衷一是。关于沈兼士的生年,有1884年、1885年、1886年、1887年及1889年五说⑮;沈兼士的名字,以沈兼士、沈臤士、沈坚士三者为常见。显然,由于沈兼士早年的

---

⑫ 沈兼士:《段砚斋杂文》,北平琉璃厂来熏阁,1947年,第3—4页。
⑬ 何九盈:《中国现代语言学史》,广东教育出版社,2000年,第413页。
⑭ 何仲英:《中国方言学概论》,第62页。
⑮ 陈玉堂编:《中国近现代人物名号大辞典(全编增订本)》,浙江古籍出版社2005年,第564页。

事迹罕为人知,平生又以字行,生年与本名反而被人遗忘;在乃师章太炎《新方言》影响下而撰著的《广新方言》一书,也为世人遗忘至今。

关于沈兼士的生年,已有学者进行专门探讨。[16] 而沈兼士的本名之谜,则尚未引起学者注意。本文即以厘清此谜团为起点展开论述,证明沈羿正是沈兼士,《独立周报》所连载的《广新方言》一书,正是沈兼士早年的著作。

二、沈兼士与《广新方言》

目前所见,疑为沈兼士名字者,约有七种:沈拨、沈叞、沈叞士、沈兼士、沈坚士、沈羿、沈坚。分述如下:

(1)沈拨。名仅一见。民国三十六年(1947)八月二日晚,北大中文系名教授沈兼士因脑出血病逝于北平寓所。噩耗惊传,海内外文教界人士,莫不闻讣恸绝,佥以沈兼士之逝世为中国文化界不可补偿之损失。为表彰乃师"作育英才、振起文教之功",乐芝田、高景成、张乃芝合撰《沈兼士先生事略》一文,称:

> 先生蚤名拨,以字行,浙之吴兴人,尹默之弟也,清季留学日本,卒业于东京物理学校。时章太炎于东京设帐讲授《说文》,与兄及黄侃、钱夏、许寿裳、周树人诸氏往学焉,自是遂立志于语言文字学及革命事业,故自名"拨",取《公羊传》"拨乱世,反诸正"之义,而与钱玄同之命名"夏",刘师培之命名"光汉",义相同也。[17]

显然,青年留学生沈兼士毅然改名,投身革命事业,并立志于研究中国语言文字学,乃受章太炎光复革命的影响,沈拨非其本名。

(2)沈叞。名仅一见。民国六年(1917)十一月十六日,朱希祖长女朱倩在日记中称:

---

⑯　详见冉启斌《沈兼士的生年》一文,《档案学理论与历史》2009 年第 2 期,第 16 页。

⑰　乐芝田、高景成、张乃芝:《沈兼士先生事略》,《龙门杂志》1947 年第 1 卷第 6 期,第 4 页。

家君(按:指朱希祖)自清光绪三十一年乙巳之秋,东渡日本,留学早稻田大学师范科,次年冬即偕归安钱德潜怡、嘉兴龚未生宝铨、鄞县马幼渔裕藻、归安沈兼士叕、会稽季绂寿裳、周豫才树人、周启明作人、定海胡仰曾以鲁诸先生受业于先生(按:指章太炎),讲声韵训诂经子文史之学。⑱

所举章门弟子数人,均地名、人名并称,人名顺序先字后名。归安县在民国元年撤废,与乌程县合并为吴兴县,即今湖州市。归安沈叕,即吴兴沈兼士。然与《朱希祖日记》本记载不同,《鲁迅研究月刊》2010 年所刊载之《孟邹日记》,据手稿作"归安沈叕士罕"。⑲ 当以《鲁迅研究月刊》为准。沈兼士并无沈叕之名。

(3)沈叕士、沈兼士、沈坚士。名多见于时人日记。沈兼士与鲁迅、朱希祖、钱玄同留学日本时同为章门弟子,归国后同事多年,交往甚密。鲁迅、朱希祖、钱玄同的日记中,更是频繁提到沈兼士。而鲁、朱、钱三人日记中的沈兼士,名字不一,为探究沈兼士的名字提供了重要线索。《鲁迅全集》第十七卷《日记(人物书刊注释)》"沈兼士条"称:"沈兼士(1885—1947),日记又作叕士、坚士,浙江吴兴人,文字学家,沈士远之三弟。"⑳"沈叕士条"称:"沈叕士,见沈兼士。"㉑据其统计,日记中提到沈兼士者共 48 次。㉒ 除第一次(1914 年 6 月 13 日)未正式提到沈兼士名字外㉓,余下 47 次均有提及,分别有沈叕士、沈坚士、沈兼士三种。《朱希祖日记》中提到沈兼士者共 35 次,作沈兼士、沈坚士、沈叕士、沈坚。《钱玄同日记》提到沈兼士不下 200 次,作沈兼士、沈坚士。

⑱ 朱倩:《孟邹日记》,《朱希祖日记》下册,中华书局 2012 年,第 1398—1399 页。
⑲ 《孟邹日记》,《鲁迅研究月刊》2010 年第 9 期,第 71 页。按:这一点承蒙朱希祖之孙朱元曙先生来信指出:《朱希祖日记》出版时,整理者不知何故而将其改为"沈兼士叕"。书此以谢忱。
⑳ 《鲁迅全集》第十七卷《日记(人物书刊注释)》,人民文学出版社 2005 年,第 113 页。
㉑ 《鲁迅全集》第十七卷《日记(人物书刊注释)》,第 112 页。
㉒ 详见《鲁迅全集》第十七卷《日记(人物书刊注释)》,第 112 页。
㉓ 《鲁迅手稿全集·日记》第一册:"坐少顷,出至沈君默斋中,见其弟及马幼舆。"文物出版社 1979 年,第 201 页。

今据《鲁迅手稿全集·日记》[24]、《朱希祖日记》所见沈兼士名字,统计如下:
(见下页图表)

(4)沈罙。名凡六见。一见于上文提到的《独立周刊》所连载之《广新方言》,作者署名沈罙。二见于《独立周报》1913 年刊载之《小学起废》[25],作者署名沈罙。三见于 1915 年上海右文社《章氏丛书》之《齐物论释》封面篆文题字:"齐物论释,太炎师著",落款为"罙敬题"[26]。题字者为沈罙无疑。四见于前引章太炎《自述学术次第》一文。五见于前引朱倩《孟婴日记》手稿。六见于《朱希祖日记》手稿:"章师弟子甚多,几累万盈千,然《自撰年谱》以黄侃季刚、钱夏德潜、沈罙兼士、朱希祖逖先称为弟子成就者。"[27]所举章门弟子数人,均名、字连称。显然,沈兼士亦名沈罙。查中华书局 2011 年本《朱希祖日记》作"沈坚兼士",误,当据手稿本为正。

(5)沈坚。名凡三见。一见于《教育与民众》杂志 1940 年第 10 卷第 2 期所刊载的《怎样做国民中学的导师》一文,署名者"沈坚"[28]。二见于中华书局 2011 年本《朱希祖日记》,其误已辩如上。三见于《钱玄同日记》:"晚,遐、坚来。"[29]"今日午逖先宴兄、稻、默、坚、幼、我诸人于致美斋。"[30]然《钱玄同日记》均为沈坚士之简称,不足据。抗战爆发后,钱玄同恢复"钱夏"之名,以示不与日本人合作之态度[31];沈兼士则成立抗日地下组织"炎社",改名"华北文教协会"后,沈氏出任主任。《怎样做国民中学的导师》一文,训话色彩极浓,乃领导口吻,沈坚或即沈兼士本人。

---

[24] 《鲁迅手稿全集·日记》(第一至八册),文物出版社,1979 年。

[25] 沈罙:《小学起废》,《独立周报》1913 年第 2 卷第 24 期,第 26—28 页。按:《小学起废》一文又见于《庸言》1914 年第 2 卷第 6 期,第 1—4 页。除文句略作修改外,内容变动不大。

[26] 章炳麟:《齐物论释》,据陕西师范大学图书馆《章氏丛书》藏本。

[27] 《朱希祖日记》中册,第 908 页。按:笔者写作过程中对此虽有怀疑,然苦于未见日记手稿,未敢断言。蒙朱希祖先生嗣曾孙南京师大朱乐川博士见示手稿,始敢定论。书此以致谢忱。

[28] 沈坚:《怎样做国民中学的导师》,《教育与民众》1940 年第 10 卷第 2—3 期,第 29 页。

[29] 杨天石主编:《钱玄同日记(整理本)》上册,第 268 页。

[30] 杨天石主编:《钱玄同日记(整理本)》上册,第 280 页。

[31] 《钱玄同日记》1937 年 11 月 7 日记:"余之名号今后定为名夏,字季,号玄同、疑古饼斋……室名急就顾,其他均不用。"见杨天石主编:《钱玄同日记(整理本)》下册,第 1280 页。黎锦熙《钱玄同先生传》以为:"此时恢复表示是'夏'而非'夷',不作顺民的意思。"曹述敬:《钱玄同年谱·附录》,齐鲁书社,1986 年,第 167 页。

名字	《鲁迅日记》	说明(共 47 次)	《朱希祖日记》	说明 (共 35 次)
沈臤士	第一册(1914 年): p223、p238、p242 第二册(1915 年):p44 第三册(1921 年):p81 第四册(1923 年): p132、p139	日记中沈氏兄弟连称, 如 1914 年 9 月 27 日、 12 月 31 日、1915 年 6 月 20 日三条(沈尹默 臤士)、1914 年 12 月 13(沈君默臤士), 1923 年二条(沈士远 尹默臤士)故列入沈 臤士一列。共 7 次	上册:p96	共 1 次
臤士	第五册(1926 年): p147、p149	共 2 次	上册:p106	共 1 次
沈坚士	第四册(1923 年): p148	日记中沈氏兄弟连称 (沈君默坚士)。共 1 次	上册:p91 下册:p1361(2)	共 3 次
坚士			上册:p91。 下册:p1361(2)。	共 3 次
沈兼士	第三册(1921 年): p81、p81、p81、p83、p83 第四册(1923 年): p142 第五册(1926 年):p93 第六册(1929 年): p139	共 8 次	上册:p123、p124、 p126、p134、p142、 p199 中册:p529、p530(2)、 p531、p532、p537、 p538、p539、p555、 p609、p610、p611、 p672、p690、p692、 p696(2)、 p849	
兼士	第五册(1926 年): p127、p127;p130、 p131、p132、p132、 p136、p136、p138、 p138、p139、p146、 p149、p152、p154、 p155、p156、p166、p167 第五册(1927 年): p187、p191 日记第六册(1929 年):p134、p153 日记第七册(1932 年):p162、p162、p163、 p165、p171 第八册(1934 年):p22	共 29 次	中册:p610 下册:p1373	共 2 次

至此，关于沈兼士的名字及考证，已略举如上。先贤治学，实事求是，言而有据，信而有征；文献不足，则多闻阙疑。无论沈罕、沈坚是否为沈兼士之本名，在此已可断言：署名沈罕的《广新方言》，正是沈兼士早年的著作。

1913 年 8 月，二次革命失败之后，章太炎目睹国势危难，毅然"时危挺剑入长安"，[32]被袁世凯幽禁，朝不保夕。尽管弟子中有成就者不在少数，弟子中仿《新方言》而著书立说者亦不乏其人，然每念及"不死于清廷拘捕之日，而死于民国告成之后，又何言哉！吾死之后，中夏文化亦亡矣"！[33] 视己身为中国文化命脉之所系的章太炎，仍不禁黯然神伤："《新方言》不过七八百条，辗转访求，字当逾倍。余成书以后，犹颇有所得者，今亦不得自续。弟子有沈罕者，实好斯事，其能继余之志乎？"[34]青年沈兼士自从章氏问学以来，便立志于研究方言，但他能否将老师所开创的现代方言学继承与发扬，遽下结论，则为时尚早。尽管如此，章太炎仍对沈兼士寄予厚望："唯《新方言》，自谓精审。……以此规摹，待后生补苴完善可也。"[35]

沈兼士似乎未令其本师失望，1913 年年初即在《独立周报》上将其方言研究著作分期刊出，且名之曰《广新方言》，颇有承续师志、恢廓师业之意。不久又发表《小学起废》一文，对师说进行阐发与弘扬。此后数年，沈兼士连续发表关于方言研究的论著，从而奠定了他在中国现代方言学上的学术地位。章、沈师弟间的情谊，由此可见一斑。

沈兼士《广新方言》一书，根据《独立周报》连载之文，第 21 期有《广新方言叙》及正文 22 则，第 22 期正文 27 则，第 23 期正文 23 则，所辑录词条共 72 则。沈兼士在《广新方言叙》中明言，其书乃仿其本师章太炎的《新方言》而著，故下文从《广新方言》的编纂体例与训释条例、音转理论、语言学价值及性质四个方面进行研究时，不可避免地会提到章太炎的《新方言》，甚至在某些方面需将两者进行比较，以便读者的阅读和理解。看《广新方言》是否如《中国方言学概论》

---

[32] 章太炎：《时危四首》，武继山选注：《章太炎诗文选译》，巴蜀书社，1997 年，第 270 页。

[33] 汤国梨编：《章太炎先生家书》，上海古籍出版社，1985 年，第 46—47 页。

[34] 章太炎：《自述学术次第》，第 99 页。

[35] 章太炎：《与蔡元培》，马勇编：《章太炎书信集》，河北人民出版社，2003 年，第 295 页。

所言:"方法同太炎完全相同,别无特点。"㊱

三、《广新方言》的编纂体例与训释条例

章太炎的《新方言》,版本众多,但均以1907年的初刻本与1909年的重订本为祖本。在编纂体例方面,二者存在不同之处:《新方言》初刻本以方言词条为目录,且出于方便读者查找的目的,"目录皆不书正字,即用俗音,取便寻检。"㊲与初刻本相比较,重订本的目录变动最大,略仿《尔雅》体例,分为十一篇:释词第一、释言第二、释亲属第三、释形体第四、释宫第五、释器第六、释天第七、释地第八、释植物第九、释动物第十、音表第十一。在训释条例方面,《新方言》初刻本与重订本相同:(一)均不标举被释词;(二)训释顺序,先列举古语(《说文》《方言》《尔雅》《释名》《广雅》等),博引故书雅记,广搜书证;其次列举今言(通语、方言等);再则从古今音变原理进行训释,推今言而知古语,援古语以证今言,揭示古语与今言的关系;以音义为主,对字词的音、形、义进行综合考察,进而推求方言本字。

在编纂体例与训释条例方面,《广新方言》与《新方言》初刻本最为接近,但因《广新方言》尚未编定成书,惟有对《新方言》编纂体例和训释条例进行创造性运用:(一)不列目录,将目录中的词条放入正文,被释词书写正字;(二)先标举被释词,然后进行训释,以便阅读;(三)训释条例,与《新方言》相同。此外,《广新方言》求本字的方法,亦与《新方言》相同:以古代字书为根据,征引历代经典文献,再联系当代通语、方言,运用音变原理进行辨析,由古至今,层层演绎,条理清晰,秩序井然。试举二例以为说明:

妥卤。《说文》:"妥,妥卤,贪也。"妥卤为叠韵连语,引申之为晓事之

㊱ 何仲英:《中国方言学概论》,第62页。
㊲ 章太炎:《新方言·目录》,东京民报社,1907年,第1页。

桪，通俗书作"糊涂"。案《说文》："冒，冡而前也。""冡，覆也。"冡即蒙昧正
字。《广雅·释训》："蒙蒙，暗也。"是冒有不明之义，引申训贪。《贾子·道
术》："厚人自薄谓之让，反让为冒。"贪冒字本谊为冡而前，正与妥卤训贪引
申为不晓事之义相成。凡贪人心地无光明者。谚有之曰："利令智昏。"(1.
10)③⑧

诱姘子。《说文》："诱，相呼诱也。"姘，《汉律》："齐民与妻婢奸曰姘。"
今俗谓狂且引诱妇女与之厶合为吊膀子。正当作诱。诱、吊音近。姘读若膀
者，青阳旁转也。(2.19)③⑨

其编纂体例，将词条或被释词"妥卤""诱姘子"放入正文，书写正字，标举于
正文前，然后再进行训释。其训释顺序，先以古代字书为根据（如《说文》《广
雅》），征引历代经典文献以为书证（如《汉律》《贾子》等）；其次列举今通语与方
言（如胡涂、昏、吊）；再根据声韵转变原理进行训释（如迭韵连语、青阳旁转），从
语音的关联上寻求语义之间的关系，推今言以知古语，援古语以证今言，揭示古
语与今言的源流，进而求出"糊涂"之本字为"妥卤"，"吊膀"之正字为"诱姘"。

但在训释条例上，《广新方言》也有因不统一而自坏体例之处。如：

蹙子：陕西俗谓跛者为蹙子。案《说文》："蹙，僵也。一曰跳也。""跳，
蹙也。"《荀子·非相篇》："禹跳汤偏。"《尚书大传》："禹其跳。其跳者，踦
也。"注："踦，步足不折相过也。"是跳即跛足之谓也。(1.15)④⑩

其编纂体例与前述相同，但在训释条例上，先举方言，后列故训，显然与前述
条例不相符合。此外，1.16、1.17、2.21、2.27、3.1、3.18、3.19 七词条，例亦同此。

---

③⑧ 沈覲：《广新方言》，《独立周报》1913 年第 2 卷第 21 期，第 48 页。按：1.10 乃笔者为便于统计而编目，指
　　第 21 第 10 条。同理，2.19 指 22 期第 19 条，3.1 指 23 期第 1 条。下文不再说明。

③⑨ 沈覲：《广新方言》，《独立周报》1913 年第 2 卷第 22 期，第 64 页。

④⑩ 沈覲：《广新方言》，《独立周报》第 2 卷第 21 期，第 49 页。

四、《广新方言》的音转理论

章太炎著《新方言》证明"今之殊言,不违姬汉"④，并将研究方言、推求本字的方法归纳为六例,以为"明斯六例,经以音变,诸州国殊言诘诎者,虽未尽憭,傥得模略,足以聪听知原"。② 沈兼士亦认为古今语音的衍变自有规律："夫中国俚辞殊语,宁陵杂无友纪? 贵能穷究音变,得其鰓理,然后谕于俚辞,动与雅训冥合。殊语多因声类相受,又何参互殊涂之足虑乎。"且对本师章太炎《新方言》的研究方法极为推崇："向者吾师太炎先生,尝从事于兹,创订六例,成《新方言》十一篇,昭蒙振俗,厥功至殓。"并自述撰著《广新方言》所依据的音转理论："犟以菲质,获闻绪论,窃尝就所见闻,规摹成例,茜苴遗剩,得若干条。"③严格说来,《广新方言》所依据的上古音声韵系统,为章太炎古声二十一组、古韵二十三部说,其阐明语言演变规律所依据的音理,主要是钱大昕的"古无舌头舌上音之分"说、"古无轻唇音"说及章太炎的"娘日二纽归泥"说、"一字重音"说、"古双声"说与《成均图》音转理论。试归纳如下：

（一）钱大昕"古无舌上音"说

古音舌上归舌头。(3.4)

（二）钱大昕"古无轻唇音"说

古音轻唇多归重唇也。(1.1)

轻唇归重唇。(2.2)

又北地谓尘埃飞扬曰坋,读如蓬,则复转入重唇音矣。(3.7)

---

④ 章太炎:《新方言·序》,东京民报社,1907年,第3页。
② 章太炎:《新方言·序》,《章太炎全集(七)》,上海人民出版社,1999年,第4—5页。
③ 沈犟:《广新方言叙》,《独立周报》第2卷第21期,第47页。

（三）章太炎"娘日归泥"说

　　古音娘日二纽并归于泥。（1.7）

（四）章太炎"一字重音"说

　　盖一字容有二音也。（2.16）

（五）古双声说

　　今俗有合音辈尘者,辈读如灰,轻唇转入牙音,亦犹四川湖南之言饭,如换也。（3.9）

（六）《成均图》的音转理论：

1.旁转：

　　《鲁论》吾末如之何也,即奈之何。郑康成读如为那。今浙江人言如何皆在麻韵,音之转也。（2.3）（鱼歌旁转）

　　倨读若丩,鱼幽旁转,如甫声之有膞也。（2.5）

　　養读若巴,脂歌迤转,如柀木即棐木也。（2.7）

　　易部与易侈声侵部旁转,若易朋盍臧或为盍簪,是其例也。（2.14）

　　姢读若膀者,青阳旁转也。（2.19）

　　陕西谓撮唇使其突出为鼆起嘴,音转如都。古音舌上归舌头,且鱼部歌部得旁转,如何作胡、拗之作华类也。（3.4）

　　今俗谓农夫垦地为挖地,作乌括切。喉牙迤转,犹骨声之有滑也。（3.6）

2.隔越转：

> 谆、东隔越相转,如伯宗或作伯尊、蜂门之为逄蒙也。(2.2)
>
> 杭州人谓凡物渍垢曰坋,读落风去声,谆、东二部隔越相转也。(3.7)

据《朱希祖日记》记载,章太炎1908年在东京国学讲习会讲授中国语言文字学,授课内容除《说文解字》《尔雅》外,还有声韵学方面的知识。"然音韵亦有数家异论,非先览顾、江、戴、孔诸家之说,亦但知其精审,不知精审之在何处也。"[44]因此,章太炎将清儒治声韵学之理论、方法及其得失均为之详细讲解,其中就包括钱大昕及章氏本人的声韵学理论：

> 下午至清风亭请章先生讲段注《说文》。先讲《六书音韵表》,为立古合音之旁转、对转、双声诸例。(4月4日)[45]
>
> 下午至帝国教育会聆章先生讲《说文序》。先生之讲转注、假借与许稍异,因举例数条。灯下,阅章先生所著《论语言文字学》一篇。(4月8日)[46]
>
> 八时起,至太炎先生处听讲音韵之学,同学者七人。先讲三十六字母及二十二部古音大略。(7月11日)[47]
>
> 上午至太炎先生寓聆讲音韵之学,所讲为钱竹汀《舌音类隔之说不可信》,说章氏《古音损益说》《古娘日二纽归于泥纽说》《古双声说》。(7月17日)[48]

章太炎在1908年6月18日《与国粹学报书》中,对授课内容也曾提及：

> 近日寻求古音,知字纽不可废弃,但古纽不得有三十六。昔钱晓徵言知彻澄三纽皆读见溪群。弟复考得娘日二纽古皆归泥,证以《说文》声系,明

㊹ 马勇编:《章太炎书信集》,第237页。
㊺ 朱希祖:《朱希祖日记》上册,中华书局,2012年,第60页。
㊻ 朱希祖:《朱希祖日记》上册,第61页。
㊼ 朱希祖:《朱希祖日记》上册,第77页。
㊽ 朱希祖:《朱希祖日记》上册,第78—79页。

白无惑，曾在国学讲习会中为同人陈述。㊾

不仅如此，为培养出一批年轻学者，扩大中国方言研究队伍，以促进国语统一进程，建立现代民族国家，并实现“文学复古”㊿，复兴民族文化以抵御西方文化的强势入侵，章太炎不仅将新近出版的《新方言》一书，“凡国学振起社员，并赠一册”，(51)而且将其在1907年初刻本基础上新增订完稿的《新方言》卷二“释词”在课堂上进行了详细的讲解。

上午至余杭先生寓聆讲音韵及《新方言·释词》一篇。（7月21日）(52)

根据前引康率群的说法，以上授课内容，章太炎不止在一处地方讲授。《广新方言》中涉及《新方言》的五则内容，均出自《新方言》卷二“释词”。显然，无论是钱大昕的“古无舌上音”说与“古无轻唇音”说，还是章太炎的“娘日归泥”说、“一字重音”说与《成均图》音转理论，年轻弟子沈兼士在《广新方言》中所运用的方言研究方法与理论，多得自乃师章太炎。

五、《广新方言》的语言学价值

沈兼士以为：“欲明古代文字之音，必先明现代方言之音。现代方言者，古音之尾闾也；不由乎此，则其所得之结论率难免汗漫支离之病。”(53)无论是推今言而知古语，还是援古语以证今言，都离不开对现代方言的调查和研究。“方言研究以方言的调查为基础的。没有方言调查提供的大量素材，就谈不上对

㊾ 马勇编：《章太炎书信集》，第236页。

㊿ 章太炎：《在东京留学生欢迎会上之讲演》，章念驰编订：《章太炎演讲集》，上海人民出版社，2011年，第7页。

(51) 马勇编：《章太炎书信集》，第100页。

(52) 朱希祖：《朱希祖日记》上册，第79页。

(53) 沈兼士：《古音系研究序》，《沈兼士学术论文集》，中华书局，1986年，第330页。

方言进行分析整理、深入探讨。可见,调查是第一步,也是必不可少的一步。”(54)《广新方言》立足于对现代方言的实际调查与记录,以方言的静态描写为动态研究的前提,然后根据声韵转变的原理,博引古代文献,对今语进行考释,上探语源,下明流变,考察词语音韵层次的历时变化,以见语言文字的变迁轨迹,从而探寻语根,推求本字。故而,关于《广新方言》的语言学价值,下面主要从共时语言学价值和历时语言学价值两个方面进行讨论。

(一)共时语言学价值

明清时期,陕南地区因大量移民迁入,形成方言繁杂的局面(55)。沈兼士祖籍浙江湖州,但自幼在陕西汉阴长大,十九岁留学日本,回国后在浙江、北京、福建等地任教职,因此,他对陕南方言最为熟悉。《广新方言》一书的撰写,始于沈兼士留学日本期间。从书中所记录的方言数量和内容看来,沈氏似乎并未对现代方言进行过田野调查,其所记录的方言,一本以所熟悉的陕南方言和通语为语料,其他则多属文献资料。这不仅表现在《广新方言》中征引这一地域的方言数量最多,而且表现在沈兼士对陕南地区方言内部的差异及该地区陕、川方言交杂使用的情况的具体描写,这无疑与他在陕南一带长大的经历有关。以下统计情况,与陕南地区的方言情况亦极相符合。初步统计,《广新方言》72 则正文中,记录今语词(包括今方言与今通语)计 83 个(同词异字计为一个词),其中方言词语 42 个(有明确今方言地点者),通语词计 34 个;有明确语音描写的今语词 34 个。统计数据显示,《广新方言》中记录的今语词,以陕西、四川方言及通用语为主,兼及浙江、湖南等地方言。其所调查今语词汇的基本情况列表统计如下:(见图表)

(54) 詹伯慧:《汉语方言及方言调查》,湖北教育出版社,1994 年,第 7 页。

(55) 关于明清时期的移民情况,请参考《中国移民史》第六卷,第四章第一节。曹树基:《中国移民史》,福建人民出版社,1997 年,第 119—130 页。

类　型	今语地名及出现次数	词　　条
通语	(28)	1.2、1.3、1.10、1.11、1.14、2.7、2.8、2.9、2.10、2.11、2.12、2.13、2.14、2.15、2.17、2.18、2.22、2.24、2.26、2.27、3.1、3.6、3.8、3.9、3.14、3.15、3.16、3.18
区域通语	北方(8)	1.2、1.14、2.16、2.18、3.3、3.10、3.19、3.22
	北地(3)	1.1、2.4、3.7
	南方(1)	3.17
方言	陕西(19)	1.5、1.6、1.7、1.8、1.9、1.11、1.12、1.13、1.15、1.17、1.18、1.19、1.20(西安)、3.1、3.2、3.4、3.11(西安同州间)、3.12、3.23
	四川(6)	2.2、2.7、2.21、3.5、3.9、3.21
	四川陕西间(5)	1.4、1.16、1.21、1.22、2.6
	江浙(1)	2.20
	浙江(5)	2.1(嘉兴)、2.18、2.23(嘉兴)、3.7(杭州)、2.25(湖州)
	湖南(1)	3.9

在现代方言学的草创阶段,《广新方言》对共时语音的描写与分析,主要仍采用中国传统语言文字学的反切、读若、读如等譬况术语与记音方法,如:

狡狯。《广韵》:“狡狯,小儿戏。”《说文》:“诊,扰也。一曰,诊狯。”诊,盖假为狡字。凡《说文》中“一曰”多言假借。今陕西谓欺诳人曰狡狯,狡正读如诊,楚交切。狡狯也者,犹云其言如儿戏也。(1.9)(56)

间亦有通过直接指出方言词读音的声韵来记音者,如:

(56) 沈坚:《广新方言》,《独立周报》第2卷第21期,第48页。

如何。《鲁论》:"吾未如之何。"即奈何之何。郑康成读如为那,今江浙人言如何皆在麻韵,音之转也。(2.3)⑤⑦

尽管《广新方言》对方言词汇通行的地域未能完全调查,但沈兼士凭借其对家乡方言的熟悉程度及对章太炎语言文字学理论的理解和把握,所记录的方言音义具有准确性。如:

帲。《说文》:"帲,以囊盛谷大满而裂也。方吻切。"《榖梁》僖十年传"地贲",范宁注:"贲,沸起也。"《诗·周南·桃夭》:"有蒉其实。"《毛传》:"蒉,实貌。"案蒉本训杂香草,此言实貌者,谓果实中满坼裂之形也,皆当作帲。今北地尚存此语,读若崩。古音轻唇多归重唇也。(1.1)⑤⑧

检《汉语方言大词典》:

帲。〈动〉绷裂。中原官话。甘肃甘谷。李恭《陇右方言发微》:"《说文》:'帲,以囊盛谷大满而裂也。从中,奋声。'今陇右犹有是语,读若'崩',语有轻重耳。"帲滥。〈动〉绷裂。西南官话。四川荣县。1929年《荣县志》:"《说文》:'帲,以囊盛谷大满而裂也。'方吻切。俗作'奔'去声。帲裂曰滥。"⑤⑨

在时间上,《广新方言》较《陇右方言发微》《荣县志》为早,而三者所记读音相同;不仅如此,《广新方言》更进而指出,古无轻唇音,读崩正是古音古义在方言的存留。由此可见,沈氏此条记音、审音、考证的水平之高,远在《陇右方言发微》与《荣县志》之上。

又如:

---

⑤⑦ 沈堅:《广新方言》,《独立周报》第2卷第22期,第63页。
⑤⑧ 沈堅:《广新方言》,《独立周报》第2卷第21期,第47页。
⑤⑨ 徐宝华、[日]宫田一郎主编:《汉语方言大词典》,中华书局,1999年,第7445页。

> 僚傪。《说文》:“僚”与“傪”均训好貌。上力小切,下仓含切。今陕西人犹以“僚傪”为赞美之词。(1.19)(60)

检《汉语方言大词典》,“僚”字有[liáo][liǎo]两音。其义项一为:“〈形〉好;关系好。中原官话。陕西户县[$liau^{35}$]。”(61)《广新方言》所记“僚”字音义与《汉方》一致,但《汉方》与《现方》均未收词目“僚傪”。

此外,沈兼士对方言与通语的区别,有着高度的自觉,《广新方言》对前人误以通语为方言的说法亦多有指正。如:

> 裯。《说文》:“裯,棺中缣里,读若雕。”朱丰芑曰:“今苏俗制衾通曰裯,不知非吉语。”案此通语也。(2.24)(62)

不可否认,《广新方言》受时代的局限,有着汉字记音不精确、术语难懂等传统方言学的缺点,其对方言的记音、方音特点的归纳亦属于随文举例性,缺乏后来描写语音学所强调的方言音位系统的穷尽性与系统性。但其共时描写乃为求本字、方言词汇的历时比较服务,并非如描写方言学以描写方音声韵调及其配合为重点,两者目的不同。

正如学者所说:“方言研究者都有必要亲自调查方言,获取第一手的方言材料。但是受时间和精力的限制,事实上再有本事的方言学家也不可能亲自调查所有的方言。”(63)受时代的局限,沈兼士未能对方言进行田野调查。但《广新方言》对一批通语和方言词语的字音进行了明确的描写记录,保存了一些晚清民初的汉语方音材料,为后人研究近现代汉语词汇系统保存了珍贵的语言材料。而且,沈兼士在《广新方言》中所记录的今语词,其词汇音义及其具体地理分布具有准确性,正如康率群所言:“臤士浙人而久居吾秦,其于三辅之音,必能证疏

(60) 沈臤:《广新方言》,《独立周报》第2卷第21期,第49页。
(61) 徐宝华、[日]宫田一郎主编:《汉语方言大词典》,第6864页。
(62) 徐宝华、[日]宫田一郎主编:《汉语方言大词典》,第65页。
(63) 詹伯慧:《汉语方言及方言调查》,第7页。

疑网。”后人不仅可以据之了解当时的方言与方言内部的地理差别，而且可以凭借它研究当时方言与通语的远近关系。因此，用沈兼士的话来评价其早年著作，亦似无不当：“保存现代方言的真面目：一以备查考音义转变之迹，一以备后代研究现代方言的材料，这也是我们应负的责任。”(64)

（二）历时语言学价值

《广新方言》重视对现代方言音义的调查与记录，但其侧重点是对汉语在不同历史时期的音义转变轨迹进行研究，以便说明今方言的来历及其本字。《广新方言》正是沈兼士研究汉语历时变化的成果。

由于古今时代和地理空间的差异，音变是客观存在的事实。关于音变的原因，明末学者陈第以为：“盖时有古今，地有南北，字有更革，音有转移，亦势所必至。”(65)沈兼士对此深表赞同：“音有古今之殊，言有夏楚之异。”但他认为，各地方言均承自古昔，其音义衍变有规律可循，“九服俚辞，多与雅训冥符”(66)；“字有定形”，汉字的稳定性，“足以考合旧闻，邮通殊语”(67)。许多古代汉语词汇的音义往往保存在现代方言口语之中，利用现代方言数据，与古代文献相互印证，不仅可以研究今方言词汇的历时衍变层次，还可以将百姓日用而不知的词汇一一找出，施诸文章以实现文学复兴。沈兼士从音变规律性的认识出发，以丰富的方言事实证明，古语犹存于方言，“今之殊语，不违姬汉”。

如前所述，《广新方言》对清儒断定的一系列音变事实及其提出的音变规律，如钱大昕的“古无轻唇音”“古无舌头舌上之分”、章太炎的“娘日二纽归泥”等，均从方言中寻得翔实的材料，从而证明古声纽系统在今语中仍有保存，不仅使具体音变的事实得到确认，而且为探求汉语文的历史变迁及其规律提供了具体的例证与理论上的支持。

当然，《广新方言》的历时比较，更多着眼于单一的方言词语的形音义的历时考察，从而了解方言词汇形成的历史层次，证明方音与古音的渊源关系。沈兼士推求方言本字，据《说文》为本字本义，以《尔雅》《方言》等为假借引申义，并从

---

(64) 沈兼士：《关于考订方言用字答魏建功君书》，《沈兼士学术论文集》，第 17 页。

(65) 陈第：《毛诗古音考自序》，洪诚选注：《中国历代语言文字学文选》，江苏人民出版社，1982 年，第 202 页。

(66) 沈堅：《小学起废》，《独立周报》，第 26 页。

(67) 沈堅：《小学起废》，《独立周报》，第 27 页。

语音史的视角来寻找汉字变易孳乳的轨迹。如：

> 儽。《说文》："儽，垂皃。一曰懒解。"力伪切。《广雅·释训》："儽儽，疲也。"《广韵》："儽，极困也。"今川陕间尚谓力乏为儽，古音古义也。(1.21)(68)

"儽，垂貌，衰弱也。引申为懒懈。"(69)儽，上古音属来母微部上声，义为衰疲、劳倦，其古语古义，自古代文献《说文》《广雅》《广韵》至于今语，音义相沿，犹存于今川、陕一带的通语之中。检《汉语方言大词典》：

> 儽 lěi ㄌㄟ^{3}。②〈形〉疲劳；疲倦。一西南官话。云南昭通。姜亮夫《昭通方言疏证·释词》："今昭人言疲劳曰儽。"二湘语。湖南长沙[lia^{24}]。三闽语。广东汕头[lui^{35}]目𤅢到儽。眼困得差点就要躺倒睡了。(70)

儽为通语，《广新方言》所记形音义无疑是正确的，且从古代字书、韵书中寻得证据，从而证实自上古、中古至于今语，"儽"本字的形音义均为历代所沿用；《汉方》则仅以今语为据，且所举书证偏晚。两者相较，《广新方言》从语音史的角度考证，取材精审，用心缜密，似乎略胜一筹。

又如：

> 肥賰賰。《说文》："賰，益州鄙言人盛讳其肥谓之賰，如两切。"《广雅》："賰賰，肥也。"今陕西尚有肥賰賰之语，賰读若囊。古音孃日二纽并归于泥。(1.7)(71)

今通语"肥賰賰"，《汉方》将之收录，与《广新方言》所记相同，但字作"肥囊

---

(68) 沈䂊：《广新方言》，《独立周报》第2卷第22期，第49页。

(69) 章太炎讲授，朱希祖、钱玄同、周树人记录：《章太炎说文解字授课笔记》，中华书局，2008年，第335页。

(70) 徐宝华、[日]宫田一郎主编：《汉语方言大词典》，第6604页。

(71) 沈䂊：《广新方言》，《独立周报》第2卷第21期，第48页。

囊”(第 3519 页),且仅用今方言例证,未能举书证。检《现方·福州》作“肥□□(nai˥ nai˥)”(第 204 页),与《汉方》音近义同,却有音无字;又《现方·柳州》作“肥襛襛(noŋ˥ noŋ˥)”(第 194 页),囊、浓二字双声,韵部阳、冬旁转,与《汉方》同词异字。《汉方》与《现方》或可补《广新方言》以为第一书证,将该词语的历史提前,并据其所考本字作“肥齉”。

如:

> 盄灌。《说文》:“盄,器也。”朱丰芑曰:“今苏俗煎茶器曰吊子,即此盄字。”案通语之斛深者曰盄罐。罐为《说文》新附字。《众经音义》卷八云:“瓶罐又作灌,汲器。”是罐以灌注得名,从缶,俗改。(2.26)(72)

通语“灌”字,从灌注得名,俗写作“罐”。沈兼士从语根出发,根据文字孳乳时间的先后顺序,断定“罐”乃后起字,汲水器之罐,正当作“灌”字。

需要指出的是,在研究理论与语言事实面前,沈兼士更尊重语言事实,实事求是,不盲从成说,或以理论纠正方言事实。因此,《广新方言》在汉语的历史比较方面成绩颇丰,并纠正前人不少错误。如:

> 餧。《说文》:“餧,楚谓小儿懒餧。从卧食,尼戹切。”《玉篇》:“楚人谓小懒曰餧。”段茂堂云:“《说文》有‘儿’,衍字也。”今陕西西安人谓小儿病懒思卧不事游嬉曰餧,音转为去声。北土本无入声也。据此则《说文》有儿字为是,段说倡未允也。(1.20)(73)

《说文》载,楚地称“小儿懒食”为餧。《玉篇》引文脱“儿”字。段玉裁注《说文》,据《玉篇》而疑《说文》之“儿”为衍字(74)。沈兼士从陕西西安方言“小儿病懒思卧不事游嬉曰餧”寻得证据,以今语证明《说文》原文无误,段注乃主观之臆

---

(72) 沈坚:《广新方言》,《独立周报》第 2 卷第 22 期,第 65 页。

(73) 沈坚:《广新方言》,《独立周报》第 2 卷第 21 期,第 49 页。

(74) 段玉裁:《说文解字注》,上海古籍出版社,1982 年,第 388 页。

测。检《汉方》：

> 鬖：〈形〉小儿胃口不好，不乐于吃东西。古方言。《说文·卧部》："鬖，楚谓小儿懒鬖。"清恽敬《大云山房杂记》卷二："小儿懒，不乐于食也。今吴人以小儿少食为饭鬖。"
>
> 鬖包：〈形〉小儿胃口不好，不乐于吃东西。西南官话。云南昭通。姜亮夫《昭通方言疏证·释人》："楚谓小儿懒鬖，尼厄切。今昭人言鬖包。"⑦⑤

均以"小儿懒食"为鬖，可知古代楚方言发展至今已成为通语，《广新方言》之说无误。

最能体现沈兼士这一治学精神的，莫过于《广新方言》中对章太炎《新方言》进行商榷的几则材料。《广新方言》共有五处提到《新方言》：1.2、1.3、2.9、2.22、2.27、3.13。除1.2可视为补充师说者外，余下四则均对师说进行商榷。试以1.3、2.9、2.22三则为例，比较如下：

章太炎《新方言·释词》：

> 朋辈谓之火计，此合语也。元魏时军人同食者称火伴，汉时吏民被征诣长安者，令与计偕，故今合语为火计。（2.259）⑦⑥

沈兼士《广新方言》从《说文》寻求"夥伎"的本训，并引《方言》《尔雅》证明，"火计"本字当作"夥伎"：

> 夥伎。《说文》："夥，齐谓多也。"《方言》："凡物盛多，齐宋之郊、楚魏之际曰夥。"《说文》："伎，与也。""与，党与也。"《广韵》："伎，侣也。"今合语称朋辈为火计，正当作夥伎。夥伎犹言俦伴。俦假为丑。《尔雅》："丑，众

---

⑦⑤ 徐宝华、[日]宫田一郎主编：《汉语方言大词典》，第7331页。

⑦⑥ 章太炎：《新方言》，《章太炎全集（七）》，第61页。

也。"与夥同谊。《新方言》谓火计语出于火伴、计偕。兹不从。(1.3)⑦

其引证说解,较《新方言》谨严可信。检《汉方》,"夥"乃形容"多"义。⑦ 所立义项虽与《广新方言》相同,却无词条"夥伎";词条"伎"之义项与词目亦未见。

又,章太炎《新方言·释器》:

> 《投壶》:"请为胜者立马。一马从二马,三马既立,请庆多马。"注:"马,胜算也。"其后字变作玛。《方言》:"玛,益也。"今谓记数以纵横画代一二三四等字为马子。赌家以筹记胜算为筹马。(6.120)⑦

沈兼士《广新方言》从语法上区别动词之"玛"字与量词之"马"字:

> 玛起来。玛,《方言》《广雅》均训为益,莫驾切。通俗言累物使高,次第相重曰玛起来。正当作此。《新方言》以为筹马字。(2.9)⑧

检《汉方》:"马,〈量词〉古代重量单位名称(现在一般都写作'码')。官话。"⑧即《新方言》之"马"字。"玛,〈动〉堆积。西南官话。云南楚雄:把柴玛好。《方言》第十三:'玛,益也。'晋郭璞注:'增益也。'"⑧即《广新方言》之"玛"字。《广新方言》从词性上区别二者,显然较《新方言》合理。

又,章太炎《新方言》以敲诈勒索的本字为"俄":

> 《说文》:"俄,行顷也。"《广雅》:"俄,衺也。"今自扬州至浙东西皆谓无

⑦ 沈珉:《广新方言》,《独立周报》第2卷第21期,第47页。
⑦ 徐宝华、[日]宫田一郎主编:《汉语方言大词典》,第2046页。
⑦ 章太炎:《新方言》,《章太炎全集(七)》,第116页。
⑧ 沈珉:《广新方言》,《独立周报》第2卷第22期,第64页。
⑧ 徐宝华、[日]宫田一郎主编:《汉语方言大词典》,第475页。
⑧ 徐宝华、[日]宫田一郎主编:《汉语方言大词典》,第1496页。

赖诃人受钱者为俄王。(2.156)⑧

沈兼士《广新方言》从《说文》本训出发,以"伪"为本字:

> 伪。《说文》:"伪,诈也。"为声,古音在歌部。故《尧典》"平秩南讹",《汉书·王莽传》作"南伪"。今俗谓诈取人财曰伪者,音仍在歌部也。《新方言》以"俄"字当之,兹不从。(2.22)⑧

沈兼士从横向的语音描写入手,确定今方言的音义关系,然后进一步作纵的历史音韵比较,从《尚书·尧典》与《汉书·王莽传》的异文中找到证据,证合古语和今语的音义关系,进而推求敲诈勒索的本字为"伪",论证较《新方言》翔实可信。然查《汉方》"俄"词条,其义项及书证,均据《新方言》作"俄"⑧;"伪"词目未立敲诈勒索这一义项⑧。

正如学者所指出,《汉方》存在"诸如词目失收、漏收词语义项、书证偏晚或为孤证、立目误或不当、遗漏词语方言系属、释义可商等问题"⑧。前文所举例子,足见《广新方言》的研究成果对《汉语方言大词典》的修订不无裨益,作为方言研究集大成的《汉方》,未能将《广新方言》的研究成果吸收,不能不说是一个遗憾。

从以上述内容来看,《广新方言》在汉语的历时比较方面,博征历代字书、文献,充分利用现代方言数据,其继承清儒以形为经,以音义为纬,形音义三位一体的训诂方法,或利用异文,正其本字本义;或系联谐声偏旁,推求语根;或正借相求,考辨声韵转变分合之迹;或区别词性,从语法上辨明词义。总之,沈兼士考察声音转变轨迹、推求方言本字,在继承传统学术成就的基础上又有创新,其方言研究的实践和成就值得肯定,其实事求是的治学精神尤值得称道。正缘于此,沈兼士多年后对学者分裂语言文字学为孤立的形、音、义三科的研究方法深表不

---

⑧ 章太炎:《新方言》,《章太炎全集(七)》,第47页。
⑧ 沈㳛:《广新方言》,《独立周报》第2卷第22期,第65页。
⑧ 徐宝华、[日]宫田一郎主编:《汉语方言大词典》,第4254页。
⑧ 徐宝华、[日]宫田一郎主编:《汉语方言大词典》,第2049页。
⑧ 孙毕:《〈汉语方言大词典〉商榷》,《语言研究》2003年第4期,第115页。

满:"近三十年来学者之研讨形体与声韵,颇多惬心之作,惟未能利用之以治训诂,其造诣反瞠乎视清儒不及远甚,是岂太炎师倡导语言文字学之旨乎!"⑧有鉴于此,沈氏对中国训诂学史进行总结,很快建立起别具一格的训诂学理论体系,为训诂学的革新做出了贡献。

六、《广新方言》的性质

1906 年 9 月,章太炎在《论语言文字之学》的演讲中,对时人以小学为经学之附属品的观点进行驳斥,提出"小学者,非专为通经之学,而为一切学问之单位之学"⑧的观点,并主张将传统小学更名为摄文字、声韵、训诂为一体的语言文字之学,"然犹名为小学,则以袭用古称,便于指示。其实当名'语言文字学',方为塙切"⑩。在稍后的《国故论衡》中,他再次指出:"盖小学者,国故之本,王教之端,上以推校先典,下以宜民便俗。"⑨章太炎运用语言文字学"宜民便俗"的第一件事情,正是董理方言,简稽古语,"发明今语之由来,为统一语言之先导"⑨。其所取得的研究成果,便是《新方言》这一名著。然"一人耳目,势不能周"⑨,"州国殊语,既难尽晓,所录无过什之二三"⑨,未能周悉。因此,章太炎随后在东京《民报》刊出《博征海内方言告白》,宣说现代方言研究之意义所在,并呼吁更多的学者加入方言研究的阵营,以便达到实现国语统一的目的:

> 中国方言,传承自古,其间古文古义,含蕴甚多,而世人不知双声相转、叠韵互变之法,至有其语而不能举其字。通行文字,形体不过二千,其伏在殊言绝语中者,自昔无人过问。果欲文言合一,当先博考方言,寻其语根,得

⑧ 沈兼士:《小学金石论丛序》,《沈兼士学术论文集》,第 337 页。
⑧ 章太炎:《论语言文字之学》,章念驰编订:《章太炎演讲集》,第 9 页。
⑩ 章太炎:《论语言文字之学》,章念驰编订:《章太炎演讲集》,第 10 页。
⑨ 章太炎:《小学略说》,庞俊、郭诚永:《国故论衡疏证》,中华书局,2008 年,第 20 页。
⑨ 《新方言补》,《国粹学报》1908 年第 49 期,第 58 页。
⑨ 章太炎:《博征海内方言告白》,《民报》1907 年第 17 期,第 149 页。
⑨ 章太炎:《与蔡元培书》,马勇编:《章太炎书信集》,第 262 页。

其本字,然后编为典语,旁行通国,斯为得之。⑨

1913 年,章氏重述《新方言》的撰著目的曰:"余以寡昧,属兹衰乱,悼古义之沦丧,愍民言之未理,故……述《新方言》以一萌俗。"⑩"读吾书者,虽身在陇亩,与夫市井贩夫,当知今之殊言,不违姬汉。"⑪《新方言》所附录之《岭外三州语》,更是为"和齐民族"⑱而作。《新方言》一书,兼具学术与政治的双重目的。是以,刘师培在后序中指出:"异日统一民言以县群众,必将有取于斯编。"⑲黄侃更是将其政治目的揭橥无遗:"已陈之语,绝而复苏;难谕之词,视而可识。将以同古今之臭味,济文辞之衰变,正书名之谬误,成天下之亹亹。……傥令殊语皆明,声气无阂,乡曲相鄙之见,由之以息;文言一致之真,庶几可睹。芳泽所被,于是远矣。"⑩可见,《新方言》不仅是中国语言文字学、汉语方言学的重要著作,也是中国近代史上重要的历史文献,与建立近现代民族国家、现代汉语文改革及民族文化复兴运动等时代思潮紧密相联。明乎此,才能更好地讨论模仿《新方言》而著的《广新方言》的性质。

接过老师树起的"颇具时代之精神"⑩的"语言文字学"这面大旗,青年沈兼士在《小学起废》一文中,首先对时人因"《汉书》小学,附入六艺"而以小学"为研治经学之筌蹄"的观点进行辩驳,认为传统"小学"不仅非经学的附属品,且具有求是与致用之双重功用,不宜将其范围局限于狭隘的考古领域:"盖小学之功,不仅在于尚论古昔,敷绎成说,亦将有以便民宜俗而致于用。"并从识字教育、学术研究、文言一致、文学修辞等五个方面进行论证,说明"小学之切于时用,如此其巨,是非专为通经之学,乃一切学问之单位之学,而为国人所应备之常识也"。⑩ 因此,青年沈兼士对章太炎将传统"小学"更名为"语言文字学"、倡导

⑨ 章太炎:《博征海内方言告白》,第 149 页。
⑩ 章太炎撰,庞俊、郭诚永疏证:《国故论衡上·小学略说》,中华书局,2008 年,第 26 页。
⑪ 章太炎:《新方言·序》,东京民报社,1907 年,第 1 页。
⑱ 章太炎:《岭外三州语》,《章太炎全集(七)》,第 139 页。
⑲ 刘师培:《新方言后序》,东京民报社,1907 年,第 86 页。
⑩ 黄侃:《新方言后序二》,《章太炎全集(七)》,第 135 页。
⑩ 沈兼士:《影印元至治本郑樵六书略序》,《沈兼士学术论文集》,第 332 页。
⑩ 沈堅:《小学起废》,《独立周报》,第 27 页。

中国传统"小学"向现代语言学转型的主张极表赞同:"今则范围拓张,所谓小学者,乃包含字形、音韵、训诂三种,循名责实,当名语言文字之学,方为碻切。此篇仍用小学之名者,袭古称也。"[103]其《小学起废》之"小学"正是"语言文字学"的同义词。沈兼士运用语言文字学以"便民宜俗而致于用"的第一件事,也正是中国现代方言研究。

时人每谓中国方言有音无字,书写时多用同音俗字,而弃正字、本字于不顾。部分醉心于欧化的知识分子,更极力宣称汉语文乃阻碍中国进步之罪魁祸首,欲以切音字代替汉字、以世界语替代汉语文。对上述观点,沈兼士进行挥戈反击。

在《广新方言叙》中,沈兼士首先指出,"今世士夫"不学无术,"古学不讲,娄务唯异觚是尚,舍本逐末",不懂语言文字之学,昧于转注、假借之法,却动"辄谓中国方言参互,文语殊涂,教不溥及,寔缘于此",[104]以文言分离为教育普及之障碍。更有"耳食之伦,群起诟病,谓中华合体字,果不若异域合音字之易识",[105]不顾中西历史文化传统之差异,主张废除汉字,提倡拼音文字,"遂相率诡更旧文,变乱常道,师心造作,以营世俗"。[106]或创制切音文字,欲以"切音文字"取代汉字;或鼓吹"万国新语",以所谓"先进文明"的世界语取代"落后野蛮"的汉语文。对此,沈兼士从中国历史寻求事实和理据进行反驳:"夫中华千祀旧邦,经略辽阔,斠之远西诸国,广袤悬殊,奚啻倍蓰? 音有夏楚之别,言有古今之异。然而通欲达志,不资象寄之材,讽籀诗书,无有隔阂之患者,惟字有定形,故尚足以考合旧文,邮通殊语。"[107]语言文字是历史的产物,中西方国情不同,不可一概而论。沈兼士分析道,汉语言文字的古今差别极大,其因大致有三:"一因五帝三王之世,改易字体,代靡有同。一因周末诸侯各本方音,造作文字。重以古今音纽,不无流变。自尔以来,日益参互。"[108]中国幅员辽阔,方言驳杂,乃出于自然地理因素的限制;汉字字体代有更易,古今文字各有不同,使得古今语言因时空转移而

⑩ 沈堅:《小学起废》,《庸言》,第 4 页。
⑩ 沈堅:《广新方言叙》,《独立周报》第 2 卷第 21 期,第 47 页。
⑩ 沈堅:《小学起废》,《庸言》,第 1 页。
⑩ 沈堅:《广新方言叙》,《独立周报》,第 47 页。
⑩ 沈堅:《小学起废》,《庸言》,第 1 页。
⑩ 沈堅:《小学起废》,《庸言》,第 2 页。

发生流变。但在此历史造成的语言文字格局之下,中国因有字形稳定的汉字作为文化传承的纽带,南腔北调杂而不乱,东西交往畅通而无隔,故能维持统治至今。一旦废除汉字,后果将不堪设想:"今若废形用声,必至邦势分崩,文亡道丧。萧墙之祸,莫此为甚。"[109]沈兼士并不否认汉字存在识字困难、言文分离等问题,但他认为,要解决这些问题,并非无方。"夫九服俚辞,多与雅训冥符;异代殊名,每缘声类互受。"古今语言,本质无殊;语音衍变,规律可循。在其看来,开启民智,普及汉字,并不在于使用何种文字,而在于教育之有无;不在于汉字识记之难易,而在于语言文字学常识的普及与否:"苟能上撢《说文》,归本六书,明古人造字之例,既据形以成文,复演声而滋字,形声并重,相得益彰,了然于斯,识字何[难之]有?"而且,与汉字的识形知音而察义的优点相比,"彼合音字者,只利识音而难察义,高下相量,间不容黍,又安可舍我旧贯,变夏而用夷乎?"若能改善教育,培植师资,编辑中小学语言文字教材,将"溯音声流变之轨迹,索名辞殊异之根株,以及训诂之学、正名之方,溥教国人,俾知极准,庶几殊辞绝语,斠若画一,甄明不惑。安用妄设科条,强施檃栝哉!"[110]

因此,沈兼士对本师章太炎弘扬民族文化、等视雅言殊语的齐物思想极为认同,不仅对其为"统一萌俗"而"董理方言"的行为大加褒奖,而且对探讨"今之殊语,不违姬汉"的《新方言》推崇有加。在民族主义和国粹主义两大时代思潮的影响下,沈兼士踵武其后,依据双声相转、叠韵互变的原理,博考方言,探寻语根,推求本字,将隐伏在殊言绝语中的雅言故训,逐一找出,著成《广新方言》,以为将来国语统一、汉字规范与言文一致作准备。试举数例,以见《广新方言》为实现此目的所作的努力:

> 碛实。《说文》:碛,石坚也。《尔雅·释言》:碛,巩也。俗言结实,当作此。(2.8)[111]
>
> 烨㷤。《说文》:烨㷤,火貌。上卑吉切,下敷勿切。(重唇音)今俗言火

---

[109] 沈坚:《小学起废》,《庸言》,第1页。
[110] 沈坚:《小学起废》,《庸言》,第2页。
[111] 沈坚:《广新方言》,《独立周报》第2卷第22期,第64页。

盛然时烨戓有声,盖古语也。(2.11)⑫

针对时人所谓方言中有音无字,以为"中国方言参互,文语殊涂"的观点,沈兼士以古代文献和方言事实证明,"太古文言,合而不离",虽然"降及后世,寝稍乖分",但若能据声韵转变之原理进行推求,"庶几殊辞绝语,甄明不惑"⑬。若能博考方言,推寻本字,实现口语与书面语一致,为期不远。

> 酓。《说文》:"酓,酒味苦也。于剡切。"今北地谓茶苦亦曰酓,俗作醭。(2.4)⑭
> 捎拂。陕西谓托人寄物为捎拂。案《说文》:"拂,撮取也。"《广均》:"拂,撮取。"张衡《西京赋》:"拂飞鼯。"薛综注:"拂,梢取之也。"今曰捎拂者,合语也。俗作带。非。(3.1)⑮
> 羟。《说文》:羟,大也。古回切。今俗谓大为羟,如人之肾壮者曰大羟头,栗之大者曰羟栗。俗书作魁,非也。(3.15)⑯
> 圣尘。《说文》:"圣,尘也。从土,非声。"今俗有合言圣尘者,读圣如灰。轻唇转入牙音,亦犹四川湖南之言饭,如换也。俗误书作灰,非是。灰训死火余尽,不当为一切尘埃之称。(3.9)⑰

社会中广泛使用的俗体字如"醭""捎带""魁""灰尘"等,沈兼士以为皆本有其字,而流俗所书字体均是同音假借字,即今日所谓之错别字,故曰"非"。《广新方言》从汉字规范的角度出发,指出其正字当作"酓""捎拂""羟""圣尘",俗体字当废止不用,以便达到字体使用规范的目的。

正如康率群所言,若能对"九服之音,既尽诠释,审定国音,直反掌事"。沈

---

⑫ 沈坚:《广新方言》,《独立周报》第2卷第22期,第64页。
⑬ 沈坚:《小学起废》,《庸言》,第2页。
⑭ 沈坚:《广新方言》,《独立周报》,第2卷第22期,第63页。
⑮ 沈坚:《广新方言》,《独立周报》,第2卷第23期,第58页。
⑯ 沈坚:《广新方言》,《独立周报》,第2卷第23期,第59页。
⑰ 沈坚:《广新方言》,《独立周报》,第2卷第23期,第59页。

兼士身体力行,汲汲乎汉语方言研究,欲调均殊语,以为一家,"与今日之空言统一读音者,其效不可以道里计也"。沈兼士著《广新方言》,致力于中国方言研究,正是为审定国音、整齐文字而著,为实现言文一致、国语统一而撰,其目的正与《新方言》相同:通过汉语文改革,建立一套统一的标准汉语文系统,从而达到文学复古("文艺复兴"),实现中国社会文化的重建,为建立近代民族国家提供强固的纽带与强大的凝聚力。

数年后,尽管沈兼士在学术上获得突破、思想上发生变化,并对《新方言》进行了严厉批评,但他对兼具学术与政治双重意义的《新方言》一书,仍给予了高度的评价:"章氏以为小学不但可以考古,亦可以通俗致用。向来只用之以考证死文字,现在却拿他来整理活语言。经学附庸之小学,一跃而为一种有独立精神之语言文字学,这是文字学史上的一个关键。乾嘉时代的小学家所以不及他者,也就在这一点,有了这一部著作,然后文字学的效用才能全而不偏,而于方言学可以算得是有起衰继绝之功。"[118]在其看来,《新方言》"不愧为原始要终独具体系"[119]的现代方言学著作。

可见,沈兼士的《广新方言》一书,用意深远,亦当视为兼具学术与政治双重意义的著作,既是中国现代方言学的专门著作,也是中国近现代史上重要的历史文献,不仅对考察沈氏早年生平与学术极具价值,而且是探究沈氏学术与思想变迁的关键,为研究中国近现代学术的传承与中国方言学从传统向现代的转型提供了一份珍贵的历史文献。

七、余论

1911 年,章太炎的《齐物论释》书成,章氏好友乌目山僧欣然为之作序,以为是书具有划时代的意义:"近人或言,自《世说》出,人心为一变,自《华严》出,人心又为一变,今太炎之书见世,将为二千年来儒墨九流破封执之局,引未来之的,

⑱ 沈兼士:《今后研究方言之新趋势》,《沈兼士学术论文集》,第 49 页。
⑲ 沈兼士:《影印元至治本郑樵六书略序》,《沈兼士学术论文集》,第 332 页。

新震旦众生知见,必有一变以至道者。"⑫1914 年,章太炎的《齐物论释定本》正式定稿。

同年冬,沈兼士开始系统研究《广韵》,欲借系联形声字偏旁以求汉语言文字之源流与分合:"就《广韵》每韵中取其声母以为纲,凡从之为声音者依次系于下。其流衍之势,出入之数,务使别白详晰,一览无遗。庶几纵可以洄溯千余年声母递次转变之轨迹;横可以钩稽二百六韵分合相互之关系;至二徐以来所订《说文》形声之是非,以及古音中上去入三声有无及分合之说,皆可不假外证,秩然就理。"⑫1915 年,沈氏因病被迫停止编纂工作。但当听说老师章太炎的《章氏丛书》将由上海右文社首次出版的消息时,沈兼士不顾患病之躯,兴高采烈地为其中被老师誉为"一字千金"⑫"千六百年未有等匹"⑫的《齐物论释》题签,落款署名仍用沈罕。

吊诡的是,当时世风所趋,与章太炎的"齐物"思想邈不相及,在社会进化论风靡的近代中国,乌目山僧所预言的人心为之一变的局面并未出现。而在民初剧烈动荡的政治形势下,沈兼士受新文化运动激进反传统的浪潮所裹挟,与钱玄同、刘复、陈独秀、胡适等人一起,大力提倡白话文、白话诗、新式标点符号,成为五四时期新式学人的代表。

随着国语统一运动的呼声愈趋高涨,方言研究与国语推广渐进深入,沈兼士从学理上发现,与西方拼音文字的言文合一的特点相比,汉语言文字在形式和内容方面存在种种弊端。为补救语言和文字纷杂的弊病,毕国语统一运动之功于一役,一劳永逸地实现汉语言文字的健康发展,沈兼士很快走上汉字拼音化道路,主张废除汉语、简化汉字,以拼音文字取代汉语言文字,最终与章太炎背道而驰。这恐怕是乃师太炎先生与沈氏自己始料之所未及罢!

本文在写作过程中,承蒙南京市梅园中学朱元曙先生、南京师大朱乐川博士

---

⑫　章太炎:《齐物论释·后序》,《章太炎全集(六)》,上海人民出版社,1986 年,第 58 页。

⑫　沈兼士:《广韵声系叙及凡例》,《沈兼士学术论文集》,第 11 页。

⑫　章太炎:《自述学术次第》,第 92 页。

⑫　章太炎:《致龚未生书》,《章太炎政论选集》(下),中华书局,1977 年,第 702 页。

见示《朱希祖日记》手稿相关内容,又蒙陕西师大臧振教授、王玉华教授、贵州大学汤序波教授提出修改意见,书此以致谢忱!

　　谨以此文纪念沈兼士先生(1887 — 1947)诞辰一百三十周年、逝世七十周年。

【周敏秋　华东师范大学历史系博士生】
原文刊于《中国文化》2017 年 02 期

字义小札(三则)

吴小如

一、行·行人·行事

《孟子·公孙丑下》:"孟子为卿于齐,出吊于滕,王使盖大夫王驩为辅行。王驩朝暮见,反齐滕之路,未尝与之言行事也。公孙丑曰:'齐卿之位,不为小矣;齐滕之路,不为近矣;反之而未尝与之言行事,何也?'曰:'夫既或治之,予何言哉!'"

小如按:此章"未尝与之言行事"句,自赵岐、朱熹以至焦循,皆未加注。姚永概《孟子讲义》卷四:"行事,此行所使之事。"心窃疑之。考《管子·小匡》"隰朋为行"句尹知章注:"行,谓行人也,所以通使诸侯。"而"行人"之为官名,先秦诸籍与《太史公书》屡见。如《管子·侈靡》"行人不可有私"句尹注:"行人,使人也。"与此义相近或相同者,又见《左传·桓公九年》杜预注及孔颖达《疏》,及《论语·宪问》、何晏《集解》、邢昺《疏》。因知春秋、战国时代,凡代表诸侯政府出使邻国者,皆称"行人"。而负责接待他国来宾并掌辞命者,亦在行人职分之内,见《国语·鲁语下》韦昭注及《春秋谷梁传·襄公十一年》范甯注。然则"行人"所司之职,颇似今日外交部对外之大使、公使与对内之礼宾司。孟子既为齐卿,出吊于滕,正属"行人"身份与职责。故齐宣王以王骧为"辅行",犹今言"副使"也。而所谓"行事",乃行人出使所司之事。俞樾《诸子平议》卷十一,释《韩非子·说林上》"公佩仆玺而为行事"句云:"是'仆'与'行'为官名,言佩'仆'之玺而为'行'之事也。"足证《孟子》此章之"行事"实专指行人之事,非时贤以现代汉语泛译之"办公事"之谓。

二、释"遵,俊也"(《方言》卷二)

笔者在大学执教,自一九四九年至今,以授中国文学史为主。积数十年教学经历,窃以为治文学者宜略通小学。故于《说文》《尔雅》及扬雄《方言》,皆尝染指。于乾嘉考据之学,如戴(震)、段(玉裁)、二王(念孙、引之父子)诸家著作,亦尝涉猎。平生最服膺清人所著书,曰段玉裁《说文解字注》,曰王念孙《广雅疏证》,曰孙诒让《周礼正义》。窃谓如自此三书入手,则可略窥治小学之门径矣。犹忆仆七十岁前后,曾略治《方言》。虽仅发其端,颇窥谙其例。其一曰因声以求义。其字形虽异,而音近则义通,初不必拘执一字之形以说其字之义。如王念孙《广雅疏证》卷一上云:"爱之转为㑳,犹蔓之转为掩矣。"仆因知抚之转为㒏,犹掩之转为㑳,蔓之转为㤒。"忞"之通"悚",犹"㒏"之通"脵"(参见钱绎《方言笺疏》及近人马宗霍《说文解字引方言考》);《尔雅》《说文》作"悚",《方言》则作"牟",《荀子·荣辱篇》作"悼",其实一也。《汉书·食货志》:"富商大贾,亡(无)所牟大利。"此"牟"字正《荀子》"悼悼"之意,特用作动词耳。其义当训"爱",为贪欲或吝惜之意(《玉篇》:"悼,贪爱也。"杨倞《荀子注》:"悼悼,爱欲之貌。"参见郝懿行《尔雅义疏》"㤒"字疏义)。独颜师古《汉书注》引如淳曰:"牟,取也。"此训不见于他书,疑为望文生义。而现代汉语辄言"牟取暴利",是直以"取"义当之矣。其二曰一字多形。如"叫"字为今所习见,而同音义异形之字则有"噭""訆""唃"等不一而足,学者强为分疏,反多缠夹。如"愁"之与"宁"亦为同音义字而异形,详见王煦《小尔雅疏》,此不赘引。而其三,则专取其字之音,无关乎其字之义者,即此"遵,俊也"之例是也。此条自戴震、钱绎以来,凡治《方言》以及其他治《尔雅》《说文》之古今学者,皆就"遵"与"俊"二字之义强求其相通之道,卒乃无一可通者。实则如以现代汉语中河北、东北诸地之方音求之证之,则声入心通,无烦觊缕。盖北人读"俊",不读"jūn"或"zūn",而读"zun",即《方言》"遵"字之音也。西汉时声调之说尚未显,诸书引用字,往往不计其音之平仄(如"知"、"智"本一字,其声调有别乃后世之事),故可用"遵"以释"俊",又安知"俊"在汉代不读平声耶?《方言》别有"孒,俊也"一条,其实"孒"乃"俊"或"遵"之入声也。仆持此说,尝面叩先师魏天行(建功)、周燕孙(祖谟)二位先生,皆蒙首肯。燕孙师且谓可立此一例以为治《方言》之准则焉。今姑为札记于此,以俟贤哲谠正。

三、释"狗"

廿余年前曾撰小文,题曰《狗不一定是犬》,草稿久佚。今再成此札记,聊申己见。

《后汉书·马援传》载援诫其兄子严、敦书,《古文观止》入选。中有句云:"效(龙)伯高不得,犹为谨敕之士,所谓刻鹄不成尚类鹜者也;效(杜)季良不得,陷为天下轻薄子,所谓画虎不成反类狗者也。"今所传"画虎不成反类狗"成语,即本于此。然后世引用此语,往往作"反类犬",盖以"狗"与"犬"本为一物,故随意改易之,其实非是。按《尔雅·释兽》:"熊、虎醜,其子狗。""醜"作"类"解,谓熊、虎之类,其幼子皆名"狗"。郭璞注引《律》曰:"捕虎一,购钱三千;其狗半之。"盖郭璞引当时《律》文,以证虎之幼子名狗也。郝懿行《尔雅义疏》卷十八引李巡曰:"熊、虎之类,其子名狗。"郝氏又曰:"按今东齐辽东人通呼熊、虎之子为羔,羔即狗声之转。"小如按:"羔"为羊幼子之名,而马之幼子名"驹",可见兽畜之幼子,往往以从"句"得声之字或与读"狗"相近之音为名也。又《尔雅·释畜》于"狗属"部分释"犬"下有一条云:"未成豪(毫),狗。"郭璞注:"狗子未生毨毛者。"其义谓犬之幼者尚未生毛则名"狗"。["毨"音寒,凡动物表皮毛孔所生毨毛(今或径写作茸毛)皆名毛,今言人身毛孔所生之毛每写作汗毛,实应作"毨毛",犹鸟羽之作"翰"也。]故前人释《后汉书·马援传》所谓之"画虎不成反类狗",或释为画虎不成反类无毛之幼虎;而王先谦《后汉书集解》不同意此解,主张径作"狗"解,谓画虎不成竟类犬子。鄙意以为虎与犬之形相去太远,不如释为无毛之幼虎为更切。然则此两说可并存矣。

以上所陈,大抵为拙文旧稿之内容而稍详。今反复思之,除仍主释"狗"为虎之幼子外,且以为"反类狗"必不可易为"反类犬"。盖自原文之上句言之,古音"鹄"与"鹜"音近,有似叠韵(今音则并不同韵),而"虎""狗"古亦音近,亦似叠韵者。其关键所在,乃为"句"得声者,如"苟""狗""驹"等,其实皆从"勾"得声而来。古籍载越王勾践之名,大都写作越王"句践"。今江苏有地名曰"句容",自清末民初以迄,仆本人于童稚之年读书时,皆读"勾容"。而"勾漏山"在古籍中,亦多写作"句漏山"也。因知"狗"之与"虎",其读音在古代亦殆近于叠韵矣。今湖北、河南两地方音,凡属鱼、虞、模诸韵部字,犹与属尤、侯、幽诸韵部字相混读,如"陆"读如"楼"、"苏"读如"搜"、"徒"读如"头",而与"手""钩"等字韵部相通也。此皆与"虎""狗"之可通押相类。故"反类狗"之成语,必不能易以"反类犬"也。

【吴小如　北京大学中文系教授】

原文刊于《中国文化》2007 年 01 期

河洛之学源流略记

冷德熙

【内容提要】对河图洛书的探索由来已久,但河洛之学的兴起,当以五代陈抟为始。此前的河图洛书记载,止于传说和神话。陈抟为河图洛书作图,宋代邵雍、朱熹等在注易解传时遂为此纷争,对河洛的探究俨然成为显学。从此至明清,易学家们一直聚讼不息凡九百余年。本文拟讨论如下几个问题:一、先秦两汉的河洛传说;二、纬书中的河洛政治神话;三、河图洛书与明堂九宫图;四、河图洛书与九十数图;五、图书疑古派的批判。

一、先秦两汉的河洛传说

《尚书·顾命》首出"河图"二字,但此河图已然不是后世传说中的河图。"河图洛书"文字并出之处当首先是《古论语》[①]。其中《子罕》篇云:"子曰:凤鸟不至,河不出图,雒不出书,吾已矣夫。"按今本《论语》中无"雒不出书"四字,汉司马迁作《孔子世家》中则无"凤鸟不至"四字。魏何晏作《论语集解》同司马迁[②]。后《管子·小匡》中有"河出图,洛出书"句,《易系辞》亦有"河出图,洛出

---

① 汉代有《古论语》,乃汉景帝时鲁恭王刘余在孔子旧殿堂中发现。何晏以为只有孔安国为之作传而后世不传。此处所引见于清人马国翰编《玉函山房辑佚书·古论语》。
② 同上书按语。

书,圣人则之"句。汉《淮南子·俶真训》有"洛出丹书,河出绿图"的记载。"丹书"又见于《吕览·应同》:"及文王之时,天先见火,赤乌衔丹书集于周社。"可见,河图洛书在先秦两汉是一种传播很广的传说。在所见资料中没有发现对河图洛书的具体探索文字,可知,河图洛书在当时是不言而喻的。但是我们又发现人们对河图洛书的理解,并不一致。归纳起来的情况约略如次。

1."九"数与河图洛书的关系。《庄子·天运》篇云:"天有六极五常,帝王顺之则治,逆之则凶。九洛之事,治成德备。监照下土,天下载之,此谓上皇。"其中"九洛之事"郭象不注,明杨慎注曰:"洛书九畴之事。"③虽不能确证"天运"为庄子本人作,但这确是将九数与洛书联系起来的最早记载。宋人朱熹、蔡元定的"十图九书说"或自此出(详后)。这也就是以《洪范》为洛书。汉人孔安国、刘歆同此。孔安国云:

> 河图者,伏羲氏王天下,龙马出河,遂则其文,以画八卦。洛书者,禹治水时神龟负文而列于背,有数至九,禹遂因而第之。

此文见于朱熹、蔡元定《易学启蒙》。今查伪《古文尚书》传云"天与禹,洛出书,神龟负文而出,列于背,有数至于九,禹遂因而第之以成九类,常道所以次叙",与朱蔡引文略同,则朱熹或据此来,似不足为据。但查孔安国《论语孔氏训解》卷五有"河图,八卦是也"文字,可证伪孔传及朱蔡所引不误。则孔安国以八卦为河图,以洪范九畴为洛书。此说刘歆袭之。汉班固《汉书·五行志》载:"刘歆以为虑羲氏继天而王,受河图,则而画之,八卦是也;禹治洪水,赐洛书,法而陈之,《洪范》是也。"又云《洪范》自"初一曰五行"至于"畏用六极"凡六十五字皆为雒书本文,所谓"天乃锡禹大法九章,常事所次者也",以易卦属河图,以洪范九畴为洛书,盖自此已成定论。

2.两汉对河图洛书究竟意义的理解也不一致。前面讲到孔安国(包括伪《古文尚书孔传》)、刘歆以易卦属河图,以洪范九畴归洛书。而东汉郑玄与此不同。

---

③ 转见陈鼓应:《庄子今注今译》,中华书局,1988年。

郑玄注易纬《乾凿度》卷上云:"河图者,河中得天书,文图诏,龙衔出。"注《易传》引《春秋纬》云:"河图有九篇,洛书有六篇。"④又邢昺《论语疏》云:"郑玄以为河图洛书,龟龙衔负而出。……上有列宿斗正之度,帝王录纪兴亡之数是也。"⑤俨然以河图洛书为图书简册,上列天文及帝王兴衰之期。《汉书·艺文志》载:"《图书秘记》十七篇"。《隋书·经籍志》载《纬书河图》二十卷,《河图龙文》一卷,其文出于前汉,"有河图九篇,洛书六篇"。似也可以作为郑说成立的佐证。按,孔安国、刘歆与郑玄对河图洛书的理解均来自纬书,只是所据不同。前者据《龙鱼河图》,郑玄则据《春秋纬》。

3.儒家一般以为《易传》为孔子所作。但实际上《易传》中"河图洛书"的含义与《论语》记载不同。《系辞》下:

> 天生神物,圣人则之,天地变化,圣人效之;天垂象,见吉凶,圣人象之。河出图,洛出书,圣人则之。

可见,河图洛书是圣人观象制器法象,是上天所垂之象,是天地变化的标识,故圣人取以为法则。《系辞》还说伏羲观天地之法象制作八卦,神农、黄帝、尧舜观卦象制作文明。可见,河图洛书是圣人制作文明之源,也就是文化发生契机的一种象征物。这与河图洛书在《论语》中,以及其他书如《管子》《墨子》⑥等的政治神话意义是有区别的。前者包含一种古神话意象,后者则纯属晚周诸子的改作了,而且成为汉代河图洛书政治神话的滥觞。

二、纬书中的河洛政治神话

日本人安居香山、中村璋八编六卷八册的《纬书集成》有《河图洛书》一卷。

---

④ [宋]王应麟编《周易郑康成注》,见台湾商务本《四库全书》经部易类。
⑤ [清]胡渭《易图明辨》,丛书集成初编。商务印书馆。
⑥ 《墨子·非攻下》云:"赤鸟衔书(即丹书),降周社。……河出绿图(即河图),地出乘黄,武王践功。"

内《河图》四十篇、《洛书》十四篇。但因为现在所能见到的纬书资料均为明清人的辑佚（日本人的《纬书集成》据此集成），所以现在的《河图洛书》并非关于河图洛书的系统记载，有关河图洛书的记载也散见于其他纬书中。据初步统计，纬书中有关河图洛书的记载有两种类型。第一种类型认为河图洛书所记是所谓"帝王存亡之期"。这种说法在全部纬书中只有如下几条：

1."河图，命纪也。图天地帝王终始存亡之期，录代之矩。"[7]

2."《顾命》云：'天球河图在东序'。天球，宝器也；河图，本纪。图帝王终始存亡之期。"[8]

3."舜以太尉受号即位为天子。五年二月东巡狩至于中州，与三公诸侯临观于河。黄龙五采负图出置舜前，蹑入水而前去。图以黄玉为柙，长三尺，广八寸，有户。白玉为检，黄金为绳，紫芝为泥，封两端。章曰：天皇帝符玺。……中有七十帝地形之制，天文位度之差。"[9]

而认为洛书也是记载"帝王存亡之期"者，在《纬书集成》中仅见于《尚书纬·中候颧期》：

4."维天降纪，秦伯出狩于咸阳。天震大雷，有火流下，化为白雀，衔篆丹书集于公车，曰'秦伯霸也'。"[10]

而据《史记·秦始皇本纪》，有关于秦朝灭亡之期的另一条谶语，即方士所献"录图书"中所云"亡秦者胡也"。此谶语见于《纬书集成》中《易纬·通卦验》。

纬书中关于河图洛书的第二种说法是以河洛为王者受命的象征形式。几乎所有王朝的兴起都被认为是一新天命的标志，这种标志就是所谓"符瑞"。《易纬·是类谋》云："圣人起有八符，运之以斗，税之以昴（按即'卯'），五七布舒，河出录图，洛授变书。"河图洛书就是这种所谓"圣人八符"之一，当然也是其中最重要的形式。因为传说中上自三皇五帝，下至汉高刘邦，天下竞相授受者都是有"符"的。按，《说文》云："符，信也。汉制以竹长六寸分而相合。"《史记集解》引

---

⑦ 《尚书纬·璇玑钤》，引自《文选·策秀才文》注，集佚之者有《纬攟》《重校说郛》《七纬》和《玉函山房辑佚书》《汉学堂丛书》《纬书集成》。

⑧ 《尚书纬·考灵耀》，引自《文选·褚渊碑文》注，收入者有《玉函山房辑佚书》和《纬书集成》。

⑨ 《纬书集成·春秋纬》。

⑩ 另《艺文类聚》《玉函山房辑佚书》。

"应劭曰:铜虎符,第一至第五,国家当发兵,遣使者至郡,合符,符合乃听受之;竹使符:皆以竹箭五枚,长五寸,镌刻篆书,第一至第五"。又曰"张晏曰:符以代古之珪璋,从简易也"。可见,"符"本是汉人的创制,其功用当类于玺印,由此亦见河图洛书或类天帝之玺,也就是天神(亦帝神)意志的符号象征。纬书中作为天帝赏罚意志的符瑞甚多,只有河图洛书才是王权转移的唯一象征符号。纬书中首先获得这种天授王权符号的是伏羲(又称太昊伏羲氏)。伏羲为三皇之首。其他二皇受河图洛书不见于纬书,必因散佚之故。此后是五帝分别受河图洛书。其受图书礼仪形式略记如下:

(1)伏羲。"伏羲氏王天下,始画八卦,推阴阳之道,知吉凶所在,谓之河图。"⑪

(2)黄帝。"黄帝修德立义,天下大治,乃召天老而问焉:'余梦见两龙挺日图。即帝以授余于河之都。觉昧素喜,不知其理,敢问于子。'天老曰:'河出龙图,雒出龟书,纪帝录州圣人所纪姓号,典谋治平。然后凤皇处之,今凤皇以下三百六十日矣,合之图纪,天其授帝图乎?'黄帝乃祓斋七日,衣黄衣、黄冠、黄冕,驾黄龙之乘,戴蛟龙之旗,天老五圣,皆从以游河洛之间,求所梦见之者弗得。至于翠妫之渊,大鲈鱼溯流而至。乃问天老曰:'子见夫中河溯流者乎?'曰:'见之。'顾谓五圣,皆言莫见。乃辟(按避)左右,独与天老跪而迎之。鱼泛白图,兰叶朱文,五色备具。天老以授黄帝。舒视之,名曰'录图'"⑫

(3)帝尧。"尧坐舟中,与太尉舜临观。凤皇负图授尧。图以赤玉为匣,长三尺,广八寸,厚五寸,黄金检,白玉绳,封两端。其章曰'天赤帝符玺'五字。"⑬

(4)帝舜。"舜以太尉即位,与三公临观,黄龙五采负图出,置舜前。以黄玉为柙,白玉为检。黄金为绳,黄芝为泥,章曰:'天黄帝符玺。'"⑭

此外,临观河洛受河图洛书还有周文王、武王⑮、周武王⑯、秦王政⑰、汉高

⑪ 《河图洛书·龙鱼河图》《纬书集成》。以下凡不注总书名者均据《纬书集成》。
⑫ 《河图挺佐辅》。
⑬ 《春秋纬·合诚图》。
⑭ 《河图类·河图》。
⑮ 《尚书中候·我应》,《春秋纬·元命苞》《礼纬·稽命征》《尚书中候·合符后》,《尚书中候·挝洛戒》。
⑯ 《尚中中候》,另载《纬攗》《七微》。
⑰ 《河图类·稽纪钩》,另《七微》,清黄奭《汉学堂丛书》。

祖⑱等。在引文（2）中有所谓"天老""五圣"，按汉代有"三老"之制，据宋徐天麟编《西汉会要》云"高祖二年，举民年五十以上，有修行、能帅众为善（者），置以为三老"，又《汉书·贾山传》云"天子之尊……养三老于太学"。东汉又有所谓"五更"，性质类似。则所谓"天老""五圣"者盖出于此无疑。

总的看来，无论是把河图洛书当作一种图书简册，认为上载帝王存亡之期，还是把它看作王者受命的根据，天神意志的符号，河图洛书正如纬书一样，都是一种所谓的"天书"。这种河图洛书传说始于先秦，但真正受到政治上的重视和利用是汉代的事。但是，晋武帝开始禁止和销毁，中经北魏孝文帝、隋文帝、炀帝的大肆禁焚，纬书大都散失。所谓河图洛书故事（神话）亦因此息微。隋唐二代，世俗学术遂不复闻河洛之事。

三、河图洛书与明堂九宫

前文在讨论中已指出在《庄子》中，"九"数分别与河图洛书有过联系。但是必须明确的是，终先秦两汉，河图洛书始终未被认为就是明堂九室图或太一（乙）九宫图。最早把河图洛书与九室（或宫）图联系起来的是南北朝时期的佛学家兼数学家甄鸾。他在《数术记遗》中注"九宫"，把九宫图解为神龟的形象："二四为肩，六八为足，左三右七，戴九履一，五居中央。"唐《太乙金镜式经》中亦说："九宫之义，法以灵龟……二四为肩，六八为足，左三右七，戴九履一。"⑲所谓神龟或灵龟，和神龙一样，是天神谴往人间授新王以河图洛书的，其中一般神龙自河水出授河图，灵龟、神龟自洛水出授洛书（又称"龟书"）。自有甄鸾此说，故有宋人九图十书说与十图九书说之争（详后）。

明堂九室说见于《大戴礼记·明堂》："明堂者，古有之也。凡九室，……二九四、七五三、六一八。"《隋书·牛弘传》引蔡邕《明堂月令论》云："明堂制度之

---

⑱　《孝经纬·右契》《春秋纬·演孔图》。
⑲　转引自朱伯崑《易学哲学史》中册。

数,九室以象九州。"《大戴礼记·明堂》篇又云明堂"以茅盖屋,上圜下方。"同书《曾子天圜》篇记单居离曾子曰:"天圜而地方者诚有之乎?"而《吕氏春秋·圜道》曰:"天道圜,地道方,圣王法之,所以立上下。"则天圜地方说(即周髀家盖天说)正体现为明堂图。因此明堂图实际上是中国古人宇宙观的赋形。张华《博物志》曰:"天地四方,皆海水相通,地在其中,盖无几也。"正与《明堂》所谓"明堂……上圜下方……外水曰辟雍"同。据《史记·孝武本纪》云济南人公玉带上黄帝时明堂图。"明堂图中有一殿,四面无壁,以茅盖,通水,圜宫垣为复道。"此图简朴无文,似可信为中国最早的明堂建筑图。

从明堂九室图所反映的宇宙观念中可以看出古人之所以划地为"九州"而分天为"九野"(九州、九野区划见《吕览·有始篇》)的原因。因为虽然有天圜地方的区别,但区分为九则是相同的。这种天地对应观念就是所谓的"分野说"(其内容见《吕览·有始篇》,此处不赘),九州分别对应着天空二十八宿。分野说产生极早,见于春秋者如《晏子春秋》卷一:"(齐)景公之时,荧惑守于虚,期年不去,公异之。召晏子而问之。'……荧惑,天罚也。今留虚,其孰当之?'晏子曰'齐当之',公不悦。曰:'天下大国十二,皆曰诸侯,齐独何以当之?'晏子曰:'虚,齐野也'……"至于九州说则出现更早。先见者如禹贡九州说。[20] 此外见于周金文者如:"虢虢成唐(按即汤)……博受天命……咸有九州。"《国语》曰:"共工氏之伯九有也,其子曰后土,能乎九土。"等等。

但天之九野与地之九州二说,哪个在先?或同作为分野说内容而同时产生?胡厚宣先生首先发现殷墟甲骨文中已有四方观念(四方风神,四方土,等)和"中商"中央观念,并证之以《山海经》和《尧典》[21]。有四方(五方)自然即有八方(九方)。周易八宫卦很可能就是从最早的八方观念演化而来。因为《说卦》中后天卦位之东震西兑南坎北离正是从殷甲骨文中四风名演化而来。东方神曰析,析与震同义,《释名·释天》:"震,战也……又曰辟历,辟,析也。"可见震即析。西方神曰夷,卦名兑。《尔雅·释言》:"夷,悦也。"《说文》:"兑,说也。"悦说同,故夷即兑。南方神曰微,卦曰离。《广雅·雅诂》:"微,离也。"离即微。北方神曰

---

[20] 辛树帜《禹贡新解》认为"禹贡成书时代应在西周的文武,周公,成康全盛时代,下至于穆王为止"。
[21] 胡厚宣《甲骨商史学论丛》。

伏，卦曰坎。《说卦》"坎为隐伏"，可见坎即伏。㉒ 后天卦位另外四维分别是西北乾、西南坤、东北巽、东南艮，疑也是从商人方位神名演化而来。但起码可以认为四方观念的出现本身已经标志着八方观念，虽然另外四方神名并不一定以这另外四卦为神名。如此看来则可以认为八方九位观念在殷商已有，则九州说如果不是夏人（《禹贡》"禹别九州"）所出，起码在商时已产生。再考察一下九野说可能产生的时间。日本人新城新藏曾提出西周初年就已形成二十八宿体系㉓。夏鼐曾对此作过综合研究，结论是在战国中期㉔。但不久前在湖北随县擂鼓墩一号墓发掘出一件漆箱，在它的盖上围绕北斗的"斗"字有一圈二十八宿名称。在两端还有苍龙和白虎，此墓年代在前430年。因此可以推知二十八宿和四象在春秋末年和战国初年已有。比较八方九位观念和九州说的产生时间，天宫九野说很可能后出。但综合以上两种时间，则分野说很可能产生于春秋时期。而这也可能是明堂九室观念的产生时间，因为明堂九室实际上正是分野说和盖天说宇宙观的立体结构图。

如果这种推测可信，那么《大戴礼记》明堂九室图的政治意义就是可以理解的了。在春秋时期人文主义的政治理想家们看来，明堂九室为宇宙的拟形，惟王者居之。故《吕览·十二纪》《礼记·月令》以明堂为王者布政之宫。《大戴礼记·明堂》曰："明堂者所以明诸侯尊卑。"《逸周书·大匡》云："明堂所以明道。"《考工记·匠人》"明堂"条下郑玄注："明堂者，明政教之堂。"王者称天子有天下（九州），由于明堂九室在宇宙观和天地九区分野说上的象征意义，作为王者受命根据的河图洛书传说与九数发生联系是很可能的事。但此时的河图洛书既没有与明堂图发生联系，而在与九数的联系上也没有图与书的区分。所以《庄子》有"九洛"之说，而汉刘瑜又有"河图九房"的说辞。这里说的是明堂图由宇宙观意义衍生出来的政治意义及其与河图洛书所可能发生的联系。其实，明堂的原义并没有这么高深复杂，与河图洛书则根本没有关系，而其原来的功能则要丰富得多。据有关研究，明堂原是集会房屋或男子公所，或二者的结合，远古

㉒　连劭名：《商代的四方风名与八卦》，《文物》1988年十一期。
㉓　新城新藏：《二十八宿起源说》，《东洋天文学史研究》第四编，1933年。
㉔　《中国天文学史》，中国天文学史整理研究小组编著，科学出版社，1981年。

时期即普遍存在。由于具有无壁的特征,较其他房屋明亮,而称明堂。明堂原是公众集会之处和各种集体活动的中心,具有祭祀、议事、处理公共事务、青年教育、训练、守卫、养老、迎宾及明确社会身份等功能,进入阶级社会统治阶级以为祭祀和布政施教之所⑤。

　　九宫图的发现是前不久的事情。据《阜阳双古堆西汉汝阴侯墓发掘简报》报道,在西汉汝阴侯墓中发现了"太乙九宫占盘"(此名不知是发现者所加还是原有之名),包括天盘和地盘。天盘圆形,地盘方形。天盘中俨然错列九宫数位,地盘则列四分四至及正邪虚实八风。九宫名称与各宫节气日数与《灵枢经九宫八风》篇首图几乎完全一致(地盘"汁蛰""天溜",《灵枢经》图作"叶蛰""天留")。而其中反映出来的天地观念正与上述宇宙观和分野说相合。

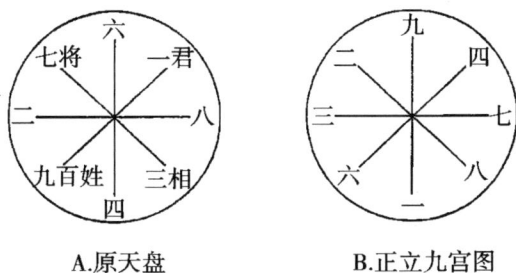

A.原天盘　　　　　　　　B.正立九宫图

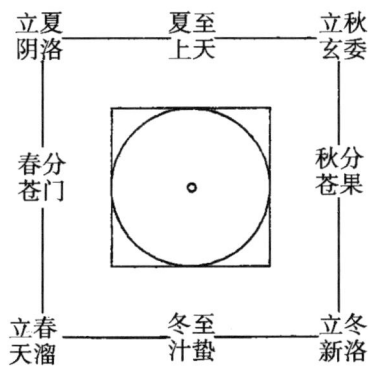

C.地盘图

图示:太乙九宫占盘㉖

---

⑤　参见汪宁生:《中国考古发现中的大房子》,《考古学报》1983年第三期,《释明堂》,《文物》1989年第9期。

㉖　此图原为篆书,承沈培博士帮助认出,志谢。

对"太乙九宫"名称的解释来自《易纬·乾凿度》郑玄注。《易纬·乾凿度》卷下曰"阳动而进","阴动而退","太一取其数以行九宫,四正四维皆合于十五"。郑注曰:"太一者,北辰神名也。居其所曰太一。常行于八卦日辰之间曰天一,或曰太一出入……故《星经》曰:天一,太一,主气之神,行犹待也。四正四维,以八卦神所居,故亦名之曰宫。天一下行,犹天子出巡狩、省方岳之事……每四乃还于中央。中央者,北辰之所居,故因谓之九宫。"可见所谓"太乙九宫"是天神太一之居及行宫。又云"太一下九宫从坎宫始,坎中男,始亦言无适也。自此而从于坤宫,坤母也……"其顺次为一坎宫中男,二坤宫母,三震宫长男,四巽宫长女,五中央之宫,六乾宫父,七兑宫少女,八艮宫少男,九离宫中女。按《说卦》后天

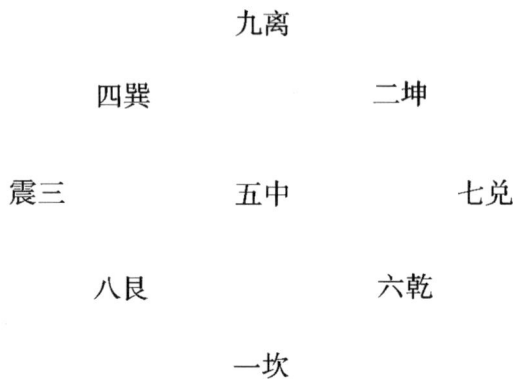

A.八卦九宫图

卦位排列得八卦九宫图,去卦得"太一九宫图",与西汉汝阴侯墓"太乙九宫占盘"图同(如图示)。

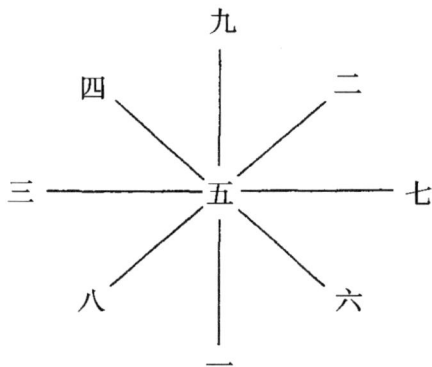

B.太一九宫图

可见,九宫图本是汉代(或更早)人观念中的天宫图,即太一天神的行政区域,如果抹去表层的神秘色彩,则九宫图就是天宫的九野区划。与九宫图呈圆形不同,

明堂九室则只能呈方形,这是明堂图与九宫图的区别(如前文,不作图)。

如果考虑到前文提到擂鼓墩一号墓二十八宿斗字星相图在春秋时已出现,则可以肯定常光明先生所证九数图为天空二十八宿简图(其中九宫四维一、四、八、六四宫分别为角宿、井或鬼宿、奎或娄宿,和斗宿,四正三、一、七、九分别是参宿,勾陈一宿,尾宿,翼宿四宿)[27]可谓完全正确,可是常氏认为此九数图就是河图似嫌含混。应该说作为天宫二十八宿缩影图的九数图正是太乙九宫图或太一九宫图,而九、十数圆点图分别作为河图洛书则是五代道人陈抟所出。

四、河图洛书与九、十数图

清人毛奇龄在《河图洛书原舛编》中说,汉代说易家自施孟、梁丘贺、京房、焦循、费直、马融、郑玄、虞翻、荀爽、何晏、陆绩、王肃、干宝,以及唐人孔颖达、陆德明、李鼎祚等诸家均各有论著,但都说不见河图洛书,即使是纬书也不过如《河图·要元篇》指为文字之类(按其实如前文指出,郑玄已经认为河图九册洛书六册,且根据《春秋纬》文),"乃赵宋之世,当太平兴国之年,忽有华山道士陈抟者,骤出河图洛书,并先天图古易以示,世称三宝(一古易,一先后天卦图,一河图洛书。吴草庐曰陈抟从方技家得此之图——原注),并不言授自何人,得自何处,传自何家,出自何书中。"这里所谓"陈抟骤出河图洛书"是赵宋以来的成说。朱震《汉上易传》云:"河图,刘牧传于范谔昌,谔昌传于许坚,坚传于李溉,溉传于种放,放传于陈抟。其图戴九履一,左三右七,二四为肩,六八为足,纵横十五,总四十有五。"明确提出了北宋河洛之学的传授系统。对这一系统后人不是没有疑问的,问题主要集中于:(1)陈抟是否传河洛九、十数图?(2)所谓九、十数图与河图洛书如何分属对应?(3)九图十书说是否出于刘牧?

陈抟,字图南,五代时华山道人。宋太宗赐号希夷先生。《宋史》有传曰:"抟好读易,手不释卷,常自号扶摇子,著《指元篇》八十一篇。言导引还丹之

㉗　常光明:《河图洛书解》,《周易研究》1989 年第 2 期。

事。"然而不言传授河洛之事。但宋王偁《东都事略·儒学传》云："陈抟读易,以数学授穆修……以象学授种放,放授许坚,坚授范谔昌。"这里讲陈抟传授"数学""象学",其中是否包括河洛九十数图则未可知。所以清人胡渭怀疑陈抟传九、十数图说,他说:

> 刘牧之学,当时皆言其源出于希夷,而不知希夷所传者乃天地自然之图,白黑回互之状,康节之所受而演之者也。于龙图曷与焉?于钩隐又曷与焉?盖自天禧之后,伪书盛行,而天地自然之图隐矣。

胡渭根本否认陈抟传授过九、十数图,而认为他所传的是"天地自然之图",形如"黑白回互之状",此即"先天图"。

朱震说陈抟以"先天图传种放",《东都事略》又云陈抟以"象学传种放",可证陈抟必传授过此图。然而此图并非河图洛书之图。《四库全书总目提要》附议此说,也以刘牧为首倡河洛之学者:"汉儒言易多主象数,至宋而象数之中,复岐出图书一派,(刘)牧在邵子之前,其首倡者也。"

毛奇龄是清代图书辨伪方面胡渭之外的另一位大家。与胡渭否认陈抟传河洛九十数图相反,毛奇龄对此基本上持肯定态度。毛氏云:

> 当时陈抟所受但有两图,而世不亲授,不得指名。一则图以五十五点为数,其数后一六,前二七,左三八,右四九,中五十,有四正而无四维,合之得五十五数;一则图以四十五点为数,其数后一前九,左三右七,为四正;前四左,前二右,后八左,后六右,为四维,中为五而无十,合之得四十五数。㉘

由此看来则陈抟是传了河图洛书的。但毛氏没有指明他所说得自何书何人。也没有指明图书与九、十数图是如何对应的。而元人雷思齐在《易卦通变》中则有叙述:

㉘ 《河图洛书原舛篇》,《西河文集》。

河之有图,虑牺则之以画八卦,文王因之以系卦辞⋯⋯讫于唐五季世,及宋之初,陈抟图南始创古推明象数,闵其贱用于阴阳家之起例,而芜没于乾凿度大一取其数以行九宫之法,起而著为龙图以行于世⋯⋯于本图之外,犹以五十有五之数别出一图,自称之以为洛书者,已是其初之失也⋯⋯而五十有五之数既离而别出,世遂舍本逐末,因疑图书并出。㉙

在这段文字之前,雷思齐说他曾亲见陈抟所著书,此书就是传说为陈抟所作的《易龙图》。据雷氏之见,陈抟先是以《易纬·乾凿度》"太一下九宫图"为河图,此后又在前九数基础上加上"10"数,而得《系辞》天地之数五十有五,重排而别为一图,称为洛书㉚。果如此,则陈抟不但确传河图洛书九、十数图,而且已经以九数图为河图,以十数图为洛书,与刘牧在后来的九图十书说是完全相同的。

又据考黑白点(今河洛九十数图乃黑白点珠串而成,图示如后)原是古天文家的星图示意符号,先秦时有巫咸、甘德、石申,所绘星图各不同。宋代苏颂《新仪象法要》介绍,古代星图画法到三国时的陈卓如和刘宋时钱乐手中,以不同颜色表示甘、石、巫氏星图如甘氏用黑、石氏用白、巫氏用朱。据查唐代《敦煌星图》仍用此三色,到宋时,三家星图则只有两色了,甘德星用黑色,石申星和巫咸星用白色。如此看来,河图洛书图黑白点或当是与古天文有关系。但黑白星图出于宋代,而河图洛书九、十数图由陈抟出于五代,因此仍不能骤定陈抟袭用了星图,倒可能是陈抟受到过三色星图启示而作九图十书图,宋天文家则据九图十书图重定天文图。

毛氏以陈抟传有河图洛书九十数图,不言图书与数图的对应。宋末元初雷思齐认为陈抟不但传河图洛书,而且已认定九图十书的关系。宋吕祖谦编《宋文鉴》中有陈抟《龙图序》一文,朱伯昆先生认为其思想出于陈抟可以肯定。《序》文根据《系辞》所谓"三陈九卦之义"提出所谓"龙图三变说",即一变为"天地未合之数",二变为"天地已合之位",三变为"龙马负图之形"。元代张理《易

㉙ 《易卦通变》,见《正统道藏》。
㉚ 雷思齐《易卦通变》又云:"及终其书,再出两图,其一刊九宫者,无大改异,标为河图,其一不遏后置大传五十有五之数于四方及中,而自标异,谓之洛书,并无传例言说。"

象图说》载有龙图三变图式,于第三变得九数河图和十数洛书[31],与雷思齐说正合。

但自两宋以来即有一种成说,认为"九图十书说"出于刘牧[32]。持此说者也有两种:一是河书否认有所谓真实存在过的河图洛书,认为河书自孔子不复见,就再也没有出现过,九十数图是陈抟、刘牧氏造伪。这是彻底的疑古派。持此说者有持北宋欧阳修、明代归有光、清代胡渭及古史辨派学者顾颉刚等。其二则是在承认河图洛书及与九十数图的联系的情况下,提出与刘牧不同的"九书十图"说。持此说者有朱熹、蔡元定等。朱蔡冠图书于《易学启蒙》卷首,由于朱熹的特殊地位,九书十图因而成为不易之说。前说详后,此处先考察一下朱、蔡的九书十图说。蔡元定于《易学启蒙》于"河出图、洛出书、圣人则之"句后注曰:

> 古今传记,自孔安国、刘向父子、班固皆以为河图授羲,洛书赐禹。关子明、邵康节皆以十为河图,以九为洛书……而九宫之数戴九履一,左三右七,二四为肩,六八为足,正龟背之象也。惟刘牧臆见,以九为河图,十为洛书,托言出于希夷,既与诸儒旧说不合,又引《大传》以为二者皆出于伏羲之世,其易置图书,并无明验。

今按,蔡元定既云"河图授羲",则当以九数归河图为妥,因为伏羲有作八卦之说,以八卦为河图,孔安国已言之(上文已详)。孔安国、刘向父子疑皆见到《易辞·乾凿度》所谓"太一取其数以行九宫、四正四维皆合于十五"之文,故拟出"河图授羲,洛书授禹"说,而郑玄因此以八卦方位说注太一九宫(配八卦于九宫)。又《朱子语类》已斥《关氏易传》为伪书[33],至于邵雍以"十为河图,九为洛书"乃不实之辞,邵氏于《观物外篇》只云"盖圜者河图之数,方者洛书之文",并不言何圜何方,圜者何数,方者何数。如果以新出土汝阴侯墓"太乙九宫占盘"图为据,则邵雍当如刘牧亦主九图十书说。至于朱熹《书河图洛书》文云"读《大

---

① 《易象图说》见《正统道藏》。
② 朱伯崑《易学哲学史》持此说。
③ 转见胡渭《易图明辨》卷五。

戴礼》书又得一证，其《明堂篇》有二九四七五三六一八之语，而郑氏注云'法龟文也'。然则汉人固以此九数为洛书"。今考《隋志》云："汉末郑玄传小戴之学，后以古经校之，……为郑氏学"，不言郑玄注《大戴礼》。《隋书·经籍志》《唐书·经籍志》与《唐书·艺文志》均不载郑玄注《大戴礼记》之书。故朱熹称读郑注《大戴礼记》必误。查《四库全书》易类，朱氏所见疑是隋朝卢辨所注《大戴礼记》，卢注明堂九数"二九四三五七六一八"曰"法龟文也"，正与朱熹所见同。因此，可以说，朱蔡二氏以十数图为河图，以九数图为洛书，根据并不充足，甚至是错误的。

　　至此我们讨论了河图洛书与九、十数图的关系。但自两宋以来，除了以九十数图为河图洛书者外，还有以其他图像为河图洛书者，毛奇龄在《河图洛书原舛编》中说"有以坎离交媾图为河图者，有以先天图（即天地自然之图——引者）为河图、五行生成图为洛书者（此新安罗端良称建安蔡元定得之于青城山隐者，其图即世所传太极图，而就其中八分之为八卦，谓之河图，其书则井地图也，为方环而九区之，填数于其中，谓之洛书——原作者按）彼此纷纭竞相迁变"[35]，又有胡渭《易图明辨》引以有蒋公顺字得之者，魏鹤山了翁之门人也，著论以先天图为河图，五行生成图为洛书，戴九履一为太一下九宫图，鹤山云此亦是一说，等等。

　　总之，河洛九十数图为五代陈抟所作，虽然先秦两汉已有河图洛书的神话传说，但并无实图。盖陈抟因汉代太一九宫图、参以天文星图作河图九数图；又另据扬雄"太玄图"[36]，及郑玄注《周易·系辞》"天地之数五十有五"[37]之自然数与方位作十数图，称为洛书[38]。如果说河图洛书在先秦两汉是神话传说——其中，

㉞　郑玄注易提出"五行生成说"，见《礼记·月令疏》引，及《周易正义》引郑注。

㉟　《河图洛书原舛编》，《西河文集》。

㊱　扬雄《太玄·玄图》"一与六共宗，二与七为朋，三与八成友，四与九同道，五与五相守"，又于《玄数》中云"三八为木，为东方为春"，"四九为金为西方为秋"，"二七为火为南方为夏"，"一六为水为北方为冬"，"五五为土为中央为四维"。

㊲　据王应麟《周易郑康成注》有："天一生水于北，地二生火于南，天三生木于东，地四生金于西，天五生土于中，……地六成水于北，与天一并；天七成火于南，与地二并，地八成木于东，与天三并，天九成金于西，与地四并。地十成土乎中，与天五并也。"

㊳　此图，有人认为是中国古代天圆地方说的平面图，有一定道理。见韩永贤《对河图洛书的探究》，《内蒙古社会科学》1988 年第 3 期。

在先秦包含了较多的文明发生神话因素,到两汉则纯粹成为一种政治神话、文明神话。自陈抟之后,河图洛书作为河洛之学,成为象数易学的重要内容。现作重定河图洛书九十数图如下:

九数河图　　　　　　　十数洛书

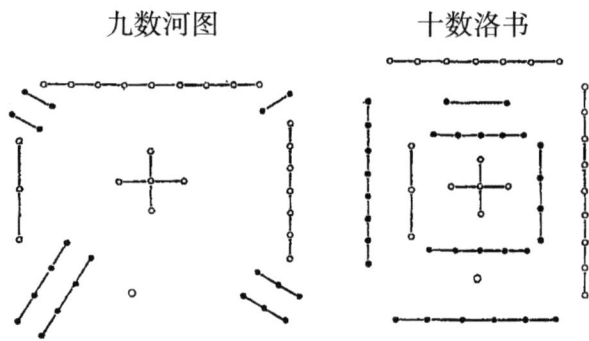

重定河图洛书图

五、图书疑古派的批判

据朱震《汉上易传》载,北宋刘牧传陈抟范谔昌河洛之学,以九数图为河图,以十数图为洛书。刘牧在所著《易数钩隐图》附论《遗论九事》中有载"太皥授龙马负图",即是九数河图。刘牧生卒年未有记载者。今按,可据刘牧《易数钩隐图》中对欧阳修《易童子问》的批驳(详后),初定他生卒年在欧阳修(1007—1072)和朱震(1072—1138)之间。朱震《汉上易集传表》云:"抟以河图洛书传李溉,溉传许坚,坚传范谔昌,谔昌传刘牧。"又元人吴澄《易纂言》云:"河图洛书,邵(雍)所传,原于穆,刘所传原于种,皆得自希夷也。"[39]可见,刘牧之前,讲河图洛书者上自陈抟,下而种放、穆修、李溉、许坚、范谔昌,已成为风气。在这种情况下,对河图洛书,乃至对儒经之首《易传》提出怀疑和批评,确是需要很大勇气的。在宋代,欧阳修是第一个图书学的怀疑者和批判者。《易童子问》曰:

———————

[39]　见《草庐吴文正全集》。

童子问曰:敢问八卦之说。或谓伏羲已授河图,又俯仰于天地,观取于人物,然后画为八卦尔,二说虽异,会其义则一也。然乎? 曰:不然。此曲学之士牵合附会,以苟通其说,而遂为一家之学尔。其失由于妄以《系辞》为圣人之言而不敢非,故不得不曲为之说也。河图之出世,八卦之文已具乎?则伏羲授之而已,复何所为也? 八卦之文不具,必须人力为之,则不足为河图也。其曰观天地,观鸟兽,取于身,取于物,然后始作八卦,盖始作者前未有之言也。考其文义,其创意造始,其劳如此,而后八卦得以成文,则所谓河图者,何与于其间哉!⑩

又《易或问》云:"'河出图,洛出书','圣人幽赞神明而生蓍','两仪生四象',若此者非圣人之言。"⑪

欧阳修认为《系辞》《文书》《说卦》以下非孔子所作,《说卦》《杂卦》为金人占书,只承认《彖》《象》为孔子所作。所以认为河图洛书之说不能成立。世人相信河图洛书存在,是因为相信孔子作《系辞》。《系辞》中有"河出图洛出书"文字,故不敢非圣人之言。实际上,所谓河图洛书说与伏羲作八卦说是矛盾的。因为如果说河图是神圣的八卦之图,那么伏羲只要接受它就会了,用不着又仰观俯察,远取近取以作八卦;如果说河图不包含八卦,那么河图与伏羲制作八卦有什么关系呢? 因此欧阳修断定河图洛书,自孔安国以来均以为是伏羲观象制卦之所本,是"曲学之士牵合附会"。河图洛书本身也是值得怀疑的。

在刘牧《易数钩隐图》中,我们发现刘牧进行了反驳。刘牧认为河图中只有八卦,伏羲仰观俯察的制作乃是造作六十四卦:

龙图止负四象八纯之卦,余重卦六十四皆伏牺仰观俯察、象其物宜、伸之以爻象也。⑫

今河图相传于前代,其数自一至九,包四象八卦之义,而兼五行之数。

⑩ 见《欧阳文忠公全集》,《四部丛刊》。
⑪ 见《欧阳文忠公全集》,《四部丛刊》。
⑫ 见《易数钩隐图·龙图龟书论下》,《通志堂经解》本。

洛书则惟五行生成之数也。然牺皇但画卦以垂教,则五行之数未显,故禹更陈五行而显九类也㊸。

伏羲画卦以垂教,而五行之数未备,故大禹更陈五行以显洪范九畴,故而有禹属洛书之说。刘牧的辨诘显得明白清晰,自圆其说。

刘牧对欧阳修的反批评是有力的,但真正确立图书学派在儒学中的正统地位的是朱熹。据胡渭《易图明辨》考证,宋末元初袁桷于《谢仲直易三图序》中说,朱熹会嘱蔡元定入四川寻找陈抟遗留下来的易图。蔡氏得三图,其一为先天太极图,另外两图即为九数图和十数图。此说正与前文论定陈抟传九数河图,十数洛书说互证。朱熹、蔡元定以十数图为河图、九数图为洛书列于《易学启蒙》首页。此乃效朱震《汉上易传》,不过朱震以九数为河图,十数为洛书,与刘牧同而与朱、蔡异。因此如果说朱、蔡第一次将九数洛书、十数河图列于书首则并无大差㊹。朱熹于《周易本义》中,于《系辞》“天一、地二……天九、地十”之后,注云:“此言天地之数阳奇阴偶,即所谓河图者也,其位一六居下,二七居上,三八居左,四九居右,五十居中。”又曰:

> 夫以河图洛书为不足信,自欧阳公以来,已有此说,然终无奈《顾命》《系辞》《论语》皆有是言。而诸儒所传二图之数,虽有交互而无乖戾,顺数逆推,纵横曲直皆有明法,不可得而破除也。㊺

朱熹因为相信图书说而遭到时人非难。认为他不该相信这种伪造的传说,更不应信九、十数图就是所谓河图洛书。朱熹在答辩中说,他判断真伪有两条根据:一是“以其义理之所当否而知之”,二则是“以其左验之异同而质之”㊻,他以此二

㊸ 见《易数钩隐图·龙图龟书论上》,《通志堂经解》本。
㊹ 胡渭《易图明辨》认为朱熹、蔡元定是第一次将河图、洛书列于书首者。今人冒怀辛辨之伪,认为先此朱震已于《汉上易传》列河图洛书于书首,今按朱震和朱熹所列图并不一致,故可以认为朱熹是第一次把九图十书列于书首者。
㊺ [清]江慎修《河洛精蕴·附卷》,孙国中点校本。
㊻ [清]江慎修《河洛精蕴·附卷》,孙国中点校本。

条求于河图洛书所证不差,所以他相信河图洛书说:"河图与易之天一至地十者合,而载天地五十有五之数,则固易之所出也;洛书与《洪范》之初一至九者合,而具和畴九数,则固《洪范》之所出也。"㊼自此之后,易卦传归河图、洪范九畴为洛书,十图九书,遂成定说。

在朱、蔡之后,继续对图书说提出怀疑的,在元朝有著作《周易爻变义蕴》的陈应润,明朝有刘濂、归有光等。《四库全书提要》说刘氏"袭欧阳修之说,而益加甚焉……勇于自用者矣"。归有光是明代散文大家,也与欧阳修一样力辟河图洛书及图书学派之谬。他说:

> 诸经遭秦火之厄,《易》独以卜筮存,汉儒传授甚明,虽于大义无所发越,而抱残守缺,惟恐散佚,不应此图交叠环布,远出姬孔之前,乃弃而不论,而独流落于方士之家,此岂可据以为信乎?㊽
>
> 易之道甚明而儒者以河图乱之,《洪范》之义甚明而儒者以洛书乱之。其始于纬书,而晚出于养生之家。非圣人语常而不语怪之旨也。㊾

归有光首先认为先秦不传河图洛书,如果有传则一定能见到并保存在当时经师之家。而事实是两汉不一见,所以只能说不存在这种东西。归氏进而认为图书之学不合儒家正统,破坏了易学和书学的纯洁性。

清朝乾嘉二代,考证之学极盛,成绩斐然。毛奇龄、胡渭、黄宗羲等精于河洛之学。考镜源流,力辨河图洛书之学之伪,多有创获。在对河图洛书的研究上做出了如下成绩:

一、指出了宋人所传河图洛书非古初之图书。《尚书·顾命》所言周室"河图"在先秦已佚。胡渭《易图明辨》说:"自秦禁学……《易》与它经不同,秦以为卜筮之书,独不在禁中。使果有先天古易河图洛书,不始公引于世,何竟无一人知之?……孝文好黄老,而创置博士,孝武好神仙,而表章六经。儒道二流,皆其

㊼ [清]江慎修《河洛精蕴·附卷》,孙国中点校本。
㊽ 见《易图论》上,载归有光《震川集》。
㊾ 见《洪范传》,载归有光《震川集》。

所尚，真千载一时也。苟出所藏以为人主长生久视之助，且明指为河图洛书，以附圣人之易而立于学官，其道将由是大光，奚为经秘而不出乎?”根本原因就在于在秦汉以前，河图洛书已经不传。在胡渭看来，如果确定河图就是后代传说中的河图，那么在秦前如下几次重大事变中都可能流失不传。其一，秦昭襄王取周人鼎宝器时，河图入秦。至项羽烧秦宫化为灰烬。其二是此前周幽王被犬戎之难，周室东迁；如《周本纪》载犬戎杀幽王骊山下，虏宝器褒姒，尽取周赂而去。等等。

二、试图揭示陈抟因袭汉人象数易造作图书的历史真相。毛奇龄说：“抟之所为图即大衍之所为注也。然而大衍之注断非河图者，则以河图之注别有在也。……康成但有注而无图，抟窃之以为图。康成之注即可图，亦非河图。而抟窃之以为河图。”毛氏认为，郑康成对《系辞》中“大衍之数”的注（见注㊲）就是陈抟的河图（按，毛氏从朱熹十图九书说）。但郑康成不称其为河图乃因为他坚持《春秋纬》“河图九篇、络书六篇”之说。陈抟据郑康成的注画成河图。按，毛氏此说并不正确。详上文。

三、关于九、十数图的溯源。认为本源在《吕览·十二纪》（即今《礼记·月令》）和《大戴礼记·明堂篇》。扬雄有《太玄·玄图》，原非为易而设，但郑康成参以注易，陈抟窃以为河图（此说失，详上），刘牧因之以为洛书。胡渭在《易图明辨》中说：“世以九宫为河图，实造端于明堂月令之说。”又说：

> 《月令》，吕不韦作也，而东木之数八，南火之数七，中土之数五，西金之数九，北水之数六。则似战国时已有以天地之数附会于《洪范》，而为五行生成之论者矣，不待刘歆班固也。……唐仲友《经世图谱》云：《月令》，河图之数也，故土藏十。此据刘牧之龙图而为言耳。然龙图九宫之数也，南九西七，而《月令》以七居南，以九居西，则固与九宫易位矣。以是知不韦所言乃五行生成之数，非明堂九室纵横十五之数也。

唐仲友认为《月令》为九数图所有，胡渭认为不对，应是十数图之所自。其实《月令》以六、七、八、九配四季，而以五居中位，与九数的明堂和九宫不同，而确与五行生成数有关。

　　清代除毛奇龄、胡渭外，对图书学派提出批评的还有黄宗羲、黄宗炎等人，但以毛氏和胡氏成绩最大。此后没有超出他们的。所以到近现代，古史辨派疑古最力的顾颉刚也只能说对河图洛书这桩千年公案，可以"不了了之"。㊿

【冷德熙　北京大学哲学博士】
原文刊于《中国文化》1991 年 02 期

㊿　顾颉刚、杨向奎：《三皇考·河图洛书之倒坠》。

河图·洛书在西藏

王　尧

太史公云"三王不同龟,四夷各异卜",又云:"蛮夷氐羌虽无君臣之序,亦有决疑之卜。或以金石,或以草木,国不同俗。然皆可以战伐攻击,推兵求胜,各信其神,以知来事。"①这一描写比较接近于当时我们多民族的国家宗教文化发展情况的事实。

西藏人的先民(吐蕃、羌、犬戎),自有一套民间的占卜文化系统,也就是哲学思想的骨架。自周秦以降,直至隋唐,尽管佛教思想在藏区已逐步广泛传布,而且在文化、思想、意识形态领域取得日益发展、扩大的地位,但从敦煌石室遗留的吐蕃文书来看,当仍是民间固有思想起绝对的作用。笔者曾以"三探一书",述其大概②。

今再单就西藏人经常佩戴于腰间起护身符作用的铜镜图案及藏历图上画面来探索"河图洛书"以至五行、阴阳、八卦这一系列哲学思想在西藏的影响。

在"护身铜镜"和"藏历图"中心场有一"三三幻方"(magic Square),藏语称

---

① 《史记·龟策列传》自序及正文。
② 拙作三探一书是:
　　1."吐蕃的鸟卜研究"——P.T.1045 号卷子译解,刊于《藏学研究文集》(三),1985 年。
　　2."吐蕃时期的占卜研究"P.T.1047、1055 卷子译解,刊于《世界宗教研究》1985 年第 3 期。
　　3."三探吐蕃卜辞",伦敦印度事务部图书馆藏吐蕃占卜文书译解,刊于《藏学研究文集》(四),1986 年。
　　4.《吐蕃时期的占卜研究》敦煌藏文字卷译释。香港中文大学出版社出版,1987 年。

为"九宫"（*pho-brang dgu-gling*），或又根据苯教说法称为"九痣"（*Sme-ba dgu*），[3]
在正方形的九格内填以藏式字码1—9，而这九个字码分别代表了方位、五行、颜
色等等[4]。如下表：

阿拉伯字码		1	2	3	4	5	6	7	8	9
藏文字码		ꡑ	ꡒ	ꡓ	ꡀ	ꡁ	ꡂ	ꡃ	ꡄ	ꡅ
含义	方位	北	西南	东	东南	中	西北	西	东北	南
	颜色	白	黑	碧	绿	黄	白	赤	白	紫
	五行	金	水	木	水	土	金	火	金	水

需要说明的是：表中方位与现行号位观念相反，是上南、下北，左东、右西。

4	9	2
3	5	7
8	1	6

这1—9九个数字在九个格内的排列位置表现了与"河图"完全一致的神秘
观念。就是在宫内横、竖、斜各行加起来总和都是15。即：

4+9+2＝3+5+7＝8+1+6＝4+5+6＝2+5+8＝15。

再请比较一下河图：

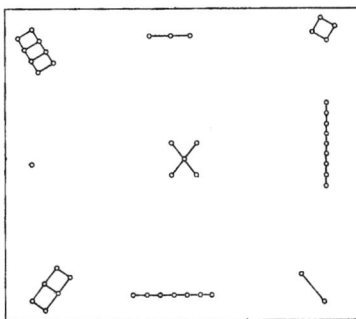

---

[3] 请参看藏人苯教学者、旅居巴黎的桑木旦·江村·噶尔美博士的专文《苯教历史及教义概要》。（*A Breif Introduction of Tibetan Bon*.1975.Tokyo）汉文译文刊于《藏族研究译文集》（一）。

[4] 关于藏文数字码的起源，究竟是早于印度——阿拉伯字码？抑或源于印度——阿拉伯字码？至今尚无
定论，有待于进一步探索。

　　只需把此图向左方逆时针方向旋转两格,即可看出与"九宫"完全一致。所不同者,藏人的九宫取字码,河图取图象而已。

　　宋人邢凯,在其著作《坦斋通编》中有一段极为重要的描写:

　　　　河图之数,种放得于陈抟,载九履一,左三右七,二四为肩,六八为足,五居其中,取白黑碧绿黄赤紫配之,以定吉凶,谓之九宫。⑤

　　这里把河图的图像,跟九宫联在一起了,使我们更进一步确认河图与九宫的关系。

　　元人吴澄在《易纂言》一书中的说法与宋人颇为接近,他说:

　　　　洛书者,禹治水时,洛出神龟,背之坼文,前九后一,左三右七,中五,前之右二,前之左四,后之右六,后之左八。以其坼文为字画而谓之书,禹则自其一至九之数,以叙洪范九畴。

　　吴澄的话是沿袭了《书·洪范》的文字,不妨再看一下洪范是怎么说的:

　　　　天乃锡禹洪范九畴。

　　　　初,一曰五行。

　　　　一、五行:一曰水、二曰火、三曰木、四曰金、五曰土。水曰润下,火曰炎上,木曰曲直,金曰从革,土爰稼穑。润下作咸,炎上作苦,曲直作酸,从革作辛,稼穑作甘。⑥

　　我们还是回到《易·系辞传》里的说法上去整合:

---

⑤　此条系严敦杰先生故前面告作者。
⑥　《黄侃手批白文十三经》"尚书·洪范"第33页、第34页。

河出图,洛出书,圣人则之。⑦

后来,汉代的刘歆的推衍,就把河图洛书跟五行、阴阳、八卦等一系列思想哲学的范畴统一起来,长时期成为最有影响的思想,对各兄弟民族发生影响。相信"河图"与"九宫"传到西藏是在吐蕃时期,可以取唐李德裕所作"中书门下两省奏请崇重九宫祀典"一文为证⑧。其表如下(此图系已故的张克强先生绘赠):

招摇（四）	天辅　　巽木绿	天一（九）	天英　　离火紫	摄拦（二）	天芮　　坤土黑
轩辕（三）	天冲　　震木碧	天符（五）	天禽　　离土黄	咸池（七）	天柱　　兑金赤
太阴（八）	天任　　艮土白	太一（一）	天蓬　　坎水白	青龙（六）	天心　　乾金白

九宫贵神坛图

我们从这张表来看大致可以确认"九宫"即"河图"所代表的哲学思想,在唐代藏人社会中已经定型。藏族史学家明确记载这一不争的事实。蔡巴公哥多儿吉在其所著《红史》(Deb-ther dmar-po,1346 年成书)中记载:

曩日松赞(即松赞干布之父,约为隋初之人——引者)从汉地传入历

---

⑦ 《黄侃手批白文十三经》"周易"第43页。
⑧ 《全唐文》七〇六卷。

法、医药。⑨

第五辈达赖喇嘛阿旺罗桑嘉措所著《西藏王臣记》(Deb-ther dpyid-Kyi rgyal-movi glu-dbyangs.1643 年成书)所记与《红史》相同⑩。

土观·曲吉尼玛,在其所著《宗派源流晶镜史》(Grub-mthav Shel-gyi me-long. 1801 年成书)中说:

> 历算实自汉地传来,(吾藏人)摒印度之地水火风空等五大种,而采汉
> 地之木火土金水等五行。⑪

相传为赤松德赞(742—797)时期的作品,藏人目为最重要的出土古籍之一的《五部遗教》(Bkav-thang Sde-Lnga)对此事有较具体的记述:

> 自汉地迎请最为著名之师摩诃衍那,传授汉地之医药及干支历法,并由
> 那囊氏萨罗君担任通译之职。⑫

最近受到藏学界普遍重视的新发现的藏文要籍《汉藏史集》(rgya-bod yig-ts-hang,1434 年成书)记载:

> (松赞干布)挑选了蕃人中聪明有识之寨达丹、朗措多勒、甲迦冬衮、达
> 米达卡等四人,赐给每人一个金盘、八枚银币、一枚金币及路上使用的金沙

---

⑨ 东噶·洛桑赤列注释本,民族出版社排印本,第35页,汉文译本,第31页,西藏人民出版社1986年版,陈庆英、周润年译。
⑩ 《西藏王臣记》民族出版社1956年排印本,第24页,汉译本,1983年出版,郭和卿译。
⑪ 藏文,德格版,第十品即"汉地孔教、道教之品",汉文译本,西藏人民出版社1987年版,刘立千译。
⑫ 《五部遗教》藏文德格木刻本,Kha卷。第60页上。引文中提到的摩诃衍那,即大乘和尚,入藏传法一事。请参看:敦煌遗书、伯四六四六号卷子《大乘顿悟正理诀叙》;法国已故冯学家戴密微(P.Demieville 1894—1979)所著 Le concile de Lhasa。1952年巴黎出版,汉译本题作《拉萨僧净记》1984年,甘肃人民出版社出版,耿升译,王尧校;另:张广达撰有专文:"唐代禅宗的传入吐蕃及有关的敦煌文书"刊于《学林漫录》三集,1981年中华书局出版。

半升。对他们说："你们到汉地去,学习对我们吐蕃有益的学问。以前,吐蕃只有公主带来的占卜历算书籍六十种,还有从印度翻译的十二缘起、六日轮转等。占卜历算未能发达。要学习测算生死、推算四季天时气节须与汉人接触。你们要努力成为学者,我一定给以重赏。"这样吩咐以后,派遣他们前往汉地。他们到了汉地分别投拜了汉地四名学者,向其中精于推算四时季节的嘉赤、摩诃衍那学习了一年又七个月。除了推算时命以外分别教了《明灯书》《卦书》《天地录迹》《纸、绳卦术》等测算之法。另有汉地测算之学称为五大续的五支,即《摄集证树之木续》《神灯光明之火续》《甘露净瓶之水续》《隐慝幻艳之土续》《黑色丹铅之铁续》以及其他十支古籍秘诀,等等。⑬

书中还接着夹叙夹议地记载这四人学成回藏后,大展其才,如何运用所学的汉传历法、五行八卦知识,受到赞普的赞美。

至今我们还弄不清上述记载中标明从汉地学习的那些古籍是哪几种,但是,可以确信,在当时,藏人充满了向上的、朝气蓬勃的学习精神。汉藏文化大幅度的交融⑭,人民之间以及社会上层之间相互婚媾,使唐代中国呈现出极为和穆、谐美的气象,这个优良传统,时至今日,也是值得发扬的。

今就河图与九宫的关系简述如上。五行、阴阳与八卦在藏区的传播影响,当另文介绍。

【王　尧　中央民族大学藏学研究院名誉院长】
原文刊于《中国文化》1991 年 02 期

⑬ 《汉藏史集》(rgya-bod yig-tshangs),达仓宗巴·班觉桑布著,此向视为秘籍,向以抄本流传,极为罕见。1982 年顷,余自海外获影印本携归,由中央民族学院古籍小组翻印五百部分送同好。后,四川民族出版社据此排印,1986 年出版,汉文译本由陈庆英承担,西藏人民出版社 1986 年 12 月出版,此处引文见汉译本第 99—100 页,文字略作订正。

⑭ 敦煌藏文卷子 P.T.986 号是《尚书》藏文译本(残卷)P.T.1291 号是《战国策》的藏文译本(残卷),可以代表当时藏文雅爱唐风的作品。请参看拙作:
1)《敦煌藏文字卷 P.T.986 号〈尚书〉译文证补》,刊于《藏学研究文集》(一)1982。
2)《敦煌藏文字卷 P.T.1291 号〈战国策〉译文证补》,刊于《敦煌吐蕃文献选集》1984,四川民族出版社。
由此来看两唐书吐蕃传所记:"遣诸豪子弟入国学,习诗书,又请儒者典书疏","请毛诗、礼记、左传、文选各一部、制令秘书省写与之"。大概是可信的。

读《史记·太史公自序》札记

来新夏

弁言

少好读史,《史记》为读史第一种。中学时代,谢国捷老师命读前四史,并告以读《史记》当先读《自序》,得其大要,然后读纪、传、书、表。迨上世纪四十年代中期,负笈京华,就读辅仁大学,受业于新会陈援庵老师,又命读《史记》,并告以先读《自序》,始悟此为前辈学者经验之谈,乃潜心读《自序》,并随手札录有关问题,旁参群籍,成札记多则。其后与学生及青年学人曾多次讲论《太史公自序》,皆有订补。后渐成《太史公自序笺释》一文,约五六万字,藏之柜箧。今夏整理废旧丛稿,得此旧稿,字多漫漶,文亦残缺。粗加整理,得注释解说 700 余条,自视浅陋,不敢以笺释名篇,乃易称《太史公自序讲义》,并择其 20 余则,成此札记一篇,用以求教。

一、《太史公自序》

《太史公自序》是史记的最后一篇,即卷一百三十,列传七十。这篇自序由两大部分组成:前半为大序,自叙家世、父谈的学术见解《论六家要旨》、编纂《史记》的缘起和宗旨以及断限等等。后半为小序,分篇论列要点,实际上是《史记》一书的目录。唐颜师古的《匡谬正俗》卷五是我所见最早揭其事者。文云:

> 司马子长撰《史记》,其自序一卷,总历自道作书本意,篇别皆有引辞。云为此事作某本纪,为此事作某年表,为此事作某书,为此事作某世家,为此事作某列传。子长此意,盖欲比拟《尚书》序耳,即孔安国所云《书序》,序所以为作者之意也。扬子云著《法言》,其本传亦传《法言》之目,篇篇皆引辞云"撰某篇",亦其义也。及班孟坚为《汉书》亦仿其意。

清学者吴见思在其《史记论文》第八册《太史公自序》一则中,亟论《自序》之要说:

> 《史记》自《黄帝本纪》起,一百三十,合而论之,总是一篇,篇终必须收束得尽,承载得起,方无虎头鼠尾之病。此篇以自序世系,逐层卸下,而中载两论,气势已极崇隆,后乃排出一百三十段,行行列列,整整齐齐,而中间复错综变化作一层。后又提自序一段,总序一百三十篇总目作一层,后又总结一句作一层。无往不收,无微不尽,作书至此,无遗憾矣。

清学者卢文弨在《钟山札记》卷四中就说:"《太史公自序》,即史记之目录也。班固之《叙传》,即《汉书》之目录也。"他还认为这种体裁是仿照《易》序卦传的。俞樾在《湖海笔谈》中又认为《自序》是仿照《尚书》序的。司马迁是有广泛汲取精神的,这些说法都有可能,但不必拘泥于究竟仿何书的问题上。由此可见,现行《史记》书前目录,当是后人因翻检麻烦而又为它条列在书前的。据《隋书·经籍志》载:"史记一百三十卷"条下注称"目录一卷"当为另编目录,非指小序。可知书前目录唐前已有。清学者牛运震曾在《史记评注》卷十二中,全面评价《自序》称:

> 《太史公自序》者,盖太史公自序所以作《史记》之本旨也。凡后人作序

皆撰而冠诸书之简端,太史公自序则附于一部《史记》之后,如自作列传者故不得不列于六十九传之后,而又概括作书之本旨,分标诸篇小序,凡一切纲领体例,莫不于是粲然明白,此太史公教人读《史记》之法也。开端《五帝纪·赞》曰:"好学深思,心知其意",正欲人于此篇留意耳。须读此篇,深沉有得,然后可读诸纪、传、世家;读纪、传、世家而不得其解,仍于此篇求之。正如《周易》之有《系辞》,《毛诗》之有《小序》,皆关一书之体要,不可容易看过。《自序》高古庄重,其中精理微旨,更奥衍宏深。一部《史记》精神命脉,俱见于此太史公出格大文字。

司马迁在《史记》中立自序的体例,曾为后世许多史学家所承袭,如班固、司马彪、华峤、沈约、魏收、李延寿等人,在所著史书中都有类似性质的篇卷。而唐宋以来,因官修史书的出现,便不再在史书中沿用这一体例了。清学者钱大昕《廿二史考异》卷五中,曾详细论及,可参阅。清学者梁玉绳《史记志疑》卷三六云:"史公自序在七十列传中,《索隐》本作《太史公自序传》,是也。各本篇题,皆缺传字。"近代学者吕思勉在其《史通评·内篇序传第三十二》中对自序宗旨概括言之云:"书之有序,其义有二。一曰:序者,绪也,所以助读者使易得其端绪也。一曰:序者,次也,所以明篇次先后之义也。《史记》之《自序》,《汉书》之《叙传》,既述作书之由,复逐篇为之序列,可谓兼此二义。"

二、谈为太史公

太史公之称,说法不一。卫宏、钱大昕、梁玉绳等,都认为是官名,此从钱、梁说。自此太史公以下的六称太史公都是指司马谈而言。(参朱东润:《太史公名称考》)。清学者姚鼐《史记笔记》云:

> 太史公系后人尊称之辞。《汉官仪》乃云"其官本名太史公",此谬说也。《汉书》臣瓒《注》引《茂陵书》:"司马谈以太史丞为令。"又孔北海《告

高密县》曰"昔太史公廷尉吴公谒者、仆射邓公,皆汉之名臣。世嘉其高,皆悉称公。"然则公者,仁德之正号,不必三事大夫也。据此,则凡《史记》内以太史公称谈者,即子长所加;以称子长者,皆后人所益,又何疑焉。若《文选》载《报任安书》,首云:"太史公牛马走",公字乃令字之误耳。称"太史令"犹后人之列衔,称"牛马走",犹后人称仆、称弟之类。(《惜抱轩集》笔记四)

清学者梁玉绳:《史记志疑》卷一集众说而辨之云:

太史公之称,补今上纪及自序传注,引《桓谭新论》云:"东方朔所署。"又引韦昭云:"迁外孙杨恽所加。"又引卫宏《汉仪注》谓,"太史公,武帝置,位在丞相上"。迁死后,宣帝以其官为令,行文书而已。又引虞喜《志林》谓,"古主天官者,皆上公。自周至汉,其职转卑,然朝会座位犹居公上,其官属仍以旧名尊之"。考《史记》迁死后稍出,至宣帝时始宣布,东方朔安得见之?《索隐》非之矣。迁传有杨恽祖述其书之语,韦昭所本,《索隐》亦从之;但一部《史记》均称太史公,惟《自序》中"迁为太史令"一句称令,然《正义》引史作公,疑今本传讹,或依《汉书》改,岂尽恽增之耶?《索隐》以为姚察非之矣。盖太史公是官名,卫宏汉人,其言可信。《西京杂记》、《隋书·经籍志》、《史通·史官建置篇》、宋三刘(敞、攽、奉世)《两汉刊误》并同卫宏也。或问:晋晋灼,《汉书》司马迁传注曰:"百官表无太史公在丞相上,卫宏不实。"《索隐》亦言宏谬。又宋宋祁《笔记》曰:"迁与任安书,自言仆之先人文史星历,近乎卜祝之间,固主上所戏弄,倡优所畜,流俗之所轻。若其位在丞相上,安得此言?"唐颜师古迁传注谓:"迁尊其父,以公为家公之公。"宋吴仁杰《两汉刊误补遗》谓迁父子官为令而云公者,邑令称公之比。诸说然否?曰非也。汉官之不见表者甚多,不独太史公,况宣帝又改为令,属于太常,表固宜无之,奈何据以驳卫宏乎?《史记》中太史公大半迁自称之,不皆指其父,何尊之有?《后汉书·郑康成传》载孔融告高密县立郑公乡云:"太史公者,仁德之正号,不必三事大夫",此尊之说也。而东吴顾氏炎武

《日知录》卷二十讥之(梁昭明太子萧统《文选》载《报任少卿书》"太史公牛马走",司马迁亦是自称其官)。县公僭称,他人呼之犹可,自号则不可。明于慎行《读史漫录》以为朝会立处,在人主左右,以记言动,如唐宋螭头记注之制,非爵秩之位,乃朝著之位,前人多误释,惟《正义》以虞喜为长,而《志林》实与《汉仪注》相通,明戏弄而倡优畜之,政以其在人主左右耳。(《补遗》谓位在丞相上,但可施于张苍,亦非。)至宋苏洵《嘉祐集》史论,议迁与父无异称为失,更不然。《史记》只《天官书》太史公推占天变及《封禅书》两称。《太史公自序》前篇六称太史公,太史公指司马谈,文义显白,余皆自谓,苏氏何所疑而讥其失哉!(今本《西京杂记》作"位在丞相下",恐讹)。

三、六家要旨

司马谈对阴阳、儒、墨、名、法、道德等六家学术的扼要评论。谈特别推崇道家,而议论其他五家的短长。司马迁承父说,推扬道家,首列其事。故班固为迁传赞曰:"先黄老而后六经。"明何良俊于其《四友斋丛说》卷五《史一》中对班固论点虽予赞同,而对论六家要旨之说及行文极加赞誉说:

> 《史记》序六家要旨,进道德,绌儒术,诚有如班孟坚所讥者;然其述六家之事,指陈得失,有若按断,历百世而不能易。又其文字贯穿,累累如贯珠,粲然夺目,文章之奇伟,孰有能过此者耶?

清梁玉绳《史记志疑》卷三六"论六家要旨"条云:

> 《困学纪闻》十一曰:"西山真氏云:列儒者于阴阳、墨、名、法、道家之间,是谓儒者特六家之一耳,而不知儒者之道无所不该,五家之所长,儒者皆有之。其短者,吾道之所弃也。谈之学本于黄老,故其论如此。"

四、(道家)指约而易操，思少而功多

这是司马迁对道家的尊崇。意思是，道家的主要思想比较简约而好掌握，能够不着痕迹地收到很大的功效。因此班固在评价司马迁时，说他"先黄老而后六经"。后世学者多有辩驳，如明柯维骐于其所著《史记考要》卷十驳称：

> 司马迁述其先人太史谈推尊道家之旨于前，采庄周所论六经之义于后。然前后之文，本不相蒙。班固讥其"先黄老而后六经"，过矣。

又明郝敬《史汉愚按》卷四对将儒家与其他诸家并列，略致微词，而仍谅子长遭腐刑之痛而未能更好地修订云：

> 子长《自序》志在继《春秋》，上比六艺，言必称孔子，可谓因得其宗。然而列六家，以儒比阴阳、名、法、墨、黄老，此乃儒一家之学。顾举君臣、父子、夫妇、长幼天下古今达道，凡仲尼所宪章为民义主者，尽属之儒，则儒又甚大；其以六家分儒，儒又甚小。大抵子长于道，如雾中行，独其拾遗补阙，整齐百氏，为一家言，有足观者。草创未就，规模初具，不无烦芜短长。使不遭腐祸，尽心卒业，当有过此者。语云"辰不全，故有弧虚"，命也夫！

五、年十岁则诵古文

古文者，战国时六国所用文字，秦灭六国，统一文字时所罢。今人王国维曾云："汉人以六艺之书皆用此种文字，又其文字为当日所已废。故谓之古文。"（《战国时秦用籀文六国用古文说》）又说："凡先秦六国遗书，非当时写本者，皆谓之古文。"亦即"先秦写本旧书而言"（《史记所谓古文说》，均见《观堂集林》卷七）。

六、至于麟止

麟止的解释,说者纷纭。(一)《集解》引张晏说:"武帝获麟,迁以为述事之端,上纪黄帝,下至麟止,犹《春秋》止于获麟也。"其说未免拘滞。(二)吴仁杰《两汉勘误补遗》认为,"麟止"应为"麟趾",是汉武太始二年为纪念获麟之瑞而更黄金为"麟趾"之事。获麟事在元狩,当时史公尚未任史官,安得以为述事之端,未免牵强。(三)清人梁玉绳《史记志疑》卷三六也以"麟止"为"麟趾",乃追记前瑞,认为这是"史公借以终。《史记》以《五帝本纪》为始,五帝以黄帝为首,所称自黄帝始,正说明《史记》的上限其史,假设之辞耳"。较吴说为圆。(四)王先谦《汉书补注》认为这是"迁仰希圣经,取义绝笔,文人恢奇,难可拘阂"。与第一说相类,颇近史迁之志。(五)崔适《史记探源》解"麟止"为获麟而止,从而认为元狩元年冬十月以后皆后人窜入。此说与自序"至太初而讫"者难通,不可从。愚按:读史于此,万不可拘泥黏滞。获麟是武帝时宣传的大事,自然可作武帝时代的标识,而司马迁竭力标榜《春秋》,也自然可引"麟止"为说。以我看来,"麟止"不妨释作至武帝为止为近理。

七、自黄帝始

清梁玉绳《史记志疑》卷一以《史记》自黄帝始,乃"误仍大戴礼"。清方苞《又书〈太史公自序〉后》云:"自黄帝始以上,通论其大体,犹诗之有大序。一百三十篇,各系数言。犹诗之有小序也。"(《望溪先生文集》卷二)《史记》所举五帝,后多议之。《史记志疑》卷一称:"谓其遗羲农者有之,谓其缺少昊者有之。"梁氏以为"先儒举三皇之名不一……凡斯众说,半归诬诞,总以年代悠邈,莫由详定,自应削而不记,故曰略三皇可也。少昊、颛、喾三君,仅持其世,未有制作……且系诃孔子之言而不及少昊、颛、喾奚讥史之无少昊、颛、喾也。若羲、农实与黄帝、尧、舜为五帝,安得遗之……画卦名官,教耕尝药,即此四端,德业夐绝,非少昊、颛、喾之能几矣。"

八、项羽本纪

项羽按例不当入本纪,但司马迁为他立本纪,并着重渲染他的英勇风采和反秦功绩。其目的显然是扬项抑刘,并标明其不以成败论英雄的著述意志。梁玉绳《史记志疑》卷三六"作项羽本纪第七"条,引班彪、司马贞、刘知幾、洪迈等家说,以羽不得入本纪。又引《路史·后记二》谓"高祖之王,出于项籍。天下之势在籍,高祖固出其下。以《史记》记籍,为得编年之法",梁氏嗤之为妄,实则《路史》得史公之意。

九、吕太后本纪

吕后女主,司马迁略惠帝而立吕后,正说明他观察问题是从当时实际政权掌握者着眼。《汉书》迁本传无太字。梁玉绳《史记志疑》卷三六作"吕太后本纪第九"条云:"史以吕后作纪,全没惠帝及两少帝,附见牝朝,未免乖违。"又考《后汉书·张衡传》欲为元后作本纪,《路史》立女娲纪,《史通·鉴识篇》以史公合时宜等说为"俱属讹错"。

十、世表　年表　月表

世表是太史公表体中的一种,凡材料缺略不能以年月排比者,以世系记载,内容简略。《通志》谓"史记一书,功在世表",《史通·杂说》:"表历可考。"

年表以年为经,以事为纬,为表体常例。梁玉绳《史记志疑》卷三六以十二诸侯当作十三,以下六国当作七国。又卷八云:表实十三国而云十二,《天官书》及《自序》传亦皆言十二,殊不可解。《索隐》谓贱夷狄,不数吴。苏洵论史汉,立此说。余深以为不然。吴为太伯之后,安得以夷狄外之?此春秋三传之谬论尔。如以夷狄外之,则楚亦夷狄,乃进异姓而斥宗亲,宁有是理?且世家又奚以首吴耶?《天官书》称,秦、楚、吴、越为夷狄,言四国在戎夷之地,非外之之词也。又《志疑》卷九云:"表实列七国,所谓七雄也。《天官书》亦言七国相王。(《正义》以汉七王当之,非也)而乃曰六国,盖与十三侯表称十二侯同误已。"

月表以月为经,以事为纬,是司马迁驾驭史料多,事迹纷繁的一种表体。

十一、王子侯者年表第九

史记共有十表,十表中汉兴以来事迹占六表,而单列武帝时期事迹者有二表即第八、第九。一方面可见司马迁详今略古的精神,另一方面也表明对武帝的评论,以对外战争与削弱诸侯为武帝二大事功。梁玉绳《史记志疑》卷三六作"王子侯者年表第九"条云:"王子上并无建元以来四字,承前表省之。"

十二、作礼书第一

"书"是司马迁撰史体裁的一种,是史记的综论部分,记述社会经济、政治制度、天文宗教各方面的演变发展,可补纪、传之不足。后代文书改称志,类今之专史。《史记》有八书。

十三、世家

"世家"是《史记》撰史体裁之一种,是司马迁对掌握一方统治权而世代相承的诸侯的传记,也是对贵族集团的描写。愚按:司马迁以泰伯为世家首篇,伯夷为列传首篇,疑司马迁受孔子主张影响,《伯夷列传》明言其事云:"孔子序列古之仁圣贤人,为吴太伯、伯夷之伦详矣。"可证。

十四、申吕肖矣

"申、吕",吕尚的祖先,夏时封于吕,一说封于申。申吕均在南阳宛县一带。申、吕本为一事,既非二国、亦非始封、继封,而是司马迁慎重两存之义,所以《齐太公世家》称:"封于吕,或封于申。""肖",三家注均解作衰微。张文虎:《校勘〈史记〉三家注记》引顾炎武《日知录》说:"肖乃削字脱其旁,与〔孟子〕'鲁之削'同。"《史记志疑》卷三六亦引顾说,其说也有衰微之意。惟郭嵩焘《史记札记》则说:"按:申、吕,太岳之后,世有封国,至周犹存,何以谓之衰微?肖谓克绍其业也。"惟循读《齐太公世家》,明言"夏商之时,申、吕或封枝庶,子孙或为庶人"。是郭说未可从。

十五、九合诸侯

齐桓公曾经九次会合诸侯(兵车之会三,乘车之会六)来维持周天子无实权的共主地位。梁玉绳《史记志疑》:卷一六:"九之为言,多也。"《丹铅录》云:"九为阳数之极,书传称九者,皆极言之,此解甚惬。"并引《左传》之夷于九县,《公羊》之叛者九国,《楚辞》之《九歌》,《孙子》之九天之上,九地之下以及九原、九泉之类。皆非实指为证。

十六、嘉旦金縢

嘉,赞美也。史公在每篇之后,都加赞美之论断,即用"嘉"字以起句。縢,束也。藏于匮,缄于金。周武王病,周公告太王、王季、文王之神,愿以身代并将告策藏于金匮,武王病果愈。后来,周公因受到流言退居,成王发匮见策,深受感动,迎周公复位。《书经·金縢篇》即记此事。按:史公所嘉,乃周公金縢之事而非嘉记周公事之金縢篇。中华书局标点本"金縢"二字旁之书名号,应删去。《史记志疑》卷三六《作周公世家第三》条称:周公上缺"鲁"字,迁传《索隐》本有。

十七、孔子世家

梁玉绳《史记志疑》卷三六:"史公叙孔子于世家,以表尊崇之义,盖谓有土者以国世其家,孔子以德世其家。小司马深然之。而王安石云:'仲尼之才,帝王可也,何特公侯哉!仲尼之道,世天下可也,何特世其家哉!处之世家,仲尼之道不从而大;置之列传,仲尼之道不从而小。而迁也自乱其例。'王厚斋录入《困学纪闻》,苏氏《古史》因改为列传,然宋晁补之《鸡肋集》辨其非,以为'宋乃殷后,至桀偃而绝,贤如正考夫,圣如孔子,岂不可以继宋,则亦与有土之世家同'。清人姜宸英《湛园集》又谓'史公之意,以孔子尊周之功最大。尊周者,诸侯之事,故附孔子于世家'。二公之论虽殊,而识胜苏、王远矣。"

十八、三子之王,文辞可观

三子,武帝三子——齐怀王闳、燕刺王旦、广陵王胥。文辞,即《三王世家》所载,是请封三王之疏和三篇对策。可观,可参考之意。王鸣盛《十七史商榷》云:"《三王世家》为司马迁未成之笔,褚先生自称窃从长老好故事者,取其封策书,编列其事而传之。疑史迁著述,无独取策书文辞之理,特以世家亡去一篇,褚先生乃举三王封策之文以实之,取其便于剪裁,与取封禅者书同一作法。"梁玉绳《史记志疑》卷二六云,"史缺三王,褚先生从长老好故事者取延议封策补之,论亦伪托",并指出记事之误及月日亦驳,而以此补文,"有失史裁,辞亦浮浅"。

十九、孟子荀卿列传

《孟荀列传》叙录所指,释者不一:(一)王应麟:《困学纪闻》引郑樵之说,以儒墨相异,孟子不能猎墨遗文。(二)何焯:《义门读书记》称:"猎儒墨之遗文,谓附见传中诸子也。明礼义之统纪,谓荀;绝惠王利端,谓孟。"(三)方苞:《史记注补正》:"传称天下方务纵横战伐,而孟子乃述唐虞三代之德;荀卿序列儒、墨、道德之行事兴坏,则猎儒墨之遗文,谓荀卿也;明礼义之统纪,谓孟子也。绝惠王利端,谓孟子也;列往事兴衰,谓荀卿也。史记叙所称先后多错综。"(四)梁玉绳《史记志疑》卷三六称:"此当次《仲尼弟子列传第七》之后,不应在第十四也。"又称:"上二句指荀卿,即传所谓荀子推儒、墨、道德之行事兴坏,著数万言者。下二句指孟子。《儒林传》言,孟子、荀卿,咸遵夫子之业,非孟荀并列之证与?夫荀况尝非孟子矣,岂可并吾孟子哉!"(五)吴汝纶:《点勘史记》称:"方侍郎谓此四语,分言孟、荀,非也,皆言孟子耳。孟、荀传以孟为主,鲁仲连邹阳传,以鲁为主。屈原、贾谊传,以屈为主。故止论一人。"(六)李笠:《史记订补》卷八称:"猎儒墨遗文,明礼义统纪二句,总孟、荀而言,下绝利端,始专指孟子;列兴衰,始专指荀子,分合甚明,无烦曲说。何氏、梁氏说,俱非也。"并称学说不同,无妨并传。《史记汇注考证》主此说。上述诸家,各自成理,然也各有所偏,难从一说。

又按:此四语似可分二段。前二句系司马迁自明立传的意旨,意思是:"我在涉猎了儒、墨各家所遗留的文献以后,决定在本传中阐明儒家礼义方面的大要。"所以本传虽传多人,但只突出儒家中孟、荀二派;后二句是司马迁突出孟、荀以呼应立传意旨,"绝惠王利端"则诸家均无疑议本传前序也具述此事,确指孟子拒绝梁惠王言利之事;"列往事兴衰"句,虽说者不一,但荀子本传已明言其"推儒、墨、道德之行事兴坏,序列著数万言"。兴衰即兴坏,列即序列,其意均近,所以说此句指荀子言,应无疑义。李笠于后二语的解释,甚可取。

二十、刺客列传

此为司马迁列传中的类传体制,一传中包括若干行迹相近的人物。《刺客列传》除叙录中标举的曹沫和豫让外,还有专诸、聂政和荆轲等人。《史记志疑》卷三六云:"十一传(指《儒林》《循吏》等十一篇合传)当在《司马相如传》后。以《儒林》、《酷吏》、《循吏》、《货殖》(与平准相表里)、《刺客》、《游侠》、《滑稽》、《佞幸》、《医方》、《日者》、《龟策》为次。"《史通·编次篇》言"龟策异物,宜与八书齐列",非也。史公乃传能占龟策之人耳。至刺客之为传,说在传中。

二十一、淮阴侯列传

读司马迁撰列传,其传主身死爵削,则传名多不署爵而直呼其名,惟韩信仍以淮阴侯传为名,疑司马迁为表示重视韩信功绩的做法。本传赞中虽评韩信伐功矜能,但也认为他对汉朝的功绩,可与周、召、太公相比。因此韩信无论如何,至少应该保留一个侯的地位,用这样的传名来讥讽汉朝对韩信的处理太过。梁玉绳《史记志疑》已启其疑,卷三六云:"史公于本朝诸臣以罪诛黜者,例不称爵,惟淮阴之死为冤,故书其贬降之爵而不名,以微见意云。"

二十二、货殖列传

此传是司马迁有深刻寓意的一篇文章。班固《汉书》,在迁本传中,讥评司马迁:"述货殖,则崇势利而羞贫贱。"元王若虚甚至认为司马迁在这篇文章中议论是"罪不容诛"。这都是肤浅的诬词。清人郭嵩焘《史记札记》称:"史公传货殖,自写其湮郁,而揽括天下大事,上下古今,星罗棋布,惟所指画。前后分立数传,要自一气灌输,是一篇整段文字,中间指数关中、巴、蜀、天水、北地、上郡列郡情形,为一大枢纽。以见汉世承六国之遗,抚临郡国,尽天下皆然,而能者虽以致富,高掌远撅,睥睨千古,此自史公发撼生平一段胸臆,与他传体全别。班固讥之,故为不伦。"郭氏此论,确有卓识,司马迁之所以能写此鸿文,正以身遭非刑,"家贫财赂不足以自赎"的经历,而发出这种愤激言论。

二十三、作七十列传

梁玉绳《史记志疑》卷三六"作七十列传"条,以《史记》列传有失次,有应传不传者,为未晓其"去取之义"。按:史公草纪传,未遑完备,且仁智各有所见,固未可以后人而绳前贤也。惟梁氏于同卷"几百三十篇"条曾总评《史记》,以其"变编年之例,突起门户"有凿荒开创之功,驳班固对《史记》之讥评。

二十四、太史公书

太史公书非定名,梁玉绳《史记志疑》卷三六认为:史公所述字数与今本不合的原因是"今本《史记》历经后人增删,非史公之旧。增者犹可辨其伪,删者无从得其真"。《汉书·春秋家》著录太史公百三十篇,是以太史公官名为书名。《五行志》及《后汉书·班彪传》有《史记》之名,是以《史记》名迁书之始,但亦似指史籍而言。《汉书考异》云:"班固所云史记,非太史公书,古列国之史,俱称史记也。"《史记志疑》卷三六又云:"史记之名,当起叔皮父子,观《汉·五行志》及《后汉·班彪传》可见,盖取古史记之名以名迁之书,尊之也。"《隋志》以《史记》之名,正式著录,以后相沿使用《史记》。朱东润《史记考索·史记名称考》云:"称太史公书为《史记》者,其起于班、范之间乎?"史记遂成太史公书定名。

二十五、百三十篇

《汉志》称十篇有录无书。《索隐》《正义》均引张晏说，迁没以后，亡《景纪》《武纪》《历书》《乐书》《律书》《汉兴以来将相年表》《日者列传》《三王世家》《龟策列传》《傅靳蒯成列传》。元、成之间，褚先生补缺，作《武帝纪》《三王世家》《龟策》《日者列传》，言辞鄙陋，非迁本意也。方苞《又书太史公自序》云："其复出'余述历黄帝以来至太初而讫，百三十篇'，盖举其凡计，缀于篇终，犹《卫霍列传》特标左方两大将军及诸裨将名耳。"（《望溪先生文集》卷二）

2012 年初秋重新整理于南开大学邃谷

【来新夏　南开大学历史系教授、图书馆馆长】
原文刊于《中国文化》2012 年 02 期

庸人宦达的渊薮

读《史记·万石张叔列传》札记

刘蕴之

自扬雄撰《法言》，其《君子篇》说："多爱不忍，子长也。仲尼多爱，爱义也；子长多爱，爱奇也。"此后，应劭、刘揽、司马贞、赵匡乃至当今著名学者杨伯峻先生，均有所承袭和发挥，然而贬多褒少；似乎是司马迁的"爱奇"在某种程度上妨碍了他的"实录"精神，与他的"实录"精神形成了矛盾，从而影响了《史记》的价值。其间最有代表性的，要算是比扬雄稍后的东汉班彪了。

《后汉书·班彪传》记载了班氏对司马迁和《史记》的评论，其言曰："迁之所记，从汉元至武以绝，则其功也。至于采经摭传，分散百家之事，甚多疏略，不知其本，务欲以多闻广载为功，论议浅而不笃。其论术学，则崇黄老而薄五经；序货殖，则轻仁义而羞贫穷；道游侠，则贱守节而贵俗功；此其大敝伤道，所以遇极刑之咎也。然善述序事理，辩而不华，质而不野，文质相称，盖良史之才也。诚令迁依《五经》之法言，同圣人之是非，意亦庶几矣。"班彪在这里说的"务欲以多闻广载为功"即与所谓的"爱奇"有关。不过，班彪的评论，很有一些从意识形态和政治方面看问题的味道，好像是不得不如此说似的。这大致就如同李密在《陈情表》里所说的"逮逢圣朝，沐浴清化"的意思一样，不如此说，就难免要"遇极刑之咎"了。如若不然，为什么会在《汉书》的一百篇中，竟有五十几篇采用了《史记》的材料，单是列传，就采用了四十篇，而且有许多连篇末论赞都只字不改地录入了？依笔者看来，班彪的评论，在很大程度上是大环境使然，未必完全表达了班彪个人的真实看法。不过，无论如何，班彪的看法还是具有相当的代表性。

比较能得司马迁之心的，应该说还是鲁迅先生。鲁迅先生在其《汉文学史纲要》中论及司马迁与《史记》时说："恨为弄臣，寄心楮墨，感身世之戮辱，传畸人于千秋，虽背《春秋》之义，固不失为史家之绝唱，无韵之《离骚》矣。"鲁迅先生的话有两点值得注意：一是"传畸人于千秋"。这大致也就是扬雄所说的"爱奇"。"畸人"即"奇人"，也即有不同凡俗行为的人。《庄子·大宗师》云："畸人者，畸于人而侔于天。"成玄英疏曰："畸者，不偶之名也。"成玄英所说的"不偶"，也就是不同凡俗的意思。然而所谓"不同凡俗"，又有两种情况：一则为"事亲孝，与士信，临财廉，取予义，分别有让，恭俭下人，常思奋不顾身，以徇国家之急"（《报任安书》)的无双国士；一则为讷于言而敏于行，以高官显爵为平生追求，以全躯保妻子为头等大事，近于佞人的所谓"长者"。《史记·万石张叔列传》就是记载后一种人的一个类传。里面所记载的人物，计有万石君石奋及其长子石建、少子石庆，建陵侯卫绾，塞侯直不疑，郎中令周仁，御史大夫张欧等七人。这些人的共同特点是做官有术，却从来不替老百姓说话。这些人的不同凡俗，实际上是比凡俗更加凡俗的凡俗之甚者。他们把凡俗发展到了极端，变成了一种出奇的凡俗，于是就成了一种"畸人"。二是"背《春秋》之义"。这是班彪攻击司马迁的主要之点，也是班固攻击司马迁的主要之点。班固在《汉书·司马迁传·赞曰》中，不是也说"至于采经摭传，分散数家之事，甚多疏略，或有抵牾。亦其涉猎者广博，贯穿经传，驰骋古今，上下数千载间，斯亦勤矣。又其是非颇缪于圣人，论大道则先黄老而后六经，序游侠则退处士而进奸雄，述货殖则崇势利而羞贫贱，此其所蔽也"吗？然而班氏父子所攻击的，恰恰是司马迁最辉煌的地方，正是从这些地方，司马迁成就了他的"究天人之际，通古今之变，成一家之言"。鲁迅先生也许正是从这些地方，才称颂《史记》"固不失为史家之绝唱，无韵之《离骚》"。

是今人刘振东先生把扬雄所称司马迁的"爱奇"与文学的典型化手法联系到了一起，称其"为中国文学开创了一条实现典型化的重要途径"。他发表在《文学评论》一九八四年第四期上的《论司马迁之"爱奇"》，论述详赡，见解精到，明确指出了司马迁的"爱奇"是与其"实录"精神结合在一起的，是用大量可靠的史料来突出特异的人物、事迹的。有鉴于此,虽然不能说《史记》的七十列传,加上实际上属于列传的十二本纪的个别篇目和三十世家的一部分,篇篇都是奇文,然而如《项羽本纪》《陈涉世家》《留侯世家》《陈丞相世家》《孙子吴起列传》《平原君虞卿列传》《魏公子列传》《廉颇蔺相如列传》《屈原贾生列传》《刺客列传》《李斯列传》《淮阴侯列传》《魏其武安侯列传》《李将军列传》《游侠列传》《货殖列传》以及《万石张叔列传》等,均自有其奇处。司马迁为他们立传,所用几乎都是典型事例,而且做到了思想与形象的高度统一;再辅之以每篇篇末的“太史公曰”所作的评论,于是就形成了对一个人物的生平、事迹与思想的全方位透视,使人物能够立体化并活了起来。这实际上也是《史记》获得不朽生命力的重要来源之一。从这一点上来说,除《左传》外,《汉书》及其他各史均无法比拟。

《万石张叔列传》即是一篇以奇人奇事为题材的奇文。这篇列传的奇处,就在于它几乎是一篇庸人宦达的渊薮。该传所记载人物,均对经邦治国略无所能,而于宦达之道却颇得要领。司马迁在《史记·太史公自序》述其作意时称:“敦厚慈孝,讷于言,敏于行,务在鞠躬,君子长者。作《万石张叔列传》第四十三。”司马迁在这里纯用皮里阳秋之法,名为褒,实为贬。结合该传传文来看,其明褒实贬的特点就更加突出。

在《万石张叔列传》的一开篇,司马迁即介绍道:

> 高祖东击项籍,过河内,时奋年十五,为小吏,侍高祖。高祖与语,爱其恭敬,问曰:“若何有?”对曰:“奋独有母,不幸失明。家贫。有姊能鼓琴。”高祖曰:“若能从我乎?”曰:“愿尽力。”于是高祖召其姊为美人;以奋为中涓,受书谒;徙其家长安中戚里,以姊为美人故也。其官至孝文时,积功劳至大中大夫。无文学,恭谨无与比。

石奋之由一个小吏而为中涓,而为太中大夫,并且把家搬迁到长安城中的“戚里”,全凭着他侍奉高祖的“恭谨无与比”和“以姊为美人故”。有了这两点,即使对六经、礼乐毫无知识,也即“无文学”,也没有妨碍;他竟在文帝时被推选为太子太傅,在景帝时,又徙为诸侯相。上有其好,下必有所投。皇上喜欢的,大臣必然要努力去做。景帝末年,石奋以上大夫禄归老于家,以岁时为朝臣。这时的石奋,还是"过宫门阙","必下车趋";见了皇帝乘用的马,也一定要把身体俯在轼上表示恭敬。不仅如此,石奋还把自己发迹变泰的成功经验施之于家庭,培养自己的第二代、第三代子孙。司马迁对此写道:

> (万石君)子孙为小吏,来归谒,万石君必朝服见之,不(称其)名。子孙有过失,不谯让,为便坐,对案不食。然后诸子相责,因长老肉袒固谢罪;改之,乃许。子孙胜冠者在侧,虽燕居必冠,申申如也。僮仆䜣䜣如也,唯谨。上时赐食于家,必稽首俯伏而食之,如在上前。其执丧,哀戚甚悼。子孙遵教,亦如之。

石奋家里这种孝顺谨慎的风气,连各个郡县和诸侯国都听说了,即便齐、鲁地方许多行为质朴的儒生,也都自以为不如他。

石奋的言传身教果然取得了预期的效果。建元二年,当郎中令王臧因提倡儒术而获罪自杀以后,当时的窦太后认为,"儒者文多质少,今万石君家不言而躬行"。于是以其长子石建为郎中令,少子石庆为内史。

那么,石建、石庆又是何如人物呢?

司马迁写石建,主要写了两件事,一件在家庭,一件在朝堂。在家庭,当石建已老,头发全白的时候,万石君石奋身体尚好,没有疾病缠身。身为郎中令的石建,还要借每五天一次沐浴休假省亲的机会,亲自给石奋洗洗内衣内裤;作为一项经常性工作,还不敢让石奋知道。司马迁选择这样一件所谓孝亲的行为来写,显然是要暗示它的矫情、虚伪和不真实。同样的行为也发生在朝堂。在朝堂,司马迁写道:"建为郎中令,事有可言,屏人恣言,极切;至廷见,如不能言者。"然而石建的矫情、虚伪和不真实,却能博得最高统治者武帝的欢心,这自然也是他的行为目的;而且果然,司马迁继之写道:"是以上乃亲尊礼之。"

如同假话重复一千遍就会被当作真话一样,虚伪到了极致,似乎也就变成了某种真实。石奋于元朔五年辞世,享年九十六岁。石建哭泣哀思,至扶杖乃能行,一年多以后,石建也死了。看来,由石奋言传身教缔造的家庭,终于出现了理想化的局面:"诸子孙咸孝,然建最甚,甚于万石君。"石建在家庭为孝子,在朝廷则为忠臣;其"忠"的程度又如何呢? 司马迁复写道:

> 建为郎中令,书奏事,事下,建读之,曰:"误书!'马'字与尾当五,今乃四,不足一。上谴死矣!"甚惶恐。其为谨慎,虽他皆如是。

司马迁的这段描写极具典型化的色彩,且极富戏剧性。试想,一个谨慎到如此程度而又善于逢迎的人,其全躯保妻子并至高官显爵则有余,却绝对不可能冒死替老百姓说话。

石建如此,石庆呢?

石庆先是担任内史,是掌管治理京师的官。后又担任太仆,是掌管皇帝舆马的官,位列九卿。司马迁写石庆在担任太仆期间,一次跟随武帝驾车出行,武帝在车内问:"是几匹马拉车?"石庆用马鞭数了一遍才回答:"六匹马。"其实,这本来是不需要数的;不需要数却数了,其意也在"谨慎"二字。"谨慎无与比"到如此程度,除了全躯保妻子之外,还能做什么呢? 然而,与万石君其他儿子相比,司马迁说道:"庆于诸子最为简易矣!"就是这个石庆,官职却做到了太子太傅;七年以后,升迁到了"三公"之一的御史大夫;又五年,则位极人臣,做到了丞相,并封牧丘侯。石庆在相位期间,正值国家多事之秋,司马迁写道:

> 是时汉方南诛两越,东击朝鲜,北逐匈奴,西伐大宛,中国多事。天子巡狩海内,修上古神祠,封禅,兴礼乐。公家用少,桑弘羊等致利;王温舒之属峻法;倪宽等推文学至九卿,更进用事,事不关决于丞相,丞相醇谨而已。在位九岁,无能有所匡言。尝欲请治上近臣所忠、九卿咸宣罪,不能服,反受其过,赎罪。

这样一位丞相,无异于聋人的耳朵,只是一种摆设而已。当把国家弄到"仓库既空,民多流亡.摇荡不安,动危之"之后,竟上书表示"愿归丞相侯印,乞骸骨归,避贤者路"。当武帝问他:"君将安归难乎?"他才"遂复视事"。司马迁评价他说:"庆文深审谨,然无他大略为百姓言。"

起于石奋,终于石庆,这个万石君的家庭总体经历又如何呢? 司马迁写道:

> 庆方为丞相,诸子孙为吏更至二千石者十三人。及庆死,后稍以罪去,孝谨亦衰矣。

万石君家的孝谨,本来就是做给别人看的,特别是做给朝廷看的。这也是他们获得高官显爵的家传秘方。当服用这个家传秘方不再灵验,而"渐以罪去"之后,当然就会"孝谨亦衰矣"了。在过去的年代,人们常说一句话,叫作"假的就是假的,伪装应当剥去"。这句话要是用在万石君一家的身上,倒是挺合适的。不过,也仍然应该承认,虚伪到与真实真假莫辨的程度,还是需要异乎寻常的才能和苦功的,并非任凭什么人都能做得到的。

建陵侯卫绾,与石奋一家属同一类型,也是一个"醇谨无他"的人物。"孝景为太子时,召上左右饮,而绾称病不行。"对此,《史记集解》引张晏曰:"恐文帝豫有二心以事太子。"司马迁写这一点,大约也在突出其善于避祸,为"醇谨无他"之一例。也许正是因为这个缘故,在文帝将崩时,才嘱咐景帝说:"绾长者,善遇之。"而景帝一旦登上皇位,卫绾就像对待文帝一样,也是"日以谨力"。于是,卫绾由中郎将而河间王太傅,而中尉,而建陵侯,而太子太傅,而御史大夫,而丞相。在卫绾担任丞相期间,"朝奏事如职所奏",是从不越出例行公事的范围的。《史记索隐》对此诠释说:"以言但守职分而已,不别有所奏议也。"王先谦《汉书补注》说:"举例行公事奏之。"司马迁总结他一生为官的经历说:"自初官至丞相,终无可言。天子以为敦厚,可相少主,尊宠之,赏赐甚多。"卫绾担任丞相三年,在武帝继位之后,由于追究其"景帝疾时,诸官囚多坐不辜者"的责任,才免去了他的丞相职务。关于这件事,《史记会注考证》引颜师古曰:"天子不亲政,则丞相当理之,而绾不申其冤。"

关于塞侯直不疑,司马迁主要写了其蒙受冤屈的两件事:一曰偿金,二曰盗嫂。偿金事是在其"为郎,事文帝"的时候,有同舍郎告假回乡,误拿了另一同舍郎的金子离去了。金子的主人很快发觉了,就怀疑是直不疑盗取的。直不疑不加辩驳，道歉说确有此事，于是买金子偿还了对方。当告假回乡的人归来归还金子之后，金子的主人感到十分惭愧，就称直不疑为长者。盗嫂事是在直不疑受到文帝的称道和荐举，而逐渐升至太中大夫的时候，朝会当中，有人诋毁他说："不疑的相貌、仪表很美，可是怎么偏偏善于盗嫂呢?"直不疑听到以后说："我是没有兄长的。"然而他从来不自明其不曾盗嫂。"吴、楚反时，不疑以二千石将兵击之。景帝后元年拜为御史大夫。天子修吴、楚时功，乃封不疑为塞侯。武帝建元年中，与丞相绾俱以过免。"司马迁这里说的所谓"过"，大概也就是《卫绾列传》说的"景帝疾时诸官囚多坐不辜者，而君不任职"。总括来说，直不疑也属庸才而至"三公"者，其为人处世，与万石君、石建、石庆、卫绾诸人，属同一个路数。

郎中令周文，名仁，以医术见知于文帝，拜为舍人，积功劳渐升至太中大夫。景帝即位，拜为郎中令。司马迁写周仁，主要突出了两点：一、"仁为人阴重不泄"。对此《史记索隐》引服虔云："周仁性质重，不泄人之阴谋也。"又引颜师古云："阴，密也，为性密重不泄人言也。霍去病少言不泄，亦其类也。"笔者以为是。也许正是由于这个缘故，甚至景帝在后宫秘戏，也不让他回避。二、"至景帝崩，仁为郎中令，终无所言。"此则意谓其无所褒贬建树也。然其终"以二千石禄归老，子孙咸至大官"。司马迁在篇末"论赞"中称其"斯可谓笃行君子矣"，也属明褒实贬的皮里阳秋之法，其内心深处，是蕴藏着极大的悲哀的。

御史大夫张叔，名欧，文帝时以治刑名家的学说侍奉太子。《史记正义》云："刑，刑家也。名，名家也。在《太史公自传》，言治刑法及名实也。"《史记·太史公自序·论六家要旨》曰："法家不别亲疏，不殊贵贱，一断于法，则亲亲尊尊之恩绝矣。可以行一时之计，而不可长用也，故曰'严而少恩'。"又曰："名家苛察缴绕，使人不得反其意，专决于名而失人情，故曰'使人俭而善失真'。"可是张欧虽治刑名家的学说，其为人却是一个长者。景帝对他尊之重之，常常位列九卿。"至武帝元朔四年。韩安国免，诏拜欧为御史大夫。"这就等于说，张欧的为人处世，与他所遵奉的学说是相悖的。个中原因，大致也是做官显达之所需要。司马迁写道："自欧为吏，未尝言案人，专以诚长者处官。官属以为长者，亦不敢大欺。上具狱事，有可却，却之，不可者，不得已，为涕泣面对而封之。其爱人如此。"张欧的结局则是"以上大夫禄归者于家。家于阳陵。子孙咸至大官矣"。

　　总括来说,《史记·万石张叔列传》作为一个类传,可以说是给中材以下者提供了一个既能做官显达,又能全躯保妻子的样板。这就是做官不须忧国忧民,替老百姓说话,而只需战战兢兢、如履薄冰地去讨得最高统治者的欢心,谨谨慎慎地处理好与同僚之间的关系。如此就可以保得自己的身家性命无虞而稳获大官。从这个意义上讲,这篇列传的价值,已经远远超出了它的时代。司马迁在《高祖功臣侯者年表》中说:"居今之世,志古之道,所以自镜也,未必尽同。帝王者各殊礼而异务,要以成功为统纪,岂可绲乎? 观所以得尊宠及所以废辱,亦当世得失之林也,何必旧闻?"《史记索隐》解释这段话说:"言居今之代,志识古之道,得以自镜当代之存亡也。"这也许就是司马迁写作《万石张叔列传》的意图。

　　如果从更加广阔的角度进行考察,盛世而庸人宦达,且多至"三公""九卿",论其人生观念,或未有可取;论其辅政才能,或亦未有可称。这首先固然与中央集权的专制政体有密切关系;然而似乎同时也说明,天下既已太平,就可以无为而治,而不必过于扰动人心,正如老子所谓:"我无为,而民自化;我好静,而民自正;我无事,而民自富;我无欲,而民自补。"这时的辅政者,已不再需要王霸之才,而只需要垂衣拱手就可以了。这或许也就是万石君、石建、石庆、卫绾、直不疑、周仁、张欧等一类人之所以产生并得以不断升迁的深层原因,也是伟大的历史学家司马迁所要向人们昭示的。

（文中引文凡未注明出处者,皆系引自《史记·万石张叔列传》）

【刘蕴之　天津商学院语言部副教授】

原文刊于《中国文化》2002 年 Z1 期

"折衷"＝儒家谱系≠大乘空宗中道观

读《文心雕龙·序志》篇札记

周勋初

　　《序志》篇是刘勰为《文心雕龙》所作的自序。他在文中阐明了书名寓意、撰述动机、全书体例和所使用的研究方法，于此可见这一篇文章在全书中的位置。由于学术界对刘勰的思想与学术成就颇多争议，我为表明自己的看法，先后曾撰《〈文心雕龙〉书名辨》《刘勰的两个梦》《〈易〉学中的两大流派对〈文心雕龙〉的不同影响》《刘勰的主要研究方法——"折衷"说述评》等文阐发《序志》篇中的思想。今为探讨刘勰研究方法方面的一些不同意见，特作进一步申述如下：

"折衷"一词在《序志》中之本义

　　二十世纪八十年代，学术界普遍关注方法论的研究，所谓系统论、控制论、信息论的新三论之说正风行一时，前后也已产生过好几篇用系统论的观点分析刘勰文学思想的论文。我在 1984 年 11 月复旦大学举办的中日学者《文心雕龙》讨论会上，提交了一篇《刘勰的主要研究方法——"折衷"说述评》的论文，其后发表在《古代文学理论研究丛刊》第十一辑上，还曾得到学术界一些好评。这篇文章也属于方法论研究的范畴，但与学术界的风气显然有异。处在那种既注重苏联文艺理论旧模式又正推重欧美文艺理论新模式的形势下，我就感到自己的论证方式不太可能满足大家的期望。何况中国学术界早就存在着一种根深蒂固的看法，以为儒家所关注的，只是一些政治教化方面的道理，而从方法论的角度来说，既无系统的理论可称，又无精妙的说法可言，大家一定会认为，像《文心雕龙》这么一种"体大虑周"的著作，不能依靠儒家的理论资源就能完成。

实则我在考虑刘勰服膺儒术时也已注意到了情况的复杂性。儒家向来处于传统文化的中心位置，但其思想也在不断变化之中。我从分析孔子"叩其两端"的方法始，进行过一些具体的论证，且顺流而下，叙及后世的衍变。汉末社会发生剧烈震荡，老庄思想逐渐上升至重要地位，玄学应运而生，内中可也并不排斥儒家思想要素的存在。即以正始玄风的代表人物何晏、王弼而言，即曾致力于沟通儒道两家的学理。据《隋书·经籍志》记载，何晏有《集解论语》十卷，王弼有《论语释疑》三卷，后者虽已散佚，然仍可知何、王都在利用老庄的思想诠释孔子的学说。南朝有关《论语》的类似著作甚多，而皇侃的《论语义疏》十卷则流传至今，业已成为研究玄学的一部重要著作。

南朝玄风固然风靡朝野，而礼学亦大盛。一些沐浴玄风的人，同时关注儒家礼教方面的一些原则。《梁书·刘勰传》上说："时七庙飨荐已用蔬果，而二郊农社犹有牺牲，勰乃表言二郊宜与七庙同改，诏付尚书议，依勰所陈。"可见他对朝廷礼制的关切。此举固可看出刘勰受佛家的影响很深，故有以蔬果替代牺牲的建议，然亦可见其维护儒家礼制的根本立场。刘勰与萧梁王朝调和儒释的祈向是一致的。

关于玄学的兴起与发展，以及它与佛教的关系，学术界论之者已多，今不再重述。刘勰对玄风之影响创作，时而表示异议，然而在《论说》篇中，则又列举名篇一一予以好评，文曰：

> 魏之初霸，术兼名法；傅嘏、王粲，校练名理。迄至正始，务欲守文；何晏之徒，始盛玄论，于是聃、周当路，与尼父争途矣。详观兰石之《才性》，仲宣之《去伐》，叔夜之辨声，太初之《本无》，辅嗣之两《例》，平叔之二《论》：并师心独见，锋颖精密，盖论之英也。至如李康《运命》，同《论衡》而过之；陆机《辨亡》，效《过秦》而不及，然亦其美矣。次及宋岱、郭象，锐思于几神之

区;夷甫、裴颁,交辨于有无之域,并独步当时,流声后代。然滞"有"者全系于形用,贵"无"者专守于寂寥,徒锐偏解,莫诣正理;动极神源,其般若之绝境乎?

这一段话,引起了学术界的关注,因为刘勰写作这么一部篇幅巨大的著作,几乎没有应用什么佛家词汇,范文澜先生说刘勰"严格保持儒家的立场,拒绝佛教思想混进来,就是文字上也避免用佛书中语(全书只有《论说》篇偶用'般若''圆通'二词,是佛书中语),可以看出刘勰著书态度的严肃"[1]。范氏此说虽似过于绝对,却是符合事实的。后人虽想尽量多找一些反例来破此说,却也只能说是"圆通"一词不止用过一次而已。

刘勰使用"圆通"等词,到底是严格按佛家之说应用的呢,还是作为一般词汇使用的? 似难截然判断。他使用的"般若"一词,却是佛教用语无疑。刘勰用此压倒玄学中的"有""无"二说,故称之为"般若绝境",在这一点上,表明了他信从佛学的立场,那是明白无误的。后人自不必将此释作"智慧"的同义词而视为普通语词。

"有无"之辨,是玄学中最受人关注的一个命题。自王弼提出以"无"为本以"有"为末,遭到裴颁挑战起,其后一直争论不歇。许多佛教中人也卷入了进来。

佛教传入中国之后,僧人为了适应中国的国情,每取附和玄学中人的做法。他们采取"格义"手段,讨论本体论中的问题时,也取"有""无"等说。因为佛学中的"空",与玄学中的"无",内有相通之处,因而自东晋时起,一些持不同观点的僧人根据个人的理解,对"有""无"之说做出了不同的解释,于是佛学中有所谓"六家七宗"之说。又因其时全面阐明"空"观的《大智度论》等经典还未完美地译出,各家却也难于依据原典明确地进行阐说,于是这些佛教中的不同流派与玄学之间都还未能做出明确的切割,学术界一般也就称南朝的"六家七宗"为玄学化的佛学。

这里可举一时影响颇巨的"心无义"来加以考察。《世说新语·假谲》篇曰:

---

[1] 《中国通史简编》修订本第二编第五章"长江流域经济文化发展时期——东晋和南朝",人民出版社1964年8月第4版。

愍度道人始欲过江，与一伧道人为侣。谋曰："用旧义在江东，恐不办得食。"便共立"心无义"。既而此道人不成渡，愍度果讲义积年。后有伧人来，先道人寄语云："为我致意愍度，无义那可立？治此计，权救饥尔，无为遂负如来也！"

支愍度为了谋生，不得不向风行南朝的玄学中的显学靠拢，创"心无义"，但这与佛家性空之说实际上是不合的，因此后来伧道人带信给支愍度，提醒他不能为了衣食而违背佛家的基本教义。可知他们当初创立"心无义"时，就在有意识地利用《老子》《庄子》与《易·系辞》中的成说，原因就在"空""无"之间存在着相通之处。[2]

南朝的一些人士，往往保持这么一种态度，他们在学术的层面上承认佛家中说理论上有很高的成就，但在现实面前，他们还得经营事业，借此谋生或在政治上求得发展。刘勰的事主，萧梁王室中人莫不如此。他们一方面热诚地皈依佛教，一方面仍然依仗儒家的教义经营帝国。刘勰的态度也一样，一方面称颂"般若""绝境"，一方面仍不忘情于仕进，渴望建功立业。《文心雕龙·程器》篇曰："摛文必在纬军国，负重必在任栋梁。穷则独善以垂文，达则奉时以骋绩。"他还想通过著作子书扬名于后。《序志》篇中慷慨陈言："是以君子处世，树德立言。岂好辩哉，不得已也。"援用孟子之说自明心志，在人生态度上不见一丝"空"观的踪影，可见他在现实生活中，也是偏于"有"而拒绝"无"的。

这里我们可以明白地看到，刘勰在《文心雕龙》中信从儒家学说以立论，与他当时的人生态度完全一致。《序志》篇中，可谓一以贯之。他在第一段中宣称将走"树德建言"之路以后，第二段中假托梦境表明将随孔子之后宣扬儒家教义于南土，第三段中说到前代文论各家"并未能振叶以寻根，观澜而索源。不述先哲之诰，无益后生之虑。"强调其自家的"根""源"就是儒家的"先哲之诰"，其后也就亮出他的著述宗旨，介绍全书的结构，说明也是依据大《易》之数而设计的。

---

② 参看陈寅恪：《支愍度学说考》，载《金明馆丛稿初编》，上海古籍出版社1980年8月出版。

到了最后一段,提到自己的治学态度与研究方法,当然也会紧紧扣住儒家之说而立论了。

综观《序志》,细察行文的脉络,探求刘勰的宗旨,正像范文澜所说的,《序志》篇中也"严格保持了儒家的主场,拒绝佛教思想混进来"。

我们阅读《文心雕龙》时,还得注意骈文的写作特点。即以"擘肌分理,唯务折衷"二语而言,二者就在使用典故成语表达宗旨。"擘肌分理",语出张衡《西京赋》;"唯务折衷",当然用的是《史记·孔子世家》中所说的"中国言六艺者折衷于夫子"的成说了。前者用张衡语,后者用司马迁语,可称用典精当,文意通顺畅达。而且"中国言六艺者折衷于夫子"之说代表的是汉儒的普遍看法。《汉书·贡禹传》曰:"孔子,匹夫之人耳,以乐道正身不解之故,四海之内,天下之君,微孔子之言亡所折中。"颜师古注:"折,断也。非孔子之言,则无以为中也。"又《盐铁论·相刺》曰:"(孔子)退而修王道,作《春秋》,垂之万载之后,天下折中焉。"贡禹为经学博士,《盐铁论》中的文学为儒生,均为儒家中的代表人物,故有申述"折衷以圣道"的言词。刘勰用"折衷"之说表示自己论文的基本态度,既与前此欲随马、郑诸儒注经的素愿呼应,也与"本乎道、师乎圣、体乎经"的宗旨密切一致。可知刘勰的"折衷"之说,应该从他恪遵儒家宗旨的基本态度去理解,不能用其他学派的观念去调换这一概念。因此,我在《刘勰的主要研究方法——"折衷"说述评》中说:"折衷(中)之说,自然是他研究工作中的基本态度和主要方法。"其中基本态度一点,读者自不应忽视。

近年来,学术界已有不少人注意对儒家的研究方法进行探讨。由于玄学的基本著作中就有《易经》一书,《易》为儒家经典,内含丰富的辩证法,六朝时人喜言《易》,因此其时的一些论者对儒学的理论成就均无异议。因为儒家中人也有"剖析毫厘,擘肌分理"的能力。

刘勰在《定势》篇中引曹植之语,以为有"好离言辨句,分毫析厘者",足见时人受名理学的影响,颇为重视思辨水平的提高。颜之推在《颜氏家训·勉学》篇中说:"洎于梁世,兹风复阐。《庄》《老》《周易》,总谓三玄。武皇、简文,躬自讲论。"而前此玄学中的一些代表人物,已是"辞锋理窟,剖玄析微,妙得入微,实主往复",说明魏晋南北朝人沐浴玄风的结果,思辨能力已达很高的水平。

刘勰为齐梁时人,自然会受到这种风气的影响,因此他的学术成就,应该放在上述氛围中加以考察。他的特点是突出强调儒家的主导作用,以之作为论文准则。信从某一学派的学者,每举该学派中的首创者为代表,也是常见的做法。

《文心雕龙》研究者对佛学的关注

目下一些《文心雕龙》研究者在论及刘勰与儒家的关系时,每对儒家学说的发展存而不论,仅对孔子的学说进行考察,以为刘勰据此无法形成撰述这一伟大著作的研究能力。因此他们总想扩展刘勰思想的源头,强调儒、释、道三家对他的影响;他们尤其看重刘勰最后遁入空门的这一特殊身份,从而强调佛家之说所起的决定性作用。

就在拙作发表后不久,张少康先生就发表了《擘肌分理,唯务折衷——刘勰论〈文心雕龙〉的研究方法》一文③,以为"刘勰的'折衷'论与儒家的'折中'论是有很大差别的,其丰富内容远非儒家传统的'折中'论所能包括。"为此他多方寻找源头,就在儒家人物中,又发掘出荀子《解蔽》篇中的一段论述,因为"刘勰批评前代文学批评家'各照隅隙,鲜观衢路',和荀子批评先秦诸子'蔽于一曲,而暗于大理',是完全一致的。"这样分析问题,似乎流于比附,想要借此证实"刘勰的'折衷'论和荀子《解蔽》篇中这种认识方法有着深刻的历史渊源关系",则还显得不够,因为《序志》篇中的"唯务折衷"明示其基本态度是要折衷于夫子,不能将其含义视作要以荀子的见解为指归。

少康先生还从"中"字着眼,扩展到"环中"等词,从而与道家联系起来。这样做,能不能一一将之归入"唯务折衷"中去? 这种论证方式,与上述有关荀子的情况相同,刘勰在《序志》篇中从头到尾申述宗尚儒家之说时,是否会把《庄子·齐物论》中"枢始得其环中,以应无穷"之说包容进去?

③ 载《学术月刊》1986年第2期。此外他在《文心雕龙新探》一书的"二、《文心雕龙》的文学理论体系及其思想渊源(十四)折衷论——论《文心雕龙》的研究方法"中发表了同样的见解,齐鲁书社1987年4月出版。

"中"与"圆"密切相关,"圆通"之说早就引起一些专从佛学方面观察《文心雕龙》内涵的学者的关注,马宏山先生也是其中有代表性的一员,就很关注"圆通"一词的出现。只是根据专攻佛学的孔繁先生的研究,"圆通"等词实际上是当时思想界通用的一个词语,他说:"《刘勰传》说他长于佛理,其实他亦精通玄学,他所笃信的佛理就是玄学化的佛学。当时佛学与玄学都属本体之学,注重体用、本末之辨,其理论体系和思维方法是一致的。"他还说:

> 在《文心雕龙》中,只在《论说》篇中提到"般若"和"圆通"一次,刘勰说,"动极神源,其般若之绝境乎?"又说,"故其义贵圆通,辞忌支碎"。前者是指关于本末、有无之义理以般若学最为精深;后者则指作文之要领应当圆满通达,防止支离破碎。在《文心雕龙》一部洋洋大书中只出现这样两个佛学名词,值不得惊奇。可是马宏山同志却加以发挥,说"圆通"就是"觉慧周圆,通入法性之意"。其实刘勰这里引用"圆通",主要是说作文要领,并非宣传佛法。至于这里是否像马宏山同志所说刘勰将"圆通"一词只作佛学术语也很难说,因为"圆通"一词是佛家由道家演义而来,并非佛家专用,玄学家亦不乏用者,如东晋玄学家张湛即曾说:"神心独运,不假形器,圆通玄照,寂然凝虚。"(《列子·周穆王》注)在张湛那时候,虽有名僧与名士互相标榜,然而那时名士懂佛学的却很少,张湛所说的"圆通"乃玄学语言,而非佛理。④

《文心雕龙·练字》篇中说:"是以缀字属篇,必须练择:一避诡异,二省联边,三权重出,四调单复。"其中"联边"一说,刘勰下定义曰:"联边者,半字同文者也。状貌山川,古今咸用,施于常文,则龃龉为瑕。"这里所说的,也就是偏旁相同的字累累出现,如司马相如在《上林赋》中形容山之高峻,则曰"巃嵸崔巍";描述水中之物,则曰"鰅鰫鰬魠",可知这里所说的"半字",就是指那些用作偏旁的"山"字与"鱼"字,涵义本是很清楚的。后人不必转弯抹角地另作解释。但王

---

④ 《刘勰与佛学》,载《中国社会科学》1983 年第 4 期。文中提到的马宏山《文心雕龙散论》一书,新疆人民出版社 1982 年 5 月出版。

利器先生在《文心雕龙新书·序录》⑤、饶宗颐先生在《刘勰文艺思想与佛教》⑥、兴膳宏先生在《〈文心雕龙〉与〈出三藏记〉》中说这里的"半字"一词亦可认为"佛教中语",然而后者随之也指出,刘向的《战国策书录》中就曾提到"本字多脱误为半字,以赵为肖,以齐为立","可知此语的来历直可追溯到佛教传入中国之前"⑦。

由此可知,学术界想要说明《文心雕龙》之成书,乃受佛学的巨大影响,光从一些两可的词汇着眼进行论证,看来开拓的空间还是很有限的。

刘勰"长于佛理",他在写作《文心雕龙》时,必然会受到佛学的影响,这是不言而喻的事。只是刘勰在《文心雕龙》一书中没有留下什么明显的踪迹,这就给人带来很大的困惑。大家一直在为此努力,例如上述饶宗颐先生和兴膳宏先生就曾作过多方面的探索,颇能给人以启发,我们期待着有人继此作出既具体又可信的论述。

《文心雕龙》思绪细密,而佛学中有因明一派,大家自然会想起这层关系。王元化先生在《文心雕龙创作论》的《后记》中说:

> 需要说明的是本书上篇在阐述刘勰的思想体系时,没有涉及佛家的因明学对于《文心雕龙》的一定影响。这种影响并不表现在刘勰的具体文学观点上。就刘勰的文学观来说,我认为他是恪守儒学的立场风范的。有些论者用刘勰后来站在佛学立场所写的《灭惑论》中的某些概念和观点来诠释《文心雕龙》,我至今仍认为是牵强的。可是,如果说作为当时儒释道三家并衡的时代思潮对刘勰撰《文心雕龙》竟未产生过任何影响,那也未免太偏颇。……佛家的重逻辑精神,特别是在理论的体系化或系统化方面,不能不对他起着潜移默化的作用。六朝前,我国的理论著作,只有散篇,没有一部系统完整的专著。直到刘勰的《文心雕龙》问世,才出现了第一部有着完整周密体系的理论著作。因此,章学诚称之为"勒为成书之初祖"。这一情

---

⑤ 巴黎大学北京汉学研究所通检丛刊之十五,1951年出版。
⑥ 载《香港中文大学学会年刊·〈文心雕龙〉研究专号》,1962年12月出版。
⑦ 载彭恩华编译:《兴膳宏〈文心雕龙〉论文集》,齐鲁书社1984年6月出版。

况，倘撇开佛家的因明学对刘勰所产生的一定影响，那就很难加以解释。然而我在本书上篇中并未说明《文心雕龙》的结撰方法是在一定程度上吸取了佛家因明学的某些成分。今后我希望在这方面能做出一点研究成果，以弥补本书上篇中的不足。⑧

其后黄广华先生就此问题作了深入的研究，提出了一些新的看法，如云："'体大而虑周'结构宏伟而严谨的《文心雕龙》，就是仿照因明学五分作法的结构形式，把各篇有机地联结起来，成为一部有论旨，有论证，有论据，层次井然、主次分明又结构完整的著作。"然而这种研究方法，也只是将二者作了一些形式上的比对，中间找不到一点可以直接作为实证的材料，因而说服力还是很有限的。何况据黄氏考证："刘勰的时代还没有因明学专著的翻译，更没有新因明的传入，他是从佛经间接受到因明学的影响的。尤其是古因明的影响。"⑨可知这也是一种推论。或许有此可能，然无法作为定论。

于是研究《文心雕龙》的专家们只能把目光投向"折衷"之说。他们把《序志》篇中的"折衷"之说与《论说》篇中的"般若"之说联系起来，以之作为一种内证，再与"般若"学中有关"中"的学说联系起来，这样"中观"学派便受到了特别重视。

《中论》又称《中观论》，为古印度龙树所著，后人据此演绎而发展成中观派。自后秦鸠摩罗什译出这部经典后，中国学人对此学派的论点始有完整的理解。龙树一系所阐明的"诸法因缘生，故无自性，无自性故空"的理论是大乘性空般若学说的思想基础。僧肇在鸠摩罗什众多弟子中被称为"解空第一"，他写下了《不真空论》《物不迁论》《般若无知论》等许多文字，阐述中道学说，而在《不真空论》中对"六家七宗"中的"心无""即色""本无"等说作了批判，从而对"有""无"之辨重新作了解说。僧肇运用"缘起"说分析"有""无"之辨，以为有非真实之有，无非绝对空无，因为外界事物既已呈现于前，那就不能断然言其无；但外界事物虽然呈现在前，却只是随缘而起，本身并无实性，故可名之曰"不真空"。

⑧　《文心雕龙创作论·后记》，上海古籍出版社 1979 年 10 月出版。
⑨　《〈文心雕龙〉与因明学》，载《学术月刊》1984 年第 7 期。

由此可见，僧肇此说比之前此的"有""无"之辨，从佛徒的眼光来看，确是前进了一步，体系要完美得多。僧祐编《出三藏记集》时就收入了这一著名论文。刘勰曾经帮助僧祐整理过佛典，应当读到过僧肇的著作，但也无法肯定刘勰在《论说》篇中赞颂的"般若绝境"就是指僧肇的这一著作。

阅读《文心雕龙》时，应该尊重刘勰本人的自述。他在书中明确表示执着于现世的事业，这里看不到一丝"不真空"的踪迹。《序志》中自首至尾反复申明崇奉儒家学说以立论，那在自述其基本态度与基本方法时，怎能说是他暗地里说的却是佛家之说？"唯务折衷"中的"折衷"一词，怎能暗用"中道"去替换？

自从二十世纪八十年代起，从佛学中发掘"不落双边"之说去阐释"折衷"之说的文章不断出现，其中具有代表性的学术论文，如陶礼天先生在《试论〈文心雕龙〉"折中"精神的主要体现》[⑩]《儒道释尚"中"论与〈文心雕龙〉之折"中"精神——刘勰"折中"方法论新探》[⑪]等文中又增加了诸如"圆机""辨正""玄中""不二"等学说，汪春泓先生在《佛教的顿悟和渐悟之争与刘勰的"唯务折衷"》[⑫]中增加了"顿渐"之说，这里都有很多精彩的分析；而在2003年12月，张少康先生于香港浸会大学"汉魏六朝文学与宗教"第五次会议所做的主题讲演《南朝的佛教和文艺理论——从宗炳、谢灵运和刘勰说起》中又进一步介绍了《龙树的〈中论〉和刘勰的"折衷论"》，把他以前提出的观点作了更全面的申述，对"中道"说的重要作用作了特别提示。少康先生说：

> 刘勰毫无疑问是非常熟悉龙树的《中论》的，他协助僧祐编撰的《出三藏记集》卷十一中曾收入僧叡的《中论序》和昙影法师的《中论序》，在卷十四的《鸠摩罗什传》中也说他曾翻译《中论》等龙树的著作。我认为龙树《中论》中的"中道观"对刘勰《文心雕龙》中的文学批评方法论有着十分深刻的影响。
>
> 刘勰之所以能写出这部伟大的著作，能够提出那么多深刻而有价值的见解，是和他所采取的科学的批评方法有直接关系的。他的批评方法就是

⑩ 载中国文心雕龙学会编：《论刘勰及其〈文心雕龙〉》，学苑出版社2002年2月出版。
⑪ 载中国文心雕龙学会编：《文心雕龙研究》第五辑，2002年1月出版。
⑫ 载葛晓音主编：《汉魏六朝文学与宗教》，上海古籍出版社2005年9月出版。

他自己在《文心雕龙·序志》篇中所说的"折衷"论。他的这种方法论自然也和儒家、道家、玄学的方法论有关,但更为重要的是,他所接受的以龙树《中论》为代表的佛学方法论的影响。⑬

应该说,上述文章都对佛家中含有辩证观点的文字作了广泛的发掘和深入的阐发,可惜的是,因为他们不注意《序志》篇中"折衷"一词的特定含义,因此他们想把中道之说与之联系,甚至合为一说,不免显得牵强。刘勰的学说本来是很实在的,但阅读上述文字,反而会让人感到"折衷"一词倒像一个大箩筐,凡与"中""二""圆"等有关的说法都可以尽量装进去,只是持新说者不去注意这箩筐上却是明白地盖有"儒家谱系"的标记,这样也就难免使人产生一种凭"空"立论的感受(此指大乘空宗之"空")。

应该说,上述各家的文章如果不要生硬地与"折衷"一词挂钩,只是视作儒、释、道中的学说对刘勰可能发生过影响,那说服力就要强得多。只是这么做,也很容易流为一种比附与推论,在征实方面尚需再下功夫。

读《文心雕龙·序志》篇,应该综括全文,体会刘勰一以贯之的精神。对其行文遣词,应该注意骈文的特点,对其中的典实求得正解,不能为了个人行文之需而不顾文字的原义,也不能将之从全文中孤立出来另作新解。

般若学中的复杂情况

魏晋南北朝时期,玄学在思想界一直占有重要位置,就是那些佛教中的高僧,各个流派所倡导的教义,无不与玄学有关,因此自汤用彤先生等人始,一直把六朝的佛学称作佛教玄学或玄学化了的佛学。

许抗生先生在论述东晋十六国时期有关大乘般若学的内部纷争时说:

---

⑬ 载葛晓音主编:《汉魏六朝文学与宗教》,上海古籍出版社 2005 年 9 月出版。

其时不论在南方东晋朝,还是在北方十六国,皆掀起了佛教般若学的热潮。在这一佛学热潮中,由于这些般若学者,各自对《般若经》的理解不一,而形成了众多的般若学说,使得当时"众论竞作",学派林立,有所谓"长安本有三家义"之说,亦有所谓"六家七宗,爰及十二"之说,在般若学内部展开了"百家争鸣"。但不论是"三家",还是"六家七宗,爰及十二",大都是试图用老庄玄学思想来对般若空观的解释,由于解释不同而产生的分歧而已。[14]

考察其时佛学界,可知其情况之复杂,例如名僧道安立本无宗,按照许抗生的分析,认为"道安的本无思想和他关于有无问题的辩论,显然是糅合了从老子到何晏、王弼的玄学贵无论、郭象的崇有论和传统哲学的元气论三者思想的产物。然而这样的本无论,显然是中国传统的玄学哲学,而不是印度的佛学。"[15]

大乘般若的独树一帜,要到鸠摩罗什引入大乘中观佛学思想之后,才告成功。中观佛学以为一切诸法皆是因缘和合而成,是假非真故空。空又不是什么都没有的断灭空,仍有其假有的存在。鸠摩罗什用这种所谓不落两边"非有非无"的中观思想来解释般若学的性空幻有说,比之前此般若学者,思辨水平要高上一筹。

大乘空宗的般若学固然风靡一时,鸠摩罗什及其弟子僧肇等人对中观学派又有很多精密的阐发,只是佛教界并未全然统一于这一佛学流派,例如名僧慧远就曾与鸠摩罗什就般若学中的若干问题反复商讨。二人之间既相互尊重,又反复诘难。他们在佛学上的交往,在宗教史上传下了很多嘉话。

鸠摩罗什译出《大智度论》一百卷之后,后秦君主姚兴命人送往庐山,请慧远撰写序文。这样做,当然是看重慧远在佛学界的地位。慧远对此甚为重视,反复披寻后,认为此论全文过繁,故加以压缩,抄集为二十卷,然后为之作序。可知慧远对于龙树的学说曾下很大的功夫加以钻研。他在佛学上的修养,鸠摩罗什

---

[14] 《僧肇评传》第二章"僧肇所处时代的社会环境与文化思想氛围"第三节"东晋十六国时期大乘般若学的勃兴",南京大学出版社1998年12月出版。

[15] 同上。

等人也是尊重的。

但慧远在通读《大智度论》之后，提出了不少疑问，向鸠摩罗什讨教，后者一一作了解答，此即所谓《慧远问大乘中深义十八科合三卷并罗什答》，后人又称之为《大乘大义章》。二人商讨的问题很多，今仅就有关有无之辨的问题略作征引。

慧远在《问实法有》中首先就"《大智论》以色、香、味、触为实法有，乳酪为因缘有"提出了疑问，以为世上万事万物固为变幻不定的"因缘有"，但支持这种"因缘有"，使事物得以发生的本体却是真实不变的"实法有"。慧远随后又以氎为喻，讨论了"分破空"与"极微"的问题，氎应属"因缘有"，"极微"应属"实法有"。《次问分破空》中云：

> 《大智论》推氎求本，以至毛分。推毛分以求原，是极微。极微即色香味触是也。此四于体有之，色香味触则不得，谓之假名。然则极微之说，将何所据？为有也，为无也？

按照慧远的理解，《大智度论》中说"极微"仍属"色法"，也须有"色香味触"这些色法的共性，"极微"也要由"四法"构成，这样岂不反而成了假名无实的东西？慧远认为这些说法矛盾太多，说"有"说"无"都不圆满，因而说是"不有不无，义可明矣"。

鸠摩罗什的答复甚为干脆，认为"色等为实有，乳等为因缘有"，本是"小乘论意，非甚深论法"。但为宣传佛法计，小乘的这种说法仍可允许。佛教"或时说有，或时说无"，全看具体情况而定，不可执着。至于"微尘"（极微）之说，鸠摩罗什以为佛法中都无此名，只是外道中某些派别的概念，佛弟子中也有人使用，不能认以为实。他最后指出：

> 佛意欲令（众生）出有无故，说非有非无，更无有法。不知佛意者，便著非有非无。是故佛复破非有非无。若非有非无能破有无见，更不贪非有非无者，不须破非有非无也。若非有非无虽破有无，还戏论非有非无者，尔时

佛言,舍非有非无,亦如舍有无。一切法不受不贪,是我佛法。如人药以治病,药若为患,复以药治药,若无患则止。佛法中智慧药亦如是。以此药故,破所贪着。若于智慧中,复生贪着者,当行治法。若智慧中,无所贪著者,不须重治也。

由上可见,慧远与鸠摩罗什之间在研讨《大智度论》时所以会发生这么大的分歧,原因很多。印度宗教哲学采用不断正反双边否定的思辨方式,破除人们认识上的执着,不能以"非有非无"的思辨为极致,还要"复破非有非无",即进一步还要有非非有非无的思辨能力。这种"是遮非表"(不断指摘论敌所说的矛盾性,从而否定一切实有自性)的论证方式,中土学人往往难于领会,所以任继愈先生等人在分析了二人的辩难后总结道:

> 慧远一直想在"有、无"之间找出一条界线来,说明他还是以"有""无"为实的,所以始终未出"有"境。这条路走不通了,又想在"不有不无"中找条出路;实际上"非有非无"也只有否定的意义,而不是肯定另有"非有非无"的实在性存在。"一切法不受不贪,是我佛法",这算是鸠摩罗什对慧远的"执着"的无可奈何的忠告。[16]

慧远与鸠摩罗什的这段交往,还可以用来说明中土佛教学者常见的一些特点,梁释慧皎《高僧传》卷六《晋庐山释慧远传》上说:"少为诸生,博综六经,尤善《庄》《老》。"这与刘勰的情况甚为相似。研究慧远佛学思想的学者都认为:慧远在接受鸠摩罗什的开导之后,思想上没有起多大变化,这"是因为他更立足于中国土地的社会基础,自觉或不自觉地从传统文化的角度去考察外来的思想。中国的传统文化,特别是魏晋玄学的本体论是慧远的佛教宗教哲学的思想基础,使他不同于印度中观派那种怀疑一切,否定一切的虚无教义。也还要看到,魏晋玄学并不是出世主义,它对中国传统的封建宗法制度是拥护、支持的,对忠、孝等封

---

[16] 载任继愈主编:《中国佛学史》第二卷第三章"东晋时期南方的佛教"第六节"慧远的佛教思想体系"(四)"同鸠摩罗什僧团的佛学交流及其分歧",中国社会科学出版社1985年11月出版。

建伦理观念是支持的。在这一点上,慧远也有类似的地方。出家人对礼法丧服关心研究,这也是他不同于印度僧人的地方。"⑰

荷兰的佛教学者许理和从另一种角度总结两位高僧之间的问难时说:

> 有趣的是,这两位法师彼此不断地误解对方。鸠摩罗什并不能抓住慧远问题的关键,在回答时总是大量地引经据典,还罗列了相互冲突的理论和学术观点,这益发让人糊涂。而慧远对这些抽象的解释并不满意,总是追问:法身最终应由某种"要素"(stuff)构成,尽管这种要素可能非常精微;由于人们能看见、听见,所以法身一定具有感觉能力,等等。追求某种具体的东西,这是慧远及其倡导的教义的典型风格。⑱

我们如以慧远为参照进而考察刘勰的思想,那或许可以认为,刘勰未必就能无所凝滞地全然接受龙树的"中观"学说。因为慧远的身份为僧徒,表示他早就皈依佛门,而刘勰虽寄身佛寺,然仍保持俗家身份,在《文心雕龙》中秉承儒家宗旨,再三强调欲垂声名于后的抱负。他的思路,比之慧远更为执着于世俗的一切,那他对龙树的佛学思想是否会比慧远更完整地把握?刘勰在佛学上固然修养很高,但未必就能高过慧远,慧远对龙树的学说还难于全然领会,那刘勰是否就能迅速而透彻地加以把握?这些都是疑莫能明之事。

实际说来,后人考察《文心雕龙·论说》篇中有关有无之辨"般若"之说时,似乎不能这么急促地就下结论,不作任何论证,就断言刘勰信奉的是龙树的中观学说。作为佛家基本教义中的二谛说,研究佛学义理者无不首先触及,而当年佛徒即依魏晋玄学的思想和范畴加以比附,用以探讨"有""无(空)"问题。人们如果联系这种说法而对刘勰的有无之辨进行考察,似乎更要合乎常情。

昭明太子萧统与刘勰关系深切,即以阐发二谛义而享盛誉。《梁书》卷八本传中说"于宫内别立慧义殿,专为法集之所。招引名僧,谈论不绝。太子自立二

---

⑰ 载任继愈主编:《中国佛学史》第二卷第三章"东晋时期南方的佛教"第六节"慧远的佛教思想体系"(四)"同鸠摩罗什僧团的佛学交流及其分歧",中国社会科学出版社 1985 年 11 月出版。

⑱ 许理和著,李四龙、裴勇等译:《佛教征服中国——佛教在中国中古早期的传播与适应》第四章"襄阳、江陵和庐山的佛教中心及北方佛教的影响",江苏人民出版社 2003 年 8 月出版。

谛、法身义,并有新意。"其《解二谛义令旨》一文收录在《广弘明集》卷二一《法义篇》中,中云:

> 真谛离有离无,俗谛即有即无。即有即无,斯是假名;离有离无,此为中道。真是中道,以不生为体;俗即假名,以生法为体。

萧统以为真谛超越"有""无"二者,与刘勰在《论说》篇中的阐述似乎更为接近。萧统又云"此为中道",佛家各种宗派均有其中道观,这里说的"中道",也未必就是指龙树的中道观。[19]

自陈、隋入唐的三论宗大师释吉藏在《二谛义》等著作中指出,萧统的这种学说属于"成实"师说。[20] 佛教教派林立,教义纷繁,吾人虽然难以穷究上述学说的深义,但从吉藏的指陈中,却是可以发现南朝佛教学说的递嬗。

东晋至宋初,佛教界经历着"六家七宗"的纷争,中观学说亦于其时兴起,《中论》《百论》《十二门论》以及《大智度论》等重要经典均于其时译出,并且得到庐山僧团的关注。只是这一教派的学说在都城建康的具体情况如何,是否已经扎根于学界?仍有探讨的必要。

按照研习中国佛教史者的考证,自南齐起,至梁武帝时,都城建康的佛学界一直风行"成实"学的教义。《成实论》为鸠摩罗什应后秦尚书令姚显之命而译出,然并不为译者所重视,只是以之作为小乘空宗的论典。这一流派到了南朝齐永明时,经文宣王萧子良大力倡导后,却风行于佛学界。梁武帝一门也一直崇信《成实》。这种情况,要到僧朗自北入南驻锡摄山栖霞寺,梁武帝于天监十一年遣中寺释僧怀、灵根寺释慧令等十人诣山咨受中观大义后,"三论"教义才慢慢取代了"成实"学的地位。

唐代天台宗的湛然在《法华玄义释签》卷十九中说:

---

[19] 参看姚卫群:《佛教般若思想发展源流》第三章"般若思想的形成——《般若经》及其思想"第三节"般若经中的'中道'思想"和第五章"般若思想在中后期佛教中的影响",北京大学出版社 1996 年 10 月出版。

[20] 参看任继愈主编:《中国佛学史》第三卷第三章"南北朝时期的佛教学派"第四节"三论学与二谛义",中国社会科学出版社 1988 年 4 月出版。

自宋朝以来,"三论"相承,其师非一,并宗罗什。但年代淹久,文疏零落,至齐朝以来,玄纲殆绝。江南咸弘《成实》,河北偏尚《毗昙》。于是高丽朗公,至齐建武来至江南,难《成实》师,结舌无对。因兹朗公自弘"三论"。至梁武帝,敕十人止观诠等令学"三论"。

上云僧朗为高丽人,实指籍贯辽东。他早年在凉地出家。北凉沮渠氏信奉佛法,本是鸠摩罗什早期于此传教之区,因而僧朗早年即谙"中观"大义。北魏攻灭北凉时,僧朗曾被迫登城防御,随之被俘,几遭不测。魏军东还,僧朗与同学中道共叛(事见唐释道宣所撰《续高僧传》卷二十五《魏凉州释僧朗传》)。其后僧朗自北南下,辗转进入建康,得到梁武帝的器重,派遣众多僧人前去学习,"三论"义学于是风行南土,逐渐取代了《成实》一派的地位。有关此事,江总《栖霞寺碑》中亦有记叙,不难考查。

齐梁之时,《成实》学大师众多,今仅征引与刘勰关系深切者数人以说明之。僧祐撰《出三藏记集》卷十一新撰《略成实论记》曰:"齐永明七年十月,文宣王招集京师硕学名僧五百余人,请定林僧柔法师、谢寺慧次法师于普弘寺迭讲,欲使研核幽微,学通疑执。即座仍请祐及安乐智称法师,更集尼众二部名德七百余人,续讲《十诵律》,……故即于律座,令柔、次等诸论师抄比《成实》,简繁存要,略为九卷,使辞约理举,易以研寻。"僧柔后即栖止定林寺中,殁后葬于山南。慧皎《高僧传》卷八《齐上定林寺释僧柔传》曰:"沙门释僧祐与柔少长山栖,同止岁久。亟挹道心,预闻法味,为立碑墓所,东莞刘勰制文。"又道宣《续高僧传》卷五《梁杨都庄严寺沙门释僧旻传》曰:"永明十年,始于兴福寺讲《成实论》。先辈法师高视当世,排竞下筵,其会如市。山栖邑寺,莫不掩扉毕集;衣冠士子,四衢辐辏。坐皆重膝,不谓为迮。言虽竟日,无起疲倦,皆仰之如日月矣。……(梁武帝)仍选才学道俗释僧智、僧晃、临川王记室东莞刘勰等三十人,同集上定林寺,抄一切经论,以类相从,凡八十(八)卷,皆令取衷于旻。"凡此均足表明刘勰栖身的上定林寺中先后屡有《成实》义学大师驻锡。而据考证,刘勰参与抄经时在天监七年至八年,[21]其时《文心雕龙》应已完成。这也就是说,刘勰写作《文心雕龙》之日,正值《成实》学风行朝野之时。由于刘勰与《成实》师关系深切,本人也参加了抄集经论包括《成实》经论且为其义学大师撰碑等工作,吾人研究刘勰的佛学思想时,固然应该扩大视野,注意他与其他派别的关系,但对他与《成实》学的关系,似尤应注意。

进一步说,刘勰固然推崇"般若绝境",然而这里说的"般若"只是一个泛指的概念,他究竟受到哪些宗派的影响,史未明言,也难以究诘。《梁书》本传上说他"博通经论",这里当然有此可能仅通过阅读《中论》而掌握其要领,然按古时宗教界的一般情况而言,一种教派的风行朝野,往往由于若干高僧大德的宣讲与传播,才使各界信众宗从此说。刘勰著书的年代,"三论"义学尚未风行;因此,刘勰是否能够超越时代,只是依靠自行阅读其中个别经卷而领会、掌握并且娴熟地运用这种教理,也属未明之事。

再进一步说,《文心雕龙·论说》篇中所说的"夷甫、裴頠,交辨于有无之域。……然滞'有'者全系于形用,贵'无'者专守于寂寥,徒锐偏解,莫诣正理,动极神源,其般若之绝境乎? 逮江左群谈,惟玄是务。虽有日新,而多抽前绪矣。"自首至尾,讨论的是有无本末之辩,从现在的学科分类来说,属于本体论方面的探讨,少康先生等则为之另立界限,认为刘勰只是作为方法论运用,由此发挥出了巨大的力量,完成了《文心雕龙》这部巨著。这种论证方式,似乎流为越俎代庖,是在代替刘勰另作处理,不涉义理而只取其方法供使用。然而考察当时学术界,似乎还没有看到过有哪一个人在学习某一佛教宗派时,可以撇开思想体系而不论,仅从其经典中汲取一点作为方法而应用者。因此,这种处理问题的方式,未必切合刘勰讨论有无本末之辨的初衷。

二十世纪五十年代,吕澂先生在讲中国佛学源流时,于《三论宗——隋代佛家两宗学说略述之一》中扼要地介绍了"成实宗"至"三论宗"的发展过程,中云:"三论宗以证得中道为标准,建立'中观'法门,而入手处便采取《中论》篇首缘起颂所说的'八不'看法。这是要从不生、不灭、不断、不常、不一、不异、不来、不出

㉑　参看牟世金:《刘勰年谱汇考》,巴蜀书社 1988 年 1 月出版。

的八方面去体会缘起的意义,从而认清诸缘起法的实际,在离染趋净的过程里能正确地运用它们,以达到究竟。'八不'的看法可以有种种安排,扼要地说,不外于五句、三式,也就是联系着二谛、中道来作区别。"[22]可知彼时的高僧都是在探讨"八不""二谛""中道"等基本教义的过程中求得佛学发展的。而据少康先生的观察,刘勰正是在学习《中论》第一偈中的"八不"时受到启发,用作观察事物的方法论,从而取得成功的。只是每一位学者都在特定的社会环境中生活,很难脱离共同的思维轨迹。一些重要派别的基本范畴,宗教界都是有共识的,刘勰也是一位佛教学者,难道就能做到与众截然有异?他在学习《中论》时,可以彻底摆脱当时语境,剥离"八不"的宗教内容,将印度宗教哲学中纷纭复杂的多组概念提炼后注入一个土生土长涵义固定的名词——折衷,用之于文学批评,结果开辟了一条新路?这与当时的佛学环境似颇扞格,且嫌突兀。[23] 何况刘勰的思想是否处在从"成实"发展至"三论"的过程中,亦属未明之事。

小　结

刘勰在《文心雕龙·序志》篇中介绍自己治学时,云是"擘肌分理,唯务折衷",本与《论说》篇中所说的"般若绝境"无关。因为前者指的是态度与方法,后者指的是本体论的探讨。后人研究刘勰的研究态度与研究方法,自应尊重他本人的自述,深入探讨"折衷"说的内涵。读者自应通读《序志》全文,从他的自述中探讨其与儒家的渊源关系,由此把握其思想的实质,而不能自作主张,以今人的观点帮他与"低层次的儒家思想"拉开距离。这里固然表现出当代《文心雕龙》研究者的爱护之心,以为这样的文学理论大家一定要用上齐梁时期宗教思辨哲学内的顶尖理论《中论》,才不致埋没刘勰的英名,然而这里使用的论证方法,却是流于比附,尚缺乏细致的论证。他们先对"折衷"一词进行加工,不顾其

---

② 《中国佛学源流略讲》附录,中华书局 1988 年 2 月出版。

㉓ 有关"八不中道""八不缘起"等命题,可参考吴汝钧编著《佛教思想大辞典》中的解释,台湾商务印书馆1994 年 5 月初版第二次印刷。

本义,将之无限扩大,纳入儒(荀子)、释、道等说;再将《论说》篇中的"有""无"之辨注入,不顾这种学说的复杂内容,说成定然是龙树之说。这样做,主观的成分嫌多,说服力就很不够。"折衷"说与"中道"观均重辨析,然而二者的论证方式和追求的结果完全不同,前者用以解决具体问题,后者破而不立,一切归于空无。如果仅视其字面上的相似而无视其实质上的相异,也就只能强行捏合,勉为疏通。因此,后人对之如欲继续进行研究,尚需进行更为深入的剖析,如对刘勰所处时代佛学界的情况,刘勰使用的"方法"究竟如何操作? 均需作出具体的说明。

我在重读《序志》篇时的想法,仍与前此一样。研究刘勰的学说,首先应该注意他与儒家的关系;生当玄风大盛之时,还得注意他与玄学的关系。当然,刘勰信奉佛教,后且出家而成为一名正式的僧徒,因此也得注意他与佛学的关系,但得从《文心雕龙》文本出发,尊重刘勰本人的自白,分清主次,不能只是根据现代人的认识,代之构拟一种新的体系。

【周勋初　南京大学中文系教授】

原文刊于《中国文化》2009 年 01 期

现代实际批评的雏形

《文心雕龙·辨骚》今读

黄维梁

一

研究《文心雕龙·辨骚》的学者,一向最关心的,大概是这个问题:《辨骚》究竟应该属于总论部分,即"文之枢纽",还是应该属于文体论部分? 评论这个问题的文章有不少,但争论已愈来愈不多见。学者们基本上已取得共识,就是说,《辨骚》属于"文之枢纽"。对于此,周振甫下面的说法颇具代表性:

> 《序志》里把这篇列入"文之枢纽",不作为文体论中之一体,称为"变乎骚",这是极有见地的。萧子显在《南齐书·文学传论》里指出"若无新变,不能代雄"。看来刘勰早已看到这一点,所以把"变"列入文之枢纽。那么他的《辨骚》,表面上是承接《宗经》辨别楚骚和经书的同异,实际是经过这种辨别来研究文学的新变,只有经过辨别才能认识它的新变,"辨"和"变"是结合的,而以"变"为主。所以《通变》里说:"文辞气力,通变则久。"①

---

① 见周振甫:《文心雕龙注释》,人民文学出版社,1981 年版,第 42 页。

    大家所关心的,就像张长青、张会恩所说,还有刘勰以什么标准来评价《离骚》及其他《楚辞》篇章？通过这些评论刘氏表达了什么样的文学见解？《辨骚》篇是否含有对浪漫主义的看法？②

    对于以上种种,向来的争论也不多,绝不像对"风骨"的解释那样众说纷纭。

    本文要讨论的,和以上种种有若干关联,但并不直接针对上述各项问题。笔者打算把《辨骚》视作一篇"实际批评"（practical criticism）的文章,说明它在今天文学批评上的意义。

    粗略地说,实际批评,或称为实用批评（applied criticism）,就是把某些理论应用于某些作品上,对作品加以批评。不过,实际批评有进一步的涵义。伦纳（Laurence D.Lerner）在六〇年代初期说:"实际批评并不很古老。十八世纪以前,对文学作品的评论,能够做到面面兼顾、发人深省的,并不多见。……真正的实际批评之父是柯立基（Coleridge）。在他笔下,我们发现最佳的'新批评家'（The New Critics）的本色:聚精会神地思考作品;以把握其要义,并唯恭唯谨地征引作品细节,以说明他的看法。……实际批评就是对某些作品的深入研究。"③伦纳说的虽然只是英国的情形,但整个西方文学批评界的样子,大概也如此。

    中国传统的文学批评,其实际批评部分,向来被称为印象式批评,也就是说,批评家对作品的评论,笼统概括,不够精微深入,不是伦纳所说的那种实际批评。翻阅中国传统的文学批评资料,我们发觉例外的情形虽然有,但上面所讲的,大抵不差。④《文心雕龙》的《辨骚》篇,是这方面一个罕见的例外,而且是极出色、极具现代意义的一个例外。

二

    批评家从事实际批评时,把他对文学的观点放在所评作品上面。刘勰反对

---

②   见张长青、张会恩:《文心雕龙诠释》,湖南人民出版社,1982 年,第 38 页。

③   见 Princeton Eneyclopedia of Poetry and Poetics（Princeton,N.J.,1957）一书中 Criticism 条目。

④   参看拙著《中国诗学纵横论》,洪范书店有限公司,1977 年。

"准的无依""褒贬任声";他对文学的见解,到底如何? 他的文学主张,既见于《文心雕龙》开头总论那几篇,见于《知音》篇,见于全书其他很多篇,甚至可以说全书各篇无一不体现了他的主张;在《辨骚》篇,他也明确地宣称:

> 若能凭轼以倚雅颂,悬辔以驭楚篇,酌奇而不失其贞,玩华而不坠其实,则顾盼可以驱辞力,咳唾可以穷文致……

"倚雅颂"就是凭倚《诗经》所代表的儒家思想。"驭楚篇"则是在儒家的主导思想之下,善加利用辞采和想象——这些是《楚辞》的艺术特征。相对而言,《诗经》为正(贞),《楚辞》为奇;《诗经》为实,《楚辞》为华。这些思想,在《文心雕龙》的《原道》《情采》《知音》等篇,刘勰一以贯之地表现出来。质文、情采、正奇、实华的相结合,构成刘勰中庸之道、集大成式的文学观。

把上述理论应用于《离骚》等《楚辞》作品,刘勰这样说:

> 故其陈尧舜之耿介,称汤武之祗敬,典诰之体也;讥桀纣之猖披,伤羿浇之颠陨,规讽之旨也;虬龙以喻君子,云蜺以譬谗邪,比兴之义也:每一顾而掩涕,叹君门之九重,忠怨之辞也;观兹四事,同于风雅者也。

范文澜在《文心雕龙注》中说"《诗》无典诰之体。彦和云'观兹四事,同于《风》《雅》',似宜云'同于《书》《诗》'"[5]。范氏所评甚是。其实这里刘勰所言,一语以蔽之,就是《离骚》这些地方符合儒家及其诗教思想。《辨骚》篇接着说:

> 至于托云龙,说迂怪,丰隆求宓妃,鸩鸟媒娀女,诡异之谈也;康回倾地,夷羿弹日,木夫九首,土伯三目,谲怪之谈也;依彭咸之遗则,从子胥以自适,狷狭之志也;士女杂坐,乱而不分,指以为乐,娱酒不废,沉湎日夜,举以为欢,荒淫之意也。摘此四事,异乎经典者也。

---

⑤ 见范文澜:《文心雕龙注》,香港商务印书馆,1960年,第53页。

以上"异乎经典"的事,主要出于奇幻、夸诞的想象,刘勰对此并不予否定。用今天的术语来说,就是刘勰在标榜文学的正统意识之余,并不排斥它的神话色彩。所谓"取镕经意""自铸伟辞",正显示他的兼容并蓄精神。假如刘勰有机会读到《伊利亚德》(Iliad)和《奥德赛》(Odyssey),则一近《诗经》之典诰,一似《楚辞》之夸诞,他都会喜欢。

刘勰在《知音》篇提出"六观"说,这是从事作品批评时应观察的六个方面——位体、置辞、通变、奇正、事义、宫商。位体指主题情思、整体风格。置辞指用字修辞。通变指继承与新变。奇正指正统与新奇。事义指素材与用事。宫商指音乐性。从这六个观点看作品,才能面面兼顾。刘勰在实际批评《离骚》等《楚辞》篇章时,即应用了六观说。《辨骚》的析评,多处涉及《楚辞》诸篇的主题和情思;论及《卜居》"标放言之致"、《渔父》"寄独往之才",更直接点明其主题。形容《离骚》《九章》时,刘勰用"朗丽";形容《九歌》《九辩》时,用"绮靡";形容《远游》《天问》时,用"瑰诡";形容《招魂》《招隐》时,用"耀艳";这些都与作品的置辞有关。至于"论山水,则循声而得貌",则涉及宫商,虽然点到即止,殊嫌简略。"同于风雅者"四事,"异乎经典者"四事,这些上文已有引述,自然是属于事义的范畴。"典诰"者正,"夸诞"者奇,文风的奇与正,受到所用事义的影响。"固知《楚辞》者,体宪于三代",这是"通";"而风杂于战国",这是"变"。《辨骚》篇开宗明义说:"自《风》《雅》寝声,莫或抽绪,奇文郁起,其《离骚》哉!"这也从奇正与通变立论,和下文说的《楚辞》是"《雅》《颂》之博徒,而词赋之英杰"一样,都从文学的发展与演变而言,为《楚辞》定位、评价。因为如此,有人认为,"辨骚"在"辨"之外,还有"变"的意思,就是探寻《离骚》等新变的轨迹。[6]

伦纳认为现代的批评家,在实际析评作品时,"唯恭唯谨地征引作品细节,以说明他的看法"。刘勰有没有征引作品的细节呢?有的,主要是引了同于风雅的四事、异乎经典的四事那些。二十世纪的"新批评家"如布鲁克斯(Cleanth Brooks),为文解说着诗时,征字引句,剖析厘毫。现代中国学者如陈世骧、刘若愚、颜元叔等,受新批评学派影响,也常常用一页篇幅分析一行诗,深入而细致。

---

⑥ 见周振甫:《文心雕龙注释》,人民文学出版社,1981年版,第42页。

《辨骚》篇虽然征引细节,微观作品,但其观诗引文之微,还远远不能与上述中西诸学者相比。刘勰甚至不能和金圣叹评点小说那种精细手法相提并论。然而,和中国诗话词话里经常出现的笼统概括作风相较,《辨骚》篇细微多了。唐诗如酒,宋诗如茶。"唐诗如贵介公子,举止风流;宋诗如三家村乍富人,盛服揖宾,辞容鄙俗。"⑦——《辨骚》篇,用的绝非上述二例为代表的印象式批评手法。

三

《辨骚》篇征引原文细节时,容或不够多,不能和现代的实际批评家相比。作为一篇文学论文,它也没有西方现代学院式那种三句五句一注释的格局。不过,刘勰历引刘安、班固、王逸、汉宣帝、扬雄对《楚辞》的意见,然后评议之,这样的做法,却很有现代学术论文的精神。"将核其论,必征言焉。"有多少分证据说多少分话,很有实事求是的态度。

刘勰的《文心雕龙》,体大虑周,其规模、识见,到二十世纪的今天,依然可说罕见其匹。《辨骚》篇一句"风杂于战国"("内容已杂有战国时的东西"⑧),正如《时序》篇所说"时运交移,质文代变"一样,使我们知道刘勰早就注意到文学与时代社会的关系。刘勰有一套通达的文学发展史观。前面引述过的"自风雅寝声,莫或抽绪,奇文郁起,其《离骚》哉"是这一史观的又一说明。刘勰本人"积学储宝","操千曲而后晓声,观千剑而后识器",是个博观的批评家,因此他能观作品的"通变",看到《楚辞》的"虽取镕经意,亦自铸伟辞"。他的这些说法,使现代的读者不禁想起艾略特影响深远的《传统与个人才华》(Tradition and the Individual Talent)一文,而认为刘勰是具有现代意义的批评家。

其实所谓现代意识、现代意义,并不容易说得清楚。在所谓"后现代主义"思潮已流行多年的今天,何者为"现代",何者为"后现代"⑨,就更难分说了。也

---

⑦ 参看罗青:《什么是后现代主义》,五四书店,1989 年,第 19 页所引。后者出于《霏雪录》。
⑧ 见陆侃如、牟世金:《文心雕龙译注》,齐鲁书社,1981 年,第 52 页。
⑨ 参看罗青:《什么是后现代主义》,五四书店,1989 年。

许《文心雕龙》,特别是《辨骚》这一篇,表现了发展的史观,表现了对事实和前人成说的尊重,表现了兼容正统和奇变的器度,还表现了一些与当代流行理论相近的概念,这些就是它的现代意义了。

"与当代流行理论相近的概念"一项,需要作以下的说明。先看看这四句:"故才高者菀其鸿裁,中巧者猎其艳辞,吟讽者衔其山川,童蒙者拾其香草。"郭晋稀对此有这样的语译:

> 才华极高的人效法他们〔指《楚辞》作者〕的鸿伟布局,心灵精巧的人猎取他们的艳丽辞藻,吟味讽诵的人爱好他们的模山范水,初学写作的人拾取他们的花草字眼。[10]

不同气质不同程度的读者,受了《楚辞》不同的影响;换言之,读者之接受《楚辞》,各有不同。《辨骚》篇这几句话,正属于当代"接受美学"(reception aesthetics)的范围。一如艾萨(Wolfgang Iser)说的,"接受美学"强调读者反映对作品所起的作用;"完全不同的读者,可以受到某一作品的不同影响"[11]。"接受美学"的主要见解,非常简易。《易经》早就说过:"仁者见之谓之仁,知者见之谓之知。"可说是"接受美学"的先声。《文心雕龙》体大虑周,或就作品本身立论,或论作品与作者之关系,或论作品与时序环境之关系,或论作品与读者之关系,诚然面面兼顾。《辨骚》篇"才高者……"所论,是作品与读者之关系。

说《辨骚》篇有"接受美学"的思想,就像说它注意到文学作品有古典主义和浪漫主义(刘勰用的字眼分别是"典诰"和"夸诞")的特质一样,并非穿凿附会之谈;因为刘勰实在想得广,想得深,把种种文学问题都想通想透了。他的文学思想,不但通透,而且通达恢宏,足以涵古盖今,是一伟大的架构。所谓"现代意义",不容易一语界定,我们知道现代社会是思想和结构都多元化的社会,"现代意义"应该含有多元化这个特点。刘勰论文学,虽然有其原道征圣、情经辞纬的鲜明立场,但他对各种不同体裁、内容、风格的作品,却能够兼容并蓄,不乱加排

---

[10] 见郭晋稀:《文心雕龙译注十八篇》,建文书局,第28页。
[11] 见 Wolfgang Iser, The Implied Reader (Baltimore, The John Hopkis UniversityPress, 1974), P.279.

斥。他这种态度,在《辨骚》篇也表现出来。受影响者气质、程度不同,但"鸿裁""艳辞""山川""香草"各有其可爱可亲之美。《楚辞》虽然是《雅》《颂》之博徒,但不害其为词赋之英杰。刘勰有容乃大,其文论具有可贵的多元并蓄的思想。因此其《辨骚》一篇,是中国古代罕见的实际批评佳构,是一个现代实际批评的雏型;它所包含的思想,辉照后世,启悟今人,饶有现代意义。

【黄维梁　香港中文大学中文系高级讲师】
原文刊于《中国文化》1991 年 02 期

读司空图《注愍征赋述》
《注愍征赋后述》

王运熙

  司空图是晚唐时代的一位著名诗人,同时又是一位重要的诗歌理论批评家。他的《二十四诗品》对后世产生深远影响。其《与李生论诗书》《与王驾评诗书》《与极浦书》等文,宣传诗歌要有"味外之旨""象外之象"等主张,也为人们所注意。他文集中另有《注愍征赋述》《注愍征赋后述》二文,对卢献卿的《愍征赋》发表看法,也颇值得重视。这两篇文章,过去一直未被研究司空图文学思想的学者所注意,实际它们不但本身具有值得珍视的内容,而且与其诗论有相通之处,对理解他的诗论颇有帮助。

  《愍征赋》作者卢献卿,字著明,"会昌(武宗年号)中进士"(《注愍征赋述》),遭诽诱被斥,作《愍征赋》以抒其怨愤,司空图称其"以谗摈致愤于累千百言"(《注愍征赋后述》)。这篇赋在当时颇为著名,故后来司空图为之作注。可惜赋文与司空图注均已亡佚。《新唐书·艺文志四》著录有"卢献卿《愍征赋》一卷",可见北宋时尚存。关于卢献卿的记载很少,《两唐书》均没有他的传记。晚唐孟棨《本事诗·征咎》载其事一则,文如下:

  范阳卢献卿,大中(宣宗年号)中举进士,词藻为同流所推。作《愍征赋》数千言,时人以为庾子山《哀江南》之亚。今谏议大夫司空图为注之。连不中第,薄游衡、湘。至郴而病,梦人赠诗曰:"卜筑郊原古,青山唯四邻。

扶疏绕台榭,寂寞独归人。"后旬日而殁。郴守为葬之近郊,果以夏初窆,皆符所梦。

由此可知卢献卿籍实范阳,连不中第,宦游途中殁于郴州。其长赋《愍征赋》被人与庾信《哀江南赋》相比,可见评价甚高。司空图说卢献卿为"会昌中进士",当也是举进士之意,卢献卿遭谗被斥,故未中第。《本事诗》说卢献卿大中年间举进士,"大中"当是"会昌"之误。司空图既注《愍征赋》,这方面的记载应当更为确切。当时著名诗人李商隐也与卢献卿相识,卢献卿死讯传来,李商隐有《闻著明凶问哭寄飞卿》一诗哭之甚哀,诗云:

> 昔叹谗销骨,今伤泪满膺。空余双玉剑,无复一壶冰。江势翻银汉,天文露玉绳。何因携庾信,同去哭徐陵。

诗的首句也谈到卢献卿遭谗毁,末二句则以徐陵比卢献卿,而以庾信比温庭筠。从此诗,可见李商隐对卢献卿的不幸遭遇和文学才华,也是满怀着同情和钦佩之情的。

《注愍征赋述》前面赞美卢献卿的文学才华和《愍征赋》的写作背景,今据《四部丛刊》影印涵芬楼藏旧钞本《司空表圣文集》,录其文如下:

> 《愍征》则会昌中进士卢献卿著明所作。华胄间生,冠五百年高视;灵玑在握,照十二乘非珍。驱纵壑以涛惊,竦驱崦而电轶。恳超言象,特映古今。而妒沮扬蛾,妖轻笑凤。惜岁华之易晚,嗟桂魄之愆期。旧国蝉催,萦盈别怨;芳时雁度,浩荡羁愁。愍去郢以抽毫,怅征秦而寓旨。锵洋在听,梗概可陈。

司空图认为卢献卿的才华,为五百年文士之冠,可谓推崇备至。又赞美《愍征赋》寓意深远,"恳超言象",则和他所强调诗歌应表现"味外之旨""象外之象"的主张相合,是对《愍征赋》的艺术成就给予很高评价。"妒沮扬蛾"二句,指卢献卿遭到谗毁;"憨去郢"二句,则指卢献卿写作《憨征赋》抒发愁怨。

这里值得注意的是,司空图对《憨征赋》中表现的郁愤哀怨、不满现实的不平之鸣加以肯定。《注憨征赋后述》有曰:"又尝著《擢英引》①以雪词人之愤,其旨亦属于卢君(献卿)。"可见他对"词人之愤"怀抱满腔同情,对表现"词人之愤"的作品深怀好感,亟思表而出之。他为《憨征赋》作注,即是一个明证。在一般人心目中,司空图是一位消极隐遁、不关心政治斗争的诗人。他的《与李生论诗书》等文,大力推崇王维、韦应物等表现隐逸情趣的诗歌,《二十四诗品》经常流露出老庄哲学的处世态度,其《白菊》诗更是明白宣称"莫向诗中看不平",这些综合起来,构成了司空图超脱现实的形象。但司空图还有关心现实的一面。司空图前期本有志于用世,在禧宗、昭宗两朝历任朝臣,官礼部郎中、中书舍人等职;朱全忠篡唐,杀昭宣帝,他忧愤不食而卒。司空图晚年,因看到朝政混乱,藩镇跋扈,深知国事已无可为,为官徒招祸患,遂长期托病不出,隐居中条山王官谷,在诗文中经常流露出隐逸情趣。《注憨征赋述》《后述》二文的一个可贵之处,就是表现了他对于不平之鸣的重视,表现出他文学思想的另一个侧面。他的文集中另外也不乏关心现实的作品,如《容成侯传》对朝廷中奸邪之臣表示憎恶,即是一例。

《注憨征赋述》中间大段文字,盛赞《憨征赋》卓越的艺术成就,为了阅读方便,分小段抄录于下:

> 观其才情之旖旎也,有若霞阵叠鲜,金缕晴天;鸳塘匣碧,芙蓉曙拆;浓艳思芳,琼楼诧妆;烟霏晚媚,鲛绡拂翠。
>
> 其雅调之清越也,有若缥缈鸾鸿,嘤嘤袅空;瑶簧凄戾,羽磬玲珑;幽人啸月,杂佩敌风。
>
> 其遒逸之壮冠(《全唐文》卷八〇九作"壮丽")也,则若云鹏迥举,势踏天宇;鳌抃沧溟,蓬瀛倒舞;百万交锋,雄稜一鼓。
>
> 其寓词之哀怨也,复若血凝蜀魄,猿断巫峰;咽水惊夜,冤郁霭空;日魂

---

① 司空图曾编有作品选《擢英集》,今不传。其文集中仅存《擢英集述》一文,没有谈到卢献卿,与《擢英引》当不是一篇。

惨淡，鬼哭荒丛。

其变态之无穷也，则若月吊边秋，旅恨悠悠；湘南地古，清辉处处；花映秦人，玉洞扃春；澄流练直，淼然目极。

斯盖缘情纷状，触兴冥搜，回景物之盛衰，制人臣之哀乐，穷微尽美，□（原阙）古排今。

这一大段文字，便用了大量比喻，就才情旖旎、雅调清越、遒逸壮冠、寓词哀怨、变态无穷五个方面来尽情赞赏《愍征赋》的艺术成就和特色，最后一小段是小结。《注愍征赋后述》有曰："愚前述虽已恣道其遒壮凄艳矣。"则只是用"遒壮凄艳"四个字概括其艺术特色，相当于《前述》五个方面中的才情旖旎、遒逸壮冠、寓词哀怨三方面。如果拿这几小段文字和《二十四诗品》相比，便会发现二者有惊人的相似之处，即二者都使用了大量的比喻和四言韵语来描绘作品的艺术风貌。《愍征赋》的一小段相当于《二十四诗品》的一则，旖旎、清越、遒逸、哀怨、变态实际是指五种风貌或风格特色。只是《愍征赋》是讲一篇作品，而《二十四诗品》则概括了众多作品，因而分品更多。再有，《愍征赋》五小段描绘性语句，有两节为四言八句，三节为四言六句，不及《二十四诗品》每则均为四言十二句，形式更为整齐。孟棨《本事诗》说"今谏议大夫司空图"为《愍征赋》作注。考《旧唐书·司空图传》，司空图被征为谏议大夫，在昭宗景福年间（892—893），时在昭宗初期，下距唐亡（907）尚有十多年。司空图写《注愍征赋述》大约即在景福年间或稍前；而《二十四诗品》的写作，当更在其后，其时司空图思想更为消沉，而在《二十四诗品》的形式上，每则一律四言十二句，显得更为完整了。

司空图还有一篇《诗赋》（题名是以赋体谕诗之意），全文为四言韵语，中间有一段形容诗歌风格云：

河浑沈清，放恣纵横。涛怒霆蹴，掀鳌倒鲸。镵空攉壁，峥冰掷戟。鼓煦呵春，霞溶露滴。

这里前六句是形容雄浑壮美的风格，后二句是形容和平柔美的风格。可见运用大量比喻、以四言韵语来描绘文学作品(诗赋)的风格,是司空图的常用手法。

中国古代的文学批评,往往围绕着风格进行。而在风格批评中,运用诸种具体生动的比喻,来表述、形容作家作品的风格,是一个较为古老的传统。这种批评方法,在汉魏之际,较早便用于人物品评中间,如《世说新语·德行》载汉末名士郭泰评黄宪(字叔度)曰:"叔度汪汪如万顷之波,澄之不清,扰之不浊,其器深广,难测量也。"同书《赏誉》篇又载:"世目李元礼(李膺)谡谡如劲松下风。"其例甚多,不备举。此种品评方法,到东晋、南朝,被广泛运用到文学和书法、绘画等评论中间。在文学方面,如东晋孙绰评潘岳文"烂若披锦,无处不善",陆机文"若披沙简金,往往见宝"(《世说新语·文学》);又如刘宋汤惠休评谢灵运诗"如芙蓉出水",颜延之诗"如错彩缕金"(见钟嵘《诗品》),均是其例。钟嵘《诗品》也喜欢运用这种批评方法,例如:

> 评谢灵运诗:"譬犹青松之拔灌木,白玉之映尘沙,未足贬其高洁也。"
> 评范云、丘迟诗:"范诗清便宛转,如流风回雪;丘诗点缀映媚,似落花依草。"

这种批评,通过具体的比喻和象征手法来表述、形容比较抽象的作品风格,能使读者获得鲜明深刻的感受和印象,从而加深了对作品艺术特征的认识。同时,由于比喻象征手法的生动灵活,使这种批评本身也具有文学性,给人以美感。《世说新语》注意记载魏晋士人的美妙词汇,它大量记录这类比喻批评,其中一个重要原因,就是因为它们本身具有言词之美。

到唐代,这种批评方法继续流行。《旧唐书·杨炯传》载张说与徐坚论近代文士曰:

> 李峤、崔融、薛稷、宋之问之文,如良金美玉,无施不可。富嘉谟之文,如孤峰绝岸,壁立万仞,浓云郁兴,震雷俱发,试可畏也;若施于廊庙,则骇矣。阎朝隐之文,如丽服靓妆,燕歌赵舞,观者忘疲;若类之风雅,则罪人矣。

接着又分别论后进词人韩休、许景先、张九龄、王翰等人文章之优劣时同样运用比喻，多数用四言句，文繁不录。后来中唐皇甫湜《谕业》一文，自称继承张说之后，评论张说以来的著名文人（都是散文家）十余人，今节录部分如下：

> 燕公（张说）之文，如梗木楠枝，缔构大厦，上栋下宇，孕育气象；可以燮阴阳，阅寒暑，坐天子而朝群后。许公（苏颋）之文，如应钟蕤鼓，笙簧镎磬，崇牙树羽，考以宫县，可以奉神明，享宗庙。……权文公（权德舆）之文，如朱门大第，而气势宏敞，廊庑廪厩，户牖悉周；然而不能有新规胜概，令人竦观。韩吏部（韩愈）之文，如长江秋注，千里一道，冲飙激浪，瀚流不滞；然而施于灌溉，或爽于用。

以上张说、皇甫湜所评均为唐代著名文章家，张说所评为初唐、盛唐文章家，皇甫湜所评为盛唐、中唐文章家。其中除李峤、崔融等四人合评外，其他均每人分评。评论内容有的纯为赞语，有的则有褒有贬，但大抵都注意运用比喻。

在诗论方面，也早有所表现。如李白嘲笑那些雕琢词句的诗人云："一曲斐然子，雕虫丧天真。棘刺造沐猴，三年费精神。"（《古风·第三五》）杜甫以不同的动物及其环境来形容诗的雄伟、纤巧两种不同的风格和境界："或看翡翠兰苕上，未掣鲸鱼碧海中。"（《戏为六绝句·其四》）杜甫友人任华在其《杂言寄杜拾遗》诗中形容杜诗有云："势攫虎豹，气腾蛟螭，沧海无风似鼓荡，华岳平地欲奔驰。"中唐皎然《诗式》卷一"品藻"条指出三种诗歌风貌特色，并加以形容道：

> 其华艳，如百叶芙蓉，菡萏照水。其体裁，如龙行虎步，气逸情高。脱若思来景遏，其势中断，亦须如寒松病枝，风摆半折。

三种风貌都用四言句描绘，较之张说、皇甫湜的评论句式更为整齐，看来司空图的《注愍征赋述》《二十四诗品》当直接受其影响。（司空图诗论在不少方面深受《诗式》影响。）

到晚唐时代，这种品评方法有进一步的发展，在比喻方面显得更加具体细致,而且围绕着单个作家进行。杜牧、李商隐的文章是其代表。杜牧的《李贺集序》一连用了九个比喻来描摹李贺诗歌的艺术特色,文曰:

> 云烟绵联,不足为其态也;水之迢迢,不足为其情也;春之盎盎,不足为其和也;秋之明洁,不足为其格也;风樯阵马,不足为其勇也;瓦棺篆鼎,不足为其古也;时花美女,不足为其色也;荒国陊殿,梗莽丘垄,不足为其恨怨悲愁也;鲸呿鳌掷,牛鬼蛇神,不足为其虚荒诞幻也。

把李贺诗歌的奇诡特色,形容得淋漓尽致。杜牧不说李贺诗态,胜似云烟绵联等等,而曰"云烟绵联,不足为其态也"等等,显得比过去评论者多用"如"字的写法有变化。

李商隐的《唐容州经略使元结文集后序》对元结的作品(包括文、诗)作了更为具体细致的比喻性描绘。全文除简短的开头、结尾外,中间绝大部分篇幅,从"绵远长大"等六个方面来进行描绘、赞颂,文颇长,录其前三小段如下:

> 次山之作,其绵远长大,以自然为祖,元气为根,变化移易之。太虚无状,大贲无色,寒暑攸出,鬼神有职。南斗北斗,东龙西虎,方向物色,歘何从生。哑钟复鸣,黄雌变雄。山相朝捧,水信潮汐。若大餍然,不觉其兴;若大醉然,不觉其醒。
>
> 其疾怒急击,快利劲果,出行万里,不见其敌。高歌酣颜,入饮于朝,断章摘句,如娠始生。狼子豹孙,竞于跳走,剪余斩残,程露血脉。
>
> 其详缓柔润,压抑趋儒,如以一国买人一笑,如以万世换人一朝。重屋深宫,但见其脊,牵缚长河,不知其载。死而更生,夜而更明,衣裳钟石,雅在宫藏。

李文的特点是比喻丰富,每小节中包含好几个比喻;其句式则大致为整齐的四言句。下面还有"其正听严毅""其碎细分擘""其总旨会源"三小段,就从略了。司空图的《注愍征赋述》,也是分小段对《愍征赋》作了具体细致的比喻性描绘,和李商隐此文在写法上最为接近,当是受到李文的深刻影响。上文提到,李商隐有哭卢献卿诗,司空图对卢献卿的同情、赞赏,或许也受到李商隐的启发。

与司空图同时的诗人吴融,有一篇《奠陆龟蒙文》,着重赞美陆龟蒙诗文的艺术特征,也运用比喻描述方法,文曰:

> 大风吹海,海波沦涟,涵为子文,无隅无边。长松倚雪,枯枝半折,挺为子文,直上巅绝。风下霜晴,寒钟自声,发为子文,铿锵杳清。武陵深阒,川长昼白,间为子文,渺茫岑寂。豕突禽狂,其来莫当;云沉鸟没,其去倏忽。腻若凝脂,软于无骨。霏漠漠,澹涓涓;春融冶,秋鲜妍。触即碎,潭下月;拭不灭,玉上烟。

这篇奠文连用了十多个比喻来形容陆龟蒙作品的艺术风貌特征,结构颇有变化,描绘颇为生动。因为是祭奠文,用的是韵文体。此点和司空图《注愍征赋述》《诗品》相同。

从以上的叙述可以看出,运用比喻象征的方法来指陈作品风貌,在中国文学批评史上可谓源远流长。从六朝到中唐的皇甫湜,比喻语句还比较简括,而且往往同时评论几个作家。到晚唐时代,则比喻语句发展得更为丰富具体,而且集中评论一个作家,杜牧、李商隐、吴融都是如此。司空图的《注愍征赋述》,运用这种方法专门评论卢献卿的一篇作品,和杜牧、李商隐、吴融等同声相应,正反映了晚唐文学批评中运用此种方法的特色。

从句式看,这种批评一直以四言句为主,上引六朝时代孙绰评潘岳、陆机,汤惠休评谢灵运、颜延之,钟嵘评范云、丘迟,以至唐代张说、皇甫湜评唐代散文家,都是如此。杜牧的《李贺集序》虽然穿插了若干"不足为其某也"一类长句,但其比喻性语句"云烟联绵""水之迢迢"等仍均为四言句。至于李商隐、司空图两文,则是更纯粹地运用四言句了。吴融文除末尾数句用三言外,绝大部分也用四言句。原来此种比喻象征性语句,描写得颇为具体以至铺张,采用的是赋体,接受了楚辞(《招魂》《大招》等)、宋玉赋、汉赋的写法和句式,因此一般多运用四言句。

司空图的《二十四诗品》在这方面又是一种新的发展。它共分二十四则,每则四言十二句韵文,规模较大而又整齐。它不是用来描绘一位作家、一篇作品的风貌,而是分别指陈二十多种不同的诗歌风貌。它大量运用比喻象征手法,多数是结合司空图本人的隐居生活,描绘出一幅幅幽人的生活图景,来展示出一种境界,用以比喻、象征诗歌的各种风貌。试举一例:

> 玉壶买春,赏雨茅屋。坐中佳士,左右修竹。白云初晴,幽鸟相逐。眠琴绿阴,上有飞瀑。落花无言,人淡如菊。书之岁华,其曰可读。(《典雅品》)

《二十四诗品》达到了运用比喻象征方法批评文学的高峰。它内容丰富,比喻象征具体生动,语言优美,本身好像是一组动人的诗。从总体上说,成就超过了前此运用这一方法的批评文字,它引起后人广泛的爱好和模仿,显然不是偶然的。讲回到本题,《注愍征赋述》好像是《二十四诗品》的一个前奏曲或一位弟妹,虽然相对比较幼小,也显示出司空图运用这种方法从事文学批评的艺术才华。当我们研究《二十四诗品》时,似乎不应当忘记《注愍征赋述》这篇文章和由杜牧、李商隐、吴融等人共同表现出来的文学批评风尚。这种风尚源远流长,显示出中国古代文学风格理论的表现特征和古代许多文人的审美情趣,是值得我们重视和探讨的。(唐以后用此种方法进行评论的还不少,明朱权《太和正音谱》评元明戏曲家,即是一例。)

《注愍征赋后述》是司空图为补充《注愍征赋》意犹未尽而写的。其中有一段话颇足注意。文曰:

> 卢君尚以谗摈,致愤于累千百言。亦犹虎之饵毒,蛟之饮镞,其作也,虽震邱林,鼓溟涨,不能快其咆怒之气。且科爵之设,是多于彼而丧于此,侈其虚而歉其实。彼或充然自喜,而又以拱默而相持,曾不知日月没于晷刻之间,蝇翔而萤腐耳。然则著明幸于弃黜,而能以《愍征》争勋千载之下;吾知

后之作者,有呕血不能逮之者矣,其所得何如于彼哉?

这里前面"虎之饵毒"几句,也是通过比喻说明卢献卿遭遇不幸,因而发为不平之鸣,写作了《愍征赋》。后面指出卢献卿虽遭际坎坷,却能在文学上有杰出成就,"争勋千载之下";不像某些达官贵人,纵然仕途得意,但无所建树,死后默默无闻,如"蝇翔而萤腐"。其持论大约受到韩愈的影响。韩愈在《柳子厚墓志铭》中,认为柳宗元在政治上遭到挫折后,致力于文学创作,因而获得卓越成就,其所得胜于所失。司空图对卢献卿也持这种看法。这里反映了古代某些士人轻荣华富贵、重文学创造的高尚思想,它提出了人生价值究竟何在的问题,发人深思。

【王运熙　复旦大学中文系教授】
原文刊于《中国文化》1993 年 01 期

《唐代政治史述论稿》学习笔记

唐振常

上海古籍出版社拟重版陈寅恪先生《唐代政治史述论稿》,经由寅恪先生长女公子流求来信,命为一文,以作是书导读。闻悉之下,既感且愧。老师之书,何敢为导。老师之学,何能为导。迟疑而不敢应命者多日,终于执笔写下这篇粗疏的文字,盖深感先生辞世二十七年,先生博大精深之学弥久而愈彰,先生独立苍茫之人格精神更见其辉煌,足证人间终有正道,学术尊严不泯。弟子不敏,虽不得略窥先生之学于万一,如能稍作疏解,藉供初学者知先生是书之精要,而能发愤于学,立志以继先生之事业,则抑或可稍解五十二年前受教而怠学之憾于万一了。

《唐代政治史述论稿》是先生研究中国中古史的杰作,对有唐一代政治史作了最精辟的论述,博大处浩浩乎无涯际,综观全史,上溯两晋南北朝与隋世,下讫唐以后之变化。而此浩无涯际的宏观之学,全从先生精深独到的研究得来,正所谓从细微处见精神,以小而见大也。钱穆先生论朱熹"以一大儒通考据,事固无难"。移之于先生,亦然。于是,此书之行文也,虽分为上、中、下三篇,实同一贯,由头至尾,一气呵成,一脉相连,陈陈相因,一环套一环,读至终卷,便能憬然有悟,知先生之精义所在。读是书者,先应熟读唐史一遍,取得基本了解,更应与先生早于是书而作的《隋唐制度渊源略论稿》并读(按:《隋唐制度渊源略论稿》完成于一九四〇年,《唐代政治史述论稿》写于一九四二年,蒋天枢先生《陈寅恪先生编年事辑》系《唐代政治史述论稿》于一九四一年作,误),同时读先生有关唐史的单篇论文,方能互相发明。

　　书分为上、中、下三篇,各有一题,而篇之下不另立目,全书行文是一以贯之,每篇行文亦一以贯之,这是先生为文的一向风格,是先生治史而通的表现。实则,细读之,每篇之内皆各有小题寓于文中,与现在通行的篇之下,复有章、节、目者无异。西方章节式写史之体,是稍早于先生之前一代人引入,引起了中国写史之体的变化。先生留学西方多年,于西方史体自极熟悉,而先生熟积于胸中未曾全然抛弃者为中国传统的写史之体,于是,先生博采西方之长而自创其独特的写史之法,既有整然之序,主题鲜明,一以贯之,复互相照应,各章有其侧重,而又不失之零碎,乃能大小兼备,全局豁然。今之治史者,未必能得先生写史之法,然必应了解先生创法之意。但是,初读先生书者,或读书不专心者,于此不免感觉难读。今写此文,要旨乃在移译并简化先生之文,并按文意加写标题,以使读之者能觉醒目。间以私意加写按语,略作阐释。因而,实际上只是一篇原作提要,可以视之为课堂笔记。于先生之学,采述而不作之道,正是我前面说的何敢为导和何能为导之意。文末,附述我的几点想法,只是白头学生呈给老师的课外读书报告而已。

　　附白:我所用的《唐代政治史述论稿》本,系北京三联书店一九五六年二月第一版,以下文中所署页码均按此本。

上篇　统治阶级之氏族及其升降(第1页至第49页)

　　开宗明义,指出李唐一代史事的关键是种族和文化两个问题。振常按:这是先生治唐史的卓越之见,全书即环绕这两个问题而展开论述,层层深入,尽揭底蕴。学者于此必须注意领会。

甲　唐室氏族世系考证(第1页至第13页)

　　李唐皇室女系母统杂有胡族血胤,如高祖、太宗、高宗之母皆胡姓而非汉人,不待阐述,此节专论男系父统之氏族。唐室自称为西凉武昭王李暠正支后裔。

博采诸书,详加考订,证明非是,得结论曰:"李唐先世若非赵郡李氏之'破落户',即是赵郡李氏之'假冒牌'""李唐血统其初本是华夏,其与胡夷混杂,乃一较晚之事实也"。

振常按:此节文字,着眼者大,着手者小,为极精辟的考据之作。书中第11至12页引《隋书·经籍志》言宇文泰订立政策,改易氏族,引起谱序郡望变化,先生独具法眼,认为这段文字,实是分别适用于胡人与汉人,文中自"后魏迁洛"至"并为河南洛阳人"止一节,专指胡人而言;自"其中国士人"至"又以关内诸州为其本望"止一节,实专指汉人而言。于此,乃可明白,"李唐之称西凉嫡裔",即所谓"并令为其宗长,仍撰谱牒,纪其所承",其改赵郡郡望为陇西郡望(按:先生前文已指出"赵郡李氏是亦华夏名家,又何必假称出于陇西耶"),即所谓"又以关内诸州为其本望"。千古未发之覆,得先生一语而决,读史者应细审之。先生早年写有《李唐氏族之推测》《〈李唐氏族之推测〉后记》《三论李唐氏族问题》三文,历经多年,最后形成关于李唐氏族的系统见解。

乙　世系改易历程及胡汉文化问题(第13页至第48页)

李唐世系先后改易之历程既明,进而发现,此世系改易之历程,实不限于李唐皇室一族,凡多数北朝、隋唐统治阶级之家,莫不如是。于是先生进而论述此中国中古史上这一大问题。

①关中本位政策由来(第13页至第17页)

此节从拓跋魏实行汉化政策发端,历述孝文帝迁都洛阳,汉化达于高峰,而边塞六镇之鲜卑及胡化之汉族,则仍保留其本来之胡化,为一善战之民族,后南向迁徙,入高欢统治之下,高欢遂无敌于中原,成其霸业。其他小部分,由贺拔岳、宇文泰率领西徙,割据关陇,抗衡高氏,分得西北部之地,成北朝东西并峙之局。然宇文泰以少数之六镇民族,局促关陇一隅之地,终能并吞分有多数六镇民族且雄踞山东富饶区域之高齐,实由所采取的新途径正确所致,先生对此新途径称之为关中本位政策。关中本位政策开创于宇文泰,隋及初唐因之。唐至武后以后,政治、军事、社会、文化上的变化,与初唐判若两端,都由于关中本位政策至武后而废。先生以大手笔为读者作了深刻入微的描绘。其详应参《隋唐制度渊源略论稿》。

宇文泰关中本位政策的出发点,在于融合其所割据的关陇区域内之鲜卑六镇民族及其他胡汉土著之人为一不可分离之集团,使之在物质上处同一利害之环境,精神上具同出一渊源之信仰,同受一文化之熏习,方能御敌制胜。而精神文化方面尤为融合复杂民族之要道。因而以其割据之土依附古昔,称之为汉化发源之地,不复以山东、江左为汉化的中心。凡属于兵制的府兵制、属于官制的周官,皆是其事(府兵制尤为关中本位政策主要的内容)。而前举《隋书·经籍制》改易氏族之举,自是执行关中本位政策的例证。接着,先生以宇文泰改易氏族的前后二阶段例证李唐氏族称谓之变易,并举证北朝、隋唐史料记载诸多李姓的籍贯往往分歧,即由改易氏族之前后二阶段未曾判明。而隋唐皇室之所以始终分别自称为弘农杨震、陇西李暠之嫡裔,乃由于隋唐皆沿袭关中本位政策,歧视山东人的观念不变。溯源探微,先生之史学,总使人明白底蕴。

②汉胡之别,在北朝时代文化重于血统(第 17 页至第 18 页)

此处只是举两例以说明在北朝时代,汉人与胡人的分别是文化重于血统,凡汉化之人即目为汉人,胡化之人即目为胡人,血统如何,在所不论。先生认为此点为治吾国中古史最要关键,如不明白,"必致无谓之纠纷。"先生在这里稍涉此点,为以后讨论种族与文化关系问题先得一概念。

③科举制之崇重与兴府兵制之破坏,俱起于武后,成于玄宗(第 18 页至第 25 页)

自高祖、太宗创业至高宗统御之前期,其将相文武大臣大抵承西魏、北周及隋以来之世业,即宇文泰关中本位政策下所结集团体之后裔也。至武后主政,逐渐破坏传统之关中本位政策,府兵制即于此时开始崩溃,而社会阶级亦在此际起一升降之变动。盖武后大崇文章,破格用人,于是士子竞趋进士词科。山东、江左之人,有虽工于为文,但以不预关中团体,致遭屏抑者,亦因此政治变革之际会上升朝列,而西魏、北周、杨隋及唐初将相旧家之政权尊位,遂为此新兴阶级攘夺替代。"故武周之代李唐,不仅为政治之变遭,实亦社会之革命。"及武后统治告终,改变关中本位政策之趋势仍继续进行,至玄宗朝,关中本位政策遂破坏无遗。安史乱后,中央政府与一部分地方藩镇,截然划分为两个不同的区域,非仅政治军事不能统一,即社会文化亦完全成为互不干涉之集团,其统治阶级氏族之不同类,更无待言。安史乱平,而其部将及所统之民众,依旧保持其势力,与中央政府相抗,以迄于唐室之灭亡。在奉长安文化为中心,恃东南财赋以存立的集团中,其统治阶级,乃此集团所占地域内的两种人,一是受高深文化教养的汉族,多为武则天专政后提拔的新兴阶级,大抵从文词科举出身为外廷士大夫;一是受汉化不深的蛮族,或蛮夷化的汉人,多来自边荒区域,自玄宗朝至唐亡,一百五十年间身居内廷,实握政治及禁军之大权,即所谓阉寺之特殊阶级。故科举制之崇重与府兵制之破坏,俱起于武后,成于玄宗。其时代之符合,绝非偶然也。

振常按:以上是本节大要,所含内容极丰富,论证极为精辟。本节最后,略为考订阉寺多出自今之四川、广东、福建等省,时为蛮夷区域,而宦官姓氏又有不类汉姓者,故疑阉寺中多蛮族或蛮夷化之汉人。至于阉寺之权日大,以至政柄及君权皆入其手,皇位继承之权归其决定,内朝之禁军及外廷之宰相,俱由其指挥进退,详于中篇《政治革命及党派分野》,此处只言宦官之氏族。又,此节论及武则天崇重进士词科对于唐代政治变迁及社会革命的巨大影响,先生在他书中对此多有论述,如取先生之《元白诗笺证稿》对《长恨歌》的笺证、单篇论文《论韩愈》等并加阅读,当可明白先生治学功力之深,目光之炬,先生对各种零碎史料如串置散钱、治梦理丝,把唐代的政治史、社会史、文化史、文学史联系起来,一以贯之,论证了大问题。于此,我写有《谈陈寅恪先生治史》一文略作阐述(见《学术集林》第二辑,并见拙集《川上集》),此处不赘。

④种族与文化(第25页至第48页)

振常按:上节既揭载安史乱后中央政府与一部分地方(河北)藩镇截然划分为两个不同的区域,本节即紧接前题,进而论述河北藩镇实为一独立团体,其政治、军事、财政等与长安中央政府实际上无隶属之关系,其民间社会亦未深受汉族文化之影响,不以长安、洛阳周孔名教及科举仕进为安身立命之归宿。于此提出了论唐代河北藩镇问题必须注意民族及文化二端方能得其真相之卓然论点,发千古之覆。以下所述,即以大量例证层层深入证其说之不能易,应深读之。

例证之一,秀才卢霈年二十不知周公、孔子,只击毬饮酒、马射走兔,语言习尚无非攻守战斗之事。例证之二,其地暴刑暴赋,唯恤军戎,对衣冠士人遇如奴隶。例证之三,从韩愈《送董召南游河北序》得知,类似董召南这样有野心而在长安文化区域内不能得意的人,只有北走河朔之一途。例证之四,李益虽登进士而不得意,北走范阳。凡此,足以证明,唐朝后半期含有两个独立敌视的团体,此二团体统治阶级之种族文化宜有不同之点。进而据《新唐书·藩镇传》并取其他有关诸传之人其活动范围在河朔或河朔以外者相参考,发现二点:一为其人之氏族本是胡族,而非汉族;一为其人虽为汉族,而久居河朔,渐染胡化,与胡人无异。"前者属于种族,后者属于文化。质言之,唐代安史乱后之世局,凡河朔及其他藩镇与中央政府之问题,其核心实属种族文化之关系也。"但是,河北之地,在东汉、曹魏、西晋时乃文化甚高区域,何以至玄宗文治灿烂之世,转变成了胡化地域?先生设一假说,以为关键在于,安史之徒乃自成一系统最善战之民族,在当日军事上本来无与为敌者。后来安史霸业虽不成,然其部将始终割据河朔,与中央政府相抗衡,以至于唐亡。以下,乃以大量史料考证安禄山之为九姓胡(《旧唐书》称为杂种胡人)、史思明之突厥杂种胡人,及善战事;更以大量材料历叙与安史同时并后来河朔及其他藩镇胡化事迹,因而作结论云:"李唐最盛之时即玄宗之世,东汉、魏晋、北朝文化最高之河朔地域,其胡化亦已开始。"先生于此谦虚地说:"此点自昔史家鲜有解释,兹试作一假说,以待将来之确证,然私心殊未敢自信也。"后之史家,其能继先生之意以为证否?私心望之。以下,更举一说,以为河朔之地胡化若斯,则其地必有胡族之徙入无疑,凡居东北与河朔有关之胡族迁居河朔自有可能,而何以此时河朔竟有多数之中亚胡人来居,书中便又展开了新的考证,举出中亚胡人的迁来出于三种背景,逐一为之阐明。论史至此,可谓至矣尽矣。

丙 本篇结语(第48页至第49页)

唐代三百年间统治阶级之变迁升降,即是宇文泰关中本位政策所鸠合集团的兴衰及其分化。李唐初期,皇室与其将相大臣几乎全出于同一系统及阶级,李氏主其轴心,其他诸族入为相,出为将,自无文武分途之事,而将相大臣与皇室亦为同类之人,不容别一阶级存在。武则天氏族不在关陇集团之内,因欲消灭唐室势力,遂开始施行破坏此传统集团之工作,如崇尚进士文词之科,破格用人及渐毁府兵之制等皆是。此关陇集团遂致分崩堕落(亦有集团本身逐渐衰腐的因素在),至玄宗世全部告成。此时皇室始与外朝之将相大臣即士大夫及将帅属于不同之阶级,而阉寺亦因是变为一统治阶级,拥蔽皇室,与外朝之将相大臣相对抗。关陇集团本融合胡汉文武为一体,今既别产生一以科举文词进用之士大夫阶级,则宰相不能不由翰林学士中选出,边镇大帅之职舍番将莫能胜任,而将相文武蕃汉进用之途,遂分歧不可复合。此皆成于玄宗之世,是以论唐史者必以玄宗之朝为时代划分界绒。

振常按:先生在此段末句后有语云:"其事(按指以玄宗朝为分界线事)虽为治国史者所得略知,至其所以然之故,则非好学深思通识古今之君子,不能详切言之也。"用意极深,且指明了治学之途。先生所谓古者,指宇文泰以来关中本位政策之沿革变化,先生所谓今者,指玄宗朝之状况。以古视今,以今证古,方能得其本源,纳全局于胸中,明白事物之所以然了。先生治史,一向注意变化之迹,此又一证。

中篇　政治革命及党派分野(第50页至第127页)

本篇论述唐代政治革命有中央政治革命及地方政治革命二类,安史之乱以前,地方政治革命均不能成功,且无大影响,何故?中央政治革命有成功有失败,何故?唐代皇位的继承常不固定,新旧君主接续之交何以往往有宫廷革命?外廷士大夫党派若牛李等党如何发生,分野界线何在?等等一系列问题,条分缕析,因缘乃明。

甲　宫城北门(玄武门)系成败之机(第50页至第58页)

关中本位政策未破坏之前,凡操持关中主权之政府,即可宰制全国,故政治革命,中央可以成功,地方必失败。盖太宗"列置府兵,分隶禁卫,大凡诸府八百余所,而在关中者殆五百焉,举天下不敌关中,则居重驭轻之意明矣"(《陆宣公奏议·论关中事宜状》)。内外轻重之形势,与政治革命之关系如是其然。迨玄宗之世,关中本位政策完全改变,地方政治革命始能成功。然在关中本位政策未变易以前,中央政治革命有成功,亦有失败,其故又安在?应之曰:"其关键实系于守卫宫城北门禁军之手,而北门之重要则由于唐代都城建置之形势使然。"

（振常按：先生于此详记于《隋唐制度渊源略论稿》，应参）唐代宫城的建置，宫在城北，故北军为卫宫之武力，故北门（玄武门）最重要，"唐代历次中央政治革命之失败，悉决于玄武门即宫城北门军事之胜负，而北军统制之权，实即中央政柄所寄托也。"以下，书中乃详述高祖、太宗至中宗、玄宗中央政治革命凡四次，其成败均以玄武门之得失及屯卫北门禁军之向背为关键。

振常按：读史者应认真学习先生在本节的考证，更应认真学习先生小中见大的治史之法。宫城北门，初视之，似无关宏旨；北门之得失，不过战争之失地与得地而已，先生竟以其"小"而做出了关乎政治革命成功与失败这样一篇大文章。每见西方汉学家为文，题目与事件往往很小，诚然他们做得很细，有其长处。但是，其结果常是以小见小，而未能见其大。学者欲窥西方汉学之以小见大，甚难，甚难。先生在此，作出了典范，详考宫城北门之建置，小也。详考之，此历次政治革命之成败之论证之，乃得其大。这就是大儒与饾饤考据的区别。多年来，史学界常说求历史发展之规律，为文之际，究竟何为规律，还是疑莫能明，从先生的治史，当能有所启发。此类论证，在先生著作中，随处可见。更举一例，如先生论述唐代古文运动之兴起，与文学、文化及政治、社会之关系，着眼在大，而着手在小，乃从宋赵彦卫《云麓漫钞》唐人行卷温卷之文多为"文备众体，可以见史才、诗笔、议论"之传奇一段材料而详加考证，生发开去，做出了学人公认的大学问（参拙文《谈陈寅恪先生治史》）。读此书，宜反复领会之。

乙　皇位继承之无固定性（第 59 页至 70 页）

安史乱后，中央政变除极少破例及极少限制外，大抵不决之于公开战争，而表现为在宫廷之内以争取皇位继承的形式出之，于是，皇位继承之无固定性及新旧君主接续之交辄有政变发生，遂为唐代政治史之一大问题。

以下，即从太宗立嗣之犹豫不决起述，历记高宗、武后数废皇储，中宗、睿宗、玄宗、肃宗、代宗以降，以至德顺，诸朝莫不皆然，皇位继承皆不能固定，且往往为此而酿成政变。其尤突出堪异者，如玄宗既以大功立为皇太子，其皇位继承仍不固定。其后虽已监国，并受内禅，即皇帝位矣，其皇位仍不安定，必至诛夷太平公主党徒之后，睿宗迫不得已，放弃全部政权，玄宗之皇位始能安定。代宗虽有收复两京之功，其继承皇位，必待宦者李辅国、程元振合谋诛越王系并其党与方能拥立,自此之后,唐室皇位之决定,乃归于阉寺之手。阉寺中又分为党派,互为争斗,皇室子孙无论得继皇位与否,都不过只是阉寺手中的傀儡工具而已。

振常按:先生此节论述,至于德宗顺宗之交而止,其下顺宗宪宗间著名之永贞内禅事,则以其斗争为唐代内廷阉寺党派与外朝士大夫党派勾结最显著的事例,且外廷士大夫最突出的牛李党争亦在宪宗元和之世发生,是以留待其后以内廷及外朝之党派关系与皇位继承二端合并论证。

丙 士大夫党派分野之界线(第 70 页至 94 页)

①山东士族与关陇集团(第 70 页至 79 页)

唐代统治阶级在关中本位政策未破坏前,除了关陇集团,还有一个与之相抗衡的山东士族,这是北朝以来的传统统治阶级,外廷士大夫多出于此类。所谓士族,其最初概念并不专以先代的高官厚禄为唯一标准,而实由家学和礼法等高出于他姓,如山东士族第一等门等的范阳卢氏,据《魏书·卢玄传论》,称为"其文武功业殆无足纪,而见重于时,声高冠带,盖德业儒素有过人者"。此不只限于范阳卢氏,凡两晋、南北朝的士族盛门,考其原始,几无不如是。魏晋之际,小族男子以才器著称,也可以称为名士,他的政治、社会地位便和巨族子弟没有区别;小族女子如果以遵守礼法受到社会尊重,也就可以和高门通婚,并不像后来士族在婚宦二事上专以祖宗官职高下作标准。再举南朝江左一例,据《旧唐书·袁朗传》,袁氏是江左冠族,品论人物门户,专注"历代人贤名节风教为衣冠顾瞻",和张沛所谓的"陇西李宣,天下甲门"的概念不同,袁朗持其概念,评论"山东人尚于婚媾,求于利禄",是代表六朝初期门第原始本义,张沛之说则代表六朝后期及隋唐时代门第演化通义。所以有"山东之人尚婚娅,江左之人尚人物,关中之人尚冠冕,代北之人尚贵戚"之说。

振常按:观念之形成因时而异,执其一端,不但不能得通解,且反将误导。先生以时间变化区别其不同,明乎此方能观古今世变。

士族特点既在门风优美,不同于凡庶,优美的门风则基于学业的因袭,故士族家世相传的学业,便与当时政治社会有极重要影响。东汉以来学术与政治的关锁为经学,士族之家皆以通经义、励名行,入士宦之途径致身通显,唐初亦复如此,而在河北即所谓山东地域更为显著。这和高宗、武则天后的专尚进士科,以文词为清流仕进之唯一途径大不相同。可以设定这样一个假说:唐代士大夫中主张经学为正宗、薄进士为浮冶的一派,大抵都出于北朝以来山东士族旧家;由进士出身以浮华放浪出身的一派,多是高宗、武后以来君主所提拔的新兴统治阶级。其间山东旧族亦有由进士出身,放浪才华的人也或有公卿高门弟子,原因则是旧日士族既已沦替,便于新兴阶级渐染混同,而新兴阶级虽已取得统治地位,仍然没有具有山东旧族的礼法门风,其子弟摆脱不了逞才放浪的习气。易言之,两种新旧不同的士大夫阶级空间时间既非绝对隔离,自不能无传染薰习之事,但两者分野的界划,要必于其社会历史背景去探讨,然后唐代士大夫最大党派如牛李诸党之如何构成及其与内廷阉寺之党派互相勾结利用之隐微本末,才可以豁然通解。以下,引征史实,及于李党首领李德裕及其同类郑覃父子之重门第、鄙薄进士,再及于山东旧族虽衰,社会潜在影响仍然巨大,以至于皇室亦难望与山东旧门通婚之例,以证上述两集团分野的界划之说。

振常按:上面,以较多的文字引述了先生的论述,因为一则由于内容的重要,为治唐史者所绝不能忽略,二则从本节论述可以较清楚地了解先生治史之神髓:立论从大量事实得来,既悬为概括性的原则,用之以解题,乃通。先生悬为通则时,真是各方面的情况都考虑进去了,博大精深之中具见缜密。

②牛李党派分野界划(第79页至第94页)

振常按:牛(僧孺)李(德裕)党争为中唐外廷士大夫最大最有影响为时最久的党派斗争,两党各自结党营私,互相攻击,左右朝政,排斥异己,扰攘不休,最高统治者的皇帝亦毫无办法去解决,以至文宗对侍臣说:"去河北贼非难,去此朋党实难。"先生论述牛李党争,不在讲明史实经过,学史者在学习先生之论述牛李党争前,自应先对党争经过了然于胸,然后方能领会先生的论述。先生此讲,乃在从两党所以结党所以互讦的本源,即出身、行事、社会条件、政治背景等去作探索,得出本质的了解。昔年从先生学,先生所授四门课均是按此法讲解,如讲《元白诗》《元白刘诗》,其听讲之先决条件,即学生对元、白、刘三家之诗皆已熟读能诵,先生所讲者非是诗句之解,而表现为对历史、社会、政治背景的阐发,或创作理论上的探讨,即是先生最重义理,而义理得之于考据。即使偶作诗句讲解,不外乎两种情况,一是以诗证史,非一般的解句;一是遇上学生很难理解的引喻,记忆中先生一次讲元稹《悼亡诗》至"唯将终夜长开眼,报答平生未展眉"句,忽问学生:"为什么说'终夜长开眼'?"问了数人,均不能答。先生乃讲出"鳏鱼眼长开,微之以此比喻将永作鳏夫终身不再娶"之意。我当时坐第一排正中,正对先生,被第一个问到,嗫嚅无词以答之状,五十余年之后犹在眼前。至于以诗证史,在先生的著作中更比比皆是,取《元白诗笺证稿》一书细读便明。在《唐代政治史述论稿》中,可举一例。论证"用兵"与"销兵"为宪宗朝和穆宗朝不同的政策,李党赞成用兵,牛党赞成销兵,先生提到元稹《连昌宫词》结句"努力庙谟休用兵"(并参先生论文《连昌宫词质疑》),以为"关涉当时政局国策",即是一例,而元微之亦实为牛党也。先生治学讲书,皆类此,所以郑天挺先生深有领会地说"先生是教授的教授",倒不是只从形式上指坐听先生讲课者确多各校教授而已。

两党分野界划,约略言之,归为以下诸条:

A 举李党陈夷行、郑覃与牛党李珏、杨嗣复荐人之异同,指李党主张以经术进,牛党主张以词采先。而此时主经术者已成孤立,主词采者乃为地胄,实因进士词科出身者已成新兴阶级,政治社会地位日上,而山东旧族如崔皋之家转成孤寒之族,李珏、杨嗣复之流虽号称士族,即使并非出自依托,但旧习门风亦沦替殆尽,与以进士词科进身之新兴阶级无异。追拔起寒微之后,用科举座主门生及同门关系,致身通显,转成世家名族,遂不得不崇尚地胄,而拔引孤寒之美名反让与山东旧族的李德裕了。这是数百年间的一大世变。于是,李德裕大恶新兴进士出身之人,指为以科举进身互相勾结。接着,举证多条以证科举制度下座主门生、同年或同门关系极为密切之事例。

B 唐代贡举,大要可分为明经、进士两科,进士科主文词,明经科专经术,所学之殊,实由门族之异。自高宗、武后以后,朝野皆重进士而轻明经。最为人知的例子,是元稹以少年明经及第,往访以歌诗著名、重于缙绅的李贺,仆人不予延见,讽刺地说:"明经及第,何事看李贺?"稹惭恨而退,后以制策登科,为礼部郎中,乃加报复,议李贺父名晋肃,贺不应举进士。韩愈《讳辩》为反驳元稹而作。其他所引资料甚多,不具。《唐摭言》有"三十老明经,五十少进士"之句,表明二科社会价值之高下。

C 牛李两党在数朝互有进退,对于进士科之好恶崇抑,即因主政者为何种出身而互异。沈曾植说:"牛党重科举,李党重门第。"大致如此,但亦非绝对,两党既产生于同一时间,地域又相错杂,互受影响自不能免。所可注意的有三端:一是在山东士族与进士词科新兴阶级之斗争中,李唐皇室氏族以属于关陇集团之故,其远支宗室之政治社会地位已无大别于一般士族,处于中立,既可自牛,亦可自李。二是凡山东旧族挺身与新兴阶级相斗争者,必此人之家族尚能保有旧时门风家学之特长,而凡门风废替、家学衰落之破落户,则与新兴阶级不只没有分别而且与之同化了。三是凡牛党或新兴阶级自称之门阀多不可信,如杜牧、白居易、令狐楚之述家世。

振常按:以上的分析极为精深,史事尽入于胸,论证无遗。

D 进士词科出身之人,多以放浪著称,如杜牧。李商隐出自新兴阶级,应为牛党,而婚于李党,以图仕进,致为两党不取。

丁 永贞内禅——内廷阉寺与外朝士大夫党派勾结(第94页至第111页)

振常按:前述皇位继承之不能固定及其至酿成政变,至德宗顺宗之交而止,此节补述顺宗宪宗间有关此事内容,即史称永贞内禅者。于永贞内禅事件之本身,文中不作叙列,而在探求此政治事件之本源,即内廷阉寺与外朝士大夫党派勾结,永贞内禅即为此种勾结所酿成。学习此节,应先读先生之专题论文《〈顺宗实录〉与〈续玄怪录〉》(见《金明馆丛稿二编》)。这篇论文取韩愈《顺宗实录》与李复言《续玄怪录》对照研究,揭出永贞内禅的隐秘。《顺宗实录》为官撰之史,《续玄怪录》是江湖举子投献的行卷,是一篇传奇小说,两者在表面上绝无关联,而先生取而并读,注意到小说的影射,以探真相。于此,更应注意先生在论文中的一段话:"通论吾国史料,大抵私家纂述易流于诬妄,而官修之书,其病又在多所讳饰,考史事之本末者,苟能于官书及私著等量齐观,详辨而慎取之,则庶几得其真相而无诬讳之失矣。"于官私史书之失作了确论,"详辨慎取"之教,治史者宜深受之。

所谓永贞内禅,简言之,即顺宗有痼疾不能朝,朝政为宦官把持,宦官中又分党派,俱文珍与李忠言各为其首,互做斗争,而各与外廷士大夫勾结,王伾、王叔文以至韦执谊、刘禹锡、柳宗元等与李忠言勾结,韩愈则与俱文珍有连。俱文珍胁迫顺宗,拥立宪宗,俱党大盛。内禅之后,延伸到后来,宪宗朝,宦者各派斗争更烈,终至宪宗为宦者陈弘志所弑,拥立穆宗,后又牵涉到参与弑宪密谋的郭太后,致郭太后一夕暴崩,史称穆宗指使。一时之间,内廷阉寺各自勾结外廷士大夫,刀光剑影,争斗不休。永贞内禅是皇位继承之不固定及内廷阉寺党派影响于外朝士大夫的显著事例。阉寺为主,外朝反射之。

更有一层,牛李党争即起于宪宗之世。党争所涉,反映在政治社会的多方面,前节谈了两党人物出身的不同,而在为政宗旨上,对藩用兵还是销兵是一个主要方面。宪宗主张用武力削平藩镇,重振中央政府威望,李党大多赞成,牛党大多反对,在内廷,宦者同样也分为赞成与反对两派。及穆宗立,销兵之议行,而朝局大变矣。牛李党之进退,随用兵与销兵而不同,此派进,彼派退;彼派进,此派退。所谓朝局大变,即销兵(裁军)引起了河朔大乱,奠唐亡之局。虽然销兵每年限额只有百分之八,为时又短,由于胡兵善战,销(遣散)后合而为盗,遂为朱克融、王廷凑所利用,政府无能为敌。这当是内廷外朝这些热衷于互为党派以做斗争的人所想不到的。

戊 文宗以后士大夫阶级与阉寺阶级政治上之盛衰分合(第112页至第127页)

先引原书述此节概要:"就牛李党人在唐代政治史之进退历程言之,两党虽俱有悠久之历史社会背景,但其表面形式化则在宪宗之世。此后纷乱斗争,愈久愈烈。至文宗朝为两党参错并进、竞争最剧之时。武宗朝为李党全盛时期,宣宗朝为牛党全盛时期,宣宗以后士大夫朋党似已渐次消泯,无复前此两党对立、生死搏斗之迹象,此读史者所习知也。然试一求问此两党竞争之历程何以呈如是之情状者,则自来史家鲜有解答。鄙意外朝士大夫朋党之动态即内廷阉寺党派之反影。内廷阉寺为主动,外朝士大夫为被动。阉寺为两派同时并进,或某一时甲派进而乙派退,或某一时乙派进而甲派退,则外朝之士大夫亦为两党同时并进,或某一时甲党进而乙党退,或某一时乙党进而甲党退。迄至后来内廷之阉寺'合为一片'(此唐宣宗语)全体对外之时,则内廷阉寺与外廷士大夫成为生死不两立之仇敌集团,终于事势既穷,乞援外力,遂同受别一武装社会阶级之宰割矣。"以下稍举一些事例。

文宗朝李训、郑注诛杀宦官，先杖杀陈弘庆（按《新唐书》作陈弘志），再鸩杀王守澄，几成扫除寺之全功，关键在于利用阉寺中自分党派如王守澄与仇士良、韦元素等之例，而当时牛李党人各有勾结之宦官，李、郑得以进用本由阉寺，故能洞悉隐秘，便欲尽除阉寺。当时由寺党派既同时并进，互相争斗，极为剧烈，士大夫之党派便各承其反影，亦复如之。训、注谋尽扫阉寺，其计不成，终至发生甘露之变，宦官仇士良等劫持文宗，杀诸司使六七百人，捕训党千余人，斩四方馆，流血成渠。甘露之变后，如《通鉴》所云，"自是天下事皆决于北司，宰相行文书而已。"皇位继承更完全决于阉寺之手，外朝宰相只有服从，事例屡屡，文宗、武宗两朝史料皆足说明。宫掖阉寺既操胜券，皇室子孙作其傀儡，只供牺牲，而士大夫党派更是阉寺党派的附属品，随其胜败以为进退而已。所以如此，皆因北司掌兵，且专宫禁之权也。

文宗大和之世，李训、郑注谋尽扫由寺虽不成，毕竟收效一时，原因在于其时由寺分为党派，至宣宗朝，韦澳欲效李训郑注故技，利用阉人以制阉人，而阉人已"合为一片"，团结一致，以抗外敌，致宣宗亦以为韦澳离间阉人之计必无效而不采用。阉寺既已一致对外，在内廷没有了派别，在外朝也反映出没有了党争。至宣宗末年懿宗初年，外廷士大夫亦仿阉寺"合为一片"，相与对抗，这才造成了后来的解决阉寺问题，只能是崔胤借助外来藩镇兵力去加以歼灭这一个途径。

下篇 外族盛衰之连环性及外患与内政之关系（第128页至第159页）

甲 外族盛衰之连环性（第128页至第152页）

解题：所谓外族盛衰之连环性，意指某甲外族不独与唐室统治之中国接触，同时亦与其他外族发生关系，其他外族崛起或强大，可能导致某甲外族灭亡或衰弱，唐室中国必然受到它的兴亡强弱的影响，或是利用这种机缘，或是受到它的祸害。所以，观察唐代中国和某甲外族的关系，不可限于此某甲民族，而必须通览诸外族相互的关系，然后中国与四夷更迭盛衰之故始得明了，对于唐室的对外措施也才可以略知其意。换一句话说:中国与其所接触诸外族之盛衰兴废,常为多数外族间之连环性,而非中国与某甲外族之单独性。

振常按:先生观察问题的方法,不只看单独相互的关系,还着眼于全局相互的关系,然后可以明局部,亦可以明全局;可以明特殊,也可以明一般。这和我们所常说的辩证地判断问题之法,若合符节。无知者往往目先生为资产阶级史学权威,而不知先生治史方法之先进。何其陋也! 更想到一件事,先生任教成都燕京大学之时,风传郭沫若要从重庆专程来成都听课,更有人说,郭沫若以为先生有唯物史观。此说确否难辨,然一九四九年之前,郭沫若来听先生课是符合历史的。一九四九年之后,此种可能自然没有了,而先生被称为资产阶级史学权威,郭沫若则为新史学权威矣! 甚至郭以"壬水庚金龙虎斗"喻二人关系。其实先生何曾与郭斗,"郭聋陈瞽马牛风"表示为学之异趣则然(参陆键东《陈寅恪的最后二十年》)。一九五八年"厚今薄古"之说兴,先生谓"厚今薄古"何以教古代史? 乃废书不教。郭沫若则高举唱和之旗,为文曰:"我们在史料占有上,应该超过陈寅恪,当仁不让师嘛!"异趣显然,毕竟还承认了陈先生是师,即使是无意之间的吐露。

振常按:宋祁作《新唐书·四夷传》,叙述次第根据盛衰先后、用兵轻重、唐所由亡,先生即依其意,序列唐室与突厥、吐蕃、回纥、高丽、南诏之关系于首节。又在文首特意标明:唐代武功称为吾民族空前盛业,然详究其所以与某甲外族竞争制胜,实不仅由于吾民族自具的精神和物力,也由于某甲外族本身腐朽衰弱有以致之,国人治史者往往忽略此点,先生认为,这种做法"既有违学术探求真实之旨,且非史家陈述覆辙以供鉴戒之意",所以下面论述中遇到某外族本身先已衰弱遂成中国胜利的情况,必特为标出,"以期近真实而供鉴戒"。先生这种做法,既忠实于历史与学术,又可见先生常从史事感受到的"兴衰之感,兴亡之叹"之真切入里。

①突厥(第128页至第131页)

隋末唐初,亚洲大部民族的主人是突厥,而非华夏。隋末乱离,中国人归突厥者众,更成强盛;时僭号称王者,对突厥皆北面称臣,李渊也称臣于突厥。《通典》形容突厥,"东自契丹,西尽吐谷浑、高昌诸国皆臣之,控弦百万,戎狄之盛近代未有也。"唐太宗十年之后竟能一举而覆灭突厥,固然由于唐室奋发自强,主因则是突厥境内天灾和本身的腐败,加以邻族回纥薛延陀之兴起。

②回纥(第 131 页至第 132 页)

回纥自肃宗以后最为雄大,中国受其害最大。至文宗时,其境内天灾党乱困扰,境外黠戛斯崛起侵之,乃崩溃不振。时中国亦非强盛,回纥之衰,非由唐盛。

③吐蕃(第 132 页至第 139 页)

吐蕃于唐代中国为患最大,一是时间长,自贞观时开始强盛,至大中时瓦解衰弱,为患唐代约二百年。二是祸害剧烈,史载甚详。按关中本位政策,全国重心本在西北一隅,唐代极盛之时,不能不竭全国之武力财力积极进取,以开拓西北边境,统治中央亚细亚,藉保关陇集团之安全为国策,乃对东北边境不得已而采维持现状之消极政略。高宗朝资两代全盛之势,历经艰困,始克高丽,克之不能守,虽为东北天时地势使然,而吐蕃之强盛使唐无余力顾及东北,要为最大原因。这就是吐蕃与高丽连环关系的表现。此东北消极政策不独有关唐代大局,即五代、赵宋数朝之国势亦因以构成。迨吐蕃衰败,其役属之党项别部兴起,此党项部后裔西夏,又为中国边患,与北宋相终始。

振常按:以上是先生论述吐蕃与唐关系开始两段文字的综合要义,目光如炬,论史横通纵贯,西北与东北之对外措施紧紧相关,外患由当代之唐而纵及于五代与北宋,以体例所限,于唐后之事,自不能详言,但于此则见先生眼光之深远,为后之治史者提出了思考之题;而于其时西北与东北之对外关系,先生则于本节及后面论与高丽关系时均详征史实作了论述。治史有整体观,先生于此作了典范,后之学者,可作深思。

中国与吐蕃处于外族交互之复杂环境,而非中国与吐蕃一族单纯之关系,故唐室君臣对于吐蕃施行的策略,即利用此诸族相互的关系,即结合邻接吐蕃诸外族,以为环攻包围之计。《新唐书·南诏传》记贞元十七年之大破吐蕃,即韦皋联合南诏以制吐蕃之策生效之故。《旧唐书·韩滉传》所载,《资治通鉴》记李泌对德宗献策对付吐蕃的内容,都表明了唐室君臣注意利用中亚、大食以牵制吐蕃。吐蕃破败,由于天灾及内乱,依靠武力,唐室并不足以平定吐蕃。

④高丽(第 139 页至第 151 页)

隋炀帝和唐太宗都曾倾全国力量进攻高丽,以失败告终,高宗则得之而复失,除了为外族盛衰连环性关系所系,还有一个天时、地理、人事的因素。中国东北方冀辽之间,雨季在旧历六七月间,寒冻时期在八九月至翌年二三月,要制服高丽攻取辽东之地,非在冻期已过、雨季未临的短时间内取得全胜不可。若由海道进攻,则百济、新罗为形势所关之地,不善海战之华夏民族,非先得百济以为根据,难以经略高丽。而百济又与新罗关系密切,故百济、新罗之盛衰,直接影响于中国与高丽之争胜。

考太宗之伐高丽,从贞观十八年秋冬间做准备,半年之后,即贞观十九年二月间太宗发洛阳,李世勣集主力于幽州,乃开始出动,原因即在非等到气候稍暖不能在东北行军。又历二月之久,到五月初,李世勣进军辽东城下,太宗同时渡辽泽,但为泥淖阻滞达一星期后始于李世勣会师,军行已嫌缓滞。攻围辽东城,十二天才得打下,这时已到晚秋,气候转变,粮道不通,只能急速班师。此役无功而返。后来到高宗总章三年,由同一挂帅将领李世勣再度出师,终能成其大功,在于其时高丽既有内乱,进攻策略上复先取得百济之故。

振常按:先生考太宗征高丽之失败,极为精细,认为此役关于时日先后的记载极为重要,乃详引《资治通鉴》之文,而于文中的干支记日都注明数字及月建大小尽,便于读者对时周的长短获得明确印象。考证所得,弄清了日期,经过研究,因而能得出对高丽出师有天时、地理的重要。进而研究高宗东征的成功,一个非常明确的概念乃能形成。学习先生治史,要学大处,同时要学小处,还得非常细心,这又是一个例证。

⑤南诏(第151页至第152页)

前引吐蕃诸条,已可见南诏与其他外族盛衰之连环性的大要,此节只略谈之。中国联络南诏,是为了对付吐蕃,太宗时韦皋帅蜀,定与南诏合攻吐蕃之策,吐蕃渐弱,中国并未增强,而南诏坐大,以至文宗大和三年南诏遂陷邛、戎、巂三州,入掠成都,西川大困。至宣宗末世,南诏大为中国之边患。

乙 外患与内政之关系(第152页至第159页)

振常按:(一)先生在此节中,只是举出唐代内部政治的一两件大事去论证外患与内政的关系(外患引起内政变化),自是言犹未尽。但是,先生开宗讲明,李唐一代和外族的接触,无论其为和平抑或战争,其频繁都甚于前朝,关于影响于宗教文化者,以不在讨论的范围而未论及,但宗教文化的影响则关系极为重要,先生在其他论著中多有精辟的见解,应加领会,以期接续先生的研究。(二)此节关于府兵制的变迁,甚为重要,先生在此所言虽简,已发精义,更应认真阅读《隋唐制度渊源略论稿》兵制章中先生论府兵制前期问题,方能领会本节的论证。在该稿中,先生完整地精辟地论证了府兵制在西魏、北周的初期和唐代时期的不同,宇文泰的府兵制是兵农分离的,唐代的府兵制则是兵农合一的。以此,先生一举而揭出了宋代诸大家对此事的错误说法。那就是,李繁《邺侯家传》据唐代府兵制兵农合一而认为前代亦如此,司马光沿用李繁之说,欧阳修概括府兵制二百年之全部,均为唐之兵农合一,叶适以府兵制二百年无变化均为兵农分离。先生在《隋唐制度渊源略论稿》中论此事毕,慨然叹曰:"宋贤史学,今古罕匹,所以致疏失者,盖史料缺略,误认府兵之制二百年间前后一贯,无根本变迁之故耳。"这是对于前贤厚道的说法,先生论此,揭明府兵制有前后期的不同,也并没有根据什么新史料,何以就能做出正确的结论呢?

①府兵制的废止(第 152 页至第 153 页)

唐代府兵制之异于西魏、北周,即军府地域内兵农之合一。吐蕃强盛之长久,为唐代诸外族所不及,其疆土又延包西北边境,故不能不长期久成以对付之,而非从事农业之更番卫士所得胜任。府兵制乃一变而为长期兵役制。

②关于和平时期财政经济(第 154 页至第 156 页)

《新唐书·食货志》云:"回纥有助收西京功,代宗厚遇之,与中国婚姻,岁送马十万匹,酬以缣帛百余万匹,而中国财力屈竭,岁负马价。"《旧唐书·回纥传》载:"(回纥)以马一匹易绢四十匹。……蕃得帛无厌,我得马无用,朝廷甚苦之。"马价成为当时财政一大问题。

③与中国人民经济关系(第 156 页至第 157 页)

《新唐书·回纥传》载:"始回纥至中国常参以九姓胡,往往留京师,至千人,居赀殖产甚厚。"九姓胡即中亚昭武九姓族类,所谓西域贾胡是也,其假借回纥势力侨居中国,居赀殖产,殆如今日犹太商人假借欧美列强势力来华通商致富之比耶?而是时多有中国人向回纥人借钱者,大和年间,龙武大将军李基之子某竟借回纥钱一万一千二百贯不偿,致文宗下诏戒饬,中有句云:"如闻顷来京城内衣冠子弟及诸军使并商人百姓等,多有举诸蓄客本钱,岁月稍深,征索不得,致蓄客停滞,市易不合及时。"可见其事之普遍,影响之大。

④唐之亡(第 157 页至第 159 页)

南诏侵边,影响唐代财政,庞勋并由此而作乱,可见外患与内乱之关系。唐室战胜庞勋以及黄巢,皆借沙陀兵,盖府兵制破坏已久,舍胡兵不能战。黄巢既破坏东南诸道财富之区,时溥复断绝南北运输之汴洛,借东南经济力量及科举文化以维持之李唐皇室,遂不得不倾覆矣。史家推迹,庞勋之作乱,由于南诏之侵边,而勋之根据所在适为汴洛之咽喉,故宋子京(祁)曰:"唐亡于黄巢,而祸基于桂林。"

复习《唐代政治史述论稿》,有如五十二年前课堂受教,虽马齿日增,已入耄耋之齿,所得所感,能稍多于懵然无知之昔日,毕竟难窥先生浩岸无际之学于万一。忆当年一次《元白诗》课考试,偶得高分,先生召往谈话,嘱转历史系学习(我只是副修历史)。时醉心于革命斗争,乃以"学生不是做学问的人"谢。及后涉世多年,转入史学一途,每念此事,悔恨无及。今日写此作业,愧悔之情更增。以下谨就先生所昭示,提出三个方面,期望后继有作,其在本文第一部分已写为按语以表示者不赘。

(一)先生此作,写的是唐代政治史,即具体表现为政治,而蕴然于胸中,并凭借以发论者,为种族与文化,以为此是唐史关键问题。汉唐文化,人所习言。汉唐盛世,并非只是凭借武功,汉唐之武事并不如后来之清,赫然为中华子孙所钦慕者,自应首是汉唐文化。既然以唐代而言,其文化何以有如是之盛,何以气度如是恢宏,何以能包容万端,皆史所未能详言其故。先生发其端,标举种族与文化之关系,证唐时非以血统论胡人汉人,而应以文化论胡化汉化,一语破的,观察唐代文化,应省视胡汉文化之融合。则唐代文化之盛,当能有以窥其所以然之故。继先生之学,后之治史者,应可以从这个方面去努力。

(二)抑又有进者,先生在《王观堂先生挽词·序》中说:"吾中国文化之定义,具于《白虎通》三纲六纪之说,……夫纲纪本理想抽象之物,然不能不有所依托,以为具体表现之用;其所依托以表现者,实为有形之社会制度,而经济制度尤其最要者。"先生研究唐代政治萌发于种族与文化,更着手于唐代典章制度渊源变迁之考察,于是著《隋唐制度渊源略论稿》以为示范。今之治文化思想史者日众,其能从先生之教著为专书,不是抽象空谈思想学说,想必是有意义的。

(三)再有,先生在《唐代政治史述论稿》中论及中外民族接触之关系,以宗教文化非其范围而未论,然其重要性曾在多篇论著中言及,佛教在唐代思想史上的重要性,先生更是所论甚多。仅举《论韩愈》文为例,先生既指出新禅宗"提出直指人心见性成佛之旨,一扫僧徒繁琐章句之学,摧陷廓清,发聋振聩,固吾国佛教史上一大事也"。复明证韩愈受新禅宗的影响,取《小戴记·大学》一篇,"阐明其说,抽象之心性与具体之政治社会可以融会无碍,即尽量谈心说性,兼能济世安民,虽相反而实相成,天竺为体,华夏为用,退之于此以奠定后来宋代新儒学之基础。"治思想史、宗教史者习知韩愈之学对于宋代的影响,而于儒佛关系如果再作深入而有渊源变化的通识之作,人所期待。近来,关于宗教史的论著渐多,人们也期待更上一层楼。

先生是一代大师,永为世法。我们要努力学习先生之学,尽管能得先生之学于万一,已经很难。先生之学与先生之人不可分,尤应学先生之人,即先生一生所坚持以治学的"独立之精神,自由之思想",这就更难。然而,"道高犹许后生闻",虽不能至,心向往之。有此立志,也就可贵了。

一九九六年十二月十日于沪滨半拙斋

【唐振常　上海社会科学院历史研究所研究员】

原文刊于《中国文化》1997 年 Z1 期

读陈寅恪《读书札记·新唐书之部》

李锦绣

《新唐书》卷陆《肃宗代宗本纪》云：

> 赞曰：盖自高祖以来，三逊位以授其子，而独睿宗上畏天戒，发于诚心，若高祖、玄宗，岂其志哉！

寅恪先生批云：

> 睿宗亦未必发于诚心，欧公犹为旧史所欺也。

锦绣案：先生之批注，诚为卓识。旧史多言睿宗逊让，玄宗孝友，故欧认为睿宗逊位乃发于诚心。其实睿宗之逊让是他在武韦之世苟全性命所采取的不得已的办法，至于玄宗的孝友，则是使其弟兄得以拥戴他的一种手段，也是对其杀姑逼父夺取帝位的行为的粉饰。今略引史料，以证师祖寅恪先生"睿宗亦未必发于诚心"之说。

《通鉴》卷贰佰壹拾开元元年秋七月条（时先天二年，《通鉴》用后元）云：

> 秋七月，魏知古告公主欲以是月四日作乱，令（常）元楷、（李）慈以羽林

兵突入武德殿，（窦）怀贞、（萧）至忠、（岑）羲等于南牙举兵应之。上（玄宗）乃与岐王范、薛王业、郭元振及龙武将军（按"龙武将军"误）王毛仲、殿中少监姜皎、太仆少卿李令问、尚乘奉御王守一、内给事高力士、果毅李守德等定计诛之。

甲子，上因王毛仲取闲厩马及兵三百余人（与同谋十余人），自武德殿入虔化门，召元楷、慈，先斩之，擒（贾）膺福。〔李〕猷于内客省以出，执至忠、羲于朝堂，皆斩之。怀贞逃入沟中，自缢死，戮其尸，改姓曰毒。上皇闻变，登承天门楼。郭元振奏，皇帝前奉诰诛窦怀贞等，无他也。上寻至楼上，上皇乃下诰罪状怀贞等，因赦天下，惟逆人亲党不赦。薛稷赐死于万年狱。

乙丑，上皇诰："自今军国政刑，一皆取皇帝处分。朕方无为养志，以遂素心。"是日，徙居百福殿。

这是睿宗最后一次、也是最彻底一次授位于其子，《通鉴》对玄宗这次杀姑逼父行动的叙述，多所讳饰。温公于考异中云"今择其可信者取之"，若此，岂温公亦信睿宗逊位发于诚心乎？

宋贤中，唯有洪迈与之看法不同。《容斋续笔》卷拾壹"唐帝称太上皇"条云：

唐诸帝称太上皇者，高祖、睿宗、明皇、顺宗凡四君。顺宗以病废之，故不能临政。高祖以秦王杀建成元吉，明皇幸蜀，为太子所夺。唯睿宗上畏天戒，发于诚心，为史册所表。然以事考之，睿宗以先天元年八月传位于皇太子，犹五日一受朝。三品以上除授及大刑政，皆自决之。故皇帝之子嗣直、嗣谦、嗣昇封王，皆以上皇诰而出命，又遣皇帝巡边。二年七月甲子，太平公主诛，明日乙丑，即归政，然则有不获已也。

洪迈根据当时的形势及睿宗彻底逊位的经过，认为睿宗归政，有"不获已也"，斯诚确论。但洪迈只是据常情推测，未抓住真正关键的史料，故所论虽有理，仍未中肯綮。今读寅恪先生《读新唐书札记》，知寅恪先生对睿宗逊位事多所注意,在札记中,已于多处为其"睿宗亦未必发于诚心"一结论做了注释,今引之如下。

《新唐书》卷壹佰拾陆《陆元方传》云:

> 陆元方,字希仲,苏州吴人。诸子皆美才,而象先、景倩、景融尤知名。(象先)以保护功,封充国公,赐封户二百。初,难作,睿宗御承天楼,群臣稍集,帝麾曰:"助朕者留,不者去!"于是有投名自验者。事平,玄宗得所投名,诏象先收按,象先悉焚之。帝大怒,欲并加罪,顿首谢曰:"赴君之难,忠也。陛下方以德化天下,奈何杀行义之人? 故臣违命,安反侧者,其敢逃死?"帝寤,善之。

寅恪先生批云:

> 中宗登玄武门楼,而节愍太子败死,此玄宗所以欲收按投名之人也。承天与玄武地望不同,此成败所以异趣欤? 可并参考本书一二一《王琚传》及一二二《郭元振传》。元振以骊山讲武得罪,疑与此有关,俟考。

《新唐书》壹佰贰拾壹《王琚传》云:

> 先天二年七月,乃与岐王、薛王、姜皎、李令问、王毛仲、王守一以铁骑至承天门。太上皇闻外哗噪,召郭元振升承天楼,闭关以据。俄而侍御史任知古召募数百人于朝堂,不得入。少选,琚从帝至楼下。诛萧至忠、岑羲、窦怀贞,斩常元楷、李慈北阙下,贾膺福、李猷于内客省。

寅恪先生批云:

> 参本书一一六《陆象先传》及一一二《郭元振传》。

锦绣案:新书《陆象先传》、两唐书《王琚传》《郭元振传》,为证明当时睿宗未必发于诚心之绝好材料。由于玄宗为宫廷政变的胜利者,故史籍对玄宗先天二年七月三日承天门楼逼父事多所讳饰,对睿宗御承天门,进行殊死抵抗事不载或多有掩盖,今据王琚、陆象先、郭元振三传,则睿宗归政不发于诚心明矣。今试将七月三日政变经过叙述如下,以证寅恪先生之批注。唐《两京城坊考》卷壹西京宫城略云:

> 宫城,南即皇城,此抵苑,东为东宫,西为掖庭宫。
> 宫城,亦曰西内。其正牙曰太极殿。城之南面五门,正南承天门。若元正、冬至、陈乐设宴会,赦宥罪、除旧布新,当万国朝贡使者、四夷宾客,则御承天门以听政。太极殿,朔望视朝之所也。殿门曰太极门。太极殿北曰朱明门,其左为虔化门,右为肃章门。又东曰武德殿。

则知承天门为宫城最南门,门外为皇城。唐时宫廷政变的成败系于宫城的北门玄武门(见寅恪先生《唐代政治史述论稿》中篇"政治革命及党派分野"),此点已为唐代历次宫廷政变所证实,身为皇帝的睿宗不可能不知。但睿宗当时为什么要升承天门而不是像中宗一样直趋玄武门呢? 睿宗御承天门,实有不得已之处。

《新唐书》卷壹佰贰拾壹《崔日用传》(旧书玖拾玖《日用传》略同)云:

> 崔日用,滑州灵昌人,擢进士第。由荆州长史入奏计,因言:"太平公主逆节有萌,陛下往以宫府讨有罪,臣子势须谋与力,今据大住,一下制书定矣。"帝曰:"畏惊太上皇,奈何?"日用曰:"庶人之孝,承顺颜色,天子之孝,惟安国家,定社稷。若令奸宄窃发,以亡大业,可为孝乎? 请先安北军而后捕逆党,于太上皇固无所惊。"帝纳之。

寅恪先生批云:

此为唐代中央革命成功之手段。

玄宗此次政变,正采日用"先安北军而后捕逆党"之策。时玄宗已即皇帝位,睿宗为太上皇,上皇五日一受朝于太极殿,玄宗日受朝于武德殿。武德殿非正殿,在太极殿东北,太平公主等的策略为常元楷、李慈等以羽林兵突入武德殿,窦怀贞等于南牙(太极殿之南为南牙)举兵相应。实际上,常元楷、李慈虽为羽林军首领,但此时,玄宗的亲信葛福顺已控制了北军。《通鉴》卷贰佰壹拾景云二年二月云:

> 左右万骑与左右羽林为北门四军,使葛顺福等将之。

葛顺福等早为玄宗心腹,诛韦后时既为玄宗所用(见《新唐书》壹佰贰拾壹、《旧唐书》壹佰陆《王毛仲传》、《通鉴》贰佰玖景云元年六月条),此次政变时又将北门四军以从玄宗。此外,这次宫廷政变随从玄宗的参与者又有原羽林大将军岐王范、薛王业(两唐书睿宗诸子传、《通鉴》贰佰玖景云元年六月癸卯条),因此,玄宗轻而易举诛羽林大将军常元楷、李慈,而北军再次惟玄宗马首是瞻。这样,北军由北向南斩关而入,睿宗在丧失北军的情况下,欲以南牙兵将做最后挣扎,仓促间不得不南奔承天门。《通鉴》考异引《玄宗实录》云:

> 上诛凶逆,睿宗恐宫中有变,御承天门,号令南卫兵士以备非常。郭元振帅兵侍卫,登楼奏曰:"皇帝前奉诰诛窦怀贞等,惟陛下勿忧。"睿宗大喜。

睿宗御承天门,并不只是"恐宫中有变","以备非常"。承天门乃"元正、冬至、陈乐设宴会、赦宥罪、除旧布新、当万国朝贡使者、四夷宾客"时的听政处,睿宗御承天门,实是要以上皇身份,号令百官、集结南牙兵士,与其不肖之子作战也。据《琚传》,知"太上皇闻外哗噪,召郭元振升承天楼,闭关以拒。俄而侍御史任知古召募数百人于朝堂,不得入。"据《象先传》,知"睿宗御承天门,群臣稍集,帝麾曰:'助朕者留,不者去!'于是有投名自验者"。时北军已受控于玄宗,睿宗欲利用群臣、利用南牙兵进行最后挣扎。《琚传》所云"闭关以拒"者,当是拒玄宗向南杀来的北军,而当时助睿宗者,主要为郭元振一人。《新唐书》壹佰贰拾贰《郭元振传》(《旧唐书》玖拾柒元《振传》同)云:

> 玄宗诛太平公主也,睿宗御承天门。诸宰相走伏外省,独元振总兵扈帝。

且不说此时玄宗有精锐的北军,仅就睿宗关键时刻"诸宰相走伏外省"来看,亦知睿宗必败也。玄宗得闲厩马之助,顷间,以铁骑至承天门,将睿宗仓促集结的南牙兵挡在外,故任知古等不得入。昔中宗平太子重俊之乱,一部分守卫玄武门的北军仍为中宗所用,挡住了攻入玄武门的李多祚等(《旧唐书》捌拾陆、《新唐书》捌拾壹《节愍太子传》),故中宗胜而重俊死。这时的情形正好相反。北门禁军在玄宗控制下,包围了承天门楼,将睿宗所号令的南衙兵挡在外,睿宗欲诛其不肖之子的仓促抵抗在玄宗有准备而急速的行动中失败了。张说撰《兵部尚书代国公赠少保郭公行状》(见《张说之文集》补遗卷伍),对当时的情景亦有描写,甚值注意,其文云:

> 会太平公主窦怀贞潜结凶党,谋废皇帝,睿宗犹豫不决,诸相皆阿谀顺旨,惟公廷争不受诏。及举兵诛窦怀贞等,宫城大乱,睿宗步出萧章门观变,诸相皆窜外省,公独登奉(承)天门楼躬侍。睿宗闻东宫兵至,将欲投于楼下,公亲扶圣躬,敦劝乃止。

时睿宗竟"欲投于楼下"!于此可见睿宗不惜一死与其子决战的决心,亦可见抵抗失败后睿宗气急败坏、惊惶失措之举止。在郭元振劝阻下,睿宗没有自杀,而隆基这边的行动,犹如迅雷不及掩耳。"顷间,琚等从玄宗至楼上"(见《旧唐书》壹佰陆《王琚传》。新书《琚传》作"至楼下",不如旧传准确)。在北门禁军的包围之下,诸种抵抗既已失败,睿宗只有屈服之一途了。面对登上承天门楼的玄宗与王琚,久经沙场的老将郭元振不得已说出"皇帝前奉诏诛窦怀贞等,惟陛下勿忧",睿宗焉有前诏哉?此即元振暗示睿宗保全性命、放弃抵抗之语也。睿宗立即下诏罪怀贞等,"因大赦天下",这正是承认失败,放弃抵抗,彻底交出政权的标志。睿宗于"赦宥罪、除旧布新"之所承天门罪窦怀贞等,赦天下,斯得其宜矣。然其归政玄宗于如此血腥、恐怖的形势下,甚至几于承天门楼自杀,焉能谓其发于诚心哉!

玄宗对睿宗,尚存父子之名分,故睿宗彻底交出政权后,得以终老。但对当时保护睿宗的郭元振则不同了。关于元振对睿宗的忠诚,《新唐书》壹佰贰拾贰《郭元振传》云:

> 事定,宿中书者十四昔(案,当为"夕")乃休。

时睿宗逊居百福殿,在中书省正北。元振宿中书十四夕者,正是为了保护睿宗,以防不测也。据此,可知元振不但在承天门楼上卫帝,在睿宗彻底交出大权后仍保护睿宗,置个人安危于度外,元振诚睿宗第一忠臣,宜乎玄宗对元振仇视也。诛太平公主后,玄宗为掩人耳目,对元振多有赏赐,但终于在骊山讲武之时,玄宗对元振之入骨仇恨暴露出来。《通鉴》卷贰佰壹拾开元元年十月云:

> 癸卯,讲武于骊山之下。征兵二十万,旌旗连亘五十余里。以军容不整,坐兵部尚书郭元振于纛下,将斩之。刘幽求、张说跪于马前谏曰:"元振有大功于社稷,不可杀。"乃流新州。斩给事中、知礼仪事唐绍,以其制军礼不肃故也。上始欲立威,示无杀绍之意,金吾将军李邈遽宣敕斩之。上寻罢邈官,废弃终身。

玄宗无杀唐绍意,可见军容不整只是一个借口。玄宗的真正目的,在于诛郭元振。由于玄宗继位的支持者刘幽求、张说的苦谏,元振被免死而流至去京师五千余里的新州。玄宗诛郭元振,可算是其七月三日兴兵的继续。元振非太平之党,而且还是七月三日诛太平时的参与领导者,因此玄宗不可能七月三日并诛元振。但由于元振在关键时刻保护了睿宗,并欲以南衙兵与北门禁军抗衡,玄宗焉能容之?故有骊山讲武的余波。

《新唐书》卷壹佰壹拾陆《陆象先传》叙象先云:"陛下方以德化天下,奈何杀行义之人(案:行义,卫君也,指当时忠于睿宗欲与玄宗作战之人)?"后,"帝寤,善之。"[《旧唐书》捌拾捌《陆象先传》云:"时穷讨(萧)至忠之党,连累稍众,象先密为申理,全济甚多,然未赏未言及,当时无知之者。"《通鉴》卷贰佰玖采旧传。旧书多取实录,赵翼于《廿二史札记》卷拾陆《旧唐书》前半全用《实录》国史旧本条论述颇详。于此,亦可见玄宗胜利后,实录对当时玄宗,睿宗关系的讳饰。]今从诛郭元振一事,可知玄宗并未真正听象先之言。《通鉴》卷贰佰壹拾开元元年七月(《旧唐书》卷捌玄宗纪作"癸丑",误;《新唐书》卷伍作"庚辰,陆象先罢",是)云:

> 庚辰,中书侍郎、同平章事陆象先罢为益州长史、剑南按察使。

象先罢相离京,正是其保护"行义之人"的结果。这些,都可看作七月三日承天门楼对阵的余波。《朝野佥载》卷壹云:

> 延和初七日(月),太白昼见经天。其月,太上皇逊帝位,此易主之应也。至八月九日,太白仍昼见,改元先天。至二月七日(案,当为"二年七月"),太上皇废。

张鷟记唐时事,真可谓大胆。然此亦可以证明,唐时人普遍认为太上皇是被废的。这与我们上文所证玄宗逼迫睿宗归政的经过适相符合。故寅恪先生称欧公认为睿宗归政是发于诚心,乃为旧史所欺也。玄宗杀姑逼父,走上帝位,正史诸书,多所讳饰,而笔记小说反而道出实情。寅恪先生于《顺宗实录与续玄怪录》一文(载《金明馆丛稿二编》)中云:

> 通论吾国史料,大抵私家纂述易流于诬妄,而官修之书,其病又在多所

讳饰,考史之本末者,苟能于官书及私著等量齐观,详辨而慎取之,则庶几得其真相,而无诬讳之失矣。

今移寅恪先生官书与私著同观之方法,以证其"睿宗亦未必发于诚心"之说,不亦确乎!

【李锦绣　中国社会科学院古代史研究所研究员】

原文刊于《中国文化》1991 年 02 期

跋祁承㸁《两浙古今著作考》稿本

黄　裳

　　此山阴祁氏澹生堂抄本《两浙古今著作考》十五册，祁承㸁著。未刊稿本也。《千顷堂书目》卷十有祁承㸁《诸史艺文钞》三十卷，又《两浙著作考》四十六卷一条，诸家著录，仅见有此。《澹生堂全集》，崇祯刊二十一卷本，自涉园陶氏流出，后归北平图书馆。藏园傅增湘曾记其卷十二"戊午历"中有"辑《两浙著作考》，半载而成"之语，是此书辑于万历四十六年也。其书湮沉三百余年，世无知者，而今一旦更出，岂非快事。余初闻石麒见告，有澹生堂抄本一部出于杭市，书为残帙，而索直奇昂，即嘱其索寄一观。后果以此书头尾二册及远山堂抄本《里居越言》见寄，索重直，还价不尤，遂寄还之。然其书往来胸中，实未尝一日忘也。后二月，石麒又告有澹生堂遗书若干册出绍兴，中有承㸁、彪佳手稿，半为残帙，而价亦不廉，余意复动，念此当为一家眷属而析居异地者，遂告以必欲收之，先后得夷度手稿《老子全抄》《易测》二种，皆有长子骏佳手跋，云是"府君为诸生时手辑手评之本，先人手泽，子孙当世珍焉"。其书蓝格竹纸，版心有"聊尔编"三字，楷法精整，朱墨杂下，犹是毛订。又《澹生堂诗文钞》八卷，为待刻稿本，前有骏佳跋，谓"先君文集，原编二十八卷、十六本，流通颇难，诵读不易，爰请海内名公，拣择精华，合而钞之，正得八卷，以付剞劂"云云，卷中校定之处不少，多出诸子之手，后祁氏遭难破家，遂未刻也。又《守城全书》十八卷，彪佳手稿本,毛订原装八巨册,忠敏手迹,此为巨观。此书辑于崇祯戊寅甲申之际,南北舟车,不废丹铅,积数年之精力,方欲有所用之,而北都国变,宏光拥立,迨忠敏自金陵归里,犹数数以剞劂为念,于远山堂抄本《里居越言》致友人函札中,屡屡见之。至乙酉闰六月初六日,遂自沉殉国矣。遗稿不能刻亦不敢刻,深藏密锁,三百年后,一旦复出,真异书也。此外,骏佳手稿《禅悦内外合集》十卷,仅存卷一之二;远山堂抄本《里居越言》,存癸未甲申御寇一卷;《崇祯戊辰浙江恩科选贡齿录》一册,为骏佳登第同年录;刘宗周稿本《古学经》八卷,残存卷一至五;《孔子家语考次》四卷;天启刊顾若昔《桃花里集》四卷。是皆梅里祁氏遗书也。困于资力,未能全得。会余北行,留京师月余,南旋之日,即访石麒于其家,遂又得此本以归,价只少减,余亦不更计直,竟辇之归矣。此书外尚有藏书楼黑格抄本《诗经》二册,亦祁氏旷园写本;《礼记集说》十卷,闵刻本,祁奕庆寓山藏书,原装未损,旧写书根尚存,亦并收之。至彪佳奏疏《宜焚全稿》十八卷、《莆阳谳牍》十三册、远山堂抄本《里居越言》八册,皆当日原抄底册,却无力更收之矣。承爍此书所录两浙著述至富,而尤详于绍兴一府,体例至严,大抵明以前人著述略备,而尤加意于朱明一朝人物撰述,中多秘册,有未见于诸家簿录者,往往存其原序,天壤遗书,借此聊存梗概,俾不湮沉,其为功艺苑,岂浅鲜哉。夷度匪独富收藏,且能读书,更能深识书中趣味,非古董家数比。澹生堂藏书与四明范氏天一阁、会稽钮氏世学楼同为浙江著名藏书旧家,遗籍散亡最早,流转绝稀,得其一鳞片爪,往往球璧视之,况此为主人手订之书,煌煌十数巨册,自当珍护,苟有机缘,得流通之,亦书林一快也。

壬辰白露后二日记

按:《两浙古今著作考》,祁承爍稿本。竹纸蓝格,白口,单阑,十行,二十字。板心下有"澹生堂抄本"五字。前有万历戊午祁承爍"敬询两浙名贤著作檄","辑浙中著作考概"。凡杭州府著作考五卷;嘉兴府(以下"著作考"略)三卷;湖州府三卷,附诸志考;绍兴府四卷,附诸志考;宁波府未分卷;金华府不分卷,今存六朝至元,国朝以下佚;衢州府五卷;严州府一卷;温州府不分卷,附诸志考;台州府不分卷;处州府不分卷;以下佚去二册;道家二卷;浙中名医不分卷,总计全书一千二百十二番。

《辑浙中著作考概》：

古今之称不朽有三，著作之为立言则一。故言以人重者，亟收之。即人以言重者，亦收之。大校以前哲遗编之名目，便后人按籍之寻求。至于德业闻望，蔚然一时，而生平论著，概无专帙，则别有吾浙文献之辑，在此不参入。

文章经世大业，不朽盛事。然往往品定于后人，而价增于易世。故一时之评品，终不敌千古之升沉。惟听宇宙为销磨，任岁月之淘汰。则百年之后，其存于世亦寡矣。况著作之事，日新富有，盖棺而止。故是编之辑，即在国朝者，亦止采刊于身后，而不概及于生前。正以生前之著作，固未可量也。

男儿堕地，能与造物争盛衰之运，与天子较荣辱之权者，惟著作为然。故上之足以翼经，下之足以佐史。精而抉性命之微，大而廓经济之用，卓乎尚已。其他咏物抒情，琐谈丛语，或倡一人之独见，或述前古之遗言，或以巨帙鸿裁，或短篇小牍，虽为品自殊，而其称于著述则均也。凡有名目可稽，一随时代编入。

尚友原在于论世，而诵书贵写其神情，是以博采史传，旁及群书，略叙生平之端，庶征一时之品概。至于履历之或详或略，事实之或寡或多。随所见闻，更无优劣。若其次序列名，一以朝代为凭。即一朝之中，不无前后之参差，然总为一代之人物，总为一代之著作无疑也。若夫祖孙父子，世握如椽，昆从叔侄，代擅不朽，或总列以见一门之盛，或分纪以表世业之传。或父从子见，或兄以弟称，则各因其时云。

《七略》起于更生，《七志》定于王俭。嗣是而隋唐以后，惟四部之例，相沿不移。篇目之不可溷也，审矣。但是编之辑，既以书从其人，又以人从其世。倘一人而兼四部之作，则将以四部而分一人之身。绪目多端，不便检阅。今不论经史子集，凡其出一人之手者，总列于一人之前。惟统合一省之书，再依四部之例，另为总目，列于卷首，则不特展卷了然，而吾乡立言之富，亦庶免寂寥之叹矣。

著作之以浙名，记浙也。而浙以外则不及。有及之者，如六朝之华亭，原为长水，则六朝以前应入也。如王谢之居会稽，始于永嘉，则永嘉以后应入也。有历世尚称其故乡,而生长久居于此土者,如东莱吕成公之类是也。有先人之丘垄在此,而后人之发迹或彼者,如陈宗鲁、倪文傽之类是也。诸如此类,各有考据,例不漫然。其他以流寓称者,凡为浙士,即入于原贯世次之中。如系外邦,始列于各郡寓贤之内。若夫展采错事,敷政一方,此之谓宦迹,不在流寓之列。

域中有三教,而释道居其二。微言渺论,了性明心,何可废弗录也。若其惠泽及人,医之所垂,为利更溥,是书正编之外,名僧之著作有考,道家著作有考,名医之著作有考,各为一帙,以便稽览。但释道之栖止无常,而应缘之踪迹难定,彼所托居,即同土著。故二氏者流,生于斯隐于斯,剃染结茅于斯,皆仿寓贤之例,概为编入。(案,原书缺第十六、十七两册,据此知为名僧著述考也。祁氏诸子佞佛,骏佳尤耽溺,此两册或为抽取以致残缺不完。)

载籍难穷,搜罗苦隘。是编所据者,先征以史传,次及于郡志,再次及于邑志,又次及于家乘。然后遍搜四部之藏,博稽百家之说,凡有可征,固无微不录矣。然不佞生长东海之滨,未窥天府之秘,见闻有限,挂漏无穷。况世有慧业文人,而姓名不垂于记传;共称当代作者,而简集不落于人间。则与其强为入也,无宁姑为存也。补其阙略而润色之,则以俟君子。

《澹生堂全集》卷十七、十八两卷为尺牍,中有卷札言此书辑撰始末,兹录有关段落于下:

浙中辑著作考,虽古人之遗书,十不存其一二。而使后人尚识其著作之名目,犹有存羊之意也。合十一郡中大约有八十余卷。此书于世道人心,无所关系,而于吾乡亦有小生色。书成,当求兄为第一序之。(《与黄寓庸书》,卷十八)

越郡自汉晋以来,颇多作者。东晋六朝之俊,尤甲宇内。然某客岁家居,偶辑两浙著作考,而前辈所著,百无一存。无论其书,即其书之名目有不能举者矣。

而志之外有文献一书，则所以表章前哲，而收罗弘文者也。今天下之名郡，如新安，如莆阳，如淮安，如清源，皆有文献志，而敝郡缺焉至今者，岂时之有待于祖台乎？倘蒙燕闲之余，稍赐留神，檄下八邑，令凡有前人之遗集者，或经或史，或小记或琐谈之类，皆令其抱策而献之学官博士，类而上之明台，间取其特佳者时梓一二，以示风励，其余以俟衰选。更檄八邑，各举茂才异等之士、学识淹博者，以资编辑，而一应去取，皆取裁于祖台。此亦敝郡不朽一盛事也，某窃有望焉。（《与张泰符》，卷十八）

弟今老矣。功名固不敢望人，利欲向非所溺，惟好衰辑古人之遗书，表章前哲之遗范，而追悔六十年之间，何曾有经年历岁专功于此之日。故如《绍兴文献志》《两浙先辈盛德录》《越中隐佚考》之类，皆有志而未能此也。如《世苑》，如《友鉴》，如《前贤大事案》之类，皆已辑而未就者也。惟自通籍二十余年来，回环郡邑之间，曾辑有古今守令之事，足为后人取法，名曰《牧津》五十卷，分为三十类。于弥变安民化导肃法之事，颇为详尽。此言或于世有小补乎。至于两浙著作之考，为卷亦六十有四，于吾乡前辈之著述，无不备载其名目，弟尚恐有遗于耳目闻见之外，此二书者，虽已成卷，然更当请裁于兄者也。（《与陶公望》，卷十八）

凡此皆可征夷度著述之大凡，规划用力之勤，及已成及未就之书，湮沉而无闻者，都可于此数札中得知梗概。《两浙古今著述考》始辑于万历四十六年戊午，《澹生堂全集》卷十三"戊午历"中记之颇详，今亦为排比如次：

正月，二日，是日辑两浙著作始，首辑杭州府。二十五日，杭州府著作考完。二十六日，是日辑绍兴著作考起。

二月，十二日，辑绍兴著作考完。十五日，是日辑严州著作考起。

三月，朔日，辑严州著作考完。十五日，辑宁波府著作考起。

四月，初八日，辑宁波府著作考完。十八日，辑金华著作考起。

闰四月十一日，辑金华府著作考完。十六日，辑湖州府著作考起。

五月，朔日，辑湖州著作考完。初八日，辑嘉兴府著作考起。初九日，再检阅绍兴著作考。初十日，再检阅宁波著作考。十六日，辑嘉兴府著作考完。十七日，辑台州府著作考起。

六月，初六日，辑台州府著作考完。初八日，辑温州府著作考起。十一日，再检所辑绍兴诸府著作考，为补十七条。此书已尽半年之力，而尚有遗漏如此。乃知著述一事，慎不可草草。十六日，辑温州府著作考完。二十日，再检杭州府著作考，为补九条，得新城与钱唐二志检入也。二十一日，辑处州府著作考起。二十三日，再检金华府著作考，补十一条。盖最后始得义写新志采入者也。

七月，初十日，辑处州府著作考完。处州于近来作者颇寥，而南宋以来，名臣宿儒，多出其地。盛衰循环，岂气运所使耶？十一日，辑衢州府著作考起。二十日，再检嘉兴府著作考，因为补六条。二十一日，辑衢州著作考完。衢志修于嘉靖初年，文献不备，检阅无资，深以为歉。二十三日，辑两浙道家著作考起。二十六日，再检宁波府著作考，有姓氏未确者六人，为之改正。三十日，辑两浙道家著作考完。

八月，初二日，辑两浙名僧著作考起。初四日，作"敬询两浙名贤著作檄"，传之同志。十三日，辑两浙名僧著作考完。

综上所记，此书始辑于戊午新春，断手于八月半。此本尚有名医著作考，或后来所辑。所失十六、十七两册，则是名僧著作考也。

《澹生堂全集》后亦流出寓山，为祁氏世守之书，卷中奴虏字俱用浓墨涂去，当是清初六字厉禁时事。因得遍读，得有关此书撰作故事，附识于此。原书后遭劫掠，迨还来已残零不完，赖旧跋未失，尚留鳞爪，亦不幸中之大幸矣。

一九九二年六月三十日

【黄　裳　作家】

原文刊于《中国文化》1992 年 02 期

《宋元饮食文化》序

胡道静

我们过去所做的历史研究工作,粗的多,细线条的少,议论政治变化、典章制度的多,探索社会面貌、民间生活的少,长期如此,形成了纲举而目不张的局面,以致我们对了解我们必须弄清楚的各个历史时期的人们基本生活状态的问题很困难。伊永文同志关心及此,以衔泥筑巢的精神,艰辛地掇集资料,从事于被忽视的细线条的历史学研究工作,曾写《宋代城市风情》一书(黑龙江人民出版社出版),取得很好的成就,引起史学界的注意。永文同志进一步做更细的研究工作,又写成《宋元饮食文化》一书,精神可嘉,也一定会引起广泛的兴趣。

人总是要吃饱肚子才能作一切的功;中国人又是以长于调烹饮食闻名于世。我们从祖先到现在,怎么认真地来对待这个切身的问题,并且还赢得了"世界冠军"的美誉,我们的历史家如不能很好地回答这个问题,我们的历史不免有很大的欠缺。日本的一位著名的营养学史学者筱田统博士在半个世纪前就写出了一本长期负有国际声誉的专著《中国食物史研究》,常使我们自己感到内疚。近年来我们的史学工作者是重视起来了,林乃燊同志写成了《中国的饮食文化》一书,列入上海人民出版的《中国文化史丛书》,很快就要问世了。

筱田和林的书,皆属通史。饮食史是否也需要搞断代史、分期史呢?我以为这是没有疑问的,肯定也应当做。这也是粗线条、细线条的一个方面。通史总是粗,断代方能细,况且断代能够突出一个时代的特点而给以详尽的描述。通史写在前,断代仍有必要跟上来写;断代逐一写成连代,通史以它们为基础那么就能写得更好。

我国饮食史的断代史、分期史,愧我陋闻,只知有张孟伦教授所著《汉魏饮食考》一种。得伊永文同志之著,"德不孤,必有邻"矣。

宋、元两个朝代,在政治上有重大的区别,但是在社会生活上、饮食习俗上,却构成一个单元。上古、中古的饮食原料和制作方法,有很多已成为遥远的东西。近古的宋、元两代,却较多是今天还活在我们生活中的。现在有许多美食家热衷于搞"宋膳",正因有一定基础之故。羊羔素称美食,但作膳方法,繁富于元代,是蒙古族人和西域色目人给带来的。我注意到了胡萝卜成为我们的佳肴,是从元朝开始的。所以,了解这两个朝代的饮食历史,对于发展我们的美食事业,会有一定的益处,恐怕不只是个"白头宫女,谈谈往事"的问题。

回过头来说,伊永文同志为细线条历史所做的建设工作,应是值得重视的事功。

一九八九年三月三日　胡道静序

【胡道静　上海人民出版社编审】

原文刊于《中国文化》1995 年 02 期

"达巷党人"与海外评注

王元化

近读美国汉学家牟复礼（Frederick W. Mote）评史华慈（Benjamin I. Schwartz）所撰《古代中国思想世界》（The World of Thought in Ancient China）一文。牟氏称史华慈学养深邃，但在文字训诂方面则多以己意为进退。其中有条是关于《论语》"达巷党人"章的。牟氏所评有中肯的地方，也有值得商榷的地方。比如，他和史华慈等把达巷党人解释成"无知的乡下人"，就使人难以苟同。

旧注关于达巷党人的读法存在着不少分歧。一般据《礼记·曾子问》（孔子曰："昔吾从老聃助葬于巷党"），以达巷党三字连读。何晏《集解》引郑注，则以达巷二字连读，党作乡党。朱熹《集注》并同。康有为《四书注》一反前人之说，将达字划归上章之末，作巷党人。海外学者多尊宋学，据朱子《集注》解经，但是他们又自生枝节，把达巷党人说成是"无知的乡下人"（an ignorant villager 或 villager to be a boorish ignorant）。我认为这一说法显然是用今天所谓乡下这一地区观念去附会古人了。殊不知乡党在孔子时代并非是偏僻地方。郑注云："达巷者，党名也。五百家为党。"皇疏称："天子郊内有乡党，郊外有遂鄙。"均可为证。至于把达巷党人冠以"无知"的称号，更与历来注疏相悖。《孔子世家》有"达巷党人童子曰"的说法。孟康本《国策》"项橐生七岁为孔子师"，谓达巷党人即项橐。《汉书》董仲舒对策云："臣闻良玉不琢，资质润美，不待刻琢，此亡异达巷党人不学自知者。"汉人关于这方面的传说很多,如《淮南子》《论衡》等均言项橐事。清翟灏《四书考异》则云:"不本正典,不足信。"方观旭《论语偶记》驳之,谓"汉人相传如此,当必有据。"不管达巷党人为项橐说是否可靠,有一点是明确的,前人多把达巷党人视为聪颖的人。说他无知是没有根据的。能知孔子之博,确实为方观旭所说,需有一定文化素养。一个无知的乡下人怎么会识别博不博或专不专的问题呢?

牟复礼《述评》说:"在讨论孔子是士的新精神的代表时,史华慈引《论语》:'吾何执?执御乎?执射乎?吾执射矣。'(此射字当作御,系史氏笔误。——牟)孔子听到无知的乡下人提出一位博学者何以没有专长的问题后,对弟子说了这些令人扑朔迷离的话。这句话长久以来受到注疏者瞩目,现代学者也觉得有特别诠译的必要。维利(Arthur Waley)在译文后加注道:'我认为这个乡下人粗俗无知,盖君子不应以专才闻。'顾理雅(Herlee G. Creel)则认为是'对一荒谬问题的讽喻答复'。理雅各(James Legge)也认为是'明显地反讽'或'自谦之词'(后者乃历来注释家之说)。目前大家都认为乡下人之谬,孔子报之以讽,新旧二派均无异议。"(见REVIEWS p391—392)

这里有几个问题需要辨明:《论语》原文是"达巷党人曰",可是海外学者把它解作向孔子提出问题了。(an ignorant villager had asked 或 an absurd question 或 the villager question)达巷党人的原话是"大哉孔子!博学而无所成名"。本是赞美之词,可是海外学者把达巷党人说的"无所成名"解作博而不专了。(Why a man of his breadth of learning was not noted for expertise in any specific skill)我想,这大约是引申朱子《集注》又加以发挥的结果。《集注》对这句话的解释是:"盖美其学之博,而惜其不成一艺之名。"其说似申明郑义。郑注云:"此党人之美孔子博学道艺,不成一名。"细审两说,看来相契,其实却有很大分歧。郑注所谓"不成一名",意思是说孔子广大渊博,使人莫可名之。这和《论语》记孔子本人赞美尧的话是一致的。孔子称"大哉尧之为君也……荡荡乎",其广大渊博同样是"民无能名焉"。类似的说法,在《泰伯篇》亦可见到。孔子赞美泰伯"可谓至德",而"民无得(与德通)而称焉"。"至德无得"正与"无能名焉""无所成名"同一语例。这种说法一直延续到后世。《南史》记王僧辩为梁元帝作《劝进表》,也有"博学则大哉无所与名"之语。显然这是套用《论语》中的说法。可见"无所成名"已经普遍地当作一种赞词，否则《劝进表》这类文字是不敢轻易使用的。我以为毛奇龄《论语稽求篇》申明郑义，最是的解。毛氏云："所谓不成一名者，非一技之可名也。"这正是达巷党人赞孔子无所成名的本义。朱子《集注》增字为训，把郑注的"不成一名"变为"不成一艺之名"，已失原旨。而海外一些学者望文生义，再把朱子的"不成一艺之名"拉扯到博和专的问题上来，则谬误尤甚。我感到怀疑：孔子时代是否存在这个问题？纵使存在，是不是这么引起重视，连"无知的乡下人"都会就这个问题发表议论？孔子把弟子分为德行、言语、政事、文学四科，如果连孔子也不专，那么当时谁才算得上是"专"的？这倒真的成了一个"荒谬的问题"了。

孔子听到达巷党人的赞美，对门弟子说："吾何执？执御乎？执射乎？吾执御矣。"这几句话确实难以索解。海外一些汉学家认为孔子是用一种讥讽的态度回答达巷党人。（an ironical reply 或 evidently ironical 或 irony of Confucius's response）但是，这和孔子风度难以协调一致。近来出版的吴林伯《论语发微》对这几句话作了比较合理的阐释："孔子谓其弟子，告其居贫，则姑执御以德时耳。本篇下章：'子曰：吾少也贱，故多能鄙事。君子多乎哉？不多也。吾不试，故艺。'鄙事，指执御等。君子，劳心治人者。不试，不见用。孔子正以其不见用于时，处贫贱而多擅执御一类鄙事。"这些说法并不都是新说，也并不都是确解，但它将前后章有关部分对勘串讲，及其通理，却有助于发明原旨。对于达巷党人既非问，孔子也非答，两人说的前言不搭后语的话，前人诠释虽多，但难惬人意。我不想强作解人，这里姑推其大意：孔子听到达巷党人的赞美，可能触动了不见用于世的感慨，而发出了"吾执御"的感叹。这和他说"将浮于海"或"欲居九夷"属同一性质。这比传统的谦逊说和海外的讥讽说，更近人情一些，也更贴近孔子的人格表现一些。但这也只是推测而已。《论语》忠实记录了孔子的言行。孔子的话在当时都是容易理解的。他的弟子与再传弟子都清楚那些话是在什么背景下与针对什么情况而发的（不清楚就会发问），也许由于太熟悉了，也由于古人尚简用晦的传统表述方式，所以这些背景与情况往往略而不述。可是，这种简略往往成了后人理解孔子言行的难以克服的障碍。我觉得，我们对于这些难寻文证的地方，与其强作解人去穿凿附会，还不如让它们存疑为好。

牟复礼在上面援引的话之后，紧接着又说："然而，史华慈却平添一层含意，将孔子归属于服务阶层的'士'，并以孔子的回答解释作讽刺性地拒斥六艺中作为'军事技艺'的射御。士之军事背景，士由武士而来，久为理解孔子时代有才艺之士的重要课题。孔子是否已轻武到拒斥射御的地步，认为不值得为士所习？似乎没有理由作此想。孔子的讥讽原在谦虚地回答一个思想简单的乡下人，如果他也勤于射御，也必将'有所成名'。实在没有理由像史华慈那样，把文武两艺截然分开。他引余英时以实其说（见《中国知识阶层史论》）。不过，余氏引《论语》那句话却有不同的命意。他认为士虽然不能都像孔子那样兼通六艺，但确是具有多方面的才能，所以他们的职事可以是武的，也可以是文的。无法一概而论。我相信这样来界定孔子及士的性格较好。"（同上引）

牟氏上述观点似更接近顾颉刚说（见《史林杂识初编》）。他所援引的余英时则对顾说曾质疑（见《士与中国文化》）。不过，这里只想谈谈牟氏把孔子的话理解为"如果勤于射御必将有所成名"的问题。其实这种看法也并非新的观点。李光地《论语札记》释达巷党人章曾云："六艺莫粗于射御，而御较射又粗，学无精粗，而必由粗者始。"这也是同样认为孔子教人勤于射御。李光地是个拘守道学的人。他尝言："圣人之或默或语，无非教者。"企图从《论语》的每字每句中找出教训来，其弊尤过于经生之注经。我以为这种看法的错误，主要是忽略了下章孔子所谓的鄙事。孔子严格区分君子儒与小人儒。他对于弟子学圃学稼尚不以为能，为什么教人学从御始呢？牟氏批评史华慈也有对的地方，不过他没有说到问题的点子上。我以为援引《论语》本身比援引权威更重要。射是不是代表军事技艺？不执射是不是就等于拒斥军事技艺？孔子对于军旅之事的态度究竟如何？这些问题比较复杂，历来就存在分歧的说法。

《卫灵公篇》："卫灵公问陈于孔子，孔子对曰：'俎豆之事，则尝闻之矣。军旅之事，未之学也。'明日遂行。"刘宝楠《正义》引《新序》，谓此为孔子"贱兵"之证。《论语发微》驳之，称孔子答子贡问政，以"足兵""足食"并举，《子路篇》则明言"教战"，再引《孔子世家》及《礼记·礼器篇》述孔子有习武之事，于是根据这些证据作出判断说，孔子以"未习军旅之事"去卫，实际上只是疾卫灵公无道而作的"托词"。以上二说都提出一些根据。不过,我以为"托词"之说似嫌勉强。《孔子世家》称冉有向孔子学过军旅之事,以及《礼器篇》称孔子曾言"我战则克",究竟是否可靠,颇令人怀疑,因为毕竟是后人提供的间接资料。倘根据孔子学说本身来看,权衡其中的本末轻重,我以为刘宝楠引《新序》说孔子重礼轻兵,总是不可否认的事实。

史华慈认为孔子提出射御问题是反讽地拒斥军事技艺,(a sarcastic repudiation of "the military arts" of archery and charioteering among The Six Arts)这话不能说毫无理由,至少在把握原旨方面比"学射御以成名"说要准确一些。其错误乃在以射御并举,忽略了在孔子时代,射不仅是军事技艺,而且列入礼乐制度之一。《仪礼》贾疏:"六者之中,御与书数三者于化为缓,故特举礼与射言之。"征之礼书,《仪礼》中有《乡射》与《大射》,均以射为礼。《乡射》郑《目录》云:"州长春秋以礼会民,而射于州序之礼。"《大射》郑《目录》云:"名曰大射者,诸侯将有祭祀之事,与其群臣射以观其礼。"列入礼书的射均名礼射,以与力射区别开来。《论语》记孔子谈射都没有表示拒斥之意,就因为射是礼。《八佾上》:"子曰:君子无所争,必也射乎!揖让而升,下而饮,其争也君子。"(其文亦见于《礼记·射义》,与孔子所说同。)《八佾下》:"子曰:射不主皮,为力不同科,古之道也。"("射不主皮"亦见于《仪礼·乡射礼》。)前者说的射虽然也有争,但不伤于礼,故符合君子儒的准则。后者说的射不主皮,其本身就是乡射礼的一种规定。马融《论语注》训主皮为"能中质"。朱子《集注》训主皮为"贯华"。毛氏《论语稽求篇》驳马朱二说,谓之未明礼射之旨要。毛氏说:"旧注引《周礼》,朱注引《仪礼》,犹是引经证经,引礼证礼,而不经谛观,便复有误,况臆断乎?"我以为这几句话是值得我们深思的,其言可为后之注疏家戒!

一九九一年除夕于白藤湖畔黄庐

【王元化　上海华东师范大学教授】

原文刊于《中国文化》1992 年 01 期

《周易·咸卦》涉性爻辞正义及其他

兼对潘光旦、李敖诸说质疑

张惠仁

一、《周易·咸卦》的性爱内容

关于《周易·咸卦》涉及性爱婚姻问题,古代学者早已指出。如封建时代最具权威性的十三经注疏本、唐孔颖达《周易正义》谓:

> 此卦明人伦之始,夫妇之义,必须男女共相感应,方成夫妇。既相感应,乃得亨通。

然此段文字实乃对《彖》传的演绎。《彖》曰:

> 咸,感也;柔上而刚下,二气感应以相与。止而说,男下女,是以"亨,利贞","取女吉"也。天地感而万物化生,圣人感人心而天下和平;观其所感,而天地万物之情可见矣。

又,据郭沫若考证,《彖》传之文字又是来源于《荀子·大略》篇:

> 《易》之《咸》，见夫妇，夫妇之道不可不正也，君臣父子之本也。咸，感也，以高下下，以男下女，柔上而刚下。

郭老下了肯定的结论："无论怎么看，都是荀子的说话在先，而《易传》在后。"又说：《易传》的"作者们一定是楚国的荀子门徒"[①]。

由此可见，后世所有治《易》者关于《咸》卦涉及"夫妇"内容的理解均始于荀子的《大略》篇。然而，荀子对爻辞中用以"现夫妇"——显示夫妇关系的具体的涉性词语却未作任何阐释。就唐李鼎祚《周易集解》推知，最早对咸卦涉性词语有所解释者乃是东汉之虞翻，其后，魏之王弼、唐之孔颖达皆陈陈相因。自此之后，治《易》者汗牛充栋，对《咸》卦所反映的房事内容均不求甚解，无所质疑，无所发明。"五四"新文化运动以后，尤其改革开放以来有的性学著作虽然注意到了《咸》卦的涉性内容，但仍然沿用旧时代经学家的旧说，囫囵吞枣；或则别有新说，却语焉不详，令人无法苟同。兹拈出潘光旦、李敖二说作为代表，以概其余。

（一）潘光旦先生在其杰出的译著《性心理学》的"译注"中说："有人说起《易经》的咸卦是中国最古老的描写性交的文字，但译者以为与其说是描写性交本身，无宁说描写性交的准备。……孔氏《正义》解释'九四，贞吉悔亡，憧憧往来，朋从尔思'一节，似乎认为二体已入交接状态，窃以为义有未妥。"[②]

（二）台湾学者李敖在其所著《中国性命研究》中似乎不同意潘光旦的"准备"说，他干脆译成白话："碰她的大脚趾""碰她的小腿""碰她的大腿。她用手推开他的脚""心里七上八下，朋友，照你想要做的做吧""抱住她的背""吻她的嘴唇，亲她的脸蛋，舔她舌头"。李敖最后说："以上咸卦，是典型的性交卦。这卦不但点出性交前的局部动作、调情动作，并且最后还显示出是一种男方仰姿。这太有趣了。算命抽签结果是叫你打一炮，还告诉你打炮姿势，中国的经典，真有趣哉！"[③]

---

① 郭沫若：《周易之制作时代》，见《周易研究论文集》，第287—288页。
② 潘光旦：《性心理学》，三联书店，1987年，第469页。
③ 李敖：《中国性命研究》，中国友谊出版公司，1993年，第6—7页。

笔者既不同意潘光旦的"准备"说,也对李敖译文中"关键部位"和"关键词语"的译释不敢苟同。由于李译基本上代表了自汉儒以后陈陈相因的解说,近年来大陆出版的几部性文化史著作④不是采纳潘说就是照抄李译,故窃以为颇有商榷之必要。

二、《咸》卦爻辞源于古老的"房事歌诀"

《咸》卦之所以会有涉性内容是因为它的爻辞(筮辞)本来就是一首房事歌诀。

根据高亨先生的探研,"《周易》卦爻辞的写成当在西周初年",⑤而它们大都是"简短的韵语,近于歌谣。"⑥他还论证"爻题当是晚周人所加"⑦并对每卦爻之筮辞作了详细的分类。现按高亨先生的分类,将《咸》卦经文制表如下:

卦形	卦名	爻题	筮	辞		
			记事之辞	取象之辞	说事之辞	断占之辞
䷞	咸					利贞取女吉
		初六		咸其拇		
		六二		咸其腓		凶居吉
		九三		咸其股 执其随		往吝
		九四			憧憧往来 朋从尔思	贞吉悔亡
		九五		咸其脢		无悔
		上六		咸其辅颊舌		

我们再按高亨先生的论点,将《咸》卦经文剔除"卦名""爻题"和"断占之

---

④ 诸如刘达临:《中国古代性文化史》,第 205—206 页;郑思礼:《中国性文化》,第 35—36 页;樊雄:《中国古代房中文化探秘》,第 60 页。
⑤ 引自《周易古经今注》,中华书局,1984 年,第 2 页。
⑥ 同上。
⑦ 同上。

辞",剩下的就是高亨先生所谓的"取象之辞"和"说事之辞"了:现将其分行排列,并对其韵脚注出韵部,如下表:

《咸》卦源于房事歌诀一览表

记事歌诀	韵脚及韵部	通押情况	韵式
咸其拇	"拇"铎部		每句押韵
咸其腓	"腓"微部	鱼铎通韵	每句押韵
咸其股	"股"鱼部		每句押韵
执其随	"随"微部	之微通韵	每句押韵
憧憧往来	"来"之部		每句押韵
朋从尔思	"思"之部		每句押韵
咸其脢	"脢"微部		每句押韵
咸其辅颊舌	"舌"职部	之职通韵	每句押韵

我们可以毫不夸大地说,全部六十四卦之经文如果分别剔除"后加"的部分,那么最符合高亨先生"爻辞多是简短的韵语,近于歌谣""与诗相类"⑧者,当推《咸》卦为第一。上表中我们对每句韵脚所注之韵部,是参照王力先生所著《诗经韵读》《楚辞韵读》而作的。王著指出,先秦古韵"鱼铎通韵""之微通韵""之职通韵",那么上述八句(基本三言)正是句句押韵的古谣谚或古歌诀。即便用现代汉语普通话来读,前四句亦颇似西方"商籁体"的韵式之一的"交韵"(ABAB)。总之,不管是谣谚或歌诀,都是人们对某种现象或事物进行探究后的带有规律性的经验总结。为了便于记忆、广泛流传,故常以韵文形式出现。因此,我们认为《咸》卦爻辞除去爻题和断占之辞,剩下的八句正是一首记述古人房室生活的"房事歌诀"。换言之,《周易》的写定者正是采用早已流传在人们口头上的"房事歌诀"作素材,然后加上爻题及断占之辞而后制成《咸》卦的。目前易界学者一般认为"卦爻辞作于周初",⑨那么,这八句房事歌诀当出现得更早。可见,《咸》卦是目前有文字记载的、有出土文物(马王堆汉墓帛书周易)可证的中华民族最古老的"性学著作"! 它是我们华夏先民房室生活的经验结晶! 是

---

⑧ 《周易古经今注》,中华书局,1984 年,第 2 页,第 16 页。
⑨ 黄寿祺、张善文:《周易译注》,上海古籍出版社,1989 年,第 12 页。

中国性文化、性科学的开篇！是掩埋于古筮书堆积层中的古代房中术的"化石"，虽只片段，但却珍贵，遗憾的是至今连其中的一些词语究何所指都没有弄清楚，更谈不上对其中所含的深义进行开掘了。

三、《咸》卦房事歌诀正义

据《钦定四库全书总目提要》云：孔颖达之《周易正义》一书"初名义赞，后诏改正义"。看来，皇帝对孔颖达的著作是相当赞赏的。"正义"一辞源于《后汉书》桓谭传"屏群小之曲说，述《五经》之正义"。然而，正如当代著名易学专家黄寿祺在其所著《周易译注·前言》所说："自孔子'读《易》韦编三绝'之后，学人对《周易》的认识逐代加深，《易》学著述层出不穷，然而，同时产生的种种扑朔迷离的猜测、附会之说却也多得令人眼花缭乱，遂使本属'玄学'的《周易》思想被涂上一重又一重'幻想和奇想'的'附加色'。"另一易学专家尚秉和先生曾慨叹过："最多者《易》解，最难者《易》解。若非真知灼见之士，为扬榷其是非，厘定其得失，后学将胡所适从哉？"⑩自称"真知"者未必为"真知"，被称"正义"者未必为"正义"。笔者浏览了近几年出版的有关易学论著和注本，发现在关于《咸》卦"涉性词语"的解释上都没有跳出孔颖达《周易正义》一书的窠臼。现择其近几年在国内掀起的易学热潮中由高校学者撰著、由颇有影响的出版社出版的两部易学著作中关于《咸》卦涉及房事内容的词语解释，制表如下（见第69—71页）。

从表中的"总论"中我们可以看到两部著作的共同点之一：黄著说"六爻以人体感应设喻"，金著说"各爻都从人体取象"。本文所说的涉性词语（或涉性爻辞）主要指的就是人体的部位或器官等名词，以及与性行为、性心理有关的动词、形容词。

笔者对"拇"（足大趾）、"腓"（小腿肚）、"股"（大腿，侧重指内侧）、"脢"（背脊肉）等词的解释，同意成说；对"辅、颊、舌"之理解，将略有补充；而对"执其随"

---

⑩　黄寿祺、张善文：《周易译注》，上海古籍出版社，1989年，第1页。

"憧憧往来""朋从尔思"三句,经过一番查考、探究,发现前人之成说都未中肯綮,不符合作为先民"房事歌诀"的原意。换言之,都未弄清爻辞作者"从人体取象"到底是取人体的哪一部位,所取之"象"又是一种什么"象"。有鉴于此,特就《咸》卦中与"人体"和"感应"有关的涉性词语提出己见,就正于读者与方家。

如前所述,作为《咸》卦经文素材的是八句早已流传在人们口头上的"房事歌诀",那么,我们可以设想:当新婚之夜,完成了"取女"的一切仪式——譬如洞房闹完、宾客散尽之后,唯在此时,新郎新娘才真正进入了荀子所说的"现夫妇"的阶段——

先说"咸",通行的解说:"咸,感也",大致也说得通。但若过分强调双方的"交相感应"似乎与"咸其……"的句式的本意有差距。笔者认为,八句中除了第五、第六句外,都是省略了主语的。换言之,这里有个"谁咸谁"的问题。不言而喻,当然是"男咸女",这是动物界的通例。因此,如果把"咸"释为"感",那也应该理解为新郎采取某种动作使新娘子有所感觉。如果笼统地说"交感相应在脚拇趾",仿佛是说男女双方各自以脚拇趾相碰,各自的脚拇趾都有了感应似的。其实,马王堆汉墓出土的帛书周易《咸》卦写作《钦》卦,所有"咸其……"均作"钦其……"(见《文物》1984 年第 3 期)。那么,"钦"作何解?早在唐人李翊著的《俗呼小录》三十二之十三已有著录。它指出:"按,谓之钦,去声。"可见"钦"即现代汉语里的"撳"。商务印书馆出版之《现代汉语词典》指出这是方言,读音为 qìn,即"按"如"撳电铃"。可见作为《咸》卦(又名《钦》卦)素材的房事歌诀的"咸"("钦")字的真正含义应是"按""按摩""抚摸""触及"等,至于"交感""感应"则是主体采取了上述动作之后客体产生的生理及心理的反应并在此基础上产生的主客体之间的交相感应。准此,前三句可译为:

新郎抚摸新娘的脚拇趾(顺此而上)

新郎抚摸新娘的小腿肚(再往上)

新郎抚摸新娘的大腿(内侧)

读者至此也许会问:紧接着第三句"咸其股"、第四句"执其随"是否也是省略了主语的动宾结构呢？如果是,那么宾语"随"该作何解？为什么众多注《易》者都解为"随从""跟随"？还有,此处的动词为什么不再是"咸"(揃)而改用"执"(马王堆帛书亦为执)？第七、八句为什么又恢复为"咸"？再有,"憧憧往来,朋从尔思"为什么插在"执其随"和"咸其"之间？这八个字究何所指？笔者认为,把这些问题回答了,《咸》卦涉性词语的"正义"也就探明了。

两部易学专著对《咸》卦涉性词语之解释

释义　　两部专著 《咸》卦涉性词语	《周易译注》 黄寿祺　张善文　撰 上海古籍出版社 1989 年 5 月一版	《周易全解》 金景芳　吕绍纲　著 吉林大学出版社 1989 年 6 月一版
咸其拇	"咸"字之义,《象传》谓"感也",犹言"交感""通感""感应"。(第257页) "拇",足大指也。交感相应在脚拇指,说明所感尚浅,未动于心。(第259页)	咸音义同感。咸卦的咸字取交相感应的意义。(第235页) 拇,足之大指。有其感未深之象。拇属于足,足不动,拇虽动也未足以进。(第237页)
咸其腓 (凶,居吉)	交感相应在小腿肚。"咸"道转进,离"拇"升"腓";腓体动躁者也,感物以躁,凶之道也。(第260页)	腓,小腿肚。人欲举步前进,足未动,腓先动。有躁动妄行,急于求应之象。如果真的那样行动,必凶。(第237页)
咸其股 执其随 (往吝)	股,大腿;执,犹言"执意"。随,此处含"盲从泛随"、心无专主之义。交感相应在大腿,执意盲从泛随于人,如此前往必有憾惜。(第260页)	股在身之下,足之上,不能自由,乃随下而动。足动它也动,足止它也止。 执,固执不变,一定要跟着(拇腓)动。往必致吝。(第238页)

续表

释义 两部专著 《咸》卦涉性词语	《周易译注》 黄寿祺 张善文 撰 上海古籍出版社 1989 年 5 月一版	《周易全解》 金景芳 吕绍纲 著 吉林大学出版社 1989 年 6 月一版
憧憧往来 朋从尔思	"憧憧",形容心意不定而频频往来之状。"思",思念。 心意不定地频频往来,友朋终究顺从你的思念。(第 261 页) 喻象颇为生动:"憧憧往来"状思虑不定之忧;……"朋从尔思",抒终成眷属之喜。(第 262 页)	"憧憧",为一己之私心私利而忙迫不安地去感应,去往来。今天给甲一点好处,以求感恩,明天又给乙一点恩惠,以求回报,把往来放在心上,切切不肯放下。 "朋从尔思",以私心去感,只感了少数人。这少数人成了你的朋友。这种朋友,其实就是朋党。(第 238—239 页)
咸其脢 (无悔)	"脢"即"背脊肉",位于心之上,口之下。交感相应在脊背肉上。不致悔恨。(第 262 页)	脢,后背上的里脊肉,正当心的背面,与心相背而不见。 "咸其脢",……应当像背上里脊肉那样,与其私心相背,感它见不到的更多的人。这才是人君感天下之正道。这样做了,可得无悔。(第 239 页)
咸其辅颊舌	辅在脸颊之上,指上牙床,《说文》"人颊车也";辅、颊、舌三者合称,犹今言"口头言语"…… "交感相应在口头上。" "感极而反,其应徒在口头言语而已。"(第 263 页)	辅,牙车,在口中。颊,腮。舌动则牙车亦动,腮也随着动。三者配合着动,人说出话来。本来用一个口字即可,却用了辅颊舌三个字,有厌恶的意思在内,犹如今日谓善巧辩的人讲话为摇唇鼓舌一样。……老是用口舌感人,言而无实,其结果是感而无应,其为凶咎不言而知。(第 240 页)

释义 两部专著 《咸》卦涉性词语	《周易译注》 黄寿祺 张善文 撰 上海古籍出版社 1989 年 5 月一版	《周易全解》 金景芳 吕绍纲 著 吉林大学出版社 1989 年 6 月一版
[总论]	《咸》的主旨，从广义看是普遍阐明事物"感应"之道，从狭义看却是侧重揭示男女"交感"之理。……六爻以人体感应设喻，分别展示"交感"的不同情状及是非得失……至于卦中蕴含的超出男女"交感"之外的"天地感而万物化生，圣人感人心而天下和平"的思想，则更是值得重视的《周易》哲学体系中"变化""发展"理论之一端。（第264页）	卦辞讲"取女吉"，以男女关系取象，从天地万物与人类社会宏观角度讲感应问题。六爻辞则根本下讲"取女吉"，更不讲男女婚姻之事。各爻都从人体取象，从微观的角度讲感应问题。 卦辞与爻辞所说的往往不同，甚乃多少有一点矛盾，这是个值得注意的问题。它告诉我们，卦辞和爻辞很可能不出于一人之手。（第241页）

这里的要害，或曰"盲点"是"随"字。

可以说，自《象传》作者开始，已经不知"随"为何物了。关于《象传》的作者及产生年代，据台湾学者严灵峰研究结论："它的产生应在春秋战国以后的时代；并且是浅人所创造出来的"，"文字浅陋；疑系东周时代巫祝之流所撰定，为卜筮详卦之用。"[11]据李镜池研究结论："《象传》作者思想纯粹是儒家思想"，"作者当是齐鲁之间的儒生"，"最早不出于战国末，最迟不到汉宣帝"。[12] 不管是出于巫祝之流的无知还是儒生的故意歪曲，它们都留下了明显的"漏洞"：对"执其随"这样一个与"咸其股"是同样句式从而构成排比句的句子进行想当然的"望文生训"。《象传》作者解释"咸其股、执其随"为"咸其股，亦不处也；志在随人，

---

⑪ 严灵峰：《易经小象成立的时代及其内容》，见《周易研究论文集》第一辑，北京师范大学出版社，1987年，第357、365页。

⑫ 李镜池：《易传探源》，见《周易研究论文集》第一辑，第199、200、201页。

所执下也。"顾颉刚先生在与李镜池的通信中曾经指出:"《易经》中所说的话,不但我们不懂,即做《易传》的人也不懂(看《象传》的只会敷衍字句可知)。""《象传》中爻的部分,除了这一点讲位之次序的犹有些意义外,其余简直望文生训,或把爻辞改头换面,或说些自己也不懂得的囫囵吞枣的话。"⑬这里把"执其随"解为"志在随人,所执下也。"正是"囫囵吞枣"的适例。不仅《象传》作者如此,自此以后,从汉儒经魏晋,到宋儒直至明清,大多易学著作皆沿用《象传》的上述释文,不但自己囫囵吞枣,而且自欺欺人地硬是把作为名词的"随"(应是人体之某一部位)注解为"跟随""顺从",对动词的"执"字释为"固执""执意不变"。

"五四"以后,有的学者以"疑古精神"对中国古籍进行了新的审视,获得了不少成绩。如高亨先生于四十年代写成并出版的《周易古经今注》就是一本在"读者中影响较大"(《周易古经今注·出版说明》)并于新中国成立后二次重印的专著。书中对《咸》卦的经文亦提出了一些新的看法,然并非都能成立。如释"咸"为"斩",谓"本卦咸字皆斩伤之义"。这实在无法令人苟同。高亨先生虽然也企图对"随"做出异于前人的解释,把"随"作为"执"的对象,认为"随"是"隋"的借字,并引《说文》:"隋,裂肉也。"又以己意申之:"裂肉,谓以刀割裂之肉,此文(指咸卦——仁注)正用斯义。"⑭应该说,高先生把"随"猜想为人体上的某一部分或部位,是一大进步,然而,他以肯定的语气说人身上的"裂肉"是"以刀割裂之肉"却实在无法让人想象这血淋淋的爻象与"取女吉"的卦意有何干系? 与紧接着的上句"咸其股"如何统一?

笔者认为:"随"是指人体形成某种姿势时的某一(或某些)部位。换言之,即运动过程中的人体的某一(或某些)部位。下文的论证过程也就是笔者思考问题、提出疑问、查找资料终于弄清"随"为何物的过程。

首先,"执其随"的句式与上面"咸其股""咸其腓"等句式是相同的,都是省略了主语的"动宾结构"。所不同的是"动词"变了。上面三句里的"拇""腓""股"都是名词,都是人体之某一部位,为什么这句中的"随"字却变成了"随人"——"跟随"别人、"随从"别人的动词了呢? 怎么它不再是人体上的某一部

⑬ 见《古史辨》第三册(一九三一年十一月),后收入李镜池著《周易探源》,1978年3月中华书局出版。
⑭ 《周易古经今注》,中华书局,1984年,第250页。

位了呢？这不合事理的现象怎能不引起人们的思索、产生疑问,从而进行假说寻找材料进行科学的论证呢？根据现代性学的常识,《咸》卦的"咸其股"当是指新郎抚摸新娘的大腿的内侧[15],而不是"笼统"的大腿。这除了有现代性学作依据外,还体现在下文将论析到的"股"与"随"之异(区别)与同(联系)。而根据这八句"性歌诀"抚摸的顺序来看,是从人体的最底部(足)逐渐向上移动。可以设想,当抚摸到大腿内侧之后,新郎还会有进一步的抚摸对象,诸如"咸其腹""咸其乳"之类。这部分内容原是"性歌诀"的组成部分,换言之,原来的歌诀不止八句,由于爻辞的"编辑者"根据筮书的要求,在利用原素材时予以删略了……于是,在"咸其股"之后紧接下来的便是"执其随"了。"随"之未被删掉,正说明"执其随"这一程序在操作过程中是具有关键意义的。

在我们还弄不清"随"是人体的什么部位之前,我们先对"执"字产生了兴趣。其他句子的动词全用"咸",为何此句独用"执"？一查,明白了。"执",不仅有一般的用手握持以及驾驭、控制之义,在古代,"执"的本义有所专指。《说文解字》:"执,捕罪人也。从丮从幸,幸亦声。之入切。"董作宾在《殷历谱》中有进一步的解释:"幸,象手械,即桎字,盖加于俘虏之刑具也。"承上所言,新婚之夜,洞房之内,新郎对新娘进行了从"拇"(大脚趾)、"腓"(小腿肚)到"股"(大腿内侧)等部位的"咸"(以自己身体的某一部位触及对方身体某一部位使其有所感觉和反应)之后,接下去不再是"咸",而是"执"——像捕捉俘虏似的以手及臂用全力施加于对方的某一部位,从而充分掌握主动权,操纵自如地驾驭对方。试想,这样的部位不正是对方腰以下骨盆最宽处——臀围的后半圈吗？

也许读者会说,这纯属推论。虽还算合理,然尚无训诂学上的根据。那么,请看:

(一)俞樾在《群经评议》中针对《新书·跪容》"随前以举,项衡以下"时指出:"随乃骽之假字。言拜之时,其骽必前以举,其项必衡以下也。"这说的是古代的一种下跪的姿势:向对方跪拜时,必须向前移动一下,然后将"随"(骽)尽量地抬高;"项"(脖子)必须向下弯到"衡"(车前横木)以下。我们既知"项"即"后

---

[15] 参见吴阶平审定:《让美在性生活中荡漾》,华夏出版社,1993年,第223页。

脖子"，那么，任何人都可以用自己的身体实验一下，马上就知道"随"（骹）就是俗话所说的"屁股"。更精确地说，是指躯干与下肢成为弯曲状态时的"屁股"。

（二）唐代慧琳《一切经音义》卷六十一："骹，髋也，髋音宽。髋，胯骨也。"现代解剖学对髋骨下的定义是"组成骨盆的大骨，左右各一，形状不规则，是由髂骨、坐骨合成的。通称胯骨。"⑯据此，"执其随"似可译成紧紧抱住对方的髋骨，然而，这既不像口头语言，也不准确。因为抱的不是"骨"，而是以骨作构架的人体外观的部位。在古汉语中"髋"既可指"骨骼"方面的"骨头"，也可指"身体"部位的"臀"。《广雅》谓："髋，臀也。"《埤苍》谓："髋，尻也。"《现代汉语词典》第 567 页释"尻"谓："古书上指屁股"。那么"执其随"似可译为"紧抱对方的屁股"。然而，我们还是不禁要提出问题：如果"随"字既可以指骹（腿）、髋、臀、尻等等，为什么还要发明（造出）一个"随"字呢？上举的一些训诂学文字学著作对"随"（骹）的释义，似乎都只"猜"对了"随"的局部，未能传达出"随"的完整的意义。当我们再次领会《新书·跪容》："随举以前，项衡以下"这八个字所反映的"形相"时，我们忽然悟出了"随"字绝不是表达静止的、常态的（直立或平卧）的人体的单一部位（如腿、股、臀、屁股、髋、胯），而是特意用来表达动态、即时的、由人体原有的两大部位（股骨和髋骨）在大转子处弯曲构成的综合性的体位——即"由站立时向下弯腰"（包括屈膝蹲踞）或"由仰卧时向上举股"而形成的人体姿势的综合部位。

我们再从解剖学的角度加以界定：

第一，从身体的外形着眼，是指当股骨向前与骨盆形成小于直角时的、包括由骨盆和股骨上端作构架的两部分人体外形部位；

第二，从主执者所能够触及被执者的身体部位而言，主执者的下臂可以触及对方髋骨外侧（即髂脊）或股骨的最上端（即大转子）；而主执者的手腕、手掌、手指则主要是触及对方腰部下端直至尾骶骨。难怪作为一个"随"（骹）字，当我们探查它时，有的书说它是"腿"（《字汇补·骨部》："骹，案《金石韵府》：'古文腿字'"），有的书说它是"髋"（见上引《一切经音义》）。

---

⑯　中国科学院语言研究所编：《现代汉语词典》，商务印书馆，第 588 页。

我们之所以要如此不厌其烦地征引论证，无非是想说明：《新书·跪容》与《周易·咸卦》的这个"随"简直无异于文字学上的一颗"化石"。自西周初年，经历春秋战国，在汉代，已被"羞于谈性"的解经儒生有意无意地掩埋起来了。自此以后，两千多年来的解《易》者，竟然不知"随"为何物，把"执其随"歪曲为"随人所执"，训随为从。个别文字训诂学者虽有疑惑，释"随"为"骸"，但治《易》者并未关注或视而不见。今天，我们终于把"随"这个文字"化石"经过科学的检测，用最通俗的现代汉语加以破译：它就是"弯腰时撅起的屁股"（如《新书·跪容》）或"平卧时高抬之臀部"（如《周易·咸卦》）、"蹲坐姿势的屁股蛋"（如果以"女上位"解《咸卦》）。

"随"字既明，被执者乃弯曲之股与髋也。那么，"憧憧往来，朋从尔思"也就迎刃而解了。我们大概不必费太多的口舌就可以澄清以往之误解与谬说了。"憧憧"，《集韵·钟韵》："往来不绝貌。"白居易《望江楼上作》："驿路使憧憧，关防兵草草。"就是这种用法。所谓"往来"，联系"执其随"来看，自然是执者之身体之器官在"往来"。王弼虽不知"随"为何物，把"执其随"解释为"志在随人，所执亦以贱矣"（据黄寿祺译意：心志在于盲从泛随于人，说明所执守之意是卑下的。[17]）但他在注此爻时却正确地指出："二体始相交感，以通其志，心神始感者也。"而更早的东汉虞翻也指出"以艮阳入兑阴……"所以此处的"憧憧往来"也就是"憧憧出入"，即不停歇地出出入入。然而，如此明白易解的事实，在封建社会中，自汉儒以后，却一直未能揭示出来。他们一代复一代地陈陈相因，把"憧憧往来"与"朋从尔思"合起来囫囵吞枣地解释为"心意不定地频频往来，友朋终究顺从你的思念。"[18]或解释为"以一己之私心私利而忙迫不安地去感应去往来。"[19]——前者是王弼一派的理解；后者是程颐等人的理解。此处译文取自两部高校学者之《易》学著作，正好代表了这二派的观点。人们不是把"朋从尔思"理解为"友朋顺从你的思念"，[20]就是理解为"少数人成了你的朋友"。[21] 其实，

---

⑰ 黄寿祺、张善文：《周易译注》，上海古籍出版社，1989 年，第 261 页。

⑱ 同上。

⑲ 同上。

⑳ 金景芳等：《周易全解》，第 238、239 页。

㉑ 同上。

"朋从"即互相配合、默契之意。此处"朋"字,不作友朋解,而是同一、一致。《后汉书·李固、杜乔传赞》:"李、杜司职,朋心合力。"李贤注"朋,犹同也。"所以"朋从",就是双方共同依从。用现代性学著作的习用语也就是互相配合。"尔思",此处之"尔",不应作"汝""你"解。"尔"乃答应之辞、犹言"是"。《北史·崔悛传》:"悛亦无言,直曰'尔'。"崔悛也不说什么,一个劲地说"是"。"思",语气词,用于句末,如"啊"。"尔思",即"是啊""是的""对了""好,就这样"一类的话。总之,"朋从尔思"是形容双方经过"憧憧往来"之后,进入了互相默契、互相配合的境界因而不断地发出满意的、肯定性评价的语言和声气。潘光旦先生的译著《性心理学》是一部不朽的力作。其"译注"部分对中国性文化史更是立下了开拓之巨勋。遗憾的是他认为《周易·咸卦》仅写了"性交之准备"。他不同意"二体已入交接状态"的看法,这未免失之粗疏了。

接下来,"咸其脢",孔颖达《周易正义》据《子夏传》、马融、郑玄、王肃、《说文》、王弼注诸说,认为"脢"即"背脊肉",位于"心之上,口之下",易学界对此未见分歧。笔者亦无新见。但对"咸其脢"整个句意,即它的主体(主语)略有申说。正如前面提到的,此句也是省略了主语的。但它的主体却不一定仅指男方抚摸女方的背脊,当也是包括了女方对男方的背脊的抚摸的。凡是过来人都不难理解笔者的申说。尤其是当今影视作品为了含蓄地表现作爱场面,往往只出现女方的双手正抚摸摩挲着男方的背脊、肩胛直至肩颈之镜头——正是位于"心之上,口之下"(指前胸与后背之对应处)。此类镜头在今天影视界已是司空见惯,几乎成为公式了。但在二十年代世界电影史的雏形期,苏联的电影大师爱森斯坦正是因首次出现此类镜头——一双女人的手抚摸男人的背来表现被施暴的中年妇女心理、生理的复杂、细微的变化过程——而受到电影史论家的称誉:含蓄、真实。

话说远了,言归正传。"咸其脢"的主体既然不仅仅是男方,而是双方,那么"咸其辅、颊、舌"当然也应包括男女双方。换言之,以"憧憧往来,朋从尔思"为分界,前面"咸"之主体均为男方,后面的"咸"则均包括男女双方。这也是笔者与历来解《咸卦》者之不同处。"咸其辅、颊、舌",绝不仅仅是如李敖所说"吻她的嘴唇,亲她的脸蛋,舐她的舌头",更不是什么"交感相应在口头上",也不是什么"光用口舌感人,言而无实,其结果是感而无应"云云。

笔者认为,这说的是:双方各自以舌头伸进对方的口腔之中,各自以舌尖搅触对方之上牙床("辅")、两腮之内侧("颊")以及舌对舌之摩擦……《咸卦》爻辞至此戛然而止,这是由爻辞的规格、容量所决定的。作为古老的房事歌诀,当还有未尽事宜。这方面,留待另文申说。

【张惠仁　北京市社会科学院文学研究所研究员】

原文刊于《中国文化》1996 年 01 期

"孙子是军事'威慑理论'的鼻祖"说驳议

误解文意因而误释思想内容一例

刘桂生

　　近年来,国际《孙子兵法》研究界流行着这样一种说法,认为孙子是当代国际上军事"威慑理论"的"鼻祖"。2006 年 11 月 9 日,德国《法兰克福汇报》发表一篇题为《失败者放弃时才有胜利者》的文章,作者安德列亚斯·赫贝格·罗特这样写道:过去,"当军事领导人出席新闻发布会时,腋下夹着的书,常常是克劳塞维茨的《战争论》。近年来,情况发生变化,中国古人孙子和他的《孙子兵法》取而代之,扮演着相应的角色。"①有一本题为《孙子兵法研究与应用》的书②这样写道:《孙子兵法》的"理论思想已被注入许多国家的战略战术思想中,并得到了广泛应用","已成为西方国家军事战略的理论基础",其中,最主要的就是:"威加于敌,故其城可拔,其国可隳"的"威慑理论"。作者又转述了英国著名军事专家利德尔·哈特(L.Hart)的言论。这位先生这样说道:二次世界大战之后,"《孙子兵法》的军事思想为研究核时代的战争提供了有益的帮助"。还有一位美国军事专家福斯特(R.B.Foster)则认为:"核战争会给人类造成巨大的灾难,眼下最理想的战略还是孙子提出的观点,通过'威慑'而'拔人之城,毁人之国'。"③这种理论在国际上流行之后,国内也受到影响,有几位研究《孙子兵法》

---

① 《参考消息》,2006 年 11 月 26 日。
② 此书 2002 年由浙江大学出版社出版。
③ 以上引文均见该书第 169—172 页。

的中青年学者在这个问题上竟也过于疏忽,其中有一本题为《兵以诈立——我读孙子》④的书在引了《孔子·九地篇》中"是故不争天下之交,不养天下之权,信己之私,威加于敌,故其城可拔,其国可隳"这一段话之后,这样解释道:"'交'是外交,'权'是强权。你不须争取天下的外交支持,也不必孝顺天下的强权,靠什么? 靠的是实力。'信己之私,威加于敌,'信是伸的意思。就是说,我的意志就是一切。想怎么来,就怎么来,我把我的想法,用强硬的方式,直接加在对方头上,就能把对方的列城打下来,国都摧毁掉。"⑤从这些引文看来,把孙子看作是"世界军事威慑理论"的"鼻祖",目前在国内外似乎已经形成一种"共识"。然而,在我看来,这与孙子的本意,大相径庭。"威慑"这顶帽子,孙子是戴不上的。因为,的确从《孙子兵法》中找不出这样的"文献根据"。看到这里,读者一定会反问:难道前面几位作者,不是已经从《孙子兵法》中找出"文献根据"来了吗? 是的,他们引出前面那话作根据,在《孙子·九地篇》中。但是,问题是,对这段话应该怎么理解呢? 这才是问题的症结所在。这样,我们往下讨论,就不能不以这一段话为根据和出发点。同时,考虑到英语世界的研究者和读者也有弄清问题的需要,所以,我对比较流行的几种英译本中的译文问题,也顺便提出来谈一谈。

一

《孙子兵法·九地篇》中的这一段话,原文如下:

> 夫霸王之兵,伐大国,则其众不得聚;威加于敌,则其交不得合。是故不争天下之交,不养天下之权,信己之私,威加于敌,故其城可拔,其国可隳。⑥

我国各种《孙子兵法》的白话译本,对这段话,通常是这样翻译:

---

④ 此书 2006 年由中华书局初版,2012 年出增订典藏版。
⑤ 该书第 309 页。
⑥ 《十一家注〈孙子〉》,上海古籍出版社,1978 年第 1 版,第 303 页。

　　"霸王"的军队,攻伐大国,可使其军民来不及聚集;威力加于敌国,可使其无法与别国结交。因此,不必争着和别的诸侯国结交,也不必在别的诸侯国培植自己的权势,只要依靠自己的力量,把威力加之于敌,就可以拔取其城邑,毁灭其国家。⑦

　　我认为,这样翻译,有五处不当:一是对"故其城可拔,其国可隳"句中两个"其"字,翻译有误;二是对"故"字,定性不准;三是对"争交"("不争天下之交")理解有误;四是对"养权"("不养天下之权")理解有误;五是对"敌"字,理解亦不当。现分别说明如下。

(一)"其"

　　全段话中共有四个"其"字。前面两个(即"其众不得聚""其交不得合"的"其")与后面两个(即"其城可拔""其国可毁"的"其")语法性质不相同。前面两个"其",是"第三人称代词",指的是"大国";后面两个"其"是"主位指示代词",指的是"霸王"。这种"主位指示代词",有"反身性"。我国著名语文学家杨树达教授在所著《词诠》中对这一点说得很清楚。他指出:对这种代词来说,"凡言其者,是其身之所有。"⑧杨教授从语法学的角度向我们说明:这两个"其"字,指的不是"大国",而是"霸王"。大家一看就明白,"霸王"这两个字,恰好处在句中的"主位",而以"主语"的身份出现。所以,这四个"其"字,前面两个是"第三人称代词",后面两个则是"主位人称代词"。它们性质不同,作用不同,意义不同。我国好几位白话译者的错误,就在于把它们一律看作"第三人称代词",认为它们指的都是"大国",这样,对后面两句,就把意思弄反了。孙子的本意是告诫霸王:纵然你的兵力已经把"大国"压制到了"众不得聚""交不得合"的地步,但如果你因此便不再注意"争天下之交"与"养天下之权",而只知一味"信

---

⑦　《孙子兵法新注》,中华书局 2005 年版,2006 年重印本,第 122 页。

⑧　杨树达《词诠》,中华书局 1954 年版,第 158 页。为帮助读者更多地了解"主位指示代词",现列举古籍中的常见例句如下:《诗·周南·桃夭》:"桃之夭夭,灼灼其华。之子于归,宜其室家。"《左传·襄公·八年》:"民知穷困,而受盟于楚。孤也与其二三臣不能禁止。"《论语·公冶长》:"已矣乎!吾未见能见其过而内自讼者也。"《礼记·大学》:"君子贤其贤而亲其亲,小人乐其乐而利其利。"

己之私,威加于敌",即单凭武力蛮干下去,那么,不论你的"城"或"国",都将被对方所"拔"或所"隳"。这样理解,才符合孙子的本意。

(二)"故"

"故其城可拔,其国可隳"句中的"故"字,不是作为"原因""缘故"讲的哪个"实词",而是表示承接关系的"虚词",在句中的作用,与"则"相等,它可以和"则"互换。了解"故"字,有助于了解"其"字。⑨

(三)"争交"

"争"的意思是"争持"⑩,"交"的意思是"竞言""对辩"。"争交"两字合起来,说的是当时诸侯国在周天子召集的盟会上,通过"竞言""对辩""争持"而互相交往。所谓"不争天下之交",说的是某位大国诸侯"不去参加周天子召集的盟会",而不是"不必要争着同哪一国结交"。大家都知道,国与国之间互相"结交"或"缔交",是人类历史发展到"民族国家"阶段才产生的观念,在"普天之下,莫非王土,率土之滨,莫非王臣"的"天下国家"时代,这种观念还没有形成。因此,用"民族国家"的观念解释"天下国家"的政治行为,这样不可能与原意相符。

(四)"养权"

"养"的意思是"供养""奉养""侍养"等等。此处所谓"不养天下之权",说的是"不事奉周天子的最高权威"。须知我国古代的观念体系是"天人合一"的。在这一体系中,"天地""社会""伦理"三种秩序混合组成。人的存在,首先是伦理存在。这就是说:一是人只有首先在社会、人伦秩序的"关系网"中,找到自己的位置,如"父慈""子孝""君仁""臣忠"等等,"人"才成为一个"人";二是这张"网"本身,是由"天地""社会""伦理"三种秩序混合组成的,而以"周礼"为代

---

⑨ "故""则"互换的用例,在我国古籍中很多。现列举几条,以供参考:《左传·昭公二年》:"立长则顺";《史记·吕后纪》:"且立长,故顺。"("则""故"可互换)《庄子·德充符》:"有人之形,故(则)群于人;无人之形,故(则)是非不得于身。"《战国策·东周策》:"君必施于今之穷士,不必且为大人者,故(则)能得欲矣。"《吕氏春秋·制乐》:"我必有罪,故(则)天以此罚我也。"《新语·慎微》:"力学而诵诗书,凡人所能为也;若欲称江河,动太行,故(则)人所不能也。"《孟子·尽心上》:"人能无以饥渴之害为心害,则(故)不及人为不忧矣。"《史记·邹阳传》:"今夫天下布衣穷居之士,身在贫贱,虽包尧、舜之术,挟伊、管之辩,怀龙逄、比干之意,欲尽忠当世之君,而素无根柢之容,虽竭精思,欲开忠信,辅人主之治,则(故)人主必有按剑相眄之迹。"了解"故"字,可增强对"其"字的了解。

⑩ 《说文》:"争,引也。"段玉裁《说文解字注》:"凡言争者,皆谓引之使归于己。"徐灏《段注笺》:"争之本意为两手争一物。"

表。在这套观念体系中,"事亲"也好,"奉君"也好,一律都是等量齐观的"养"。⑪ 所以,"不养天下之权",说的不是"不必要随便培养哪一国的势力",而是"既不事奉周天子的权威,也不按照'周礼'的规范,'养护'自己的权力"。还须强调一点,在我国古代文献中,"养"字的意思,不能另创新义别作解释,可用下面例证,略作说明:

> 《论语·为政》:"今之孝者,是谓能养。"刘宝楠《论语正义》:"养则服事之义。"
>
> 《孟子·离娄上》:"事亲为大。"赵岐注:"事亲,养亲也。"
>
> 《孟子·尽心上》:"所以事天也。"朱熹注:"事":"奉承而不违也。"

(五)"敌"

"威加于敌"的"敌"字,说的不是"敌人",而是对方的力量与自己"相当""相等""势均力敌"等意思。它与《谋攻篇》"故用兵之法,十则围之,五则攻之,倍则分之,敌则能战之,少则能逃之"中的"敌"字,意思相同。译者把它理解为"敌人",不当。

把以上几点合起来看,从军事上说:第一,"结交养权",这本来是孙子的一贯主张;第二,凭借军威逞强,这本来是孙子一贯反对的。译文的错误,主要是由于语法和字义上的错误,把孙子说成一个既不主张"争天下之交",又不赞成"养天下之权",而只知一味凭借武力蛮干、企图以此取胜的狂人,这怎么能与《孙子兵法》的基本思想内容相符?

二

考虑到英语世界《孙子兵法》的研究者和读者的需要,我从英译本中,选取

---

⑪ 此处文字,参阅刘泽华:《先秦士人与社会》,天津人民出版社 2004 年 2 月版,第 161—172 页。理合说明,并谨致谢忱。

三种：即翟林奈(Lionel Giles, 1875—1958)⑫的译文、格列菲斯(Samual B. Griffith, 1905—1983)⑬的译文和索耶尔(Ralph D. Sawyer)⑭的译文，看看他们对上面所说的问题，怎么理解，怎么认识。我之所以选取这三种，有两点考虑：第一，他们的书，影响比较大；第二，这三种译文出版的时间，分别是上世纪的早(1910年)、中(1963年)、晚(1996年)三个时期，可以就此了解这三个时期中，英语世界对《孙子兵法》的认识状况。

现在把三种书中我们所要讨论的译文，分别列在下面：

（一）翟林奈的译文：

A warlike prince attacks a powerful state, his generalship shows itself in preventing the concentration of the enemy's forces. He overawes his opponents, and their allies are prevented from joining against him. Hence he does not strives to ally himself with all and sundry, nor does he foster the power of other states. He carries out his own designs, keeping his antagonists in awe. Thus he is able to capture their cities and overthrow their kingdoms.

（二）格列菲斯的译文：

Now, when a hegemonic king attacks a powerful state, hemakes it impossible for the enemy to concentrate. He overawes the enemy and prevents his allies from joining him .It follows that he does not contend against powerful combinations,

---

⑫ 翟林奈是英国著名汉学家翟理斯(Hebert Allen Giles, 1845—1936)的儿子，也是一位著名汉学家。他的译本名：*The Art of War*，1993年湖南人民出版社有重印本。

⑬ 格列菲斯是一位英国准将，在英语世界有《孙子兵法》研究权威之称。二次世界大战前，他曾在中国服役。战时以海军准将身份服役于亚洲战场，并开始研究中国问题。他1956年退役，1961年在牛津大学获中国军事史博士学位。他翻译的《孙子兵法》名 *The Art of War*，1963年由牛津大学出版社出版，先后被译成多国文字，被联合国教科文组织选入《世界经典丛书》。

⑭ 索耶尔，美国著名中国军事思想史专家，美国马萨诸塞大学阿默斯特分校"战国研究项目"资深研究员、加拿大卡尔加里(Calgary)大学军事战略研究中心资深研究员、赛耶尔战略咨询公司总裁，翻译、撰著有关中国军事思想方面的著作多种，所译 *The Art of War* 一书1996年由 Westview 出版社出版。其他著作包括：*The Seven Military Classics of Ancient China* (1993)；*Sun Pin: Military Methods* (1995)；*The Tao of Spycraft* (1998)；*One Hundred Unorthodox Strategies* (1998)；*Fire and Water* (2003)；*The Tao of Deception: Unorthodox Warfare in Historic and Modern China* (2007)；*Ancient Chinese Warfare* (2011)等。

nor does he foster the power of other states. Herelies for the attainment of his aims on his ability to overawe his opponents and he can take the enemy's cities and overthrow the enemy's state.

（三）索耶尔的译文：

Now when the army of a hegemony or true king attacks a great state, their masses are unable to assemble. When it applies awesomeness to the enemy, their alliances cannot be sustained. For this reason it does not contend with any alliances under Heaven. It does not nurture the authority of others under Heaven. Have faith in yourself, apply your awesomeness to the enemy. Then his cities can be taken, his state can be subjugated.

现在谈三种译文中存在的问题。

1.对"其城可拔，其国可隳"句中的那两个"其"字，英译者都认为指的是"大国"，而不是"霸王"，而都认为"大国"的"城"和"国"，都将被"霸王"所"破"或所"隳"。这一问题，在讨论中文本时已谈过，这里就不重复了。

2.翟林奈把"不争天下之交"，翻译为"（霸王）does not strives to ally himself with all and sundry"，这不对。前面已说过，原文的意思是：某位大国诸侯"不去参加周天子召集的盟会"，而不是与别国缔交不缔交。

3.翟林奈和格列菲斯把"不养天下之权"译成"nor does he foster the power of other states"，不对；格列菲斯把它译成"it does not nurture the authority of others under Heaven"也不妥；赛姆耶尔把它译成"（霸王）does not foster the power of other states"或"It does not nurture the authority of others"，也不对。他们都是用近代"民族国家"观念来解释"天下"观念下的政治行为。那么，什么才是"养天下之权"呢？再说一遍，这话的意思是：这个政权要遵循"周礼"来"养治"自己，既事奉周天子的权威，也使自己成为一个有"天下威望"的政权。意思不是说，霸王自己要它去扶持（"foster"或"nurture"）天底下（"under Heaven"）的另一个政权（"other states"or"the authority of others"）。

4.翟林奈把"其众不得聚"译作"preventing the concentration of the enemy's forces"(中文意思是:"使敌人兵力不能集中"),不妥;索耶尔把这一句译成"their masses are unable to assemble"(中文意思是:"民众不能聚合")相对比较正确,但也不够。在古代中国,"聚众以立国""聚众以王诸侯"这一类概念,说的都是民众对政权拥护不拥护的问题,而不是军队集中不集中的问题。

中英文中的问题都已谈过。现在总起来看看,按现代汉语,应怎样翻译这一段话呢? 我认为,大体上应是这样:

> 王、霸的兵力讨伐大国,该大国的民众将会离心散德;王、霸的兵威所至,别的诸侯国不敢来和该大国交往。但是,如果王、霸因此便不再致力于对外争取与国,对内养护自己的政权;而只知为私欲而向对方施压,那么,王、霸自己的城池将被对方所攻破,国都也将被摧毁。

把这种意思翻译成英文,大体上将是:

> When a leading king or monarch starts a punitive expedition to a powerful state, there is no unity or solidarity among people of the latter. When he applies his awesome forces against his opponent, no state join with the latter. However, if he is self-willed, relying resolutely on forces without making any more effort to ally himself with other states or nurture his government, his(own) cities will easily be taken over, and his capital easily destroyed.[15]

还必须说明:我们所以费时间讨论这段话的内容,目的不仅是改正几处译文错误,而是因为这段话关系到孙子的整体形象,大家都知道,孙子的整体形象并不仅仅是古代"兵家"孙子个人的事情,而是关系到当今中华民族的整体形象。谁都知道,近年来,孔子被扭曲的形象,基本上改正过来了。但是,想不到孙子的

---

[15] 为慎重起见,这段文字请我的学生王宪明教授拟稿,请我的老师、年逾九旬的何兆武教授审订,在此特向他们二位致谢!

形象,却又出了问题,竟有人在国际上把他称为"威慑理论的鼻祖",使这位一向反对霸权、主张道义的军事家说成"好战分子",还有一些西方的"中国军事战略专家"借研究《孙子兵法》之名,把孙子的兵法说成是一部专讲"Tao of Deception(欺诈之道)"的书,从而把中国五千年文明史说成一部"争战史""诈骗史",把中华民族描述成"以诈立兵""以诈立国"的民族,这不仅有损我国重道义、爱和平的整体形象,而且为某些国家渲染"中国威胁论"、对外推行"霸权主义""强权主义""单边主义"提供了"学术"依据。⑯ 对这样一种性质严重的问题,作为一个中国知识分子,岂能把自己的认识和意见,闷在心里、压在心里而不倾吐出来?正如孟子所说:"余岂好辩哉,不得已也!"还要看到孙子的这段话里还包含着一种精义,即:即使是在军事上、技术上"稳操胜券"的情况下,强权者或所谓一时的"胜利者",也可能最后打一场"彻底失败"的战争,毕竟,决定战争最终结局的最根本的因素并非仅仅是实力,更重要的还是道义人心。

三

下面,我们还要用历史文献学的眼光,搜寻一下二千多年来,我国历代《孙子兵法》研究者,对这段话,发表过一些什么样的意见呢?

先看《十一家注〈孙子〉》,在这部书中,有六位作者发表意见。他们是:李荃、杜牧、陈皞、梅尧臣、王晳、张预。这些意见可分为两类:

一类意见,以梅尧臣为代表。

他说:"敌既不得与诸侯交合,则我亦不争其交,不养其权,用己力而已尔。威亦增胜于敌矣,故可拔其城,可毁其国。"这就是说,他把一段话中后面的两个"其"字,理解为我们今天所说的"单数第三人称",因而错误。

另一类是与我的意见相同的,以杜牧、陈皞、王晳等三人为代表。

杜牧说:"信,伸也。言不结邻援,不蓄养机权之计,但逞兵威,加于敌国,贵

---

⑯ 此处文字内容,承王宪明教授提供补充,理合申明致谢。

伸己之私欲,若此者,则其城可拔,其国可毁。"(对"其"字,他作"主位"了解。)

陈暤说:"虽有霸王之势,伐大国,则我众不得聚,要在结交外援。若不如此,但以威加于敌,逞己之强,则必败也。"

王皙说:"结交养权,则天下可从,申私损威,则国城不保。"(后二人对"其"字的理解,俱与杜牧同。)

张预则将两种意见并列,让读者自己判断。[17]

下面再看民国时期《孙子兵法》研究学者的意见。

1941年1月16日,陈启天教授在昆明《读书通讯》上发表题为《孙星衍校〈孙子十家注〉补订》的文章,文中这样写道:

> 按此三十一字(指"是故不争天下之交,不养天下之权,信己之私,威加于敌,故其城可拔,其国可毁。"),当作一句读。十家注,惟杜牧、张预之说,稍得其义,余均误。"信",音伸,犹逞也。"敌",谓彼此势均力敌之国。"故其城"之"故"字,犹则也。"其",指不争天下之交、不养天下之权、但求逞一己之私欲,而以武力威胁势均力敌之国者,非谓敌也。此句犹谓不讲求外交战,以多争与国,多养威重,但知以武力威胁敌国,求逞一己之私欲者,则其城与国,有反为敌国攻破之虞也。[18]

抗战胜利后,钱基博教授在商务印书馆出版《孙子章句训义》一书。他在书中指出,若要正确理解孙子这一段话,必须懂得把两个不同概念区分开来,一个是"可战之机",一个是"可胜之机"。他说:"可战"之机,不一定是"可胜"之机;"可胜"之机,也不一定是"可战"之机,接着便解释道:"夫'霸王之兵,伐大国,则其众不得聚,其交不得合',此可胜之势也,然而不可战;战则城拔国毁者,盖'威加于敌',睹敌之'交不得合',遂以为莫之与京,而'不争天下之交',则外交陷于孤立。……'伐大国',睹大国之'众不得聚',于是乎疲民以逞,而'不养天下之

---

⑰ 以上引文均见《十一家注〈孙子〉》,上海古籍出版社1978年第1版,第303—304页。

⑱ 《读书通讯》第18期,1941年1月16日。

权',则民怨而起革命。"⑲这位作者重复说明:"不强调外交战,以多争与国,多养威重;但知以武力威胁敌国,求逞一己之欲者,则其城与国,有反为敌国攻破之虞也。"⑳

上面两位教授的分析,已经为本文作了结论,还把对问题的认识,推向更深入的层次。由此可见孙子与所谓军事"威慑理论"毫无关系,这才是历史所做的结论。

【刘桂生　清华大学历史系教授】
原文刊于《中国文化》2014 年 02 期

---

⑲　钱基博:《孙子章句义训》,上海古籍出版社 2001 年 11 月第 1 版,《序言》第 16—17 页。
⑳　同上,正文第 296 页。

《心史》固非吴井之藏

[美]汪荣祖

  《心史》，又称《铁函心史》，或《大宋铁函经》。作者是南宋遗民郑思肖（字所南，号忆翁）。全书含诗文集七卷，夷夏之辨、故国之思、亡国之痛，充满字里行间，情见乎辞。据传作者于元世祖至元二十年（1283）将《心史》封存于铁函，然后沉之于苏州承天寺的眢井中。事隔三百五十五年后，于崇祯十一年（1638）寺僧始发现铁函，《心史》于焉出土。抄本、刻本、印本，自此流传不绝。清朝末年铅印本风行一时，青年学子几乎人手一编。读此书者，莫不为作者的爱国情操所激励。

  《心史》出土之后，迄今又已三百多年，而争论一直未断。有人深信其为真，有人疑为伪作。清初的顾炎武不但信为真，而且还写了《井中心史歌》以激扬之，但阎若璩、万斯同、全祖望都直指为伪书。姚际恒写《古今伪书考》，以为《心史》乃遗民至性者之笔，"非可伪为"，而张心澂作《伪书通考》，于《心史》一条下则注"疑伪"。《四库全书总目提要》举证而后论定必为明末好异之徒的欺世之作，略似全祖望所谓："吴儿喜欺人，至今谬称眢井旧物，以索高价。"但是余嘉锡撰《四库提要辨证》，则力驳之，并责备指为伪书者，"沮后人爱国之心，而长劲敌方来之焰"。余氏之外，近人之中郑振铎、蒋逸雪深信《心史》为真，而姜纬堂则肯定《心史》非郑所南的遗作。

  我比较真、伪两派的辩论，再浏览《心史》中的诗文，倾向于《心史》固非吴井之藏的论断。辩论之际，两造互见的感性语词，以及各择一偏的主观意见，可置而不论，至少不必再炒剩饭，在此仅就若干较为有力的论证，加以申述。

指《心史》为伪书者，莫不指出书中事实的错误，以及自相矛盾之处。不过，有错误并不一定是伪书，货真价值的书，也常有谬误甚至于无错不成书。说郑所南断不会出此错云云，乃猜测之语，不足为据。但《心史》中避讳之误，却大大值得注意。所南避宋仁宗讳以魏徵作魏证，而写李觏则不避宋高宗讳，也不避孝宗、宁宗讳。所南不仅距南宋诸帝为近，且是南宋遗民，于宋室宋主尊崇有加，断不至于有此失误，何况宋人避讳最严，而明人则较宽（参阅陈垣《史讳举例》）。显然是明人作伪者的千虑之失！余嘉锡说，"观字之不避，自是抄书者所妄改"，未免过于武断。至少应说明一下"妄改"的理由。

《心史》中《咸淳集》《大义集》《中兴集》俱为诗集。诗书志！其反元复宋慷慨复仇之志，固然跃于纸上，但诗亦有格调与意境，诗才与诗情尤难以假借，可惜《心史》之外，所南残诗至鲜。唯王逢题郑氏墨兰诗序所引诗句，如《题兰》云："玉佩凌风挽不回，暮云长合楚王台；青春好在幽花里，招得香从笔砚来。"又如《过书塾》云："天垂古色照柴门，昔日传家事具存；此世但存君父外，不曾别受一人恩。"又如《寒菊》云："宁可枝头抱香死，何曾吹落北风中。"再如"御寒不借水为命，去国自同金铸心"。虽同是讽世移情之作，但《咸淳》《大义》《中兴》三集却无此雅调。如《咸淳集》中，《题陶渊明集后》云："拂袖归来未是迟，传家何用五男儿；不堪生在义熙后，眼见朝廷被篡时。"词显意露，境界至浅，等同打油可也。与前引诸句，岂是同出一人之手？

更可怀疑的是，《心史》藏在苏州的井中三百余年，不仅保存完好，而且"楮墨犹新"。当时之人已觉神异，后来袁枚更直谓："郑所南《心史》虽用铁匣浸水中，纸墨断无不坏之理。"今日我们更可利用一点现代的科学知识。古物能够长久保存，有赖于干燥无菌，而井中不仅潮湿而且有水，虽铁匣蜡封，其中纸张亦必遭细菌侵坏。唯有一种方法可以防菌，即是"低温消毒法"（Pasteurized），此种科学方法始见于十九世纪的欧洲。郑所南生于十三世纪，即使他懂科学，也无此法可用。袁枚说"断无不坏之理"，可谓有识。所谓"井书"，实在可以等同河图洛书，乃是传统中国谶纬文化的产品。《久久书》中"必开大明之天"之句，已露马脚。

《心史》既非所南之作,则竟出何人手笔,如能考出作伪之"真"人,自然更为圆满。阎若璩听藏书家曹溶(秋岳)说,出自姚土粦(叔祥)之手,但闻说之辞,并无真凭实据。姜纬堂疑为明亡之后,志在复明的遗民之作,似不知郑振铎(西谛)早已得到崇祯十三年(1640)的刻本,距所谓《心史》问世之年,不及两载,很可能是最早的刻本。但西谛据此而谓:"若必欲以《心史》为伪书,则作伪者当为明之遗黎古老,刊书之年月,必非崇祯十三年,而当为弘光、永历之际。"未必竟然。建虏之祸,崇祯中期已成,未必要等到国亡之后,再图复国报仇;国之将亡,其心已哀。很可能在苏州一带的复社诸君,为了警惕元朝灭宋的前车之鉴,特借所南之口,唤醒国魂,以免蹈覆辙。未必出诸一人,成于众手,亦未可知。顾炎武《井中心史歌》曰:"忽见奇书出世间,又警牧骑满江山;天知世道将反复,故出此书示臣鹄。"可知顾氏亦以此书出于明亡之前。明朝既亡。顾氏自有"同心同调复同时"之感。及至清末革命党要驱逐满虏,读《心史》也能令志士感奋,更何况道咸以降,中国屡遭外夷入侵之祸,国脉不绝如缕,仁人志士能不以《心史》为国魂所寄,洵非泛泛之作?然而是非与真相却亦不能不辨。《心史》固非吴井之藏,乃明季爱国志士的心声,亦未尝不可激励今人,并留待来者。

【[美]汪荣祖　美国弗吉尼亚州立大学历史系教授】

原文刊于《中国文化》1992 年 01 期

《〈心史〉固非吴井之藏》质疑

与汪荣祖先生商榷

张新民

　　南宋遗民郑思肖(所南),身遭亡国惨痛,隐居吴门,不婚不宦,誓报国仇以全其志节,而景迫榆桑,有志难就,又虑身没之后,爱国之心,孤臣之泪,不能见知于后世,郁怏忧愤,无以寄怀,遂自取诗文,合为一编,名曰《心史》,铁函蜡封,沉于智井之中,事隔三百五十余年,吴中大旱,浚井求水,竟得铁函,《心史》乃重现人间,于是梓行传世,成为晚明及晚清爱国思潮的重要触媒。

　　古井得书,其事甚奇,历来多有人不敢置信。然而顾炎武当时即深信其必为真,焦循亦以为非他人所能伪托。以辨伪为读书第一义,常有武断之嫌的姚际恒,在《心史》问题上也一反常态,表现出特别的审慎,认为"《心史》言辞甚多,且郁勃愤懑,自是一种逸民具至性之笔,非可伪为也。"近人余嘉锡先生更综合众证,逐条辩驳四库馆臣伪托之说。自余氏之《四库提要辨证》出,指责《心史》为赝伪者则日见其少,盖若无坚强之证据,即难推翻其结论也。

　　近读美国维省理工暨州立大学历史系教授汪荣祖先生新著——《心史固非吴井之藏》(载《中国文化》1992年6期,以下简称汪文),忽又重提这桩争讼了三百年而大体已为余氏解决了的公案,殊感其说颇多新颖之处,尤其以《心史》为复社诸君所作,更为前所未有的"创见"。但是反复寻绎,仍觉汪先生的证据不够充分,其结论似有臆断之嫌。为避免剩饭再炒,这里同样略去前人两造互见的所谓"感性语词",以及各择一偏的"主观意见",仅依据汪先生辩论的标准及立论的依据,商榷如下。

《心史》的避讳问题,《四库提要》卷一七四已先汪文揭出。即篇中于魏徵避宋仁宗讳作魏证,而李觏则不避高宗等讳。汪文据此指出。"所南不仅距南宋诸帝为近,且是南宋遗民,于宋室宋主尊崇有加,断不至于有此失误,何况宋人避讳最严,而明人则较宽。显然是明人作伪者的千虑之失!"然翻检原书,仍可见所南避讳之严,书中凡遇大宋国家朝廷君王祖父等字及宋室年号,必空一字以示尊崇;而庆元改作庆初,元年改作一年,凡元字则一概恶其为胡元国号而避去,余嘉锡先生言之已详,并谓"其谨畏如此,岂有避仁宗讳而不避高宗讳之理"。盖古井所得之书,虽为思肖原本,然此后或假钞或上木,一刻而再刻,流传后世者,则多为重刻之本,纵使四库馆臣以国家之力,搜集天下善本,所得者亦仅为林古度重刊本(《四库提要》著录为陆坦等刊行,误),即所谓新刊七卷本也。而无论假钞或刊版,均非采用现代照相影刻之法,安能保证其一字不妄改?尤其陆嘉颖假借之时,急于倩人分钞,林古度据以重刊者,乃吴门商贾售利之本,如何能轻信其一如原本旧貌,并引为坚强之证据以断真伪?这种后人回改前人避讳文字的例证,在版本学史上并非个别。譬如唐刘子玄《史通》撰成于唐景龙年间,渊、虎、世、民等字概不避讳,实由于缺笔而后人刊刻时校改。刘昫以唐为本朝,故《旧唐书》避唐讳,然亦有不讳者,乃后人所回改,其讳者则是因为改而未尽(参阅《十七史商榷》卷八十四"《旧唐书》避讳"条)。正如《史通》《旧唐书》不能因此而断定其为伪书一样,把避讳问题视为明人伪撰《心史》的一证,笔者认为仍未免有武断之嫌。何况李觏未避高宗嫌名仅见《杂文》"古今正统大论"一条,或原为缺笔避讳亦未可知。如此则无心而妄改的可能性更不能排除,恰恰反映了明人刻书好率臆轻改的通病。

汪文说《心史》之外,所南残诗至鲜。其实所南《一百二十图诗》及《锦钱馀笑》两诗集今皆俱存,仅因附于其父菊山《清隽集》之后,故罕为人知而已。通观其诗集,清风高节,间具禅味,多有雅调,然亦不乏所谓"词显意露,境界至浅,等同打油"者。如"昔有古先生,忒杀不唧溜,拈得一枝花,失却一张口。白昼叫不醒,徒尔打筋斗;若欲了此意,但饮一杯酒。"又如"生来好苦吟,与天争意气;自谓李杜生,当趋下风避。而今吾老矣,无力收鼻涕;非惟不成文,抑且写错字"。

又如"叫卖没底有,有价不敢道,拾得一块泥,胜如万块宝。如此至鹘突,直是不老草;逢人但点头,好好好好好!"这一类的诗作《锦钱余笑》中尚多,试与汪文所引《题兰》《过书塾》《寒菊》诸诗比较,岂能一概斥为伪作?再从《心史》中《咸淳集》《大义集》《中兴集》为例,除反元复宋慷慨言志之诗外,亦非全无一首境界高古,才情俱备的雅调。如《春日登城》:"城头啼鸟隔花鸣,城外游人傍水行;遥认孤帆何处去,柳塘烟重不分明。"又如《湖上漫赋》:"薜崖苍润雨初乾,石鳞飞泉喷雪寒;啼断禽声山更静,青松影下倚阑干。"再如《醉乡》:"江湖初上玉船空,假道青州一水通;相去尘寰千万里,不愁日夜不春风。"厉鹗所编之《宋诗纪事》卷八十,选所南诗十四首。其中出自《心史》者十首,除《隐居谣》一首有类打油诗外,其余全为风格醇雅之作,又如何能仅凭一首《题陶渊明集后》,即概说成《咸淳》《大义》《中兴》诗意格调之全体,甚至疑为后人伪作呢?诗才与诗情诚难假借,然人一生遭遇不同,当下此在的体验亦可随时有异,不同时期甚至同一时期的诗歌创作会有不同的风格,尤其以身遭重大变故致使前后期生活迥然不同的作者更为突出。这是文学史上屡见不鲜的现象。因此,从《锦钱馀笑》中的诗作绳之,《心史》中收有《题陶渊明集后》一类"词显意露,境界至浅,等同打油"的作品,恰恰证明了《心史》不可能是后人的伪托。

《心史》何以能沉浸于古井深水中三百余年而不坏?汪文引袁枚之言说:"郑所南《心史》虽同铁匣浸水中,纸墨断无不坏之理。"汪先生则进一步发挥:"今日我们更可利用一点现代的科学知识。古物能够长久保存,有赖于干燥无菌,而井中潮湿而且有水,虽铁匣密封,其中纸张亦必遭细菌侵坏。唯有一种方法可以防菌,即是'低温消毒法'(Pasteurized),此种科学方法始见于十九世纪的欧洲。郑所南生于十三世纪,即使他懂科学,也无此法。"这是汪文疑伪证据中最重要的也最有力的一条,然而仔细推敲,我认为仍然站不住脚。

有关《心史》的出土情况,张国维初刻二卷本所附各序跋言之綦详,时人事后亦有述及者。要而言之,原本之藏,铁函重匣,函内锢有锡,锡内又封以蜡,如此则可以防水。同时匣外有石灰,匣内刷生漆,如此则能预防潮湿,保证干燥。铁函密藏于深井之中,井水(尤其是底部)冬暖夏凉,既低温又恒温。低温使细菌无法繁滋,恒温使纸质难以变形,适可谓天然藏室,妙得"低温消毒法"

(Pasteurized)之效果，我国部分农村地区至今仍有用井水保质或保鲜食品的习俗，便是极好之明证。故所南虽不懂"科学"，无意之中却使用了与"科学"暗合的方法，先欧洲六百年预取了"低温消毒法"。明乎此，《心史》藏苏州井中三百余年而"楮墨犹新"，即所谓"九渊能藏"者，也就不足为奇，可一扫咋舌者之虑疑了。

吴井出书在崇祯十一年（1638），次年张国维即梓而行之。张国维崇祯十二年本，顾炎武尝见之，余嘉锡亦尝见之，今尚存北京图书馆。而郑振铎所见之崇祯十三年本，很可能为林古度后张国维一年锓版之新刊本。要之，诚如汪文所推测的那样，疑为明室既屋之后伪作的可能性应该完全排除。但是汪文却据此推断说："很可能在苏州一带的复社诸君，为了警惕元朝灭宋的前车之鉴，特借所南之口，唤醒国魂，以免重蹈覆辙。未必出诸一人，成于众手，亦未可知。"并引顾炎武《井中心史歌》"忽见奇书出世间，又警牧骑满江山，天知世道将后覆，故出此书示臣鹄"。以顾氏亦以此书出于明亡之前来证成己说。虽为前所未有的创见，却殊未尽然。这里首先有一个如何处理材料的问题，我们先看顾亭林《井中心史歌》序的说法：

> 崇祯十一年冬，苏州府城中承天寺，以久旱浚井，得一函，其外曰"大宋铁函经"。锢之再重，中有书一卷，名曰《心史》。称"大孤臣郑思肖百拜封"。思肖，号所南，宋之遗民，有闻于志乘者。其藏书之日为德祐九年（1283），宋已亡矣。而犹日夜望陈丞相、张少保，统兵外来以复土宇，至于痛哭流涕，而祷之天地，盟之大神，谓气化转移，必有一日。于是郡中之人，见者无不稽首惊诧，而巡抚都院张公国维刻之以传，又为所南立祠堂，藏其函祠中。未几而遭国难，一如德祐末年之事。呜呼悲矣！其书传至北方者少，而变故之后，又多讳而不出，不见此书者三十余年。而今复睹之富平朱氏。（《亭林诗集》卷五）

由此可知，张国维刊本梓行未久，顾氏即得获见，否则三十余年复睹之"复"字便无落脚处，而序文撰于康熙十七年（1678），亦可见吴井所出之书为所南原本,顾氏从未有过怀疑。故诗中又云:"有宋遗臣郑思肖,痛哭元人移九庙;独力难得汉鼎扶,孤忠欲向湘累吊。著书一卷称《心史》,万古此心心此理;千寻幽井置铁函,百拜丹心今未启。"末句感慨:"呜呼!蒲黄之辈何其多,所南见此当若何!"所谓"同心同调复同时"者,乃指二人同在吴地,又同样面临"天崩地坼"的国事大变时代,同有遗民的孤忠肝胆,同样忧患不已且具有共同的爱国心声,故顾氏颇有共鸣并引所南为异代知己。汪文仅引用于己说有利的《井中心史歌》,却不提冠于诗前于己不利的序文,于诗又片面摭取可以证成己说的个别句子,置原有的话语语境于不顾,在材料的处理上是颇欠客观和公正的。

众所周知,亭林为江苏昆山人(昆山距苏州颇近),早年曾入复社,以后又参加惊隐诗社(参见谢国桢《顾炎武与惊隐诗社》,载《明末清初的学风》,北京,人民出版社,1982年版),遍交大江南北(尤其是江南)士人。吴井出书时,"亭林已二十有六,《心史》之出,必曾熟闻其事,故于书亦信之甚深"(《四库提要辨证》卷二十四,"《心史》"条)。《心史》若真出于复社诸君之手,以亭林之经历和交游推之,亦必有所与闻;何故竟无一言及之? 而为张国维刻本题跋者,如张世伟、文从简、陆嘉颖,陈宗之、陆坦、郑敷教、杨廷枢、姚宗典、许元溥、姚宗昌、华渚、丘民瞻、凌一槐、朱镒、张劭等,亦为复社诸君同时之人,何故竟无一人风闻赝托之事,俱深信吴井出书必为所南之真本? 再进一步追问,复社诸君砥砺名节、激扬清浊,其事本极公开,崇祯二年到五年先后在南京、苏州举行过三次大会,崇祯十一年八月复聚集南京,为驱逐阉党余孽阮大铖,宣布《留都防乱公揭》,具名者合百四十余人。扶持正义,慷慨陈词,一言既出,社会风从,又何必非借一南宋遗民之口,发"唤醒国魂"之音声? 且复社诸君集矢所居,端在阉党,阉党之中,又端在一阮大铖。而大铖衔恨刺骨,务图仇报,双方誓不两存。迨至"南都建国,未及二载,强寇日迫,武夫骄悍。千钧一发之际,不议防江防陆之策,而斤斤于翻案用人之争。驯至上者计议未定,下者攻击骤至,一则借杀戮以泄恨,一则依强镇以自固,南部之亡,固不待清军之渡江矣"。(柴德赓《史学丛考》,北京中华书局1982年版,第5页)吴井出书之时,下距清军入关尚有六年,尽管"国之将亡,其心已哀",然而故国无限之思,孤臣凄凉之境,毕竟要在明社既亡之后方可发生,又如何能预撰此声泪俱下之《心史》,假借其思绪情景,一若心中真有亡国惨痛之块垒呢？而明自开国之初，迄于崇祯之年，已有二百余年国脉气运，其时国既未亡，若果为复社诸君伪托，则《久久书》中所谓"必开大明之天"的谶语，岂不成了事后诸葛亮，"露马脚"云云，又从何说起呢？

顺便指出，《心史》作者郑思肖，字忆翁，号所南；汪文作字所南、号忆翁，恰好颠倒误置，检《郑所南文集》诸篇即可知之。思肖意为思赵，乃宋亡后所易之名，所南、忆翁亦皆有寓意，所谓"不知今日月，但梦宋山川"也。元兵南下时，所南曾扣阙上疏，忤当路不报，于是隐居吴下，一室萧然。遇岁时伏腊，辄野哭南向拜，外出闻北语，必掩耳亟走。坐卧不北向，扁其室曰："本穴世界"，以"本"字之"十"置下文，即为"大宋"。工画墨兰，自更祚后，为兰不画土、根无所凭借，或问其故，则云："地为番人夺去，汝犹不知耶？"有田三十亩，邑宰素闻其精兰，不妄与人，因胁以赋役取，所南怒曰："头可得，兰不可得。"临终前嘱其友人唐东屿曰："思肖死矣，烦书一牌位，当云'大宋不忠不孝郑思肖'"。又当自赞其像云："不忠可诛，不孝可斩，可悬此头于洪荒之表，以为不忠不孝之榜样。"著有《大无工十空经》一卷，"空"字去"工"，而加"十"，即"宋"字，暗寓《大宋经》之意。其一生志节凛然，耿耿孤忠，愤激委约，形诸笔墨，乃以《心史》记南宋陷胡之悲，胡元腥秽之政，以寄国可亡而史不可亡微意，突出表现了强烈的文化传承意识，知人论事，正事理中事耳！否则，其孤怀遗恨，不见于文集，反不可解矣。所南先生之书，自明末出土以来，即激励数代爱国志士，鼓舞后世天下人心，实乃民族精神不朽之明证，文化命脉不坠之象征。尽管如汪先生所说："《心史》固非吴井之藏，乃明季爱国志士的心声，亦未尝不可激励人心，并留待来者。"然而一旦古人地下衔冤，爱国忠魂受屈，又岂是负责的态度？余嘉锡先生的话仍然值得三复玩味："若摘其一二失误，遂指此数百年来绝无仅有之书为伪作，使学者弃置不读，或读之而不敢信，沮后人爱国之心，而长劲敌方来之焰，此则吾所期期以为不可者也。"此书容或过重，亦见考据关乎价值。余读所南先生之书，颇哀其志而怜其遇，为使古人心安于地下，不得已而辩之如上。质之汪先生及其他高明，不知以为然否？

【张新民　贵州大学中国文化书院荣誉院长】

原文刊于《中国文化》1995 年 01 期

《蒙文通文集》理学部分质疑

戴执礼

引　言

蒙文通先生是学通经、史、子、集四部的通儒。他治学由经入史,复以学术流变说明社会历史的发展,故对先秦诸子和宋史、西南民族史创获尤多,早为国内外学术界所公认。但是蒙先生成就最大的还是史学。新中国成立前夕出版的《儒学五论》主要是论先秦至汉的儒学,只有其中一篇《儒家哲学思想之发展》的《后论》是论宋明理学的。此外就是《理学札记》第一、二部分及《补遗》《致张表方书》《致郦衡叔书》《答洪廷彦》等七篇。其理学著作虽然只有三万多字,但所涉及的问题很多,而且多是宋明理学上重要的问题。但据《蒙文通文集》的编者在《理学札记》的第一、二部分后的《附记》中说:第一部分是先生"躬自清录成帙者","第二部分得自杂稿诸书间,散记于笺条者也。"在《补遗》后的《附记》说:"右札记若干条,钞自家慈所藏先君遗物之笔记簿中。"从这些《附记》中我们知道《理学札记》三篇中的第一部分始经过蒙先生的初步整理,其第二部分及《补遗》乃蒙先生夹在书内仅备遗忘的简略条笺,并未经蒙先生亲自整理,乃《蒙文通文集》的编者搜集成篇的。

上述蒙先生七篇理学著作中,的确有不少独到之见;但是,其中也出现很多纯驳不齐、互相矛盾之处,我认为其重要原因有两点:第一,蒙先生对程、朱与陆、王的思想体系不同之处没有彻底弄清楚。朱子以理气为宇宙、人生两界的生成与组成(著名物理学家丁肇中曾说:"宋代朱熹创立理论,认为气是宇宙的基本,理是宇宙的组成。理气论于十七世纪传至欧洲,对西方科学思想影响颇大。"1988年2月9日《成都晚报》中兴社专稿)。气是万物秉受以成形的质,理是赋予万物的性。人与物之理虽同受于天,而"理一分殊",又各有其比类之异。在人来说,性是属于形而上的,心是形而下的,故朱子只说性与理一,而不说心与理一。性是贯通天人的中介,穷理于物,就是使人内在于心之理与外在于物之理合一,进而达到天人一体。心虽是属于形而下的,经过修养,也可以达到心与理一,故朱子特别注重心的工夫。至于象山、阳明则与程、朱思想体系不同。他们了解的心是属于形而上的,不是朱子说的气之灵,而是孟子所说的本心,也就是理、是良知。所以心是超越的、虚明灵觉的,万物皆是心的显现,没有心外之物,即没有心外之理。活动的成分全在心,没有心只有理是不能活动的。第二,蒙先生对生之谓性之性、性善之性、义理之性、气质之性等的认识混淆不清。孔子以前是以生为性(参阅阮元《性命古训》,傅斯年又有《性命古训辨证》),至孔子始赋性以新的意义而言"性相近",至《中庸》始发展到天命之谓性之性,至孟子又发展到性善之性。宋明儒家承孟子性善之说,认为性有不善,是由气禀之差、物欲之蔽,而又有义理之性与气质之性之别。佛家只知生之谓性之性,而怵于人欲恣肆,又不知践形尽性,乃倡为断灭无明之说。大乘佛家起而正之,遂有不生不灭法之说。然言一切众生皆有佛性(赵州狗子亦有佛性),实即同于生之谓性之说也(将另为文论述)。蒙先生连程、朱与陆、王的思想系统都未理清,性善之性与生之谓性之性等的认识也混淆不清,是难免出错的。

一、误解朱子理气不杂之说,并将朱子理气不离之说误为阳明之说

上面已经谈到朱子和阳明的思想体系不同,若混淆了他们哲学上的界说,就

无法对他们的学说进行正确评论和阐发。蒙先生在《儒家哲学思想之发展：后论》说：

> 朱子曰："理与气既不相离,亦不相杂(原注:朱子语类卷一、卷四,以意引,文字略异),其言美矣。"以不杂言,则气之万殊而善恶分,万事出,理固未尝与之俱往,是理冥然于物之外。理与物离,则理者惟一顽空之境,不足以应万变而为善恶之衡,是非之准。舍即物穷理以为制事之方,则其道又奚由哉! 是朱子虽为理与气既不相离亦不相杂之说,而朱子毕竟偏于理、气离之说也,此朱学末流"即凡天下之物而穷之",蔽不可掩也。(《蒙文通文集》第一卷《古学甄微》第 96 页)

蒙先生在这里所说的"不杂"就是理气相离,理气相杂才是理气不离。我们来看蒙先生所引的《朱子语类》第一卷原文云："天下未有无理之气,亦未有无气之理"。又云："有是理,便有是气。"这些话完全得不出"理气不杂"是"气离理而独往"的论断。我们再来看蒙先生所引《朱子语类》卷四云："论天地之性,则专指理言;论气质之性,则以理与气杂而言之。未有此气,已有此性,气有不存,而性却常在。虽其方在气中,然气自是气,性自是性,亦不相夹杂。至论其遍体于物,无处不在,则不论气之精粗,莫不有是理。"蒙先生只根据"虽其方在气中,然气自是气,性自是性,亦不相夹杂"一句,断章取义,以气与理虽在一处亦各不相杂,就是气离而独往,而并未注意到接着所说:"至论其遍体于物,无处不在,则不论气之精粗,莫不有是理。"更未注意到前面所说的"论气质之性,则以理与气杂而言之"。是理与气杂才出现气质之性,也就是并不如蒙先生所说气离理而独往才有善恶的。至于朱子之即物穷理,更不是气离理而独往,理成了顽空之境,才去即物穷理的,而是为合内外,一天人,而即物穷理的。是蒙先生所了解的朱子之学乃完全与朱子的原意相反的。

下面我们再来看蒙先生对王阳明学说的看法吧。《论儒家哲学思想之发展》的《后论》又写道：

以理气为离,则理冥然无适于用,不足以应事,自必以"理、气不离"之说济之。无适而非气,即无适而非理,气机鼓荡流行,皆天理也。气万殊而理亦万殊,无气外之理,亦无理外之气,无往而离理,即无往而非善,此阳明之旨而"满街尧舜"之说所由生也。王学末流以"人欲即是天理",……其蔽亦不可掩也。

上面已经说过,朱子与阳明的学术思想体系不同,朱子以理气为宇宙万物之本,而阳明则以心为天地万物的显现,在天为理,在人为心性,所以阳明不以理气合言来阐发心性,而以心与理一来阐发心性之学。此段蒙先生所言理气不离之说,全是朱子之说,而非阳明之说,不知蒙先生何以张冠李戴?至于满街尧舜之说实始于阳明。《传习录》下载王汝中、董罗石言出游归云:"见满街都是圣人"。阳明曰:"你看满街人是圣人,满街人到看你是圣人","此亦常事耳,何足为异"。又钱德洪、黄正之等会试归沿途讲学,有信有又信,阳明曰:"你们拿一个圣人去与人讲说,人见圣人来,都怕走了,如何讲得行?"是阳明早已认为门人与满街之人皆是圣人矣。王学末流认为"人欲即天理,亦阳阳谓苏秦、张仪皆是良知"(见《传习录》下)有以启之。笔者初以为蒙先生对朱子、阳明说的误解与错位是出于一时之误记或失考,然细阅《理学札记》,于1963年、1964年间尚有同样的言论,始知是蒙先生一贯的看法,今再录如下:

于心放时而言理、气不杂,则已离理、气为二,反有疑于本体,朱子此处应有商量。理、气二则不得不即物穷理而学以支离。于心之放而由执理、气不离,则不得不认为满街皆尧舜,然则百姓不知、庶民去之之谓何?而学以鲁莽。

接着又一条说:

养其大者,养其小者,二者都是性,是天理。理与气原不分,只是二者不可得兼,须有舍有取,吃紧是此一关,所以说本心,说毋自欺。养小体的小人，依旧是理，而不是理与气离。原来大是性，小亦是性，若从大小不可兼处说理、气不相杂，只认大者是理，不免有无理之气之误。

上面所录第一条于放心由言理气不杂，笔者遍查《孟子集注》《朱子语类》《朱子文集》皆无此说。夫心之放乃一时气不循理只是气用事所致，并不是理气已分为二矣。蒙先生始终有一理气可以相离横梗在胸中，故有此说，是于朱子理气之说尚有未透彻之处。至于第二条说小体、大体不可兼，不知所谓大体、小体者，如目视非礼、耳听淫声即是小体，非礼勿视、非礼勿听即是大体，非于小礼之外别有一大礼在也，只是心之官思与不思而已。何有于兼与不兼，舍与取之说，盖蒙先生于此处亦有间隔所致。

现在我们再回头来看蒙先生在《儒家哲学思想之发展》的《后论》中误解朱子理气不离不杂之说，并将朱子之说误为阳明之说后，又说："朱子必以格物穷理为言者，是以不杂者拟不离而疑之，以人道而疑天道也。王子不免'满街尧舜'之说者，是以不离者拟不杂而信之，以天道而涽人道也。天人之辨涽而道之大源紊。"所谓"以不杂者拟不离。"就是上面蒙先生说的理气杂才是理气不离，理气不杂就是理气离，拟不离，就是认为相杂。蒙先生说理气不杂是人道，理气相杂是天道。以理气是不杂的就是以人道怀疑天道，所以朱子要即物穷理。阳明"满街尧舜"之说是以理气杂而不离者，反认为是不杂，是以天道而涽人道。蒙先生自己没有分清理气不离不杂之辨，混涽了天道和人道，反诬朱子、阳明于天人之辨不明，紊乱了道之大源，岂不是是非颠倒，厚诬先贤。蒙先生接着上文又说："故明道曰：'善固性也，然恶亦不可不谓之性'，而朱子又以'义理之性''气质之性'为之说而弥缝之。故阳明言：'无善无恶心之体'，而龙溪又以心、意、知、物皆无善恶而决裂之。"明道此处所言之性善、性恶，是合理气而言的，就是他说的"天下善恶皆天理。谓之恶者，非本恶，但或过或不及，便如此"（《宋元学案》卷13《明道学案》上）。朱子义理之性落于形器即为气质之性之说，适兴明道之说相合，何弥缝之有。而龙溪之言心、意、知、物皆是无善无恶，亦就性之超越"与物无对"而言，亦非在破阳明之说，蒙先生之说适得其反。蒙先生接着并断言朱子、阳明之所以导致此误说，是由于"思诚""择善"的"一机滑脱"。吾人皆知"诚"是《中庸》突显的本体,也是"理""性"的另一角度的说法。"思诚""择善"皆是工夫。明末东林顾泾阳、高景逸等言"工夫即本体",所以救王学末流只重本体不言工夫之弊,非谓工夫即本体也。而蒙先生在《后论》中一味强调"思诚"的工夫,不仅以之统摄朱明理学,并以统摄孔子、孟子、易传、中庸、大学,岂真如释氏一了百了吗?蒙先生又说:"大学曰诚意,则又以孟子之本体为工夫,而明工夫之即本体。"又说:"大学言诚意,故知即孟子言尽心,此大学之善发孟子精透无遗者耶。"吾人皆知礼记中的大学一篇,原为曾参所作,曾参在孟子之前,蒙先生反以为阐发孟子之说,那就太离奇了!总之,《儒家哲学思想之发展》的《后论》理路不清,前后矛盾。

二、对"性"的错误理解

中国哲学家认为性是本体。每一个哲学家都要涉及性的问题,对性的问题解决得好不好,标志着一个哲学家的学术水平。熊十力先生曾说:"治哲学须于根本处有正确了解始得。若根本不清,即使能成一套理论,亦于真理无干,只是戏论。"(熊十力著《十力语要》卷一第35页)若将性理解错了,就会导致对哲学上的"意""情""气"等一系列的错误看法。现在我们先来看蒙先生对性的看法吧。古代性即是生字,而以生为性,就是告子所说的"生之谓性"。至孔子始赋性以新的意义,而说"性相近也,习相远也",尚没有完全脱离"生之谓性"的成分。性是至善的,不然,何以谓之相远呢?同时孔子也没有把他提出的仁说成性,也没有把心说成性。至孟子始言性善之性,并把仁、心等都说成性。蒙先生是主张性相近的,他多次说:

> 董子、韩婴、淮南三家之说,以茧丝卵雏之喻,正明此理,特言之未彻耳。然性近之说亦应如是解。(《蒙文通文集》第一卷《古学甄微》第116页)。
> 气益清而性益显露,气益浊而性益昏,以此言性相近可也,故养气之工为不可忽。(同上第125页)。

夫人性善，不内之以道，则不成为君子。以韩氏之义补董生之说，然后可以孟子性善之论通于孔子性近之说。宋明人徒言性善，而置性近之说于不顾。（同上第 156 页）。

第一条以茧丝、卵雏待汤沸、孕育喻性，是言性之善不是从真实本源言性善，而是以有待言性之善，则所谓性乃外铄之性，非性善之性。第二条以气清气浊言性相近，又是宋人落于形器之性，所谓气质之性也。材性之性与气质之性乃成于天地不齐之化，其通其塞，千差万别。凡人一生之昏明仁智。可能于受生之初，肇形之际，便已形成。而气质之性与材性之性稍有不同者，气质既成，则可左右本性，就是说性之表现既出现气质，而性即运行于气质之中，反为气质所用。所以材性之性、气质之性不能说成性善之性也。蒙先生还以桃仁、杏仁言性（同上第 105 页），又说"言性须兼知，能看"（同上第 123 页），亦是材性之性，气质之性。蒙先生还要合董、韩之说"以孟子性善之论通于孔子性近之说"，董、韩外铄之性与孟子内在之性，大相径庭，与孔子性近之性，亦异，何以能相通？岂不是治丝而益棼之吗?!

蒙先生既以材性之性，气质之性为性，自然也就会落入以生为性的旋涡。现在再来看蒙先生生之谓性之说吧。《理学札记》中说：

> 有此身即具此心，即具此性，无动而非身，即无往而非性。（同上第107页）
> 一性流行，充沛自见，一发一尘，莫非天则。（同上第 104 页）
> 耳目手足，即性也，即万物，是天地之性也。（同上第 105 页）
> 在目为视，在耳为听，在手执捉，在足运奔，与知爱知敬底原是一件，所谓"满栏杆外是孝慈"。（同上第 108 页）
> 动乎四肢，见乎词色者，即知爱知敬之心，故觉知运动莫非天性，皆天理也。（同上）
> 自性而观，人之性、物之性浑是一片，故曰冲漠无朕，万象森然。（同上第 115 页）
> 一俯一仰，一曲一伸，无往而非本心，无往而非率性。（同上第 115 页）

　　口之于味也,目之于色也,耳之于声也,鼻之于臭也,四肢之于安逸也性也,一往而已。(同上第 123 页)

　　满身皆是良知,谁能不率性,由之他而已。(同上第 129 页)

　　手舞足蹈,无非此理,何用安排。(同上第 135 页)

　　日用云为即是天性,何须更求深的。(同上)

　　举手投足,一语一默皆是性,何关文字(同上第 138 页)

　　语默动静,日用寻常,无非天理,是如此即如此,故曰易知易行。(同上)

　　举手投足,非天性而何? 岂容放过。(同上第 141 页)

　　蒙先生在《理学札记》中如此的言论很多,这采限于篇幅,不能一一列举。耳目口鼻手足的运动,乃生物的本能,就是告子所说的"生之谓性",释氏的"赵州狗子亦有佛性"。朱子曾说:"僧问佛如何是性? 曰:耳能闻,目能见,他便把这个作性,不知这个兽禽皆知,人所以异者,以其有仁义礼智。"(《朱子语类》卷五十七)又说:"释氏云作用是性,或问如何是作用? 云:在眼曰见,在耳曰闻,在鼻辨香,在口谈论,在手执捉,在足运奔,遍现俱该沙界,收挤在一微尘,此是说其与禽兽同者耳。"(同上)蒙先生所说的性,不就是释氏所说的性吗? 这个人与禽兽共具的本能之性,是形而下的,属于形器;为人所独有的义理之性,是形而上的,属于道,二者是不同层次的。在人来说,形器之性虽可上达道德之性,但须有一段工夫,如目视耳听口言手足之动,即是本能之性;非礼勿视,非礼勿听,非礼勿言,非礼勿动即是道德之性。孟子说:"形色天性也,唯圣人然后可以践形。"孟子所谓形色之性,显然是包括手足运动之性与道德之性的,但是他说要圣人能践形才是性,不是人人都能达到践形的。"能践形,则饮食男女之事不变,视听言动之事不变,统是天理,不能践形,则统是人欲。"(牟宗三语,见所著《原善论》第 324 页)蒙先生混淆了人与禽兽同具的本能为人性,遂进而正式提出"满街都是圣人""人欲即天理"矣。《理学札记》写道:

　　气机流行,无感而非寂,情即是性,人欲即是天理,自然觉得满街都是尧舜,只是灵光炯然,更有何事。(《蒙文通文集》第一卷《古学甄

微》第 138 页）

人欲即天理,情即性,……情即性是从本体说;性其情,无以小害大,是从工夫说。(同上第 139 页)

理者气之理,人欲即天理。庶民去之,……庶民日用,亦莫非天理;好好色。恶恶臭,何莫非天理,甘食甘饮,亦天理也。(同上第 147 页)

据蒙先生《儒家哲学思想之发展》的《后论》说,蒙先生本来就是反对王学末流"满街都是尧舜""人欲即天理"之说的。在他陷入生之谓性之说以后,于 1963 年至 1964 年间尚说:没有工夫"而说良知现成,则非真实而流弊生也"。"真理实现成,但待人发现,即非全是现成"(同上第 145 页《理学札记补遗》)。但是,这不过是他思想中的一时反复现象,不然在同一时期怎样又会正式提出"满街都是尧舜""人欲即天理"呢?"满街都是尧舜""人欲即天理",虽启自阳明,而阳明仍主"存天理,去人欲",并未提出"满街都是尧舜""人欲即天理"之说,盖恐发生流弊也。即后儒斥为近禅的阳明的弟子王龙溪也没有"人欲即天理"之说。陈乾初虽说"天理正从人欲中见",但他接着又说"人欲恰好处即天理也"。(黄宗羲《南雷文约后集》卷三《陈乾初先生墓志铭》辑录陈乾初语)。理是普遍于人心内在的准则,人欲既合乎理,则此时之人欲即合乎天理矣,戴东原亦云:"性之欲其自然之符也。"但他每以欲与觉并言:"人与物同有欲,欲也者性之事也;人与物同有觉,觉也者,性之能也。"又云:"欲不失之私则仁,觉不失之蔽则智,仁且智,非有所加于事能也,性之德也。"(戴东原《原善》卷上)在他看来觉之于欲,犹如阳明知善知恶之知,欲有觉就能知其欲之善不善,使不善以归于善,则欲亦合乎理矣。即乾初、东原号称反对宋明理学存天理去人欲者,亦没有如蒙先生把人欲直接说成天理的。

蒙先生既以人欲即天理,势必至将同属于形器的"意""情""气"都说成是性、是理不止。下面我们先来看蒙先生对意的看法。《理学札记》写道:

大学曰诚意,曰致知,以意者即《中庸》所谓性,孟子所谓本心,而知者即心之觉察也。(《蒙文通文集》第一卷《古学甄微》第 99 页)

有所不为,有所不欲者,本心也,意也,所谓诚也,至善无恶者
也。(同上)

意者心之中又有心,意即性之发现。……本心、良知即意也。意即性,
性无不善,故曰尽性;意无不善,故曰诚意。(同上第 143 页)

意则所谓心之中又有心,即本心也;故大学于意曰诚意。(同上
第 145 页)

朱子说:"意者,心之所发也。"(朱熹《大学章句》经一章)阳明说:"心之灵
明是知,知之发动是意。"(王守仁《传习录》上)慈湖、龙溪皆以意为"意念",不
出朱、王之说。所谓意是心之所发,即所谓发心动念。意念之发动,有时是善的,
有时是恶的,此意有相对的善恶。此意即是受感性影响之意,故它是属于经验层
的。此意之动向,是尚未表现于外而为行为之行动,其意之动或善或恶,良知之
明自然知之。蒙先生谓意是性、是本心,乃本于王龙溪"心是无善无恶之心,意
即是无善无恶之意"(龙溪《天泉证造记》)之说,而不知意之无善无恶,必须有心
之无善无恶及知之知善知恶依良知之天理以正之,使意之恶者合于天理之正,始
可云意是无善无恶的,不能直接谓意即是性,即是本心也。蒙先生不仅以意为本
心、良知,又以"意为心之中又有心",乃本于王一庵(栋)以意为心之所存,刘蕺
山以心之能知善知恶,乃由意之主乎定向,故有诚意为宗之说。一庵、蕺山提出
以意为心之主宰,乃在纠正王学末流"以吾心中自有良知,不假安排,信心而行,
遂至恣肆猖狂而不可遏"之失,并不是又以意为心,而蒙先生在心(良知)之中又
别立一心,更不免画蛇添足。

现在我们再来看蒙先生对情的说法吧。在上面谈蒙先生对人欲即天理时已
经引到这些论述,现在为了集中讨论蒙先生对情的看法,不妨再引在下面《理学
札记》中说:

气机流行,无感而非寂,情即是性,人欲即天理。(《蒙文通文集》第一
卷《古学甄微》第 138 页)

人欲即天理,情即性,……情即性,是从本体说,性其情,无以小害大,是

从工夫说。若疑情即性之说,则于本体不澈。(同上第 139 页)

颜山农言:与罗近溪言率性,或言率心,余子皆率情耳。性、心、情本自一事,而复大有别者,养气之功有至不至耳,故曰精义入神。(同上第 144 页)

宋明理学家对情与心性的界说是很清楚的。朱子说:"性者心之理,情者性之动,心者性情之主。"(朱子《朱子语类》卷五)又说"性对情言,心对性情言。合如此是性,动处是情,主宰是心。"(同上)阳明说:"喜怒哀乐性之情也。"(王守仁《传习录》中)是朱子与阳明皆以性为心之所发,就是心与外面事物接触发生的一种感性影响,也是属于经验层的,是较之意更进一步对于外物有行动的,故不能没有善恶。如喜怒哀乐、恻隐、羞恶、辞让、是非,就是心与外界事物接触所发生的感性,这种感性就是有善有恶,要发而中节,才是"情之正",达到明道所说的圣人"以其情应万事而无情"。在践形尽性时虽然情可以达到浑化为无情之情。但是,蒙先生在此说的情,既非泯性之分,也非性情圆融之义。

下面我们再来看蒙先生对气的看法吧。《理学札记》中说:

气有失处,气自知之。(《蒙文通文集》卷一《古学甄微》第 111 页)
气本是好的,才有不好,心便知之,亦是气自知之。(同上第 113 页)
气也,理也,知也,合而言之性也。(同上)
有物有则,理者气之理,理傅于气;气违于理而心自知之,而知傅于理;知亦气之知也;三者一而已也,合而言之性也,无极而太极也。(同上)

按:宋明儒均不言气即是理,即是性。朱子说,理是形而上之性,气是形而下之器。因此他说性即理,心属气。心既属于气,也就与属于理的性不同,这里所举蒙先生说的第一、二条所云"气自知之"之知,即朱子所说的心之知之知,气聚为心之精爽才有灵明之知,怎能说气自知之呢?在阳明则不以理气合言,而言心与理一,以心统摄天地万物,心即是良知,即是理,即是性,都是形而上的,心发动的意情,始有善有恶,意与情在阳明都属于气,意情都有善恶,自然气也是有善有恶的,不是理,不是性,更不是所谓良知之知。阳明在《传习录》卷中有一条谈到气时说:

> "生之谓性","生"即是"气"字,犹言气即是性也。气即是性,"人生而静"以上不容说,才说性即是气,即已落在一边,不是性之本原矣。孟子性善,是从本原上说。然性善之端须在气上始见得。若无气,亦无可见矣。恻隐、羞恶、辞让、是非即是气。程子谓"论性不论气不备,论气不论性不明",亦是为学者各认一边,只得如此说。若见得自性明白时,气即是性,性即是气,原无性气之可分也。

所谓气即是性,是人与禽兽同具的本能之性,即生之谓性,不是人所独有的义礼之性。要见得自性明白时,才是气即是性。但也不能因恻隐等即是气,而说气性是不可分之圆融。《传习录》卷下又有一条说:

> 孟子亦曰"形色,天性也",这也是指气说。又曰:凡人信口说,任意行,皆说此是依我心性出来,此是生之谓性,然却要有过差。若晓得头脑,依吾良知上说出来,行将去,便自是停当;然良知亦只是这口说,这身行,岂能外得气,别有个去行去说? 故曰:"论性不论气不备,论气不论性不明。"气亦性也,性亦气也;但须认得头脑是当。

这就是说:生之谓性是指气说,要"晓得头脑"依良知说出来,行将去才是"气亦性也,性亦气也"。然也是"性气一滚说,不是泯灭性气之分,亦不是性气圆融之辞语"(牟宗三《心体与性体》第207页)。蒙先生由主张满街都是圣人,进而提出人欲即天理、生之谓性,甚至将意、情、气均说成是心、是性、是理也是良知,严重混淆了哲学名词的界说,名不正则言不顺。

三、完全堕入释氏之说

儒、释、道是中国的三大哲学派别,其中又以儒家为主。"曹月川谓:吾儒之寂寂而感,佛氏之寂寂而灭;罗整庵谓:吾儒以寂感言心,佛氏以寂感为性;顾泾阳谓:吾儒以理为性,佛氏以觉为性,数语皆直揭其要。"(朱一新:《无邪堂答问》卷二第41页)归纳言之,即儒家以有(指生生之诚)为宗,佛家以寂灭为宗,道家以无为宗。三家在相激相荡中又相互吸收,以丰富自己的内容。如朱熹、象山、阳明皆曾出入二氏,后复归本于儒家。而他们的学说都决不能说是释家、道家,盖都能融化贯通以成一家之言也。我们不是狭隘的宗派论者,阐发佛学也是丰富中国文化的内容,问题就在于不能生搬硬套,混淆学术界限。这里谈蒙先生堕入释氏之说,是说他欲兼摄佛学而又未能融化贯通以成一家之言。上面谈到蒙先生正式提出满街都是圣人、人欲即天理,进而以意、情、气皆为心、性、理,其完全堕入释氏之说,是势所必至的。现在我们来看蒙先生对佛家本体是寂然不动之说吧。《理学札记》写道:

> 感而遂通的,即是寂然不动的,故无感而非寂。(《蒙文通文集》第一卷《古学甄微》第106页)
>
> 本体外更有何事,本体自寂然,何往而非寂然。(同上第114页)
>
> 寂然不动,何间内外,浑然一片,宽平虚静。(同上第119页)
>
> 此真着一处不得,离一处不得,不在内,不在外,不在中央,非动非静,不增不减,不垢不净。(同上第120页)
>
> 人能无动而非静,便是大本立,便是性体流行,释家所谓露体真常。(同上第140页)
>
> 此心、此体本自虚明,虚明谓之无所住可也;然感而遂通天下之故,此谓而生其心。(同上第146页)
>
> 心本寂然不动,万象起灭,感而遂通,心之寂然之体,未始有动。(同上

第 149 页）

儒家所谓本体是寂然不动,感而遂通的。即通即寂,即寂即感的。这个通就是在天为生,在人为仁,是生生不息的。而蒙先生所说的本体寂然不动,实沿于佛家之不生不灭法,缘而非缘,起而不起,故如《中论》所说:"不生不灭,不常不断,不一不异,不来不去。"又云:"诸法不自生,亦不自他生,不共不无因,是故知无生。"蒙先生所谓的"感而遂通天下之故,此之谓而生其心",就是说知道这是非空相的缘起,便见缘起实相,"实相一相,所谓无相,即是如相"(般若经)。如相是"不增不减,不垢不净"的,也就是寂然不动的。佛家谈本体仅到此而止。而儒家所说的本体,则更进一步谈生化,天人一体之仁,是客观的存在,并不是客观的自在,乃属于实相,是本来即有任运而现的,不是作意而现的;而且是一现全现的,永远显现的。即熊十力先生所谓"宇宙的大生命力"。(熊十力:《存斋随笔》)

蒙先生既云"本体是寂然不动的",故进一步谈本体是无善无恶的。《理学札记》说:

> 不思善,不思恶,一团血肉,和泥土一般,充满天理,即是本色,要作即作,是如此即如此,是谓其动也直。(同上第 105 页)

> 气之流行,本无善无不善,只本体之自然而已,即此是本来面目。(同上第 114 页)

> 时行物生,如何着得思虑?着得知识?……即思为亦是无思之体。(同上第 119 页)

> 不着善恶方是本体,本体才是至善。(同上)

> 无不善处,皆是本色,一片性体流行。(同上第 123 页)

> 任其自然,皆是天则,即此本色,本自无恶,何须有善。(同上)

> 一性而已,还言甚善恶?言性善是不得已事,况言恶乎?(同上第 130 页)

> 若说无善无恶,连恶也无了,这是法身向上事,这是儒释之辨。(同上

第 150 页）

上面所引蒙先生所说本体没有善恶，就是说本体是超越的绝对的善。在天台宗来说，就是所谓的佛智，是一种心中的实体，是智如不二、法心不二的法性心，一切法皆是自己的实相法，即是如相，亦即自在相。如相、自在相，即表示它们不是对象，在这里是没有能知与所知的对象之义的，所以没有善恶。而不肯进一步言本体的生化。蒙先生所说的本体没有善恶，就是佛家所说本体是寂然不动的，没有对象，所以没有善恶。阳明的弟子王龙溪根据阳明的四句教进而说"若悟得心是无善无恶之心，意即是无善无恶之意，知即是无善无恶之知，物即是无善无恶之物"（王龙溪《天泉证道记》下同），亦认为本体是无善无恶的。但是他接着又说："无心之心则藏密，无意之意则应圆，无知之知则体寂，无物之物则用神"。所谓"藏密""应圆""体寂""用神"，则亦非全是寂然不动的，故曰："神感神应，其机不容自己"；若是寂然不动的，尚何有"神感神应"呢？而此时之心、意、知、物，则全是浑化圆融，为无心之心，无意之意，无知之知，无物之物，"所过者化，所存者神，上下与天地同流"。是儒家所言之"本体""善恶"，固与佛家有本质之不同也。

唐君毅先生曾言"晚清乃有如章太炎、欧阳竟无诸先生之重拾唯识法相之坠绪"，恒贬低中国先哲，以善恶心所言孟苟之性，以中庸、易传之诚与乾坤为妄执之自性或末那、赖耶之类，"其言遂多混淆失实"（唐君毅：《中国哲学原论：原性篇》第 508 页）。欧阳竟无先生晚年虽悔其旧说，其作《中庸传》亦只谓《中庸》之"天"无异佛家之真法界。而儒家《中庸》之天，乃"于穆不已"之一大生命力；佛家之真法界，实为一不生不灭寂然之境界，与儒家之说实有天渊之别。蒙先生曾从学于欧阳竟无先生，殆亦受佛家之影响甚深也。

四、在大谈先天心性的同时又反对先天论

蒙先生的《理学札记》是从 1949 年 2 月断断续续一直写到 1965 年 1 月 1 日

的。其中第一部分写于 1949 年 (己丑) 冬月二十日终于 1950 年 (庚寅) 三月。第二部分写于 1950 年 (庚寅) 三月直至 1962 年 (壬寅) 年年底。《补遗》写于 1963 年 (癸卯) 和 1964 年 (甲辰)(《补遗》后的编者按语将甲辰误为乙辰) 之间。在《理学札记》中可以说差不多通篇都是主张 "先天论" 或与 "先天论" 有关的语录，也就是说蒙先生在 1949 年至 1964 年都是主张 "先天论" 的。但是他在 1952 年《致张表方书》说："宋儒阐明性善之谈，诚不免有张皇过甚而反违孔孟之旨者，……宋人以人之初生，性原为善，复原反本，即为圣人……亦误解孔孟立言之过也。……曰格物穷理，曰满街尧舜，实即同于一义之未澈而各走一端。" 已透露其反对 "先天论" 的端倪，及 1963 年《答廷洪彦》与《致郦衡叔书》乃正式提出反对 "先天论"。不知何以竟在同一时期内自相矛盾若此?! 现在我们再将《答洪廷彦》及《致丽衡叔书》中反对 "先天论" 之说列举在下面，《答洪廷彦》书说：

> 宋明人大致可说都有 "先天论" (预成论) 的错误，明末清初诸儒对此多少有些怀疑，终是把这个问题解决不了。依我看，是陈乾初解决得深些，其次是王船山，但已不及陈了，……陈是以发展论来补救宋明人的先天论，来讲性善的，……直到戴东原、焦理堂也是这个途径，但他们都未深入。

《致郦衡叔书》说：

> 弟于五十以后，乃独有契于陈乾初，……盖当程朱与陆王皆有弊，唯斯人能烛其微隐而矫之。仅王船山略与乾初有接近处，戴东原、焦理堂辈，似亦欲挽宋明之弊，惜所得不深，……宋明儒者虽持论各别，然其囿于先天论则一耳。

然而就在蒙先生《答洪廷彦》《致郦衡叔书》提出 "先天论" 后一年所写的《理学札记·补遗》尚大吹 "先天论"。何谓 "先天论"? 就是认为人的性生来就是善的，所谓 "仁义礼智根于心"，不是外铄的。孟子说："今人乍见孺子将入于井，皆有怵惕恻隐之心，非所以内交于孺子之父母也，非所以要誉于乡党朋友也，非恶其声而然也。……恻隐之心仁之端也,羞恶之心义之端也,辞让之心礼之端也,是非之心智之端也。人之有是四端,犹其有四体也,有是四端,而自谓不能者,自贼者也。"这就是先天论最好的说明。否认人性生来就是善的,则认为人性是可以塑造的,可以为善,可以为不善。这样性就是外铄的,不是本然的实有,很难在人心中建立起道德底性的善,而在人的现实生活中就失去了"定分",没有信心去接受教育,为害将不堪设想。

实际上宋明理学家也很注重性的后天发展。明道说:"仁者浑然与物同体,义礼智信皆仁也。识得此理,以诚敬存之而已,……存久自明。"(识仁篇)伊川云:"闲邪则诚自存,不是外面捉一个诚将来存着,……只是闲邪则诚自存。"(《二程遗书》卷十五)他们所说的诚存就是主敬,闲邪即是正思,思虑正,则自然生敬。能经常如此即曰涵养,优悠以滋长此敬心,使之习久自然合于道德的状态。这就是在后天发展性的工夫。后来伊川更从涵养此敬以直内,使心发皆中节,即所谓"敬以直内,义以方外","内外一理"。至朱子继承伊川之学,更形成一套严密的修养工夫。他以龟山未发求中工夫之未当,改拈出一敬字,使天命之性常存于心,尽性至命,以至"静存动察,动则以直内,义乃行之"。也就是"致知格物"使内心之理与外物之理统一起来,又逐层上贯,合于天地万物之理,成为参天地赞化育之圣人。这就是程朱发展性的工夫,不过未明显提出"发展"二字而已,象山、阳明虽然重在明本心,亦不废发展性的工夫,不过有所偏重而已。蒙先生以宋明儒家仅是以先天言性,复原反本为圣人,殆未深考而已。

至于陈乾初亦不是反对先天论的。他学原于刘蕺山,上溯王阳明,而推本于孟子,专发挥孟子性善之说。他说"人性无不善,于扩充尽才后见之。如五谷之性,不艺植,不耘籽,何以知其种之美耶?"又说:"资始流行之时,性非不具,而必于各正保合,见生物之性之全。孩提少长之时,性非不良,而必于仁至义尽见生人之性之全。"(黄宗羲《南雷文定后集》卷三《陈乾初先生墓志铭》)这些完全是孟子扩充尽才之说,亦即程朱所言之涵养省察之工夫,不遇经乾初之特别提出阐发,而孟子之说乃益明。其言人欲云:"常人之所欲,亦即圣人之所欲也。""向无人欲,则亦并无天理之可言矣。"(同上)亦以人欲与天理同出于先天,以发展扩充言性,此亦来自先天之性也。

若"戴东原力驳程朱'人生而静,以上不容说'之旨,谓性当指人物而言,不当以理义之性归之于天"(朱一新《无邪堂答问》卷三第 36 页)。只谓人欲亦当同理义之性同出于先天,而非反对性出于先天也。其言性之欲为"自然之符",其循自然而达乎必然则贵智,智是以择善则为觉,欲与觉为性之能事。离智与觉而言欲,则欲即失之私。其于理欲均有详细之分解,是以发展言性,当不亚于陈乾初,而蒙先生独谓其较之乾初"未深入""所得不深",未免失之公正。

而王船山则更有进于陈乾初,盖陈乾初只就性之出于先天者而言发展,而船山则认为人性不仅来自先天,而有生以后,亦日生而日成也。他说:"夫天命者,岂但初生之顷命之哉,……天之生物,其化不息,初生之顷,非无所命也,……无所命,则仁、义、礼、智无其根,幼而少,少而壮,壮而老,亦非无所命也。……不更有所命,则年逝而性亦日忘也。……二气之运,五行之实,始以为胎孕,后以为长养,……无以异也。形日以养,气日以滋,理日以成,方生而受之,一日生而一日受之,……故天日命于人,而人日受命于天,故曰性者生也,日生而日成之也……"(王船山《尚书引义》卷三《太甲》二)盖人物皆受天地之化,而有所命以成性,人物之受命以成性也同,而其所受之命,所成之性则不必尽同,人之性则专于人,故人之性善,而物之性不必善。人能继善成性,物不能继善成性也。此天地之化又是日新富有,无时或息的,人之性不仅受于人之初生之际,而初生之后,固无时不与天地之气相接,而在感应之中,即有人之自动自发之自化自新。而自化自新之不容已,即性之自日生而相续,亦即人之无时不受天之气所降之命,以成其性,故命日降而性亦日生也。其有不善,非由气质之偏,乃原于流乎情,交乎才者之不正;若尽其才,使情能显性,则即归于善。宋明以来言性至船山,乃益臻精微高明,鞭辟入里,披露殆尽,不仅有进于陈乾初,而亦有过于宋明诸儒(此段多依唐君毅先生《中国哲学原论原教篇》第二十一章之说)。而蒙先生一则曰"仅王船山略与乾初有接近处","惜所得不深"。再则曰:王船山"已不及陈了"。抑何颠倒如此?!

结束语

　　《蒙文通文集》第一卷《古学甄微》，其理学部分涉及宋明理学的问题很多，而且都是一些重要的问题。诚如《文集》的编者在《理学札记》第一、二部分后的《附记》中所说：先生"治学无藩篱，自经史诸子、释道二藏，靡所不窥"。其《理学札记》即是蒙先生在出入二氏时，不免左右采获，故其内容庞杂。其第二部分及《补遗》又是夹在书内仅备遗忘的简略条笺，并未经过蒙先生亲自整理，将内容统一起来，即在"文化大革命"中被迫害致死。《文集》的编者在整理遗稿时，又只顾保存原著，未加甄别，概行收录，以致纯驳不齐。若蒙先生至今还健在，决不会允许将此未臻纯化之稿，厕入《文集》之中的。其造成的误失，完全是《文集》的编者之过，非蒙先生所能负责的。然而《蒙文通文集》既已出版问世，就会以讹传讹，贻误后学，及为蒙先生身后之累。笔者不敏，亦忝属蒙先生的学生。梁任公先生曾言：乾嘉学风之盛有十大特色，其第七点云："所见不合，则相辨诘，虽弟子驳难本师，亦所不避，受之者从不以为忤。"（梁启超《清代学术概论》第十三节）蒙先生亦曾教导我们说："夫学所以明理，理者天下之公，非人可得而私，未安义，何得不言，以附于诤臣之列。"（《蒙文通文集》第一卷《古学甄微》第 96 页）笔者于此，即秉承梁任公先生所言及蒙先生的教导，对《蒙文通文集》的理学部分提出一些不成熟的意见，也可以说是"附于诤臣之列"吧。敬祈国内方家予以教政。

1997 年 6 月 27 日初稿　1997 年 10 月 10 日改定

【戴执礼　四川大学历史系教授】
原文刊于《中国文化》2001 年 Z1 期

试论蒙文通的理学思想

《〈蒙文通文集〉理学部分质疑》驳议

刘复生

　　近读《中国文化》第十六、十七期合刊所载"四川大学历史系教授"戴执礼《〈蒙文通文集〉理学部分质疑》（以下称《质疑》）一文,不禁令人惶惑。在学术界享誉声望的国学大师蒙文通先生的理学功底竟然那样"浅陋",犯下了如《质疑》所说的一系列"错误",何其与蒙先生曾言"自得之深者厥惟理学"相径庭若是①? 细检蒙先生书校读,实见《质疑》于蒙先生的理学思想实多未能了了,甚至对蒙先生原著进行任意篡改和歪曲。学术讨论应在实事求是的基础上进行,今略陈管见作此驳议,以求是正于学界。

一

　　这里先从《质疑》所谓"误解朱子理气不杂之说,并将朱子理气不离之说误解为阳明之说"这一问题说起。

　　理气问题是宋明理学中的一个根本问题,自然也是朱子学术的重要部

---

① 见于蒙文通《理学札记》之蒙默《附记》。《理学札记》初发表于《中国哲学》第 5 辑,1981 年。同期刊有蒙文通致张表方、郦衡叔、洪廷彦等论理学书柬三通。蒙先生关于理学的论述,主要还有《儒家哲学思想之发展·后论》(初刊于 1937 年)和《理学札记·补遗》。以上诸文均收入《蒙文通文集》第 1 卷《古学甄微》(以下简称《古学》),巴蜀书社,1987 年版。

分。如众论所言,朱子理气论中有"理气不离"(理气无先后之可言)和"理气不杂"(理先而气后)两种说法②。《质疑》引蒙先生《儒家哲学思想之发展·后论》(下称《发展·后论》)一段文字后说:蒙先生误解了朱子"理气不杂"之说,"得不出'理气不杂'是'气离理而独往'的论断"。不妨先看看蒙先生的论说:

> 朱子曰:"理与气既不相离,亦不相杂。"其言美矣。以不杂言,则气之万殊而善恶分、万事出,理固未尝与之俱往,是理冥然于物之外。……朱子虽为理与气既不相离亦不相杂之说,而朱子毕竟偏于理、气离之说也。此朱学末流"即凡天下之物而穷之",蔽不可掩也。(《古学甄微》第96页)

在朱子的哲学体系中,理是超越事物的最高原则,是天地万物的本原,因此尽管常常以理气并言,但又说"理与气决是二物"(《朱熹集》卷四十六《答刘叔文》)③。同时在朱子看来,理与气并不是平等的,气是由理生的:"太极生阴阳,理生气也"(《太极图说·集说》);"有是理,后生是气"(《朱子语类》卷一)④。而且"气虽是理之所生,然既生出,则理管他不得"(同上卷四),这就显示出理与气是相分不杂的。朱子又说:"万一山河大地都陷了,毕竟理却只在这里。"(同上卷一)可见其"理"不仅是天地万物的本原,而且还是无终无始的,是永恒的。而形气则是有成有坏的,是有时限的。

朱子又说道:

> 论天地之性则专指理言,论气质之性则以理与气杂而言之。未有此气,已有此性,气有不存,而性却常在。虽其方在气中,然气自是气,性自是性,

---

② 参张立文:《中国哲学范畴史·天道篇》,人民大学出版社1988年版;杨天石:《论朱熹的理本论》,载《中国哲学》第5辑,1981年;张岱年:《关于宋明理气学说的演变》,载《张岱年全集》第5卷,河北人民出版社,1996年版;钱穆:《朱子新学案》第1篇《朱子学提纲》,巴蜀书社,1986年版。

③ 郭齐、尹波点校:《朱熹集》,四川教育出版社,1996年版。

④ 黎靖德编:《朱子语类》(下称《语类》),中华书局标点本,1986年版。

亦不相夹杂,至论其遍体于物,无处不在,则又不论气之精粗,莫不有是理。(《朱子语类》卷四)

也就是说,理与气在相"杂"(此处"杂"略相当于"混杂")时,而实际上仍是相分不"夹杂"(此处"夹杂"略相当于"融合")。正如冯契教授着重指出:朱子强调性与气"不相夹杂"就是"把理与气截然对立起来"⑤。类似说法又见于《答严时亨书》所说:

> 才谓之性,便是人生以后,此理堕在形气之中,不全是性之本体矣。然其本体又未尝外此,要人即此而见得其不杂于此者耳。《易大传》言继善,即是指未生之前;孟子言性善,是指已生之后。虽曰已生,然其本体初不相杂也。(《朱熹集》卷六十一)

朱子对此理与气虽相"杂"而实不相"夹杂"一义的再三表述,观点非常明确,这在他看来显然具有普遍意义。我认为,蒙先生以"万事出,理固未尝与之俱往"来阐释朱子"理气不杂"思想,是十分贴切的。钱穆先生在《朱子学提纲》中也说:"朱子说理气合一,故说性(理)气不离,朱子又主理气分言,故说性(理)气不杂。"而朱子的这些理气相分不杂的说法,又是与理生气、生天地万物及理先气后、理为气本等等理是最高范畴这一论点相联系着的。因此,蒙先生在赞美朱子"理与气不相离亦不相杂"的同时,做出朱子"毕竟偏于理气离之说"的判断,是完全符合朱子理气学说的。蒙先生还指出:"以理、气为离,则理冥然无适于用,不足以应事,自必以'理、气不离'之说以济之。"这是对朱子理气论中"不杂"与"不离"二者之间看似矛盾但又互补的关系的很好阐释。戴某若有兴趣,不妨再认真思考一下,看看到底是谁在"误解"。

《质疑》在指责蒙先生"将朱子理气不离之说误解为阳明之说"中,说什么"阳明不以理气来阐发心性",从而认为阳明没有理气关系的理论,没有

---

⑤ 冯契:《中国古代哲学的逻辑发展》(以下称《逻辑发展》)下册,上海人民出版社,1985年版,第852页。

"理气不离"之说,这暴露了《质疑》一文的浅陋。王氏《传习录·中》明确记载说:

> 精一之精以理言,精神之精以气言。理者,气之条理;气者,理之运用。无条理则不能运用,无运用则亦无以见其条理者矣。……原非有二事也。
>
> 心一而已,以其全体恻怛而言谓之仁,以其得宜而言谓之义,以其条理而言谓之理。
>
> 夫良知一也,以其妙用而言谓之神,以其流行而言谓之气。⑥

难道这不正是讲的理气关系吗?不正是以理气阐发心性问题吗?不也正是主张理气不离吗?对这个理气不离的基础,学者的理解各有不同,如方克立教授认为合一而不离的基础是心,张岱年教授则认为"理是气之条理,并非较气为根本",而蒙先生则认为"阳明是从气上说理气一致"⑦。诸家诠解虽异,但认为阳明主张理气不离则是相同的。

阳明由于理气不离的理气论,导致"无气外之理,亦无理外之气,无往而非理,即无往而非善"的观点,他的弟子们在这一观点的影响下,自然要"见满街人都是圣人"了,而阳明也以"满街人到看你也是圣人在"相应,并且认为这是一件"常事"(《传习录·下》)。从理论上说,这是顺理成章事乃必然的。正如蒙先生所揭示的那样:"无适而非气,即无适而非理,气机鼓荡流行,皆天理也。气万殊而理亦万殊,无气外之理,亦无理外之气,无往而离理,即无往而非善,此阳明之旨而'满街尧舜'之说所由生也。"(《古学》第 96 页)而朱子持理气不杂之说,则认为"四海之广,兆民之众,人各有志,欲行其私","世间人多言君子小人各半"(张伯行《续近思录》卷八),与"满街尧舜"之说正相对立。

朱子在《西铭注》中说:"天地之间,理一而已。然乾道成男,坤道成女,二气交感,化生万物,则其大小之分,亲疏之等,至于十百千万而不能齐也。"正是蒙

---

⑥ 王守仁《传习录》又称为《语录》。吴光等编校:《王阳明全集》,上海古籍出版社,1992 年版。

⑦ 方克立等:《中国哲学史主要范畴概念简释》,浙江人民出版社,1988 年版,第 46 页;张岱年:《中国哲学大纲》,载《张岱年全集》第 2 卷,河北人民出版社,1996 年版,第 110 页;蒙文通:《古学》,第 131 页。

先生所概括的"以不杂言则气之万殊,而善恶分、万事出"之意。而这个宇宙间最高原则的理,依朱子的说法是:"若理,则只是个净洁空阔底世界,无形迹,他却不会造作。"(《朱子语类》卷一)也正是蒙先生概括的"理与物离,则理者惟一顽空之境,不足以应万变而为善恶之衡,是非之准"。朱子又强调"理一分殊","万物各有一太极(分殊之理)";又偏主理气不杂,所以提出"即物穷理",要使"学者即凡天下之物,莫不因其已知之理而益穷之,以求至乎其极",以寻求"一旦豁然贯通焉,则众物之表里精粗不到,而吾心之全体大用无不明矣"(《大学章句补传》)的境地。朱子的"今日格一物,明日格一物",所以被陆王一派批评为"支离"。朱子到晚年也有所悟,多次谈到过去"未免支离"之病(《传习录》附《朱子晚年定论》),正是蒙先生概括的"此朱学末流即凡天下之物而穷之,其蔽不可掩也"。

《质疑》作者既没有搞清朱子偏于理气不杂的理气论和"道器之间分际甚明不可乱也"的道器观(亦理气观),更不了解王阳明的理气不离之论,却反而一再指责蒙先生对朱王二子理气论的概括是"误解和错位"。是谁在"误读",不是很清楚吗?

蒙先生在《发展·后论》中论朱子、阳明的天道观说:"朱子必以格物穷理为言者,是以不杂者拟不离而疑之,以人道而疑天道也。"意即:朱子坚主格物穷理之说,是把理气不杂的人道当作理气不离的天道而加以怀疑,就是以人道而怀疑天道。《发展·后论》紧接上句后说:"王子不免'满街尧舜'之说者,是以不离者拟不杂而信之,以天道而淆人道也。天人之辨淆而道之大源紊。"此乃揭示王子提出"满街尧舜"之说的原因,是把理气不离的天道当作了理气不杂的人道而信从它,就是以天道而混淆了人道。

《质疑》并没有读懂这段文字,却断章抽出"所谓'以不杂言拟不离'"而信口雌黄道:"蒙先生自己没有分清楚不离不杂之辨,混淆了天道和人道,反诬朱子、阳明于天人之辨不明,紊乱了道之大源,岂不是是非颠倒,厚诬先贤。"指责说:"阳明'满街尧舜'之说是以理气杂而不离者,反认为是不杂,是以天道而淆人道。"真是差之一毫,失之千里!蒙先生认为"理气不离是天道,理气不杂是人道",在此大前提下,朱子"以不杂者拟不离而疑之",难道不是以人道而怀疑天道吗? 王子"以不离者拟不杂而信之",难道不是以天道而混淆人道吗? 蒙先生这段文字的意思本很清楚,"是非颠倒,厚诬先贤"的不是别人,正是《质疑》作者自己。

蒙先生认为,程明道(颢)和王龙溪(畿)之论与孟氏之学不合,《发展·后论》在论朱、王天道、人道之说后云:

> 故明道曰:"善固性也,然恶亦不可不谓之性。"而朱子又以"义理之性""气质之性"为之说而弥缝之。故阳明言"无善无恶心之体",而龙溪又以心、知、意、物皆无善无恶之说而决裂之。以善、恶皆性,以无善无恶为心,是尚得为孟氏之学欤!(《古学》第 98 页)

"孟子道性善,言必称尧舜",而明道以善恶皆性,是显与孟氏之旨不合。明道此处所说为其言性之要论,故朱子采之以入《近思录》,其文云:

> "生之谓性",性即气,气即性,生之谓也。人生气禀,理有善恶。然不是性中元有此两物相对而生也。有自幼而善,有自幼而恶,是气禀有然也。善固性也,然恶亦不可不谓之性也。盖"生之谓性","人生而静"以上不容说,才说性时,便已不是性也。凡人说性,只是说继之者善也,孟子言性善是也。(卷一)

明道此处言性,本较浑沦,盖理学初起时之所难免,故后世说者纷纷。朱子谓此段文字当有二义,性有善恶之性即"生之谓性",当为气禀之性;"人生而静以上"之性,当为天道之性,即义理之性(《朱子语类》卷九十五)。朱子于此大倡把性分为气质、义理二性之说,正是"弥缝"了明道之说的隙漏。《质疑》不解于此,反而"理直气壮"地称"何弥缝之有"? 仅据明道"理有善恶"为释,然"理有善恶"系指"理"而言,以之释气禀,可乎,不可乎? 更何况朱子明言,此"理有善恶"实乃"不甚妥"之论(《朱子语类》卷九十七)。二程固言"性即理也""性无不善"(《程氏遗书》卷十八、二十一),当即朱子"理无有不善"(《朱子语类》卷八十七)之所承。二程又言"人之所以为人者,以有天理也,天理不存则与禽兽何异矣"(《程氏粹言》卷二),都不是理有善恶之意。

蒙先生在《发展·后论》中说"阳明言'无善无恶心之体',而龙溪又以心、知、意、物皆无善无恶之说而决裂之",指出均不合孟子之学。王龙溪之说是在阳明"无善无恶心之体"的基础上而再向前发展,见于《天泉证道记》,阳明许为"为上根立教",则此"决裂"者当即今日所谓"走得更远"之意,而《质疑》竟以"破阳明之说"解之,谓"蒙先生之说适得其反",这是误读蒙先生之又一例。

《发展·后论》中论"思诚""择善"之义,直抒胸臆,称心以说。以此"思诚""择善"一义为子思、孟子、象山相承之学脉,层层深入,浑然一贯,特重其义耳。且以"本心自能思诚,自能择善"说之,是以"本心"为"思诚""择善"之本体,"思诚""择善"为"本心"之工夫,为先生论"以本体为工夫而工夫之亦即本体"之至言,而《质疑》仅以"工夫"二字言之,这就完全未能明于蒙先生论"思诚""择善"之谛义。而说什么蒙先生在此"一味强调'思诚'的工夫,不仅以之统摄宋明理学,并以统摄孔子、孟子、《易传》、《中庸》、《大学》,岂真如释氏一了百了吗"?却不思理学强调"思诚""择善"须时时不忘,事事不忘,然后乃"人欲可净,天理流行,天人合德也"。

《质疑》在理气问题的末段,又指责蒙先生《发展·后论》中以"大学"来阐发孟子为"太离奇了",说是"吾人皆知《礼记》中《大学》一篇,原为曾参所作,曾参在孟子之前"。众所周知,虽然朱熹《大学章句》说过:"盖孔子之意而曾子述之。其传十章,则曾子之意而门人记之也。"但明末清初陈乾初(确)作《大学辨》,以至于近现代,大多数学者都否定《大学》作者为曾子也就是在《孟子》之前的说法,或认为《大学》产生于战国,或认为是汉初。这在许多哲学史著作或权威辞书中都有注述,毋庸多说。虽然胡适在《中国哲学史大纲》卷上把《大学》摆在《孟子》之前,但他明确指出《大学》是曾子及其门人所做的说法"不可信",且声明:"盖无他种证据,只是细看儒家学说的趋势,似乎孟子、荀子之前总该有几部这样的书,才能使学说变迁有线索可寻。"蒙先生和其他很多学者也都正是根据学说变迁的线索来认定《大学》晚于《孟子》的,何可诬之?

对《大学》作者和时代的认定乃是见仁见智的学术问题，也是一个近些年来仍在讨论中的重要问题。而《质疑》居然称"吾人皆知"而排斥当时多数学者的见解而以"离奇"视之，这才真是一件"离奇"之事。

二

《质疑》提出的第二个问题是"对'性'的错误理解"。

《质疑》指责说"蒙先生还要会董、韩之说，'以孟子性善之论通于孔子性近之说'"，是"治丝而益棼"，其理由是"董、韩外铄之性与孟子内在之性，大相径庭，与孔子性近之性亦异，何以能相通"？不知是无知呢，还是在有意混淆视听，而蒙先生对此本来是说得十分清楚的。

蒙先生在《发展》一文中针对《董子·实性》所言"善如米，性如禾"一段话说："董生之说，几何不入于戕贼杞柳以为桮棬。既曰王教在性外，则仁义礼智皆由外铄，非我固有之。充董生之说，安在性善而情恶，直曰性无善可也。韩婴论性，则视董为精。"又引《韩诗外传五》言"茧之性为丝，弗得女工燔以沸汤，抽其统理，不成为丝。卵之性为雏，不得良鸡覆伏孚育，积日累久，则不成为雏。夫人性善，非得明王圣主扶携，内之以道，则不成君子"一段话后评说道：

> 董以善为王教，在性外，而性未可谓善；韩以善固性，惟俟王教以成之，此率性修道之义。善之于性，一外一内，二子之说，其相去远也。（《古学》第 87 页）

董子之论性固是外铄，而韩婴之论性是内在之性，《韩诗外传》卷五之文表述得清清楚楚，不知《质疑》何以认为是外铄之论？由此可以相信《质疑》作者并没有读或没有读懂韩文和蒙先生的解说。

蒙先生以董、韩之说通于孔孟，原话是这样说的：

　　董仲舒:"禾虽出米,而禾未可谓米;性虽出善,而性未可谓善。"以此否认性善,则杞柳桮棬之说,于孔孟之旨为远;韩婴救之则曰:茧之性为丝,卵之性为雏,弗得女工汤沸、良鸡孚育,则不成为丝、成为雏;夫人性善,不内之以道,则不成为君子。以韩氏之义补董生之说,然后可以孟子性善之论通于孔子性近之说。(《古学》第155—156页)

　　正因为董氏之说是外铄,不能和孔孟之说相通,所以蒙先生才说要"以韩子之义补董子之说",就是要用韩子的性内说来补正董子之外铄说。前后文贯义通,合董、韩之说,"然后可以孟子性善之论通于孔子性近之说"(《质疑》所引删句中"可"字,非是),乃是顺理成章的,何能是"治丝而棼"呢?《质疑》把韩婴的性内说说成为外铄说,这恰好说明,"对'性'的错误理解"正是《质疑》作者自己。

　　第二,《质疑》指责蒙先生"以材性之性,气质之性为性,自然也就落入以生为性的旋涡"。其根据是蒙先生《理学札记》(下称《札记》)中说:"气益清而性益显露,气益浊而性益昏,以此言性相近可也,故养气之工为不可忽。"《质疑》指认此处之性是宋人所谓气质之性,不但谬误,而且并非蒙先生本意。

　　《质疑》承认"蒙先生是主张性相近的",但什么是"性相近"的"性"呢?程子说:"此言气质之性,非言性之本也。若言其本,则性即是理,理无不善,孟子之言性善是也,何相近之有哉?"朱子则说是"兼气质而言者也"(《论语集注·阳货》)。而王阳明《传习录·下》却言:"夫子说性相近,即孟子说性善,不可专在气质上说。如说气质,如刚与柔对,如何相近得?惟性善则同耳。"两家所说有很大不相同。《理学札记》所言又有所不同,以人性之有"显、昏"不同而又"相近"者,盖因气有清浊之异而然。犹阳明《传习录·中》释"质美者明得尽,渣滓便浑化"言:"良知本来自明,气质不美者渣滓多,障蔽厚,不易开明。质美者渣滓原少,无多障蔽,略加致知之功,此良知便自莹彻。些少渣滓如汤中浮雪,如何能作障蔽。"朱子亦以珠宝譬喻理性说:"禀气之清者为圣为贤,如珠在清泠水中;禀气之浊者为愚为不肖,如珠在浊水中。"(《朱子语类》卷四)蒙先生以"气益清则性益显,气益浊则性益昏"言性之相近,亦犹阳明以气质之美不美见良知之有明浑之别,朱子以禀气清浊言人有贤愚之异,此说正可以补阳明说"性相近"之不足而释程子"何相近之有"的疑惑。"性相近"之"性",既同于孟子之性善,则孔孟之说自可相通了。如果以气质之性释"性相近",则孔孟当然不可通,但这却不是蒙先生之意,所以《质疑》以"气质之性"来理解蒙先生此处之"性",这完全是错误的。

所谓"气质之性"自张横渠之后,说有多家,义各不同,不知《质疑》所指究为哪家? 宋张横渠所提出,二程有所发展,朱子集大成的,与天地之性相区别、相并列的"气质之性",是性二元论中的一元。而《质疑》对此"材性之性、气质之性"所作界定则是含糊不清的,和蒙先生所讲论的性一元论是显然不同的。在《札记》中,蒙先生对这一观点有明确的表述:

> 《乐记》所谓血气、心知之性,即孟子所谓耳目之官、心之官也;心知与血气、耳目二而一者也。宋(明)人言气质之性与义理之性,要以陆桴亭之论为当,不可离之为二。(《古学》第 130 页)
> 气质还他气质,更说甚性(蕺山语)。不落在气质中,不可谓之性(桴亭语)。非有二也,从太极上立脚跟,令自循理。(同上第 121 页)
> 义理之性是气质合当如此者,不如此便不安。(同上第 150 页)

很显然,蒙先生信从刘、陆二家合义理之性和气质之性统为一性的说法。蕺山之语,《明儒学案·蕺山学案》载之甚详。陆桴亭(世仪)之论,其《思辨录辑要》每每言之,和张、程、朱等人性二元论并不相同。《质疑》之"质疑",颇有些指鹿为马的味道。

蒙先生论性,强调的是"义理之性是气质合当如此者",二者不可分。《质疑》见不及此,不仅不能从性之一元论的角度来理解,反而进行错误的指责。《札记》言:"动乎四肢、见乎词色者,即知爱知敬之心,故觉知运动莫非天性,皆天理也。"(《古学》第 108 页)而《质疑》似乎对"知爱知敬"是"良知"的另一种说法也弄不清楚,也不知"良知"是指先验的道德意识和道德判断能力,而对蒙先生所说"满身皆是良知"(《古学》第 129 页)也一并当作告子的"生之谓性"。蒙先生《札记》中谈到的天地之性、天理、天则、理等概念,在理学中也无不含有道德、伦理属性,也都是不能当作"生之谓性"看的,因为告子的"生之谓性"是"徒知知觉运动之蠢然者,而不知仁义礼智之粹然者"(朱熹《孟子集注》)。《质疑》作者不仅不明白蒙先生所讲的性一元论,而且连朱子对"生之谓性"的解释也是未能了解的。

第三,关于"满街皆尧舜"和"人欲即天理,情即性"等问题。

前面已经谈到过蒙先生分析了阳明"满街尧舜"说产生的思想逻辑。《质疑》在这一节中再次着重提到这个问题,故也不妨再来加以讨论。蒙先生自1944年补写《发展·后论》,直到1964年的《札记》,据现可考者,其言及"满街皆尧舜"者共有八处(见《古学》第96、97、125、138、140、150、156、159等页),其中六处都是批评和否定"满街皆尧舜"之说的,态度非常明朗。其他二条,第150页的一条说:

> 满街都是尧舜,这是实见得性善,实见得人皆可以为尧舜。

这是在说应当如何来认识"满街都是尧舜"之说,指出它只是在实见得"性善"和"人皆可以为尧舜"后提出的,并没有肯定这一命题的意思。第138页的一条说:

> 气机流行,无感而非寂,情即是性,人欲即是天理,自然觉得满街都是尧舜。只是灵光炯然,更有何事?

这是分析"满街都是尧舜"这一命题产生的语境,也就是指出人们应当怎样来理解这一命题的产生,同样没有肯定这一命题的意思。《质疑》未弄清楚这几条论述的含义,便指责蒙先生主张"满街都是尧舜"的说法,还说是蒙先生"正式提出"了这个观点。如前已言,阳明早有"满街圣人"之言,何待蒙先生提出?"尧舜"是"圣人"的另一种说法,也是无需多言的常识。

关于人欲与天理的问题,长期存在着不同甚至相反(对立说和统一说)的看法。较早主张统一说的大概要数胡五峰,他提出的名言是"天理人欲,同体而异用,同行而异情",朱子说胡子之言"盖欲人于天理中拣别得人欲,又于人欲中便见得天理,其意甚切",但不赞成把"天理人欲混为一区"(《知言疑义》)⑧。朱子认为:"有个天理,便有个人欲。盖缘这天理须有个安顿处,才安顿得不恰好,便有人欲出来。"(《朱子语类》卷十三)朱子之言天理人欲,自修养言,则天理人欲相对;自其产生言,则二者非相对。所以钱穆先生以朱子认为"天理不与人欲对"来讲论朱子的天理人欲观(《朱子新学案》第 280 页)。王阳明仍主张"存天理,去人欲",但他说:"人心之得其正者即道心,道心之失其正者即人心,初非有二心也。程子谓人心即人欲,道心即天理。语若分析而意实得之。今日道心为主而人心听命,是二心也。天理人欲不并立,安有天理为主,人欲又从而听命者。"(《传习录·上》)天理、人欲既同是一心,当然就不并立了。

明儒刘蕺山则较朱、王都进了一步,他明确地把人欲和天理认作是统一的:

> 生机之自然而不容已者,欲也。欲而纵,过也;甚焉,恶也。而其无过不及者,理也。(《明儒学案·蕺山学案》)
> 天理、人欲,本无定名,在公私之间而已。(《刘子全书》卷十)
> 欲与天理只是一个,从凝处看是欲,从化处看是理。(同上)

"生机之自然不容已者",就是人们生理的自然要求⑨。欲既是人们生理的自然要求,当然就是合理的,只有放纵的欲才是过恶,而无过(逾限)或不及(割情抑性)的欲则是天理。这一思想被他弟子陈乾初继承下来,陈说:

> 人心本无天理,天理正从人欲中见,人欲恰好处即天理也。向无人欲,则亦并无天理之可言矣。……欲即是人心生意,百善皆从此生,止有过不及

---

⑧　《胡宏集》附录《胡子知言疑义》,中华书局点校本,1987 年版。
⑨　参侯外庐、邱汉生、张岂之主编:《宋明理学史》下册,人民出版社,1987 年版,第 623 页。上两条《刘子全书》史料转引自此。

之分，更无有无之分。(《陈确集·别集》卷五《无欲作圣辨》)⑩

> 孟子曰："可欲之谓善。"佛氏无善，故无欲。生，所欲也，义，亦所欲也，两欲相参而后有舍生取义之理。富贵，所欲也，不去仁而成名，亦君子所欲也，两欲相参，而后有非道不处之理。(同上《与刘伯绳书》)

不仅"天理皆从人欲中见"，且更进而言"无人欲则亦并无天理之可言"，"百善"皆欲之所出。人欲不但不是过恶，而且成了百善之源。蒙先生是推崇二位大儒的，其"人欲即是天理"之说直承二氏而来。陈氏又说：

> 学者只时从人欲中体验天理，则人欲即天理矣。不必将天理人欲判然分作两件也。(《陈确集·别集》卷二《瞽言·近言集》)

《质疑》作者只从黄梨洲的《陈乾初先生墓志铭》中读到陈氏"天理正是从人欲中见，人欲恰好处即是天理"，便说陈氏"没有把人欲直接说成天理"，却并没有去读黄氏引文所出的陈氏《无欲作圣辨》一文，当然也就更没读到陈氏《瞽言》这段文字了。然而却断言"人欲即天理"也是蒙先生"正式提出"的观点，颇显无知。

关于"情、性"问题，蒙先生论道："人欲即天理，情即性。……情即性，从本体说；性其情，无以小害大，是从工夫说。若疑情即性之说，则于本体不沏，若不拈出本心，无集义改过之工，以为有身即有道，则是倡狂妄行而不自觉，混人、道为一心，则于本体更混。"(《古学》第139页)由此可知，蒙先生所说的"情即性"并不是说任何情况下的"情"都等同于性，并非如《质疑》所指责的"把人欲直接说成是天理"，而是常言所谓"从某种意义"上来说的，难道闭目不见后文批评"以为有身即有道"之语吗？而"从本体说"其实也就是王阳明说的"即体而言用在体"(《传习录·上》)。唐君毅先生有言："即体而言用者体者，此用皆体之所呈，而皆在体中，情皆在性中，气皆在心理之贯彻中。"(《原性篇》第445页)刘蕺

---

⑩ 《陈确集》，中华书局点校本，1979年版。

山也曾说"即情即性"（《明儒学案·蕺山学案》），黄梨洲同样说过："性情二字无处可容分割，性之于情犹理之于气，非情亦何从见性？"（《明儒学案》卷十九"主事黄洛村先生弘纲"）。情、性关系是理学思想中的一个核心问题，也是个见仁见智的问题，自然谁都可以发表高见，何苦歪曲而后攻之？

第四，谈"意"的问题。

中国古代哲学中对"意"的理解，因时、因人而有不同。理学家讲"意"，多是围绕《大学》中的"诚意"而展开的。朱熹讲《大学》，吃紧在格致，"于诚意反草草"，说是"意者心之所发也"（《明儒学案·蕺山学案》），又说"阳善阴恶"（《朱子语类》卷十六），此为一般所谓"意念之意"。王阳明改订《大学》古本，谓"《大学》之要，诚意而已矣"，故其说"意"，别具胜解："身之主宰便是心，心之所发便是意，意之本体便是知，意之所在便是物。"（《传习录·上》）又："心者身之主也，而心之虚灵明觉，即所谓本然之良知也。其虚灵明觉之良知感应而动者谓之意，有知而后有意，无知则无意矣，知非意之体乎？"（《传习录·中·答顾东桥书》）阳明说"良知即是天理"，作为良知发动之意，岂能还有"不善"存乎其中？与朱子之说显然是不同的。而《质疑》竟以阳明之说与朱子相同，诚所谓知其一不知其二了。

《明儒学案·泰州学案一》载王一庵（栋）语说："盖自身之主宰而言谓之心，自心之主宰而言谓之意。心则虚灵而善应，意有定向而中涵，非谓心无主宰，赖意主之。自心虚灵之中，确然有主者，而名之曰意耳。大抵心之精神无时不动，故其生机不息，妙应无方。然必有所以主宰乎其中而寂然不动者。所谓意也，犹俗言主意之意。"主宰之"意"，显与意念之"意"不同。一庵又说："意是心之主宰，以其寂然不动之处，单单有个不虑而知之灵体，自作主张，自裁生化，故举而名之曰独。"这个"不虑而知之灵体"，也就是王阳明所说的良知，是王一庵只在阳明"良知是意之本体"的基础上多点出一个"主宰"来。

明末刘蕺山提出"为学以诚意为极则"，不仅多次提到意为心之主宰，更对"意"的涵蕴做了多方面的阐发。《明儒学案·蕺山学案》载其言："心所向曰意，正是盘针之必向南也。只向南，非起身至南也。凡言向者，皆指定向而言，离定字，便无向字可下，可知意为心之主宰矣。"又："意为心之所存，正从《中庸》以未发为天下之大本,不闻以发为本也。"蕺山论"意"之文尚多,此不多引。唐君毅先生称:"蕺山知藏于意之极旨,为先儒之所未能及者也。"⑪认为蕺山之论"最为夐绝"。牟宗三先生也称道刘蕺山的意与王阳明的良知、康德的意志之因果,"都是这性体、心体之异名,各从一面说而已"⑫。《札记》说"意"即良知、本心,即性,盖即本于阳明、一庵、蕺山,而《质疑》以为本于王龙溪,龙溪以无善无恶言意,而蒙先生之言良知、本心、性、意,无不以"无不善"为言,《质疑》之比附,正可谓南辕北辙!

《质疑》指责蒙先生"在心(良知)之中又别立一心",此同样是昧于蒙先生理学思想之例。《札记》原文说:

> 《大学》言正心,心以主宰言;其言诚意,意者心之中又有心,意即性之发现。放心亦心也,知《孟子》本心之说与单言心者自别。良知亦然。本心、良知,即意也。意即性,性无不善,故曰尽性,意无不善,故曰诚意;诚意乃所以正心。(《古学》第 143 页)

> 人心、道心,皆心也;本心、放心,皆心也;故《大学》必曰正心。意则所谓心之中又有心,即本心也;故《大学》于意曰诚意。(同上第 145 页)

在这里,"放心亦心也,知《孟子》本心之说与单言心者自别",是分析"心之中又有心"一语的前提。孟子言心有二:一为本心之心;二为单言心之心。因此很显然,"心之中又有心"句的第一个"心"字是孟子单言之心;"心之中又有心"句的第二个心字则指本心。而《质疑》竟将前提句尽行删去,又谬用"良知"来注释第一个"心"字,反以第二个"心"字为"画蛇添足",可见《质疑》并未领会蒙先生这段文字的旨趣。此"心中又有心"一语乃借取于《管子·心术》,蒙先生对此有明白的阐释:"这个心中之心,就是人的本性,它是指导人们言行的最后指针。"⑬

---

⑪ 唐君毅:《中国哲学原论·原性篇》,台北学生书局,1984 年版,第 481 页。
⑫ 牟宗三:《道德理想主义之重建》之《自律道德与道德的形上学》,中国广播电视出版社 1992 年版,第 340 页。
⑬ 蒙文通:《蒙文通学记》之《治学杂语》,三联书店,1993 年版,第 25 页。

第五，《质疑》指责蒙先生"将气说成是心，是性"。《札记》原文说：

> 朱子说"心者气之精爽"，甚好。气本是好的，才有不好，心便知之，亦是气自知之。（《古学》第113页）

这是蒙先生在评析朱子之语，而《质疑》在引用此语时却把"朱子说'心者气之精爽'，甚好"这句话删去。气与心问题，前儒所论甚多。李延平提出"所谓气，所谓心，浑然一体流浃也。到此田地，若更分别哪个是心，哪个是气，即劳攘耳"；而后朱子有"心气合一，不见其间"之说；黄梨洲亦云："理不可见，见之于气，性不可见，见之于心，心即气也。"（《宋元学案·豫章学案》）蒙先生亦屡言"心气合一"，则又何疑于心即气，气即心乎？

"将气说成性"的问题，《质疑》所引两条《札记》都明确说的是"气也，理也，知也，合而言之性也"。前面分析过蒙先生的性一元论，主张的是从气质以见性，性不离气，气外无性，根本就没有把性和气直接等同起来。压根儿就没说过"气即性"或"性即气"一类的话，说客气一点，这是《质疑》曲解了蒙先生的本意。

《质疑》在"性论"这一大问题的最后说："蒙先生……将意、情、气均说成是心，是气，也是良知，严重混淆了哲学名词的界说，名不正则言不顺。"不错，哲学名词都有它的界说，但任何界说却都是相对的，常常是随着它的哲学体系的不同而不同的。因此，在不同时代、不同学派、不同的学者间，同一个哲学名词的界说往往并不一致，有时歧义很大。就理学来看，如心、性、理、气、道、天、情、意、知、物、欲等等，都是如此。这本是个众所周知的问题，前面对性、欲、意、情的问题的分析都已清楚说明了这一点。但《质疑》作者似乎认为哲学名词只能有一个界说，否则便是"混淆"，便会"名不正则言不顺"，无怪乎他总是要在某些名词上死死抱着一个固定的内涵而要纠缠不休了。

三

《质疑》指责蒙先生"完全堕入释氏",谈到了两个问题。

第一个问题是认为蒙先生在《札记》中用"寂然不动"来说本体,"实沿于佛家"。看来,《质疑》作者不大清楚"无思也,无为也,寂然不动,感而遂通天下之故"本来就是出自儒家经典《易·系辞上》,所以宋明诸大儒无不围绕它来说本体。简单举例子:周濂溪(敦颐):"寂然不动者,诚也;感而遂通者,神也。"(《通书·圣蕴》)程伊川(颐):"寂然不动,万物森然已具在;感而遂通,感则只是自内感。不是外面将一件物来感于此也。"(《河南程氏遗书》卷十五)朱晦庵(熹):"虽一日之间万起万灭,而其寂然之本体则未尝不寂然也。所谓未发如是而已矣。"(《朱熹集》卷三十《与张钦夫》)王阳明(守仁):"良知即是未发之中,即是廓然大公,寂然不动之本体,人人所以同具者也。"(《传习录·中》)请问,是否以上理学诸子都"完全堕入释氏"呢?

蒙先生在《札记》中论"寂"时特别指出:

> 寂者气之静,动之微者也。感者气之动,动之著者也。一感一寂,各有个自然之则,所谓理也。(《古学》第109页)
>
> 即用即体,即感即寂,故曰形色天性也。动静非二,显微无间,归寂工夫正要在流行处用。(同上第125页)
>
> 寂是心之本体,空虚无一物;感是心之发用流行。周子所谓静虚动直,寂而常感,感而常寂,非有二也。(同上第149页)

可见在蒙先生看来,"寂"不应简单地理解为静止不动,而是动之微者,是即感即寂,即寂即感,寂而常感,感而常寂的。这是蒙先生对《易经》中"寂"的解说。同时,蒙先生在《札记》的另一些谈到本体的条目中,也明确指出:"生生不已,天理流行,本体之不息原如此。"又说:"气机鼓荡,森然自有天则,即本体流行。本体是自诚无息,工夫只自强不息。"(《古学》第 118 页)类似论述多见。说明蒙先生不只见得本体是"寂然不动"的,同时也见得是"生生不息"的。《质疑》硬说蒙先生说的本体"寂然不动"实沿于佛家之"不生不灭,缘而非缘,起而不起",则正是《质疑》一文所说的"厚诬先贤"了。蒙先生在谈到本体时一般都同时谈到了动,如"是谓其动也直","气之流行","时行物生","一片性体流行"等,与《质疑》所指责的"就是佛家所说的本体是寂然不动的"显然不同。

第二个问题是蒙先生说"本体是无善无恶"。仅此"无善无恶",不足作为分别儒佛两家的标准,佛家讲的,儒家也可以讲,问题在于讲此无善无恶的落脚点。正如《传习录·上》所载阳明言说:"佛氏着在无善无恶上,便一切都不管,不可以治天下。圣人无善无恶,只是无有作好,无有作恶,不动于气。然遵王之道,会其有极,便自一循天理,便有个裁成辅相。"佛氏是着在无善无恶上,一切都不管了,是不能治天下的。而儒家则是"无有作好,无有作恶",遵行王道,一循天理,两者是迥然不同的。

其实这里蕴含着一个长期争论的儒佛异同问题。自来理学家几乎无有不排佛的,就是"被指斥为禅学"的陆王一派也要讲辟禅,程朱一派就更不用说了。儒佛两家有很多相通处,这是学界的共识。但同时也认识到,儒佛之间毕竟有本质的差别。这一点,不仅理学诸子是看得很明白的,如朱子说:"佛老之学,不待深辨而明,只是废三纲五常这一事,已是极大罪名。其他是不消说。"(《朱子语类》卷一百二十六)也如近儒梁漱溟先生所论辩的那样:"儒家从不离开人来说话,其立脚点是人的立脚点,说来说去总还归结到人身上,不在其外。佛家反之,他站在远高于人的立场,总是超开人来说话,更不复归结到人身上——归结到成佛,前者属世间法,后者则出世间法,其不同彰彰也。"[14]蒙先生在《札记》中也说:

> 禅者每言见性,言圣人与凡夫同。然人伦性也,禅者弃人伦,果为性

---

⑭　梁漱溟:《儒佛异同论之一》,载《东方学术概观》,巴蜀书社 1986 年版。

乎？其迥异于凡夫审矣。……自宋明诸儒出而性道之旨明，固禅者有以启之，不可诬也。乃禅者不能决去旧习，而宋儒乃能决之；顾亦时时染于禅者之言未能涤去，徒滋后学者之疑，安得一一取其是而决其非欤！（《古学》第 148 页）

从朱子到梁先生、蒙先生，他们认为人伦问题——世间法是分判儒佛的根本，至其余问题都无关大体，不必、也不可能一一都加以讨论。而《质疑》昧于儒佛之别，却依清儒朱一新《无邪堂答问》所引曹月川等之言，以之为蒙先生"完全堕入释氏之说"的根据，岂得为知本之论？

四

《质疑》指责说："在《理学札记》中可以说差不多通篇都是主张'先天论'或与'先天论'有关的语录，也就是说蒙先生在 1949 年至 1964 年都是主张'先天论'的"，而且说在后写成的《理学札记·补遗》"尚大吹'先天论'"。令人奇怪的是，《质疑》是在没有列举任何证据的情况下这样说的。应当明白，"主张"先天论和与先天论"有关"者并不是一回事，《质疑》却有意将二者混淆起来。"先天论"是理学思想中的一个关键问题，正是蒙先生论说的重点所在，这却是毫不奇怪的。

《质疑》指责蒙先生"在大谈先天心性的同时，又反对先天论"，笔者不得不指出，这是未能明白蒙先生理学思想发展历程所发的妄议。蒙先生在 1952 年自述说：

少年时服膺宋明人学，三十始大有所疑。……年四十，乃知朱子阳明之所蔽，端在说理气之有所不澈。……年五十，始于象山之言有所省，而稍知所以救其失，于是作《儒学五论》，于《儒家哲学思想之发展》一文篇末《后论》中略论之。自尔以来，又十年矣，于宋明之确然未是者，积思久之。于

陈乾初之说得之,于马列之说证之。(《古学甄微·致张表方书》)

又在 1963 年自述说:

> 前作《儒学五论》,就今日而论,其中各篇改动不大,唯论哲学思想一篇,主脑全异。即因前时对陈氏之学无甚了解,自己是站在先天论一边来立论的。这也是十多年一点进步,亦自喜。今年已七十了,在最近半年中于学问尚有新境界,亦差可自慰。(《古学甄微·答洪廷彦》)

蒙先生在此对自己理学思想的变化作了明晰的梳理,并不讳言早期"站在先天论一边"。萧萐父教授评价蒙先生哲学思想的变化时指出:"其严于自剖、勤于探索、勇于破旧立新的精神,是多么令人钦佩!……前辈学者对自己的哲学信念和哲学史观的转变,既非望风阿世,苟且张皇,也不自矜成说,故步自封,而是刻志兢兢,严肃思考。"[15]

这种"差可自慰"的"新境界",是蒙先生哲学思想的一次飞跃。他在《致张表方书》中批评:"宋明人徒言性善,而置性近之说于不顾,谓圣人为复其原初之性,而未晓然于孟子扩充之说,不知圣人为发展其本然之性。"(《古学》第 156页)进而又在《答洪廷彦》书中指出:"宋明人大致可说多少都有先天论(预成论)的错误,明末清初诸儒对此多少有些怀疑,终是把这个问题解决不了。"认为陈乾初解决得深些,"陈以发展论来补救宋明人的先天论来讲性善论的,也是宋明理学新的进步(发展)"(同上第 163—164页)。致张书又谓"人之有赖于修养,由晦而明,由弱而强,犹姜桂之性老而愈辣,非易其性,特益长而益完";"愚夫愚妇与知与能,犹良金之在矿,圣人之不思不勉,则精金百炼、扩而充之之功也。"(同上第 155—156页)在《致郦衡叔书》分析说:"孟子言,'火之始然,泉之始达,苟不充之',以知扩而充之言性;谓'苟为不熟,不如荑稗',以熟言仁;曰'养吾浩然之气',曰'苟得其养,无物不长',以养言气;皆以发展言之。"(同上第 159页)

---

⑮ 萧萐父:《含英咀华,别具慧解——蒙文通先生〈理学札记〉读后》,《蒙文通学记》第 99 页。

这些议论都强调后天的修养工夫——扩充其本然之性,在成德入圣过程中的决定性作用。

蒙先生这个"发展论"的提出,显然是受到陈乾初的启发。《札记》指出:

> 陈乾初说:"庶民皆天之所生,然教养成就以全其性者,圣人之功也。非教养成就能有加于生民之性,而非教养成就则生民之性不全。"陈氏之说最为的当。盖以朱子言理先气后,阳明言现成良知,皆不免强调一偏,皆蹈先天论之失,陈氏以发展论救之,而义始真切。(《古学》第 146 页)
>
> 陈氏又言:"孩提少长之时,性非不良也,而必于仁至义尽见生人之性之全。"陈氏每以见性言,正以工夫非于性有所加。性虽善而工夫有敬肆,而所见有深浅,性即善而见不彻耳。然经霜谷性始全,诚同于孟子。……要之,性者心之性,尽心正所以知性。知益彻而性益显,即曰谷之性以受霜而全,亦未有碍。(同上第 147 页)

蒙先生对其提出的发展论虽然言之甚略,但其中心意思是明白无误的,就是认为人性是在后天实践中不断发展的,而扩充尽才,教养成就之功对发展人性起着决定性的作用。这种具有新意的人性学说,是在保留性善论的基础上,力图摆脱先验论的困扰。这一理学观点自披露后,受到了一些学者的积极评价[16]。《质疑》作者由于未能理解蒙先生的旨意和理学思想的发展脉络,反讥为是"大谈先天心性的同时又反对先天论",这是完全站不住脚的!

蒙先生批评宋明儒囿于先天论,认为他们是"大致可说多少都有"这种错误。他在《致郦衡叔书》中谈到发展论时,也指出"宋明儒非不知此,但在其整个思想体系中未予以应有之地位"(同上第 159 页)。在《札记》中谈发展论时,也还指出程明道的"存久自明""亦此意也"。在指出朱子、阳明"皆蹈先天论之失"的同时,也指出"朱子、阳明说工夫处亦此意,正工夫至而本体益明,乃不易之

---

[16] 蒙文通《理学札记与书柬》发表在《中国哲学》第 5 辑,1981 年。武汉大学萧萐父教授的《蒙文通先生〈理学札记与书柬〉读后》(《社会科学研究》1981 年第 5 期,后收入《吹沙集》,巴蜀书社 1991 年版)、台湾"中研院"历史语言研究所王汎森研究员的《清初思想中形上玄远之学的没落》(《历史语言研究所集刊》第 69 本,1998 年)两文对蒙先生观点作了深入的剖析和阐述。

理"。并又说:"梨洲后来言工夫所至即其本体,正深有得于陈氏之说。""李延平说:默坐证心,体认天理,久久用力于此,庶几渐明,讲学始有力。亦此理(案:几处之'此'均指发展论)。"(《古学》第146页)于此可见,蒙先生对宋明儒者是抱着实事求是、具体问题具体分析的态度,并没有一概否定。而《质疑》在引用蒙先生"宋明大致可说多少都有先天论(预成论)的错误"一语时,竟有意将"多少"二字删去,其意大变。而且在明引《致郦衡叔》的信文时,又故作未见"宋明儒非不知此……"一语,反转来指责"蒙先生以宋明儒家仅是以先天言性,复原反本为圣人,殆未深考"。而在"反驳"蒙先生这个"看法"时,所提"宋明理学家也很注重性的发展"的论据时,竟然多数条文都是蒙先生所提示的内容,只不过蒙先生言之简略而《质疑》敷衍展开而又加以歪曲罢了。

有趣的是,《质疑》还对陈乾初进行了"大胆"的评论,说什么"陈乾初亦不是反对先天论的","以发展扩充言性,此亦来自先天之性也"。姑且不论陈乾初的发展论认为人性是在后天实践中日益发展的理论本身就是对人性本自具足、本自圆成的先天论的批判,而在陈乾初所撰《气情才辨》《气禀清浊》《性解》(数文均见《陈确集·别集》卷四)等篇中更都有明确反对宋人先天论的议论,侯外庐先生主编的《宋明理学史》中《陈确与理学》专章论之已详,此不赘引。戴某还任意删改黄梨洲的《陈乾初墓志铭》,便遽谓陈"亦以人欲与天理同出于先天,以发展扩充言性,此亦来自先天也"。案《墓志铭》原文作:"圣人之心,无异常人之心,常人之所欲,亦即圣人之所欲也。人心本无所谓天理,天理正从人欲中见,人欲恰好处即天理也。向无人欲,则亦并无天理可言矣。"此言全据陈乾初《无欲作圣辨》,是把天理统一到人欲上,意极明显。像这样的人欲、天理是人人都具有的生理的自然本能,怎么可以理解为"先天的"呢? 此说之谬,不待言诠。《质疑》作者既未见《无欲作圣辨》而又将《墓志铭》文字任意曲解,认为人欲出于先天,与陈乾初思想完全相反。

《质疑》又因蒙先生曾说过"仅王船山略与乾初有接近处","惜所得不深","已不及陈了"等语,于是在引了王船山《尚书引义》中"性者生也,日生而日成之也"一段论述后,指摘蒙先生的说法是"抑何颠倒如此"。似乎蒙先生连王船山讲"性日生日成"的理论也不知道,其实,蒙先生在1952年《致张表方》的信中已经明确指出："王夫之、陈乾初诸家始以日生日成言性,不废宋明精到处,又能有所发展,以补宋明所未至。"(《古学》第156页)蒙先生认为:人性发展论就是认为本然之性是在后天实践中日益发展的,从这个观点看,可说王船山和陈乾初没有什么不同。但从发展方法上看,陈乾初是主张扩充、尽才、尽心、集义、学、养诸工夫,以发挥人们的主观能动性为核心,这无一不是本之孟子。而王船山之论"性日生日成",则唯以"天日命于人,而人日受命于天"(《尚书引义·太甲二》),"命日降,性日受"(《思问录·内篇》)为说,则全归之天命而不及于人的修养工夫。他虽也言人之"自取自用"亦可谓之天命,但总隔了一层,这不能不说是陈、王的差异。船山又言:"未成可成,已成可革。性也者,岂一受成形,不受损益哉?"(《尚书引义·太甲二》)认为性是可以损益的。而陈乾初则言"必于仁至义尽以见生民之性之全",修养"非能有加于生民之性",工夫只在显性而已。这表明在本体论上王、陈也有所不同,所以蒙先生要说"船山与乾初略有接近处"而不说为相同。且船山之言"性日生而日成""性可损益"之说,颇有外铄之嫌;而"性日生日成"之说,则是既可"日以成性之善",又可"日以成性之恶"(同上),更显有异正统儒学主性善之旨。蒙先生论学固以孟子为宗旨,而其人性发展论更是据孟子"扩而充之"为说,"陈是以发展论来补救宋明人的先天论来讲性善论的"。如果上述王、陈二家学术的比较尚非大谬,则蒙先生甲陈乾初而乙王船山,是完全可以理解的。王、陈二人之高下,各人认识不同,蒙先生更推重陈氏,故说船山"已不及陈了"。这本是一个可以探讨的学术问题,而《质疑》既不能领会蒙先生人性发展论的旨意,又未读王、陈二家之书,未能分辨二家学术之异同,而径责蒙先生甲陈乙王为"颠倒",如此轻薄为文,不"颠倒"才怪。

《质疑》还用了一小段文字(约二百字)来妄评戴东原(震),在撷拾朱一新《无邪堂答问》、钱穆《中国近三百年学术史》(案《质疑》照搬若干钱著原文但不注明出处,参商务印书馆1997年版第371页)之余,则多是一些似是而非的谬论。在引朱一新所述东原驳程朱不当以理义之性归之于天后,便接着说:"只谓人欲亦当同理义之性同出于先天,而非反对性出于先天也。"试问:东原既谓不当以理义之性归之于天,岂得又以人欲当同理义之性同出先天?众所周知,东原所讲之性是血气心知之性,是一元的,而不是理义之性、气质之性的性二元论,又何得以人欲当同"理义之性"同出先天?东原认为欲者性之欲也,即耳目事体之欲(《原善》上),即血气心知之欲。这个欲是人们所具生理的自然要求,根本不能说是先天的。至于程朱所说理义之性到确实是先天的,但却正是东原所反对的。东原批评程子、朱子说:

> 截气质为一性,言君子不谓之性;截理义为一性,别而归之天,以附合孟子。其归之天不归之圣人者,以理为人与我。是理者,我之本无也。以理为天与我,庶几凑泊附着,可融为一。是借天为说,闻者不复疑于本无,遂信天与之得为本有耳。(《孟子字义疏证》卷中)

这是对程朱理义之性本于天说的深刻揭露,也正是朱一新说"不当归之于天"的根据。其反对性出于先天的理论非常明确,而《质疑》却反说是"而非反对性出于先天也",岂不荒谬!东原还说"理者,存乎欲者也"(同上卷中);"古之言理也,就人之情欲求之,使无疵之为理"(同上卷下)。认为理出于欲,理与欲是统一的,一致的,因此,他反对宋人把天理、人欲对立起来的"理欲之辩",指为一种"祸天下"的理论,"适成忍而残杀之具"(同上卷下)。都是对程朱"去人欲,存天理"的说教的尖锐批判。然而《质疑》却以"其于理欲均有详细之分解"一笔轻轻带过,而且没有举出任何具体论据便断言东原"以发展言性当不亚于陈乾初",进而在此没有根据的前提下指责蒙先生说东原"未深入"是"有失公正"。这些都一再说明《质疑》作者并没有读东原著作,才可能闹出这样的笑话来。学术争鸣应当提倡,完全可以也应该有不同的意见。作者自称"忝属蒙先生的学生",如果真是这样,也应以"更爱真理"的态度,实事求是地进行讨论,才是应该秉持的学风。

不难看出,《质疑》提出的所谓"质疑",一些是对蒙先生著作未能明了而发生的误解,一些是对蒙先生原著断章取义的歪曲,一些则是对宋明理学基本问题缺乏了解而产生的错误。对于这些似是而非的所谓"质疑",理当有以应之以正视听。尚望学林大雅,有以共鉴。

【**附记**】据笔者所知,《质疑》作者在 20 世纪 80 年代退休之前一直在四川大学历史系资料室任资料员,从来没有在系上担任过教职工作。我以为,"资料员"同样可以写出好文章,没有必要冠以其他头衔。

【刘复生　四川大学历史系教授】
原文刊于《中国文化》2004 年 01 期

《刘永济先生年谱》引用
缪钺先生书札辨误

缪元朗

2010 年 7 月,中华书局出版《刘永济集》,《诵帚词集 云巢诗存》一册附有《刘永济先生年谱》(以下简称《年谱》),其中多处引用缪钺先生致刘永济先生的书札,而疏误颇多,以下分类辨之。

一、辨识之误

由于作者对手写体书信中的个别字不能正确辨识,误植他字,使原信文字失去原貌。更有原意无法解读,乃至形成错误者。

1.《年谱》1939 年 9 月 17 日第 340 — 341 页引用缪钺先生书札,其中第 341 页第 5 行"肵峰兄亦尚未移居","肵"原信为"晓",浙江大学史地系张其昀先生字晓峰,时在燕山村与缪钺先生同住一院。第 6 行"令人闷横","闷横"不词,"横"原信为"损"。第 14 行"诸希为道弥卫","弥卫"不词,"弥"原信为"珍"。

2.1940 年 11 月 30 日(第 354 页)第 11 行"近奉读吾兄致迪生、洽周两兄书,""奉"字误,原信为"连",指连续读到刘永济先生给梅光迪、郭斌龢两先生的信。

3.1941 年 8 月[应为 1943 年,月份无法确定,论证见下](第 367 页)第 17 行

"两奉手书并盥诵尊著诗词","盟"字误,原信为"盥",意为"沐手"。第19行"意云山川清壮","云"字误,原信为"其"。第19—20行"殆深有助于诗人朝","朝"字误,原信为"歘"。

4.1941年10月29日(第369—370页),第369页第27行至第370页第1行"与梅汉异曲同工","汉"字误,原信为"溪","梅溪"是南宋词人史达祖的字。第370页第5行"缡缕笺此"。"缡"字误,原信为"靦";"笺"字误,原信为"书"。"靦缕书此"与下句"聊当晤语"相连,意思是说"详细而有条理地写上这些,姑且当是晤面时说的话吧"。如写为"缡缕笺此",就无法理解了。

5.1942年8月30日[应为7月19日,论证见下](第384页)第18—19行"幽意怨断","意"字误,原信为"忆"。第24行"附呈尊誉","誉"字误,原信为"訾"。

6.1943年5月24日(第397页)第5行"弟尤爱乞尽一首","尽"字误,原信为"画"。"尽"繁体为"盡","画"繁体为"畫",此为典型的形近而误。但"乞尽"不词,是非常明显的。第5—6行"有镌镂造化之妙","镂"字误,原信为"镵"。第9—10行"辟近人奇讶偏浅之说","讶"字误,原信为"衰"。第10—11

页"必有三五大师以刚贞之质栲柱其间","栲"字误,原信为"楮"。

7.1943 年 7 月 26 日引用缪钺先生书札(第 400—402 页),于第 402 页注明"录自南京大学古典文献研究室编《古典文献研究》,1994 年南京大学出版社出版"[详尽的写法应为"录自刘永济、缪钺《往来论学书》,见南京大学古典文献研究室编《古典文献研究(1991—1992)》,南京大学出版社,1994 年版"。本文此后提及这一资料来源时,均使用简称《古典文献研究(1991—1992)》"]。第 400 页第 15 行"顷奉手笔并大词","笔",原信和《古典文献研究(1991—1992)》均为"毕","手毕"即"手简"之意,无误,不应以"笔"替代。同行"快同觌面","觊"字误,原信和《古典文献研究(1991—1992)》均为"觌"。

8.1945 年 11 月 20 日(第 438 页)第 5 行"令妹衣物多被盗","令"原信为"舍"。同页第 6—7 行"近得北平清鱼张孟劬先生于日本投降前归道山,""清鱼"不词,原信为"消息",此句应为"近得北平消息,张孟劬先生于日本投降前归道山"。同页第 11 行"盼面时乞代致拳拳","盼"字误,原信为"晤"。

9.1950 年 4 月 1 日(第 508 页)第 19 行"得悉左右近来心情","近"字误,原信为"迩"。第 27 行"近有佳作","作"字误,原信为"什"。

二、标点之误

1.《年谱》1939 年 9 月 17 日第 340—341 页引用缪钺先生书札,其中第 341 页第 15 行,"肃此敬承撰祺,""肃此"不能与下句相连,应加逗号,这是书信传统的固定写法。1940 年 11 月 30 日(第 354 页)第 16 行"专此"、1941 年 10 月 29 日(第 370 页)第 6 行"肃此"、1942 年 8 月 30 日(第 385 页)第 2 行"肃复"、1943 年 5 月 24 日(第 397 页)第 12 行"肃复"、1945 年 11 月 20 日(第 438 页)第 11 行"肃此"、1950 年 4 月 1 日(第 508 页)第 27 行"肃此"、1957 年 1 月 1 日(第 538 页)第 6 行"肃复"、1957 年 11 月 19 日(第 541 页)第 2 行"肃复"等处,均有此类问题。

2.1939 年 9 月 17 日(第 341 页)第 16 行"弟钺顿首。九月十七日",为书信末的落款,"顿首"后不应加句号,空格即可。现在的书信书写格式,也没有在写信人落款之后加句号的写法。1940 年 11 月 30 日(第 354 页)第 17 行"顿首"、1941 年 10 月 29 日(第 370 页)第 6 行"顿首"、1942 年 8 月 30 日(第 385 页)第 3 行"拜上"、1943 年 5 月 24 日(第 397 页)第 13 行"拜上"、1943 年 5 月 24 日(第 397 页)第 13 行"拜上"、1943 年 7 月 26 日(第 402 页)第 3 行"顿首"、1945 年 11 月 20 日(第 438 页)第 11 行"拜上"、《年谱》1950 年 4 月 1 日(第 508 页)第 27 行"拜上"、1957 年 1 月 1 日(第 538 页)第 8 行"敬白"、1957 年 11 月 19 日(第 541 页)第 3 行"谨上"等处之后,均有此类问题。

3.1941 年 8 月〔应为 1943 年,月份无法确定,论证见下〕(第 367 页)第 19 行"乐山为岑嘉州陆放翁歌咏留连之地","岑嘉州"后应加顿号,"岑嘉州"指岑参,"陆放翁"指陆游。第 19—21 行"意云(原信为'其')山川清壮殆深,有助与诗人朝(原信为'欤')屈灵均作《离骚》慕尧舜之耿介。盖惟有耿介之姿而后能为超俗之作。""殆深"二字应属下句。"盖"字前的句号,应改为逗号,"盖"是连词,承接上文。"耿介之姿"后则应加逗号。应为:"意其山川清壮,殆深有助与诗人欤?屈灵均作《离骚》,慕尧舜之耿介,盖惟有耿介之姿,而后能为超俗之作。"第 22 行"傍素波干青云",语出萧统《陶渊明集序》:"横素波而傍流,干青云而直上",因此,"傍素波"后应以顿号点断。

4.1942 年 8 月 30 日〔应为 7 月 19 日,论证见下〕(第 384 页)第 19—20 行"由吾兄主持,风气甚盛甚盛","风气"应属上句,断为"由吾兄主持风气,甚盛甚盛"。第 22 行"研究生入院考试,平日督责、毕业考试均应严格"。"入院考试"后之逗号,应为顿号。

5.1943 年 5 月 24 日(第 397 页)第 4 行"顷奉惠简承示雅制数章","惠简"后应以逗号断开。

6.1945 年 11 月 20 日(第 437 页)第 25 行"久稽裁复为歉","久稽裁复"是一书信习语,意为拖延很久没有回信,其后应以逗号断开。

7.1950 年 4 月 1 日(第 508 页)第 18 行"得雨僧兄书寄示吾兄致雨兄函札及新词","得雨僧兄书"后应以逗号点断,后一句则是对前一句的说明。第 25 行"弟近来研读关于马列学说诸书籍。尊词所谓'补读平生未见书'者也"。"书籍"后之句号,应为逗号,因文意未完,后一句也是对前一句的说明。第 27 行"亟望惠示,"逗号应为句号。

8.1957 年 1 月 1 日(第 537)第 26 行、(第 538 页)第 2 行"隐括招魂",其中"招魂"二字应加书名号,在此指《楚辞·招魂》。

三、拼凑之误

《年谱》作者在 1941 年 8 月[应为 1943 年,月份无法确定,论证见下](第 367—368 页)"引用"了一封缪钺先生的书札,而实际上这封信只有第一页,其内容为第 367 页第 17 行"弘度长兄道席"到第 27 行"本月初",其后"余以诗卷寄潘伯鹰"到第 368 页第 15 行"钺弟初稿"是另外一封信中另纸所附的诗作,而在此处被作者用来与前者拼凑成了一封信。之所以说是拼凑,理由有三:

①其结尾处不符合传统书信的书写格式。

②从第二页的书写格式和内容来看,是一份作为附件的完整的诗笺。

③缪钺先生在这封信中明确写到"漫成七律一首,附函奉上,敬乞郢正",所以不会再在信中去写录两首诗作,同时亦可知这一页诗作也不是这一页书信的附件。

四、断句欠妥

这类问题固然不影响读者对原信文意的理解,但却有碍于原信的文字、音节之美,因此有待商榷,以使断句更为恰当。

1.《年谱》1939 年 9 月 17 日(第 341 页)第 6—7 行"教部竟依浅人所拟正式颁布,殊属非宜"。"所拟"后应加逗号,断为"教部竟依浅人所拟,正式颁布,殊属非宜"。第 9—10 页"弟于吾兄闻声相慕已逾十载,山城聚首深慰素心"。"相慕""聚首"之后均应加逗号,断为"弟于吾兄闻声相慕,已逾十载,山城聚首,深慰素心"。第11行"离索之感悁结于中"。"之感"后应加逗号,断为"离索之感,悁结于中"。第13行"今日之交乃非偶然","之交"后应加逗号,断为"今日之交,乃非偶然"。第14行"丧乱未宁诸希为道弥(原信为'珍')卫"。"未宁"后应加逗号,断为"丧乱未宁,诸希为道珍卫"。

2.1941年10月29日(第369页)第25行"如见其伤时怨生悲往追来之感"。"怨生"后应加顿号,断为"如见其伤时怨生、悲往追来之感"。第27行"《念奴娇》咏燕苍凉悲咽,怆怀身世","咏燕"后应加逗号,断为"《念奴娇》咏燕,苍凉悲咽,怆怀身世"。(第370页)第2行"惟自愧才弱不足以发之"。"才弱"后应加逗号,断为"惟自愧才弱,不足以发之"。第3行"故每诵兄作弥深钦慰也"。"兄作"后应加逗号,断为"故每诵兄作,弥深钦慰也"。

3.1943年5月24日(第397页)第6行"赠徐陈刘诸君诗","徐""陈"之后均应加顿号,断为"赠徐、陈、刘诸君诗"。

4.1945年11月20日(第438页)第6行"暌隔八年竟不能复谋一面","暌隔八年"应以逗号点断,使后句开端"竟"字的语气更为凝重。

5.1950年4月1日(第508页)第27行"近有佳作(原信为'什')亟望惠示",此处为两个四字句,应以逗号点断。

五、衍文之失

1.《年谱》1942年10月5日(第383—384页)使用缪钺先生书札,不同于其他各处全信引用的做法,对原信内容按五个部分加以介绍,其中二、三、四部分是引用书札原文,而一、五部分则是《年谱》作者用自己的语言概述书札内容。起首处说:"浙江大学缪钺教授自贵州遵义复函刘永济,内容为",而在结尾处加括号说明"录自南京大学古典文献研究室编《古典文献研究》,1994年南京大学出版社出版"。既然是"录"就应该是原文照录,而不应该掺杂自己的概述文字,更何况《古典文献研究(1991—1992)》刊出的是原信全文,本可有所依据。在第

383 页第 6 行,《年谱》引用书札"吾兄以硕士学重望长武大文学院",其中"士"字,原信无,属《古典文献研究(1991—1992)》排印时的衍文,《年谱》作者加以沿用。同页第 7 行"文学院"中之"文"字,原信无,《古典文献研究(1991—1992)》亦无。"文院"本"文学院"之简称,无需添"学"字。同页第 17—18 行"盖《招魂》属屈原或宋玉","原""玉"二字,原信无,《古典文献研究(1991—1992)》亦无,原信此前已提及"屈原""宋玉",在此处使用简称并不会引发歧义。

2.1942 年 8 月 30 日[应为 7 月 19 日,论证见下](第 384 页)第 23 行"茅生于美,明年夏卒业"。"年"字,原信无,为衍文。"明夏"本意"明年夏天",明白无误。添加"年"字,破坏了前后两个四字句之间的平衡关系。

六、时间误判

1.《年谱》(第 367 页)第 13 行将一页缪钺先生书信的写作时间定在 1941 年 8 月。因为原信最后一页遗失,事实上是无法确定此信具体落款时间的。如果据这一页原信提到"茅生自七月中随父返平越",就将其后的"本月初"的"本月"定为 8 月,显然理据不足。至于年代,如果不依据"茅生自七月中随父返平越"去寻求旁证,可能也无法判定。此处的"茅生"是指当时刚从浙大国文系毕业的茅于美女士。在湖南人民出版社 1985 年出版的《茅于美词集》中有两首作品,一首是《卜算子·秋八月,自遵义赴渝。未几,又返平越归省。九月初重上贵阳,前程待决,彷徨益甚。心如无舵之舟,随风漂移》(第 58—59 页),另一首是《谒金门·自毕业后,心情怅惘。八月返平越。萱庭小住,众念纷息,因思人生固为一旅程,今乃至一驿站耳》(第 60 页),虽词序说离开遵义和返回平越的时间都在 8 月,和缪钺先生信中"七月中"不同,但"返平越"与缪言相符,而茅集将上述两首词列入 1943 年,可知缪钺先生的那一页信应该写于 1943 年。至于《年谱》所谓"8 月",虽与茅女士返平越时间一致,仍不能作为缪先生写信时间。

2.《年谱》(第 384 页)第 16—17 行谓"8 月 30 日,农历七月十九日,浙江大学文学院缪钺教授自贵州遵义致函刘永济"。该书札末落款"弟钺拜上 七月十九日",和《年谱》中引用的缪钺先生的其他书札一样,落款时间皆为公历月日。《年谱》作者对其他各封书札的时间都以公历视之,唯定该封书札写作时间为农历,是没有根据的。

七、繁简字体失检

《年谱》通篇用繁体字,但作者在引用缪钺先生书札时,反将一些繁体字改成了简体字。

1.《年谱》1942 年 10 月 5 日(第 384 页)第 11 行"于其学术文章之升降","于"原信为"於"。

2.1943 年 5 月 24 日(第 397 页)第 4 行"承示雅制数章","制"原信为"製",乃作品之意,而"制"字无此意。第 7 行"持论宏伟","宏"原信为"閎"。第 9—10 行"辟近人奇讶(原信为'袤')偏浅之说","辟"原信为"闢"。

3.1945 年 11 月 20 日(第 438 页)第 1 行"而内哄(讧)又起","哄",原信为"閧"。

4.1957 年 1 月 1 日(第 537)第 26 行、(第 538 页)第 2 行"隐括招魂","隐"字,原信为"檃"。

八、脱文之误

《年谱》作者在引用缪钺先生书札时,偶有脱文。

1.《年谱》1942 年 10 月 5 日(第 383 页)第 25 行"亦都会也。""亦"后脱"一"。原信和《年谱》作者依据的《古典文献研究(1991—1992)》均为"亦一都会也",乃引用《汉书·地理志》的原文。

2.1945 年 11 月 20 日(第 438 页)第 9 行"嗣又挽诗","又"后脱"撰"。

九、原信夹注处理格式不一致

缪钺先生原信中多有双行夹注,对此,《年谱》作者采用了两种处理方式:第一种是与原文排为同一种字体、字形,不加括号;第二种是加括号[见1942年10月5日(第383—384页)、1943年7月26日(第383—384页)所引两信,因录自《古典文献研究(1991—1992)》,《年谱》作者照录了括号,但384页第4—5行的两行注文又用楷体小号字排印,与前后4处注文有差异,显得随意]。两种方式导致了格式的不统一。第一种方式在《年谱》中被采用得最多,模糊了正文与注文的界限,同时也泯灭了文意的主次之分。未被用括号标明的夹注如下:

1.《年谱》1939年9月17日(第340—341页)"七月廿一日一次,八月廿八日一次,九月十五日一次";(第341页)第4—5行"弟假中寄居燕山村洽兄寓中,近仍居此。晓峰兄亦尚未移居"。

2.1941年8月[应为1943年,月份无法确定,论证见上](第367页)第27行"如交报名费及相片等事"。

3.1942年8月30日[应为7月19日,论证见上](第384页)第22行"研究生入院考试、平日督责、毕业考试均应严格"。

4.1951年4月1日(第508页)第21行"文法两院尤甚"、第24—25行"大抵遵照华北专科以上学校文法两院暂行课程标准"。

除去上述直接涉及缪钺先生书札内容的9类疏误外,《年谱》作者在涉及缪钺先生和缪钺先生书札的文字中还有另外一些疏误:

1.《年谱》1939年(第340页)第20行谓:"9月17日,浙江大学文学院缪钺教授自贵州致函刘永济。"其中"贵州"应为"广西",因当时浙江大学文学院还在广西,尚未迁往贵州。

2.《年谱》1941 年 8 月［应为 1943 年,月份无法确定,论证见上］(第 367 页)第 13 行谓"8 月,贵州遵义浙江大学文学院教授缪钺致函刘永济,告知两奉手书及兼寄谢无量诗收悉",此乃望文生义。信首谓"两奉手书并盥(原信为'盥')诵尊著诗词,喜欣无量"。信中"无量"是形容词,意同"无比""无限",与谢无量先生、谢无量先生的诗没有任何关系。

3.1942 年 10 月 5 日(第 384 页)第 6 行对缪钺先生书札中写到的"谭季龙",《年谱》作者照录了《古典文献研究(1991—1992)》中程千帆先生的笺注"(即谭其骧,时任浙江大学地理系教授——编者注)"。按当年浙江大学的院系建制,注文中的"地理系"应为"史地系"。《年谱》作者不察,未予修正。

4.1955 年冬(第 530 页)第 27 行"四川大学中文系缪钺教授","中文系"误,应为"历史系"。1952 年院系调整后,缪先生专任四川大学历史系教授。

5.收入《年谱》1942 年 8 月 23 日刘永济先生致缪钺先生函(第 382—383 页)、10 月 5 日缪钺先生致刘永济先生函,作者均录自《古典文献研究》,而原信所署时间分别为 1 月 23 日和 2 月 3 日。作者应该以原信所署时间为准。

最后还想说明的是,《刘永济先生年谱》应该属于中国现代学术史的研究成果,刘永济先生以及同辈的学者所写的书信,多还保留着传统的格式,也没使用现行的标点符号。在使用这些书札进行研究时,事先需要进行类似于古籍整理的工作,从辨识字体、断句标点到考证时间、史实,都应以谨慎的态度来对待。

【缪元朗　四川大学历史文化学院教授】

原文刊于《中国文化》2012 年 02 期

高罗佩《秘戏图考》与《房内考》
之得失及有关问题

江晓原

  荷兰职业外交官高罗佩(R.H.Van Gulik),①因撰写《秘戏图考》②及《中国古代房内考》③两书而驰名欧美与东方,由此奠定他作为汉学家的学术和历史地位。两书先后问世迄今已数十年,在此期间这方面的研究已有许多新进展;则今日回顾高氏两书,就其得失及有关问题作一专题研讨,既有必要,亦饶趣味。

"两考"缘起,及其作意、内容与结构

  高氏生前先后在世界各地出版论著、小说,译作及史料凡十六种,从这些出

---

① 高氏1910年生于荷兰,三至十二岁随其父(任军医)生活于印度尼西亚,种下热爱东方文明之根芽。中学时自习汉语,1934年入莱顿(Leiden)大学攻法律,但醉心于东方学,修习汉语、日语及其他一些亚洲语言文字。1935年获博士学位。此后奉派至日本任外交官。高氏四处搜求中国图书字画、古玩乐器,并成珠宝鉴赏家;通书法及古乐,能奏古琴,作格律诗。1942—1945年间在华任外交官,与郭沫若、于右任、徐悲鸿等文化名流交往。高氏渴慕中国传统士大夫的生活方式,自起汉名高罗佩,字忘笑,号芝台,名其寓所曰"犹存斋""吟月庵";并于1943年娶中国大家闺秀水世芳为妻。1949年又回日本任职。此外还曾任外交官于华盛顿、新德里、贝鲁特、吉隆坡等处。1965年出任驻日大使,1967年病逝于荷兰。

② *Erotic Colour Prints of the Ming Period*, with An Essay on Chinese Sex Life from the Han to the Ch'ing Dynasty, B. C. 206–A. D. 1644. Privately published in fifty copies.Tokyo.1951.《秘戏图考》为高氏自题之中文书名。

③ *Sexual Life in Ancient China*, A preliminary survey of Chinese sex and society from ca.1500B.C.till 1644 A.D. Leiden:E.J.Brill,961,1974.《中国古代房内考》为高氏自题之中文书名。

版物足可想见其人对古代中国及东方文化兴趣之深,涉猎之广④。其中在欧美最为风靡者为高氏自己创作之英文系列探案小说《狄公案》⑤,自 1949 年出版起,至今在美、英等国再版不绝。书中假托唐武周时名臣狄仁杰,敷演探案故事,致使"狄公"(Judge Dee)在西方读者心目中成为"古代中国的 S.Holmes"。高氏对古代中国社会生活、风俗民情及传统士大夫生活方式之深入理解,在《狄公案》中得到充分反映——此为撰写"两考"必不可缺之背景知识。

"两考"之作,据高氏自述,发端于一"偶然事件"⑥。高氏在日本购得一套晚明春宫图册《花营锦阵》之翻刻木版⑦——中国色情文艺作品收藏家在日本不乏其人,高氏也热衷于搜藏及研究晚明色情文艺,认为这套印版价值甚高,遂着手将其印刷出版。起先只打算附一篇关于中国春宫艺术的概论,及至动笔撰写,始

---

④　高氏十六种出版物一览如下:

　　1.《广延天女,迦梨陀娑之梦》(Urvasi, a Dream of Kālidāsa,梵文英译),海牙,1932。

　　2.《马头明王诸说源流考》(Hayagrīva, the Mantrayānic Aspect of Horsecult in China and Japan, with an introduction on horse-cult in India and Tibet),莱顿,1935。此即高氏之博士论文。

　　3.《米芾论砚》(米芾《砚史》之英译及注释),北平,1938。

　　4.《中国琴道》(The Lore of the Chinese Lute),东京,1940。

　　5.《嵇康及其〈琴赋〉》(Hsi K'ang and his Poetical Essay on the Lute),东京,1941。

　　6.《首魁编》(中文日译),东京,1941。

　　7.《东皋禅师集刊》,重庆,1944。

　　8.《狄公案》(Dee Goong An),东京,1949。

　　9.《春梦琐言》(Tale of a Spring Dream),东京,1950。明代色情小说,高氏据其在日本所搜集之抄本印行。

　　10.《秘戏图考》,见本文注②。1951。

　　11.《中日梵文研究史论》(Siddham, an Essay on the history of Sanskrit studies in China and Japan),那格浦尔(Nagpur,印度),1956。

　　12.《棠阴比事》(英译及注释),莱顿,1956。

　　13.《书画说铃》(英译注释),贝鲁特(Beirut),1958。

　　14.《中国绘画鉴赏》(Chinese Pictorial Art as Viewed by the Connoisseur),罗马,1958。

　　15.《中国古代房内考》,见本文注③。1961。

　　16.《长臂猿考》(The Gibbon in China.An essay in Chinese animal lore),莱顿,1967.

⑤　《狄公案》系列共中篇十五部,短篇八部,在大陆已有中译全本,译者为陈来元、胡明。译文仿明清小说笔调,流畅可读。陈、胡两氏之中译本在大陆又有多种版本,较好的一种为山西太原:北岳文艺出版社,1986。近年且有将《狄公案》故事改编为电视连续剧者,亦名《狄公案》,然去高氏原著中典雅意境颇远。盖高氏《狄公案》之作,既借用西方探案小说之技巧,并渗有西方之法律、价值观念,同时又济之以对中国古代社会文化之体察玩味,颇有中西合璧之妙。

⑥　见本文注②,P.I.

⑦　《花营锦阵》原为蓝、黑、绿、红、黄五色之套色木刻印本,高氏所购为单色翻刻之水版。《秘戏图考》之英文书题为《明代春宫彩印》,其实全书四十余幅春宫图中仅十幅为彩印,其余三十多幅——包括作为该书最初主体的《花营锦阵》全册二十四幅在内——皆为单色,似略有名实不甚副之嫌。

觉洵非易事，还须了解更多关于中国古代性生活、性习俗等方面的知识；因感到在此一领域并无前人工作可资参考⑧，高氏只好自己来作"筚路蓝缕，以启山林"的功夫，于是有《秘戏图考》之作，1951年印行。数年后，此书在学术界引起一些反响与争论⑨，高氏自己也发现了一些新的相关资料，方思有所修订，适逢荷兰出版商建议他撰写一部"论述古代中国之性与社会"的、面向更多读者的著作，于是有《中国古代房内考》之作⑩。

《秘戏图考》全书共三卷，卷一为"一篇汉至清代中国人性生活之专论"，又分为三篇。上篇为中国古代与性有关的文献之历史概述；中篇为中国春宫图简史；下篇为《花营锦阵》中与图对应之二十四阕艳词的英译及注解，主要着眼于西人阅读时的难解之处。

卷二为"秘书十种"，皆为高氏手自抄录之中文文献。第一部分系录自日本古医书《医心方》卷二十八之"房内"、中医古籍《千金要方》卷二十七之"房中补益"，以及敦煌卷子伯二五三九上的《天地阴阳交欢大乐赋》⑪。第二部分为高氏搜集的明代房中书《纯阳演正孚祐帝君既济真经》《紫金光耀大仙修真演义》《素女妙论》，以及一种残页《某氏家训》。第三部分为两种春宫图册《风流绝畅图》《花营锦阵》之题词抄录。又有"附录"，抄录若干零星相关史料，最重要者为四种色情小说《绣榻野史》《株林野史》《昭阳趣史》及《肉蒲团》中的淫秽选段。

卷三即全书最初方案中的主体——《花营锦阵》全册（二十四幅春宫图及各图所题艳词）。此外在卷一中，还有选自其他春宫图册的春宫图二十幅，其中十

---

⑧　与此有关的西文著作当然也有，但高氏认为这些著作充斥着偏见与谬说，故完全加以鄙弃，谓："在这方面我未发现任何值得认真看待的西方专著，却不期然发现一大堆彻头彻尾的垃圾（I found no special western publication on the subject worth serious attention, and a disconcerningly large amount of pure rubbish）"见本文注③，P.XI-XI。

⑨　参见文第五节。

⑩　本文注③，P.Ⅷ-XIV。

⑪　《医心方》，日人丹波康赖编撰（成于984A.D）。《千金要方》，唐初孙思邈撰。《天地阴阳交欢大乐赋》，唐白行简撰（约作于800A.D）；对于此一文献之专题研究，可见江晓原，《〈天地阴阳交欢大乐赋〉发微》，《汉学研究》九卷一期（1991）。

幅系按照晚明春宫图木刻套色彩印工艺在日本仿制而成⑫。

考虑到《秘戏图考》后两卷内容不宜传播于一般公众之中,高氏未将该书公开出版,仅在东京私人印刷五十部。全书自首至尾,所有英、汉、梵、日等文,皆由高氏亲笔手书影印。高氏将此五十册《秘戏图考》分赠世界各大图书馆及博物馆。他认为"此一特殊专题之书,只宜供有资格之研究人员阅读"⑬。他后来公布了此书收藏单位的名录,但只包括欧美及澳洲之三十七部,而"远东除外"⑭。根据现有的证据,中国大陆未曾获赠。

《房内考》在很大程度上可视为《秘戏图考》卷一那篇专论的拓展和扩充。他打算"采用一种视野开阔的历史透视,力求使论述更接近一般社会学的方法"⑮,意欲使两书能相互补益,收双璧同辉之功。《房内考》分为四编,用纵向叙述之法,自两周依次至明末,讨论古代中国人之性生活及有关事物。为使西方读者对所讨论主题易于理解,还随处插叙一些王朝沿革、军政大事之类的背景知识。因《房内考》面向大众公开出版,书中没有淫荡的春宫图、色情小说选段、全篇的房中书等内容;若干事涉秽亵的引文还特意译为拉丁文。

"两考"成就及有价值之论点

由上文所述,已可略见高氏其人对于中国古代文化有甚深切之浸润及理解体验,因而高氏与其他西方汉学家相比,甚少"隔"之病。故"两考"不仅成为开创之作,其中还多有高明的见解与论断。

"两考"之前,对于古代中国人性生活的专题论著,在西方可说是完全空白。既无客观之作,自然误解盛行,那些涉及此事的西人著作给人的印象往往是:中

---

⑫ *Erotic Colour Prints of the Ming Period*, with An Essay on Chinese Sex Life from the Han to the Ch' ing Dynasty, B. C. 206–A. D. 1644. Privately published in fifty copies.Tokyo.1951.《秘戏图考》为高氏自题之中文书名,P.XI。

⑬ 本文注②,P.X。

⑭ 本文注③,P.360。

⑮ 本文注⑧,P.XIV。

国人在性生活方面是光怪陆离、荒诞不经,性变态广泛流行,要不就是女人的小脚或是色情狂……西人如此,犹可以文化隔阂解之。然而求之于中土,同类论著竟也是完全空白,就不能不使人浩叹中国人在这方面禁锢之严、忌讳之深了[16]。正因如此,高氏“两考”之作虽难尽美,但开创之功已是无人可比[17]。而直至今日,“两考”仍是西方性学及性学史著作家了解中国这方面情况之最主要的参考文献,也就毫不奇怪了[18]。

“两考”中不乏高明见解及有价值之论述,特别值得揭出者有以下数端:

甲　房中术为中国多妻家庭所必需

高氏确认中国古代是通行一夫多妻家庭制度的,至少上层社会是如此——他认为这一点是如此显而易见,以至无需进行论证。[19] 在此一正确认定基础之上,高氏能够对一些重要而奇特的历史现象做出圆通的解释。其中最特出者为房中术。中国古代房中术理论的基本原则是要求男子能“多交不泄”,即连续多次性交而不射精,甚至达到“夜御九女”的境界;这一原则垂两千年而不变。高氏指出,这是由于在多妻制家庭中,男性家主必须让众多妻妾都得到适度的性满足,始能保证家庭和乐。

这些房中书基本上都属于指导正常夫妻性关系的书。

---

[16]　比如高氏曾举有名学者周一良在论文中不熟悉中国色情文献资料之事为例,感叹“甚至一个本民族的中国学者对中国的色情文献也所知甚微”,见本文注②,P.102。

[17]　进入 20 世纪 80 年代后期,大陆学者始有中国性史方面的专著问世。如江晓原:《性在古代中国》(陕西科学技术出版社,1988 年)、《中国人的性神秘》(科学出版社,1989 年;博远出版有限公司,1990 年;国际文化出版公司,1993 年)、阮芳赋(F.F.Ruan):*Sex in China*(New York:Plenum Press,1991 年),后两种还较多地涉及大陆现今的性问题。又有刘达临:《中国古代性文化》(宁夏人民出版社,1993 年)等二三种,则仿高氏《房内考》按时代顺序而述。然而所有上述各书,或失之于简,或失之于浅,或失之于泛,而比高氏“两考”更上层楼之作,尚须俟诸来日也。

[18]　例如美国女学者 R.Tannahill 有 *Sex in History* 一书,遍论世界各古老文明之性生活及习俗等,其中中国部分几乎全取材于高氏《房内考》。Tannahill 此书在台湾有李意马编译本,名《人类情爱史》;在大陆有全译本,名《历史中的性》,光明日报出版社,1989 年。

[19]　实际仍有论证的必要,因为学者们在古代中国是一夫一妻制还是一夫多妻制这一点上有明显的不同意见:潘光旦等人主张前者,吕思勉等人主张后者。一些当代著作中大多倾向于前者,主要理由是:(一)人口中男女比例之大致相等;(二)妻在法律地位上的唯一性。然而事实上,古代中国社会中长期普遍存在着相当大量的未婚及不婚人群,故(一)并不妨碍中上层社会实行多妻。(二)则是不成功的概念游戏——妻、妾、侍姬、家妓,乃至“通房丫头”,都可以是男性家主之人类学意义上的女性配偶,此为问题的实质。对于此事的详细论证,将在笔者正撰写中的《性张力下的中国人》一书中进行。

　　我说"正常"，当然是指相对于中国古代社会结构来说的正常。这些材料中谈到的夫妻性关系必须以一夫多妻的家庭制度为背景来加以考虑。在这种制度中，中等阶层的男性家长有三四个妻妾，高于中等阶层的人有六至十二个妻妾，而贵族成员、大将军和王公则有三十多个妻妾。例如，书中反复建议男子应在同一夜里与若干不同女子交媾，这在一夫一妻制的社会里是鼓励人们下流放荡，但在中国古代却完全属于婚内性关系的范围。房中书如此大力提倡不断更换性伙伴的必要性，并不仅仅是从健康考虑。在一夫多妻制家庭中，性关系的平衡极为重要，因为得宠与失宠会在闺阁中引起激烈争吵，导致家庭和谐的完全破裂。古代房中书满足了这一实际需要。[20]

　　为了让众多妻妾都能得到性满足，男子必须掌握在性交中自己不射精却使女方达到性高潮的一套技巧。房中术理论中的"采补""采战"等说，也都可溯源于此。高氏从多妻家庭的实际需要出发来说明房中术的原则及其在古代中国之长期流行，自然较之将房中术说成"古代统治阶级腐朽糜烂的生活所需""满足兽欲"或者"中国古代重视房中保健"等等，要更深刻而合理得多。

乙　"后夫人进御之法"精义

《周礼·天官冢宰》"九嫔掌妇学之法"郑玄注中有如下一段：

> 自九嫔以下，九九而御于王所。……卑者宜先，尊者宜后。女御八十一人当九夕，世妇二十七人当三夕，九嫔九人当一夕，三夫人当一夕，后当一夕。

　　古今学者严重误解上引这段郑注者，不乏其人。主要的误解在将"御"字理解为现代通常意义上的性交，遂谓在一月之内天子要性交 242 次[21]，断无可能；

---

⑳　*Sexual Life in Ancient China*, A preliminary survey of Chinese sex and society from ca.1500B.C.till 1644 A.D. Leiden：E.J.Brill，961，1974.《中国古代房内考》为高氏自题之中文书名。P.155。

㉑　每十五日循环一周，故每月之次数为：2×（81+27+9+3+1）= 242。

顾颉刚斥之为"经学史上的笑话",不料自己反倒闹出笑话㉒。其实这里"御"可理解为"侍寝",未必非逐个与天子性交不可;即便真的"雨露承恩",天子也必行房中之术,依"多交不泄"之法,故"夜御九女"确有实践的可能㉓。高氏并未提及这些误解(很可能他并未见到),但他根据对房中术理论的理解,为此事提出了极合房中之旨的解释:

> 低等级的配偶应在高等级的配偶之前先与王(按即天子)行房交媾,并且次数也更多。而王后与王行房则一月仅一次。这一规定是根据这样一种观念:……即在性交过程中,男人的元气是由女人的阴道分泌物滋养和补益。因此只有在王和低等级的妇女频繁交媾之后,当他的元气臻于极限,而王后也最容易怀上一个结实聪明的王位继承人时,他才与王后交媾。㉔

高氏对"后夫人进御之法"的解释,较之前人仅从郑注中谈及月相而望文附会㉕,无疑深刻合理得多,至少更具实证色彩。

丙　古代中国人性行为非常健康

高氏曾寓目中国春宫画册十二种,共三百余幅,他统计了其中所描绘的性行为姿势,得到如下结果㉖:

百分比(%)	性交内容、姿势或体位
25	正常男上位
20	女上位
15	立位(女腿倚于桌凳等处男立其前)

㉒ 顾颉刚云:"(郑玄)又这般残酷地迫使天子一夕御九女,在一个月之内性交242度,这就是铁打的身体也会吃不消。"(见顾氏长文《由"烝"、"报"等婚姻方式看社会制度的变迁》;载《文史》第十四辑,中华书局,1982年,第2页)早先南宋魏了翁《古今考》也说此制"每九人而一夕,虽金石之躯不足支也"。

㉓ 关于前人对此事的误解及房中术与古代帝王之特殊关系,笔者将另文详论之。

㉔ 本文注③,P.17。

㉕ 如周密《齐东野语》卷十九"后夫人进御"条:"其法自下而上,象月初生,渐进至盛,法阴道也。"又云:"凡妇人阴道,晦明是其所忌。……故人君尤慎之。"完全不得要领。

㉖ 本文注③,P.330。

10	男后位
10	肛交
5	侧卧体位
5	男女蹲坐合欢
5	cunnilinctio（与女阴口交）
3	penilinctio（与男根口交）
1	反常状况（如一男共二女等）
1	女性同性恋

高氏认为，"性学家会同意上表是健康性习惯的良好记录"[27]。他认为古代中国人很少有变态性行为——在传世的房中书中未见这方面的任何讨论，其他文献中也极少这类记载[28]。只有女性同性恋（lesbianism）在他看来似乎是一个例外：

> 在一个大量女子被迫密近相处的社会中，女性同性恋似乎相当常见。……女性同性恋被认为是可以容忍的，有时甚至被鼓励。[29]

此处高氏仍立足于对古代中国上层社会多妻制的考虑。

尽管高氏对古代中国人性行为的了解主要限于春宫图，而且他也未能注意到在浩瀚的中国古籍中其实可以找到相当多的性变态记载[30]，但是他下面的论证仍不失其雄辩合理：春宫图本有煽情之旨，画家自当竭尽其想象力以作艺术之夸张，况且晚明时代正值一部分士大夫放荡成风，而三百余幅春宫图中仍未画出多少变态性行为——勉强要算，也仅有口交、肛交和女性同性恋三种，可见古代

---

[27] *Sexual Life in Ancient China*, A preliminary survey of Chinese sex and society from ca.1500 B.C. till 1644 A.D. Leiden：E.J.Brill，961，1974.《中国古代房内考》为高氏自题之中文书名。P.330.

[28] 这一说法明显不妥，因高氏对中国古籍所见终究有限。参见本文第三节。

[29] 本文注[2]，P.148.

[30] 一些初步的线索可参见《性在古代中国》及 *Sex in China* 两书（见本文注[17]），但在《性张力下的中国人》一书中，还将有更为全面的实际论述——笔者在中国古籍中发现的记载至少已涉及 25 种性变态。

中国人性行为的主流是很正常而健康的㉛。这一结论就总体而言是正确的。

丁　士大夫狎妓动机

高氏对于古代中国士大夫与妓女(通常是艺妓之类较高等的妓女)的交往,所涉史料虽不甚多,却有颇为真切的理解。他认为在这种交往中肉欲的满足"是第二位的因素",而许多士大夫与艺妓交往甚至是为了"逃避性爱",高氏论此事云:

> 浏览描写这一题材的文学作品,你会得到这样一个印象:除必须遵守某种既定社会习俗外,男人常与艺妓往来,多半是为了逃避性爱,但愿能够摆脱家里的沉闷空气和出于义务的性关系。……他们渴望与女子建立一种无拘无束、朋友般的关系,而不必非导致性交的结果不可。㉜

高氏的理由是:能够交往高等妓女的士大夫,家中多半也妻妾成群,不仅不存在肉欲不得满足的问题,相反还必须维持"出于义务的性关系",有时殆近苦役。高氏此说,因特别强调了一个方面,听起来似乎与多年为大众所习惯的观念(狎客渔色猎艳荒淫无耻,妓女水深火热苦难无边)颇相冲突,但考之史实,实近于理。古代中国社会中,受过最良好文学艺术教养的女性群体,通常既不在良家妇女,也不在深宫后妃(个别例外当然会有),而在上等艺妓之中;故士大夫欲求能够诗酒唱和、性灵交通之异性朋友,舍此殆无它途㉝。在这类交往中,狎客与妓女之间仍存在着某种"自由恋爱"的氛围——性交既不是必需的,尤其是不可强迫的。㉞

㉛　*Sexual Life in Ancient China*, A preliminary survey of Chinese sex and society from ca.1500B.C.till 1644 A.D. Leiden:E.J.Brill,961,1974.《中国古代房内考》为高氏自题之中文书名,P.330。

㉜　本文注③,P.181。

㉝　古代中国士大夫笔下所谓"兰心蕙质",所谓"解语花"等等,皆此意也。鱼玄机、薛涛及她们与士大夫交往的风流韵事,只是这方面特别突出的例子。

㉞　自唐宋以降,大量涉及士大夫在青楼寻花访艳的笔记小说、专门记载和文学作品都证明了这一点。直到本世纪初,上海的高等妓女与狎客之间仍保持着这一"古意",有人说"《海上花》时代上海租界的高等妓院里却推行一种比较人道的卖淫制度"(施康强:"众看官不弃《海上花》",《读书》1988 年 11 期),其实自古而然也。《海上花》指《海上花列传》,全书初版于 1894 年,大陆有现代版本,人民文学出版社,1982 年。

戊 关于"清人假正经"

高氏在"两考"中多次抨击清朝人的"过分假正经"（excessive prudery）。例如：

> 中文著作中对性避而不谈，无疑是假装正经。这种虚情矫饰在清代一直束缚着中国人。……他们表现出一种近乎疯狂的愿望，极力想使他们的性生活秘不示人。㉟

他将他所见中国书籍中对性讳莫如深的态度（其实并非全是如此）也归咎于清人的"假正经"；甚至认为"清朝士人删改了所有关于中国性生活的资料"㊱。尽管中国人对性问题的"假正经"未必从清代方才开始㊲，这种"假正经"也远未能将道学家们看不顺眼的书籍删改、禁毁净绝，但高氏的抨击大体而言仍十分正确。高氏有感于清代士人每言"男女大防之礼教"自古而然，两千年前即已盛行，遂自陈《房内考》的主旨之一，"就是要反驳这种武断的说法"㊳。高氏的这一努力，对于历史研究而言固是有的放矢，就社会生活而论且不失其现实意义㊴。

己 道教与密宗"双修术"之关系

高氏在《秘戏图考》中已经注意到，中国道教房中采补双修之术（特别是孙思邈《千金要方·房中补益》所述者），"与印度密教文献和一些似以梵文史料为基础的文献中所说明显相似"㊵。他对此作了一些讨论，但对两者之间的关系尚无明确看法。十年后在《房内考》中，他对此事的论述发展为一篇颇长的附录，题为《印度和中国的房中秘术》，其中提出一种说法，认为早在公元初就已存在的中国房中秘术曾"理所当然"地传入印度，至公元七世纪在印度站住了脚，被吸收和采纳。关于双方的承传，高氏的结论是：

㉟ 本文注③，P.XI。
㊱ 本文注②，P.102。
㊲ 这种"假正经"大致从宋代起渐成风气，此后有愈演愈烈之势。参见本文注⑰中所列两种拙著。
㊳ 本文注③，P.XII。
㊴ 无可讳言，当代中国人在某些性问题上的处境，甚至还不如古人。
㊵ 本文注②，P.82。

中国古代道教的房中秘术,曾刺激了金刚乘在印度的出现,而后来又在至少两个不同时期以印度化形式返传中土。[41]

这两次返传,一次是指密教在唐代之传入,一次则以喇嘛教形式在元代传布于中土,两者都有男女交合双修的教义与仪轨。

高氏此说的主要价值,在于指出了中国道教房中双修之术与密宗金刚乘、印度教性力派(二者常被统称为"怛特罗",即 Tantrism)双修之术有相同之处。至于印度房中双修秘术来自中国之说,则尚未能就成定论,因为印度秘术的渊源也很久远[42]。

最后可以提到一点,自从 S.Freud 的精神分析学说在二十世纪上半叶盛行之后,颇引起一些西方学者将之应用于历史研究的兴趣,在汉学家当中也不乏此例[43]。然而高氏在"两考"这样专门研究性文化史的著作中,倒是连 S.Freud 的名字也从未提到,书中也看不见受精神分析学说影响的迹象。

《房内考》总体上之欠缺

对于高氏"两考",如作总体评分,则《房内考》反逊于十年前《秘戏图考》。因《秘戏图考》涉及领域较窄,所定论题较小,只是讨论晚明色情文艺及其历史渊源,高氏对此足可游刃有余。而且书中对于春宫图册及其印版、工艺等方面的详细考述,又富于文化人类学色彩,极具实证研究的价值。但到《房内考》,所设论题大大扩展,高氏"起家"于春宫图之鉴赏,对于中国古代其他大量历史文献

---

[41] *Sexual Life in Ancient China*, A preliminary survey of Chinese sex and society from ca.1500B.C.till 1644 A.D. Leiden:E.J.Brill,961,1974.《中国古代房内考》为高氏自题之中文书名,P.356。

[42] 若将此未定之论许为高氏"三大贡献"之一(柯文辉:中国古代的性与社会——读《中国古代房内考》有感,《世纪》1993 年 2 期,则言过其实,非通论也。柯文中还有多处其他不通之论)。

[43] 例如,有谓屈子美人香草之喻为同性恋之寄托者;有谓孟郊"谁言寸草心,报得三春晖"为暗示"恋母情结"之家庭三角关系者。更有某德裔美国汉学教授以性象征串讲中国古诗,奇情异想,出人意表,如讲柳宗元《酬曹侍御过象县见寄》:破額山前碧水流,骚人遥驻木兰舟,春风无限潇湘意,欲采蘋花不自由。谓:木兰舟者,女阴之象征也(形状相似),而骚人驻其上,即男女交媾之图像也。参阅张宽:"弗洛伊德精神分析的圈套",《读书》1994 年 2 期。

未能充分注意和掌握运用，因此难免有些力不从心。此外，无可讳言，高氏在社会学、史学、性学等方面的学殖与理论素养，对于完成《房内考》所定庞大论题来说是不太够的。

《房内考》对史料掌握运用的欠缺，大略可归纳为三方面，依次如下：

其一为哲学与宗教典籍。先秦诸子或多或少都注意到性问题，而以儒家经典对此最为重视。高氏仅注意到《礼记》中一些材料，并搜集了《左传》中若干事例，但未作任何深入分析；其他大量史料皆未涉及。道教中的材料，高氏注意较多④。佛教虽被视为禁欲的宗教，但佛典中也以一些独特的角度（如为禁欲而定的戒律、"以欲钩牵而入佛智"等）涉及性问题。高氏对这些都未加注意，只是将目光集中于金刚乘的双修术上。

其二为历朝正史。史官虽各有偏见和忌讳，但并未在正史中完全回避与性有关的问题。就性与社会、政治等方面关系而言，正史中大量材料，是其他史料来源无法替代或与之相比的。这方面的史料高氏几乎完全未加注意；造成如此严重的资料偏缺，令人奇怪，因为以高氏的汉学造诣和条件，他应该很容易了解这方面的史料。看来高氏从鉴赏晚明春宫图入手而进入这一领域，虽然能见人之所罕见，却也从一开始就局限了他的目光。

其三为浩如烟海的稗官野史，包括文人的杂记、随笔、志怪小说之类。这类作品在题材上几乎没有任何限制，由于多属私人游戏笔墨，因而政治或道德方面的忌讳也少。许多文人私下所发表的对性问题的看法和感想，许多关于性变态的记载，以及关于娼妓业的社会学史料，都保存在稗官野史之中。在这方面，高氏只注意到了极小的一部分，而且所引材料也缺乏代表性。此外对于反映文人个人精神世界的大量诗文，高氏也只是偶尔提到个别例子（如薛涛、鱼玄机的诗，此等处高氏有点猎奇之意），基本上未能掌握运用。

最后，在评价"两考"相互间高下时，有一点必须指出，即《房内考》中几乎所有重要论点都已在《秘戏图考》中出现，《房内考》只是增述了有关史料和外围背景。对于论题专门的《秘戏图考》而言，这些重要论点（参阅本文第二节）足以使

---

④ 现今《道藏》中涉及房中术的那部分文献，并无太大的重要性。高氏将这一情况归咎于编《正统道藏》时对性学材料的删汰。

该书显得厚重、渊博；但对于论题庞大的《房内考》而言，这些论点成为题中应有之义，处理起来就有"吃力不讨好"之虞了。

"两考"具体失误举例

"两考"为开创性之研究，况且高氏以现代外国之人而论古代中国之事，则书中出现一些具体失误，自在情理之中。兹举证若干例，以供参考：

高氏认为"中国社会最初是按母权制形式（matriarchal pattern）组成"[45]，但是现代人类学理论普遍倾向于否认这种制度的真实性，因为迄今尚未在人类历史上发现任何母权制社会的确切证据；在中国古代也没有这样的确切证据[46]。

高氏在《房内考》中引述《左传·哀公十一年》卫世叔离婚一事时，将"侄娣来媵"之"娣"误解为侄之妹，而实际上应是妻之妹[47]。

又同书中高氏引述《世说新语·贤媛》记山涛之妻夜窥嵇康、阮籍留宿事，说这是山涛妻想验证嵇、阮之间有无同性恋关系[48]，未免附会过甚。

高氏有时年代错记、引文有误，这类小疵此处不必一提[49]，也无伤大局。但他也时常出现不该有的"硬伤"，比如他搜集、研读中国古代房中书甚力，却一再将《玉房秘诀》中"若知养阴之道，使二气和合，则化为男子；若不为男子，转成津液流入百脉……"这段话误解为"一个女人如何在交合中通过采阳而改变性别"[50]，并与"女子化为男子"之说扯在一起[51]。然而只需稍稍披阅《玉房秘诀》等

---

[45] *Sexual Life in Ancient China*, A preliminary survey of Chinese sex and society from ca.1500B.C.till 1644 A.D. Leiden：E.J.Brill，961，1974。《中国古代房内考》为高氏自题之中文书名，P.9。注意"母权制"（matriarchy）与"母系制"（matriliny）是不同的概念。在母系制社会中仍可由男性掌握大权。

[46] 例如马林诺夫斯基：《文化论》，中国民间文艺出版社，1987年，第34页；童恩正：《文化人类学》，上海人民出版社，1989年，第333页，等等，都持这样的看法。

[47] 本文注③，P.33。"侄娣来媵"中侄、娣与妻的辈分关系，在不少现代著作中都是语焉不详或有误解的，对此笔者有另文详论。

[48] *Sexual Life in Ancient China*, A preliminary survey of Chinese sex and society from ca.1500B.C.till 1644 A.D. Leiden：E.J.Brill，961，1974。《中国古代房内考》为高氏自题之中文书名，P.93。

[49] 在《房内考》李零等的中译本（参见本文注⑦）中，不少这类小疵已被细心注出。

[50] 本文注②，P.42。

[51] 本文注③，P.159。

高氏经常引用的房中书,就可明白上面那段话是说男精可在子宫内结成男胎㊾,若不结胎,也能对女方有所滋养补益。

春宫图的评述、鉴赏,应是高氏无可争议的“强项”,然而他在这方面也有令人不解的“硬伤”。最突出的一例是,在谈到春宫图册《花营锦阵》第四图时,高氏描述其画面云:

> 一个头戴官帽的男子褪下了裤子,姑娘(此处高氏原文为 girl)的裤子则脱在桌上。姑娘的一只靴子已脱落。㊿

然而检视《秘戏图考》中所印原图,这个所谓的“姑娘”穿的却是男式靴子,脱落了靴子的那只脚完全赤裸着,是一只未经任何缠裹摧残的健康天足——这样问题就大了:因为按晚明春宫图的惯例,女子必定是缠足,而且在图中女子全身任何部位皆可裸露描绘,唯有足绝不能裸露;对于这一惯例高氏知之甚稔,并不止一次强调指出过,例如他说:

> 我尤其要指出中国人对表现女性裸足的传统厌恶。……只要让读者知道女子的裸足完全是禁忌就够了。即使最淫秽的春宫版画的描绘者也不敢冒犯这种特殊禁忌。[54]

既然如此,此《花营锦阵》第四图(高氏指出它是从另一春宫图册《风流绝畅》中移补而来)就不可能是描绘男女之间的事。事实上它描绘的是两男肛交,其题词《翰林风》也明确指示是如此[55]。高氏之误,可能是因原图上那少年梳了

---

[52] 几乎所有中国古代医书、房中书在谈到“种子”时,都是着眼于如何在女子子宫中结成男胎,“弄瓦之喜”则是不值一提的细事,轻女重男,有由来矣。

[53] 本文注②,P.211。

[54] *Erotic Colour Prints of the Ming Period*, with An Essay on Chinese Sex Life from the Han to the Ch' ing Dynasty, B. C. 206–A. D. 1644. Privately published in fifty copies.Tokyo.1951.《秘戏图考》为高氏自题之中文书名,P.169—170。关于这一禁忌,我们还可引《肉蒲团》第三回中内容与之相发明:“要晓得妇人身上的衣服件件去得,惟有折裤(脚带)去不得”。故在晚明春宫图中女子的小脚永远是被折裤遮掩着。

[55] 首二句云:“座上香盈果满车,谁家年少润无瑕,……”其中“年少”一词通常都指少年男子。

女式发型而起——其实这种换装在当时并不罕见，《金瓶梅》中就有确切的例证㊱。

又如高氏推测"明朝以前的春宫画卷似乎一种也没有保存下来"㊲，这只是他不曾看见而已。例如在敦煌卷子伯二七○二中就有线描春宫图（当然不及晚明的精美），照理他不难了解㊳。

再如，高氏寓目晚明春宫图如此之多，却偏偏忽略了《新刻绣像批评金瓶梅》（约刊于1630年前后）中几十幅有春宫内容的插图——这些插图中人体比例之优美、线条之流畅，远胜于高氏推为上品的《鸳鸯秘谱》《花营锦阵》等画册㊴。

"两考"与李约瑟及"上海某氏"

李约瑟撰写《中国科学技术史》（*Science and Civilization in China*）第二卷时，见到高氏赠送剑桥大学图书馆的《秘戏图考》。他不同意高氏将道教采阴补阳之术称为"性榨取"（sexual vampirism），遂与高氏通信交换意见。李约瑟后来在其书"房中术"那一小节的一条脚注中述此事云：

> 我认为高罗佩在他的书中对道家的理论与实践的估计，总的来说否定过多；……现在高罗佩和我两人经过私人通信对这个问题已经取得一致意见。㊵

㊱ 《金瓶梅》第三十五回"西门庆为男宠报仇，书童儿作女妆媚客"："玳安……要了四根银簪子，一个梳背儿，面前一件仙子儿，一双金镶假青石头坠子，大红对衿绢衫儿，绿重绢裙子，紫销金箍儿。要了些脂粉，在书房里搽抹起来，俨然就如个女子，打扮得甚是娇娜。"

㊲ 本文注②，P.153。

㊳ 西方汉学家要了解敦煌卷子中伯卷、斯卷等材料，至今仍远比中国学者方便。附带提起，高氏未能利用长沙马王堆汉墓出土的珍贵性学史料，虽是缺憾，但不足为高氏之病——这批史料出土时（1973年），高氏已归道山。

㊴ 《新刻绣像批评金瓶梅》，齐鲁书社，1989年。此本插图二百幅，系据古佚小说刊行会影印本（1933）制版。

㊵ 李约瑟：《中国科学技术史》第二卷，科学出版社·上海古籍出版社，1990年，第161页。

高氏似乎接受了李氏的意见,他在《房内考》序中称:

> 《秘戏图考》一书中所有关于"道家性榨取"和"妖术"的引文均应取消。⑥

然而高氏在同一篇序中又说:新的发现并未影响《秘戏图考》中的主要论点。"李约瑟的研究反倒加强了这些论点"⑥。而且《房内考》在谈到《株林野史》《昭阳趣史》等小说时,仍称它们的主题是"性榨取"——只是说成"古房中书的原理已沦为一种性榨取"⑥,算是向李氏的论点有所靠拢。

《秘戏图考》中至少八处提到一位"上海某氏",此人是春宫图和艳情小说之类的大收藏家。高氏书中谈到的《风流绝畅》《鸳鸯秘谱》《江南消夏》等春宫图册都是参照他所提供的摹本复制;他还向高氏提供了明代房中书《既济真经》、小说《株林野史》等方面的版本情况。对于他们之间的交往,高氏记述了不少细节,如关于春宫图册《鸳鸯秘谱》的摹本:

> 该摹本是上海某收藏家好意送我的。他每幅图都让一位中国行家备制了六个摹样,一个表现全图,另外五个是每种不同颜色的线条的合成。他还送给我一个配图文字的摹本,以示书法风格。……我尤其要感谢这一慷慨襄助。⑥

此人还告诉高氏,《鸳鸯秘谱》中有六阕题词与小说《株林野史》中的相同,但是:

---

⑥ 本文注③,P.XIV。

⑥ 本文注③,P.XIII。

⑥ 本文注③,P.316。

⑥ *Erotic Colour Prints of the Ming Period*, with An Essay on Chinese Sex Life from the Han to the Ch'ing Dynasty, B. C. 206–A. D. 1644. Privately published in fifty copies.Tokyo.1951.《秘戏图考》为高氏自题之中文书名,P.174。

不幸的是,在他赠给我一份关于那部画册的内容和词后署名的完整目录之前,我们的通信中断了。⑥⑤

由于此人要求高氏为其姓名保密,所以高氏在书中始终只称之为"上海某氏""上海一位不愿透露姓名的收藏家"等等。至今尚未能确考此神秘人物究竟为谁⑥⑥,也不知在此后中国大地掀天巨变中,特别是在"文革"中,此人和他的珍稀收藏品是何种结局?⑥⑦

关于"两考"中译本

"两考"问世之时,正值中国大陆闭关锁国,《秘戏图考》未曾获赠自不必言,《房内考》原版是否购入也颇成问题⑥⑧。信息是如此隔膜,以至"文革"结束后,有的饱学之士闻有高氏之书,仍如海外奇谈⑥⑨。所幸近年中外文化交流日渐活跃,"两考"已相继出版中译本⑦⑩。

如仅就此两中译本而书,《房内考》的价值要超过《秘戏图考》。首先,在《房内考》全译本出版的情况下,再出版这个《秘戏图考》中译本意义不大——该译本已删去全部《花营锦阵》和其他所有真正的春宫图,以及所有的色情小说选段。那篇专论现在成了主体,而这篇专论中的几乎所有主要论点和内容在《房内考》中都有,且有更多的发挥和展开;再说高氏当初欲令"两考"相互补充,就在于《秘戏图考》中有春宫图和原始文献,今既删去,就无从互补了。其次,在编

---

⑥⑤ 本文注②,P.137。

⑥⑥ 友人樊民胜教授猜测,此人可能是周越然。周氏在二十世纪四十年代,据说以淫秽色情书籍之收藏闻名于上海。周氏也确实发表过这方面的文章,例如《西洋的性书与淫书》(载《古今半月刊》第四七期)等。

⑥⑦ 高氏身后留下的收藏品,包括书籍 2500 种,共约一万册,倒是成了他母校莱顿大学汉学院的专门收藏——其中想必包括这位"上海某氏"送给他的那些春宫图摹本。

⑥⑧ 《房内考》的中译者李零 1982 年前后曾在中国社会科学院考古研究所见到一册,"听说是由一位国外学者推荐,供中国学者研究马王堆帛书医书部分作为参考"。见本文注⑦⑩,第 554 页("译后记")。

⑥⑨ 参见施蛰存:《杂览漫记·房内》,《随笔》1991 年 6 期。

⑦⑩ 《中国古代房内考》,上海人民出版社,1990 年。《秘戏图考》,广东人民出版社,1992 年。

校质量上,《秘戏图考》中译本也有欠缺。比如对所引古籍的句读标点,高氏手抄原版也有几处小误,但中译本有时却将高氏原不误者改误⑦;又如多处出现因形近而误之错字,等等。

本文之作,要特别感谢许进发、黄一农两先生惠然帮助提供珍贵资料。

【江晓原　上海交通大学讲席教授,科学史与科学文化研究院首任院长】

原文刊于《中国文化》1995 年 01 期

---

⑦　例如《繁华丽锦》中"驻马听"。曲末几句(中译本第 215 页、第 219 — 220 页;原版卷一 P200)、《花营锦阵》第二十一图题词末两句(中译本第 263 页、第 426 页;原版卷二第 158 — 159 页)、《既济真经》前言之中数句(中译本第 375 页;原版卷二第 91 页)等多处,皆缘于对旧词曲之格律、古汉语常用之句式等未能熟悉。此所言中译本见本文注⑩,原版见本文注②。